學貫大成

百○七歲叟馬識途

战国策 上

传世·经典国学集

全本

[西汉] 刘向 编订

岳昌强 译注

四川人民出版社

图书在版编目（CIP）数据

战国策 / 岳昌强译注. -- 成都：四川人民出版社，
2022.3（2023.8重印）
（传世·经典国学集）
ISBN 978-7-220-12636-9

Ⅰ.①战… Ⅱ.①岳… Ⅲ.①中国历史－战国时代－史籍
②《战国策》－注释③《战国策》－译文 Ⅳ.①K231.04

中国版本图书馆CIP数据核字(2021)第273858号

ZHANGUOCE

战国策

岳昌强　译注

策划出品	远涉文化
出版统筹	罗婷婷　庄本婷
策划编辑	袁　艺
责任编辑	段瑞清
版式设计	成都原创动力
封面设计	李其飞
特约校对	北京悦文文化发展有限公司
责任印制	李　剑

出版发行	四川人民出版社（成都槐树街2号）
网　址	http://www.scpph.com
E-mail	scrmcbs@sina.com
发行部业务电话	（028）86259624　86259453
防盗版举报电话	（028）86259624
印　刷	成都东江印务有限公司
成品尺寸	145mm×208mm
印　张	27
字　数	890千
版　次	2022年4月第1版
印　次	2023年8月第2次
书　号	ISBN 978-7-220-12636-9
定　价	88.00元

上　册

目录

下　册

目录

卷一 东周策

东周（公元前770年—公元前256年），中国历史上的朝代。西周覆灭后，诸侯拥立原先被废的太子宜臼为王，史称周平王，东迁洛邑（今河南洛阳），史称东周。

东周的前半期，诸侯争相称霸，称为春秋时代；公元前453年，韩、赵、魏三家联手灭智氏家族后，三家分晋，各诸侯相互征伐，称为战国时代。

周考王时，国势益弱，后又分为东周国和西周国，周赧王五十九年（前256年），西周国为秦国所灭，同年周赧王病死，周亡。七年后，东周国亦为秦国所灭。

本卷的东周即指东周国，东周策从"秦兴师临周而求九鼎"篇开始，至"严氏为贼"篇结束，共1卷，27篇。

一　秦兴师临周而求九鼎

秦兴师临周而求九鼎①，周君患之，以告颜率②。颜率曰："大王勿忧，臣请东借救于齐。"颜率至齐，谓齐王曰："夫秦之为无道也，欲兴兵临周而求九鼎。周之君臣，内自画计③：与秦，不若归之大国④。夫存危国⑤，美名也；得九鼎，厚实⑥也。愿大王图之。"齐王大说⑦，发师五万人，使陈臣思⑧将，以救周，而秦兵罢。

注释

①九鼎：指周王室的传国之宝。九鼎是国家政权的象征，秦国兴师求鼎，就是想取代周室，成为天下新的主人。

②颜率：东周国的臣子。

③画计：商量，商榷。

④大国：此处指齐国。

⑤危国：此处指东周国。此时东周国正受秦兵威胁，面临危亡。

⑥实：（清）程蘅初《战国策集注》作"宝"。

⑦说：同"悦"，喜悦。

⑧陈臣思：即田臣思。一指齐威王的名将田忌。古时田、陈同音。

译文

　　秦国发兵逼临东周国的国境来索取九鼎，东周国的国君为此感到担忧，就告诉颜率。颜率说："大王不要担忧，我愿意东到齐国去借兵救援。"颜率到了齐国，便对齐王说："秦国的行为是不讲道义的，想发兵夺取东周国的九鼎。东周国的君臣商量：与其将九鼎给秦国，还不如将其给齐国。存续濒于危亡的国家，是美好的名声；得到九鼎，是实在的利益。希望大王考虑。齐王非常高兴，发兵五万，使陈臣思为将领率领军队救援东周国，秦兵于是撤军。

　　齐将求九鼎，周君又患之。颜率曰："大王勿忧，臣请东解之。"颜率至齐，谓齐王曰："周赖大国之义，得君臣父子相保也，愿献九鼎，不识大国何途之从而致之齐？"齐王曰："寡人将寄径于梁①。"颜率曰："不可。夫梁之君臣欲得九鼎，谋之晖台之下、沙海之上②，其日久矣。鼎入梁，必不出。"齐王曰："寡人将寄径于楚③。"对曰："不可。楚之君臣欲得九鼎，谋之于叶庭④之中，其日久矣。若入楚，鼎必不出。"王曰："寡人终⑤何途之从而致之齐？"颜率曰："弊邑固窃为大王患之。夫鼎者，非效醯壶酱甄⑥耳，可怀挟提挈以至齐者；非效鸟集乌飞、兔兴马逝⑦，漓然⑧止于齐者。昔周之伐殷，得九鼎，凡一鼎而九万人挽之，九九八十一万人，士卒师徒，器械被具⑨，所以备者称此。今大王纵有其人，何途之从而出？臣窃为大王私忧之。"齐王曰："子之数来者，犹无与耳！"颜率曰："不敢欺大国，疾定所从出，弊邑迁鼎以待命。"齐王乃止。

注释

①梁：指魏国。魏惠王迁都大梁（今河南开封），故魏又称"梁"。

②晖台：台名。沙海：地名。在今河南开封西北。

③寄径于楚：从东周国至齐，并不需要经过楚国，只是齐王提出一个想法。

④叶庭：在今湖北华蓉。

⑤终：（清）程蔑初《战国策集注》作"将"。

⑥醯（xī）：指醋。甄（zhuì）：指瓮。

⑦兔兴马逝：比喻轻快。

⑧漓然：指水渗入地下流动的样子。漓：水渗入地。

⑨被具：指运送九鼎的士卒所需要准备的器具。

译文

齐国将要向东周索取九鼎，东周的君王又担心起来。颜率说："大王不要担忧，我请求去东方解决这件事。"颜率到了齐国，对齐王说："东周国依靠齐国的仗义相助，国内上下得以保全，甘愿献上九鼎，不知道齐国从什么途径将九鼎运到齐国？"齐王说："我打算从魏国借道。"颜率说："不可以。魏国的君臣想要得到九鼎，（他们）在晖台之下、沙海边上反复谋划，日子已经很久了。九鼎一旦进入魏国，肯定出不来。"齐王说："那我就向楚国借道。"颜率回答道："不可以。楚国的君臣为得到九鼎，在叶庭中密谋，时间也很长了。九鼎一入楚国，不可能出来。"齐王说："我要从什么途径才能最终将九鼎运到齐国呢？"颜率说："敝国私底下为大王担心。九鼎可不像醋瓶酱罐那样，可以怀揣着、手提着到达齐国；也不像乌集鸦飞、兔蹦马奔一样，如流水渗地一般轻快地到达齐国。往昔周人攻打殷商，得到了九鼎，一只鼎就需要用九万人牵引，总共需要九九八十一万人，而运送需要的兵卒和器具，所需要的数量与此略等，如今大王纵然拥有这么多的人，又要从哪里经过呢？我私底下真的为您担忧。"齐王说："你多次前来的原因，不过是不想把九鼎给与齐国罢了！"颜率说："不敢欺骗大国，请快速决定运送九鼎的路线，敝国准备好九鼎，随时等候大国迁出的命令。"齐王只好作罢。

二 秦攻宜阳

秦攻宜阳[1]，周君谓赵累[2]曰："子以为何如？"对曰："宜阳必拔也。"君曰："宜阳城方八里，材士[3]十万，粟支数年，公仲[4]之军二十万，景翠[5]以楚之众，临山[6]而救之，秦必无功。"对曰："甘茂[7]，羁旅也，攻宜阳而有功，则周公旦[8]也；无功，则削迹[9]于秦。秦王不听群臣父兄[10]之议而攻宜阳，宜阳不拔，秦王耻之。臣故曰拔。"君曰："子为寡人谋，且奈何？"对曰："君谓景翠曰：'公爵为执圭[11]，官为柱国[12]，战而胜，则无加焉矣；不胜，则死。不如背秦，秦拔宜阳，公进兵，秦恐公之乘其弊[13]也，必以宝事公；公仲慕公之为己乘秦也，亦必尽其宝。'"

秦拔宜阳，景翠果进兵。秦惧，遽效煮枣[14]，韩氏果亦效重宝。景翠得城于秦，受宝于韩，而德[15]东周。

注释

①秦攻宜阳：指周赧王七年（公元前38年），秦武王派甘茂进攻宜阳，次年攻克。宜阳地处洛阳西南熊耳山北端，山川环绕，是韩国西陲军事重镇，故城在今陕西北洛河北岸韩城。

②赵累：东周的臣子。（清）程寯初《战国策集注》作"周累"。

③材士：具有强劲战斗力的士兵。

④公仲：指韩相国，名佣。

⑤景翠：楚将。

⑥山：即伏牛山。

⑦甘茂：楚国下蔡人（今安徽寿州人），时为秦国左丞相。

⑧周公旦：周文王之子，周武王之弟，辅佐武王克殷。武王薨，辅佐成王，长期主持国政。

⑨削迹：除名。

⑩群臣父兄：指秦国贵戚大臣中反对甘茂的樗（chū）里疾、公孙郝等人。

⑪执圭：楚国的高级爵位，意为执玉圭朝见君主。（清）程矮初《战国策集注》作"执珪"。

⑫柱国：楚国的最高等级武官。楚怀王时，具有破军杀将重大战功者拜上柱国。

⑬弊：（清）程矮初《战国策集注》作"敝"。

⑭效：献。煮枣：地名。地处今山东菏泽西南，属于魏国的都邑，此处疑有讹误。

⑮德：感谢，感激。

译文

秦国进攻宜阳，东周的国君对赵累说："你认为这场战争的结果会如何？"赵累回答说："宜阳必定会被秦军攻破。"国君说："宜阳城方圆八里，拥有十万能征善战的兵士，粮食储备可以支持数年的消耗，韩国的相国公仲还有二十多万的军队，楚国的大将景翠又率领楚国的军队逼临伏牛山前去救援，秦军必会无功而返。"赵累回答道："甘茂寄居于秦国，如果攻下了宜阳立下了大功，他就会像周公旦一样长期在秦国执政；如果无功而返，他就无法在秦国立足了。秦王不听信群臣的意见而执意攻打宜阳，如果宜阳没被攻破，他就会感到耻辱。所以我认为宜阳必然会被攻破。"国君说："你替我谋划一下该怎么办？"赵累答道："国君您可以这样对景翠说：'将军的爵位已经到了执圭的地步了，官位也达到了上柱国，您就算打了胜仗，也没有可以加官晋爵的空间了；如果打了败仗，则难逃一死。不如与秦国作对，等到秦国攻破宜阳之后您再进兵，秦国就会害怕您会乘其疲敝之时攻打他，秦国必会献出珍宝给您；而韩相国公仲则会认为您是为救援韩国而攻打秦军的，也必定会把珍宝全部献上。'"

秦国军队攻破了宜阳，景翠果然出兵。秦国害怕，马上献出了煮枣城。韩国果然也献出了珍贵的物品。景翠既从秦国得到了煮枣城，又从韩国得到了宝物，因此很感激东周国。

三 东周与西周战

东周与西周战，韩救西周。为东周谓韩王[①]曰："西周者，故天子之国也[②]，多名器重宝。案兵而勿出，可以德东周，西周之宝可尽矣。"

注释

①韩王：指韩襄王，姬姓，韩氏，名仓，战国时期韩国君主。

②西周者，故天子之国也：周显王二年（公元前367年），在韩、赵两国的干涉下，显王将最后的王畿之地封周国公子根于巩，建东周国，周王仅余成周王官，寄居于东周国。周自敬王以后都住在成周（今河南洛阳），即后来西周国君定都之地，所以说西周是"故天子之国"。

译文

东周国和西周国开战，韩国打算出兵援助西周国。有人为东周国而对韩王说："西周国是从前周天子所在的国家，有很多知名的器物和贵重的宝物。如果韩国屯兵不出，既可以有恩于东周国，西周国的珍宝也会全部为韩国所有了。"

四 东周与西周争

东周与西周争，西周欲和于楚、韩。齐明[①]谓东周君曰："臣恐西周之与楚、韩宝，令之为己求地于东周也。不如谓楚、韩曰：'西周之欲入宝，持二端。今东周之兵不急西周，西周之宝不入楚、韩。'楚、韩欲得宝，即且趣[②]我攻西周。西周宝出，是我为楚、韩取宝以德之也。西周弱矣。"

注释

①齐明：东周国臣子，后仕秦国、楚国和韩国。

②趣（cù）：促使。我：指东周国。

传世·经典国学集

译文

　　东周国与西周国发生冲突，西周国想要拉拢楚国和韩国。东周大臣齐明对东周国君说："我担心西周国会献宝物给楚、韩两国，让楚、韩两国为西周国向东周国求地。您不如对楚、韩两国说：'西周国想向你们献宝物的原因，是想持观望的态度。如果现在东周国的军队不急于攻打西周国，那么西周国的珍宝就不会送进楚、韩两国。'楚、韩两国想要得到珍宝，就必须促使我们攻打西周国。西周国献出自己的珍宝，就是我们为楚、韩两国争得了宝物，从而有恩于他们，西周国就自然被削弱了。"

五　东周欲为稻

　　东周欲为①稻，西周不下水②，东周患③之。苏子④谓东周君曰："臣请使西周下水，可乎？"乃往见西周之君曰："君之谋过矣！今不下水，所以富东周也。今其民皆种麦，无他种矣。君若欲害之，不若一为下水，以病⑤其所种。下水，东周必复种稻；种稻而复夺之。若是，则东周之民可令一仰西周，而受命于君矣。"西周君曰："善。"遂下水。苏子亦得两国之金也。

注释

　　①为：栽种、种植。
　　②下水：放水。
　　③患：担忧、担心。
　　④苏子：这里指的是虚拟的人物。
　　⑤病：损害。

东周国准备种植水稻，西周国不放水，东周国为此感到担忧。苏子对东周国君说："请让我去劝说西周国放水，可以吗？"于是他去见西周国的国君，说："君王您的谋划错了！如今不放水，那正好是富裕东周国的原因。如今东周国的人民都在种植麦子，没有种其他的作物。君王如果想损害他们，不如放一下水，来损害他们种植的麦子。一放水，东周国必然会再次种植水稻；种植水稻之后再次断了他们的水。如果这样的话，就可以使东周国的民众完全仰赖西周国，从而听命于君王了。"西周国君说："好。"于是就放水。苏子也得到了两国的酬金。

六 昭鱼在阳翟

昭鱼①在阳翟②，周君将令相国往，相国③不欲。苏厉④为之谓周君曰："楚王与魏王遇也，主君令陈封之楚，令向公之魏；楚、韩之遇也，主君令许公⑤之楚，令向公之韩。今昭鱼非人主也，而主君令相国往；若其王在阳翟，主君将令谁往⑥？"周君曰："善。"乃止其行。

①昭鱼：人名。楚令尹，曾为韩相。（清）程羕初《战国策集注》作"昭献"。

②阳翟：地名。地处今河南禹州。

③相国不欲：（清）程羕初《战国策集注》作"相国将不欲"。相国：官名。战国时除楚国外，各国皆设置相邦（即相国）为最高行政长官。

④苏厉：人名。指苏秦之弟。

⑤许公：（清）程羕初《战国策集注》作"叶公"。

⑥"主君"四句：主君：指对东周国君的称呼。陈封、向公和许公都是假托的人名，职位在相国下。

译文

　　韩国相国昭鱼在阳翟，东周国君将要派遣相国前往，但相国不愿意去。苏厉就替相国对东周国君说："从前楚王与魏王会晤，君王您派遣陈封去楚国，派遣向公前往魏国；楚王与韩王会面，君王您派遣许公到楚国，派遣向公到韩国。现在昭鱼不是一国之君，您却派遣相国去；如果他们的君王在阳翟，那么您将要派遣谁去呢？"东周君主说："好。"于是便停止了派遣相国前去阳翟的行为。

七　秦假道于周以伐韩

　　秦假道①于周以伐韩，周恐假之而恶于韩，不假而恶于秦。史厌②谓周君③曰："君何不令人谓韩公叔④曰：'秦敢绝塞⑤而伐韩者，信东周也。公何不与周地，发重使使之楚，秦必疑，不信周，是韩不伐也。'又谓秦王⑥曰：'韩强⑦与周地，将以疑周于秦，寡人不敢弗受。'秦必无辞而令周弗受，是得地于韩而听于秦也。"

注释

　　①假道：借道，假：借。

　　②史厌（yǎn）：人名。事迹不详。

　　③周君：东周的国君。此处指东周武公，战国时东周的第四任君主。

　　④公叔：韩国的公族，时为韩国的执政大臣。

　　⑤绝：横穿。塞：险要的通道。

　　⑥秦王：秦国的君王。此处指秦武王嬴荡，秦惠文王之子，又称秦武烈王。

　　⑦强（qiǎng）：勉强、强迫、强行。

译文

　　秦国向东周国借道去攻伐韩国，东周国君担心借了道会得罪韩国，不借道又怕得罪秦国。史厌对东周国君说："您为何不派人对韩国公叔说：'秦国敢于借用横绝险要的通道来攻打韩国，是因为信任东周国。您为何不把土地送给东周，派遣重臣出使楚国，这样做，秦国一定会怀疑，不敢相信东周，如此，韩国就不会遭到秦国的攻打了。'您再对秦王说："韩国强行要把土地送给东周，是想要使秦国怀疑东周，我可不敢不接受韩国的土地。'秦王必定无法不让东周接受韩国的赠地，这样，东周既可以从韩国获得土地，又听从了秦国的要求。"

八　楚攻雍氏

楚攻雍氏①，周粮②秦、韩，楚王③怒周，周之君患之。为周谓楚王曰："以王之强而怒周，周恐，必以国合于所与粟之国，则是劲④王之敌也。故王不如速解周恐，彼前得罪而后得解，必厚事王矣。"

注释

①雍氏：韩国都邑，地处今河南禹州东北。

②粮（zhāng）：粮食。当时秦国救韩国，东周以米饷之。

③楚王：楚国的君王。此处指楚怀王熊槐，楚威王之子，顷襄王之父。

④劲：使……战斗力变强。使动用法。

译文

楚国进攻韩国的都邑雍氏，东周国用粮食来供给秦国和韩国，楚王因此对东周很是震怒，东周的国君为此感到担忧。有人为东周国君对楚王说道："凭借楚王的强大而迁怒于东周，东周国君就会害怕，必定会与其供应粮食的秦、韩两国联合，那么就会使大王您的敌人变得更加强大。因此，大王不如赶快解除东周国君的恐惧。东周国君之前得罪了您，但是最后却得到了谅解，他必定会更加尽力地侍奉大王您了。"

九　周最谓吕礼

周最①谓吕礼②曰："子何不以秦攻齐？臣请令齐相子，子以齐事秦，必无处③矣。子因令最居魏以共之，是天下制于子也。子东重于齐，西贵于秦，秦、齐合，则子常重矣。"

注释

①周最：人名。东周国的公子，当时在齐国任职。最，一作"聚"。

②吕礼：人名。原本是秦国的五大夫，但在秦昭王三年（即公元前302年）出亡投奔魏国，后来又投奔齐国。

③无处：无忧、无患。

译文

周最对秦国的臣子吕礼说："您为什么不让秦国攻打齐国呢？我可以让齐王让您做相国，您让齐国服从秦国，就可以高枕无忧了。您如果乘势再让我在魏国尊事秦国，那么天下都会在您的控制之下了。您在东边得到齐国的重用，在西边又得到秦国的尊重，秦与齐国联合，那么您就能长期得到重视了。"

十　周相吕仓见客于周君

周相吕仓①见②客于周君③。前相工师藉④恐客之伤己也，因令人谓周君曰："客者，辩士也，然而所以不可者，好毁人。"

注释

①吕仓：人名。时任东周相国。

②见（xiàn）：推荐。

③周君：即指下文的周文君。

④工师藉：人名。曾为东周前相国。（清）程薆初《战国策集注》作"籍"。

译文

东周国的相国吕仓向东周国君举荐了一位能言善辩之人。前相国工师藉怕这个人会在周君面前用谗言中伤自己，因此便让人去对周君说："这个人是一个能言善辩之士，但是，他之所以不可信赖，是因为他好毁谤别人。"

周文君免工师藉，相吕仓，国人不说①也。君有闵闵②之心。谓周文君曰："国必有诽誉，忠臣令诽在己，誉在上。宋君③夺民时以为台而民非之，无忠臣以掩盖之也。子罕④释相为司空⑤，民非子罕而善其君⑥。齐桓公宫中七市，女闾七百⑦，国人非之。管仲⑧故为三归⑨之家以掩桓公，非自伤于民也？《春秋》记臣弑君者以百数，皆大臣见誉者也。故大臣得誉，非国家之美也。故众庶成强，增积成山。"周君遂不免。

注释

①说：同"悦"，喜悦。

②闵闵：忧虑。

③宋君：宋国的君主，指春秋时的宋平公。他占用农忙时间，让农民修筑高台，遭受人民的非议。

④子罕：人名。姓乐名喜，为春秋时的宋国贵族。

⑤司空：官名。掌管土木工程。

⑥民非子罕而善其君：指子罕手持竹鞭，监督筑台的民众，鞭打不努力工作的人。他让民众非议自己，由自己来承担君主的过错。

⑦齐桓公宫中七市，女闾七百：齐桓公，姜姓，名小白。春秋初年的齐国国君，他不计前嫌，任用管仲为相，改革内政，尊王攘夷，国富兵强，成为春秋五霸之首。他在官内让宫女设市以取乐。闾，市门。

⑧管仲：人名。姬姓，管氏，名夷吾，字仲，谥敬，齐颍上（今安徽省颍上县）人。

⑨三归：储存财宝的地方。

译文

周文君免去了工师籍的相国职位，而任命吕仓为相国，东周国的百姓对这件事不高兴。周文君为此感到很忧虑。鉴于此，有人对周文君说："国家所做的一切，人们必定会有诽谤和赞成两种态度，忠臣则会使诽谤全都加在自己的身上，而把赞美的话都加在君主的身上。宋国的国君贻误农时来建造娱乐用的高台，因此百姓都非议这件事，这是因为没有忠臣来为君主掩盖过错罢了。子罕便辞去了相位而亲自担任司空来监督人民修筑高台，百姓因此非议子罕但褒扬他们的国君。齐桓公在宫中设立了七个市场，又招来七百个歌妓，国人都非议这件事情。管仲因此故意在家里筑'三归台'，以此来掩盖齐桓公的过错，不是让百姓的非议落在自己的身上吗？《春秋》所记载的臣子杀国君的事例数以百计，这些臣子都是很受赞誉的大臣。所以说大臣受到赞誉，并不是国家的好事。因此，人越多力量就越大，积累微小的土石就能堆成不可动摇的大山。"周文君认为很有道理，于是就没有免掉吕仓的相国职位。

十一 温人之周

温①人之周，周不纳。问曰："客耶？"对曰②："主人也。"问其巷而不知也，吏因因之。

君使人问之曰："子非周人，而自谓非客，何也？"对曰："臣少而诵《诗》，《诗》曰：'普天之下，莫非王土；率土之滨，莫非王臣。'今周君天下，则我天子之臣，而又为客哉？故曰主人。"君乃使吏出之。

注释

①温：地名。魏国都邑，地处今河南温县。

②前两句：（清）程薆初《战国策集注》作"温人之周，周不纳客。即对曰"。

译文

　　魏国温地有一个人到东周去，东周国不接纳他，并且问他说："你是客籍人士吗？"温人回答说："我是主人。"东周官吏问他住的巷名，温人却毫无所知，于是官吏就把他囚禁了起来。

　　这时东周君主派人来问他："你既然不是周人，却又不承认自己是客人，这是为什么呢？"温人回答说："我年少的时候曾诵读《诗经》，《诗经》上说：'整个天下，没有一处不是君王的领土；四海之内，没有一人不是君王的臣民。'如今东周国君统治天下，我就是天子的臣民，又怎么能是客人呢？所以我才说是主人。"东周国君就让官吏把这个人释放了。

十二　或为周最谓金投曰

　　或为周最谓金投^①曰："秦以周最之齐疑天下，而又知赵之难予^②齐人战，恐齐、韩之合，必先合于秦。秦、齐合，则公之国虚^③矣。公不如救齐，因佐秦而伐韩、魏，上党、长子^④，赵之有已。公东收宝于秦，南取地于韩、魏，因以困徐为^⑤之东，则有合矣。"

注释

　　①金投：人名。赵国的臣子，属于反齐国一派。

　　②予：同"与"。

　　③国虚：国家灭亡，变成废墟。虚，同"墟"。

　　④上党：韩国郡。地处今山西东南部。长子：韩国都邑。地处今山西长子西。

　　⑤徐为：人名。指赵将韩徐为。

译文

　　有人作为齐国相国周最的说客对赵国的金投说："秦国因为周最到齐国，

就怀疑诸侯会联合攻打秦国，并且秦国又知道赵国难以与齐国作战，又害怕齐、韩两国合盟，因此赵国必定先同秦国联合。如果秦国、齐国两国联合起来，那么您的赵国就要变成废墟了。您不如救助齐国，再帮助秦国去讨伐韩国和魏国，那么上党、长子就归赵国所有了。这样，您在东边可以得到秦国送来的宝物，在南边又能夺取韩国与魏国的土地，阻止韩徐为向东边攻打齐国，那么赵国就可以与秦、齐联合了。

十三　周最谓金投曰

周最谓金投曰：“公今负秦与强齐战，战胜，秦且收齐而封之，使无多割而听天下之战；不胜，国大伤，不得不听秦。秦尽韩、魏之上党^①，太原之西，秦之有已。秦地，天下之半也，制齐、楚、三晋^②之命，复国且身危，是何计之道也！”

注释

①韩、魏之上党：韩国的上党郡在今山西东南上党一带。魏国的上党郡在今山西上党以东。

②三晋：韩、赵、魏三家分晋，故称“三晋”。

译文

齐国的相国周最对赵国的臣子金投说：“您现在依靠秦国与强大的齐国作战，如果战胜了齐国，秦国就会收缴齐国的土地而让齐国听命于他，迫使齐国不得多割让土地给别国，这样秦国就可作壁上观，任诸侯互相混战；如果赵国战败，赵国就会大伤元气，不得不听任秦国的摆布了。秦国完全夺取韩国和魏国的上党地区，太原以西就都会归秦国所有了。秦国的土地已是天下的一半，再控制住齐国、楚国和韩国、赵国、魏国的命运，这将会使赵国覆亡，您也会自身难保，您这是出的什么主意呀！”

十四　右行秦谓大梁造曰

右行秦①谓大梁造②曰："欲决霸王之名，不如备两周辩知之士。"谓周君曰："君不如令辩知之士，为君争于秦。"

注释

①右行：秦国武官。秦：即此武官之名。

②大梁造：秦国的高级爵位，执政而兼统军队。一作"大良造"。

译文

右行秦对秦国的大梁造说："如果秦国决心要成就霸主威名，不如广泛搜罗东周、西周那些有辩才且富于智谋的人士。"右行秦又对东周君主说："您不如让那些有辩才有智谋的人士，为您在秦国争取尊贵的地位。"

十五　谓薛公曰

谓薛公①曰："周最于齐王至厚②也，而逐之。听祝弗③，相吕礼者，欲取秦也。秦、齐合，弗与礼重矣。有用齐者④，秦必轻君。君弗如急北兵趋赵以和秦、魏⑤，收周最以为厚行⑥，且反齐王之信，又禁天下之变⑦。齐无秦，天下集齐⑧，弗必走，齐王谁与为其国？"

注释

①薛公：田文的封号。薛：地名。齐国都邑，地处今山东滕州东南。

②至厚：（清）程篯初《战国策集注》作"厚"。

③祝弗：齐国人，主张齐国与秦国联合。

④有用齐者：（清）程篯初《战国策集注》作"有用齐"。

⑤以和秦、魏：（清）程篯初《战国策集注》作"以秦、魏"。

⑥厚行：（清）程篯初《战国策集注》作"后行"。

⑦天下之变：（清）程篯初《战国策集注》作"天下之率"。

⑧集齐：（清）程篯初《战国策集注》作"果"。

有人对薛公田文说:"周最与齐国的关系是非常深厚的,可是齐王还在驱逐他。这是因为齐王听信了祝弗,而任用吕礼当相国的缘故,目的是想要争取秦国的援助。一旦秦国和齐国联合起来,祝弗和吕礼就会受到重用。他们如果被齐国重用,那么秦国一定会轻视怠慢您。您不如赶紧向北进军,促成赵国与秦、魏两国的议和,再任用周最来增强自己的势力。这样做不但可以使齐王违反秦、齐两国的盟约,还能制止天下政治情势的变化。一旦齐国失去秦国的援助,则天下诸侯的矛头都将对准齐国,这样,祝弗必定逃离齐国,齐王又能用谁来治理他的国家呢?"

十六　齐听祝弗

齐听祝弗,外周最。谓齐王①曰:"逐周最、听祝弗、相吕礼者,欲深取秦也。秦得天下,则伐齐深矣。夫齐合则赵恐伐,故急兵以示秦。秦以赵攻齐,与之齐伐赵,其实同理,必不处矣。故用祝弗,郤②天下之理也。"

①齐王:齐国的君主。此处指齐闵王。齐宣王之子,田齐政权第六任国君,其于公元前301年即位,在位十七年。

②郤(xì):同"隙",指感情上的裂痕,此处作动词。

齐王听信了祝弗的建议,排斥了周最。有人对齐王说:"您驱逐周最,听信祝弗的建议,并任命吕礼为相国,是想要迫切地争取秦国的支持。一旦秦国得到了天下诸侯的敬服,定会更加深入地攻打齐国。再说,如果秦、齐两国联合,那么赵国定会担心自己受到进攻,必然会立即出兵攻打齐国来向秦国示威。秦国利用赵国攻打齐国,同驱使齐国攻打赵国,其实是相同的道理,秦国坚持攻打齐国的态度是不变的。因此，任用祝弗，就是和天下诸侯站在了对立面。"

十七　苏厉为周最谓苏秦曰

苏厉为周最谓苏秦曰："君不如令王听最以地合于魏，赵必恐，合于齐，是君以合齐与强楚，事产于君。若欲困最之事，则合齐者君也，割地者最也。"

译文

苏厉为周最对苏秦说："您不如说服齐王听从周最的意见，割让土地来同魏国联合，赵国一定会害怕，就会有意同齐国结盟。这样一来，您凭着齐、魏联合再同强大的楚国对抗，这件事就可以由您主持。如果您要找周最的麻烦，那么主张齐、魏、赵三国联合的是您，而主张割让土地给他国的责任，将归咎于周最。"

十八　谓周最曰

谓周最曰："仇赫①之相宋，将以观秦之应赵、宋，败三国②。三国不败，将与赵、宋合于东方以孤秦。亦将观韩、魏之于齐也；不固，则将与赵、宋败三国，则卖赵、宋于三国。公何不令人谓韩、魏之王曰：'欲秦、赵之相卖乎？何不令周最兼相，视之不可离③，则秦、赵必相卖以合于王也。'"

注释

①仇赫：人名。原本为赵国臣子，赵武灵王派遣他到宋国做相。

②三国：此处指齐国、韩国和魏国。

③视之不可离：表示不可分离。视：同"示"。

译文

　　有人对周最说："赵臣仇赫出任宋国的相国，他的目的就是观察秦国能否与赵、宋两国联合起来，打败齐、韩、魏三国。如果这三国没被打败，他将促使赵、宋两国和东方的齐、魏、韩三国联合起来孤立秦国。同时他也观察韩、魏两国与齐国的关系；如果三国之间的关系不牢固，他就会想办法让赵、宋两国联合秦国去攻打齐、魏、韩三国，再把赵国和宋国出卖给三国。鉴于这样的形势，您为什么不派人去对韩、魏两国的国君说：'想让秦国和赵国互相利用么？那么为什么不让周最兼任韩、魏两国的相国，借以向天下人显示韩、魏国之间的关系牢不可破，这样，秦、赵两国必然互不信任，而争相与韩、魏两国联合了。'"

十九　为周最谓魏王曰

　　为周最谓魏王[①]曰："秦知赵之难与齐战也，将恐齐、赵之合也，必阴劲[②]之。赵不敢战，恐秦不己收也，先合于齐。秦、赵争齐而王无人焉，不可。王不去周最，合与收齐，而以兵之急则伐齐，无因事也。"

注释

　　①魏王：魏国君主。此处指魏昭王。姬姓，魏氏，名遫（chì）。魏襄王之子。魏国第五代国君。

　　②阴劲：暗中增强……的战斗力。

译文

　　有人为周最对魏王说："秦国知道赵国害怕同齐国作战，但又唯恐齐、赵两国结盟，因此一定会在暗地里支持并增强赵国的力量。赵国不敢与齐国交战，因为它害怕秦国不是真心想跟自己结盟，因此赵国将会先与齐国结盟。这样就会出现秦、赵两国都争着与齐国结盟的局面，这样大王就没有了在齐国为您说话的人了，这样是不行的。大王不要让周最离开魏国，派遣周最去拉拢并联合齐国，如果因为秦国急于向东方出兵就去攻打齐国，就会使自己处于被动的局面。"

二十　谓周最曰

谓周最曰："魏王①以国与先生，贵合于秦以伐齐。薛公倍②故主③，轻忘其薛，不顾其先君之丘墓，而公独修虚信，为茂行，明君臣④，据故主，不与⑤伐齐者⑥，坐⑦以忿强秦，不可。公不如谓魏王、薛公曰：'请为王入齐，天下不能伤齐。而有变，臣请为救之；无变，王遂伐之。且臣为齐故⑧也，如累王之交于天下，不可。王为臣赐厚矣，臣入齐，则王亦无齐之累也。'"

❀注释

①魏王：此处指魏昭王。

②倍：通"背"，背叛，背弃。（清）程羲初《战国策集注》无"倍"字。

③故主：指田文原来侍奉的君主，即齐闵王。

④君臣：（清）程羲初《战国策集注》作"群臣"。

⑤与：同意。

⑥伐齐者：（清）程羲初《战国策集注》作"伐齐"。

⑦坐：（清）程羲初《战国策集注》作"产"。

⑧故：（清）程羲初《战国策集注》作"奴"。

❀译文

有人对周最说："魏王把国家大事托付给先生，是想联合秦国去讨伐齐国。薛公田文背离原来的君王，轻易地忘记了自己在薛的封地，连他父亲的坟墓都弃之不顾，而您却忠心于齐，不肯联秦伐齐，并追求不切实际的美行，又表明自己怀念和齐王的君臣之义，站在齐王的立场上，不同意联秦攻打齐国，如此生出许多事端引起了强大的秦国的忿恨，这样是不行的。您不如去对魏王、薛公说：'请允许我为大王到齐国去，天下诸侯可能因此不做出伤害齐国的事情。如果形势发生了变化，臣请大王您去救助齐国；如果形势未发生变化，大王就可以出兵讨伐齐国。而且我和齐王是旧交，若是因此耽误了大王交结天下各国的计划，那就太不近情理了。大王对我的恩惠太深厚了，只要我到了齐国，那么大王对齐国就不会有后顾之忧了。'"

二十一　赵取周之祭地

赵取周之祭地，周君患之，告于郑朝①。郑朝曰："君勿患也，臣请以三十金②复取之③。"周君予之。郑朝献之赵太卜④，因告以祭地事。及王病，使卜之。太卜谴之曰："周之祭地为祟。"赵乃还之。

注释

①郑朝：人名。周臣。

②三十金：三十斤黄金。古代以黄金一斤为一金。

③复取之：（清）程篯初《战国策集注》作"取之"。

④太卜：官名。指卜官之长。掌阴阳卜筮之法，通过卜筮蓍龟，帮助君王决定诸疑，观国家之吉凶。

译文

赵国夺取了东周国的祭地，东周国君为此感到忧虑，便把自己心中忧虑告诉了郑朝。郑朝说："君王不必忧虑，请给我三十金，我能把那祭地重新收回来。"东周国君就给了郑朝三十金，郑朝把它献给了赵国的太卜，并将祭地的事告诉了他。后来，赵王生了病，让太卜占卜问病，太卜埋怨说："这是东周国祭地的鬼神在作怪。"于是赵国便把祭地归还了东周。

二十二 杜赫欲重景翠于周

杜赫^①欲重景翠^②于周，谓周君^③曰："君之国小，尽君之重宝珠玉以事诸侯，不可不察也！譬之如张罗者，张于无鸟之所，则终日无所得矣；张于多鸟处，则又骇鸟矣；必张于有鸟无鸟之际，然后能多得鸟矣。今君将施于大人，大人轻君；施于小人，小人无可以求，又费财焉。君必施于今之穷士，不必且为大人者，故能得欲矣。"

✦注 释

①杜赫：人名。东周国人。

②景翠：人名。楚国将领。

③周君：此处指周昭文王。

✦译 文

杜赫想让东周重用景翠，就对东周国君说："君王您的国家很小，即使倾尽全国的珍宝、珠玉来侍奉诸侯，又有什么用呢，您不能不慎重考虑一下！就比如设网捕鸟的人，将网设置在没有鸟的地方，则永远也不会捕到鸟；如果把网张设在鸟多的地方，就会使鸟察觉到，又会把鸟吓跑。一定要把网设在有鸟而鸟不多的地方，这样才会捕到很多鸟。如今君王您如果想把珍宝给予有地位的人，但是他们会不屑于为您所用；如果把珍宝给予地位低下的人，但这些人没有什么用处，又浪费钱财。君王您一定要把珍宝给予那些目前看起来穷困潦倒，但将来可能成大器的人，不必都把珍宝给予地位高的人，这样才能达到您的目的。"

二十三 周共太子死

周共太子^①死，有五庶子，皆爱之，而无适立^②也。司马翦^③谓楚王^④曰："何不封公子咎^⑤而为之请太子？"左成^⑥谓司马翦曰："周君不听，是公之知困⑦而交绝于周也。不如谓周君曰：'孰欲立也？微告翦，翦令楚王资之以地。'"

公若⑧欲为太子，因令人谓相国御展子、庙夫空⑨曰："王类欲令若为之，此健士也，居中不便于相国。"相国令之为太子。

注释

①共太子：指东周武公的太子。共，即太子的谥号。按谥法尊贤贵义曰"共"。

②适（dí）立：嫡子应继位为君的人。适，通"嫡"，正妻所生的儿子称为嫡子。

③司马翦：司马，楚国的武官名。翦，是人名。

④楚王：楚国的君王，此处指楚怀王熊槐。

⑤公子咎：人名。东周武公五庶子之一。

⑥左成：人名。楚国的臣子。

⑦知困：智谋难以施展。知，同"智"。

⑧公若：人名。东周武公五庶子之一。

⑨相国御展子：给东周相国驾车的，姓展。庙（sè）夫空：庙夫，小臣，名空。庙，同"啬"。

译文

东周武公的共太子死了，武公还有五个庶出的儿子，他都很喜爱，但始终没有确立谁做太子。大臣司马翦对楚怀王说："大王您为什么不趁此机会多多资助公子咎，并且请求周君立公子咎为太子呢？"大臣左成对司马翦说："如果周君不答应，这样您的谋划便难以实现，而且楚国也会因此与东周交恶。不如去对周君说：'主君您想要立谁做太子，请私下告诉我，我将让楚王多给他土地来支持他。'"

公若想做太子，因此派人去对楚国相国的车夫展子和小臣啬夫空说："楚王似乎想让公若做太子，公若可是一个很有才能的人，如果他留在楚国，对相国真是百害而无一利。"于是楚相国便支持公若为太子。

二十四　三国隘秦

三国隘①秦，周令其相之秦，以秦之轻也，留其行。有人谓相国曰："秦之轻重未可知也。秦欲知三国之情，公不如遂见秦王曰：'请为王听②东方之处。③'秦必重公。是公重周，重周以取秦也。齐重故有周最以取齐，是周常不失重国之交也。"

注释

①隘：阻碍，阻塞。

②听：侦察，侦候。

③东方：指韩、赵、魏三国。处：变化。

译文

韩、赵、魏三国阻绝了秦国向东扩展，东周国君派遣相国出使秦国，由于秦国对周相意存轻视，因而滞留而不进。有人对相国说："秦国对您的态度如何尚未明确。秦国很想知道三国的实情，您不如马上去见秦王说：'请允许我为大王您侦察东方三国赵、韩、魏的变化。'这样，秦王必定会看重您。这样您就使东周国受到秦国的尊重，东周受尊重就是争取到秦国了。齐国尊重东周，则是本有周最和齐国的密切关系在，东周处于秦、齐两国之间，将始终能和二者保持良好的邦交关系。"

二十五　昌他亡西周之东周

昌他①亡西周之东周，尽输西周之情于东周。东周大喜，西周大怒。冯且②曰："臣能杀之。"君予金三十斤。冯且使人操金与书，间遗昌他书曰："告昌他：事可成，勉成之；不可成，亟③亡来！事久且泄，自令身死。"因使人告东周之候④曰："今夕有奸人当入者矣。"候得而献东周，东周立杀昌他。

传世·经典国学集

注 释

①昌他：人名。西周国的臣子。

②冯且（jū）：人名。西周国的臣子。

③亟（jí）：立刻、马上。

④候：在边境从事侦察的人。

译 文

西周大臣昌他叛逃出西周国，逃到了东周国，并把他所知道的西周国的国情全部泄露给了东周国。东周国君十分高兴，西周国君知道后火冒三丈。西周国大臣冯且对西周国君说："我有办法杀掉昌他。"西周国君就给了冯且金三十斤。冯且派人拿着黄金和一封反间信，去找昌他，准备悄悄交给昌他的信上写道："告诉你昌他：如果事情可以办成，你就尽量努力办成；如果不能办成，就速速返回！时间长了，事情可能会败露，到时你就自身难保。"同时，冯且又派人告诉东周国边境的东周探子说："今晚有奸细要进入东周国境。"东周探子果然捕获送信人，搜出书信献给东周国君，东周国君立刻将昌他杀掉。

二十六　昭翦与东周恶

昭翦与东周恶，或谓昭翦曰："为公画阴计。"昭翦曰："何也？""西周甚憎东周，尝欲东周与楚恶，西周必令贼贼公，因宣言东周也，以恶之于王也。"照翦曰："善。吾又恐东周之贼己而以诬西周恶之于楚。"遽和东周。

译 文

楚国大臣昭翦与东周国的关系恶化之后，有人对昭翦说："我颇为您的安全担心，想为您暗地里谋划一下。"昭翦说："谋划什么？"这个人说："西周国非常憎恨东周国，经常想让东周国与楚国交恶，西周必定会派刺客暗杀您，扬言说是东周国干的，目的是使楚王憎恨东周国。"昭翦说："对。但我又担心东周国派人杀我而把事情诬陷到西周国的身上，使楚国对西周国不满。"于是昭翦急忙与东周讲和。

二十七　严氏为贼

严氏①为贼②，而阳坚③与焉。道周，周君留之十四日，载以乘车驷马④而遣之。韩使人让周，周君患之。客谓周君曰："正语之曰：'寡人知严氏之为贼，而阳坚与之，故留之十四日以待命也。小国不足亦以容贼，君之使又不至，是以遣之也。'"

🐉注释

①严氏：指韩国大臣严遂。
②为贼：指严遂派人刺杀韩国相国的事件。贼，刺杀，杀害。
③阳坚：人名。聂政暗杀行动的参与者。
④乘车驷（sì）马：四马驾一车谓一乘。

🐉译文

严遂派人刺杀韩国相国，阳坚也参与了此事。事后阳坚逃亡经过东周国，东周国君收留了他，让他住了十四天，之后用一辆四匹马拉的车子将其遣送出境。韩国派人责问东周国君，东周国君为此感到十分忧虑。有人对东周国君说："您就直截了当、毫不隐讳地对韩国使臣说：'我知道严遂谋杀韩相的事件，也知道阳坚参与其事，所以把他拘留了十四天，等待贵国的命令。可是我们国小力弱，不能让刺客逗留境内，可是，您的使臣又迟迟不来，我只好把他送走了。'"

卷二 西周策

周考王时，国势益弱，后又分为东周国和西周国，周赧王五十九年（前 256 年），西周国为秦国所灭。

本卷的西周即指西周国，西周策从"薛公以齐为韩、魏攻楚"篇开始，至"犀武败"篇结束，共 1 卷，17 篇。

一　薛公以齐为韩、魏攻楚

薛公以齐为韩、魏攻楚①，又与韩、魏攻秦②，而藉兵乞食于西周。韩庆③为西周谓薛公曰："君以齐为韩、魏攻楚，九年而取宛、叶以北以强韩、魏④，今又攻秦以益之。韩、魏南无楚忧，西无秦患，则地广而益重，齐必轻矣。夫本末更盛，虚实有时，窃为君危之。君不如令弊邑阴合于秦而君无攻，又无藉兵乞食。君临函谷⑤而无攻，令弊邑以君之情谓秦王⑥曰：'薛公必不破秦以张韩、魏，所以进兵者，欲王令楚割东国⑦以与齐也。'秦王出楚王⑧以为和，君令弊邑以此惠秦，秦得无破⑨而以楚之东国自免也，必欲之。楚王出，必德齐，齐得东国而益强，而薛世世无患。秦不大弱而处之三晋⑩之西，三晋必重齐。"薛公曰："善。"因令韩庆入秦，而使三国无攻秦，而使不藉兵乞食于西周⑪。

注释

①薛公以齐为韩、魏攻楚：薛，齐国都邑，故城在今山东滕州东南。薛公，指孟尝君田文。齐威王封少子田婴于薛，婴子田文袭封，故称"薛公"。为，与。

②又与韩、魏攻秦：秦昭王八年（公元前299年），田文入秦为相，不久受谗言被囚，次年逃回齐国，任齐国相。田文怨秦，故和韩、魏攻秦。

③韩庆：西周国的臣子。

④九年而取宛、叶以北：宛、叶以北，指今河南襄城、鲁山一带。宛，地处今河南南阳。叶，地处今河南叶县西南。（清）程颐初《战国策集注》作"九年，取宛、叶以北，为强韩、魏"。

⑤函谷：秦国关隘，地处今河南灵宝北。

⑥秦王：秦国的君王。此处指秦昭王。

⑦东国：自今河南鄄城以东，沿淮北至泗上一带。

⑧出楚王：公元前299年，张仪诱楚怀王会秦，在武关相会，楚怀王被执入秦。

⑨无破：（清）程颐初《战国策集注》作"无攻"。

⑩三晋：此处指韩、赵、魏三国。

⑪西周：（清）程颐初《战国策集注》作"周"。

译文

齐国孟尝君田文，又称薛公，利用齐国和韩、魏攻打楚国，又联合韩、魏攻打秦国，并且向西周国借兵求粮。韩庆为西周国对薛公说："您利用齐国和韩国、魏国攻打楚国，打了九年，攻取了宛、叶以北的地区，从而增强了韩和魏国的力量，如今又攻打秦国来使韩、魏更加强大。韩国和魏国南面没有楚国侵扰的忧虑，西面没有秦国入侵的忧患，这样一来地域辽阔的两个国家就显得更加重要，因此齐国必然就受到轻视了。就像树木的树根和枝梢更迭盛衰，事物的强弱也会因时而变化，我私下替您感到不安。您不如使敝国暗中与秦联合，而您不要去攻打秦国，也不要向敝国借兵求粮。您兵临函谷关而不要进攻，让敝国把您的意图对秦王说：'薛公肯定不会破秦来扩张韩、魏的势力，他之所以向秦国进兵，是想让大王把楚国的东国地区割给齐国。'这样，秦王将会放回楚怀王来与齐保持和好关系，您让敝国以此讨好秦国，秦国不受破坏而拿楚国的东国使自己免除灾难，肯定会愿意去做。楚王得以归国，必定会感激齐国，齐国得到楚国的东国会愈发强大，而薛公地盘也就世世代代没有忧患了。秦国未受到重大的削弱而处于三晋的西邻，对三晋造成威胁，三晋必会重视齐国。"薛公说："很好。"因而派遣韩庆入秦，使三国停止了攻秦的行动，也不再向西周借兵求粮。

二 秦败魏将犀武军于伊阙

秦败魏将犀武军于伊阙[1]，进兵而攻周。为周最谓李兑[2]曰："君不如禁秦之攻周。赵之上计莫如令秦、魏复战。今秦攻周而得之，则众必多伤矣。秦欲待周之得[3]，必不攻魏；秦若攻周而不得，前有胜魏之劳，后有攻周之败，又必不攻。今君禁之，而秦未与魏讲也。而全赵令其止，必不敢不听，是君却秦而定周也。秦去周，必复攻魏，魏不能支，必因君而讲，则君重矣。若魏不讲而疾支之，是君存周而战秦、魏也，重亦尽在赵。"

注释

①秦败魏将犀武军于伊阙：犀武，人名。魏国将领。伊阙：地名。俗称龙门，地处今河南洛阳南。（清）程蔑初《战国策集注》作"秦攻魏将犀武军于伊阙"。

②李兑：人名。赵国大臣，号奉阳君，曾为赵国司寇。

③秦欲待周之得：（清）程蔑初《战国策集注》作"秦欲持周之得"。

译文

秦军在伊阙击败魏将犀武的军队之后，又进军攻打西周国。有人为周最对李兑说："您不如阻止秦国攻打西周。赵国最好的计策，莫过于让秦、魏两国再次交战。如果秦国进攻西周取得了胜利，那么它伤亡的士兵一定很多。如果秦国想要等待战胜西周，就一定不会再立刻攻打魏国；秦国如果进攻西周未能取胜，那么，它不久之前刚刚战胜魏国，已经疲惫不堪，后来又被西周击败，也必定不会立刻进攻魏国。现在您阻止秦国进攻西周，正是趁着秦国还没有与魏国讲和的时候。如果未遭受战祸损伤赵国让秦国停止进攻西周，秦国一定不敢不听，这样就是您让秦国退兵而安定了西周。秦军离开西周，必定会再去攻打魏国，魏国如果没有力量抵抗，一定会依靠您去和秦国讲和，那么，您将会受到重视。如果魏国不肯与秦国讲和，那么您就尽力支持魏国。这样，您既能使西周保全，又可以坐观秦、魏两国再次交战，局势的主动权就全部落在赵国手里。"

三　秦令樗里疾以车百乘入周

秦令樗里疾以车百乘入周①，周君迎之以卒②，甚敬。楚王③怒，让④周，以其重秦客。

游腾⑤谓楚王曰："昔智伯欲伐厹由⑥，遗⑦之大钟，载以广车，因随入以兵，厹由卒亡，无备故也。桓公伐蔡⑧也，号言伐楚，其实袭蔡。今秦者，虎狼之国也，兼有吞周之意，使樗里疾以车百乘入周，周君惧焉，以蔡、厹由戒⑨之，故使长兵在前，强弩在后，名曰卫疾，而实囚之也。周君岂能无爱国哉？恐一日之亡国，而忧大王。"楚王乃悦。

注释

①樗（chū）里疾：人名。秦惠文王之弟，因其居在渭南阴乡樗里，故号樗里子，秦武王时为右丞相。以：率领。

②卒：卫队。百人为卒。

③楚王：楚国君王。此处指楚怀王。

④让：责备。

⑤游腾：人名。西周国臣子。

⑥智伯：晋国卿智伯瑶。厹（qiú）由：古国名。地处今陕西孟县东北。

⑦遗（wèi）：给，赠。

⑧桓公：指齐桓公小白。蔡：国名。地处今河南上蔡。

⑨戒：（清）程蘡初《战国策集注》作"惑"。

译文

秦国派樗里疾带领上百辆车进入西周国，西周国君用百名士卒的盛大仪式出城欢迎，很是隆重，非常重视和尊敬樗里疾。楚王知道以后非常愤怒，谴责西周国君，因为西周国君对待秦国使者过于恭敬。

西周臣子游腾就对楚王解释说："以前晋国的智伯将要讨伐厹由，先赠送厹由一口大钟，便用大车运这口大钟，大车后面跟随着大队兵马，厹由措手不及因此灭亡，这主要是因为厹由丝毫没有防备的缘故。从前，齐桓公打蔡国时，表面上声称去攻打楚国，实际上却是攻打蔡国。如今秦国是一个如狼似虎的国家，贪得无厌，凶猛无比，还有吞灭西周国的野心。秦国派樗里疾率领百辆战车到西周时，西周国君非常害怕，于是以当年的蔡国和厹由的事情作为前车之鉴，甚为戒备，所以在欢迎仪式上派手持长柄武器的士兵走在前面，手持强弓的士兵走在后面，名义上是欢迎、保卫樗里疾，实际上是围住他。西周国君难道不爱他的国家吗？他害怕一旦亡国，而让大王您担忧。"楚王这才高兴起来。

四　雍氏之役

雍氏①之役，韩征甲②与粟于周。周君患之，告苏代③。苏代曰："何患焉？代能为君令韩不征甲与粟于周，又能为君得高都④。"周君大悦曰："子苟能，寡人请以国听。"

苏代遂往见韩相国公仲⑤曰："公不闻楚计乎？昭应谓楚王⑥曰：'韩氏罢⑦于兵，仓廪空，无以守城，吾收⑧之以饥，不过一月必拔之。'今围雍氏五月不能拔，是楚病⑨也，楚王始不信昭应之计矣。今公乃征甲及⑩粟于周，此告楚病也。昭应闻此，必劝楚王益兵守雍氏，雍氏必拔。"公仲曰："善。然吾使者已行矣。"代曰："公何不以高都与周。"公仲怒曰："吾无征甲与粟于周，亦已多矣！何为与高都？"代曰："与之高都，则周必折而入于韩，秦闻之，必大怒而焚周之节⑪，不通其使，是公以弊高都得完周也，何不与也？"公仲曰："善。"

不征甲与粟于周而与高都，楚卒不拔雍氏而去。

注释

①雍氏：韩国都邑，地处河南禹州东北。

②甲：指兵卒。

③苏代：河南洛阳人。（清）程羹初《战国策集注》作"苏秦之弟"。一作"苏秦之兄"。

④高都：韩国都邑，地处河南伊阙南。

⑤公仲：韩国相国公仲佣。

⑥昭应：楚国将领。楚王：指楚怀王。

⑦罢：同"疲"，疲劳，疲惫。

⑧吾收：（清）程羹初《战国策集注》作"攻"。

⑨病：困，弱点。

⑩及：（清）程羹初《战国策集注》作"与"。

⑪焚周之节：焚节表示绝交。节：符节，使臣所执。

译文

楚国攻打韩国的雍氏，韩国向西周国征调士兵和粮食，西周国君为此感到忧虑，就与苏代共商对策。苏代说："君王何必为这件事烦恼呢？我能让韩国不向西周征调士兵和粮食，又能让您得到高都。"西周国君听后非常高兴，说："您如果能做到，那么以后寡人就让您来管理国家大政。"

苏代于是前往韩国拜见相国公仲，对他说道："您没有听说楚国的计策吗？楚将昭应对楚王说：'韩国疲于征战，因而粮库空虚，已经没有什么力量守住城池，我乘韩国饥饿的时机，率兵夺取韩国的雍氏，不到一个月就能攻下。'如今楚国包围雍氏已经五个月了，还不能攻克，这暴露了楚军的处境困窘，楚王已经开始不相信昭应的计策了。如今您却向西周征调士兵和粮食，这分明是在告诉楚国，韩国已经处于危险的境地了。如果昭应知道这个消息，一定会劝说楚王增兵包围雍氏，届时雍氏必然被攻陷。"公仲说："很好，但是我国的使者已经赶往西周了。"苏代接着说："您为什么不把高都之地送给西周国呢？"公仲听后非常愤怒，很生气地说："我不向西周国征调士兵和粮食已经不错了！为什么还要送给西周高都呢？"苏代说："假如您能把高都送给西周国，那么西周国必然转而投向韩国，秦国知道以后，必然会大为震怒，不仅会焚毁西周国的符节，而且还会断绝使臣的来往。这样一来，就是您在用一个破烂的高都换取一个完整的西周国，阁下为什么不愿意给呢？"公仲说："好吧。"

于是韩国就不再向西周国征调士兵和粮食，并且将高都割让给了西周国，楚国军队最终没能攻克雍氏而离去了。

五 周君之秦

周君之秦。谓周最^①曰："不如誉秦王^②之孝也，因以原^③为太后^④养地。秦王、太后必喜，是公有秦也。交善，周君必以为公功；交恶，劝周君入秦者必有罪矣。"

注释

①周最：西周的公子，时常随西周国君入秦国。
②秦王：指秦昭王。
③原：地名。西周的都邑，地处今河南济源西北。
④太后：指秦昭王母宣太后。

译文

西周国君要到秦国去。有人对周最说："您不如夸赞秦王对太后的孝心，顺势把原地赠送给太后作养老之地。秦王和太后一定会很高兴，这样您就取得了秦国的信任。如果周、秦两国的关系友好，那么西周国君一定认为是您的功劳；如果两国邦交恶化，劝周君到秦国去的人就一定有罪的了。"

六 苏厉谓周君曰

苏厉^①谓周君曰："败韩、魏，杀犀武^②，攻赵，取蔺、离石、祁者^③，皆白起^④。是攻用兵^⑤，又有天命也。今攻梁^⑥，梁必破，破则周危，君不若止之。谓白起曰：'楚有养由基^⑦者，善射，去柳叶者百步而射之，百发百中，左右皆曰善。有一人过曰，善射，可教射也矣。养由基曰，人皆曰善⑧，子乃曰可教射，子何不代我射之也？客曰，我不能教子支左屈右⑨。夫射柳叶者，百发百中而不已⑩善息，少焉气力倦，弓拨矢钩，一发不中，前功尽矣。今公破韩、魏，杀犀武，而北攻赵，取蔺、离石、祁者，公也。公之功甚多。今公又以秦兵出塞⑪，过两周，践韩而以攻梁，一攻而不得，前功尽灭，公不若称病不出也。"

注释

①苏厉：指苏秦之弟。

②犀武：魏国的将领。

③蔺：地处今山西离石西。离石：地处今山西离石。祁：地处今山西祁县。

④白起：秦国将领，郿（今陕西郿县）人，以功封武安君。

⑤攻：通"工"。

⑥梁：当时的魏国都城在大梁，故魏国亦称梁国。

⑦养由基：春秋时楚国善射的人。

⑧人皆曰善：（清）程蘷初《战国策集注》作"人皆善"。

⑨支左屈右：左手支弓，右手弯曲，引箭射出。

⑩已：通"以"。

⑪塞：指伊阙塞，地处今河南洛阳南。

译文

苏厉对西周国君说："战胜韩、魏两国，杀死魏将犀武，攻占赵国的蔺、离石、祁三地，都是秦将白起。这是白起善于用兵，又有上天眷顾的缘故。现在白起率军攻打魏国，魏国也必然会一败涂地，魏国一旦被攻破，那西周国就危在旦夕了。所以君王您不如设法制止他。应该派使者去见白起，对他说：'楚国有一个名叫养由基的人，擅长射箭，百步之内射柳叶能够百发百中，因此旁人都称赞他箭术好。有一个人从他的旁边经过说，既然如此擅长射箭，就可以接受射箭的教育了。养由基听到后说，人人都说我射箭好，你却说我够条件接受射箭的教育，您为什么不代替我射箭呢？过路人说，我并不能教您左手拉弓用力向前伸出、右手拉弦用力向后弯曲那种射箭的方法。但是，您射柳叶能百发百中，却不趁着射得好的时候休息休息，过一会儿，当气力衰竭，感到疲倦，弓身不正，箭杆弯曲时，您若一箭射出而不中，岂不前功尽弃了吗？如今您击败韩、魏两国的军队，又杀了犀武，向北攻打赵国，夺取了蔺、离石和祁三地，这些都是您的功劳。您的功劳已很大了。现在又率领秦国的军队出塞，经过东、西两周，侵韩而攻魏，如果一战而不能取得胜利，就前功尽弃了，您不如假装生病，不去出兵攻打魏国。"

七 楚兵在山南

楚兵在山南①，吾得将为楚王属怒于周②。或谓周君曰："不如令太子将军正迎吾得于境，而君自郊迎，令天下皆知君之重吾得也。因泄之楚曰：'周君所以事吾得者器，必名曰某③。'楚王必求之，而吾得无效也，王必罪之。"

注释

①山南：指伊阙山的南面。

②吾得将为楚王属怒于周：吾得：人名。楚国将领。（清）程矦初《战国策集注》作"伍得"。下同。楚王：指楚怀王。属怒于周：（清）程矦初《战国策集注》作"属怨于周"。

③某：（清）程矦初《战国策集注》作"谋"。

译文

楚军进驻在伊阙山的南边，楚将吾得打算替楚王去激怒西周国君。有人对西周国君说："您不如让太子领军到边境上去迎接吾得，周君您也亲自到都城郊外迎接，让全天下的人都知道您是多么尊重楚将吾得。再将这个消息透露给楚国，并扬言说：'西周国君所用来事奉吾得的东西，是某件了不起的宝物。'这样，楚王定会想要得到这件宝物而向吾得索取，可是吾得却没有宝物献出来，楚王一定会怪罪他。"

八　楚请道于二周之间以临韩、魏

　　楚请道于二周之间^①以临韩、魏，周君患之。苏秦谓周君曰：
"除^②道属之于河，韩、魏必恶之。齐、秦恐楚之取九鼎也，必救
韩、魏而攻楚。楚不能守方城之外^③，安能道二周之间？若四国^④弗
恶，君虽不欲与也，楚必将自取之矣。"

注释

①二周之间：（清）程瓒初《战国策集注》作"两周之间"。下同。
②除：修治。
③方城之外：方城山以北。方城，楚国北方的险塞，地处今河南方城东北。
④四国：指韩、魏、齐、秦。

译文

　　楚国向东周和西周借道，以便进攻韩国和魏国，周君对此感到非常忧虑。
苏秦对周君说："您如果为楚国修治好道路，一直通到黄河边上，那么韩、魏
两国知道此事后一定会非常憎恶。齐国和秦国也都担心楚军夺取周室的九鼎，
一定会联合起来救援韩国和魏国而去攻打楚国。楚国如不能守住方城以北的地
方，还怎么能通过东、西二周去进攻韩、魏呢？如果韩、魏、齐、秦四国不反
对楚国的行动，君王您即使不愿交出九鼎，楚国也定会自行夺取的。"

九　司寇布为周最谓周君曰

　　司寇布为周最^①谓周君曰："君使人告齐王^②以周最不肯为太子
也，臣为君不取也。函冶氏为齐太公^③买良剑，公不知善，归其剑而
责^④之金。越人请买之千金，折而不卖^⑤。将死而属^⑥其子曰：'必无

独知。'今君之使最为太子，独知之契⑦也，天下未有信之者也。臣恐齐王之为君实立果而让之于最，以嫁⑧之齐也。君为多巧⑨，最为多诈，君何不买信货哉？奉养无有爱⑩于最也，使天下见之。"

注释

①司寇布：西周臣子。司寇，主刑狱的官，布为其名。周最：西周公子。

②齐王：指齐闵王。

③函冶氏：指齐国善于观察宝剑的人。齐太公：指田和，代姜氏立为齐侯，故称为齐太公。

④责：求取。

⑤折而不卖：指虽千金仍不够本价，故不肯卖。折，折本。

⑥属（zhǔ）：叮嘱、嘱托、告诫。

⑦契：契约。

⑧臣恐齐王之为君实立果而让之于最以嫁：（清）程蘷初《战国策集注》作"臣恐齐王之谓君实立果而让之于最，以嫁"。嫁：反推。

⑨巧：诈。

⑩爱：吝惜。

译文

司寇布代表周最对西周国君说："您派人告诉齐王周最不愿意做太子，臣认为这样做实在不太合适。以前函冶氏为齐太公买了一把宝剑，太公不知道这是好剑，就把那把剑还给了函冶氏，并且要求退还他的金钱。后来越国的一个人想用一千金买这把剑，函冶氏却又认为他出的价钱不够不愿意卖。当函冶氏即将去世时，叮嘱他儿子说：'一定不能只是自己知道自己的剑好。'如今您想立周最为太子，只有您自己知道，天下却没有人相信这件事。臣深怕齐王认为您本打算立周最而却说周最自愿不做太子，以此欺蒙齐国。如果君王您的态度不定，周最也富于心计，那么现在君王您为何不买令人信服的好货呢？话说回来，供养周最的财物不要吝惜，应该让天下的人都看得清清楚楚。"

十　秦召周君

秦召周君，周君难往。或为周君谓韩王^①曰：“秦召周君，将以使攻韩之南阳^②，王何不出于河南^③？周君闻之，将以为辞于秦而不往。周君不入秦，秦必不敢越河而攻南阳。”

注释

①韩王：韩国的君王。此处指韩襄王。

②南阳：地区名。地处韩、魏之间。

③河南：地名。指西周国的都城王城，在黄河之南。

译文

秦国召见西周国君，西周国君感到很为难，不愿前往秦国。有人替西周国君对韩王说：“秦国召见西周国君的目的是想让西周进攻韩国的南阳，君王您何为不出兵于黄河南岸呢？西周国君听到这个消息，就可以借口韩国进兵西周，不前往秦国了。西周国君不去秦国，秦国一定不敢渡过黄河来进攻南阳。”

十一　犀武败于伊阙

犀武败于伊阙，周君之魏求救，魏王以上党^①之急辞之。周君反，见梁囿^②而乐之也。綦母恢^③谓周君曰：“温^④囿不下此，而又近，臣能为君取之。”反，见魏王，王曰：“周君怨寡人乎？”对曰：“不怨，且谁怨乎？臣为王有患也。周君，谋主也^⑤。而设以国为王扞秦，而王无之扞也。臣见其必以国事秦也，秦悉塞外之兵与周之众，以攻南阳，而两上党绝矣。”

魏王曰：“然则奈何？”綦母恢曰：“周君形不小利事秦，而好小利^⑥。今王许戍三万人与温囿，周君得以为辞于父兄百姓，而利温囿以为乐，必不合于秦。臣尝闻温囿之利，岁八十金⑦，周君得温囿，其以事王者，岁百二十金。是上党无患而赢四十金。"魏王因使孟卯⑧致温囿于周君而许之成也⑨。

注释

①魏王：魏国的君王。此处指魏昭王。上党：魏郡。地处今山西和顺、榆社等县以南。

②梁囿（yòu）：指魏国都城大梁郊区蓄养鸟兽的游乐场所。

③綦（qí）母恢：西周臣子。（清）程鬖初《战国策集注》作"綦毋恢"。下同。

④温：地名。地处今河南温县。

⑤周君，谋主也：西周、韩、魏战于伊阙，西周国君是主谋之人。

⑥周君形不小利事秦，而好小利：（清）程鬖初《战国策集注》作"周君形不好小利，事秦而好小利。"

⑦岁八十金：（清）程鬖初《战国策集注》作"计岁八十金"。

⑧孟卯：人名。齐国人，在魏国任职。亦称"芒卯"。

⑨许之成也：（清）程鬖初《战国策集注》作"许之成"。

译文

秦国将领白起在伊阙打败了魏将犀武，乘胜而进攻西周，西周国君到魏国去求救，魏王以上党形势紧急，拒绝了他的请求。西周国君在返回途中，看见了魏国的梁囿心里十分喜爱。大臣綦母恢对周君说："魏国的温囿并不比梁囿差，而且又靠近我们西周国。我能替魏王得到它。"綦母恢返回去见魏王，魏王说："西周国君怨恨我吗？"綦母恢回答说："他不怨恨您又会怨恨谁呢？我真为大王忧虑啊。西周国君是攻秦事件的谋主。他用全国的力量为您抵御秦国，而大王却不可能帮助西周抵御秦国，我看西周势必要把整个国家交给秦国了，如果秦国把塞外全部兵力，加上西周的民众，统统用来攻打南阳，那么韩、魏两国的上党之间就断绝交通了。"

魏王说："既然这样那该怎么办呢？"綦母恢说："西周国君处于不利形

势，事奉秦国是为了贪图小利。现在大王如果允许派出三万人去驻扎在西周国边境，再送给他温囿，西周国君就可以以此为说辞面对父兄百姓了，又满足了他在温囿游乐的愿望，他一定不会与秦国联合。我听说温囿的收入，每年是八十金，西周国君得到温囿之后，他每年可以事奉大王一百二十金。这样，上党既没有了祸患，而您每年又可赢利四十金。"魏王听后，于是派孟卯把温囿送给西周国君，并且答应派兵为他驻守边境。

十二　韩魏易地

韩、魏易地，西周弗利。樊余谓楚王^①曰："周必亡矣。韩、魏之易地，韩得二县，魏亡二县。所以为之者，尽包二周，多于二县，九鼎存焉。且魏有南阳、郑地、三川^②而包二周，则楚方城之外危；韩兼两上党以临赵，即赵羊肠^③以上危。故易成之日，楚、赵皆轻。"楚王恐，因赵以止易也^④。

注释

①樊余：人名。西周臣子。楚王：指楚宣王。

②郑地：指春秋时郑国的故地，地处今河南新郑、郑州一带。三川：指黄河、洛水、伊水流经的地区。

③羊肠：赵国险塞的名称。山形曲折，形状如同羊肠，故名。地处今山西晋城南太行山上。

④因赵以止易也：（清）程婴初《战国策集注》作"因赵兵以止易"。

译文

韩、魏两国打算互换土地，西周国感到此事对自己非常不利。西周大臣樊余对楚王说："西周国一定会灭亡。韩、魏两国交换土地，韩国将得到两县，魏国将失掉两县。两国之所以要交换土地，是因为魏国所换得的土地可以将东周、西周完全包围，这样魏国所得的地方比两县还大，且九鼎就存放在那里。

再说，如果魏国有南阳、郑地和三川，就能包围两周，那么楚国方城以北的地方就危险了；韩国兼有两个上党就会逼临赵国，赵国那险要的羊肠地带也危险了。所以韩、魏两国交换土地成功之日，楚、赵两国也就都变得无足轻重了。"楚王听后十分恐慌，便同赵国一起制止了韩、魏两国交换土地的行为。

十三　秦欲攻周

秦欲攻周，周最谓秦王①曰："为王之国计者，不攻周。攻周，实不足以利国，而声畏天下。天下以声畏秦，必东合于齐。兵弊②于周，而合天下于齐，则秦孤而不王矣。是天下欲罢秦，故劝王攻周。秦与天下罢③，则令不横行于周矣。"

注释

①秦王：指秦昭王。

②兵弊：（清）程骙初《战国策集注》作"兵散"。

③秦与天下罢：（清）程骙初《战国策集注》作"秦与天下俱罢"。

译文

秦国打算进攻西周，周最对秦王说："大王若真的为秦国利益着想的话，就不该攻打西周。秦国如果攻打西周，对秦国毫无益处，反而会使天下人对秦国感到畏惧。天下诸侯对秦国感到畏惧，就会与东边的齐国联合。秦国因用兵西周而陷于疲惫，天下诸侯又联合了齐国，那么秦国就会处于孤立的地位，而不能在诸侯中称王了。可见攻打西周一事，完全是诸侯们为了使秦军精疲力尽，才怂恿君王您干的。如果秦国与其他诸侯国都弄得精疲力尽，那么任何国家的号令都不能通行于周了。"

十四　宫他谓周君

宫他①谓周君曰："原②恃秦而轻晋，秦饥而原亡。郑恃魏而轻韩，魏攻蔡而郑亡③。邾、莒④亡于齐，陈、蔡亡于楚⑤，此皆恃援国而轻近敌也。今君恃韩、魏而轻秦，国恐伤矣。君不如使周最阴合于赵以备秦，则不毁。"

十五　谓齐王

谓齐王①曰："王何不以地赍②周最以为太子也？"齐王令司马悍③以赂进周最于周。左尚④谓司马悍曰："周不听，是公之知困而交绝于周也。公不如谓周君曰：'何欲置？令人微告悍，悍请令王进之以地。'"左尚以此得事。

注释

①齐王：此处指齐宣王。

②赍（jī）：资助。

③司马悍：人名，齐国的臣子。

④左尚：人名，齐国的臣子。

译文

有人对齐王说："大王您为什么不拿土地去资助周最，让他成为西周的太子呢？"于是齐王命令大臣司马悍到西周去用土地贿赂西周国君，让其立周最为太子。左尚对司马悍说："如果西周国君不同意，这样不但使您的计划难以实行，而且齐国和西周的邦交也会就此断绝。您不如对周君说：'您想要立谁为太子？可以派人悄悄告诉我，我会让齐王以土地去资助他。'"左尚因为这件事而获得了尊宠的职位。

十六　三国攻秦反

三国攻秦反①，西周恐魏之藉道也。为西周谓魏王②曰："楚、宋不利秦之德三国也，彼且攻王之聚③以劲秦。"魏王惧，令军设舍④速东。

注释

①三国：指韩、赵、齐三国。反：同"返"。

②魏王：指魏襄王。

③聚：积聚。

④设舍：应为"拔舍"，即拔营。舍：军队驻扎的地方。

译文

韩、魏、齐三个国家联合攻打秦国后准备班师回国，西周国君担心魏国会向西周借道。有人为西周对魏王说："楚、宋两国认为秦国割地给三国以求讲和对自己不利，他们想要攻打大王您的粮食积聚之地来加强秦国的力量。"魏王听后害怕了，命令魏军马上兼程东归。

十七 犀武败

犀武败，周使周足①之秦。或谓周足曰："何不谓周君曰：'臣之秦，秦、周之交必恶。主君之臣，又秦重而欲相者，且恶臣于秦，而臣为不能使矣。臣愿免而行，君因相之，彼得相，不恶周于秦矣。'君重秦，故使相往，行而免，且轻秦也，公必不免。公言是而行，交善于秦，且公之成事也；交恶于秦，不善于公且诛矣。"

注释

①周足：人名，西周的相国。

译文

魏国将领犀武在伊阙被秦军打败了，西周打算派相国周足出使秦国。有人对周足说："您何不对周君说：'让我出使秦国，秦、西周的邦交一定会恶化。主君的大臣之中，有为秦国所重视而自己又想当相国的人，他定会在秦王面前重伤我，所以我是不宜出使秦国的。我愿意免去我的相国职位再出使秦国，主君便可以任命那个人当相国，他得到相国的职位，便不会在秦王面前中伤西周了。'周君很重视与秦国之间的关系，因此派相国出使秦国，如果临行前免去您的相位，这就是对秦国的轻视，由此看来，您的相位是一定不会被免去的。如果您对周君这样说了再出使秦国，如果西周与秦国友好相交，这使您在外交上取得了成功；如果西周与秦国的关系恶化，说您坏话且想做相国的人，必定会受到诛杀。"

卷三　秦策一

秦国（公元前 770 年—公元前 207 年），是周朝时中国西北地区的一个诸侯国。始祖秦非子是商朝名将飞廉之子恶来之后。秦人先祖嬴姓部族早在殷商时期就镇守西戎。周孝王六年（公元前 905 年），秦非子因养马有功被周天子分封，从而建国。治都于秦邑（今甘肃省天水市清水县东北），号曰"秦嬴"。公元前 821 年，秦庄公击败西戎，被周宣王封为西陲大夫。

前 770 年，秦襄公派兵护送周平王东迁，因功被封为诸侯。自此，秦国正式成为周朝的诸侯国。秦穆公时称霸西戎，位列"春秋五霸"。秦孝公时，任用商鞅变法，富国强兵，逐渐成为战国中后期最强大的国家。前 325 年秦惠文王称王。前 316 年兼并巴、蜀。前 230 年至前 221 年，秦王嬴政相继灭掉六国，建立了中国历史上第一个大一统的封建王朝——秦朝。

本策从"卫鞅亡魏入秦"篇开始，至"四国为一"篇结束，共 5 卷，65 篇。

一 卫鞅亡魏入秦

卫鞅①亡魏入秦，孝公以为相②，封之于商③，号曰商君。商君治秦，法令至行，公平无私，罚不讳强大，赏不私亲近。法及太子，黥、劓其傅④。期年⑤之后，道不拾遗，民不妄取，兵革大强，诸侯畏惧。然刻深寡恩，特以强服之耳。

孝公行之八年⑥，疾且不起，欲传商君，辞不受。

孝公已死，惠王代后，莅政有顷，商君告归。人说⑦惠王曰："大臣太重者国危，左右太亲者身危。今秦妇人婴儿皆言商君之法，莫言大王之法，是商君反为主，大王更为臣也。且夫商君，固大王仇雠也^⑧，愿大王图之。"商君归还，惠王车裂^⑨之，而秦人不怜。

注释

①卫鞅：即商鞅，本卫国的公子，故称"卫鞅"。

②孝公以为相：秦孝公，名渠梁，公元前361至公元前338年在位。为相：秦孝公。任用卫鞅为左庶长，实行变法。卫鞅后因功升为大梁造，执掌国政，此"为相"即指大梁造。秦国正式设相是在秦武王之时，秦孝公之时尚未设相。

③商：故城地处今陕西商州东。

④黥（qíng）、劓（yì）其傅：指卫鞅因太子犯法，刑其傅公子虔，黥其师公孙贾。黥、劓：刻面、割鼻，为古代酷刑。

⑤期（jī）年：一年。

⑥孝公行之八年："八"之前应漏"十"字。秦孝公六年（公元前354年），任用卫鞅为左庶长变法，至二十四年（公元前338年），为十八年。

⑦说（shuì）：游说、劝说。

⑧固大王仇雠也：（清）程蘷初《战国策集注》作"固大王之仇雠也"。

⑨车裂：肢解身体的残酷刑罚。

译文

卫鞅从魏国逃亡到秦国，秦孝公任命他为相国，把商地分封给他，因此号称"商君"。商君治理秦国，法令贯彻执行，公正而没有偏私。刑罚违法者而不避忌强宗大族，奖赏有功者而不偏袒亲属近臣。法令的实施涉及秦国的太子，对太子的师傅也要处以刻面、割鼻的刑罚。法令施行一年之后，路上丢失的东西没有人去拾取，民众不敢乱取非法的财物，国家的兵力也大大加强，各诸侯因此畏惧秦国。然而商君刻薄寡恩，只不过是用强力来压服民众而已。

秦孝公用商君法令治国十八年后，重病不起，想把自己的王位传给商君，商君推辞而不肯接受。

秦孝公去世后，他的儿子秦惠文王继位，执政不久，商君请求回到自己的封地。有人就对秦惠文王说："大臣权势声望过重，将会危及国家，与左右辅佐的人员过分亲近，将会危及君王自身。如今，连秦国的妇女孩童都在谈论商君的法令，却没有人说这是大王您的法令，这是商君反臣为君主，而大王您倒变为臣子了。况且商君本来就是大王的仇敌啊，希望大王想办法对付他。"商君从封地回到了都城，秦惠文王对他处以车裂的酷刑，但是秦国人丝毫不哀怜他。

二　苏秦始将连横说秦惠文王

苏秦始将连横①说秦惠文王曰："大王之国，西有巴、蜀、汉中②之利，北有胡、貉、代、马③之用，南有巫山、黔中④之限，东有肴、函⑤之固。田肥美，民殷富，战车万乘，奋击⑥百万，沃野千里，蓄积饶多，地势形便，此所谓天府，天下之雄国也！以大王之贤，士民之众，车骑之用，兵法之教，可以并诸侯，吞天下，称帝而治。愿大王少留意，臣请奏其效。"

注释

①苏秦：字季子，战国时期东周国洛阳人，纵横家的代表人物之一。连横：联合六国共同事秦。

②巴、蜀：地名。巴战国时东至今重庆奉节，西至四川宜宾，北接汉中，南至今乌江、赤水河一带。蜀处今四川成都一带。汉中：地名。地处今陕西南部及湖北西部。

③胡、貉（hé）：地名。地处今内蒙古南部。代、马：地名。指代郡、马邑，地处今山西东北部。

④巫山：山名。地处今重庆巫山东。黔中：郡名。地处今湖南西部常德地区一带及贵州东北部。

⑤肴（xiáo）：一作："崤"。（清）程蘷初《战国策集注》作"殽"。山名。地处今河南洛宁北。函：关名。即函谷关，地处今河南灵宝东北。

⑥奋击：能够奋勇击敌的战士。

苏秦开始用连横的主张去游说秦惠文王，说："大王您的国家，西面有巴、蜀和汉中等地丰富物产可以利用，北面有胡、貉、代、马等地提供的物资可以使用，南面又有巫山、黔中作为天然的屏障，东面有崤山、函谷关这两个坚固的关塞。国家土地肥沃，人口众多且富足，拥有战车万辆，兵甲百万，良田纵横千里，各种资源储备丰富，积蓄又充足，地理形势险要，易守难攻，这真是人们所说的天然府库，因此秦国确实是能够称霸天下的强国。凭借着大王您的贤能，国家众多的军民，战车、骑兵的强大，兵法和谋略的运用，秦国完全可以吞并其他诸侯，统一天下，成为治理天下的唯一帝王。希望大王能稍加考虑，让我向您陈述这种策略如何取得重大的效果。"

秦王曰："寡人闻之，毛羽不丰满者，不可以高飞；文章①不成者，不可以诛罚；道德不厚者，不可以使民；政教不顺者，不可以烦大臣。今先生俨然不远千里而庭教之，愿以异日。"

注释

①文章：此处指法度。

译文

秦惠文王说："寡人听说，羽毛长得不够丰满的鸟儿不能高飞；法令不完备的国家不可以奖惩刑罚；道德不崇高的人不能役使万民；政策教化不顺应天意的君王不能拿战争来劳烦大臣。如今先生郑重地不远千里而来，当面登庭指教，我还是希望等将来再来领教。"

苏秦曰："臣固疑大王之不能用也。昔者神农伐补遂①，黄帝伐涿鹿而禽蚩尤②，尧伐骓兜③，舜伐三苗④，禹伐共工⑤，汤伐有夏⑥，文王伐崇⑦，武王伐纣⑧，齐桓任战而伯天下⑨。由此观之，恶⑩有不战者乎？古者使车毂击驰⑪，言语相结，天下为一；约从连横，兵革不藏；文士并饬，诸侯乱惑；万端俱起，不可胜理；科条既备，民多伪态；书策稠浊，百姓不足；上下相愁，民无所聊；明言章理，兵甲愈起；辩言伟服，战攻不息；繁称文辞，天下不治；舌弊⑫耳聋，不见成功；行义约信，天下不亲。于是乃废文任武，厚养死士，缀甲厉兵⑬，效胜于战场。夫徒处而致利，安坐而广地，虽古五帝、三王、五伯⑭、明主贤君，常欲坐而致之，其势不能，故以战续之。宽则两军相攻，迫则杖戟相撞，然后可建大功。是故兵胜于外，义强于内，威立于上，民服于下。今欲并天下，凌万乘，诎⑮敌国，制海内，子元元⑯，臣诸侯，非兵不可！今之嗣主忽于至道，皆惛于教，乱于治，迷于言，惑于语，沉于辩，溺于辞。以此论之，王固不能行也。"

注释

①神农：相传为古部落的首领。始兴农业，故号"神农氏"。补遂：古部落名称。

②黄帝：相传为古部落联盟首领。涿（zhuō）鹿：地名。地处今河北涿鹿西南。禽：同"擒"。蚩尤：相传为古九黎族首领。

③尧伐驩兜（huān dōu）：尧：故部落联盟首领。驩兜：尧的大臣，相传为四凶之一，尧采纳舜德建议，把他放逐到崇山。

④舜：接受尧德禅让，继任为部落联盟首领。三苗：古部落名称。

⑤禹：因治水有功，被推举为舜的继承人。共工：古部落的名称。

⑥汤伐有夏：夏桀无道，汤出兵讨伐，桀奔南巢（地处今安徽巢县西南）而死。汤：名履，又称"成汤"，商族的首领。

⑦文王伐崇：崇侯虎助纣为虐，周文王兴兵讨伐他。文王：名昌，周族的首领，商纣时为西方诸侯之长。崇：古国名。附属于商的效果，地处今河南嵩县北。

⑧武王伐纣：武王：名发，周文王之子。相传商纣暴虐昏乱，武王兴兵将其灭掉，建立西周王朝。

⑨齐桓任战而伯天下：齐桓：指齐桓公，名小白，齐僖公之子。任：用。伯：通"霸"。（清）程蘷初《战国策集注》作"齐桓任战而霸天下"。

⑩恶（wū）：哪里。

⑪车毂（gǔ）击驰：使者的车子川流不息。毂：车轴的中心，可以插轴。

⑫舌弊：（清）程蘷初《战国策集注》作"舌敝"。

⑬缀甲厉兵：缀甲把皮革片或铁叶连缀成士兵的服装。厉：通"砺"，磨快。兵：兵器。

⑭五帝：说法不一，一般指黄帝、颛顼（zhuān xū）、帝喾（kù）、帝尧、帝舜。三王：指夏、商、周三代的开国君主，即夏禹、商汤、周文王和周武王。五伯：即春秋五霸。战国时的说法，通常指齐桓公、晋文公、楚庄王、吴王阖闾（hé lú）、越王勾践。汉代的说法，指齐桓公、宋襄公、晋文公、秦穆公、楚庄王。（清）程蘷初《战国策集注》作"五霸"。

⑮诎（qū）：屈服、折服。

⑯元元：百姓。

译文

苏秦说："我原本就怀疑大王不会听取我的意见。过去神农氏讨伐补遂，黄帝于涿鹿之战而擒获蚩尤，帝尧征讨驩兜，舜帝征伐三苗，大禹讨伐共工，商汤征服有夏，周文王攻打崇侯，周武王攻克殷纣，齐桓公凭借战争而称霸天下。由此看来，哪有不动用武力的道理呢？古时候，各国使臣的车辆络绎不绝，奔走不息，各诸侯国互结同盟，天下联为一体；就算这样，有的诸侯合纵，有的诸侯连横，也从未停止过使用武力，把兵甲收藏起来；文士们用文辞来粉饰，诸侯迷惑混乱；各种问题不断产生，简直难以理清；法令条款虽然齐备，百姓反而虚伪奸诈；政令繁多且杂乱，百姓却匮食而乏衣；君臣上下互相埋怨，平民百姓无所依赖；空洞的道理虽不厌其烦地讲述，但战事却在愈来愈频繁地发生；谋士们巧言善辩、奇装异服，战争却难以停息；书策文辞繁乱驳杂，天下却无法治理；说客说得舌烂，听者听得耳聋，却总不见什么成效；尽管推行仁义，订立盟约，然而天下并未因此亲善。于是，就要废弃文治，使用武力，用厚禄供养敢死之士，修缮铠甲，磨砺兵器，决胜于战场。假如无所事事，无所作为，不进行战争，就可以获利，平静地坐在那里就可以扩充土地，即使是五帝、三王、春秋五霸那样的明主贤君，也常常希望能够这样轻松地实现。但是事实上这是不可能的，最后还得用战争继续解决问题。交战双方，不乱是相距遥远，互相进攻；还是相距迫近，白刃交锋，总之要战胜对方才能够建功立业。因此，得胜于外要靠军队，治强于内要靠实行仁义；国君有了威信，百姓才会服从。如今，要想吞并天下，凌驾于诸侯，击败敌人，统治海内，抚育百姓，臣服诸侯，非得发动战争不可！但是，如今的国君们，偏偏忽视了这个最重要的道理，他们都被那些众说纷纭的治国的说教弄昏了头脑，缺乏实际的治国之道，迷惑于那些巧舌善辩的言辞，沉醉于那些夸夸其谈的空论之中。由此来看，难怪大王您不会采用我的主张了。"

　　说秦王书十上而说不行。黑貂之裘弊①，黄金百斤尽，资用乏绝，去秦而归。羸縢履屩②，负书担橐，形容枯槁，面目犁黑③，状有归色④。归至家，妻不下纴⑤，嫂不为炊，父母不与言。苏秦喟然叹曰："妻不以我为夫，嫂不以我为叔，父母不以我为子，是皆秦之罪也。"乃夜发书，陈箧数十，得太公《阴符》⑥之谋，伏而诵之，简练以为揣摩。读书欲睡，引锥自刺其股，血流至足。曰："安有说人主不能出其金玉锦绣，取卿相之尊者乎？"期年，揣摩成，曰："此真可以说当世之君矣。"

注释

①黑貂之裘弊：（清）程羲初《战国策集注》作"黑貂之裘敝"。

②羸縢履屩：羸：缠绕。縢（téng）：绑腿布。屩（juē）：草鞋。（清）程羲初《战国策集注》作"蹻"。

③犁黑：同"黧黑"。（清）程羲初《战国策集注》作"黧黑"。

④归：通"愧"。（清）程羲初《战国策集注》作"愧"。

⑤纴（rèn）：织布机。

⑥太公《阴符》：太公：指姜太公，西周初的开国功臣姜尚，被封于齐，是齐国的始祖。《阴符》：相传是其所写的讲兵法权谋的书。

译文

苏秦游说秦王，一连上了十多次奏章，但建议始终都没能得到采纳。他穿的黑色貂皮衣服破旧了，身上的一百斤黄金也用光了，生活来源没有了，因此不得不离开了秦国回老家。他腿上缠着绑腿布，穿着草鞋，背着书箱，担着行囊，神容憔悴，脸色黄黑，脸上显得非常惭愧。回到了家里，他的妻子正在织布不理会他，嫂子也不肯给他做饭，父母亦不和他说话。苏秦长叹说："妻子不把我当作丈夫，嫂子不认我是小叔，父母不把我当作儿子，这都是我苏秦的罪过。"于是，他当晚翻出他的藏书，打开几十个书箱，找到了一部姜太公所写的叫作《阴符》的谋略书，便埋头苦读，选择简练精要的地方反复揣摩。当读书困倦想要睡觉的时候，他就用锥子刺自己的大腿，鲜血顺着腿流到脚底。他说："怎么可能有游说各国的国君却不能使他们拿出金玉锦绣，得到卿相尊位的呢？"过了一年，他终于揣摩成功，又说道："这次真的可以游说当世在位的各国国君了。"

于是乃摩燕乌集阙①，见说赵王于华屋之下，抵②掌而谈。赵王大悦③，封为武安君，受相印，革车百乘，锦绣千纯，白璧百双，黄金万溢④，以随其后，约从散横，以抑强秦。

注释

①燕乌集阙：古关塞名称。

②抵（zhǐ）：击、拍。（清）程羹初《战国策集注》作"抵"。

③大悦：（清）程羹初《战国策集注》作"大说"。

④溢：同"镒"，重量单位，二十两为一镒，一作二十四两。（清）程羹初《战国策集注》作"镒"。

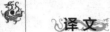

译文

于是苏秦取道燕乌集阙，在华丽的宫殿里游说赵王，两人拍着手，谈得非常投机。赵王非常高兴，于是就封苏秦为武安君，赐予他相印，并赐给他革车百辆，锦绣千匹，白璧百双，黄金万镒，长长的车队跟随在他的身后，到各国去建立合纵联盟，瓦解连横的阵营，以此来抑制强大的秦国。

故苏秦相于赵而关不通。当此之时，天下之大，万民之众，王侯之威，谋臣之权，皆欲决苏秦之策。不费斗粮，未烦一兵，未战一士，未绝一弦，未折一矢，诸侯相亲，贤于兄弟。夫贤人在而天下服，一人用而天下从。故曰，式于政，不式于勇；式于廊庙①之内，不式于四境之外。当秦之隆，黄金万溢②为用，转毂连骑，炫熿③于道，山东之国④，从风而服，使赵大重。

注释

① 廊庙：朝廷。
② 黄金万溢：（清）程蘷初《战国策集注》作"黄金万镒"。
③ 炫熿：光耀。
④ 山东之国：指秦国崤山以东的六国。

译文

因此，苏秦在赵国做相国时，秦国向东发展的道路被堵住了。这个时候，广大的天下，所有的老百姓，威武的王侯，掌权的大臣，都想让苏秦出谋划策。因此，苏秦不用花费一斗粮食，没有动用一件兵器，没有派遣一个士兵，没有毁坏一根弓弦，没有损失一支箭头，就使得各国诸侯和睦相处，甚至比兄弟还要亲近。所以说，只要贤能的人掌握政权，天下就能够服顺安定，只要一个这样的人得到任用，百姓就会顺从和谐。因此说，能够运用政治手段解决的问题，就不必动用武力；能够在朝廷上解决的问题，就不必到对方的国家境内作战。当苏秦权势不断上升的时候，金帛万镒都供他使用，他指挥的战车和骑兵接连不断，在道路上显得权势显赫，崤山以东的各个诸侯国，都听从他的号令，这使赵国的地位大大提高。

且夫苏秦特穷巷掘门、桑户棬枢①之士耳。伏轼撙衔②，横历天下，廷③说诸侯之王，杜④左右之口，天下莫之能伉⑤。将说楚王，路过洛阳，父母闻之，清宫除道，张乐设饮，郊迎三十里。妻侧目而视，倾耳而听；嫂蛇行匍伏，四拜自跪而谢。苏秦曰："嫂何前倨而后卑也？"嫂曰："以季子之位尊而多金。"苏秦曰："嗟乎！贫穷则父母不子，富贵则亲戚畏惧。人生世上，势位富贵⑥，盖⑦可忽乎哉？"

注释

①掘门：在墙上挖洞做门。棬（quān）枢：用弯木做门轴。

②轼：车前的横木。撙衔：用手拉住马的缰绳。

③廷：（清）程夔初《战国策集注》作"庭"。

④杜：堵塞。

⑤天下莫之能伉：伉：同"抗"。（清）程夔初《战国策集注》作"天下莫之伉"。

⑥势位富贵：（清）程夔初《战国策集注》作"势位富厚"。

⑦盖：通"盍"。

译文

然而苏秦当初只不过是一个住在穷巷、掘墙为门、用桑做窗、用弯曲的木头做门框的穷书生罢了。而如今的他却常常扬鞭驾车，纵横游历天下，在诸侯的朝廷上游说君王，使各诸侯君王的大臣无话可说，天下没有谁能与他相抗衡。有一次，苏秦要去游说楚国国君，途中路过洛阳。他的父母知道了这个消息，就急忙清理屋子、扫清道路，找来乐队吹打起音乐，准备好丰盛的酒席，并在郊外三十里远的地方亲自迎接。妻子敬畏他，只敢斜着眼睛来偷看他的威仪，并且侧着耳朵听他说话；嫂子跪伏在地上，像蛇一样在地上爬到苏秦脚下，跪着向苏秦赔礼道歉。苏秦问："嫂子，你之前对待我那么傲慢，为什么现在却这样的谦恭呢？"他的嫂子回答说："因为现在的你拥有尊贵的地位和丰厚的钱财。"苏秦说："唉！一个人如果贫穷失意，连父母都不肯把他当儿子；但一旦富贵显赫之后，亲戚朋友就都敬畏他。可见，一个人在世上活着，对于权势和富贵怎么能忽视不顾呢？"

三　秦惠文王谓寒泉子

秦惠文王谓寒泉子①曰："苏秦欺寡人，欲以一人之智反覆东山之君，从以欺秦。赵固负其众，故先使苏秦以币帛②约乎诸侯。诸侯不可一，犹连鸡之不能俱止于栖，亦明矣。寡人忿然，含怒日久，吾欲使武安子起③往喻意焉。"寒泉子曰："不可。夫攻城堕邑，请使武安子。善我国家使诸侯，请使客卿④张仪。"秦惠文王曰："敬受命。"

注释

①寒泉子：假托之人名。

②苏秦以币帛：布帛，使臣进献给他国的礼物。（清）程曦初《战国策集注》作"苏秦以其币帛"。

③武安子起：指秦将武安君白起。

④客卿：战国时期用他国之人为卿的称号，地位在相国之下一等。

译文

秦惠文王对寒泉子说："苏秦欺负寡人，他想凭一个人的才智，来改变崤山以东六国君主的政策，企图用合纵之策来欺扰秦国。赵国原本就依仗雄厚的兵力，所以就首先派苏秦用厚礼去联合诸侯，从而订立合纵盟约。然而，诸侯们各怀心思，步调不可能一致，就如同把很多鸡绑起来却不能让它们栖息在一处，这是很明显的道理。寡人对此感到痛恨已经很长时间了，因此想派武安君白起出使崤山以东的各诸侯，让他们明白这个道理。"寒泉子说："大王不可。如果是攻城掠地，可以派遣武安君率军前往。如果是为了维护国家的利益，出使诸侯，那么大王就应该派客卿张仪去为好。"秦惠文王说："那我就恭敬地接受您的建议。"

四　冷向谓秦王

冷向谓秦王^①曰："向欲以齐事王，使攻宋也。宋破，晋国^②危，安邑^③王之有也。燕、赵恶齐、秦之合，必割地以交于王矣。齐必重于王，则向之攻宋也，且以恐齐而重王，王何恶向之攻宋乎？向以王之明为先知之，故不言。"

✿注　释

①冷向：人名。秦国臣子。秦王：此处指秦昭王。
②晋国：此处指魏国。
③安邑：地名。魏国都邑，地处今山西夏县西北。

✿译　文

冷向对秦昭王说："我打算让齐国侍奉大王，让它攻打宋国。如果攻下宋国，魏国就很危险了，临近秦国的安邑就会归大王所有。燕、赵两国担心齐国和秦国的联合行动，一定会割让土地给大王。这样，齐国必定会更加重视大王。那么，我主张进攻宋国的原因，就是使齐国恐惧而尊重大王您。大王为什么还抱怨我主张进攻宋国呢？我认为以大王的贤明，会事先明白这层道理的，所以我没有对您明说。"

五 说秦王

说秦王①曰："臣闻之，弗知而言为不智，知而不言为不忠。为人臣不忠当死，言不审亦当死。虽然，臣愿悉言所闻，大王裁其罪。

臣闻，天下阴燕阳魏②，连荆固齐③，收余韩④成从，将西面以与秦为难。臣窃笑之。世有三亡而天下得之，其此之谓乎！臣闻之曰：'以乱攻治者亡，以邪攻正者亡，以逆攻顺者亡。'今天下之府库不盈，囷仓⑤空虚，悉其士民，张军数十百万，白刃在前，斧质⑥在后，而皆去走不能死，非其百姓不能死也，其上不能杀也。言赏则不与，言罚则不行，赏罚不行，故民不死也。

注释

①秦王：此处指秦昭王。

②阴燕阳魏：指北连燕国，南连魏国。阴：北面。阳：南面。

③荆：即楚国。固：连接。

④余韩：当时韩国弱小，土地丧失很多，只剩下残余的部分领土。

⑤囷（qūn）仓：粮仓。圆形的称"囷"，方形的称"仓"。

⑥斧质：杀人的工具。质：同"锧"。

译文

有人游说秦王说："我常听人说，不知道事情的原委就随意发言是很不明智的，明白事理、可以出谋划策却不开口，那是不忠心。作为臣子，对君王不忠就要被处死，说话不慎重也应当被处死。虽然是这样，但我仍然愿意把所知道的都说出来给大王听，请大王对我裁决定罪。

我听说，赵国可以和北方的燕国与南方的魏国连接，又可以连接楚国，巩固同齐国的联盟，收罗残余的韩国势力，结成合纵的联盟，共同向西与秦国对抗，对此我私下不禁感到好笑。天下有三种亡国的情况，东方诸侯国却样样具备，就是指现在天下的状况说的吧！我听人说：'以治理混乱的国家去攻打治理有序的国家必遭败亡，以邪恶的国家去攻打正义的国家必遭败亡，以背逆天道的国家去攻打顺应天道的国家必遭败亡。'如今，东方诸侯国储藏财货的仓库不充实，囤积米粮的仓库也很空虚，它们动员全国军民，虽号称有千百万计的军队，前方有敌人的兵刃，后方有严惩的刑具，军士仍然向后退却逃跑，不敢战死沙场，其实并不是它们的人民不肯拼死作战，而是诸侯执法不严的缘故。君王说要奖赏而不兑现，说处罚却不执行，赏罚都不能坚决执行，所以人民才不肯为国效死作战。

"今秦出号令而行赏罚，不攻无功相事也。出其父母怀衽之中^①，生未尝见寇也，闻战，顿足徒裼^②，犯白刃，蹈煨炭^③，断死于前者，比是也。夫断死与断生也不同，而民为之者，是贵奋也。一可以胜十，十可以胜百，百可以胜千，千可以胜万，万可以胜天下矣。

今秦地形，断长续短，方数千里，名师数百万，秦之号令赏罚，地形利害，天下莫如也。以此与天下，天下不足兼而有也。是故秦战未尝不胜，攻未尝不取，所当未尝不破也。开地数千里，此甚大功也！然而甲兵顿，士民病，蓄积索，田畴荒，囷仓虚，四邻诸侯不服，伯王之名不成，此无异故，谋臣皆不尽其忠也。

注释

①出其父母怀衽之中：指将婴儿抚育到成人。衽：衣襟。
②顿足：用足击地。徒：空手。裼（xī）：脱去外衣，露出身体。
③煨炭：盆中火。

译文

"现在的秦国发号施令，赏罚分明，有功无功都根据实际情况进行奖惩。人们由婴儿到成年，从来就没有见过敌人，但是一听说要作战，他们都奋力地踮脚，袒露胸膛，迎着敌人的兵刃，赴汤蹈火，战死沙场，在所不惜，这样的人比比皆是。要知道一个人下定决心战死，和决心求生是完全不同的，但秦国的百姓仍然愿意去战死，这是秦国提倡奋勇杀敌的缘故。一个人拼死可以战胜十人，十个人拼死可以战胜百人，百人拼死可以战胜千人，千人拼死可以战胜万人，万人拼死就可以战胜全天下。

如今秦国国土的形势，截长补短，方圆有数千里，强大的军队亦有几百万，而秦国的号令严明，赏罚有信，拥有险峻有利的地形，天下诸侯都望尘莫及。用这些优越条件来和天下诸侯争雄，诸侯是不难被秦国吞并的。因此，秦国作战绝对是战无不胜，攻无不取，所向无敌的。开拓疆域数千里，那将是伟大的功业！然而如今，秦国的军队疲惫，军民穷困，积蓄用尽，田园荒废，仓库空虚，四邻诸侯不肯臣服，霸业不能成就，出现这种情况并没有别的原因，主要是秦国的谋臣都不能尽忠的缘故。

"臣敢言往昔。昔者齐南破荆①，中破宋②，西服秦③，北破燕④，中使韩、魏之君⑤，地广而兵强，战胜攻取，诏令天下，济清、河浊，足以为限，长城、钜坊，足以为塞。齐，五战之国也，一战不胜而无齐⑥。故由此观之，夫战者万乘之存亡也。

注释

①南破荆：指公元前301年，齐国使匡章领兵攻楚，击败楚国将领唐眛。

②中破宋：指公元前286年，齐国攻灭宋国。

③西服秦：指公元前298年，齐、韩、魏三国共击秦国。

④北破燕：指公元前296年，齐、燕之战，齐国大破燕国三军，擒获燕国二位将领。

⑤中使韩、魏之君：指齐国使韩、魏两国共同讨伐楚国、秦国之事。

⑥一战不胜而无齐：指公元前284年，燕昭王派乐毅率领燕、秦和韩、赵、魏五国联军攻齐，攻破齐国都城临淄，齐王出逃。

译文

"我敢用历史事实来加以说明。从前,齐国向南击破楚国,向中打败了宋国,向西征服了秦国,向北击败了燕国,在中原地区又驱使韩、魏两国的君主,土地广大且兵强马壮,攻城略地而战无不胜,号令天下诸侯,清澈的济水和混浊的黄河都是它的天然屏障,又有巨大的长城和防堤足以作为险塞。齐国是一连五次取得胜利的强国,可是只战败一次就亡国了。所以由此可见,战争可以决定万乘大国的生死存亡。

"且臣闻之曰:'削株掘根,无与祸邻,祸乃不存。'秦与荆人战,大破荆,袭郢①,取洞庭、五都、江南②。荆王亡走,东伏于陈③。当是之时,随荆以兵则荆可举;举荆,则其民足贪也,地足利也。东以强齐、燕,中陵三晋,然则是一举而伯王之名可成也,四邻诸侯可朝也。而谋臣不为,引军而退,与荆人和,令荆人收亡国,聚散民,立社主④,置宗庙,令帅天下西面以与秦为难,此固已无伯王之道一矣。

注释

①袭郢(yǐng):指秦昭王二十八年(前278年),秦国将领白起攻打楚国,拔郢。郢:楚国都城,地处今湖北江陵北纪南城。

②洞庭:指洞庭湖。地处今湖南岳阳西南。五都:指五渚,湘、沅、资、澧四水同注洞庭湖,向北汇入长江。属楚国地区。江南:指楚国南境地区,主要是指黔中郡。

③陈:地名。地处今河南淮阳。

④立社主:重建社稷宗庙。

译文

"我还听说:'斩草要除根,不与祸患为邻居,祸患才不会存在。'从前，秦国和楚国作战，秦军大败楚军，占领了楚国首都城郢城，又逐步占领了洞庭湖、五都、江南等地，使楚王向东逃亡，退守于陈地。在那个时候，如果把握时机继续攻打楚国，就可以一举吞并楚国的全部土地；吞并了楚国，楚国的人民就可以为秦国所用，那里的物产就可以为秦国所有并利用。这样，秦国向东可以对抗齐、燕两国，在中原就可以凌驾于韩、赵、魏三国之上，如此就可以一举而成就霸主大业，使天下诸侯都来朝拜秦国。然而当时的谋臣却没有这样做，反而退兵并与楚人讲和，让楚人收复失地，重新集合逃散的人民，再度建立起宗庙和社稷之主并恢复祭祀，得以率领天下诸侯向西与秦国对抗。这样，秦国就第一次失去了成就霸业的机会。

"天下有比志而军华下①，大王以诏破之②，兵至梁郭③，围梁数旬，则梁可拔；拔梁，则魏可举；举魏，则荆、赵之志绝；荆、赵之志绝，则赵危；赵危而荆孤。东以强齐、燕，中陵三晋，然则是一举而伯王之名可成也，四邻诸侯可朝也。而谋臣不为，引军而退。与魏氏和，令魏氏收亡国，聚散民，立社主，置宗庙，此固已无伯王之道二矣。

前者穰侯④之治秦也，用一国之兵，而欲以成两国⑤之功，是故兵终暴露于外，士民潞病于内，伯王之名不成，此固已无伯王之道三矣。

☙注释

①华下：即华阳城下。华阳：地名。地处今河南新郑北。

②大王以诏破之：指秦昭王三十四年（公元前273年），秦国将领白起攻打魏国，拔华阳。

③梁郭：即梁城。梁：指魏国都城大梁，地处今河南开封。郭：外城。

④穰（ráng）侯：姓魏名冉，秦昭王母宣太后的异父弟。封邑在穰，故称"穰侯"。穰本韩国都邑，后并入秦国。地处今河南邓州北。

⑤两国：指秦国和穰侯的封邑。

译文

"之后，其他诸侯国同心一致，兵临华阳城下。幸亏大王下令击溃了他们，军队一直打到魏都大梁外，将大梁围困几十天，就可以把大梁城攻下；攻占了大梁，就可以消灭魏国；消灭了魏国，楚、赵的联盟就拆散了；楚、赵联盟一旦瓦解，赵国就会处于危难之地；赵国陷入危难之地，楚国就会孤立无援了。这样，秦国向东可以威胁齐、燕，在中原地区可以凌驾韩、赵、魏三国之上，如此也就可以一举成就霸王功业，使天下诸侯都来朝拜。然而当时的谋臣却没有这样做，反而引兵退却并与魏国讲和，使魏国有了喘息的机会，让魏国可以重新集合逃散的人民，再度树立起社稷之主和宗庙，并恢复祭祀，如此一来，秦国就第二次失去了建立霸业的机会。

之前，穰侯掌权治理秦国，他用一国的军队，却想建立两国德功业。因此秦军终身在边境外风吹日晒雨淋，国内的民众也劳苦疲惫，霸王的功业却始终不能成就，这样就第三次失去了成就霸业的机会。

"赵氏，中央之国也，杂民之所居也。其民轻而难用，号令不治，赏罚不信，地形不便，上非能尽其民力，彼固亡国之形也，而不忧民氓①，悉其士民军于长平之下，以争韩之上党②，大王以诏破之，拔武安③。当是时，赵氏上下不相亲也，贵贱不相信，然则是邯郸④不守，拔邯郸，完河间⑤，引军而去，西攻修武⑥，逾羊肠，降代、上党⑦。代三十六县，上党十七县，不用一领甲，不苦一民，皆秦之有也。代、上党不战而已为秦矣，东阳、河外⑧不战而已反为齐矣，中山、呼沱⑨以北不战而已为燕矣。

注释

①氓（méng）：民，指从外地迁入的人。

②悉其士民军于长平之下，以争韩之上党：指赵孝成王四年（公元前262年），秦国攻打韩国，上党和韩国联络的道路被切断，上党守冯亭向赵国请降，赵国派平原君赵胜受降，并发兵到长平。长平：地名。赵国都邑，地处今山西高平西。

③武安：地名。赵国都邑，地处今河北武安。

④邯郸：地名。赵国都邑，地处今河北邯郸。

⑤完：应为"筦（guǎn）"，包举之意。河间：在漳水、黄河之间，赵国的东境。

⑥修武：地名。赵国都邑，地处今河南获嘉。

⑦代：赵国郡名。地处今山西东北部及河北、内蒙古部分地区。上党：韩国郡名。地处今山西东南部。

⑧东阳：地区名。指太行山以东地区。河外：指赵国东境清河以东，地处今山东清河、武城一带。

⑨中山：国名。都城为河北定县，后迁都灵寿，为赵国所灭。呼沱，即呼沱河。沱，痛"沱"。

译文

"赵国地处诸侯国的中央，人民五方杂居，其民众轻浮而不好治理，因此国家号令无法贯彻，赏罚也毫无信用。且其地理位置不利于防守，赵国国君又不能充分地发挥人民的潜力，这本来就是一种亡国的形势了，再加上君王不体恤民间疾苦，竟然把全国的百姓都征发到长平战场，去跟韩国争上党地区。大王下令战胜了赵国，既而攻克其武安。当时，赵国君臣上下互不信任，官民也互不信赖，这样，邯郸城就无法坚守，秦军攻下邯郸，收取河间，再引军向西攻打修武，越过羊肠险塞，降服代郡和上党。代郡有三十六县，上党有十七县，不动用一副盔甲，不耗费一个兵卒，不劳苦一位民众，就都为秦国所有。代郡和上党不经过战争就为秦国所有，东阳和河外等地不经过战争将归属齐国，中山、呼沱以北之地不经过战争则将属于燕国。

　　"然则是举赵则韩必亡，韩亡则荆、魏不能独立。荆、魏不能独立，则是一举而坏韩、蠹魏、挟荆，以东弱齐、燕。决白马之口①，以流魏氏，一举而三晋亡，从者败。大王拱手以须②，天下遍随而伏，伯王之名可成也。而谋臣不为，引军而退，与赵氏为和。以大王之明，秦兵之强，伯王之业曾不可得，乃取欺于亡国，是谋臣之拙也。

　　且夫赵当亡不亡，秦当伯不伯，天下固量秦之谋臣一矣。乃复悉卒以攻邯郸，不能拔也，弃甲兵弩，战栗而却，天下固量秦力二矣。军乃引退，并于李下③，大王又并军而至，与战非能厚胜之也，又交罢④却，天下固量秦力三矣。内者量吾谋臣，外者极吾兵力。由是观之，臣以天下之从岂其难矣。内者吾甲兵顿，士民病，蓄积索，田畴荒，困仓虚；外者天下比志甚固。愿大王有以虑之也！

注释

①白马之口：黄河津渡名称。地处今河南滑县东。

②须：通"胥"，等待。

③李下：李城之下。李城：地名。赵国都邑。地处今河南温县东。

④罢：通"疲"，疲惫。

译文

　　"那么，如果攻破了赵国，韩国必然会灭亡，韩国灭亡以后，楚、魏两国就不能独立。楚、魏既然不能独立，就可一举攻破韩国，韩国既破，就会损伤魏国，挟制楚国，然后再向东可以削弱齐、燕。再挖开白马津的河口，用水来淹魏国，如此，一举就可以灭掉三晋，而六国的合纵势将瓦解。大王您只要拱手在那里等待，天下诸侯就会相继臣服，霸王之名号即刻就可以树立。只可惜当时的谋臣却没有这样做，反而引兵退却并与赵讲和了。凭大王的英明和秦兵的强盛，竟然建立不起天下霸主的基业，反而被即将灭亡的赵国欺凌，这一切都是谋臣的愚昧笨拙所导致的。

再说，赵国当亡而不亡，秦国该称霸而未能称霸，诸侯已经看透了秦国谋臣的本领高低，此其一。秦国曾动用全国兵力，去攻打赵国的邯郸，不但没有攻破邯郸，反而被敌人打得丢盔卸甲，被吓得哆嗦而狼狈后退，这让诸侯看透了秦国军队的斗志，此其二。秦军退下来以后，都聚集在李城之下，大王又重新整顿，继续作战，可是并未取得重大胜利，就因士兵疲惫而退却，这样，诸侯又都看透了秦国军队的战斗力，此其三。诸侯在内看透了秦国的谋臣，在外看透了秦军的战斗力。由此观之，臣认为天下的合纵力量使不难组织起来的。如今，秦国的军队疲惫不堪，人民又极端贫困，再加上积蓄即将用尽，田园荒芜，仓库空虚；而国外诸侯团结一致，联合之意甚为坚定，希望大王能多加考虑！

"且臣闻之：战战慄慄，日慎一日。苟慎其道，天下可有也。何以知其然也？昔者纣为天子，帅天下将甲百万，左饮于淇谷①，右饮于洹水②，淇水竭而洹水不流，以与周武为难。武王将素甲③三千领，战一日④，破纣之国，禽其身，据其地，而有其民，天下莫不伤。

智伯帅三国⑤之众，以攻赵襄主于晋阳⑥，决水灌之，三年，城且拔矣。襄主错龟、数策、占兆⑦，以视利害，何国可降，而使张孟谈⑧，于是潜行而出，反智伯之约，得两国之众，以攻智伯之国，禽其身，以成襄子之功。今秦地断长续短，方数千里，名师数百万，秦国号令赏罚，地形利害，天下莫如也。以此与天下，天下可兼而有也。

注释

①淇谷：即淇水。水出今山西陵川，经河南，流入卫河。

②洹（huán）水：水出今河南林县林虑山，流经安阳、临漳，流入卫河。

③素甲：白甲。武王处于服丧期间，故战士穿白甲。

④一日：甲子日。

⑤智伯：指晋卿智伯瑶。三国：指智、韩、魏。

⑥赵襄主：即赵襄子。晋阳：地名。赵过都邑，地处今山西太原。

⑦错龟：指在龟甲商钻孔，用火烧。数策：数蓍（shī）草的数目，排列成卦，进行占卜。占兆：看龟甲被烧灼后裂开的纹路，以预言吉凶。兆：即龟甲被烧灼后裂开的纹路。

⑧张孟谈：人名。赵襄子的谋士。

❀译文

"再者，我又听人说：战战兢兢，日慎一日。假如能谨慎地遵守这个道理，就可以拥有全天下。怎么知道是这样呢？从前，商纣王做天子，率领百万大军，左边的军队在淇谷饮马，右边的军队则到洹水喝水，竟然把淇水喝干了，洹水也断流了，纣王是用这么庞大的大军跟周武王作战。然而武王只率领了三千名身穿白色盔甲的战士，在甲子日一战就打败了纣王之军，将纣王活捉，占领了殷的全部土地，拥有了商的全部臣民，天下竟没有一个人为纣王感动悲痛。

之前，智伯率领智、韩、魏三国的兵众，前往晋阳去攻打赵襄子，智伯掘开晋水河水攻晋阳，经过三年之久的战争，晋阳城即将陷落。此时，赵襄子烧龟甲、数蓍草、看兆文进行占卜，观察自己的吉凶，预测双方到底谁会败降。于是派大臣张孟谈，悄悄出城，破坏了韩、魏与智伯的盟约，争取到韩、魏两国的军队，然后合力来攻打智伯，大败智伯的军队，并俘虏了智伯本人，成就了赵襄子地功业。如今秦国国土，截长补短，可达几千里，精兵数百万，且号令严明，赏罚分明，再加上优越的地理形势，天下诸侯没有能比得上的。如果凭这些优势与天下诸侯争胜，天下诸侯可以被秦国完全兼并。

"臣昧死望见大王，言所以一举破天下之从，举赵亡韩，臣荆、魏，亲齐、燕，以成伯王之名，朝四邻诸侯之道。大王试听其说，一举而天下之从不破，赵不举，韩不亡，荆、魏不臣，齐、燕不亲，伯王之名不成，四邻诸侯不朝，大王斩臣以徇于国，以为王谋不忠者。”

译文

"臣冒着死罪，希望面见大王，陈述秦国如何才能一举击破合纵联盟，灭赵亡韩，使楚、魏称臣，让齐、燕主动亲附，成就秦国霸王之业，让四邻诸侯都来朝见。请大王姑且听一下我的策略，假如不能一举而瓦解合纵联盟，攻不下赵，灭不了韩，魏、楚不向秦国称臣，齐、燕不主动亲附，霸王之业不能成就，四邻诸侯不来朝见，那就请大王砍下我的头，在全国各地游行示众，以鉴戒那些为君主谋划而不尽忠的臣子。"

六　张仪欲假秦兵以救魏

张仪欲假秦兵以救魏。左成谓甘茂曰："子不如予之。魏不反秦兵，张子不反秦。魏若反秦兵，张子得志于魏，不敢反于秦矣。张子不去秦，张子必高子。"

译文

张仪想借秦国的兵力去援救魏国。秦国大臣左成对甘茂说："您不如就答应借兵给他。如果魏国不能归还秦兵，那么，张仪就会害怕丧兵受惩而不敢回秦国。如果魏国归还了秦兵，张仪就会因功于魏国而得志，那么他也不会返回秦国了。张仪如果不离开秦国，他在秦国的权势地位一定比您高。"

七　司马错与张仪争论于秦惠文王前

司马错与张仪争论于秦惠文王①前。司马错欲伐蜀，张仪曰："不如伐韩。"王曰："请闻其说。"

对曰："亲魏善楚，下兵三川②，塞轘辕、缑氏③之口，当屯留④

之道，魏绝南阳⑤，楚临南郑⑥，秦攻新城、宜阳⑦，以临二周⑧之郊，诛周主之罪，侵楚、魏之地。周自知不救，九鼎宝器必出。据九鼎，按图籍⑨，挟天子以令天下，天下莫敢不听，此王业也。今夫蜀，西辟之国⑩而戎狄之长也，弊兵劳众⑪，不足以成名，得其地不足以为利。臣闻：'争名者于朝，争利者于市。'今三川、周室，天下之市朝也，而王不争焉，顾争于戎狄，去王业远矣。"

注释

①司马错：秦国将领。公元前361年，其奉命领兵伐蜀。张仪：秦国大臣。本为魏国人，是纵横家地代表人物之一。秦惠文王：名驷，公元前337至公元前331年在位。

②三川：韩国郡名。因境内有黄河、洛水、伊水而得名。

③轘辕：山名。地处今河南巩县西南七十里。缑（gōu）氏：山名。地处今河南偃师南二十里。

④屯留：韩国地区，地处今山西屯留东南。

⑤南阳：地名。在韩、魏两国之间，地处今河南济源、孟县、沁阳一带。

⑥南郑：韩国都邑，地处今河南新郑。

⑦新城：韩国地区，地处今河南伊川。宜阳：韩国地区，地处今河南宜阳西北。

⑧二周：战国时，周又分为东周和西周两个小国，前者都巩（今河南巩义西南），后者都河南洛邑（今河南洛阳西）。

⑨按：考察。图籍：指地图、户籍等档案文书。

⑩西辟之国：（清）程夔初《战国策集注》作"西僻之国"。下同。

⑪弊兵劳众：（清）程夔初《战国策集注》作"敝名劳众"。

译文

司马错与张仪在秦惠文王面前争论。司马错主张秦国应该进攻蜀国，但张仪却说："不如进攻韩国。"秦惠文王说："我想听听你们的意见。"

张仪回答说："我们先跟楚、魏两国结盟，然后再出兵攻打韩国地三川，堵住轘辕和缑氏山的通道，挡住屯留的要道，让魏国切断韩国出兵南阳的道路，再让楚军逼进韩国的南郑，秦兵然后再攻打新城、宜阳，这样，我们便可兵临东、西周的城外，惩罚二周国君的罪过，并且可以入侵楚、魏两国。周王知道自己无法得到援助，一定会交出九鼎等传国之宝。我们占有了九鼎，再按照地图、户籍等档案，就可以假借周天子的名义号令诸侯，天下没有谁不敢服从，这才是霸王的功业。至于如今的蜀国，那只不过是西方的边远小国，野蛮人当首长的国家，即使劳师动众前往攻打，也不足以因此成就霸主的威名，得到它的土地也没有多大的好处。臣常听人说：'争名的人要在朝廷，争利的人要在市场。'如今的三川、周室，正是天下的朝廷和市场，但是大王却不去争夺，反而去争夺戎狄等落后偏远的地区，这就和建立霸业相去甚远了。"

司马错曰："不然。臣闻之，欲富国者，务广其地；欲强兵者，务富其民；欲王者，务博其德。三资者备，而王随之矣。今王之地小民贫，故臣愿从事于易。夫蜀，西辟之国也，而戎狄之长也，而有桀、纣之乱①。以秦攻之，譬如使豺狼逐群羊也。取其地，足以广国也；得其财，足以富民；缮兵不伤众，而彼已服矣。故拔一国，而天下不以为暴；利尽西海②，诸侯不以为贪。是我一举而名实两符③，而又有禁暴正乱之名。今攻韩劫天子，劫天子，恶名也，而未必利也，又有不义之名，而攻天下之所不欲，危！臣请谒其故。周，天下之宗室也；齐，韩、周之与国④也。周自知失九鼎，韩自知亡三川，则必将二国并力合谋，以因于齐、赵，而求解乎楚、魏。以鼎与楚，以地与魏，王不能禁。此臣所谓危，不如伐蜀之完也。"

惠王曰："善！寡人听子。"卒起兵伐蜀，十月取之，遂定蜀。蜀主更号为侯，而使陈庄⑤相蜀。蜀既属，秦益强富厚，轻诸侯。

注释

①桀、纣之乱：如同夏桀、商纣那样的亡国之乱。

②西海：指蜀国。

③名实两符：（清）程薆初《战国策集注》作"名实两附"。

④齐，韩、周之与国：与国：同盟国。（清）程薆初《战国策集注》作"韩，周之与国"。

⑤陈庄：秦国大臣。公元前314年，秦惠文王封公子通为蜀侯，任用他为蜀相。

译文

司马错说："事情并不是张仪所说的那样。我听说过这样的道理，要想使国家富强，务必先扩张国家的领土；要想使兵力强大，务必先使人民生活富足；要想得到天下，务必广施恩德。具备了这三个条件，那么王业自然会随之而来。如今，大王的国家地小民贫，因此臣希望大王先从容易的方面着手。蜀国的确是一个西方的偏僻小国，是戎、狄国家的首领，而且恰好有夏桀、商纣一样的混乱，如果用秦国的军队去进攻蜀国，就如同让狼群去驱逐羊群一样简单。秦国得到蜀国的土地，便足以扩大版图；得到蜀国的资源，便足以富足百姓；即使用这一仗不会有军民大的伤亡，蜀国就已经被降服了。秦国虽然灭掉了蜀国，但诸侯也不会认为我们暴虐；就算秦掠夺了蜀国的一切财富，诸侯也不会认为秦国贪婪。我们这是在做一举而名利双收的好事，甚至还可以得到除暴安良的美名。如今，我们去攻打韩国并劫持天子，劫持天子得到的会是恶名，而且也未必就能从中获得利益，反而落个不义的坏名声。攻打天下人都不赞成进攻的国家，实在是一件危险的事！请让我陈述一下理由。周是天下共同尊奉的王室，齐是韩、周的友邦。周知道自己将要失去九鼎，韩自己也清楚将要失去三川，这样，两国必定会联合起来，共同联络齐、赵，让楚国和魏国不再以它们为敌。周会主动地把九鼎献给楚国，韩会把土地割让给魏国，这都是大王所无法制止的事情，这也就是臣所说的危险所在，因此，攻韩临周不如攻蜀可保万全。"

秦惠文王说："非常好！我就采纳您的意见。"于是秦国就出兵攻打蜀国，经过十个月的征讨，于是平定了蜀地。秦国把蜀主的名号改为侯，并且派陈庄去做蜀侯的相国。蜀地既已并入秦国的版图，秦国就愈发强盛富足，更加轻视天下诸侯了。

八　张仪之残樗里疾

张仪之残樗里疾也，重而使之楚，因令楚王为之请相于秦。张子谓秦王曰："重樗里疾而使之者，将以为国交也。今身在楚，楚王因为请相于秦。臣闻其言曰：'王欲穷仪于秦乎？臣请助王。'楚王以为然，故为请相也。今王诚听之，彼必以国事楚王。"秦王大怒，樗里疾出走。

❀译文

张仪要陷害樗里疾，就先装作重视樗里疾并派他出使楚国，同时还让楚王提出请秦王任用樗里疾为相国。然后，张仪对秦惠文王说："重视樗里疾让他出使楚国，是要他为秦楚两国交好出力。现在他身在楚国，楚王就为他请求担任秦国的相国。我听说他曾对楚王这样说：'大王您想使张仪在秦国陷入困境吗？我愿意为您效劳。'楚王认为他说的有道理，因此为他请求在秦国担任相国。如今，如果大王您真的答应楚王的请求，他必定会用秦国去侍奉楚王的。"秦王听后勃然大怒，樗里疾只得逃离秦国。

九　张仪欲以汉中与楚

张仪欲以汉中与楚，请秦王曰："有汉中，蠹①。种树不处者，人必害之；家有不宜之财，则伤本。汉中南边为楚利，此国累也。"甘茂谓王曰："地大者，固多忧乎②？天下有变，王割汉中以和楚③，楚必畔天下而与王。王今以汉中与楚，即天下有变，王何以市楚也？"

注释

①蠹（dù）：蛀虫。此处指祸害。

②固多忧乎：（清）程甍初《战国策集注》作"固当忧乎"。

③王割汉中以和楚：（清）程甍初《战国策集注》作"王割汉中以楚和"。

译文

张仪打算把汉中割让给楚国，对秦惠文王说："占有汉中是一个祸害。就如同树种在不恰当的地方，人们必定会伤害它；家里有不相宜的财物，根本会受到伤害。汉中南边为楚国利益所在，这是秦国的累赘。"甘茂对秦惠文王说："拥有广大的土地，难道忧患就一定会多吗？天下的形势一旦发生变化，大王您可以割让汉中去联合楚国，楚国必定会背离其他诸侯而与大王亲善。大王如今就把汉中割让给楚国，如果天下再发生什么变化，您又准备拿什么与楚国作交易呢？"

十 楚攻魏

楚攻魏。张仪谓秦王①曰："不如与魏以劲之，魏战胜，复听于秦，必入西河之外②；不胜，魏不能守，王必取之。"王用仪言，取皮氏③卒万人，车百乘，以与魏。犀首④战胜威王，魏兵罢弊，恐畏秦，果献西河之外。

注释

①秦王：指秦惠文王。

②西河之外：即魏国河西郡，包括黄河以西，洛水以东，华阴以北，延安以南的地区。

③皮氏：地名。本为魏国都邑，后入秦国，地处今山西河津西。

④犀首：指魏国大臣公孙衍。以官名作人名。

　　楚国攻打魏国。张仪对秦惠文王说："您不如支持魏国，增强魏国的力量。如果魏国胜利了，它将会听命于秦国，一定会将西河之外的土地割让给秦国；如果魏国战败，那它就无法镇守边境，大王就可以将其夺取过来。"于是秦惠文王就采纳张仪的建议，调动皮氏之军万人和战车百辆，支援魏国。结果魏国将领犀首战胜了楚威王的军队，但是得胜的魏军已是疲惫不堪，因为畏惧秦国，果然就把西河之外的地方献给秦国。

十一　田莘之为陈轸说秦惠文王

　　田莘之为陈轸^①说秦惠文王曰："臣恐王之如郭君^②。夫晋献公欲伐郭，而惮舟之侨存^③。荀息^④曰：'《周书》有言，美妇破后^⑤。'乃遗之女乐以乱其政，舟之侨谏而不听，遂去。因而伐郭，遂破之。又欲伐虞^⑥，而惮宫之奇^⑦存。荀息曰：'《周书》有言，美男破老^⑧。'乃遗之美男，教之恶宫之奇。宫之奇以谏而不听，遂亡。因而伐虞，遂取之。今秦自以为王^⑨，能害王者之国者，楚也。楚知横门君^⑩之善用兵，与陈轸之智，故骄张仪以五国^⑪。来，必恶是二人。愿王勿听也。"张仪果来辞，因言轸也，王怒而不听。

注释

　　①田莘：齐国人，时在秦国任职。（清）程瑑初《战国策集注》作"田华"。陈轸（zhěn）：齐国人，时在秦国任职。

　　②郭：通"虢（guó）"，国名，姬姓。

　　③夫晋献公欲伐郭，而惮舟之侨存：晋献公：春秋时晋国国君，名诡诸，公元前676年—公元前338年在位。其先后两次伐虢国，一次在公元前658年，一次在公元前655年。舟之侨：人名。晋国大夫，后带其族人前往晋国。

　　④荀息：人名。晋国大夫。

　　⑤美妇破后：（清）程瑑初《战国策集注》作"美女破舌"。

⑥虞：国名。姬姓，地处今山西平陆东。

⑦惮宫之奇：宫之奇：人名。虞国大夫。（清）程曒初《战国策集注》作"煇宫之奇"。

⑧老：指资深的老臣。

⑨今秦自以为王：指秦于秦惠文王十三年（公元前325年）称王，次年改元。

⑩横门君：秦国将领。

⑪故骄张仪以五国：（清）程曒初《战国策集注》作"故骄张仪惟五国"。

译文

田莘替陈轸游说秦惠文王说："我担心大王会遇到虢国国君那样的危险。当初，晋献公想要攻打虢国，然而害怕虢国有舟之侨在。苟息说：'《周书》商说，美女可以惑乱国君。'于是晋献公将漂亮的女歌伎送给虢国国君，干扰虢国的政治。舟之侨进谏，但虢国国君不听，其便离虢而去。随后，晋献公出兵讨伐虢国，终于灭掉了虢国。之后，晋献公又想要攻打虞国，然而又害怕虞国宫之奇的存在。苟息说：'《周书》上有话，美男可以惑乱老臣。'于是晋献公将美丽的男子送给虞国国君，让他去中伤宫之奇。宫之奇进谏而虞君不听，于是其便离开了虞国。随后，晋献公便出兵讨伐虞国，终于灭掉了虞国。现在，秦国自封为王，能够危害秦国的就是楚国。楚国知道横门君善于用兵，陈轸又足智多谋，所以重用张仪，让其处理韩、魏、赵、燕、齐五国的政事。张仪来到秦国，必定要中伤横门君和陈轸二人。希望大王您不要听信他。"不久，张仪果真来到秦国向秦惠文王呈辞，并说了陈轸的坏话，秦惠文王大怒而没有听信他。

十二　张仪又恶陈轸于秦王

张仪又恶陈轸于秦王，曰："轸驰楚、秦之间，今楚不加善秦而善轸，然则是轸自为而不为国也。且轸欲去秦而之楚，王何不听乎？"

王谓陈轸曰："吾闻子欲去秦而之楚，信乎？"陈轸曰："然。"王曰："仪之言果信也！"曰："非独仪知之也，行道之人皆知之。曰孝己[1]爱其亲，天下欲以为子；子胥忠乎其君[2]，天下欲以为臣。卖仆妾售乎闾巷者，良仆妾也；出妇嫁乡曲者，良妇也。吾不忠于君，楚亦何以轸为忠乎？忠且见弃，吾不之楚，何适乎？"秦王曰："善。"乃止之也。

注释

[1] 孝己：人名。商高宗武丁之子，有孝行。

[2] 子胥忠乎其君：子胥：人名。姓伍，名员，春秋时楚国人，为楚国大夫伍奢子。楚平王杀其父兄，子胥奔吴，忠于吴王，但由于太宰嚭（pǐ）的谗言，后被吴王夫差赐死。

译文

张仪又在秦惠文王前面诽谤陈轸说："陈轸奔走于楚、秦之间，可是现在楚国并没有对秦国更加友好，反而却和陈轸的关系非常亲密，如此看来，陈轸的一切举动都是为自己打算，而不是为了秦国。况且陈轸又打算背叛秦国而投奔楚国，大王为什么不明察此事呢？"

于是秦惠文王就对陈轸说："我听人说您准备离开秦国到楚国，是真的吗？"陈轸回答说："是真的。"秦王生气地说："那么张仪所说的话果然是真的了！"陈轸回答说："何止张仪知道这件事，就连过路人也知道这件事。常言道，孝己孝顺爱敬他的父母，因而天下父母都希望孝己做自己的儿子；伍子胥忠于他的君王，因而天下的君王都希望伍子胥做自己的大臣。卖仆妾时被邻里买下，那就证明是一位好仆妾；被休的妇人如果能改嫁到本乡，那就证明她是一位好女人。如果我不忠于君王，那么楚王又怎么会认为我是忠臣呢？忠心耿耿尚且被遗弃，我不去楚国又能去哪里呢？"秦惠文王感动地说："您言之有理。"于是就把陈轸挽留下来。

十三　陈轸去楚之秦

　　陈轸去楚之秦。张仪谓秦王曰："陈轸为王臣，常以国情输楚。仪不能与从事，愿王逐之。即复之楚，愿王杀之。"王曰："轸安敢之楚也。"

　　王召陈轸告之曰："吾能听子言①，子欲何之？请为子车约②。"对曰："臣愿之楚。"王曰："仪以子为之楚，吾又自知子之楚，子非楚，且安之也！③"轸曰："臣出，必故之楚，以顺王与仪之策，而明臣之楚与不④也。楚人有两妻者，人诎⑤其长者，长者詈之；诎其少者，少者许之。居无几何，有两妻者死。客谓诎者曰：'汝取长者乎？少者乎？''取长者。'客曰：'长者詈汝，少者和汝，汝何为取长者？'曰：'居彼人之所，则欲其许我也。今为我妻，则欲其为我詈人也。'今楚王，明主也；而昭阳⑥，贤相也。轸为人臣，而常以国情输楚王⑦，王必不留臣⑧，昭阳将不与臣从事矣。以此明臣之楚与不。"

注释

①吾能听子言：（清）程羨初《战国策集注》作"吾能听子"。

②车约：约：准备。（清）程羨初《战国策集注》作"约车"。

③且安之也：（清）程羨初《战国策集注》作"宜安之也"。

④不：同"否"。（清）程羨初《战国策集注》作"否"。下同。

⑤诎（tiǎo）：同"挑"，挑逗，引诱。

⑥昭阳：楚怀王的柱国。

⑦楚王：指楚怀王。（清）程羨初《战国策集注》作"楚"。

⑧王必不留臣：（清）程羨初《战国策集注》作"楚王必不留臣"。

译文

　　陈轸离开楚国来到秦国。张仪就对秦惠文王说："陈轸是大王您的臣子，竟然常常把秦国的机密泄露给楚国，我不愿跟这样的人同朝共事，希望大王您把他驱逐出去。如果他再想重回楚国，希望大王杀掉他。”秦惠文王说：“陈轸怎么敢去楚国。”

秦惠文王召见陈轸并对他说：“寡人愿意听听你的意见，你想前往何处，我就为你准备车马。”陈轸回答说：“我愿意去楚国。”秦惠文王说：“张仪认为你必然会去楚国，而寡人也知道你想去楚国，如果你不去楚国，你又能去哪里呢！”陈轸说：“我离开秦国以后，必然故意要去楚国，以顺从大王和张仪的策略，而且这样也可以表明我是否倾向于楚国。楚国有一个人娶了两个妻子，有人去引诱那个年长的，年长的骂他；勾引年轻的，她就顺从了。没过多久，这个拥有两个妻子的男人死了。有个客人问引诱者说：‘在这两个寡妇当中，你是娶年长的还是年轻的？’引诱者回答说：‘我娶年长的。’客人问：‘年长的曾经骂过你，而年轻的却顺从了你，你为什么反倒娶年长的呢？’引诱者说：‘当她做别人妻子时，我希望她接受我的引诱；反之，如果做了我的妻子，我就愿意她为我去骂别人。’现在的楚王是位贤明的君主，而宰相昭阳也是一位贤明的大臣。我身为大王的臣子，如果经常把秦国的机密泄露给楚国，那么楚王必定不会收留我的，而昭阳也不愿意跟臣同朝共事。我将采取这样的行动来表明我到楚国去不是要帮助楚国。”

轸出，张仪入，问王曰：“陈轸果安之？”王曰：“夫轸，天下之辩士也。孰视寡人曰：‘轸必之楚。’寡人遂无奈何也。寡人因问曰：‘子必之楚也，则仪之言果信矣①！’轸曰：‘非独仪之言也，行道之人皆知之。昔者子胥忠其君，天下皆欲以为臣；孝己爱其亲，天下皆欲以为子。故卖仆妾不出里巷而取者，良仆妾也；出妇嫁于乡里者，善妇也。臣不忠于王，楚何以轸为②？忠尚见弃③，轸不之楚而何之乎？’”王以为然，遂善待之。

注释

①果信矣：（清）程爰初《战国策集注》作“果信也”。

②楚何以轸为：（清）程蘷初《战国策集注》作"楚何以轸为忠"。

③忠尚见弃：（清）程蘷初《战国策集注》作"忠且见弃"。

译文

陈轸走出以后，张仪进来问秦惠文王说："陈轸究竟要到哪里去？"秦惠文王说："陈轸真是天下的辩士呢。他注视着我说：'我一定要到楚国去。'我对他真是无可奈何。便问他：'你一定要到楚国去，那么张仪的话果然是真的了！'陈轸说：'何止张仪知道这件事，就连过路人也知道这件事。从前伍子胥忠于他的君王，因而天下的君王都希望伍子胥做自己的大臣。孝己孝顺爱敬他的父母，因而天下父母都希望孝己做自己的儿子。所以卖仆妾时被邻里买下，那就证明是一位好仆妾；被休的妇人如果能改嫁到本乡，那就证明她是一个好女人。如果我不忠于君王，那么楚王又怎么会认为我是忠臣呢？忠心耿耿尚且被遗弃，我不去楚国又能去哪里呢？'"秦惠文王认为陈轸说得很对，便好好地对待他了。

卷四 秦策二

十四 齐助楚攻秦

齐助楚攻秦，取曲沃①。其后秦欲伐齐。齐、楚之交善，惠王患之，谓张仪曰："吾欲伐齐，齐、楚方欢，子为寡人虑之，奈何？"张仪曰："王其为臣约车并币②，臣请试之。"

张仪南见楚王③曰："弊邑之王所说甚者④，无大大王；唯仪之所甚愿为臣者，亦无大大王。弊邑之王所甚憎者，亦无先齐王⑤；唯仪之甚憎者，亦无大齐王。今齐王之罪，其于弊邑之王甚厚，弊邑欲伐之，而大国与之欢，是以弊邑之王不得事令，而仪不得为臣也。大王苟能闭关绝齐，臣请使秦王献商於⑥之地，方六百里。若此，齐必弱，齐弱则必为王役矣。则是北弱齐，西德于秦，而私商於之地以为利也，则此一计而三利俱至。"

注 释

①曲沃：此处指今河南陕县曲沃镇。

②币：指礼品。

③楚王：此处指楚怀王。

④所说甚者：说：同"悦"。（清）程篯初《战国策集注》作"所甚说者"。

⑤亦无先齐王：齐王：此处指齐宣王。（清）程篯初《战国策集注》作"无大齐王"。

⑥商於（wū）：此处指今陕西商州以南至汉中的广大地区。

译 文

齐国帮助楚国去攻打秦国，攻取了秦国的曲沃。后来秦打算一雪前耻攻齐国。可是齐、楚两国的关系友好，秦惠文王为此感到很担忧，于是就对张仪说："我想要发兵攻打齐国，但是齐、楚两国关系友好，请您为寡人考虑一下该怎么办。"张仪说："请大王为臣准备车子和礼品，我愿意尝试一下。"

于是张仪便南行去见楚怀王说："敝国君王最喜欢的人，莫过于大王您；我所最愿意侍奉的君王，也莫过于大王您。敝国君王最痛恨的君主，莫过于齐王；张仪最不愿侍奉的君主，莫过于齐王。如今，齐王罪恶深重，对敝国君王来说是最严重的，敝国想要发兵攻打齐国，但是贵国跟齐国的关系很友好，因此敝国君主无法好好侍奉大王，张仪也无法成为大王的臣子。如果大王能够关闭边关与齐国断交，我愿意让秦王献上方圆六百里的商於。这样一来，齐就必定会走向衰弱，齐国衰弱，就必然会听从大王役使。这样就是不但在北面削弱了齐国，而且在西方对秦国施有恩惠，同时又获得了商於六百里的土地，这真是一个计策而取得了三个方面的利益。"

楚王大说，宣言之于朝廷曰："不穀①得商於之田②，方六百里。"群臣闻见者毕贺，陈轸后见，独不贺。楚王曰："不穀不烦一兵，不伤一人，而得商於之地六百里，寡人自以为智矣！诸士大夫皆贺，子独不贺，何也？"陈轸对曰："臣见商於之地不可得，而患必至也，故不敢妄贺。"王曰："何也？"对曰："夫秦所以重王者，以王有齐也。今地未可得而齐先绝，是楚孤也，秦又何重孤国？且先出地后绝齐③，秦计必弗为也；先绝齐后责④地，且必受欺于张仪；受欺于张仪，王必惋之。是西生秦患，北绝齐交，则两国兵必至矣。"楚王不听，曰："吾事善矣！子其弭口无言，以待吾事。"楚王使人绝齐，使者未来，又重绝之。

注释

①不穀（gǔ）：楚王自谦的称呼。

②商於之田：（清）程曧初《战国策集注》作"商於之地"。

③且先出地后绝齐：（清）程曧初《战国策集注》作"且先出地绝齐"。

④责：索取。

楚王听后非常高兴，就在朝中宣布："我已经从秦国那里得到了商於六百里肥沃的土地！"群臣听后都一致向怀王道贺，陈轸最后才来晋见，唯独他不向楚王道贺。楚王问道："寡人不动用一卒，没有伤亡一人，就得到商於六百里土地，寡人认为这非常明智！文武百官都向寡人道贺，唯独你一人不道贺，这是为什么？"陈轸回答说："我认为大王不但得不到商於六百里之地，反而会招来祸患，所以臣才不敢轻易向大王道贺。"楚王问："这是为什么？"陈轸回答说："秦王之所以重视大王，是因为您有齐国的支持。如今土地尚未得到，大王就先跟齐国断绝邦交，这会使楚国陷于孤立，秦国又怎会重视一个孤立无援的国家呢？况且，如果先让秦国献出土地，然后楚国再跟齐断绝邦交，秦国必定不会同意；楚国先跟齐国断交，然后再向秦索取土地，那么必然遭到张仪欺骗而得不到土地；受到张仪的欺骗，大王必然懊悔万分。这样就是不但在西面产生了秦国的祸患，而且在北面切断了齐国的后援，如此一来，秦、齐两国都将兵临楚国。"楚王没有听从，说："我的事做得很好！你就闭口，不要再多说，就等待寡人完成此事。"于是楚王就派使者前去齐国与齐断绝邦交，使者还未回来，楚王又再次派人去与齐国绝交。

张仪反①，秦使人使齐，齐、秦之交阴合。楚因使一将军受地于秦。张仪至，称病不朝。楚王曰："张子以寡人不绝齐乎？"乃使勇士往詈齐王。张仪知楚绝齐也，乃出见使者曰："从某至某，广从②六里。"使者曰："臣闻六百里，不闻六里。"仪曰："仪固以小人，安得六百里？"使者反，报楚王，楚王大怒，欲兴师伐秦。陈轸曰："臣可以言乎？"王曰："可矣。"轸曰："伐秦非计也，王不如因而赂之一名都③，与之伐齐，是我亡于秦而取偿于齐也。楚国不尚全乎？王今已绝齐，而责欺于秦，是吾合齐、秦之交也，国必大伤。"

楚王不听，遂举兵伐秦④。秦与齐合，韩氏从之，楚兵大败于杜陵⑤。故楚之土壤士民非削弱，仅以救亡者，计失于陈轸，过听于张仪。

传世·经典国学集

注释

①反：同"返"，返回。

②广从：横度为广，直为纵。从：同"纵"。

③因而赂之一名都：（清）程蘷初《战国策集注》作"赂之一名都"。

④举兵伐秦：指楚怀王使将军屈匄（gài）伐秦。

⑤杜陵：应为"伎陵"之误，地处今山西旬阳西。

译文

张仪返回秦国，秦王就派使者前往齐国游说，秦、齐两国暗暗缔结成功。楚国派出一名将军去秦国接收土地。张仪谎称有病，不上朝接见使者。楚王说："张仪以为寡人不是真心跟齐国断交吗？"于是就派了一名勇士前去齐国骂齐王。张仪知道楚、齐确实断交以后，才出来接见楚国的使臣，说："敝国献给贵国的土地，从某地到某地，方圆总共是六里。"楚国使者很谅讶地说："我只听说是六百里，而不是六里。"张仪就巧辩说："我张仪在秦国只不过是一个的小官，哪有六百里的土地呢？"楚国使节返回楚国，报告楚王，楚王听后大怒，就想要发兵去攻打秦国。这时陈轸说："现在我可以说话了吗？"楚王说："可以。"陈轸说："发兵攻打秦国，不是一个好办法。大王不如趁此机会，献出一个有名的城池去贿赂秦国，跟秦国连兵伐齐，这样，我们虽在秦国一方失去了土地，但是可以从齐国那里得到补偿。楚国不就是没有损失吗？大王既然已经跟齐国断绝关系，又去责备秦国，这是在加强秦、齐两国的邦交，楚国必受大害！"

楚王仍然没有听从陈轸，发兵攻打秦国。秦、齐两国联合，韩国也随之加入了秦、齐同盟，结果楚军在伎陵被三国联军打得惨败。由此可见，楚国的土地并非不广大，人民也并非比其他诸侯国软弱，但之所以几乎要亡国的原因，是楚王没有采纳陈轸的正确建议，而错误地听信了张仪的谎言。

十五 楚绝齐

楚绝齐,齐举兵伐楚。陈轸谓楚王曰:"王不如以地东解于齐,西讲于秦。"

楚王使陈轸之秦,秦王谓轸曰:"子,秦人也^①,寡人与子故也,寡人不佞,不能亲国事也,故子弃寡人,事楚王。今齐、楚相伐,或谓救之便,或谓救之不便,子独不可以忠为子主计,以其余为寡人乎?"

陈轸曰:"王独不闻吴人之游楚者乎?楚王甚爱之,病,故使人问之曰:'诚病乎?意^②亦思乎?'左右曰:'臣不知其思与不思,诚思则将吴吟。'今轸将为王吴吟。王不闻夫管与^③之说乎?有两虎诤^④人而斗者,管庄子^⑤将刺之,管与止之曰:'虎者,戾虫;人者,甘饵也。今两虎诤人而斗,小者必死,大者必伤。子待伤虎而刺之,则是一举而兼两虎也。无刺一虎之劳,而有刺两虎之名。'齐、楚今战,战必败。败,王起兵救之,有救齐之利,而无伐楚之害。计听知复逆者,唯王可也。计者,事之本也;听者,存亡之机。计失而听过,能有国者寡也。故曰:'计有一二者难悖,听无失本末者难惑。'"

注释

①子,秦人也:陈轸曾出仕秦国,故说秦人。

②意:通"抑",或者。

③管与:人名。鲁国人。

④诤:通"争"。

⑤管庄子:即卞庄子,春秋时期鲁国的勇士。

译文

楚国与齐国断绝关系后,齐国发兵攻打楚国。陈轸对楚怀王说::"大王不如割让土地，东边与齐国缓和关系，然后再跟西面的秦国建立邦交。"

于是楚怀王派陈轸出使秦国，秦王对陈轸说："您本来就是秦国人，而且是寡人的旧交。但因为寡人不识贤才，处理国家大事又欠周详，所以使您离开寡人，而去侍奉楚王。如今齐、楚两国互相攻伐，有的人说救援有利，有的人说不救援有利，您为何不在为楚国效忠之余，也为我考虑一下呢？"

陈轸说："大王您难道没听说过吴国人到楚国去做官的故事吗？楚王很喜欢这个人，有一次他生病了，楚王就派人去问候说：'您是真生病了吗？或者是思念吴国呢？'侍臣回答说：'我不知道他是否是思念家乡，假如真的是思念家乡的话，那他就会用吴音呻吟了。'现在我也准备为大王'吴吟'。大王难道没有听说管与的故事吗？有两只老虎，因为争吃人肉而打斗起来，管庄子准备去刺这两只虎，可是管与制止他说：'老虎是贪戾的大虫，人肉是它美味的食物。现在两只老虎为争吃人肉而打斗，小虎必定会斗败而死，大虎也必定会苦斗而伤。你就等着老虎受了伤，再去刺它，这是一举而杀两虎的妙计。不用耗费杀死一只老虎的劳苦，却能兼得刺杀两只虎的英名。'如今，齐、楚两国正在苦战，齐国必败。之后，大王再发兵救援，既能获得救齐的好处，而又没有伐楚的危害。是否听从我的建议，预知事情的反复与发展的逆顺，只能靠大王自己定夺了。计策是做事的根本；听从良计是国家存亡的关键。计策错了并且听从错计，而能保住国家的君王很少。所以说：'计策要再三地权衡才不会失误，听信不失去根本的计策才不会被迷惑。'"

十六　秦惠文王死公孙衍欲穷张仪

秦惠文王死，公孙衍[1]欲穷张仪。李雠谓公孙衍曰："不如召甘茂于魏，召公孙显[2]于韩，起樗里子[3]于国。三人者，皆张仪之雠也，公用之，则诸侯必见张仪之无秦矣。"

注释

①公孙衍：人名。魏国阴晋人。

②公孙显：人名。秦国贵臣，一作"公孙爽"。

③樗里子：即秦公子樗里疾。

译文

秦惠文王去世后，公孙衍想要使张仪处于困境。李雠对公孙衍说："您不如把甘茂从魏国召回来，把公孙显从韩国召回来，在秦国重新起用樗里疾。这三个人都是张仪的仇人，您重用他们，那诸侯们一定会认为张仪在秦国不仅无权而且失宠了。"

十七　义渠君之魏

义渠①君之魏，公孙衍谓义渠君曰："道远，臣不得复过矣，请谒事情。"义渠君口："愿闻之。"对曰："中国②无事于秦，则秦且烧炳③获君之国；中国为有事于秦，则秦且轻使重币，而事君之国也。"义渠君曰："谨闻令。"

居无几何，五国④伐秦。陈轸谓秦王曰："义渠君者⑤，蛮夷之贤君，王不如赂之以抚其心。"秦王曰："善。"因以文绣千匹，好女百人，遗⑥义渠君。义渠君致群臣而谋曰："此乃公孙衍之所谓也。"因起兵袭秦，大败秦人于李帛⑦之下。

注释

①义渠：为羌族所建立的国家，地处今甘肃宁县、庆阳和宁夏固原一带。

②中国：指东方六国。

③烧炳（ruò）：古同"热"，焚烧。

④五国：指楚、韩、赵、魏、燕。

⑤义渠君者：（清）程耆初《战国策集注》作"义渠君"。

⑥遗（wèi）：赠给。

⑦李帛：秦国都邑，地处今甘肃天水东。

义渠国的国君来到魏国，公孙衍对他说："我们之间路途遥远，今后很难再与您见面了，请让我告诉您一件事。"义渠国君说："我愿意听您的奉告。"公孙衍说："如果东方六国对秦国不发起战事，那么秦国就将焚烧并获取您的国家；如果东方六国对秦国发起战事，秦国就会拿上重礼来讨好贵国。"义渠君说："我会谨记您的忠告。"

没过多久，楚、韩、赵、魏、燕五国联合攻打秦国。陈轸对秦王说："义渠君是蛮夷之地的贤能君主，大王不如贿赂他以安抚他的心。"秦王说："很好。"于是就拿出锦绣一千匹，漂亮的女子一百人，赠送给了义渠国君。义渠君召集臣子们商议说："这就是公孙衍所说的情况。"于是就出兵袭击秦国，在李帛这个地方把秦军打得大败。

十八　医扁鹊见秦武王

医扁鹊①见秦武王，武王示之病，扁鹊请除。左右曰："君之病在耳之前，目之下，除之未必已也，将使耳不聪，目不明。"君以告扁鹊。扁鹊怒而投其石②曰："君与知之者③谋之，而与不知者④败之。使此知秦国之政也，则君一举而亡国矣。"

①扁鹊：姓秦名越人，春秋战国时的名医。

②石：指针石，治病的工具。

③知之者：指懂得医术的扁鹊。

④不知者：指秦武王身边不懂得医术的人。

医生扁鹊去拜见秦武王，秦武王就将自己病情告知了扁鹊，扁鹊愿意为其治病。可是秦武王身边的人却说："大王的病在耳朵的前面，眼睛的下面，医治未必能治好，还可能会使耳朵听不见，眼睛看不清。"秦武王就把这些话告诉了扁鹊，扁鹊听了很生气，把治病的砭石一丢，说："您与懂得医术的人（我）商量病情，而让不懂医道的人从中破坏。如果秦国的内政也是如此的话，那么君王您将因此而亡国了。"

十九　秦武王谓甘茂

秦武王谓甘茂曰："寡人欲车通三川，以窥周室，而寡人死不朽矣①。"甘茂对曰："请之魏，约伐韩。"王令向寿②辅行。

甘茂至魏，谓向寿："子归告王曰：'魏听臣矣，然愿王勿攻也。'事成，尽以为子功。"向寿归以告王，王迎甘茂于息壤③。

甘茂至，王问其故。对曰："宜阳，大县也，上党、南阳积之久矣，名为县，其实郡也。今王倍数险，行千里而攻之④，难矣。臣闻张仪西并巴、蜀之地，北取西河之外，南取上庸⑤，天下不以为多张仪而贤先王。

"魏文侯令乐羊将，攻中山⑥，三年而拔之。乐羊反而语功，文侯示之谤书一箧⑦，乐羊再拜稽首⑧曰：'此非臣之功，主君之力也。'今臣羁旅之臣也，樗里疾、公孙衍⑨二人者，挟韩而议，王必听之，是王欺魏而臣受公仲侈⑩之怨也。

注释

①而寡人死不朽矣：（清）程蘷初《战国策集注》作"而寡人死不朽乎"。

②向寿：人名。秦昭王母宣太后的外族，受到秦武王的宠幸。

③息壤：地名。地处陕西咸阳东郊。

④行千里而攻之：（清）程蘷初《战国策集注》作"行数千里而攻之"。

⑤上庸：地名。楚国都邑，地处今湖北竹山。

⑥魏文侯：名斯，周威烈王（公元前403年），与韩、赵具为诸侯。乐羊：

人名。魏国将领。中山：国名。为春秋末年白狄鲜虞族所建。公元前406年，一度为魏所灭。

⑦箧（qiè）：小箱子。

⑧稽（qǐ）首：指古代跪拜礼，为九拜中最隆重的一种。

⑨樗里疾、公孙郝：二人均为秦国亲韩德公族。（清）程夔初《战国策集注》作"樗里疾、公孙衍"。下同。

⑩公仲倗（péng）：人名。韩国相国。（清）程夔初《战国策集注》作"公仲朋"。

译文

　　秦武王对甘茂说："我想把战车直通三川，取代周室，这样，我人死后将永垂不朽。"甘茂说："我要求去魏国并与他们联合，共同攻打韩国。"于是，秦武王派向寿做甘茂的副使出使魏国。

　　甘茂到达魏国后，便对向寿说："您回去告诉大王说：'魏王已经同意我的约定，但希望大王暂时先不要进攻韩国。'当事情成功之后，所有功劳全部归您。"向寿回到秦国，把这话告诉了秦武王，武王便到息壤去迎接甘茂。

　　甘茂到了息壤，秦武王问他为什么不立刻进攻韩国。甘茂回答说："宜阳是韩国的大县，上党和南阳两郡德财富都积聚于此，它名义上是县，实际上相当一个郡。现在大王的军队要历经重重险阻，跋涉千里去攻打宜阳，实在是太难了。我听说，张仪向西吞并巴、蜀之地，向北取得了西河之外，向南又占领了上庸，诸侯并不因此而赞赏张仪的能力，反而却称赞先王的贤明。

　　"魏文侯排期啊乐羊为将，攻打中山国，三年就把它灭掉了。乐羊返回魏国，称赞自己的战功，魏文侯却拿出一箱子群臣诽谤其攻打中山国的意见书给他看，乐羊顿时再次跪拜而稽首，说道：'这不是我个人的功劳，全是君王您的的力量。'如今，我是只不过一个客居于秦之人，樗里疾、公孙郝二人，势必会抱着对韩国的偏心，来非议攻打韩国的不恰当，大王肯定会听从他们的意见，这是大王您欺骗了魏国，而我又受到公仲倗的怨恨了。

　　"昔者曾子处费^①，费人有与曾子同名族者而杀人，人告曾子母曰：'曾参杀人。'曾子之母曰：'吾子不杀人。'织自若。有顷焉，人又曰：'曾参杀人。'其母尚织自若也。顷之，一人又告之曰：'曾参杀人。'其母惧，投杼^②逾墙而走。夫以曾参之贤，与母之信也，而三人疑之，则慈母不能信也。今臣之贤不及曾子，而王之信臣又未若曾子之母也，疑臣者不适^③三人，臣恐王为臣之投杼也。"王曰："寡人不听也，请与子盟。"于是与之盟于息壤。

　　果攻宜阳，五月而不能拔也。樗里疾、公孙郝二人在争之王，王将听之，召甘茂而告之。甘茂对曰："息壤在彼。"王曰："有之。"因悉起兵，复使甘茂攻之，遂拔宜阳。

注释

　　①曾子：名参，字子舆。春秋时期鲁国武城人，为孔子弟子。费：地名。鲁国都邑，地处今山东费县西南。

　　②杼（zhù）：古代指织机的梭子。

　　③不适：不止，不仅。适，通"啻"。

译文

　　"从前，曾参住在费地，费地有个与曾参同名同姓的人杀了人。有人告诉曾参的母亲说：'曾参杀人了。'曾参的母亲说：'我的儿子不会杀人。'她依旧织布。过了一会儿，一个人跑来说：'曾参杀人了。'曾参的母亲仍然织布。又过了一会儿，又有人来说：'曾参杀人了。'曾参的母亲十分惊惧，便扔掉梭子，翻过垣墙，逃走了。像曾参这样贤德的人，他的母亲对其又非常信任，可是三个人不真实的话，便使曾母对其产生了不信任。现在的我不如曾参贤能，大王相信我又不如曾参的母亲相信曾参那样，猜疑我的更是不止三人，我担心大王会像曾母那样对我扔掉梭子而逃走。"秦武王说："我不会听信别人的言论，让我们订立盟约。"于是秦武王和甘茂在息壤订立了盟约。

　　甘茂在继续攻打宜阳之时，果然五个月都没能攻下。樗里疾、公孙郝二人便在秦武王的面前议论进攻宜阳的不恰当之处，秦武王将要听从他们的意见，就召见甘茂并告诉了他情况。甘茂说："我们在息壤订立的盟约就在那里。"秦武王说："是有这回事。"于是就动员全部兵力，再派遣甘茂攻打宜阳，终于将宜阳攻下。

二十　宜阳之役

宜阳之役，冯章①谓秦王曰："不拔宜阳，韩、楚乘吾弊，国必危矣！不如许楚汉中以欢之。楚欢而不进，韩必孤，无奈秦何矣！"王曰："善。"果使冯章许楚汉中，而拔宜阳。楚王以其言责汉中于冯章，冯章谓秦王曰："王遂亡臣，固谓楚王②曰：'寡人固无地而许楚王。'"

注　释

①冯章：人名。秦国将领。
②楚王：指楚怀王。

译　文

正当秦、韩在宜阳交战之时，冯章对秦武王说："如果不攻克宜阳，韩、楚两国就会联合起来，趁我军疲惫不堪时前来进攻，那秦国就危险了！不如答应把汉中割让给楚国，以此使楚国开心。楚国一高兴，就不会进兵攻打秦国，这样，韩国一定会孤立，那么韩国对秦国也就无可奈何了！"秦武王说："好。"后来，秦武王果然派冯章出使楚国，答应把汉中让给楚国，于是秦国一举攻克了宜阳。随后，楚怀王根据之前冯章的许诺要求其兑现，将汉中割让给楚国，这时，冯章对秦武王说："大王您让我逃离秦国，之后，您就可以对楚王说："我本来就没答应割让土地给楚王。"

二十一 甘茂攻宜阳

甘茂攻宜阳，三鼓之而卒不上。秦之右将向寿①对曰："公不论兵，必大困。"甘茂曰："我羁旅而得相秦者，我以宜阳饵王。今攻宜阳而不拔，公孙郝、樗里疾②挫我于内，而公中③以韩穷我于外，是无茂之日已④！请明日鼓之，而不可下，因以宜阳之郭为墓！"于是出私金以益公赏。明日鼓之，宜阳拔。

注释

①向寿：（清）程蘷初《战国策集注》作"有尉"。

②公孙郝、樗里疾：（清）程蘷初《战国策集注》作"公孙衍、樗里疾"。

③公中：即指韩相公仲倗。（清）程蘷初《战国策集注》作"公仲"。

④是无茂之日已：（清）程蘷初《战国策集注》作"是无伐之日已"。

译文

甘茂率军攻打宜阳，三次击鼓进军而士卒不肯往前冲。秦国的右将军向寿对他说："您如果不论士气如何而贸然进攻，一定会陷入困境。"甘茂说："我客居秦国而为相国，是我能够攻下宜阳而使秦王喜欢。现在宜阳久攻不下，孙公郝和樗里疾在国内毁败我，公仲倗又用韩国的力量在国外使我窘迫，这是我甘茂的末日快到了！明天我再击鼓进军，如果还攻不下宜阳，就把宜阳的郊外作为我的坟墓吧！"于是他拿出自己的钱财来增加公家的赏金。第二天击鼓进军，宜阳被攻下。

二十二 宜阳未得

宜阳未得，秦死伤者众，甘茂欲息兵。左成谓甘茂曰："公内攻于樗里疾、公孙郝①，而外与韩倗为怨，今公用兵无功，公必穷矣。公不如进兵攻宜阳，宜阳拔，则公之功多矣，是樗里疾、公孙郝无事也，秦众尽怨之深矣。”

注释

①樗里疾、公孙郝：（清）程蘷初《战国策集注》作“樗里疾、公孙衍”。下同。

译文

宜阳未能攻下，但秦兵伤亡的人数很多，甘茂想要停兵不攻。左成对甘茂说：“您在国内受到樗里疾和公孙郝的构陷，在国外又与韩国公仲佣结为怨敌，如今，您用兵却没有取得成功，您必然会走向穷途末路。您不如再次发兵进攻宜阳，宜阳一旦被攻克，您的功劳就很大了。樗里疾和公孙衍也再找不到攻击您的把柄了，秦国老百姓就都会深深地怨恨他们二人了。”

二十三　宜阳之役

宜阳之役，楚畔秦而合于韩。秦王惧。甘茂曰：“楚虽合韩，不为韩氏先战；韩亦恐战而楚有变其后。韩、楚必相御也。楚言与韩，而不余怨于秦，臣是以知其御也。”

译文

正当秦、韩在宜阳交战之时，楚国背叛了秦国而与韩国联合。秦王很是害怕。甘茂说：“楚国虽然与韩国联合，但并不会为韩国先出兵攻打秦国；韩国也怕在攻打秦国的时候，楚国在自己后面发难。这样，韩国和楚国一定会互相防备。楚国虽然宣称与韩国联合，但又不愿与秦国结下遗怨，因此我认为楚国与韩国之间将会互相戒备。”

二十四 秦王谓甘茂

秦王谓甘茂曰："楚客来使者多健,与寡人争辞,寡人数穷焉,为之奈何?"甘茂对曰："王勿患也。其健者来使,则王勿听其事;其需弱①者来使,则王必听之。然则需弱者用而健者不用矣,王因而制之。"

注释

①需弱:软弱。需,通"懦"。

译文

秦王对甘茂说："楚国派来的使者大多能言善辩,与寡人争论时让我多次理屈词穷,难以应对,有什么办法对付他们呢?"甘茂回答说："大王不用忧虑。如果是健谈的人出使我国,大王不要听他们的话;如果是那些懦弱不善言辞的人出使我国,大王一定要听从他们的话。这样,懦弱不善言辞的人就会受到任用,而能言善辩的人就不会被任用了,大王就能乘机控制他们了。"

二十五 甘茂亡秦且之齐

甘茂亡秦且之齐①,出关遇苏子②,曰："君闻夫江上之处女乎?"苏子曰："不闻。"曰:"夫江上之处女,有家贫而无烛者,处女相与语,欲去之。家贫无烛者将去矣,谓处女曰:'妾以无烛,故常先至,扫室布席,何爱③余明之照四壁者?幸以赐妾,何妨于处女?妾自以④有益于处女,何为去我?'处女相语以为然而留之。今臣不肖,弃逐于秦而出关,愿为足下扫室布席,幸无我逐也。"苏子曰:"善。请重公于齐。"

①甘茂亡秦且之齐：指秦昭王元年（公元前306年），秦国大臣向寿等谤毁甘茂，甘茂害怕，遂出走，逃往齐国。且，将。

②关：指函谷关。苏子，即指苏秦。（清）程蘡初《战国策集注》作"苏代"。下同。

③爱：吝惜。

④妄自以：（清）程蘡初《战国策集注》作"妄自以为"。

译文

甘茂从秦国出逃后，打算到齐国去。出了函谷关，遇见了苏秦，就对他说："您听说过江上处女的故事吗？"苏秦说："没听说过。"甘茂说："在江上的众多女子中，有一个家贫而没有蜡烛的女子，其他女子在一起商量，要把她赶走。家贫而无烛的女子准备离开的时候，对其他女子说：'我因为没有蜡烛，所以常常先到，一到便打扫房屋，铺好席子，你们何必要吝惜照在四壁上的余光呢？如果大方地赐一点余光给我，对你们又有什么妨碍呢？我自认为对你们还是有一点好处的，为什么要赶走我呢？'女子们商量以后，认为她说得对，就把她留了下来。如今的我因为没有才德，被秦国抛弃驱赶，即将出函谷关，我愿意为您打扫房屋，铺好席子，希望您不要把我赶走。"苏秦说："好。我会设法让齐国重用您的。"

乃西说秦王曰："甘茂，贤人，非恒士也。其居秦，累世重矣①。自殽塞、谿谷②，地形险易尽知之。彼若以齐约韩、魏，反以谋秦，是非秦之利也。"秦王曰："然则奈何？"苏秦曰："不如重其贽③、厚其禄以迎之。彼来则置之槐谷，终身勿出，天下何从图秦？"秦王曰："善。"与之上卿，以相迎之齐。甘茂辞不往。

苏秦为谓齐王曰："甘茂，贤人也。今秦与之上卿，以相迎之，茂德王之赐，故不往，愿为王臣。今王何以礼之？王若不留，必不德王。彼以甘茂之贤，得擅用强秦之众，则难图也。"齐王曰："善。"赐之上卿，命而处之。

注释

①累世重矣：指甘茂历事秦惠文王、秦武王、秦昭王。

②崤塞：指崤山，地处今河南洛宁北。黡谷：与后文的"槐谷"，《史记》并作"鬼谷"，地处今陕西三原的清水谷。

③贽：古代见面时馈赠给对方的礼物。

译文

于是，苏秦就向西入关去对秦王说："甘茂是个有才能的人，并不是一般人。他寄居秦国，受到惠王、武王、昭王三朝重用。秦国的崤山、黡谷等地的地形险易情况，他都了如指掌。如果他通过齐国，联合韩、魏两国，反过来对付秦国，这对秦国是十分不利的。"秦王说："那该怎么办呢？"苏秦说："您不如多备厚礼，用丰厚的俸禄去欢迎其回国。他要是回来了，就把他软禁在槐谷，终身不让他离开，各国诸侯又凭借什么来对付秦国呢？"秦王说："好。"于是，给予甘茂以上卿的高位，拿了相印到齐国去迎接他。甘茂推辞而不肯前往。

苏秦为甘茂对齐王说："甘茂是个贤能的人，如今秦王给他上卿的高位，并拿了相印去迎接他。但是甘茂却因为感激齐王您的恩德而没有前往秦国，愿意做大王的臣子。如今，大王您用什么来礼遇他呢？如果齐王您不挽留他，他定不会再感激大王。以甘茂之才，如果再让他统率强秦的军队，这样一来，秦国对齐国来说可就难以对付了。"齐王说："好。"于是，就赐予甘茂上卿的高位，下令让他留在齐国。

二十六　甘茂相秦

甘茂相秦，秦王爱公孙衍①，与之间有所立，因自谓之曰："寡人且相子。"甘茂之吏道穴闻之，以告甘茂。甘茂因入见王曰："王得贤相，敢再拜贺。"王曰："寡人托国于子，焉更得贤相？"对曰："王且相犀首。"王曰："子焉闻之？"对曰："犀首告臣。"王怒于犀首之泄也，乃逐之。

注　释

①公孙衍：人名。魏国臣子。下文"犀首"即指公孙衍，借官名作人名。

译　文

甘茂担任秦国相国，但是秦王喜欢公孙衍，私底下和他谈话，于是亲自对对他说："我将任命你为相国。"甘茂的一个下属凿穴偷听到了这一消息，并把它告诉了甘茂。甘茂因此去见秦王说："大王得到了贤能的相国，我来给大王祝贺道喜。"秦王说："我把秦国的国家大事交给了你，怎么又说得了一个贤相呢？"甘茂回答说："大王将要任命犀首为相国。"秦王说："你从哪里得知这个消息的？"甘茂说。"是犀首告诉我的。"秦王对犀首泄露消息这一行为很是恼怒，就将他赶走了。

二十七　甘茂约秦、魏而攻楚

甘茂约秦、魏而攻楚。楚之相秦者屈盖①，为楚和于秦，秦启关而听楚使。甘茂谓秦王曰："怵②于楚而不使魏制和，楚必曰'秦鬻③魏'。不悦④而合于楚。楚、魏为一，国恐伤矣。王不如使魏制和，魏制和必悦。王不恶于魏，则寄地必多矣。"

注　释

①屈盖：人名。楚国将领。一作"屈匄"。

②怵（xù）：引诱。（清）程蘷初《战国策集注》作"誅"。

③鬻（yù）：卖。

④悦：（清）程蘷初《战国策集注》作"说"。下同。

译文

　　甘茂联合秦、魏两国一起攻打楚国。楚国的抗秦将领屈盖主张向秦国讲和，于是秦国便打开边境关卡的大门接受楚国的议和使者。甘茂对秦王说："如果秦国受楚国的利诱，而不让魏国来主持讲和，那么楚国一定会宣扬说：'是秦国出卖了魏国。'魏国不高兴就会和楚国联合。楚、魏两国联合成为一体，秦国恐怕就会受到伤害了。大王不如让魏国主持讲和的事情，魏国主持讲和一定会很高兴。这样一来，魏国不憎恨大王，那么楚国割让给秦国土地一定会更多了。"

二十八　陉山之事

　　陉山之事①，赵且与秦伐齐。齐惧，令田章以阳武合于赵②，而以顺子③为质。赵王④喜，乃案兵告于秦曰："齐以阳武赐弊邑而纳顺子，欲以解伐。敢告下吏⑤。"

　　秦王使公子他⑥之赵，谓赵王曰："齐与大国救魏而倍约，不可信恃，大国不义，以告弊邑，而赐之二社⑦之地，以奉祭祀。今又案兵，且欲合齐而受其地，非使臣之所知也。请益甲四万，大国裁之！"

注释

　　①陉（xíng）山之事：指陉山之役。陉山，地名。地处今河南新郑西南。

　　②田章：人名。齐国将领。阳武：应为章武，地名。齐国都邑，地处今河北沧州东北。

　　③顺子：指齐闵王的子侄，曾在赵国做过人质。

④赵王：指赵惠文王。

⑤下吏：指秦国的官吏。因不敢直指秦王，故有此谦称。

⑥秦王：指秦昭王。公子他：一作"公子池"，秦惠文王之子，秦昭王之兄。

⑦二社：战国时期，东方各国都有里社。二十五家为里，里有社。二社，即指五十家。

译文

陉山之战，赵国打算联合秦国一起攻打齐国。齐王因此感到恐惧，便派田章到赵国，以割让阳武为条件，与赵修好，并以齐国公子顺子为人质。赵惠文王非常高兴，就按兵不发并告诉秦王说："齐国把阳武割让给我，又送来顺子作为人质，想要解除我们对它的讨伐。因此，我特地将这个情况告知贵国的官员。"

秦昭王就派公子他前往赵国，对赵王说："之前，齐国相约贵国一同救援魏国，但暗地里背弃信约，因此，齐国是不值得信任和依靠的。贵国认为齐国不守信义，把这件事通报我国。可是之前贵国赠送给敝国两社之地用来供祭祀之用。如今却又按兵不动，并且想要联合齐国而接受它的土地，这是我所不能理解的。我国给您增派兵甲四万，请贵国自己裁决！"

苏秦①为齐献书穰侯曰："臣闻往来之者言曰：'秦且益赵甲四万人以伐齐。'臣窃必料弊邑之王②曰：'秦王明而熟于计，穰侯智而习于事，必不益赵甲四万人以伐齐。'是何也？夫三晋相结，秦之深雠也。三晋百背秦，百欺秦，不为不信，不为无行。

"今破齐以肥赵，赵，秦之深雠，不利于秦，一也。秦之谋者必曰：'破齐弊晋，而后制晋、楚之胜。'夫齐，罢③国也，以天下击之，譬犹以千钧之弩决溃痈也④，秦王安能制晋、楚哉？二也。秦少出兵，则晋、楚不信；多出兵，则晋、楚为制于秦。齐恐，则必不走⑤于秦且走晋、楚。三也。齐割地以实晋、楚，则晋、楚安；齐举兵而为之顿剑，则秦反受兵。四也。是晋、楚以秦破⑥齐，以齐破秦，何晋、楚之智而齐、秦之愚！五也。

　　"秦得安邑⑦，善齐以安之，亦必无患矣。秦有安邑，则韩、魏必无上党矣⑧。夫取三晋之肠胃与出兵而惧其不反也，孰利？故臣窃必料弊邑之王曰：'秦王明而熟于计，穰侯智而习于事，必不益赵甲四万人以伐齐矣。'"

注释

①苏秦：（清）程篯初《战国策集注》作"苏代"。下同。

②臣窃必料弊邑之王：（清）程篯初《战国策集注》作"臣窃必之敝邑之王"。下同。

③罢：同"疲"，疲惫。

④决溃痈也：（清）程篯初《战国策集注》作"溃痈也"。

⑤必不走：（清）程篯初《战国策集注》作"不走"。

⑥破：清）程篯初《战国策集注》作"伐"。

⑦安邑：地名。魏国旧都，地处今山西夏县西北。

⑧必无上党矣：（清）程篯初《战国策集注》作"必无上党哉"。

译文

　　苏秦替齐国送给穰侯写信说："我听到最近在秦、赵之间来往的人的行人说：'秦国将增援赵国四万兵甲来进攻齐国。'我料想敝国的君主必定会说：'秦王明察而善于谋划，穰侯明智而娴于军事，他们一定不会增援赵国四万兵甲来进攻齐国的。'这是为什么呢？韩、赵、魏三国联合，是秦的深仇。它们上百次背弃秦国，上百次欺侮秦国，秦国却不认为它们这是不守信用、不讲道义的行为。

　　"现在贵国打败齐国去增强赵国，但是赵国是秦的深仇大敌，这样对秦国是不利的。这是第一点原因。秦国的谋士一定说：'打败了齐国会让三晋和楚国疲惫，然后就可以制服三晋和楚国。'齐国是一个疲惫的国家，三晋和楚国去进攻齐国，就像用千钧的强弩去击破一个溃烂了的脓疮一样容易，但秦王又怎么能制服三晋和楚国呢？这是第二点原因。秦国出动的军队少，三晋和楚国就不会相信秦国；但秦国出动的军队多，三晋和楚国就会被秦国控制。齐国如果恐惧，一定不会投靠秦国，反而会去投靠三晋和楚国。这是第三点原因。齐国割让土地给三晋和楚国，那么三晋和楚国就会退兵而不去进攻齐国；齐国出动兵力进攻秦国，秦国反而会受到军事打击。这是第四点原因。这是三晋和楚国利用秦国来攻破齐国，而又利用齐国来攻破秦国。为什么三晋和楚国会这样聪明，而齐、秦这样愚蠢呢？这是第五点原因。

"秦国如果取得了安邑，并与齐和好，安抚齐国，就必然没有祸患了。秦国占有了安邑，韩、魏两国一定会失去上党。占据三晋的要害之地，与出动军队进攻齐国却害怕全军覆没，哪一个更有利呢？因此我料到敝国的君主定会说：'秦王明察而善于谋划，穰侯明智而娴于军事，他们一定不会增援赵国四万兵力来进攻齐国。'"

二十九　秦宣太后爱魏丑夫

秦宣太后爱魏丑夫①。太后病将死，出令曰："为我葬，必以魏子为殉。"魏子患之。

庸芮②为魏子说太后曰："以死者为有知乎？"太后曰："无知也。"曰："若太后之神灵，明知死者之无知矣，何为空以生所爱，葬于无知之死人哉？若死者有知，先王积怒之日久矣，太后救过不赡，何暇乃私魏丑夫乎？"太后曰："善。"乃止。

❀注释

①秦宣太后：秦惠文王后，秦昭王母。魏丑夫：人名。魏国人，名余。
②庸芮：人名，秦国臣子。

译文

秦宣太后爱恋魏丑夫。后来宣太后病重将死，便下令说："如果我死了，一定要魏丑夫为我殉葬。"魏丑夫听说此事后非常忧虑。

秦臣庸芮为他出面对宣太后说："太后您认为人死之后还会有知觉吗？"宣太后说："人死了当然不会有知觉。"庸芮说："像太后您这样明智的人，明知道人死后不会有什么知觉，为什么还要凭空把自己所爱的人和没有知觉的人同葬呢？如果死人还有知觉的话，那么先王早就对太后很生气了。太后补救过失还来不及，哪里还敢去私爱魏丑夫呢？"宣太后说："好。"于是就放弃了魏丑夫为自己殉葬的念头。

卷五　秦策三

三十 薛公为魏谓魏冉

薛公[1]为魏谓魏冉曰："文闻秦王欲以吕礼收齐[2]，以济天下，君必轻矣。齐、秦相聚以临三晋，礼必并相之，是君收齐以重吕礼也。齐免于天下之兵，其雠君必深。君不如劝秦王令弊邑卒攻齐之事。齐破，文请以所得封君。齐破晋[3]强，秦王畏晋之强也，必重君以取晋。齐予晋弊邑而不能支秦，晋必重君以事秦。是君破齐以为功，挟晋以为重也。破齐定封，而秦、晋皆重君；若齐不破，吕礼复用，子必大穷矣。"

注释

①薛公：指孟尝君田文。

②秦王欲以吕礼收齐：秦王，指秦昭王。吕礼，人名。昭王时为五大夫。秦昭王十三年（公元前294年），吕礼奔魏，后又奔齐，齐闵王任其为相。

③晋：指魏国。

译文

薛公田文为魏国去对秦国相国魏冉说："我听说秦王想要通过吕礼来联合齐国，以此来征服天下，君王一定会轻视您的。齐国和秦国互相联合去对付三晋，吕礼必定会兼任齐、秦两国的相国，这样一来，就如同您结交齐国反而加强了吕礼的地位。如果齐国避免了各国的军事威胁，那么一定会深深仇视您。您不如劝说秦王让敝国去攻打齐国。如果攻破齐国，我会请求魏王把所取得的齐国土地送给您作为封地。齐国败而魏国强大，秦王惧怕魏国的强大，一定会重用您去结交魏国。齐国虽然割让给魏国都邑，但是魏国仍不能抗拒秦国，那么魏国一定会借重您来交结秦国。这样，您既有打败齐国的功劳，又凭借魏国提高了自己的地位。这么一来，打败齐国就会确定您的封邑，而且秦国和魏国都很重视您；如果没有打败齐国，吕礼就会再次被重用，那您的处境就很穷迫了。"

三十一　秦客卿造谓穰侯

秦客卿造^①谓穰侯曰；"秦封君以陶^②，藉君天下数年矣。攻齐之事成，陶为万乘，长小国，率以朝天子^③，天下必听，五伯^④之事也；攻齐不成，陶为邻恤^⑤而莫之据也。故攻齐之于陶也，存亡之机也。

"君欲成之，何不使人谓燕相国^⑥曰：'圣人不能为时，时至亦弗失^⑦。舜虽贤，不遇尧也，不得为天子；汤、武虽贤，不当桀、纣不王。故以舜、汤、武之贤，不遭时不得帝王。今攻齐，此君之大时也已。因天下之力，伐雠国之齐，报惠王之耻^⑧，成昭王之功^⑨，除万世之害，此燕之长利而君之大名也。《书》^⑩云：'树德莫如滋，除害莫如尽。'吴不亡越，越故亡吴^⑪；齐不亡燕，燕故亡齐^⑫。齐亡于燕，吴亡于越，此除疾不尽也。非以此时也，成君之功，除君之害，秦卒^⑬有他事而从齐，齐、秦合，其雠君必深矣。挟君之雠以诛于燕，后虽悔之，不可得也已。君悉燕兵而疾攻之，天下之从君也，若报父子之仇。诚能亡齐，封君于河南^⑭，为万乘，达途于中国，南与陶为邻，世世无患。愿君之专志于攻齐，而无他虑也。"

注释

①客卿：安置外来人士的高级爵位。造，客卿之名。

②陶：穰侯的封邑之一，地处今山东定陶西北。

③长小国，率以朝天子：（清）程曩初《战国策集注》作"长小国以朝天子"。

④五伯：（清）程曩初《战国策集注》作"五霸"。

⑤邻恤：低廉的盛水之器，只能照影而无实利可得。

⑥燕相国：指燕国成安君公孙操。

⑦时至亦弗失：（清）程蘩初《战国策集注》作"时至弗失"。

⑧报惠王之耻：指燕昭王用乐毅攻破齐国后不久死去，燕惠王即位用骑劫取代乐毅，齐国田单凭借即墨击败燕军，燕国所得齐地尽失。

⑨成昭王之功：指燕昭王用乐毅攻破齐国的事件。

⑩《书》：（清）程蘩初《战国策集注》作《诗》。

⑪吴不亡越，越故亡吴：指春秋末年，吴王夫差为雪父仇击败并俘虏越王勾践，后勾践卧薪尝胆最终灭亡吴国。

⑫齐不亡燕，燕故亡齐：指公元前314年齐宣王乘燕国内乱灭亡燕国，后燕昭王复国，派乐毅攻破齐国，几乎亡齐国。

⑬卒：同"猝"。

⑭河南：指黄河以南。

译文

秦国客卿造对秦国相国穰侯说："自从秦王把陶邑封给您，您在秦国已经掌权好几年了。如果您能攻下齐国，陶邑成为万乘大国就指日可待，这样您就可以成为小国的领袖，率领它们去朝见周天子，天下诸侯都会听从您，这是五霸完成的伟业；如攻齐之事不能实现，陶就会成为一件中看不中用的摆设，而不能依靠。所以进攻齐国对陶邑来说，是存亡的关键。

"您如果想成功办成这件事，为什么不派人对燕国相国公孙操说：'即使是品格、智慧高超的圣人也不能创造时机，但是时机来了不会把它放过。舜虽贤，如果不遇到尧，也不会成为天子；商汤、周武王虽贤，如果不是碰到昏庸的夏桀和商纣，他们也不会成就王业。所以就算像舜、商汤和周武王那样贤能的人，如果遇不到恰当的时机，也不可能成为帝王。如今进攻齐国，这是您的大好时机。凭借天下的力量，攻打敌对的齐国，既可以一雪燕惠王以前的耻辱，又可以完成燕昭王未竟的功业，又可以为燕国除掉万世之害，这是燕国长远的利益所在，您可以得到伟大的名声。《尚书》说：'做好事要越多越好，除祸害要愈彻底愈好。'吴国不灭掉越国，越国就会灭掉吴国；齐国不灭掉燕国，燕国就会灭掉齐国。齐国几乎为燕国所灭，吴国最终被越国灭掉，这都是除害不彻底的缘故。您如果不乘此时机完成您的功业，除掉您的祸害，一旦秦国由于为其他的原因而与齐国联合，齐、秦联合，必然会更加地仇视您。和您的仇敌一起来讨伐燕国，到那时，后悔也来不及了。如果您动员燕国的全部兵力，迅速进攻齐国，天下诸侯也一定会像父子报仇那样，争先恐后地附和您的行动。如果确实能够灭亡齐国，黄河以南一带将会成为您的封地，您将会拥有万乘之国，道路直达中原，南面与陶邑为邻，永世没有祸患。希望您专心攻打齐国，不要再有其他地考虑。'"

三十二　为魏谓魏冉

　　为魏谓魏冉①曰："公闻东方之语乎？"曰："弗闻也。"曰："辛张、阳毋泽说魏王、薛公、公叔②也，曰：'臣载主契国③以与王约，必无患矣。若有败之者，臣请挈领④，然而臣有患也。夫楚王⑤之以其国依冉也，而事臣之主⑥，此臣之甚患也。'今公东而因言于楚，是令张仪之言为禹⑦，而务败公之事也。公不如反公国⑧，德楚而观薛公之为公也。观三国之所求于秦而不能得者，请以号三国以自信也。观张与泽之所不能得于薛公者也，而公请之以自重也。"

注释

　　①魏冉：人名。秦昭王母宣太后之弟。

　　②辛张、阳毋泽：人名。事迹不详。魏王：指魏襄王。公叔：指韩襄王庶子。

　　③臣载主契国：（清）程羪初《战国策集注》作"臣战，载主契国"。主：木主。行军时装载于车，临战向其祷告。契国：以国结约。

　　④挈领：断颈。

　　⑤楚王：指楚怀王。

　　⑥事：征伐。主：指齐、韩、魏。

⑦为禹：像禹那样有预见。

⑧公国：指秦国。

译文

　　有人替魏国对魏冉说："您听到殽山以东各诸侯国是怎么说的吗？"魏冉说："我没有听到。"这个人说："辛张、仪阳毋泽游说魏王、薛公和公叔，说：'我们已经车载着木主，代表本国与大王结约，一定不会有什么后患了。如果水破坏了盟约，请让我断颈自杀，然而我还是忧虑。再说楚王曾经依靠魏冉，把国家大事交给魏冉，来伐我们韩、魏、齐三国，这是我最忧虑的事情。'如今您想到楚国去与它们会谈，这是让辛张、阳毋泽像太禹一样来卜先知，而且破坏了您的大事。您不如返回秦国，使楚国感激您的恩德，并观察薛公如何对待您。再观察韩、魏、齐三国对秦国有什么要求却还没得到，请用这种方法号召三国以争取他们的信任。最后观察辛张、阳毋泽等人对薛公有什么要求还未得到，您就为他们争取，这样，您才能受到各国的尊重。"

三十三　谓应侯

　　谓应侯①曰："和不成，兵必出。白起者，且复将。战胜，必穷公；不胜，必事赵从公，公又轻。公不若毋多，则疾封。"

注释

　　①应侯：指范雎。其封邑在应，故以"应侯"称之。应，地名。地处今河南鲁山东。

译文

　　有人对应侯说："如果秦国和赵国的议和没有成功，那么秦国一定会出兵。到那时，白起将重新领兵出战。如果秦军胜利，必将您逼入穷途；如果秦军没有胜利，那么秦王一定会服侍赵国，听从您的意见去议和，这样您就会更加被轻视。您不如不要过多地去干预，您就会很快得到封地。"

三十四 谓穰侯

谓穰侯曰："为君虑封,莫若于陶①。宋罪重,齐怒深,残伐乱宋,德强齐,定身封。此亦百世之时也已!"

注释

①陶:地名。宋国都邑,地处今山东定陶。

译文

有人对穰侯说:"我正为您考虑封地的事,您最好选择陶邑这个地方。宋国罪大恶极,齐国又深恨宋国,如果我们灭掉混乱的宋国,就会使强大的齐国感激我们,并能确定自己的封地。这也是百世难遇的良机啊!"

三十五 谓魏冉

谓魏冉曰:"楚破,秦不能与齐县①衡矣。秦三世积节②于韩、魏,而齐之德新加与。齐、秦交争,韩、魏东听,则秦伐矣。齐有东国之地,方千里。楚苞③九夷,又方千里,南有符离④之塞,北有甘鱼之口⑤,权县宋、卫,宋、卫乃当阿、甄⑥耳。利有千里者二,富擅越隶,秦乌能与齐县衡?韩、魏支分方城膏腴之地以薄郑⑦,兵休复起,足以伤秦,不必待齐。"

注释

①县(xuán):悬挂。

②节:指使者所持的符节。

③苞:同"包",包括、囊括。

④符离:地名。地处今安徽宿州东北符离集。

⑤甘鱼之口:地名。地处今湖北天门西北。

⑥阿：地名。齐国都邑。地处今山东东阿西。甄：地名。齐国都邑。地处今山东鄄（juàn）城。

⑦郑：地名。指秦国地南郑。

译文

有人对魏冉说："如果楚国被齐国攻破，秦国就不能同齐国抗衡了。再说秦国历经三代和韩、魏两国建立了友好的邦交，而齐国才刚开始与韩、魏交好。当齐、秦交战的时候，韩、魏一旦听从东边的齐国，那么秦国将遭到三国的讨伐。齐国拥有东方的土地，方圆千里。如果再占据楚国的丸夷之地，就会占领方圆千里的土地，况且南边还有苻离要塞，北边有甘鱼口，若是权衡一下宋、卫两国的分量，宋、卫只不过相当于齐国的阿、甄两地罢了。如果齐国占有了两个方圆千里之地，又握有楚国越地的徒隶，秦国哪里还能跟齐国抗衡呢？再者，韩、魏两国打败了楚国，并瓜分了楚国方城一带富庶的地区，即将逼近南郑地区，然后再休整士兵，进攻秦国，就可以让秦国大伤元气，而不必等待齐国的援助了。"

三十六　五国罢成皋

五国罢成皋①，秦王欲为成阳君②求相韩、魏，韩、魏弗听。

秦太后③为魏冉谓秦王曰："成阳君以王之故，穷而居于齐，今王见其达而收之，亦能翕其心乎？"王曰："未也。"太后曰："穷而不收，达而报之，恐不为王用。且收成阳君，失韩、魏之道也。"

注释

①五国：指齐、燕、韩、赵、魏。成皋：地名。地处今河南荥阳汜水镇西北。

②成阳君：韩国公子，属于亲秦派。

③秦太后：指秦昭王母宣太后。魏冉的姐姐。

译文

齐、韩、赵、魏、燕五国联合攻打秦国，在成皋停战休整。秦昭王想替成阳君向韩国、魏国请求兼任两国相位，韩、魏两国不同意。

秦宣太后为魏冉对秦昭王说："成阳君因为大王您的缘故，困居于齐国，如今大王看到他显达了就想收买他，这能笼络他的心吗？"秦昭王说："不能。"太后说："他穷困的时候，您不任用他，他显达了却想利用他，恐怕他是不会为大王所用的。而且您向韩、魏推荐成阳君，这是有损于秦国与韩、魏两国邦交的做法。"

三十七　范子因王稽入秦

范子因王稽入秦①，献书昭王曰："臣闻明主莅正②，有功者不得不赏，有能者不得不官，劳大者其禄厚，功多者其爵尊，能治众者其官大。故不能者不敢当其职焉，能者亦不得蔽隐。使以臣之言为可，则行而益利其道，若将弗行，则久留臣无为也。

"语曰：'人主赏所爱而罚所恶。明主则不然，赏必加于有功，刑必断于有罪。'今臣之胸不足以当椹质③，要不足以待斧钺④，岂敢以疑事尝试于王乎？虽以臣为贱而轻辱臣，独不重任臣者后无反复于王前耶！

注释

①范子：指范雎，字叔，魏国人。因受到魏相魏齐的侮辱，由王稽载其入秦，后改名为张禄，封应侯。王稽：人名。秦国谒者令。

②莅正：主持国政。

③椹（zhēn）质：斩人的砧板。椹：同"砧"。

④要：同"腰"。钺：大斧。

译文

范雎通过王稽的帮助来到秦国，他向秦昭王呈上一封信说："臣听说，贤明的国君主政，有功劳的不会得不到封赏，有能力的不会得不到官职，功劳大的俸禄就更多，战功多的爵位就更高，能治理民众的人担任的官职就更大。因此，没有才能的人就不会让他任职，真正有能力的人绝不会被埋没。如果大王您觉得臣的话说得对，就请大王依照这些实行，这会更加有利于国家的政治；如果不依照这些去实行，臣即使久留于秦国，也起不到什么作用。

"常言道：'一般的君王总是奖赏他所宠爱的人，惩罚他所厌恶的人。贤明的君主却不是这样，他一定是奖赏有功的人、惩罚有罪的人。'现在，我的胸膛不能充当杀人用的砧板，我的腰板也抵挡不住利斧，又怎敢拿毫无把握的计策来献给大王呢？大王虽然认为臣鄙贱而轻视我，可是推荐我的人自然会理解并保证我的忠心，在大王面前是不会反复无常的，怎敢不尊重大王您！

"臣闻周有砥厄，宋有结绿，梁有悬黎，楚有和璞，此四宝者，工之所失也，而为天下名器。然则圣王之所弃者，独不足以厚国家乎？

"臣闻善厚家者，取之于国；善厚国者，取之于诸侯。天下有明主，则诸侯不得擅厚矣。是何故也？为其割荣[1]也！良医知病人之死生，圣主明于成败之事，利则行之，害则舍之，疑则少尝之，虽尧、舜、禹、汤复生，弗能改已！语之至者，臣不敢载之于书；其浅者又不足听也。意者，臣愚而不阖于王心耶？亡其言臣者将贱而不足听耶？非若是也，则臣之志，愿少赐游观之间，望见足下而入之。"

书上，秦王说之，因谢王稽，使人持车召之。

注释

①割荣：分割天下的荣誉与权力落入自己手中。

译文

"臣听说，周有砥厄，宋有结绿，魏有悬黎，楚有和璞，这四件宝玉，虽然最初的时候都不能被工匠辨别，可是它们最终成为天下有名的宝器。那么，圣王所遗弃的人，难道就不能使国家富足起来吗？臣听说，善于使家富足的，就要取之于国；善于使国富足的，就要取之于诸侯。正因为天下有贤明的君主，各诸侯才不可能独享富足的利益了。这是什么原因呢？这是因为昏庸的诸侯有眼无珠，让重臣分去了国家的权力啊！正如医术高明的医生能预测病人的生死一样，贤明的君主能够洞察事情的成败，其认为有利就实行，认为有害就放弃，疑惑就稍加尝试，即使尧、舜、禹、汤复活，这个道理也无法改变。

话说到这里已经很深了，臣不敢写在信上；而一些肤浅的话语又不值得让大王听取。臣的内心惴惴不安，或许是臣愚昧无知的言语不符合大王心意？或者是因为臣出身贫寒，微言不足以听信？如果不是这些原因，那么我的愿望是，希望大王能稍微腾出一点游览的空余时间，让我面见大王再深入交流。"

书信呈上，秦昭王看了很开心，于是向王稽致歉，并让人专人驾车去召见范雎。

三十八　范雎至秦

范雎至秦，王庭迎，谓范雎曰："寡人宜以身受令久矣。今者义渠之事急，寡人日自请太后。今义渠之事已，寡人乃得以身受命。躬窃闵然不敏，敬执宾主之礼。"范雎辞让。

是日见范雎，见者无不变色易容者。秦王屏左右，宫中虚无人，秦王跪^①而请曰："先生何以幸教寡人？"范雎曰："唯唯。"有间，秦王复请，范雎曰："唯唯。"若是者三。

注释

①跪：古人席地而坐，坐时屁股压在大腿上。说话时为了表示敬意，就抬起臀部，挺直大腿，是谓跪。

译文

范雎来到秦国，秦昭王亲自到宫殿前面的庭院里去迎接他，并对范雎说："我早就该亲自聆听您的教诲了。如今却又碰上义渠国的紧急事务，我每天都得向太后请示。现在义渠的事已经处理完毕，我这才有机会亲自聆听您的教诲。我深深感到自己的愚钝迟缓，现在请让我来行宾主礼仪吧。"范雎表示谦让。

这一天，凡是在场见到范雎的人，脸上无不表现出感动的神情。秦王把左右的人支使出去，宫中只剩下他们两人，秦王挺直大腿，跪身向其请教说："先生将会怎样来教导我呢？"范雎只是说："哦，哦。"过了一会儿，秦王再次请求，范雎仍是"哦，哦"了两声。像这样一连三次。

秦王跽①曰："先生不幸教寡人乎？"范雎谢曰："非敢然也。臣闻始时吕尚之遇文王也，身为渔父而钓于渭阳②之滨耳。若是者，交疏也。已一说而立为太师，载与俱归者，其言深也。故文王果收功于吕尚，卒擅天下而身立为帝王。即使文王疏吕望而弗与深言，是周无天子之德，而文、武无与成其王也。今臣羁旅之臣也，交疏于王，而所愿陈者，皆匡君之事，处人骨肉之间，愿以陈臣之陋忠，而未知王心也，所以王三问而不对者是也。

"臣非有所畏而不敢言也，知今日言之于前，而明日伏诛于后，然臣弗敢畏也。大王信行臣之言，死不足以为臣患，亡不足以为臣忧，漆身而为厉，被发而为狂，不足以为臣耻。五帝之圣焉而死，三王之仁焉而死，五伯之贤焉而死，乌获③之力焉而死，奔、育之勇焉而死。死者，人之所必不免也。处必然之势，可以少有补于秦，此臣之所大愿也，臣何患乎？

注释

①跽（jì）：长跪。古人坐时臀部贴脚后跟，臀部离开脚后跟，腰伸直，即

为愻。表示敬意加深。

②渭阳：指渭水之北。水北为阳。

③乌获：人名。秦武王时期的大力士。

译文

秦王跪在地上挺直身体又拜请说："难道先生真的不教导我了吗？"范雎便道歉并解释说："我不敢这样。我听说，当初吕尚与文王相遇的时候，他只是一个在渭水河北钓鱼的渔父，那个时候他们关系还很陌生疏远。不久，吕尚一进言，就被文王尊为太师，与文王一同坐车回去，这是因为他谈得很深入的缘故。因此文王最终因吕尚而建立了功业，最后同意了天下，自己成为帝王。如果文王当时疏远吕尚，不与他深入交谈，那么周朝就不可能拥有天子的圣德，而文王、武王也没有人助其成就帝王霸业了。现在，我只是个寄居在秦国的宾客，与大王的关系还很疏远，但我想陈述的又都是一些纠正君王政务的事情，并且还会涉及君王的骨肉之亲，我愿意表达我的忠心，可又不知大王的心意如何，这就是大王您三问而我不应答的原因。

"我并不是因为害怕而不敢进言，我知道，今天在大王面前说了我的建议，明天可能就会有杀生之祸，但是，我并不会因此而畏惧。如果大王真能采纳我的意见，身死不会是我祸患，流亡也不会成为我的忧虑，即使不得已漆身为癞，披发癫狂，我也不会以此为耻辱。五帝是天下的圣人，但终究会死；三王是天下的仁人，亦终究会死；五霸是天下的贤人，也终究会死；乌获是天下有名的大力士，亦终究会死；孟贲、夏育是天下勇猛的勇士，也终究会死。死亡，是所有人都无法避免的。面对必然要来临的死亡，如果能够稍补益于秦国，这就是我最大的愿望了，我还有什么可担忧的呢？

"伍子胥橐载而出昭关①，夜行而昼伏，至于陵水②，无以饵其口，坐行蒲服③，乞食于吴市，卒兴吴国，阖庐④为霸。使臣得进谋如伍子胥，加之以幽囚，终身不复见，是臣说之行也，臣何忧乎？

"箕子、接舆⑤，漆身而为厉，被发而为狂，无益于殷、楚。使臣得同行于箕子、接舆，可以补所贤之主，是臣之大荣也，臣又何耻乎？臣之所恐者，独恐臣死之后，天下见臣尽忠而身蹶也，是以杜口裹足，莫肯即秦耳。足下上畏太后之严，下惑奸臣之态；居深宫之中，不离保傅之手；终身暗惑，无与照奸；大者宗庙灭覆，小者身以孤危。此臣之所恐耳。若夫穷辱之事、死亡之患，臣弗敢畏也。臣死而秦治，贤于生也。"

注释

①橐（tuó）载：伍子胥藏在口袋中，车载出关。昭关：楚国关名。地处今安徽含山北。

②菱（líng）水：即溧水，源头出于今安徽芜湖，东流注入太湖。

③坐：膝行。蒲服：即匍匐，爬行。

④阖庐：指春秋时吴国的国君，名光。公元前514年至前496年在位。

⑤箕子：指商纣王的叔父，进谏纣王而不停，于是披发佯狂。接舆：春秋时期楚国的隐士，佯狂避世。

译文

"伍子胥当年躲藏在口袋里逃出昭关，其晚上出行，白天躲藏，到了菱水，因为吃不上饭饿着肚皮，便双膝跪地，双手爬行，在吴国的集市上讨饭度日，但最终帮助阖庐振兴了吴国，使吴王阖庐建立了霸业。如果我能像伍子胥一样能呈献计谋，即使遭到囚禁，终生不再与大王相见，只要我的计谋得采纳实行，我又有什么担忧的呢？

"当初，殷商的箕子，楚国的接舆，漆身为癞，披发佯狂，却无益于殷、楚。如果使我与箕子、接舆有同样的遭遇，只要有益于我所崇拜的贤明君主，这就是我莫大的光荣，我又有什么可感到耻辱的呢？我所担心的是我死了以后，天下人见到我如此尽忠于大王，但终遭不幸，因此闭口不言、裹足不前，不肯到秦国来为秦国效力。大王上惧惧太后的威严，下又迷惑于大臣的奸诈虚伪，住在深宫之中，离不开宫中侍奉之人之手，终身迷惑糊涂，没人帮您辨别坏人坏事；大而言之，国家会遭受灭亡之祸，小而言之，自己会处于孤立危境，这才是我所担心害怕的。至于那些穷辱的事情、对死亡的忧虑，我是不害怕的。如果我死了而秦国却政治清明，那将比我活着更有价值。"

秦王跽曰："先生是何言也？夫秦国僻远，寡人愚不肖，先生乃幸至此，此天以寡人恩①先生，而存先王之庙也！寡人得受命于先生，此天所以幸先王而不弃其孤也！先生奈何而言若此？事无大小，上及太后，下至大臣，愿先生悉以教寡人，无疑寡人也。"范雎再拜，秦王亦再拜。

范雎曰："大王之国，北有甘泉、谷口②，南带泾、渭，右陇、蜀，左关、阪③；战车千乘，奋击百万。以秦卒之勇，车骑之多，以当诸侯，譬若驰韩卢而逐蹇兔④也，霸王之业可致。今反闭而不敢窥兵于山东者，是穰侯为国谋不忠，而大王之计有所失也。"

注释

①恩（hùn）：忧虑，扰乱。

②甘泉：山名。地处今陕西淳化西北。谷口：地名。地处今陕西礼泉东北。

③关、阪：指函谷关与陇阪。

④韩卢：韩国出产的著名的猛犬。蹇（jiǎn）：跛足而行。

译文

秦王挺直身体跪身说："先生怎么能说出这样的话呢？秦国是个偏僻边远的国家，我又是一个恩笨没有才能的人，先生能荣幸地到敝国来，这是上天让我来请教先生，从而使得先王留下来的宗庙祭祀得以保存啊！我能有机会接受先生的教导，这是上天眷顾我的祖宗而不抛弃它们的后人啊！先生怎么能说出这样的话呢？今后，事无大小，上至太后，下及大臣，都希望先生一一给我教导，千万不要对我有什么疑惑。"范雎因而再次拜谢，秦王也再次回拜。

范雎说："大王的国家，北面有甘泉、谷口，南面有泾水和渭水环绕，西面有陇山、蜀地，东面又有函谷关和陇阪；战车有千辆，精兵亦有百万。凭借秦国兵卒的勇敢，车骑的众多，来抵挡诸侯国，就如猛犬追赶跛兔子一般，可轻松造就霸王的功业。如今反而闭锁关门，不敢向山以东诸侯国窥视而进兵，这是秦国穰侯魏冉没有忠心地为秦国出谋划策，而且大王的决策也有所失误啊！"

王曰："愿闻所失计。"

雎曰："大王越韩、魏而攻强齐，非计也。少出师则不足以伤齐，多之则害于秦。臣意王之计，欲少出师而悉韩、魏之兵，则不义矣。今见与国之不可亲，越人之国而攻，可乎？疏于计矣！昔者齐人伐楚[①]，战胜，破军杀将，再辟千里，肤寸之地无得者，岂齐不欲地哉，形弗能有也！诸侯见齐之罢露，君臣之不亲，举兵而伐之，主辱军破，为天下笑。所以然者，以其伐楚而肥韩、魏也。此所谓藉贼兵而赍盗食者也。王不如远交而近攻，得寸则王之寸，得尺亦王之尺也。今舍此而远攻，不亦缪乎？且昔者，中山之地，方五百里，赵独擅之，功成、名立、利附，则天下莫能害。今韩、魏中国之处，而天下之枢也。王若欲霸，必亲中国而以为天下枢，以威楚、赵。赵强则楚附，楚强则赵附。楚、赵附则齐必惧，惧必卑辞重币以事秦，齐附而韩、魏可虚[②]也。"

注释

①齐人伐楚：指公元前286年，齐国灭宋国，接着攻占了楚国的淮北地区。
②虚：同"墟"，废墟。

译文

秦昭王说："我很想自己的计策究竟错在哪里。"

范雎说："大王越过韩、魏的国土去攻打强大的齐国，这不是好的计谋。您派出的士兵少了，不足以损伤齐国；派出的兵多了，则又会对秦国有害。我预计大王的谋划这样的，秦国少派兵力，而让韩、魏派出全部的兵力，但这样做就是不道义的。现在，显而易见的是，片面地认为盟国韩、魏可靠，想越过它们的国土去进攻别的国家，这样做可行吗？这很显然是谋划得过于粗疏了！过去，齐国攻打楚国，打了胜仗，攻破了楚国的军队，擒杀了它的将领，再次拓展了千里的疆域，但到最后连寸土也没得到，这哪里是齐国不想得到土地，而是形势不允许它占有啊！诸侯见齐国的士卒疲敝，且君臣上下又不和睦，就起兵来攻打齐国，齐王出逃，军队被攻破，遭到天下人的耻笑。之所以会落得如此下场，是因为齐伐楚反而使韩、魏获得土地壮大起来的缘故。这就是人们常说的把武器借给强盗，把粮食资助小偷啊。大王不如采取联合远方国家而进攻较近国家的策略，得到的一寸土地就是大王的一寸土地，得到的一尺土地就是大王的一尺土地。如今舍近而攻远，这难道不是犯了错误吗？而且，从前中山国拥有方圆五百里的土地，赵国单独把它吞并，功业成就，声名树立，利益到手，天下也没能把赵国怎么样。如今韩、魏地处中原，是天下的枢纽。大王如果想要成就霸业，一定要先控制居中的国家而用它们做天下的枢纽，从而威胁楚国和赵国。赵国强盛，那么楚国就会依附秦国，楚国强盛，那么赵国也将依附秦国。楚、赵都来依附秦国，齐国一定会恐慌，肯定会卑下言辞，送厚礼来事奉秦国，如果齐国归附，那么韩、魏就可能成为废墟了。"

王曰："寡人欲亲魏，魏多变之国也，寡人不能亲。请问亲魏奈何？"范雎曰："卑辞重币以事之，不可；削地而赂之，不可；举兵而伐之。"于是举兵而攻邢丘①，邢丘拔而魏请附。曰："秦、韩之地形，相错如绣。秦之有韩，若木之有蠹，人之病心腹。天下有变，为秦害者莫大于韩。王不如收韩。"王曰："寡人欲收韩，不听，为之奈何？"

范雎曰："举兵而攻荥阳②，则成皋③之路不通；北斩太行之道，则上党之兵不下；一举而攻荥阳，则其国断而为三④。韩见必亡，焉得不听？韩听而霸事可成也。"王曰："善！"

注释

①邢丘：地名。魏国都邑，地处今河南温县东南。

②荥（xíng）阳：地名。韩国都邑，地处河南荥阳东北。

③睪（gāo）：古同"皋"。

④其国断而为三：新郑以南为一，上党以北为二，荥阳以西为三。

译文

秦昭王说："寡人本想亲睦魏国，可是魏国的态度变幻莫测，我无法去亲近它。请问怎么才能拉拢魏国呢？"范雎说："用卑下的言辞和厚重的财礼去事奉它，不行；割让土地贿赂它，也不行；最好是起兵来攻伐它。"于是秦国起兵来攻打邢丘，邢丘被攻陷后，魏国果然主动请求归附。范雎说："秦、韩两国的地形，相交纵如锦绣的花纹一般。韩国对于秦国来说，就像树木有蛀虫，人有心腹之疾一样。天下形势如果一有变动，最能危害秦国的就是韩国。大王不如使韩国归附于秦国。"秦王说："寡人想要使韩国来附，韩不听从，又该怎么办呢？"

范雎说："起兵去攻打荥阳，那么成皋的道路就不通了；在北部截断太行山的道路，那么上党的军队也就不能南下了；一举而拿下荥阳，那么韩国的领土将会分成孤立的三块。韩国看到自身即将覆亡，怎么能够不听从秦国呢？韩国一听从秦国，那么大王霸业就可以成功了。"秦王说："这很好！"

三十九　范雎曰

范雎曰："臣据山东，闻齐之内又田单①，不闻其王。闻秦之有太后、穰侯、泾阳、华阳②，不闻其有王。夫擅国之谓王，能专利害之谓王，制杀生之威谓王。今太后擅行不顾，穰侯出使不报，泾阳、华阳击断无讳，四贵备而国不危者，未之有也。为此四者下，乃所谓无王已！然则权焉得不倾，而令焉得从王出乎？

"臣闻：'善为国者，内固其威而外重其权。'穰侯使者操王之重，决裂诸侯，剖符③于天下，征敌伐国，莫敢不听。战胜攻取，则利归于陶；国弊，御于诸侯；战败，则怨结于百姓，而祸归社稷。《诗》④曰：'木实繁者披其枝，披其枝者伤其心；大其都者危其国，尊其臣者卑其主。'淖齿⑤管齐之权，缩闵王之筋，县之庙梁，宿昔⑥而死。李兑⑦用赵，减食主父，百日而饿死。今秦太后、穰侯用事，高陵⑧、泾阳佐之，卒无秦王，此亦淖齿、李兑之类已。臣今见王独立于庙朝矣，且臣将恐后世之有秦国者，非王之子孙也。"

秦王惧，于是乃废太后，逐穰侯，出高陵，走泾阳于关外。昭王谓范雎曰："昔者齐公得管仲，时以为仲父⑨。今吾得子，亦以为父。"

注释

①田单：齐国将领，以即墨破燕军，恢复齐国。齐襄王任其为相国，封安平君。

②泾阳：指泾阳君，为秦昭王同母弟公子市（fú）之封号。华阳：指华阳君，为秦昭王舅芈（mǐ）戎之封号，又号"新诚君"。

③符：指古代传令、调兵、出使所持的凭证。

④《诗》：古书引书，有时统称为《诗》。

⑤淖（zhuō）齿：楚国将领。燕国乐毅伐齐，其领兵救援齐国，遂相齐闵王。

⑥昔：通"夕"。

⑦李兑人名。为赵惠文王的司寇。

⑧高陵：指高陵君，为秦昭王同母弟，名悝。

⑨仲父：齐桓公对管仲的尊称。

译文

范雎说："我在东方诸国的时候，只听说齐国的田单，而没有听说过齐国的君王。我还只听说，秦国有太后、穰侯、泾阳君和华阳君，没有听说过有君王。能够总揽国家大权的人才算是君王，能够处理国家利害关系的人才算是王，能够掌握生杀权威的人才是君王。如今，太后专断而独行，无所顾忌，穰侯派遣使臣却不向大王您禀告，泾阳君和华阳君又能够随意杀人，肆无忌惮，四个贵戚横行于国家而国家不发生危险，是不可能存在的。大王的地位处于这四人之下，这就是人们所说的秦国没有君王啊！如此这般，大权怎么能够不旁落，大王该如何发号施令呢？

"我听人说：'善于管理国家的人，对内要巩固自己的威信，对外则要加强自身的权力。'如今，穰侯的使臣利用您的威名，去分割诸侯的土地，随意动用兵符，去进攻各国，没有谁不敢不听从。如果战胜，利益就为其封地陶都；但是国家疲敝，受诸侯控制了。如果战败，就会与百姓结怨，但是祸患却由国家来承担。《诗》上说道：'树上的果实多了，就会压断树枝，枝条断了，就会伤到树心；而封邑过大，就会危害国家，大臣过于尊贵，就会使君王的地位下降。'淖齿掌握了齐国的大权，就抽掉了齐闵王的筋，把他吊在宗庙的大梁上，一晚过后而死去。李兑在赵国当权时，减掉主父的饮食，百日之后便使其饿死。目前的秦国，由太后、穰侯掌权，高陵君和泾阳君也在一旁帮助他们，他们眼里始终没有君王您，这与淖齿和李兑的行为很相似啊。我如今看到大王您在朝廷中孤立无援，恐怕后世统治秦国的人，不会再是大王您的子孙了。"

秦昭王听后非常害怕，于是废掉了太后，驱逐了穰侯，让高陵军回到了封邑，把泾阳君赶出了关外。秦昭王对范雎说道："从前齐桓公得到了管仲，当时便称他作'仲父'；现在我得到您，也敬您为父吧！"

四十　应侯谓昭王

应侯谓昭王曰："亦闻恒思有神丛与[①]？恒思有悍少年，请与丛博^②，曰：'吾胜丛，丛籍^③我神三日；不胜丛，丛困我。'乃左手为丛投^④，右手自为投，胜丛，丛籍其神。三日，丛往求之，遂弗归，五日而丛枯，七日而丛亡。今国者，王之丛；势者，王之神。籍人以此，得无危乎？臣未尝闻指大于臂，臂大于股，若有此，则病必甚矣。百人舆^⑤瓢而趋，不如一人持而走疾。百人诚舆瓢，瓢必裂。今秦国，华阳用之，穰侯用之，太后用之，王亦用之。不称瓢为器则已，已称瓢为器，国必裂矣。

"臣闻之也：'木实繁者枝必披，枝之披者伤其心；都大者危其国，臣强者危其主。'且今邑中自斗食以上至尉、内史^⑥及王左右，有非相国^⑦之人者乎？国无事，则已；国有事，臣必闻见王独立于庭也！臣窃为王恐，恐万世之后有国者，非王子孙也！

注释

①恒思：地名。今地不详。神丛：指神祠。

②博：指六博，是古代的棋局游戏。六博十二棋，以赌胜负。

③籍：通"借"。

④投：把棋子投在棋局上。

⑤舆：通"舁（yú）"，抬。

⑥斗食：指佐史一类的小官吏，其一年俸禄不满百石，日食一斗二升。尉：指武官。内史：秦官职，掌管农业。

⑦相国：此处指穰侯魏冉。

译文

应侯范雎对秦昭王说："您听说过在恒思的丛林中有一座神祠吗？恒思有一个凶顽的少年，要求与神祠投棋子赌输赢，他说：'我如果胜了你，你就要把神力借给我三天；如果不能战胜你，你可以困住我。'于是，他用左手替神祠投棋子，用右手为自己投棋子，最后他战胜了神祠，神祠便把神力借给了他。三天之后，神祠要求他归还神力，少年没有交出。五天之后，这片树林开始干枯，七日之后，这片树林全死了。现在的国家就好比是大王的丛林；权势就好比是大王的神力。把这些东西借给别人，能没有危险吗？我从来没有听说过手指能比胳膊粗，更没有听说过胳膊能比大腿还粗的，若是出现这种状况，那一定是病得太严重了。一百个人抬着瓢快走，不如一个人拿着瓢走得快。如果真的是一百个人抬着瓢快走，那么瓢必定会摔碎。现在的秦国，华阳君支配它，穰侯掌管它，太后执掌它，大王也在操控它。不把国家比作盛水的瓢也就算了，如果把国家比作盛水的瓢，那么国家也必然会四分五裂了。

"我听到过这样一句话：'树上的果实多了，就会压断树枝，枝条断了，就会伤到树心；而封邑过大，就会危害国家，大臣过于强大，必将危及他的君主。'如今秦国之内，从享有斗食俸禄的小官吏以上，一直到军尉、内史以及大王左右的近臣，有哪个不是穰侯的亲信呢？国家如果没有什么动乱也就算了；一旦国家有什么战乱发生，我一定会看到大王在朝廷上孤立无援啊！我私下里替大王担心，唯恐万世之后掌握秦国大权的人，不再是大王的子孙了！

"臣闻古之善为政也，其威内扶，其辅外布，四时治政，不敌不逆，使者直道而行，不敢为非。今太后使者分裂诸侯，而符布天下，操大国之势，强征兵，伐诸侯。战胜攻取，利尽归于陶；国之币帛，竭入太后之家；竟①内之利，分移华阳。古之所谓'危主灭国之道'必从此起。三贵竭国以自安，然则令何得从王出？权何得毋分？是王果处三分之一也。"

注释

①竟：通"境"。

译文

"我听说古代那些善于治理国家的君主，在内，他的威权掌握在自己手里；在外，他的亲信遍布全国各处，一年到头，政治安定，井然有序，没有敌人，没有叛逆，使臣们秉公办事，不敢为非作歹。如今，太后的使臣分裂各地诸侯，符节流布天下，操纵国家的权势，征调强壮的兵士，诛伐诸侯。取得胜利之后，财物全部归到陶地；国家的财物，搜刮干净都送往太后的私室；境内的资产，也全部转移到华阳君那里。古人所说'使君主危险而让国家走向灭亡之路'必将从这里开始。太后、穰侯、华阳君这三个贵戚搜刮国家的财富以供自己的安乐，既然这样，那么国家的政令又怎能从大王这里发出呢？王权又怎能不分散呢？这确实是大王只不过于秦国三分之一的地位。"

四十一　秦攻韩

秦攻韩，围陉①。范雎谓秦昭王曰："有攻人者，有攻地者。穰侯十攻魏而不得伤者，非秦弱而魏强也，其所攻者地也。地者，人主所甚爱也；人主者，人臣之所乐为死也。攻人主所爱，与乐死者斗，故十攻而弗能胜也。今王将攻韩围陉，臣愿王之毋独攻其地，而攻其人也。王攻韩围陉，以张平为言，张平之力多，且削地而以自赎于王，几割地而韩不尽；张平之力少，则王逐张平，而更与不如张平者市。则王之所求于韩者，言可得也。"

注释

①陉：地名。韩国都邑，地处今山西曲沃西北。

译文

秦军进攻韩国，围攻陉地。范雎对秦昭王说："进攻一个国家，有的攻取人心，有的攻占土地。穰侯曾经十次进攻魏国却不能损伤魏国的原因，并不是秦国弱小而魏国强大，而是因为穰侯所要攻取的只是土地。土地，是君主非常喜爱的；君主，是大臣都乐于为他效命的。攻取君主所喜爱的东西，又与乐意为之而死的人搏斗，因此十次进攻都不能取胜。如今大王准备攻打韩国而围攻陉地，我希望大王不要只是攻占土地，而是要攻取它的人心。大王若是攻韩围陉，想要达到目的，就要以张平为谈判的对象，如果张平的势力大，他就会割让土地来向大王赎罪，希望割让一些土地而使韩国不被吞灭；如果张平的势力小，那么大王就可以驱逐张平，而再和不如张平的人互换条件。这样，大王想在韩国所求取的东西，就都可以到手了。"

四十二　应侯曰

应侯曰："郑人谓玉未理者璞，周人谓鼠未腊①者朴。周人怀璞②过郑贾曰：'欲买朴乎？'郑贾曰：'欲之。'出其朴，视之，乃鼠也。因谢不取。今平原君③自以贤显名于天下，然降其主父沙丘而臣之④。天下之王尚犹尊之，是天下之王不如郑贾之智也，眩于名，不知其实也。"

注释

①腊：干肉。

②璞：据下文，应作"朴"。

③平原君：指赵胜，赵惠文王之弟，封于东武城（地处今山东武城西北）。

④降其主父沙丘而臣之：指公元前295年，赵国发生宫廷斗争，大臣们包围主父（即赵武灵王）于沙丘宫（地处今河北平乡东北），将其饿死，平原君盖参与此事。

译文

应侯范雎说："郑国人把没有经过加工的玉称作璞，周人把没有晾干的老鼠肉称作朴。有一个周人怀里揣着没有晾干的老鼠肉，从一个郑国的商人面前经过，对商人说：'你想买朴吗？'郑国商人说：'我想买璞。'周人把朴拿出来，郑商一看，原来是没有晾干的老鼠肉，于是谢绝而不肯买。如今平原君自以为他的贤能名声显赫于天下，但他将其主父赵武灵王在沙丘加以迫害。天下的君王之所以还照样尊敬他，这是因为天下的君王还不如郑国商人聪明，他们被赵胜的名声所眩惑，而不了解他的真实面貌。"

四十三　天下之士合从相聚于赵

天下之士合从相聚于赵，而欲攻秦。秦相应侯曰："王勿忧也，请今废之。秦于天下之士非有怨也，相聚而攻秦者，又已欲富贵耳。王见大王之狗，卧者卧，起者起，行者行，止者止，毋相与斗者；投之一骨，轻起相牙者，何则？有争意也。"

于是使唐雎①载音乐，予之五千金，居武安②，高会相与饮，谓邯郸人："谁来取者？"于是其谋者固未可得予也，其可得与者，与之昆弟矣。

"公与秦计功者，不问金之所之，金尽者功多矣。今令人复载五千金随公。"唐雎行，行至武安，散不能三千金，天下之士大相与斗矣。

注 释

①唐雎（jū）：人名。魏国人，时在秦。

②武安：地名。赵国都邑，地处今河北武安。

译 文

天下主张合纵的谋略之士都聚集在赵国，目的是策划进攻强大的秦国。这时秦相应侯范雎对秦王说："大王不必担心，请让臣现在为您废弃他们的合纵行动。其实秦国对于天下的策士没有多少怨仇，他们之所以要合谋攻打秦国的原因，不过是自己想借此升官发财罢了。请大王看看您身边的狗，有的睡，有的起，有的跑，有的停，彼此之间没有任何争斗；可是只要在它们之间丢下一块骨头，它们会很容易跑过来，互相争夺，乱咬乱叫。这是什么道理呢？因为所有的狗都起了争夺的念头。"

于是范雎就派唐雎用车载着乐工乐器，又给他五千金，在赵国的武安大摆宴席，并且对邯郸人说："谁愿意来拿这些黄金呢？"就这样，虽然有些谋划合纵的谋士没有来拿黄金，但那些已得到黄金的人，已经和秦国人像亲兄弟一样亲密了。

应侯范雎又告诉唐雎说："您和那些为秦国出使的人计算功劳，不用管黄金究竟给了哪些人，只要把黄金都送给人，您的功劳就最多。现在再派人载五千金随您前往。"于是唐雎又带着大量的黄金来到武安，结果还没送完三千金，那些主张合纵的谋士就互相争夺打斗起来了。

四十四　谓应侯

谓应侯曰："武安君禽马服①乎？"曰："然。""又即围邯郸乎？"曰："然。""赵亡，秦王王矣，武安君为三公②。武安君所以为秦战胜攻取者，七十余城，南亡鄢、郢、汉中，禽马服之军，不亡一甲，虽周、召、吕望③之功，亦不过此矣。赵亡，秦王王，武安君为三公，君能为之下乎？虽欲无为之下，固不得之矣。秦尝攻韩邢④，困上党，上党之民皆反为赵。天下之民，不乐为秦民之日固久矣。今攻赵，北地入燕，东地入齐，南地入楚、魏，则秦所得无几何。故不如因而割之，无以为武安功。"

注释

①武安君：指秦国将领白起。禽：同"擒"，击败。马服：指赵国将领马服君赵括。

②三公：秦国的高级官职，包括丞相、太尉、御史大夫。

③周、召、吕望：分别指周公旦、召公奭、太公望。

④邢：即韩国都邑陉，地处今山西曲沃东北。

译文

有人对应侯范雎说："听说武安君白起已经击败马服君赵括了吗？"应侯回答说："是的。"这人又问道："秦军又将立即围攻邯郸了吗？"应侯回答说："是的。"这个人接着说："如果赵国灭亡，秦昭王就将称王天下了，武安君白起也将取得三公的职位了。武安君为秦国克敌制胜，攻取了七十多座城池，在南边占领了鄢城、郢城和汉中一带，又消灭了马服君赵括的军队，竟没有损失一兵一卒，即使是西周的周公、召公、吕望的功劳，也不过如此。如果赵国灭亡了，秦王成就了王业，武安君成了三公，您难道能忍受在他的地位之下吗？即使您心里不想在他的地位之下，也肯定是做不到了。秦军曾经攻韩围陉，围困上党，上党的老百姓全部转投赵国。天下的百姓，不愿做秦国臣民的日子已经很久了。如果现在秦军进攻赵国，北边的土地将归入燕国，东边的土地将归入齐国，南边的土地将归入楚国、魏国，那么秦国所得到的土地就没有多少了。因此，您不如让赵国割让土地求和，不要让武安君白起再次立功。"

四十五　应侯失韩之汝南

应侯失韩之汝南[①]。秦昭王谓应侯曰："君亡国，其忧乎？"应侯曰："臣不忧。"王曰："何也？"曰："梁人有东门吴[②]者，其子死而不忧，其相室[③]曰：'公之爱子也，天下无有，今子死不忧，何也？'东门吴曰：'吾尝无子，无子之时不忧；今子死，乃即与无子时同也，臣奚忧焉？'臣亦尝无子，无子时不忧；今亡汝南，乃与乡梁余子[④]同。臣何为忧？"

秦王以为不然，以告蒙傲[⑤]曰："今也，寡人一城围，食不甘味，卧不便席。今应侯亡地而言不忧，此其情也？"蒙傲曰："臣请得其情。"蒙傲乃往见应侯，曰："傲欲死。"应侯曰："何谓也？"曰："秦王师君，天下莫不闻，而况于秦国乎？今傲势得秦为王将，将兵，臣以韩之细也，逆显诛，夺君地，傲尚奚生？不若死。"应侯拜蒙傲曰："愿委之卿。"蒙傲以报于昭王。自是之后，应侯每言韩事者，秦王弗听也，以其为汝南也。

注释

①汝南：指汝水之南，范雎的封邑应乡。本为韩国地，后入秦国版图，但今又被韩国夺回。地处金河南北汝河以南。

②东门吴：人名。东门为其姓，吴为其名。

③相室：主持家政的家臣。

④乡：通"向"，先前。梁余子：指上文的东门吴。

⑤蒙傲：人名。本为齐国人，仕秦昭王，官至上卿。傲，一作"骜"。

译文

应侯范雎失去了原韩地的汝南封邑。秦昭王就问应侯说："您丧失自己的封地汝南以后，是否会很难过呢？"应侯回答说："臣并不难过。"秦昭王问道："您为什么不难过？"应侯说："魏国有一个叫东门吴的人，他的儿子死了，可是他并不感到忧伤，因此他的管家就问他：'您疼爱儿子，是天下少见的，现在您的儿子死了却不难过，这是为什么呢？'东门吴回答说：'我当初本来没有儿子，那时并不难过；现在儿子死了，就和从前没有儿子一样，我为什么要难过呢？'臣当初也没有儿子，没有儿子也并不忧愁；如今失去封地汝南，就和当时的东门吴的情况类似，我又有什么好难过的呢？"

秦昭王不信他的话，于是就将这件事对将军蒙傲说："如今，如果我有一个城池被敌人围困，我就会愁得吃饭不香，睡不好觉。可是如今应侯丧失了自己的封土，反而说自己毫不难过，这哪里是他真正的情况呢？"蒙傲说："请让我为大王去了解一下实情。"蒙傲就去拜会应侯说："我想一死了之！"应侯很惊讶地问："将军您这是什么意思？"蒙傲回答说："秦王拜阁下为师，全天下的人都知道这件事，何况是秦国呢？如今，我有幸成为秦王的将领，率领军队，但弱小的韩国竟敢违逆秦国，夺走阁下的封土，我蒙傲还有什么脸面活着？还不如早点死了好。"应侯赶紧向蒙傲拜谢说："我愿意把夺回汝南之事托付给您。"于是蒙傲就把这些话回奏给秦昭王。从此之后，每当应侯谈论到韩国的事，秦昭王就不再听从，因为汝南之事如鲠在喉。

四十六　秦攻邯郸

秦攻邯郸，十七月不下。庄^①谓王稽曰："君何不赐军吏乎？"王稽曰："吾与王也，不用人言。"庄曰："不然。父之于子也，令有必行者，必不行者。曰'去贵妻，卖爱妾'，此令必行者也；因曰'毋敢思也'，此令必不行者也。宁间姁曰，'其夕，某孺子内^②某士。'贵妻已去，爱妾已卖，而心不有，欲教之者，人心固有。今君虽幸於王，不过父子之亲；军吏虽贱，不卑于守间姁。且君擅主轻下之日久矣。闻'三人成虎，十夫楺椎。众口所移，毋翼而飞。'故曰，不如赐军吏而礼之。"

王稽不听。军吏穷，果恶王稽、杜挚以反。

秦王大怒，而欲兼诛范雎。范雎曰："臣，东鄙之贱人也，开罪于魏，遁逃来奔。臣无诸侯之援，亲习之故，王举臣于羁旅之中，使职事，天下皆闻臣之身与王之举也。今遇惑，或与罪人同心，而王明诛之，是王过举显于天下，而为诸侯所议也。臣愿请药赐死，而恩以相葬臣，王必不失臣之罪，而无过举之名。"王曰："有之。"遂弗杀而善遇之。

注释

①庄：人名。
②孺子：此处为美妇人的美称。内：同"纳"。

译文

秦兵攻打邯郸，历时十七个月的苦战也没攻下。一个叫作庄的人对秦将王稽说："您为什么不赏赐下级军官呢？"王稽说："我和秦王之间，彼此互相信赖，他人的谗言起不了作用。"庄反驳说："我认为你说得不对。即使是父子关系，有的命令儿子定会听从，但有些命令定不听从。假如父亲对儿子说'抛弃娇妻，卖掉爱妾'，这是儿子定能听从的命令；假如对儿子说'不要想自己的妻妾'，就是一道儿子必然不能实行的命令。看守大门的老太太曾说闲话：'一天晚上，某位美妇人接纳了一个野男人。'娇妻已经走了，爱妾也已经卖了，而不许有思念之情，对老妇而言，她要控告小媳妇通奸，这些事想教育人们的道理，是思淫之心人皆有之。现在阁下虽然受秦王的宠信，但是这种关系不可能超过父子之情，而下级军官虽然身份微贱，但地位不会低于看门的老太婆。况且阁下您仰仗君王的宠信，轻视属下已经很久了。我听说：'三个人说有虎，大家就会相信有虎；十个人说大力士可以折弯铁锥，大家也会相信这是事实；众口一词地编造谎言，谎言就会满天飞。'因此，您不如赏赐诸将并加以优遇。"

可是王稽不肯采纳这项建议，诸将的处境很艰难，果然有人控告王稽和杜挚谋反。

秦昭王大怒，严厉地制裁了王稽和杜挚，甚至想要把范雎一起处死。范雎说："我不过是东方乡间地位低下的人，因得罪了魏国，才逃到秦国。我并没有诸侯的支援，同时也没有亲友故旧，可是大王在臣流浪时加以重用，使我任职任事，天下的人都知道我的身份与大王的提拔。如今我遭受谗言，有人认为臣和罪人王稽同心，而大王公开表明要杀臣，就等于说大王以前重用臣是错误的行为，必然会招致天下诸侯的非议。因此，请让臣服毒自尽，并且恳请大王恩准以宰相之礼安葬我。这样，大王不仅治了我的罪，也不会有误用重臣之名。"秦昭王说："有道理。"于是没有杀范雎，反而仍然厚待他。

四十七　蔡泽见逐于赵

蔡泽①见逐于赵，而入韩、魏，遇夺釜鬲于涂②。闻应侯任郑安平、王稽皆负重罪，应侯内惭。乃西入秦，将见昭王。使人宣言以感怒应侯曰："燕客蔡泽，天下骏雄弘辩之士也。彼一见秦王，秦王必相之而夺君位。"

应侯闻之，使人召蔡泽。蔡泽入，则揖应侯。应侯固不快；

及见之，又倨。应侯因让之曰："子尝宣言欲代我相秦^③，岂有此乎？"对曰："然。"应侯曰："请闻其说。"蔡泽曰："吁！何君见之晚也。夫四时之序，成功者去。夫人生手足坚强，耳目聪明圣知^④，岂非士之所愿与？"应侯曰："然。"

蔡泽曰："质仁秉义，行道施德于天下，天下怀乐敬爱，愿以为君王，岂不辩智之期与？"应侯曰："然。"蔡泽复曰："富贵显荣，成理万物，万物各得其所；生命寿长，终其年而不夭伤；天下继其统，守其业，传之无穷，名实纯粹，泽流千世，称之而毋绝，与天下终始。岂非道之符，而圣人所谓吉祥善事与？"应侯曰："然。"泽曰："若秦之商君，楚之吴起^⑤，越之大夫种^⑥，其卒亦可愿欤。"

注释

①蔡泽：燕国人。游说之士。

②釜：古代地蒸锅。鬲（lì）：空足鼎。涂：同"途"。

③子尝宣言欲代我相秦：（清）程黉初《战国策集注》作"子尝宣言代我相秦"。

④圣知：（清）程黉初《战国策集注》作"圣智"。

⑤吴起：人名。卫国人，先仕魏国，后相楚国，辅佐楚悼王变法，楚悼王死，楚国贵戚作乱，其被射死。

⑥大夫种：春秋时越国的大夫文种，字少禽，辅佐越王勾践灭吴，功成而不退，被勾践赐死。

译文

蔡泽被赵国驱逐，就来到韩、魏，但在路上又被人抢走炊具。他听说秦相应侯范雎任用的郑安平、王稽两人都犯下了重罪，以致范雎心里十分惭愧。蔡泽便决定西行入秦，打算去拜见秦昭王。于是事先故意对人发出豪言，以激怒应侯范雎说："燕国蔡泽是天下雄辩豪杰之士。只要他一见到秦王，秦王必定会任命他为相国，从而取代您的地位。"

应侯范雎听说之后，就派人召见蔡泽。蔡泽见到应侯范雎，只是拱了拱手。范雎本来就不高兴，等见到了他，又认为蔡泽倨傲无礼。于是责问他说："你曾扬言称将取代我的秦国相国职位，真有这回事？"蔡泽回答说："是这样的。"范雎说："那我倒愿意听听你的意见。"蔡泽说："唉！你为什么这样迟钝呢？即使是四季的转移，也得遵守'功成身退'的自然法则。一个人活在世上，手脚健全，耳朵灵敏，眼睛明亮，头脑智慧，这难道不是每个人所盼望的吗？"范雎说："是的。"

蔡泽又说："具备仁义的法则，施行恩德于天下，天下人都会感激崇拜他，并且愿意拥护他为君王，这难道不是雄辩家所期望的吗？"范雎说："是的。"蔡泽又说："富裕而又显贵，善梳理万事万物，使万物都有归处；使每个人都寿命悠长，享受天年而不中途夭折，天下人民都能继承他们的传统，守住他们的事业，永远流传下去，名与实都完美无瑕，恩泽流传千古，永远受人赞美，和天地同始终。这难道不符合自然的规律，不是圣人所说的吉祥善事吗？"范雎说："是这样的。"蔡泽说："像秦国的商鞅、楚国的吴起、越国的大夫文种，他们的结局是人们所愿意见到的吗？"

应侯知蔡泽之欲困已以说，复曰："何为不可？夫公孙鞅事孝公，极身毋二虑，尽公不还私，信赏罚以致治，竭智能，示情素，蒙怨咎，欺旧交，虏魏公子卬①，卒为秦禽将破敌②，攘地千里。吴起事悼王，使私不害公，谗不蔽忠，言不取苟合，行不取苟容，行义不顾毁誉，然为伯主强国，不辞祸凶。大夫种事越王，主离③困辱，悉忠而不解；主虽亡绝，尽能而不离，多功而不矜，贵富不骄怠。若此三子者，义之至，忠之节也！故君子杀身以成名，义之所在，身虽死，无憾悔，何为不可哉？"

蔡泽曰："主圣臣贤，天下之福也；君明臣忠，国之福也；父慈子孝，夫信妇贞，家之福也。故比干④忠不能存殷，子胥知不能存吴，申生⑤孝而晋国乱。是有忠臣孝子，国家灭乱，何也？无明君贤父以听之。故天下以其君父为戮辱，怜其臣子。夫待死之后可以立忠成名，是微子⑥不足仁，孔子不足圣，管仲不足大也。"于是应侯称善。

注释

①公子卬（áng）：指魏惠王子，商鞅居魏时，二者是故交。

②卒为秦禽将破敌：（清）程棨初《战国策集注》作"卒为秦禽将，破敌军"。

③离：同"罹"，遭受。

④比干：指商纣王的叔父。纣王昏乱，比干屡次进谏而不听，被纣王剖心而死。

⑤申生：春秋时期人，晋献公太子，因受骊姬谗言，自缢而死。

⑥微子：名启，商纣王的庶兄，见纣王昏乱，弃商奔周。

译文

范雎知道蔡泽是想用谈话使自己陷入困境，于是就回答说："有什么不可以的呢？商鞅臣事秦孝公，终身尽忠，绝无二心，公而忘私，赏罚分明而使秦国大治，竭尽智能，表露忠心，承受他人的不满，为秦国而欺骗老朋友，俘虏魏公子卬，终于为秦国擒获魏将而大破魏军，扩充了千里疆土。吴起臣事楚悼王，不以私害公，不用谗言来蒙蔽忠良，发言而不敢随意迎合他人，办事而不随便讨好他人，坚守正义而不顾他人的非议与赞美，为了楚王的霸业和国家的富强，不畏灾祸和凶险。大夫文种臣事越王勾践，当越王陷于困辱惨境时，他仍然忠心爱主而不懈怠；君王虽然被敌人俘虏，还是竭诚尽忠没有背弃国家，功劳大而不夸耀，即使富贵也不骄傲。像以上这三位忠臣，可以说是义行忠贞的典范！所以君子总是牺牲自己的生命来成就名节，只要是大义所在，虽然牺牲生命也无所懊悔，有什么不可以的呢？"

蔡泽说："君主圣明而臣子贤能，这是国家的福气；父亲慈爱而子女孝顺，丈夫讲信义而妻子有贞节，这是家庭的福气。然而比干虽忠君爱国，却不能让殷朝继续存在；伍子胥虽然贤能智慧，却不能使吴国保全下去；申生虽然孝顺，也无法使晋国避免内乱。这是说虽然有忠臣孝子，国家仍不免灭亡动乱，这是为什么呢？这是没有明君、贤父来能够听取正确的意见的缘故。因此，天下为其君父不仁不义而蒙羞，而可怜它们的臣子。如果一定要等到死后才能尽忠成名，那么连微子也不足成为仁人，孔子也算不上圣人，管仲也不足以成为伟人了。"于是范雎认为蔡泽的话很对。

蔡泽得少间，因曰："商君、吴起、大夫种，其为人臣，尽忠致功，则可愿矣。闳夭①事文王，周公辅成王②也，岂不亦忠乎？以君臣论之，商君、吴起、大夫种，其可愿孰与闳夭、周公哉？"应侯曰："商君、吴起、大夫种不若也。"蔡泽曰："然则君之主，慈仁任忠，不欺旧故，孰与秦孝公、楚悼王、越王乎？"应侯曰："未知何如也。"

蔡泽曰："主固亲忠臣③，不过秦孝、越王、楚悼。君之为主，正乱、批患、折难，广地、殖谷，富国、足家、强主，威盖海内，功章万里之外，不过商君、吴起、大夫种。而君之禄位贵盛，私家之富过于三子，而身不退，窃为君危之。语曰：'日中则移，月满则亏。'物盛则衰，天之常数也；进退、盈缩、变化，圣人之常道也。

注释

①闳（hóng）夭：人名。为周文王的贤臣。

②成王：周武王子，名诵。

③主固亲忠臣：（清）程蘷初《战国策集注》作"今主固亲忠臣"。

译文

蔡泽休息一会儿接着说："商鞅、吴起、大夫文种，他们为人臣，尽忠立功，这都是人们愿意效法的。闳天大臣事周文王，周公辅佐周成王，他们难道不是尽忠吗？然而从君臣关系来考虑，商鞅、吴起、大夫文种等人，和闳天、周公比起来，谁能为我们所效法呢？"应侯说："商鞅、吴起、大夫文种等人是比不上的。"蔡泽说："然而您的君主与秦孝公、楚悼王、越王勾践相比，究竟谁更慈爱而又信任忠臣、不欺凌故旧呢？"范雎说："不知道是否比得上。"蔡泽说："您的君主并不像秦孝公、越王勾践、楚悼王那样亲信忠臣。然而阁下您为您的君主，平定内乱、消除祸患、排除困难、扩充疆土、发展农业、富国足家、增强君主权势，威权压倒各国，功业扬名于万里之外，但还是没有超过商鞅、吴起、大夫文种三位名臣。但是您的地位和俸禄，以及家中的财富都已经超过他们三人，而您还是不愿身退，我私下里深为您担忧。老话说得对：'太阳升到正午时就开始落下，月亮圆到满盈时就开始亏缺。'万物盛极则必衰，这是自然规律。不论是进还是退，是伸还是缩，都会随着时间而变化，这些都是圣人所遵循的常理。

"昔者，齐桓公九合诸侯，一匡天下，至葵丘之会①，有骄矜之色，畔者九国。吴王夫差无敌于天下，轻诸侯，凌齐、晋，遂以杀身亡国。夏育、太史启②叱呼骇三军，然而身死于庸夫。此皆乘至盛不及道理也。

"夫商君为孝公平权衡、正度量、调轻重，决裂阡陌，教民耕战，是以兵动而地广，兵休而国富，故秦无敌于天下，立威诸侯。功已成，遂以车裂。楚地持戟百万，白起率数万之师，以与楚战，一战举鄢、郢，再战烧夷陵③，南并蜀、汉，又越韩、魏攻强赵，北坑马服，诛屠四十余万之众，流血成川，沸声若雷，使秦业帝。自是之后，赵、楚慑服，四十余年不敢攻秦者，白起之势也。身所服者七十余城，功已成矣，赐死于杜邮④。吴起为楚悼罢无能，废无用，损不急之官，塞私门之请，壹楚国之俗，南攻杨越⑤，北并陈、蔡，破横散从，使驰说之士无所开其口。功已成矣，卒支解。

大夫种为越王垦草创邑，辟地殖谷，率四方之士，上下之力，以禽劲吴，成霸功。勾践终棓⑥而杀之。此四子者，成功而不去，祸至于此。此所谓信而不能诎⑦，往而不能反者也。范蠡知之，超然避世，长为陶朱公。

注释

①葵丘之会：指公元前651年，齐桓公在葵丘会合诸侯。葵丘：地处今河南民权东北。

②夏育、太史启：指古时勇士。

③鄢：地处今湖北宜城东南。郢：地处今湖北江陵北。夷陵：地处今湖北宜昌东南。

④杜邮：地处今陕西咸阳东北。

⑤杨越：地处今两广一带。

⑥棓：应作"倍"，通"背"，背弃。

⑦信：通"伸"。诎（qū）：同"屈"。

译文

"过去，齐桓公多次会合诸侯，整顿团下的秩序，但到了葵丘之会的时候，就开始有了骄纵的情形，先后有多个国家背叛了他。吴王夫差，自认为天下无敌，因此就轻视诸侯，欺凌齐、晋两国，最终国破而身亡。夏育、太史启一声叱咤就能使三军震撼，然而他们却死于一般人的手中。这都是仗恃威权而不遵守事物道理的缘故。

"商鞅为秦孝公统一度量衡、废除井田、开垦土地，教民耕种和作战，因此大军一发就拓展疆土，军队凯旋而使国家富强，所以秦兵无敌于天下，在诸侯之间树立威望。可是成功之后，商鞅竟惨遭五马分尸之刑。楚国拥有雄兵百万，然而秦将白起仅率领几万秦兵，一战便攻陷楚都鄢、郢，再战而焚烧夷陵，往南吞并蜀、汉，又越过韩、魏攻打强大的赵国，在北方坑杀了马服君及四十多万兵卒，血流成河，哀号之声震撼天地，使秦国建立了霸业。从此以后，赵、楚两国害怕而屈服，再也不敢进攻秦国，这都是白起的威势。白起亲自攻下七十多座城池，丰伟战功已经建成，可是他却在杜邮被秦王赐死。吴起为楚悼王改革弊政，罢免无能的朝臣，撤销无用的机构，裁撤多余的官吏，杜绝私客说情请求的风气，统一了楚国的风俗，往南攻打杨越，向北兼并了陈、蔡，摧毁连横之策，解散合纵之约，使游说之士没有开口的机会。大功已经告成，但最后他却被肢解。越国大夫文种，为越王勾践开垦荒地，开拓城邑，发展农业，并率领四方军队和全国上下的人民，齐心协力，击败了强大的吴国，完成了越国的霸王功业，可是最后却被勾践背弃而杀掉。这四位贤臣，都是因为功成而不退，才招来杀身之祸。这就是'能伸而不能屈，能去而不能返'。只有范蠡深知明哲保身的道理，于是就以超然的姿态避世离去，成为巨富陶朱公。

"君独不观博者乎？或欲大投，或欲分功①。此皆君之所明知也。今君相秦，计不下席，某不出廊庙，坐制诸侯，利施三川，以实宜阳。决羊肠之险，塞太行之口，又斩范、中行②之途，栈道千里，通于蜀、汉，使天下皆畏秦。秦之欲得矣，君之功极矣，此亦秦之分功之时也！如是不退，则商君、白公③、吴起、大夫种是也。君何不以此时归相印，让贤者授之，必有伯夷之廉，长为应侯，世世称孤，而有乔、松④之寿。孰与以祸终哉！此则君何居焉？"应侯曰："善。"乃延入坐为上客。

后数日，入朝，言于秦昭王曰："客新有从山东来者蔡泽，其人辩士。臣之见人甚众，莫有及者，臣不如也。"秦昭王召见，与语，大说之，拜为客卿。应侯因谢病，请归相印。昭王强起应侯，应侯遂称笃，因免相。昭王新说蔡泽计画，遂拜为秦相，东收周室。蔡泽相秦王数月，人或恶之，惧诛，乃谢病归相印，号刚成君。

居秦十余年，事昭王、孝文王、庄襄王，卒事始皇帝。为秦使

注释

①大投：指孤注一掷。分功：指获得彩金与人共分。

②范、中行：指晋国的二卿。此处代指晋国。

③白公：此处指白起。

④乔：指王子乔。松：指赤松子。均为长寿不死之仙人。

译文

"难道您没有看过赌博的人吗？有的人想孤注一掷，有的人想大家共同分享，相信阁下您是清楚的。如今您身为秦国相国，可在朝廷中出谋划策，坐着就可以控制诸侯，取得韩国三川之地，借以加强宜阳的防卫，打开羊肠之险，封闭太行要塞，又切断三晋的道路，修栈道千里而通蜀汉之地，使天下诸侯都畏惧秦国。秦王的欲望得到了满足，您的功勋已达到极点，这是该让大家分享成果的时候了！此刻，如果不及时隐退，商鞅、白起、吴起、文种之祸不远矣。您为何不在此时归还相印，让贤人接任，这样必定可博取伯夷一样廉洁的美名，又可长久担任应侯，长享富贵，世代称孤，更能和仙人王子乔、赤松子一般长寿。与日后身遭惨祸相比，自是天壤之别，您该何去何从呢？"范雎说："好。"于是请蔡泽入座，待以上宾之礼。

过了几天，范雎入朝拜见秦昭王，对他说："有位刚从东方来的客人蔡泽，这是个能言善辩之人。臣阅人无数，没有人能与之相比，我也自愧不如。"于是秦昭王便召见蔡泽，与他对话，秦昭王十分开心，便将其拜为客卿。范雎这时便称病不朝，主动要求归还相印。秦昭王竭力挽留，但范雎就推言病重，于是被免去相位。秦昭王最近对蔡泽的计谋十分欣赏，就任命他为相国，蔡泽助秦昭王向东吞并了周国，但其出任相国没几个月，便有人恶意诽谤他，其恐招致杀身之祸，便称病辞官交还相印，秦昭王封其为刚成君。

他在秦国待了十多年，历事秦昭王、秦孝文王、秦庄襄王，最后事奉秦始皇。他曾为秦国出使燕国，三年之后使太子丹到秦国做人质。

凭江峨嶼丞容起萬聲爭流
水映門雞犬一方塵跡遠杜陵
花竹讓雲村　陵治

卷六　秦策四

四十八　秦取楚汉中

秦取楚汉中，再战于蓝田[1]，大败楚军。韩、魏闻楚之困，乃南袭至邓[2]，楚王引归。后三国[3]谋攻楚，恐秦之救也，或说薛公："可发使告楚曰：'今三国之兵且去楚，楚能应而共攻秦，虽蓝田岂难得哉！况于楚之故地？'楚疑于秦之未必救己也，而今三国之辞云，则楚之应之也必劝，是楚与三国谋出秦兵矣。秦为知之，必不救也。三国疾攻楚，楚必走秦以告急，秦愈不敢出，则是我离秦而攻楚也，兵必有功"。

薛公曰："善。"遂发重使之楚，楚之应果劝。于是三国并力攻楚，楚果告急于秦，秦遂不敢出兵。大胜有功。

注释

①蓝田：地名。秦国都邑，地处今陕西蓝田西。

②邓：地名。楚国都邑，地处今河南郾城东南。

③三国：指齐、韩、魏。

译文

秦国攻取楚国的汉中之后，又与楚军在蓝田交战，并大败楚军。韩、魏两国听说楚国陷入困境，就向南袭击楚国一直打到邓地，楚王率领军队回国。后来，齐、韩、魏三国又合谋进攻楚国，但恐秦兵救助楚国，有人建议薛公田文说，"您可以先派使者去告诉楚王说：'现在三国的军队准备离开楚国，如果楚国能够响应三国共同攻打秦国，即使是秦国的蓝田也不难到手的吧！更何况楚国失去的旧地呢？'楚国本就怀疑秦国未必肯出兵救助自己，如今又听说三国退兵而攻秦，那么楚国势必会积极响应，这就形成楚国和三国联合进攻秦国的局面了。若是秦国知道了这件事情，必定不肯出兵救助楚国。这样，三国再反过来加紧进攻楚国的步伐，楚国定要向秦国去告急，秦国就越发不敢出兵，这就是我们离间秦国而攻打楚国，此次出兵必建大功。"

薛公田文说："好。"于是就派出特使出使楚国，楚国果然极力响应。这时，三国于是全力攻打楚国，楚国果真向秦国告急，但秦国自然不敢出兵。结果三国大胜，取得丰硕战果。

四十九　薛公入魏而出齐女

薛公入魏而出齐女①。韩春谓秦王②曰："何不取为妻？以齐、秦劫魏，则上党，秦之有也。齐、秦合而立负刍，负刍立，其母在秦，则魏，秦之县也已。珉③欲以齐、秦劫魏而困薛公，佐④欲定其弟，臣请为王因珉与佐也。魏惧而复之，负刍必以魏殁世事秦。齐女入魏而怨薛公，终以齐奉事王矣。"

注释

①齐女：指魏公子负刍之母。

②韩春：人名。秦国臣子。秦王：指秦昭王。

③珉：即韩珉，齐国大臣，亲秦派，曾做过齐相。

④佐：魏公子，负刍的庶兄。

译文

薛公田文到了魏国，就让魏王把齐女赶出宫。韩春对秦昭王说："为什么不娶齐女为妻呢？以此使齐、秦联合起来去威逼魏国，那么魏国的上党就将落入秦国之手了。齐、秦再联合起来拥立魏公子负刍，负刍被立为太子，而他的母亲又住在秦国，为大王的妻子，那么魏国就将成为秦国一个县了。韩珉也想借助齐、秦的力量威胁魏国而使薛公陷入困境，公子佐也想使他弟弟的地位稳固，请让我为大王您利用韩珉和公子佐来胁迫魏国打击薛公。这样，魏王必会恐惧而让齐女返回，负刍必然使魏国永远事奉秦国。齐女回到魏国就会怨恨薛公，并终将设法使齐国来事奉大王。"

五十　三国攻秦入函谷

三国攻秦，入函谷。秦王谓楼缓①曰："三国之兵深矣，寡人欲割河东②而讲。"对曰："割河东，大费也；免于国患，大利也，此父兄之任也。王何不召公子池而问焉？"

王召公子池而问焉，对曰："讲亦悔，不讲亦悔。"王曰："何也？"对曰："王割河东而讲，三国虽去，王必曰：'惜矣！三国且去，吾特以三城③从之。'此讲之悔也。王不讲，三国入函谷，咸阳必危，王又曰：'惜矣！吾爱三城而不讲。'此又不讲之悔也。"王曰："钧吾悔也，宁亡三城而悔，无危咸阳而悔也。寡人决讲矣。"卒使公子池以三城讲于三国，三国之兵乃退。

❀注释

①楼缓：人名。赵国人，原为赵武灵王大臣，赵武灵王死，入秦，仕秦昭王，时为秦相。

②河东：今山西黄河以东之地，先属魏，后如秦。

③三城：指武隧、封陵、河外。

❀译文

齐、韩、魏三国联合攻打秦国，入侵函谷关。秦昭王对相国楼缓说："三国的兵力已经深入秦国，我想割让河东之地以求和解。"楼缓回答说："割让河东损失太大；但是解除国家的危难又有很大利益。这是父兄才能承担的责任。大王为什么不召见公子池来征求他的意见呢？"

于是秦昭王召见公子池询问此事，公子池回答说："大王您割地讲和要后悔，不割地讲和也要后悔。"秦昭王说："这是为什么呢？"公子池回答说："大王割让河东讲和，齐、韩、魏三国虽然定会收兵离去，但大王必定要说：'可惜呀！三国即将退兵的时候，我们偏偏拿出三座城池送给它们。'这是讲和后的悔恨。如果大王不割地讲和，三国的军队一旦攻破函谷关，咸阳必定危险了，大王又会说："真后悔呀！我因为爱惜三座城池而不去讲和。"这是不讲和后的悔恨。"秦昭王说："既然讲和与不讲和都同样后悔，我宁可因为失去三城而悔恨，也不愿意让咸阳遭到危险而后悔。我决定割地讲和了。"于是让公子池用三城和齐、韩、魏三国讲和，三国的军队这才退去。

五十一　秦昭王谓左右

秦昭王谓左右曰："今日韩、魏，孰与始强？"对曰："弗如也。"王曰："今之如耳、魏齐①，孰与孟尝、芒卯②之贤？"对曰："弗如也。"王曰："以孟尝、芒卯之贤，帅强韩、魏之兵以伐秦，犹无奈寡人何也！今以无能之如耳、魏齐，帅弱韩、魏以攻秦，其无奈寡人何，亦明矣！"左右皆曰："甚然。"

中期③推琴对曰："王之料天下过矣。昔者六晋④之时，智氏最强，灭破范、中行⑤，帅韩、魏以围赵襄子于晋阳⑥，决晋水以灌晋阳，城不沉者三板耳。智伯出行水，韩康子御，魏桓子骖乘⑦。智伯曰：'始吾不知水之可亡人之国也，乃今知之。汾水利以灌安邑，绛水利以灌平阳⑧。'魏桓子肘韩康子，康子履魏桓子，蹑其踵，肘足接于车上而智氏分矣。身死国亡，为天下笑。今秦之强，不能过智伯；韩、魏虽弱，尚贤在晋阳之下也。此乃方其用肘足时也，愿王之勿易也！"

❀注释

①如耳：人名。曾为魏国臣子，时为韩国大臣。魏齐：人名。时为魏国相国。

②孟尝：指孟尝君田文，时为魏国相国。芒卯：魏国将领。

③中期：人名。为秦国辩士，主管琴瑟。

④六晋：指春秋末期执掌晋国大权的六卿，分别为中行氏、范氏、智氏、韩氏、魏氏、赵氏。

⑤灭破范、中行：指公元前458年，智伯灭范、中行二家。

⑥赵襄子：嬴姓，赵氏，名无恤，亦作"毋恤"。晋阳：地名。赵国都邑，地处今山西太原西南。

⑦韩康子：姬姓，韩氏，讳虎。魏桓子：姬姓，魏氏，名驹，魏襄子魏侈之孙。古人乘车，主人居左，御者在中，骖乘居右。

⑧安邑：地名。地处今山西夏县西北，属魏桓子。平阳：地名。地处今山西临汾，属韩康子。

译文

秦昭王问左右近臣："现在的韩、魏两国与以往相比如何？"左右侍臣答道："比不上之前。"秦昭王又问："现在的如耳、魏齐，与当年的田文、芒卯相比谁更贤能呢？"左右侍臣说："不如田文、芒卯贤能。"秦昭王说："想当初，田文与芒卯率领强大的韩魏联军前来攻打秦国，况且不能把我怎么样！如今以没什么才能的如耳、魏齐为统帅，率领韩、魏疲弱之兵来攻打秦国，更不能奈何我了，这是显而易见的道理！"左右都附和说："大王说得很对。"

但是有个叫中期的大臣推开面前的琴说："大王对天下局势预料错了。之前晋国六个卿当政之时，以智氏最为强大，先灭亡了范、中行氏，又率领韩、魏联军，把赵襄子围困在晋阳，并决开晋水来淹晋阳，仅差六尺就能将把全城淹没。当智伯出去巡视水势时，韩康子给他拉马，魏桓子陪坐。这时智伯说：'当初我不知道水可以灭亡人的国家，现在我才知道。汾水很容易淹没魏都安邑，而绛水很容易淹没韩都平阳。'于是，魏桓子就用肘碰了碰韩康子，韩康子用脚踩了踩魏桓子，踢了他的脚跟，他们在车上碰碰肘、踢踢脚的工夫，就决定了智氏被分裂的命运。后来，智伯身死国亡，被天下人所耻笑。现在的秦国强盛没有超过当初的智伯，韩、魏虽然衰弱，仍然比赵襄子当年被围困在晋阳时的局面更好。这正是韩、魏碰手撞足的时候，但愿君王不要轻视他们。"

五十二　楚、魏战于陉山

楚、魏战于陉山。魏许秦以上洛①，以绝秦于楚。魏战胜，楚败于南阳②。秦责赂于魏，魏不与。管浅谓秦王③曰："王何不谓楚王④曰：'魏许寡人以地，今战胜，魏王⑤倍寡人也。王何不与寡人遇。魏畏秦、楚之合，必与秦地矣，是魏胜楚而亡地于秦也。是王以魏地德寡人，秦之楚者多资矣。魏弱，若不出地，则王攻其南，寡人绝其西，魏必危。'"秦王曰："善。"以是告楚。楚王扬言与秦遇，魏王闻之恐，效⑥上洛于秦。

注释

①上洛：地名。应作"上郡"，其地早已入秦，为商鞅封邑，地处今陕西榆林、绥德、延安、富县一带。下同。

②南阳：古地名。为楚地，地处今河南南阳地区。

③管浅：人名。秦国臣子。秦王：指秦惠文王。

④楚王：指楚怀王。

⑤魏王：指魏惠王罃（yīng）。

⑥效：献上。

译文

楚、魏两军在陉山交战。魏国答应把上洛割让给秦国，以此断绝秦楚联合。后来魏国胜利，楚军在南阳战败了。这时，秦国向魏国索取上洛之地，魏国却不肯割让。秦臣管浅对秦惠文王说："大王您为什么不对楚王说：'魏国曾经答应割让土地给我，如今他们取胜了，魏国违背对我的诺言。楚王您为何不与我会盟一次。魏国害怕秦、楚联合，一定会把土地割让给秦国的。这样，魏国虽然战胜了楚国，却把土地割给了秦国。这也就是楚王您把魏国的土地恩赐给了我，将来秦国回报楚国的资财一定更多。魏国软弱，如果他们不交出土地，那么大王您去进攻它的南部，秦国就去截断它的西部，这样一来，魏国就必遭灭亡。'"秦王说："好。"于是派人把这番话告诉了楚王。楚王也扬言表示要与秦国联合，魏王听到这个消息之后十分恐慌，便主动把上洛割让给了秦国。

五十三 楚使者景鲤在秦

楚使者景鲤[1]在秦，从秦王与魏王[2]遇于境。楚怒。秦令周最谓楚王[3]曰："魏请无与楚遇而合于秦，是以鲤与之遇也。弊邑之于与遇善之，故齐不合也。"楚王因不罪景鲤而德周、秦。

注释

①景鲤：人名。为楚怀王相。

②秦王：指秦惠文王。魏王：指魏襄王。

③楚王：指楚怀王。

译文

楚国的使者景鲤在秦国，跟从秦王与魏王在边境上会晤。楚王对此事感到很气愤。秦王派周最为秦国去对楚王说："魏国请求不和楚国联合而只同秦国联合，因此景鲤才同我们一起参与这次会晤。因为敝国对待景鲤很是友善，因此齐国产生疑虑，而没有同秦国联合起来。"楚王因此没有怪罪景鲤，并且很感激周最和秦国。

五十四 楚王使景鲤如秦

楚王使景鲤如秦。客谓秦王曰："景鲤，楚王所甚爱，王不如留之以市地。楚王听，则不用兵而得地；楚王不听，则杀景鲤，更不与不如景鲤者市。是便计也。"秦王乃留景鲤。

景鲤使人说秦王曰："臣见王之权轻天下，而地不可得也。臣之来使也，闻齐、魏皆且割地以事秦，所以然者，以秦与楚为昆弟国。今大王留臣，是示天下无楚也，齐、魏有何重于孤国也？楚知秦之孤，不与地，而外结交诸侯以图，则社稷必危，不如出臣。"秦王乃出之。

译文

楚怀王派景鲤出使秦国。有人对秦惠文王说："景鲤是楚王所喜爱的大臣，大王不如将他扣留，用他去换取楚国的土地。如果楚王同意，那么我们不费一兵一卒就能得到土地；楚王不答应，那么我们就把景鲤杀掉，再和才能不如景鲤的人交涉。这是一条方便的计谋。"于是秦惠文王将景鲤扣留了下来。

景鲤让人给秦王传话说："我已经预料到大王的权势将被天下人看清，土地也不可能得到。我刚要出使的时候，听说齐、魏两国都打算割让土地来事奉秦国，之所以这样，是因为秦国与楚国乃是兄弟之邦。如今大王扣留我，这是向天下诸侯显示出秦国已经失去了楚国，齐国和魏国又怎么会尊重孤立无援的秦国呢？当楚国知道秦国处于孤立，不但不会割让土地，而且还会在外边结交诸侯来图谋秦国，这样一来，秦国的处境必然危险，不如把我放回楚国。"秦王这才放了景鲤。

五十五　秦王欲见顿弱

秦王欲见顿弱①，顿弱曰："臣之义不参拜，王能使臣无拜即可矣。不即不见也。"秦王许之。于是顿子曰："天下有有其实而无其名者，有无其实而有其名者，有无其名又无其实者。王知之乎？"王曰："弗知。"顿子曰："有其实而无其名者，商人是也。无把铫推耨②之势，而有积粟之实，此有其实而无其名者也。无其实而有其名者，农夫是也。解冻而耕，暴背而耨，无积粟之实，此无其实而有其名者也。无其名又无其实者，王乃是也。已立为万乘，无孝之名；以千里养，无孝之实。"秦王悖然而怒。

注释

①秦王：指嬴政。顿弱：秦国的辩士。

②铫（yáo）：古代的一种大锄头。耨（nòu）：古代用来除草工具。

译文

秦王政想要召见顿弱，顿弱说："臣的主张是不对君王行参拜之礼的，如果大王能允许我不行参拜礼，我就去见大王，否则的话，臣就不见大王。"秦王答应了他的条件。顿弱入见，于是对秦王说："天下有有实而无名之人，有有名而无实之人，还有无名且无实之人，大王知道吗？"秦王说："寡人不知。"顿弱说："有实而无名指的是商人。他们不需要拿起农具耕种，却有积粟满仓的实际利益，这就是有实而无名。有名而无实是指农夫。他们冒着春寒开耕，顶着烈日耘田，却无积粟满屋的实际利益，这就是有名而无实。无名且无实的，则是指大王您。身为万乘之尊，却无孝亲之名；用千里之地供养，却无孝亲之实。"秦王听后勃然大怒。

顿弱曰："山东①战国有六，威不掩于山东而掩于母②，臣窃为大王不取也。"秦王曰："山东之建国可兼与？"顿子曰："韩，天下之咽喉；魏，天下之胸腹。王资臣万金而游，听之韩、魏，入其社稷之臣于秦，即韩、魏从。韩、魏从，而天下可图也。"秦王曰："寡人之国贫，恐不能给也。"顿子曰："天下未尝无事也，非从即横也。横成，则秦帝；从成，即楚王。秦帝，即以天下恭养；楚王，即王虽有万金，弗得私也。"秦王曰："善。"乃资万金，使东游韩、魏，入其将相。北游于燕、赵，而杀李牧③。齐王④入朝，四国必从，顿子之说也。

注释

①山东：指崤山以东。

②威不掩于山东而掩于母：指秦王政之母与嫪毐（lào ǎi）私通，并生有二子。秦王政于九年（公元前238年），诛杀嫪毐三族，迁太后于别宫，杀其二子。

③李牧：赵国名将。

④齐王：指齐王建。

译文

顿弱说："崤山以东有六个大国，大王您的威权不能施加在它们之上，却施加于自己的母亲身上，我私下里认为大王这样做是不可取的。"秦王说："崤山以东六国可以想法兼并吗？"顿弱说："韩国，扼住天下的咽喉；魏国，处在天下的胸腹。大王如果愿意给我万两黄金去游说的话，我愿东到韩、魏两个国家，使两国的大臣入秦朝拜，韩、魏两个国家就会服从。韩、魏服从，然后就可以图谋天下。"秦王却道："寡人的国家贫弱，恐怕不能资助先生万金。"顿弱说："天下战乱纷起，从来没有安定的时候，诸侯不是缔结合纵之约，就是采取连横之策。连横成功，则秦国称帝；合纵成功，则楚国称王。如果秦国称帝，就可以用天下来恭敬地奉养；如果楚国称王，大王纵是拥有万金也不能私下里享有。"秦王说："好。"就资助其万金，令顿弱游说韩、魏，使两国的将相入秦朝拜。顿弱北到燕、赵，施计除掉了赵将李牧。之后，齐王建入秦，燕、赵、魏、韩四国都服从了秦国，这些都是顿弱游说的结果。

五十六　说秦王

说秦王曰①："物至而反，冬夏是也；致至而危，累棋是也。今大国之地半天下，有二垂②，此从生民以来，万乘之地未尝有也。先帝文王、庄王③、王之身，三世而不接地于齐，以绝从亲之要。今王使成桥④守事于韩，成桥以地入秦。是王不用甲，不伸威，而得百里之地，王可谓能矣。王又举甲兵而攻魏，杜大梁之门，举河内⑤，拔燕、酸枣、虚、桃人⑥，魏之兵云翔不敢校，王之功亦多矣。王休甲息众三年⑦，然后复之，又取蒲、衍、首垣⑧，以临仁、平丘、小黄、济阳婴城⑨，而魏氏服矣。王又割濮、磨之北⑩，断齐、秦之要，绝楚、魏之脊。天下五合、六聚而不敢救也，王之威亦惮矣。王若能持功守威，省攻伐之心而肥仁义之地，使无复后患，三王不足四，五伯不足六也。

注释

①说秦王曰：（清）程羹初《战国策集注》作"襄王二十年，秦白起拔楚西陵，或拔鄢、郢、夷陵，烧先王之墓。王徙东北，保于陈城。楚遂削弱，为秦所轻。于是白起又将兵来伐。楚人有黄歇者，游学博闻，襄王以为辩，故使于秦，说昭王曰：'天下莫强于秦、楚，今闻大王欲伐楚，是犹两虎相斗，而驽犬受其弊，不如善楚。臣请言其说。臣闻之。'"

②二垂：指占有天下之西、北二边陲。垂：通"陲"。

③文王：指秦始皇祖父秦孝文王。庄王：指秦始皇父秦庄襄王。

④成桥：应作"盛桥"。庄襄王子，始皇之弟。下同。

⑤河内：地区名。地处今河南沁阳一带。

⑥燕：即古南燕国，地处今河南延津东北。酸枣：地处今河南延津北。虚：同"墟"，指殷墟，地处今河南安阳。桃人：地处今河南长垣西。均为魏国都邑。

⑦三年：（清）程羹初《战国策集注》作"二年"。

⑧蒲：地处今河南长垣有蒲乡。衍：地处今河南郑州北。首垣：地处今河南长垣东北。均为魏国都邑。

⑨仁：与平丘接近。平丘：地处河南长垣西南。小黄：地处今河南开封东北。济阳：地处今河南兰考东北。均为魏国都邑。婴城：绕城。

⑩濮、磨之北：包括今河北大名、山东聊城一带。（清）程羹初《战国策集注》作"濮、磨之北属之燕"。

译文

有人对秦王政说："物极必反，正如冬夏相替；安极而危，好比堆叠棋子。如今秦国据有天下半数之地，又有西北两大边陲，这是自人类产生以来，万乘大国从未拥有过。从先帝孝文王、庄襄王，到大王，共历三代，从未与齐接壤共边，从而切断诸侯合纵抗秦的交通之道。如今大王多次派盛桥到韩国驻守，盛桥不负所托，把他所管辖得土地并入秦国。这样，大王既不用劳师动众，也不用大展威势，便拓地百里，大王可称得上有能耐了。大王又发兵攻魏，封锁大梁城，占领河内，攻取南燕、酸枣、虚、桃人等地，魏国军队像烟云一样飞散，不敢与秦军交锋，大王之功也足够多了。大王休整军队三年，再度出兵攻取蒲、衍、首垣，兵临仁、平丘，那么小黄、济阳之地只能绕城自守，魏国只能俯首臣服。大王再割濮、磨以北之地，则斩断了其、秦的腰身，折断了楚、魏的脊梁。这样一来，山东诸国即使多次结聚联盟，也不敢互相救援，大王的威名可算是令人忌惮了。大王倘能守成功业，守住威严，停止攻伐而施行仁义，不仅会使国家再也没有后患，而且三王就不难变成四王，而五霸也不难变成六霸了。

"王若负人徒之众，仗兵甲之强，壹毁魏氏之威，而欲以力臣天下之主，臣恐有后患。《诗》云：'靡不有初，鲜克有终。'《易》曰：'狐濡其尾。'此言始之易，终之难也。何以知其然也？智氏见伐赵之利，而不知榆次①之祸也；吴见伐齐之便，而不知干隧②之败也。此二国者，非无大功也，没利于前，而易患于后也。吴之信越也，从而伐齐，既胜齐人于艾陵③，还为越王禽于三江之浦④。智氏信韩、魏，从而伐赵，攻晋阳之城，胜有日矣，韩、魏反之，杀智伯瑶于凿台⑤之上。

"今王妒楚之不毁也，而忘毁楚之强韩、魏也，臣为大王虑而不取。《诗》云：'大武远宅不涉。'从此观之，楚国，援也；邻国，敌也。《诗》云：'他人有心，予忖度之。跃跃毚兔⑥，遇犬获之。'今王中道而信韩、魏之善王也，此正吴信越也。臣闻，敌不可易，时不可失。臣恐韩、魏之卑辞虑患，而实欺大国也。此何也？王既无重世之德于韩、魏，而有累世之怨矣。韩、魏父子兄弟接踵而死于秦者，累世矣。本国残，社稷坏，宗庙隳，刳腹折颐⑦，首身分离，暴骨草泽，头颅僵仆，相望于境；父子老弱系房，相随于路；鬼神孤伤⑧无所食；百姓不聊生，族类离散，流亡为臣妾，满海内矣。韩、魏之不亡，秦社稷之忧也。今王之攻楚，不亦失乎？

注释

①榆次：地名。地处今山西榆次西北。

②干隧：地名。吴国之地，地处今江苏吴县西北三十里万安山。

③艾陵：地名。齐国都邑，地处今山东莱芜东北。

④三江：指今江苏境内娄江、松江、东江。浦：水滨。

⑤凿台：台名。地处今山西榆次南洞。

⑥毚（chán）兔：狡兔。

⑦刳（kū）：挖。颐：脸颊。

⑧鬼神孤伤：（清）程夔初《战国策集注》作"鬼神狐祥"。

译文

"如果大王倚仗人力众多，依靠兵甲的强大，乘着击败魏国的余威，想要以武力而使天下诸侯臣服，臣担心秦国将会有后患。《诗经》中说：'凡事都有开头，却少有圆满的结局。'《易经》上说：'狐狸涉水过河，生怕弄湿了尾巴，可是到达对岸时还是把尾巴弄湿了。'这说明始易终难。怎么知道会是如此呢？智伯只看到攻打赵国有利，可惜却没有预料到榆次之祸；吴王发现攻打齐国有利可图，可没有料到干遂之败。这两个国家不是没有战功，只是由于贪图眼前利益，而容易招致之后的祸患。吴王相信越王，因而全力攻齐，在艾陵大胜齐国，胜利而归却被越王擒杀于三江之浦。智伯轻信韩、魏，与之合力攻赵，围攻晋阳，不料眼看胜利之际，韩、魏临阵倒戈，杀智伯于凿台之上。

如今大王担忧楚国不灭，却未注意到灭亡楚国会增强韩、魏的实力，臣魏大王深思熟虑，这样做是不可取的。《诗》上说：'有威望的大国不入侵远方的国家。'以此来看，楚国应当是秦国的盟友，邻近之国方是秦国的敌人。《诗经》中说：'别人有害我之心，我可以预料到。再狡猾的兔子，遇到猎犬都会被捕获。'如今大王中途为韩、魏所惑而加以亲信，这正如当初的吴国相信越国一样。臣曾听说，敌人不可轻视，时机不容错过。臣担心韩、魏两国虽表面上对秦国言辞谦卑，但实际上却想要欺骗秦国。这是为什么呢？这是因为大王历来无恩德于韩、魏，且世代积怨甚深。韩、魏两国人民的父子兄弟，接连死于秦人手中的，世代均有。自己的国家残破，社稷被毁，宗庙坍塌，百姓被剖而腹毁容，身首异处，暴尸于荒野，头颅僵硬，满目皆是；父子老弱被掳掠押送，相随于路。鬼神无人祭祀；而百姓无法生存，妻离子散，沦落为别人奴仆臣妾的，遍布诸侯各国。韩、魏如果不亡，秦国则永有后患。而如今大王却全力攻楚，难道不是大大的失误吗？

"且王攻楚之日，则恶出兵？王将藉路于仇雠之韩、魏乎？兵出之日而王忧其不反也，是王以兵资于仇雠之韩、魏。王若不藉路于仇雠之韩、魏，必攻随阳右壤①，随阳右壤，此皆广川大水、山林溪谷不食之地，王虽有之，不为得地。是王有毁楚之名，无得地之实也。且王攻楚之日，四国②必应悉起应王。秦、楚之兵构而不离，魏氏将出兵而攻留、方与、铚、胡陵、砀、萧、相③，故宋必尽。齐人南面，泗北④必举。此皆平原四达，膏腴之地也，而王使之独攻。王破楚于以肥韩、魏于中国而劲齐，韩、魏之强足以校于秦矣。齐南以泗为境，东负海，北倚河，而无后患，天下之国莫强于齐。齐、魏得地葆利而详⑤事下吏，一年之后，为帝若未能，于以禁王之为帝有余。夫以王壤土之博，人徒之众，兵革之强，一举事而注地于楚，讪令韩、魏归帝重于齐，是王失计也。

注释

①随阳右壤：随，水名。地处今湖北随州。右壤，指西边的地方。随水之西古有邓林之险。

②四国：指韩、赵、魏、齐。

③留：地处今江苏沛州东南。方与：地处金山东鱼台东北。铚（zhì）：地处今安徽宿州西南。胡陵：地处今江苏沛州北。砀（dàng）：地处今安徽砀山西南。萧：地处今江苏萧县西北。相：地处今安徽濉（suī）溪西北。均为宋国都邑。

④泗北：指泗水以北，旧为鲁国领地。

⑤详：通"佯"，假装。

译文

"况且大王出兵伐楚，将从哪条道路出兵呢？大王不会是要向仇敌韩、魏借道出兵吧？恐怕出兵之日，大王就要担忧能否再回秦国了，这无异于大王把大批兵马拱手赠予韩、魏。如果大王不向两国借道，那就只能攻打楚国随水以西的地区。而随水以西广布高山大河、森林溪谷，人烟稀少，是个不毛之地。大王即使占有这些地方，跟不获得土地一个样。这样，徒有灭楚之名，而无得地之实惠。况且大王攻打楚国之时，齐、韩、赵、魏四国势必会乘虚而入。秦兵陷于楚战，无暇他顾，魏国必将乘机攻取留、方与、铚、胡陵、砀、萧、相等地，宋国故地就会尽属于魏。齐国南下，势必会攻取泗北之地。这些地方都是四通八达的平原地区，拥有肥沃的良田，大王却让各国单独攻取。大王出兵击溃楚国，却扩张了中原韩、魏的国土，又增强了齐国实力，韩、魏两国强大起来，就能与秦国相抗衡了。齐国南面以泗水为境，东临大海，北靠黄河，再无后顾之忧，天下诸侯没有比齐更强的了。齐、魏获得土地并保有利益，又假意事奉大王，一年之后，虽尚无能力称帝，但已有足够的力量阻止大王您称帝。以大王疆土之广，民众之多，兵革之强，一旦出兵与楚国结怨，反倒让韩、魏支持齐王称帝，这是大王失策之处。

"臣为王虑，莫若善楚。秦、楚合而为一临以韩，韩必授首。王襟以山东之险，带以河曲之利，韩必为关中之候^①。若是王以甲戍郑，梁氏寒心，许、鄢陵^②婴城，上蔡、召陵^③不往来也。如此，而魏亦关内侯矣。王一善楚，而关内二万乘之主注地于齐，齐之右壤可拱手而取也。是王之地一经两海，要绝天下也。是燕、赵无齐、楚，齐、楚无燕、赵也。然后危动燕、赵，持齐、楚，此四国者，不待痛而服矣。"

注释

①关中之候：即关内侯。指享有封邑的大臣。

②许：地处今河南许昌东。鄢陵：地处今河南鄢陵西北。均为魏国都邑。

③上蔡：地处今河南上蔡西南。召陵：地处今河南郾城东。均为楚国都邑。

译文

"臣诚心地为大王考虑，最好是和楚国交好。秦、楚合为一体，兵临韩境，韩国必然俯首称臣。大王据崤山以东之险，拥有河曲之利，韩国必然成为秦国一个关内侯而已。如果大王以精兵戍守韩国，魏国必然会震恐，许和鄢陵两城便会闭城自守，楚国的上蔡、召陵就不会和魏国往来。这样，魏国也就成为秦国的关内侯了。大王一旦与楚国修好，韩、魏两国自然会勠力攻齐，齐国右方的土地大王就垂手可得。这样一来，大王之国土，自西海至东海，贯穿天下。这就会使燕、赵与齐、楚相互隔绝，齐、楚亦与燕、赵隔绝。然后加以威压四国，这四国不待出兵攻打，便会臣服于秦。"

五十七　或为六国说秦王

或为六国说秦王^①曰："土广不足以为安，人众不足以为强。若土广者安，人众者强，则桀、纣之后将存。

"昔者赵氏亦尝强矣。曰赵强何若？举左案齐，举右案魏，厌案②万乘之国二，由③千乘之宋也。筑刚平④，卫无东野，刍牧薪采莫敢窥东门。当是时，卫危于累卵，天下之士相从谋曰：'吾将还其委质，而朝于邯郸之君乎？'于是天下有称伐邯郸者，莫⑤令朝行。魏伐邯郸⑥，因退为逢泽之遇⑦，乘夏⑧车，称夏王，朝为天子⑨，天下皆从。齐太公⑩闻之，举兵伐魏，壤地两分，国家大危。梁王身抱质执璧，请为陈侯⑪臣，天下乃释梁。

注释

①秦王：指秦昭王。

②厌案：压制。厌，通"压"。

③由：通"犹"。

④刚平：地处今河北清丰西南。

⑤莫：同"暮"。

⑥魏伐邯郸：指公元前354年，魏惠王发兵包围赵都邯郸。

⑦逢泽之遇：指魏惠王在魏都大梁附近主持召开的逢泽会议。

⑧夏：指中原地区。

⑨天子：指周敬王。

⑩齐太公：此处指齐威王。

⑪陈侯：齐威王曾为陈侯。

译文

有人为六国游说秦昭王说："疆土辽阔不足以永保安定，人民众多不足以持续强大。如果认定疆域辽阔可永享太平，人民众多就可强盛不衰，那么夏桀、商纣的后代至今依然存在。

"过去的赵国盛极一时，向左可以震慑齐国，向右可以压制魏国，压倒这两个万乘大国，就像困住千乘的宋国一样。赵国筑起刚平城，使得卫国几乎没有东部郊野，卫人连放牧打柴都不敢从东门进出。这个时候，卫国岌岌可危，天下游说之士相与谋划说：'我们是否应归还其礼物，去朝拜赵王呢？'于是有人倡议攻打赵国的，晚上发出命令，第二天清晨就行动起来。魏惠王出兵攻破邯郸，之后便在逢泽这个地方主持诸侯会盟，他乘坐中原的车，自称中原的王，率领诸侯朝见周天子，天下都服从他。齐太公听说这回事后，便出兵讨伐魏国。魏国得土地分为两半，濒于危亡。魏惠王不得已，带上重礼向齐侯请罪，表示愿意成为陈侯的臣子，天下诸侯这才停止对魏国的打击。

　　"郢威王闻之，寝不寐，食不饱，帅天下百姓，以与申缚①遇于泗水之上，而大败申缚。赵人闻之至枝桑②，燕人闻之至格道。格道不通，平际③绝。齐战则不胜，谋则不得，使陈毛释剑撚④，委南听罪，西说赵，北说燕，内喻其百姓，而天下乃释齐。

　　"于是夫积薄而为厚，聚少而为多，以同言郢威王于侧庳之间。臣岂以郢威王为政衰谋乱以至于此哉？郢为强，临天下诸侯，故天下谋伐之也。"

注释

　　①申缚：齐国将领。
　　②枝桑：地名。
　　③平际：交际。
　　④陈毛：齐国臣子。撚（zōu）：打更的工具。

译文

　　"楚威王听到齐国打败魏国后，就寝食难安，便统率天下百姓与齐将申缚大战于泗水之上，大败申缚。赵人听到这个消息之后，乘势占领枝桑；燕人听到这个消息后，则出兵攻占了格道。格道不通，便隔绝了齐国交际的道路。齐国欲战而不能取胜，只好以陈毛为使，放下武器，南下请罪于楚王，同时向西游说赵，向北劝说燕两国，在国内晓谕人民，这样天下诸侯才放弃对齐的进攻。

　　"积薄渐厚，积少成多，楚威王得势之后，诸侯们又在共同商议如何对付楚威王。难道是楚威王的政治腐败、谋略失误造成这种情况的吗？这是因为楚国过分强大，威胁天下诸侯，所以各国都想谋划去攻打它。"

卷七 秦策五

五十八 谓秦王

谓秦王①曰："臣窃惑王之轻齐易楚，而卑畜韩也。臣闻，王兵胜而不骄，伯主约而不忿。胜而不骄，故能服世；约而不忿，故能从邻。今王广德魏、赵而轻失齐，骄也；战胜宜阳，不恤楚交，忿也。骄忿非伯主之业也。臣窃为大主虑之而不取也。

"《诗》云：'靡不有初，鲜克有终。'故先王之所重者，唯始与终。何以知其然？昔智伯瑶残范、中行，围逼晋阳，卒为三家②笑。吴王夫差栖越于会稽③，胜齐于艾陵，为黄池④之遇，无礼于宋⑤，遂与勾践禽，死于干隧。梁君⑥伐楚胜齐，制赵、韩之兵，驱十二诸侯以朝天子于孟津⑦，后子死，身布冠而拘于齐。三者非无功也，能始而不能终也！

注释

①秦王：指秦武王。
②三家：指韩、赵、魏。
③会（kuài）稽：山名。地处今浙江境内。
④黄池：地处今河南封丘西南。
⑤无礼于宋：指夫差杀掉宋国大夫并囚禁其妇女。
⑥梁君：指梁惠王，姬姓魏氏，名罃（yīng）。
⑦孟津：地处今河南孟津东北。

译文

有人对秦武王说："臣私下十分疑惑，大王为何轻视齐、楚，而且像对待奴仆一样对待韩国。臣听说，王者战胜而不骄傲，霸主主持盟约而不急躁。胜而不骄，所以能使诸侯心悦臣服；主持盟约而不急躁，才能与盟国顺从。现在大王很看重和魏、赵两国的关系，可却轻视与齐国的交往，这是骄傲的表现；

取得宜阳大捷，就顾恤与楚国的友谊，这是急躁的表现。骄恣难以成就霸业，臣私下为大王深思，这种做法是不可取的。

"《诗经》上说：'凡事都有开头，但是很少能做到善始善终。'因此，先王特别注重善始善终。从哪里知道是这样的呢？过去智伯灭掉范、中行氏，又围攻晋阳，结果为韩、赵、魏三家所笑；吴王夫差把越王勾践围困在会稽山上，又在艾陵一役中大败齐国，之后在黄池主持诸侯会盟，对宋无礼，最后为勾践所擒杀，死在干隧；魏惠王伐楚胜齐，控制韩、赵的军队，还邀集十二家诸侯朝周天子于孟津，但之后太子申战死，为形势所迫，只好素衣布冠被齐国拘禁。这三人不是没有战功，但都只是有好的开始而不能善终啊！

"今王破宜阳，残三川，而使天下之士不敢言；雍天下之国，徙西周之疆，而世主不敢交；塞阳侯，取黄棘①，而韩、楚之兵不敢进。王若能为此尾，则三王不足四，五伯不足六；王若不能为此尾，而有后患，则臣恐诸侯之君，河、济之士，以王为吴、智之事也。

"《诗》云：'行百里者，半于九十。'此言末路之难。今大王皆有骄色，以臣之心观之，天下之事，依世主之心，非楚受兵，必秦也。何以知其然也？秦人援魏以拒楚，楚人援韩以拒秦，四国之兵敌而未能复战也。齐、宋在绳墨之外以为权②，故曰先得齐、宋者伐秦。秦先得齐、宋，则韩氏铄③，韩氏铄，则楚孤而受兵也。楚先得之，则魏氏铄；魏氏铄，则秦孤而受兵矣。若随此计而行之，则两国者必为天下笑矣。"

注释

①阳侯：要塞名。地处今山东沂水南。黄棘：地处今河南新野东北。

②权：指援助之势。

③铄（shuò）：削弱。

译文

"如今秦国攻破宜阳，占领三川，使得天下的谋士不敢言语；隔绝诸侯之间的联系，使东、西二周疆界不断迁移，使各路诸侯不敢交往；还堵塞了阳侯，夺取了黄棘，使韩、楚之兵不敢进军。既然已取得这样的成就，大王如果能谨慎到底，则王霸之业可指日而待。假如慎始而不能善终，就会后患无穷，臣担心各国君主和河、济一带的有识之士会使大王步夫差、智伯的后尘。

"《诗》上说：'一百里的路程，即使走了九十里还只是一半。'这是说走完最后一段道路是十分艰难的。如今大王常常有骄傲的情绪，以我的愚见来看，如今天下的事情，按照诸侯的心意，不是联合对付楚国，就是并力攻打秦国。为什么知道是这样的呢？秦国援魏抗楚，楚国援韩抗秦，只是因为四国势均力敌，而不敢再轻易开战。宋、齐两国置身四国之外，就显得举足轻重。因此，先争取到宋、齐两国就可以攻打秦国。秦国如果先争得齐、宋，就能遏制削弱韩国，韩国受到削弱，那么楚国便孤立无援而遭到攻击。假如楚国先得到齐、宋，魏国就会削弱，魏国削弱之后，秦国就会陷入孤立而遭到攻击。如果按这条路走下去的话，那么秦、楚两国必定会成为天下的笑柄了。"

五十九 秦王与中期争论

秦王与中期争论，不胜。秦王大怒，中期徐行而去。或为中期说秦王曰："悍人也。中期适遇明君故也，向者遇桀、纣，必杀之矣。"秦王因不罪。

译文

秦昭王与大臣中期发生争论，结果昭王没有胜过中期，不由勃然大怒，中期却不卑不亢，从容不迫地离开了。有人替中期向昭王道："中期可真是个直言无忌的人。幸亏他遇到了贤明的君主，如果遇到夏桀、商纣那样的暴君，一定会被杀掉。"秦王因此没有怪罪中期。

六十 献则谓公孙消

献则谓公孙消[1]曰：“公，大臣之尊者也，数伐有功，所以不为相者，太后[2]不善公也。芈戎[3]者，太后之所亲也，今亡于楚，在东周。公何不以秦、楚之重资而相之于周乎？楚必便之矣。是芈戎有秦、楚之重，太后必悦公，公相必矣。”

注释

①献则：楚国人，时任职于秦国。公孙消：人名。秦国大臣。

②太后：指秦昭王母宣太后。

③芈戎：指宣太后同父弟，入秦后封为华阳君。

译文

献则对公孙消说：“您是大臣中受尊重的人，屡次出征都建立了战功。之所以没有做到秦国相国，是因为宣太后对您没有好感。芈戎是太后亲近的人，如今从楚国逃亡，住在东周。您为什么不借助秦、楚两国的势力，去帮助他在东周做相国呢？楚国必定感到对它有利。这样芈戎就有了秦、楚的势力做后盾，宣太后也必定对您有好感，您做秦国相国是肯定的了。”

六十一 楼牾约秦、魏

楼牾[1]约秦、魏，魏太子为质，纷强[2]欲败之。谓太后曰：“国与还者也，败秦而利魏，魏必负之。负秦之日，太子为粪矣。”太后坐王而泣。王因疑于太子，令之留于酸枣[3]。楼子患之。

昭衍[4]为周之梁，楼子告之。昭衍见梁王，梁王曰：“何闻？”曰：“闻秦且伐魏。”王曰：“为期与我约矣。”曰：“秦疑于王之约，以太子留酸枣而不之秦。秦王[5]之计曰：‘魏不与我约，必攻我；我与其处而待之见攻，不如先伐之。'以秦强折节而下与国，臣恐其害于东周。"

注释

①楼牾（wǔ）：人名。魏国人。

②纷强：人名。魏国臣子。

③酸枣：地名。地处今河南延津西南。

④昭衍：人名。楚国人，仕东周。

⑤秦王：指秦武王。

译文

楼牾邀约秦、魏两国结成联盟，以魏太子到秦国去做人质，纷强想从中破坏。他就去对魏太后说："任何国家都会因为本国利益而反复无常，如果一件事对秦国有害而对魏国有利，魏国自然要背弃秦国。背离秦国的那一天，太子的生命就会成为粪土了。"太后守着魏王哭泣起来。于是魏王对太子为人质的事产生了疑虑，将太子留在了酸枣。楼牾为此很是担心。

这时，昭衍为东周的事正好来到魏国，楼牾把魏王不肯让太子做人质的事告诉了他。昭衍来见魏王，魏王说："您听到什么消息了？"昭衍说："听说秦国正准备进攻魏国。"魏王说："可秦国与魏国有约在先了。"昭衍说："秦国怀疑大王的态度，因为您把太子留在酸枣，不肯让他到秦国去。秦王曾考虑说：'魏国不与我践约，就必定会进攻秦国；我与其在这里等他来进攻秦国，不如先去进攻魏国。'以秦的强大竟然俯首去联合盟国，我担心它将危害到东周。"

六十二　濮阳人吕不韦贾于邯郸

濮阳①人吕不韦贾②于邯郸，见秦质子异人③，归而谓父曰："耕田之利几倍？"曰："十倍。""珠玉之赢④几倍？"曰："百倍。""立国家之主赢几倍？"曰："无数。"曰："今力田疾作，不得暖衣余食；今建国立君，泽可以遗世。愿往事之。"

秦子异人质于赵，处于廖城⑤。故往说之口："子傒⑥有承国之业，又有母在中。今子无母于中⑦，外托于不可知之国，一日倍约，身为粪土。今子听吾计事，求归，可以有秦国。吾为子使秦，必来请子。"

注释

① 濮阳：卫国都邑，地处今河南濮阳西南。

② 贾（gǔ）：做生意。

③ 异人：指秦孝文王子，当时在战国做人质，后为庄襄王。

④ 赢：利润。

⑤ 廖（yí）城：即聊城，地处今山东聊城西北。

⑥ 子傒（xī）：异人的异母弟，均为孝文王子。

⑦ 今子无母于中：指异人的母亲夏姬不受宠于孝文王。

译文

濮阳人吕不韦在邯郸做生意，见到了在赵国做质子的秦国公子异人。他回到家里，便对他的父亲说："耕田种地能获得几倍的利润啊？"他父亲回答说："十倍。"他又问："做珠宝生意能获得几倍的利润啊？"他父亲回答说："一百倍。"他再问："拥立国君能获得几倍的利润啊？"他父亲回答说："无数倍。"吕不韦于是继续说道："现在我即使努力种田，勤奋劳作，依然不能达到衣食无忧；如果现在拥立国君，恩泽可以流传到后世。我愿意前往去事奉他。"

秦国公子异人正在赵国做质子，居住在廖城里。因此吕不韦就前去游说他，说："公子傒有资格继承王位，再加上他的母亲在宫中可以支持他。但是如今公子没有母亲在宫中支持，自身又处于态度不定的赵国，一旦秦国有一天背弃盟约，公子就如同粪土一样了。如今公子听从我的安排，请求返回秦国，便可以继承秦国的王位。我为公子出使秦国，必定会让他们来请您回国。"

乃说秦王后^①弟阳泉君曰："君之罪至死，君知之乎？君之门下无不居高尊位，太子^②门下无贵者。君之府藏珍珠宝玉，君之骏马盈外厩，美女充后庭。王之春秋高，一日山陵崩^③，太子用事，君危于累卵而不寿于朝生^④。说有可以一切，而使君富贵千万岁，其宁于太山^⑤四维，必无危亡之患矣。"阳泉君避席^⑥，请闻其说。不韦曰："王年高矣，王后无子，子傒有承国之业，士仓^⑦又辅之。王一日山陵崩，子傒立，士仓用事，王后之门，必生蓬蒿。子异人贤材也，弃在于赵，无母于内，引领西望，而愿一得归。王后诚请而立之，是子异人无国而有国，王后无子而有子也。"阳泉君曰："然。"入说王后，王后乃请赵而归之。

注释

①秦王后：指秦孝文王妻华阳夫人。

②太子：指公子傒。

③山陵崩：比喻秦孝文王死。

④朝生：指朝生夕落的木槿花。

⑤太山：即指泰山。

⑥避席：表示恭敬的样子。

⑦士仓：指秦昭王时的秦相杜仓。

译文

于是，吕不韦便前去游说秦王王后华阳夫人的弟弟阳泉君说："阁下罪已至死，您知道吗？您门下的宾客无不位高势尊，相反太子门下却无一显贵之人。而且您府中珍藏着许多珍宝，马厩里充满了骏马，后庭中拥有无数佳丽。如今秦王年事已高，一旦驾崩，太子执政，您则会危如累卵，朝不保夕。但有一种方法可令您富贵万年且稳如泰山，定无后顾之忧。"阳泉君赶忙离开座位恭敬地表示请教。吕不韦说："秦王年事已高，而华阳夫人却无子嗣，子傒有继承王位的资格，但其继位后一定重用杜仓，到那时，王后的门庭必定长满蒿野草，萧条冷落。公子异人才德兼备，被遗弃在赵国，可惜没有母亲在宫中支持，常常翘首西望故国，希望回到秦国来。王后倘若真能立异人为太子，这样一来，异人就是无国而有国，王后就是无子而有子了。"阳泉君说："有道理。"便进宫说服王后，王后便向赵国要求将公子异人遣返秦国。

　　赵未之遣，不韦说赵曰："子异人，秦之宠子也，无母于中，王后欲取而子之。使秦而欲屠赵，不顾一子而留计，是抱空质也。若使子异人归而得立，赵厚送遣之，是不敢倍德畔施①，是自为德讲。秦王老矣，一日晏驾②，虽有子异人，不足以结秦。"赵乃遣之。

　　异人至，不韦使楚服而见。王后悦其状，高其知，曰："吾楚人也。"而自子之，乃变其名曰楚。王使子诵，子曰："少弃捐在外，尝无师傅所教学，不习于诵。"王罢之，乃留止。间曰："陛下尝轫③车于赵矣，赵之豪杰得知名者不少。今大王反国，皆西面而望。大王无一介之使以存之，臣恐其皆有怨心，使边境早闭晚开。"王以为然，奇其计。王后劝立之。王乃召相，令之曰："寡人子莫若楚。"立以为太子。

　　子楚立，以不韦为相，号曰文信侯，食蓝田④十二县。王后为华阳太后，诸侯皆致秦邑。

注释

①倍：通"背"，背弃。畔：通"叛"，背叛。
②晏驾：对君王死去的委婉表述。
③轫：停车，指为人质之事。
④蓝田：地处今陕西蓝田西。

译文

赵国还未遣返异人，吕不韦就去游说赵王说：“公子异人是秦王所宠爱的儿子，只是宫中没有母亲照顾，现在华阳王后想要让他做自己的儿子。如果秦国想要屠略赵国，也不会因为一个王子的缘故而搁置计划，这样赵国就只留下一个不起作用的人质罢了。但如果赵国让其回国继承王位，并以厚礼把他送回去，那么异人是不会忘记大王的恩情的，这是以恩德相交的做法。如今孝文王已经老迈，一旦驾崩，赵国虽仍有异人作为人质，也不足以与秦国亲近了。”于是，赵王就将异人送回秦国。

公子异回到秦国后，吕不韦让他身着楚服去拜见华阳夫人。华阳夫人对他的打扮十分高兴，认为他很有智慧，亲近地说：“我是楚国人。”于是把异人认作儿子，并替他更名为“楚”。秦孝文王令异人诵读念过的诗书，异人推辞说：“孩儿自小生长于赵国，没有师傅教导传习，不懂得诵读。”秦王也就作罢，让他留在宫中。一次，异人乘秦王空闲时，进言道：“陛下也曾羁留赵国，赵国豪杰之士知道陛下大名的不在少数。如今陛下返回秦国，他们都面向西方而惦念着您。可是陛下却连一个使臣也未曾派去抚慰他们。孩儿担心他们会心生怨恨，使边境形势不稳定。”秦王觉得他说得有道理，为他的计谋感到惊讶。华阳夫人乘机劝秦王立之为太子。秦王召来丞相，对他说：“寡人的儿子中子楚最能干。”于是立异人为太子。

公子楚继承秦国的王位以后，任吕不韦为相，号为文信侯，将蓝田十二县作为他的食邑。而王后改称华阳太后，之后各个诸侯也都向秦奉送了土地。

六十三 文信侯欲攻赵以广河间

文信侯欲攻赵以广河间①，使刚成君蔡泽事燕三年，而燕太子②质于秦。文信侯因请张唐③相燕，欲与燕共伐赵，以广河间之地。张唐辞曰：“燕者必径于赵，赵人得唐者，受百里之地。”文信侯去而不快。少庶子甘罗④曰：“君侯何不快甚也？”文信侯曰：“吾令刚成君蔡泽事燕三年，而燕太子已入质矣。今吾自请张卿相燕而不肯行。"甘罗曰："臣请行之。"文信侯叱去曰："我自行之而不肯，汝安能行之也？"甘罗曰："夫项橐⑤生七岁而为孔子师，今臣生十二岁于兹矣，君其试臣，奚以遽言叱也？"

注释

①河间：指漳、黄河之间，为吕不韦的封邑。

②燕太子：指燕王喜得太子，名丹。

③张唐：秦国将军。

④少庶子甘罗：指吕不韦家臣，楚国下蔡（今安徽凤台）人，秦国大臣甘茂之孙。

⑤项橐：传说中聪明的儿童。

译文

文信侯吕不韦想要进攻赵国，来扩张他在河间的封地，他于是就派刚成君蔡泽事奉燕国三年，燕太子丹入秦为质。文信侯又请秦将张唐到燕国做相国，以联合燕国去攻伐赵国，来扩大他在河间的封地。张唐推辞说："到燕国去必须取道赵国，赵国人抓到我，就会得到百里的土地。"文信侯很不高兴地离开了。少庶子甘罗问："君侯为什么这般不高兴呢？"文信侯说："我让刚成君蔡泽到燕国事奉三年，使太子丹入朝为质。现在我亲自请张唐到燕国为相，他竟不肯不去。"甘罗说："我有办法让他去。"文信侯呵斥他离开说："我亲自出马他尚不肯去，你还能有什么办法？"甘罗辩解说："古时项橐七岁就为孔子的老师，我今年已十二岁了，君侯为何不让我去试一试，便不由分说呵斥于我呢？"

甘罗见张唐曰："卿之功孰与武安君？"唐曰："武安君战胜攻取，不知其数；攻城堕邑，不知其数。臣之功不如武安君也。"甘罗曰："卿明知功之不如武安君欤？"曰："知之。""应侯之用秦也，孰与文信侯专？"曰："应侯不如文信侯专。"曰："卿明知为不如文信侯专欤？"曰："知之。"甘罗曰："应侯欲伐赵，武安君难之，去咸阳七里，绞而杀之。今文信侯自请卿相燕，而卿不肯行，臣不知卿所死之处矣。"唐曰："请因孺子而行！"令库具车，厩具马，府具币，行有日矣。甘罗谓文信侯曰："借臣车五乘，请为张唐先报赵。"

见赵王，赵王郊迎。谓赵王[1]曰："闻燕太子丹之入秦与？"曰："闻之。""闻张唐之相燕与？"曰："闻之。""燕太子丹入秦者，燕不欺秦也。张唐相燕者，秦不欺燕也。秦、燕不相欺，则伐赵危[2]矣。燕、秦所以不相欺者，无异故，欲攻赵而广河间也。今王赍臣五城以广河间，请归燕太子，与强赵攻弱燕。"赵王立割五城以广河间，归燕太子。赵攻燕，得上谷[3]三十六县，与秦什一。

注释

① 赵王：指指赵悼襄王。
② 代赵：指赵国。代本古国，为赵所并。
③ 上谷：郡名。地处今河北怀来一带。

译文

于是甘罗去拜见张唐并问道："阁下认为您的功勋比武安君白起如何？"张唐说："武安君屡战屡胜，不知其数；攻城略地，不计其数。我张唐不如他。"甘罗问："您确实知道您的功劳不如武安君吗？"张唐答道："知道。"甘罗又问："当年执掌秦政的应侯范雎与今日文信侯相比，谁的权势更重呢？"张唐说："应侯不如文信侯的权势重。"甘罗问："您确实知道应侯不如文信侯的权势重吗？"张唐说："知道。"甘罗说："当年应侯想攻打赵国，可武安君阻拦他，结果被放逐离咸阳七里处绞死。现在文信侯亲自请您去燕国任相，而您却不肯动身，我不知道您将身死于何地啊。"张唐说："那就麻烦您转告文信侯，说我张唐乐意接受这一使命。"于是就让人准备车马和礼物，择日起程。甘罗又对文信侯说："请君侯替我备五辆车子，让我替张唐先去赵国通报。"

于是甘罗去见赵王，赵王亲自到郊外迎接他。甘罗对赵王说："大王听说太子丹入秦为质的事吗？"赵王说："听说了。"甘罗继续问道："您听说张唐将要去燕国做相的事吗？"赵王说："听说了。"甘罗说："燕太子丹到秦国做质子，表明燕国就不敢欺骗秦国；张唐去燕国做丞相，表明秦国也不会欺辱燕国。秦、燕互不欺骗，赵国就危险了。秦、燕之所以互不欺骗，没有别的原因，就是为了攻伐赵国，来扩张河间地盘而已。如今大王若能送给我五座城邑去拓展河间之地，我将请秦国遣还太子丹，然后再联合赵国一起攻打弱小的燕国。"赵王当即割让五座城邑来扩大河间的地盘，秦国也送太子丹归燕。赵国发兵攻打燕国，得上谷三十六县，并分给了秦国十分之一的土地。

六十四　文信侯出走

文信侯出走，与司空马①之赵，赵以为守相②。秦下甲而攻赵。

司马空说赵王③曰："文信侯相秦，臣事之，为尚书④，习秦事。今大王使守小官，习赵事。请为大王设秦、赵之战，而亲观其孰胜。赵孰与秦大？"曰："不如。""民孰与之众？"曰："不如。""金钱粟孰与之富？"曰："弗如。""国孰与之治？"曰："不如。""相孰与之贤？"曰："不如。""将孰与之武？"曰："不如。""律令孰与之明？"曰："不如。"司空马曰："然则大王之国，百举而无及秦者，大王之国亡。"

赵王曰："卿不远赵，而悉教以国事，愿于因计。"司空马曰："大王裂赵之半以赂秦，秦不接刃而得赵之半，秦必悦。内恶赵之守，外恐诸侯之救，秦必受之。秦受地而却兵，赵守半国以自存。秦衔赂以自强，山东必恐亡；赵国危，诸侯必惧，惧而相救，则从事可成。臣请大王约从。从事成，则是大王名亡赵之半，实得山东以敌秦，秦不足亡。”

注释

①司空马：人名。文信侯吕不韦的下属。

②守相：代理相国。

③赵王：指赵幽缪王，嬴姓，赵氏，名迁。

④尚书：官名。秦国相国的属官，主管文书。

译文

　　文信侯吕不韦被秦国驱逐，和司空马一起逃到赵国，赵王让他做了代理相国。秦国准备调集军队进攻赵国。

　　司空马对赵王说：“文信侯担任秦国相国的时候，我替他掌管文书，因此熟悉秦国的情况。如今大王让我做代理相国，我也要熟悉赵国的情况。请大王假设一下如果秦、赵两国之间要交战，我们亲身去观察，到底哪个国家会取得胜利。依大王看来，赵国和秦国相比，哪一个国家更强大？”赵王说：“赵国不如秦国强大。”司空马问：“哪一个国家的人口多？”赵王说：“赵国不如秦国的人口多。”司空马问：“就粮食钱币而言，哪一个国家更富有？”赵王说：“赵国不如秦国富有。”司空马问：“哪一个国家政治清明、社会安定？”赵王答道：“赵国不如秦国。”司空马问：“哪一个国家的宰相贤明？”赵王答道：“赵国不如秦国。”司空马：“哪一个国家的将军更勇武？”赵王答道：“赵国不如秦国。”司空马再问：“哪一个国家的政令更严明？”赵王答道：“赵国的政令不如秦国的政令严明。”司空马说：“既然这样的话，大王的国家在各个方面都比得上秦国，那么大王的国家要灭亡了。”

　　赵王说：“先生不要远离赵国而去，请您毫无保留地教我处理国家大事，我愿意听从您的计策。”司空马说：“假如割让一半土地来贿赂秦国，秦国兵不血刃便获此厚利，必会大喜过望。秦在内担心赵兵会有守备，于外深恐诸侯会率兵来救援，秦王必定迫不及待接受割地。秦得到了土地便会退兵回国，赵国守住半壁河山，还足以自存。秦国得到半个赵国便会更为强盛，山东诸侯必然害怕亡国；假如赵国处境危险，诸侯一定会惊恐不安，一恐惧就会出兵救赵，那么，合纵抗秦的事情就会成功。臣请求为大王去约合各路诸侯。如果合纵联盟成功，那么，大王虽名义上失去了半壁河山，实际上却得到山东各诸侯的援助来共同抗击秦国，秦国也不难被灭亡了。"

赵王曰："前日秦下甲攻赵，赵赂以河间十二县，地削兵弱，卒不免秦患。今又割赵之半以强秦，力不能自存，因以亡矣。愿卿之更计。"司空马曰："臣少为秦刀笔^①，以官长而守小官，未尝为兵首，请为大王悉赵兵以遇。"赵王不能将。司空马曰："臣效愚计，大王不用，是臣无以事大王，愿自请。"

司空马去赵，渡平原^②。平原津令郭遗劳而问："秦兵下赵，上客从赵来，赵事何如？"司空马言其为赵王计而弗用，赵必亡。平原令曰："以上客料之，赵何时亡？"司空马曰："赵将武安君^③，期年而亡；若杀武安君，不过半年。赵王之臣有韩仓者，以曲合于赵王，其交甚亲，其为人疾贤妒功臣。今国危亡，王必用其言，武安君必死。"

刀笔小吏，为官的时间虽长，但是却担任小官，从来没有做过军事将帅，我请求带领赵国的全部军队去抗击秦国大军。"赵王不肯让司空马做将帅。司空马说："我进献计策，大王不愿意采用，这样的话，我也没什么能够侍奉大王的了，请允许我离开赵国吧。"

司空马离开赵国，从平原津渡过。平源津的长官郭遗得到了消息，便前来慰劳他，问他说："听说秦兵出兵攻打赵国，客人自邯郸而来，赵国的情况如何？"司空马叙述了一遍为赵王献计图存而赵王不采纳，赵国必然灭亡。郭遗问："那么客人估计赵国什么时候灭亡呢？"司空马说："赵王若能坚持以武安君李牧为将，可支撑一年；如果杀了武安君，不出半年就会灭亡。赵王臣子之中有个叫韩仓的，善于阿谀奉承、曲意迎上，与赵王关系很是亲密。这个人妒贤嫉能，常常谗害有功之臣。如今赵国正处于风雨飘摇的危机之时，赵王必采纳他的意见，武安君必死无疑。"

韩仓果恶之，王使人代。武安君至，使韩仓数之曰："将军战胜，王觞将军。将军为寿于前而捍匕首，当死。"武安君曰："繓①病钩，身大臂短，不能及地，起居不敬，恐获死罪于前，故使工人为木杖以接手。上若不信，繓请以出示。"出之袖中，以示韩仓，状如振梱②，缠之以布。"愿公入明之。"

韩仓曰："受命于王，赐将军死不赦。臣不敢言。"武安君北面再拜赐死，缩剑将自诛，乃曰："人臣不得自杀宫中。"遇司马门③，趣甚疾，出棘门④也。右举剑将自诛，臂短不能及，衔剑征之于柱以自刺。武安君死五月，赵亡。

平原令见诸公，必为言之曰："嗟嗞乎，司空马！"又以为司空马逐于秦，非不知也；去赵，非不肖也。赵去司空马而国亡。国亡者，非无贤人，不能用也。

注释

① 繓（zuǒ）：李牧名。
② 楯（yīn）：原指树，此处指门轴。
③ 司马门：宫门名。
④ 棘门：司马门外的宫门。

译文

韩仓果然诽谤武安君李牧，赵王派人取代李牧统帅的职位。武安君待李牧回来后，派韩仓数落李牧说："将军得胜归来，大王向你敬酒贺功。可将军回敬大王时，袖套里藏着匕首，应该被处死。"武安君说："臣胳膊患了疾，无法伸直，而我的身躯高大，跪拜之时，双手不能够地，臣深恐对大王不敬而触犯死罪，便叫木工做了一个木杖，大王若是不信，臣请拿出来给大王看。"于是从袖中取出手臂给韩仓看，状如木杖，缠以布条。李牧说："请您在大王面前说明这个情况。"

韩仓冷言道："臣只是受命于王，赐将军死，绝不赦免。我不敢为你多言。"无奈，李牧便朝北向赵王遥遥叩拜，感谢赐死之恩。抽出宝剑，准备自杀，但又说："臣子不能自杀于宫中。"于是他快步走出司马门，又快速走出了棘门。他右手举起宝剑，可是胳膊太短，剑刃够不到脖子，于是以嘴含剑，将剑柄抵在柱子上自刺而死。武安君李牧死后才五个月，赵国就灭亡了。

平原令每次见到朋友，总为司空马叹息说："唉！司空马！"他又认为，司空马之所以为秦所放逐，并非是他没有才智；离开赵国，并非是他无能。赵国走了一个司空马，致使国家灭亡。可见亡国灭族，并不是没有贤才辅佐，而是君主不能用贤罢了。

六十五　四国为一

四国①为一，将以攻秦。秦王召群臣宾客六十人而问焉，曰："四国为一，将以图秦，寡人屈于内，而百姓靡于外，为之奈何？"群臣莫对。姚贾②对曰："贾愿出使四国，必绝其谋而安其兵。"乃资车百乘、金千斤，衣以其衣冠，带以其剑。姚贾辞行，绝其谋，止其兵，与之为交以报秦。秦王大悦，贾封千户，以为上卿。

韩非短③之，曰："贾以珍珠重宝，南使荆、吴④，北使燕、代之间三年，四国之交未必合也，而珍珠重宝尽于内。是贾以王之权，国之宝，外自交于诸侯，愿王察之。且梁监门子，尝盗于梁，臣于赵而逐。取世监门子、梁之大盗、赵之逐臣，与同知社稷之计，非所以厉群臣也。"

注释

①四国：指荆楚、越、燕、代。
②姚贾：魏国人，秦王政时仕秦。
③短：诽谤。
④吴：应指越国，越灭吴，此处以吴代越。

译文

燕、代、越、楚四个国家联合起来，准备进攻秦国。秦王召集大臣和宾客总共六十多人，向他们询问对策。秦王说："现在四个国家联合，打算进攻秦国，而我国财力衰竭，外面百姓耗损，该如何应对？"大臣们都不知道如何回答。这时姚贾回答说："我愿意替大王出使四个国家，必定能破坏掉它们的阴谋，使他们停止进兵。"于是秦王就资助他战车百辆，黄金千斤，并让他穿戴自己的衣冠，佩带自己的宝剑。姚贾辞别秦王，游说四国并破坏了四个国家联合进攻秦国的谋划，使联军停止进兵，并和四国建立了友好的关系而还报秦国。秦王大为高兴，就封给姚贾一千户，并让他做了上卿。

韩非知道了这件事情，便在秦王面前诽谤姚贾说："姚贾拿着珍珠重宝，向南出使荆、越，向北出使燕、代，长达三年，四国未必真心实意和秦国结盟，但本国国库中的珍宝却已耗尽。这实际上是姚贾利用大王的权势，使用秦国的珍宝，在外私自结交诸侯，希望大王明察。更何况姚贾不过是魏都大梁一个守门人的儿子，曾经在魏国做过盗贼，在赵国做过官却被驱逐出境。用一个看门的儿子、魏国的盗贼、赵国的逐臣来参与国家大事，不是勉励群臣的办法。"

王召姚贾而问曰："吾闻子以寡人财交于诸侯，有诸？"对曰："有之。"王曰："有何面目复见寡人？"对曰："曾参孝其亲，天下愿以为子；子胥忠于君，天下愿以为臣；贞女工巧，天下愿以为妃①。今贾忠王而王不知也，贾不归四国，尚焉之？使贾不忠于君，四国之王尚焉用贾之身？梁听谗而诛其良将，纣闻谗而杀其忠臣，至身死国亡。今王听谗，则无忠臣矣。"

王曰："子监门子，梁之大盗，赵之逐臣。"姚贾曰："太公望，齐之逐夫，朝歌之废屠，子良之逐臣，棘津之不雠庸②，文王用之而王。管仲，其鄙之贾人也，南阳之弊幽③，鲁之免囚④，桓公用之而伯。百里奚，虞之乞人，传卖以五羊之皮，穆公⑤相之而朝西戎。文公用中山盗⑥，而胜于城濮⑦。此四士者，皆有诟丑，大诽天下，明主用之，知其可与立功。使若卞随、务光、申屠狄⑧，人主岂得其用哉？故明主不取其污，不听其非，察其为己用。故可以存社稷者，虽有外诽者不听；虽有高世之名，无咫尺之功者不赏。是以群臣莫敢以虚愿望于上。"

秦王曰："然。"乃可复使姚贾而诛韩非。

注释

①妃：匹配之意。指配偶。

②棘津：地处今山东日照境内。不雠庸：指无人过问的用人。雠：同"售"。

③南阳：地区名。地处今山东泰山以南，汶水以北。弊幽：不为人知。

④鲁之免囚：指齐国内乱，管仲奉公子纠奔鲁国，后公子小白（即齐桓

公）入齐，鲁国人囚禁管仲，送他归齐。

⑤穆公：指秦穆公，嬴姓，赵氏，名任好。

⑥文公：指晋文公，姬姓晋氏，名重耳。中山盗：指晋文公侍从里凫须。

⑦城濮：地处今山东鄄城西南临濮集。公元前633年，晋、楚再次作战，晋军大获全胜，晋文公因此成为霸主。

⑧卞、务光：均为商汤时期的隐士，不愿接受汤的让位。申屠狄：商纣王时期之人，见纣王无道，投水自杀。

译文

于是秦王召见姚贾，问他说："我听说你用秦国的珍宝在外面结交各国诸侯，有这样的事情吗？"姚贾回答说："有这回事。"秦王说："那你还有什么脸面再来见我呢？"姚贾回答说："过去曾参孝顺他的父母，所以天下的人都希望曾参做自己的儿子；伍子胥对国君忠诚不贰，天下的诸侯都希望他做自己的臣子；贞女的女工做得精巧，天下的男人都希望娶她这样的女子做配偶。如今我效忠于大王，但得不到大王的信任，我到四个国家去，还能去哪儿呢？如果我对大王不忠诚的话，四个国家的国君凭什么信任我呢？夏桀听信谗言就杀死了他的良将，纣王听信谗言就杀死了他的忠臣，导致身死国亡。如今大王听信了谗言，就不会有忠臣了。"

秦王又说："你是看门人的儿子、魏国的盗贼、赵国的逐臣。"姚贾说："姜太公吕望，只是一个在东海之滨被老婆赶出家门的齐国人，他曾在朝歌屠牛卖肉，但无人问津，也是被子良驱逐的家臣，在棘津时出卖劳力都无人雇用，但文王任用他却最终建立王业。管仲，不过是齐国边邑的小商贩，在南阳的时候穷困潦倒，不为人知，在鲁国时做过囚犯，但齐桓公任用他而建立了霸业。百里奚，当初不过是虞国的一个乞丐，被人用五张羊皮转卖到秦国，但秦穆公任用他竟能使西戎来朝拜。过去，晋文公倚仗中山国的盗贼，却能在城濮之战中获胜。这四个人，都遭受过耻辱，也曾为天下人所不齿，但明主能够重用他们，是因为知道他们能为国家建立不朽的功勋。假如人人都是像卞随、务光、申屠狄那样的隐士，君主怎么能任用他们呢？因此，英明的君主不看臣子的污点，不听信别人的谗言，主要看他们能否为己所用。只要是能够安定国家的人，就不听信外面对其的毁谤；虽然有很大的名气，但没有尺寸之功之人不会封赏。这样一来，群臣就不对君主存有无功受禄的妄想了。"

秦王说："您说得很对。"于是仍让姚贾出使各个国家，而诛杀了韩非。

卷八　齐策一

齐国（前1044—前221年）是中国历史上从西周到春秋战国时期的一个诸侯国，被周天子封为侯爵，分为姜齐和田齐两个时代。

疆域包括现今山东省大部。始封君为周武王国师、军师太公望，即姜子牙。齐国被左丘明的《左传·襄公二十七年》《国语·郑语》和司马迁的《史记·十二诸侯年表》共同评价为春秋四大国之一。

公元前1046年，姜子牙辅佐周武王灭商后，被封国建邦。自太公望封国建邦以来，煮盐垦田，富甲一方、兵甲数万。传至齐桓公时，已经是疆域濒临大海的东方大国，齐桓公在管仲的辅佐下，"尊王攘夷"，成为春秋五霸之首。

姜齐传至齐康公时，大夫田和放逐齐康公于临海的海岛上，"食一城，以奉其先祀"。田和自立为国君，是为田齐太公。公元前386年，田和被周安王列为诸侯，姜齐为田齐取代，田和正式称侯，仍沿用齐国名号，世称"田齐"，成为战国七雄之一。公元前334年，称王。齐湣王时期，齐国对外扩张，南吞宋国，西却强秦，后招至五国伐齐，国势大减。前221年，齐王建向秦王政投降，齐国覆灭。

本策从"楚威王战胜于徐州"篇开始，至"齐以淖君之乱"篇结束，共6卷，59篇。

一 楚威王战胜于徐州

楚威王战胜于徐州①，欲逐婴子②于齐。婴子恐，张丑③谓楚王曰："王战胜于徐州也，盼子④不用也。盼子有功于国，百姓为之用。婴子不善，而用申缚⑤。申缚者，大臣与百姓弗为用，故王胜之也。今婴子逐，盼子必用，复整其士卒以与王遇，必不便于王也。"楚王因弗逐。

注释

①楚威王：芈姓，熊氏，名商，楚宣王之子，楚怀王之父。

②婴子：即田婴，号为靖郭君。

③张丑：人名。齐国臣子。

④盼子：即田盼，为齐威王名将。

⑤申缚：人名。齐国臣子。

译文

楚威王在徐州战胜了齐国，想要逼迫齐国驱逐田婴。田婴很害怕，因此张丑对楚王说："大王在徐州打了胜仗，是因为田盼没有被重用。田盼对齐国有功，百姓愿意为他效力。可是田婴不喜欢田盼，而重用申缚。申缚这个人，太臣和百姓不愿意为他效力，所以大王才战胜了他。如今田婴被驱逐，田盼一定会被重用。他可以再整顿全国军队来跟大王对抗，这必定对大王不利。"楚王因此放弃了让齐国驱逐田婴的想法。

二 齐将封田婴于薛

齐将封田婴于薛。楚王①闻之，大怒，将伐齐。齐王有辍志。公孙闬②曰："封之成与不，非在齐也，又将在楚。闬说楚王，令其欲封公也又甚于齐。"婴子曰："愿委之于子。"

公孙闬为谓楚王曰："鲁、宋事楚而齐不事者，齐大而鲁、宋小。王独利鲁、宋之小，不恶齐大，何也？夫齐削地而封田婴，是其所以弱也。愿勿止。"楚王曰："善。"因不止。

注释

①楚王：指楚怀王熊槐。

②公孙闬（hàn）：人名。齐国公族。

译文

　　齐王将要把薛地封给田婴。楚怀王听到此事后，大怒，准备出兵讨伐齐国。齐威王有了停止封地的想法。公孙闬对田婴说："您封地之事成功与否，不仅由齐国决定，还将受楚国制约。我去劝说楚王，让他把土地封给您的心情比齐王还急迫。"田婴说："我愿意把这件事托付给您去办理。"

　　公孙闬为田婴对楚王说："鲁、宋两国事奉楚国而齐国却不事奉楚国的原因，是齐国强大而鲁、宋弱小的缘故。大王为什么只认为弱小的鲁、宋对自己有利，却不担心齐国的强大呢？如果齐国拿出土地而封给田婴，这是使自己衰弱的做法。希望君王不要阻止"。楚王说："好"。因此不去阻止齐王把薛地封给田婴。

三　靖郭君将城薛

　　靖郭君将城薛[1]，客多以谏。靖郭君谓谒者[2]无为客通。齐人有请者曰："臣请三言而已矣！益一言，臣请烹。"靖郭君因见之。客趋而进曰："海大鱼。"因反走。君曰："客有于此。"客曰："鄙臣不敢以死为戏。"君曰："亡，更言之。"对曰："君不闻海大鱼乎？网不能止，钩不能牵，荡而失水，则蝼蚁得意焉。今夫齐，亦君之水也。君长有齐阴[3]，奚以薛为？失齐，虽隆薛之城到于天，犹之无益也。"君曰："善。"乃辍城薛。

注释

①靖郭君：指田婴。薛：地处今山东滕州东南。
②谒者：指管传达的小吏。
③阴：通"荫"，庇护。

译文

靖郭君田婴准备修筑薛城，不少门客去谏阻他。田婴便吩咐传达人员不要为劝谏的门客通报。有个齐国门客请求谒见田婴，他保证说："我只说三个字就走，要是多说一个字，愿领受烹杀之刑。"田婴于是接见他。客人快步走到他跟前说："海大鱼。"然后转身就走。田婴赶忙说："您可以留下来把话说完。"客人说："我可不敢拿性命当儿戏。"田婴说："我不会怪罪您，先生请讲。"客人回答道："您没听说过海里的大鱼吗？鱼网钓钩对它无能为力，一旦得意忘形离开了水域，那么蝼蚁也能随意摆布它。以此相比，如今的齐国，也就如同您的水。如果您永远拥有齐国的庇护，拥有薛地又有什么用呢？而您如果失去了齐国，即使将薛邑的城墙筑得跟天一样高，也没有什么作用。"田婴称赞说："您说得对。"于是停止了修筑薛城的事。

四 靖郭君谓齐王

靖郭君谓齐王①曰："五官之计②，不可不日听也而数览也。"王曰："诺！"已而厌之，今与靖郭君。

注释

①齐王：指齐威王。

②五官：指国家五个重要部门的官员。计：指户口、钱粮等方面的统计资料。

译文

靖郭君对齐威王说："五个部门官员的有关户口、钱粮的统计书册，大王您不可不每天检查并多次察看。"齐王说："好！"可是不久就厌倦了，于是就把这些事给靖郭君去处理。

五 靖郭君善齐貌辨

靖郭君善齐貌辨①。齐貌辨之为人也多疵，门人弗说②。士尉③以证靖郭君，靖郭君不听，士尉辞而去。孟尝君又窃以谏，靖郭君大怒曰："划④而类，破吾家，苟可慊⑤齐貌辨者，吾无辞为之。"于是舍之上舍，令长子御，旦暮进食。

数年，威王薨，宣王⑥立。靖郭君之交，大不善于宣王，辞而之薛，与齐貌辨俱留。无几何，齐貌辨辞而行，请见宣王。靖郭君曰："王之不说婴甚，公往，必得死焉！"齐貌辨曰："固不求生也，请必行。"靖郭君不能止。

注释

①齐貌辨：人名。齐国人，为靖郭君门客。

②说：通"悦"。下同。

③士尉：人名。齐国人，为靖郭君门客。

④划（chǎn）：同"铲"，铲除。

⑤慊（qiè）：满意。

⑥宣王：田氏，名辟疆，为齐威王之子。

译文

靖郭君田婴对待门客齐貌辨非常友好。可是齐貌辨为人有很多小毛病，因此门客们都不喜欢他。有个叫士尉的人曾为此劝说靖郭君，靖郭君没有听从他的意见，士尉因此辞别离去。后来，其子孟尝君田文也在暗中劝说他，没想到田婴却大怒说："即使铲除你们这些人，摧毁我的家业，只要能让齐貌辨满意，我也不会拒绝去做。"于是，田婴就给齐貌辨安排上等的客舍住，并且派长子为他驾车，朝夕侍候。

几年以后，齐威王驾崩，宣王即位。田婴跟宣王的关系很不友好，于是就辞别宣王回到自己的封地薛地，齐貌辨也跟他一同到了薛城。没多久，齐貌辨决定辞别田婴，请求回到齐国去见宣王。田婴说："君王非常不喜欢我，您去

战国策

见他，必定会为其所杀！"齐貌辨说："臣根本就不求活，请一定要我去。"田婴也无法阻止。

　　齐貌辨行至齐，宣王闻之，藏怒以待之。齐貌辨见宣王，王曰："子，靖郭君之所听爱夫！"齐貌辨曰："爱则有之，听则无有。王之方为太子之时，辨谓靖郭君曰：'太子相不仁，过颐豕视，若是者倍反。不若废太子，更立卫姬婴儿郊师①。'靖郭君泣而曰：'不可，吾不忍也。'若听辨而为之，必无今日之患也。此为一。至于薛，昭阳②请以数倍之地易薛，辨又曰：'必听之。'靖郭君曰：'受薛于先王，虽恶于后王，吾独谓先王何乎？且先王之庙在薛，吾岂可以先王之庙与楚乎！'又不肯听辨。此为二。"宣王大息，动于颜色，曰："靖郭君之于寡人，一至此乎？寡人少，殊不知此。客肯为寡人来靖郭君乎？"齐貌辨对曰："敬诺。"

　　靖郭君衣威王之衣，带其剑，宣王自迎靖郭君于郊，望之而泣。靖郭君至，因请相之。靖郭君辞，不得已而受。七日，谢病强辞。靖郭君辞不得，三日而听。

　　当是时，靖郭君可谓能自知人矣！能自知人，故人非之不为沮。此齐貌辨之所以外生、乐患、趣③难者也！

注释

　　①郊师：人名。指卫姬的儿子，宣王的庶弟。

　　②昭阳：人名。楚国将领，曾任楚国大司马。

　　③趣：同"趋"。

译文

　　齐貌辨到了齐国首都，宣王听说了这件事，他满怀怒气地等着齐貌辨。齐貌辨拜见宣王，宣王问他说："你就是靖郭君言听计从、非常喜爱的那个人吧！"齐貌辨回答说："靖郭君喜欢我并不错，但要说靖郭君什么都听从我那倒未必。当大王您还是太子时，我曾对靖郭君说：'太子长相不仁，脸颊过长，目光像猪一样无神，若让这种人当君主，施政必然违背正道。所以不如把太子废掉，改立卫姬之子效师为太子。'可靖郭君竟然哭着对臣说：'不可以，我不忍心这样做。'假如靖郭君听我的，那么靖郭君也不会有今天的忧患了。这是其一。当靖郭君到了薛城，楚将昭阳要用几倍的土地来换薛地，我又向靖郭君说：'一定要同意这个请求。'靖郭君却说：'从先王齐威王那里接受薛地，虽然与宣王关系不好，如果把薛地交换出去，我向先王该如何交代呢？况且先王的宗庙就在薛地，我怎能把先王的宗庙交给楚国！'他又不肯听从我的建议。这是其二。"齐宣王听了长声叹息，脸色也变了，说："靖郭君对寡人的感情，竟然到了这种程度吗？我太年轻了，丝毫不了解这些事情。您愿意替我把靖郭君请回来吗？"齐貌辨回答说："谨遵王命。"

靖郭君穿戴上齐威王赐给的衣服帽子，佩带威王赐给的宝剑，齐宣王亲自到郊外迎接靖郭君，望着他就忍不住哭泣。靖郭君回到齐都，齐宣王就请他做相国。靖郭君表示辞谢，后来推辞不掉才不得已接受。七天以后，又以有病为由坚决请求辞去相位。一开始还是不被批准，三天之后，齐宣王同意他辞职。

在这个时候，靖郭君可说是有知人之明啊！能够了解别人，所以即使有旁人非议，他也丝毫不动摇。这也就是齐貌辨之所以置生死于度外、乐于解其忧患、急于救其危难的原因啊！

六　邯郸之难

邯郸之难①，赵求救于齐。田侯②召大臣而谋曰："救赵孰与勿救？"邹子③曰："不如勿救。"段干纶④曰："弗救，则我不利。"田侯曰："何哉？""夫魏氏兼邯郸，其于齐何利哉？"田侯曰："善。"乃起兵，曰："军于邯郸之郊。"段干纶曰："臣之求利且不利者，非此也。夫救邯郸，军于其郊，是赵不拔而魏全也。故不如南攻襄陵⑤以弊魏，邯郸拔而承魏之弊，是赵破而魏弱也。"田侯曰："善。"乃起兵南攻襄陵。七月，邯郸拔。齐因承魏之弊，大破之桂陵⑥。

注释

①邯郸之难：指赵都邯郸受到魏军的攻打。

②田侯：指齐威王。

③邹子：指邹忌。齐威王大臣，为齐相，号为"成侯"。

④段干纶：齐国臣子。

⑤襄陵：卫国都邑，地处今和安娜睢县西。

⑥桂陵：齐国之地，地处今河南长垣北。

译文

在赵都邯郸被魏军围困的时候，赵国向齐国求救。齐威王召集大臣商议说："对于赵国，救还是不救？"邹忌说："不如不救援赵国。"段干纶说："不救援赵国，对我国不利。"齐威王说，"为什么呢？"段干纶说："如果魏国吞并邯郸，对齐国有什么好处呢？"齐威王说："好"。于是就出兵，说："把军队驻扎在邯郸的郊外。"段干纶说："我所说的救援的有利或者无利，并不是如此。救援邯郸，驻扎在城郊，这不仅占领不了邯郸，还让魏国的军队得以保全。因此，不如向南进攻襄陵以疲弊魏国，邯郸虽被魏国占领，我们可趁魏国疲弊的时候进攻它，这是攻破赵国并削弱魏国的办法。"齐威王说："好。"于是发兵向南进攻襄陵。七月，邯郸被魏国占领。齐国乘魏军疲劳之际进攻，在桂陵大败魏国军队。

七 南梁之难

南梁①之难，韩氏请救于齐。田侯召大臣而谋曰："早救之，孰与晚救之便？"张丐②对曰："晚救之，韩且折而入于魏，不如早救之。"田臣思③曰:"不可。夫韩、魏之兵未弊而我救之,我代韩而受魏之兵,顾反听命于韩也。且夫魏有破韩之志,韩见且亡,必东愬④于齐。我因阴结韩之亲,而晚承魏之弊,则国可重,利可得,名可尊矣。"田侯曰:"善!"乃阴告韩使者而遣之。

韩自以专有齐国,五战五不胜,东愬于齐,齐因起兵击魏,大破之马陵⑤。魏破,韩弱,韩、魏之君因田婴北面而朝田侯。

注释

①南梁:地名。韩国都邑,地处河南临汝西南。

②张丐:人名。齐国臣子。

③田臣思:即指齐将田忌。

④愬(sù):同"诉"。下同。

⑤马陵:地名。齐国都邑,地处今山东鄄城东北。

译文

魏国进攻韩国的南梁,韩国因此向齐国求救。齐威王召集大臣商议说:"早救援韩国与晚救援韩国,哪种做法对我们有利?"张丐回答说,"如果晚救援韩国,韩国必将会投靠魏国,不如早救援。"田臣思说:"不行。韩、魏两国的军队还未打得精疲力尽,我们出兵救援韩国,这就等于我们代替韩国承受魏军的进攻,反而会使我们受韩国的控制。再说,魏国有击破韩国之志,韩国看见自己将要灭亡,必定会到东边来向齐国求救。我们趁机暗中与韩国结盟,稍晚一些的时候再迎战魏国疲敝的军队,这样,齐国就举足轻重了,不仅利益可以得到手,名声也可以尊显了。"齐威王说:"好!"于是就暗中告诉韩国使臣,让他返国。

韩国自认为有齐国的援助,和魏国五战而五败,就向东求诉于齐国,齐国于是派兵攻打魏国,在马陵把魏军打得大败。魏军被打败,韩国被削弱,韩、魏的国君只好通过田婴共同来朝拜齐威王。

八 成侯邹忌为齐相

成侯邹忌为齐相，田忌为将，不相说①。公孙闬谓邹忌曰："公何不为王谋伐魏？胜，则是君之谋也，君可以有功；战不胜，田忌不进，战而不死，曲挠而诛。"邹忌以为然，乃说王而使田忌伐魏。

田忌三战三胜，邹忌以告公孙闬，公孙闬乃使人操十金而往卜于市，曰："我田忌之人也，吾三战三胜，声威天下，欲为大事，亦吉否？"卜者出，因令人捕为人卜者，亦验其辞于王前。田忌遂走。

注释

①说：同"悦"。

译文

成侯邹忌担任齐国的相国，田忌任齐国的大将，两人关系不好，互相猜忌。公孙闬献计给邹忌说："您何不策动大王，令田忌率兵讨伐魏国呢？如果胜利，则是您谋划得好，您可以立功；如果战败，田忌就是没有进攻，即使不死在战场，也必定会被军法处置而死。"邹忌认为他说得有理，于是劝说齐威王派田忌讨伐魏国。

田忌三战皆胜，邹忌赶紧把此事告诉公孙闬。公孙闬就派人带着十斤黄金去集市找人占卜，说道："我是田忌将军的部下，如今将军三战三胜，威震天下，想要谋划大事，看看吉凶如何？"卜卦的人刚走出来，公孙闬就派人逮捕那个占卜的人，又让他到齐王的面前去验证这件事。田忌只好出走避祸。

九 田忌为将

田忌为齐将，系梁太子申①，禽庞涓②。孙子③谓田忌曰："将军可以为大事乎？"田忌曰："奈何？"孙子曰："将军无解兵而入齐。使彼罢弊于老弱守于任④。任者，循轶之途也，辖击摩车而相过。使彼罢弊老弱守于任，必一而当十，十而当百，百而当千。然后背太山，左济⑤，右天唐⑥，军重踵高宛⑦，使轻车锐骑冲雍门⑧。若是，则齐君可正而成侯可走。不然，则将军不得入于齐矣。"田忌不听，果不入齐。

注释

①梁太子申：指魏惠王的太子，名申。

②庞涓：人名。魏国将领。

③孙子：即孙膑，齐国人，田忌的军师。

④罢：同"疲"。任：地名。齐国都邑，地处今山东济宁东南。

⑤济：水名。

⑥天唐：地名。齐国都邑，即高唐，地处今山东高唐东北。

⑦高宛：地名。齐国都邑，地处今山东邹平东北。

⑧雍门：指齐都临淄的西门。

译文

田忌担任齐军将领，活捉了魏国太子申，擒获了魏国大将庞涓。孙膑对田忌说："将军愿意干一番大事业吗？"田忌说："该怎么做？"孙膑说："将军最好不解兵甲而返回齐国，并让那些疲惫老弱的士兵守住任地。任地的道路狭窄，车辆摩擦碰撞才能通过。如果让那些疲惫老弱的士兵守卫任地，必能以一当十，以十当百，以百当千。然后将军您背靠泰山，左涉济水，右越高唐，军中辎重可直达高宛，并派出轻便的战车、精锐的骑兵就可以冲进临淄的雍门。如此，那么齐国的国君就可由您控制，而成侯邹忌就得逃走。否则将军再也不能回到齐国了。"田忌没有听从，果然没能回到齐国。

十　田忌亡齐而之楚

田忌亡齐而之楚，邹忌代之相齐，恐田忌欲以楚权复于齐。杜赫①曰："臣请为留楚。"

谓楚王②曰："邹忌所以不善楚者，恐田忌之以楚权复于齐也。王不如封田忌于江南③，以示田忌之不返齐也，邹忌以齐厚事楚。田忌亡人也，而得封，必德王。若复于齐，必以齐事楚。此用二忌之道也。"楚果封之于江南。

❀注释

①杜赫：人名。周人，与楚国有旧交，时出仕齐国。

②楚王：指楚宣王，芈姓，熊氏，名良夫，楚肃王弟。

③江南：泛指长江以南一带。

❀译文

田忌从齐国逃到了楚国，邹忌代替他做了齐相，却害怕田忌会借助楚国的势力重新回到齐国掌权。杜赫对他说："我请求为您把田忌留在楚国。"

杜赫于是对楚宣王说："齐相邹忌之所以不愿意与楚国交好，是因为他担心田忌借助楚国的势力重新回到齐国掌权。大王何不把田忌封于江南，以此向邹忌表明田忌不会再返回齐国，邹忌因此一定会让齐国善待楚国。再者，田忌是个逃亡的人，能得到封地，定然会感激大王。如果将来他能回到齐国，也一定会尽力促进齐、楚两国交好。这是充分利用邹忌、田忌的两全之策啊。"楚王果然把田忌封在江南。

十一　邹忌事宣王

邹忌事宣王，仕人众，宣王不悦。晏首①贵而仕人寡，王悦之。邹忌谓宣王曰："忌闻以为有一子之孝，不如有五子之孝。今首之所进仕者，以几何人？"宣王因以晏首壅塞之。

①晏首：人名。齐国臣子。

邹忌事奉齐宣王，推荐很多人为官，齐宣王不高兴。晏首地位尊贵但推荐做官的人少，宣王很喜欢他。邹忌对宣王说："我听说，人们认为有一个孝顺的儿子，不如有五个孝顺的儿子。如今晏首推荐做官的有几个人呢？"于是齐宣王认为晏首堵塞了人才入朝做官的道路。

十二 邹忌修八尺有余

邹忌修八尺有余①，身体昳丽②。朝服衣冠，窥镜，谓其妻曰："我孰与城北徐公美？"其妻曰："君美甚，徐公何能及公也！"城北徐公，齐国之美丽者也。忌不自信，而复问其妾曰："吾孰与徐公美？"妾曰："徐公何能及君也！"旦日，客从外来，与坐谈，问之客曰："吾与徐公孰美？"客曰："徐公不若君之美也！"

明日，徐公来。孰视之，自以为不如；窥镜而自视，又弗如远甚。暮寝而思之曰："吾妻之美我者，私我也；妾之美我者，畏我也；客之美我者，欲有求于我也。"

于是入朝见威王曰："臣诚知不如徐公美，臣之妻私臣，臣之妾畏臣，臣之客欲有求于臣，皆以美于徐公。今齐地方千里，百二十城。宫妇左右，莫不私王；朝廷之臣，莫不畏王；四境之内，莫不有求于王。由此观之，王之蔽甚矣！"王曰："善。"乃下令："群臣吏民能面刺寡人之过者，受上赏；上书谏寡人者，受中赏；能谤议于市朝，闻寡人之耳者，受下赏。"

令初下，群臣进谏，门庭若市；数月之后，时时而间进；期年之后，虽欲言，无可进者。燕、赵、韩、魏闻之，皆朝于齐。此所谓战胜于朝廷。

注释

①修八尺有余：约1.7米的身高。修，长。尺，一尺约为20厘米。

②昳（yì）丽：美丽。

译文

邹忌身高八尺多，而且容貌光艳美丽。一天早晨，他穿戴好衣帽，照着镜子，对他妻子说："我和城北徐公相比，谁更美？"他的妻子说："您非常美，徐公怎么能比得上您！"城北的徐公是齐国有名的美男子。邹忌不相信自己比徐公美，于是又问他的妾说："我和徐公相比，谁更美？"妾回答说："徐公哪能比得上您！"第二天，有客人从外面来拜访，邹忌与他相坐而谈，问客人："我和徐公比，谁更美？"客人说："徐公不如您美丽！"

又过了一天，徐公来了，邹忌仔细地看着他，认为自己不如徐公美；再照镜子看着自己，更是觉得自己与徐公相差甚远。晚上他躺在床上反复思考这件事，说："我的妻子认为我美，是因为她偏爱我；我的妾认为我美，是因为她害怕我；我的客人认为我美，是因为他有求于我。"

于是邹忌上朝拜见齐威王说："我知道自己确实没有徐公美，可是我的妻子偏爱我，我的妾害怕我，我的客人有求于我，所以他们都说我比徐公美。如今齐国有方圆千里的疆土，一百二十座城池。大王宫中的后妃及身边的近臣，没有一个不偏爱大王的；朝中的大臣，没有一个不惧怕大王的；全国的百姓，没有不对大王有所求的。由此看来，大王您所受的蒙蔽太严重了！"齐威王说："你说得很对。"于是就下了命令："无论大小的官吏，大臣或是百姓，能够当面批评我的过错的人，给予上等奖赏；能上书直言规劝我的人，给予中等奖赏；能够在公共场所指责议论我的过失，并传到我耳朵里的人，给予下等奖赏。"

命令刚下达，许多大臣都来进言献策，宫门和庭院像集市一样喧闹；几个月以后，还不时地有人偶尔进谏；一年以后，即使有人想进谏，也没有什么可说的了。燕、赵、韩、魏等国听说了这件事，都到齐国朝拜齐威王。这就是人们所说的在朝廷之中战胜他国。

十三　秦假道韩、魏以攻齐

　　秦假道韩、魏以攻齐，齐威王使章子①将而应之，与秦交和而舍②。使者数相往来，章子为变其徽章③，以杂秦军。候者言章子以齐入秦，威王不应。顷之间，候者复言章子以齐兵降秦，威王不应。而此者三。有司请曰："言章子之败者，异人而同辞。王何不发将而击之？"王曰："此不叛寡人明矣，曷为击之？"

　　倾间，言齐兵大胜，秦军大败，于是秦王拜西藩之臣而谢于齐。左右曰："何以知之？"曰："章子之母启得罪其父，其父杀之而埋马栈之下。吾使章子将也，勉之曰：'夫子之强，全兵而还，必更葬将军之母。'对曰：'臣非不能更葬先妾也。臣之母启得罪臣之父，臣之父未教而死。夫不得父之教而更葬母，是欺死父也。故不敢。'夫为人子而不欺死父，岂为人臣欺生君哉？"

注释

　　①齐威王：应为齐宣王。下同。章子：指齐国名将匡章。
　　②交和：指两军相对。舍：驻扎。
　　③徽章：指旗帜和士兵衣服的标识。

译文

　　秦军向韩、魏两国借道去攻打齐国，齐宣王派章子率领军队应战，章子与秦军一接触便驻扎下来。双方的军使来往频繁，章子并把军旗和士兵衣服的表示换成了秦军的样子，并与秦军混杂。这时，齐国的探兵回来说章子已率齐降秦，齐宣王听了之后没有理会。不一会儿，又一个探兵来报告说章子已经率齐军降秦，齐宣王听了之后依旧没有理会。如此重复了三次。有关人员就请求齐宣王说："都说章子打了败仗，报告的人虽然不同，可是内容却相同，大王为什么不派兵去攻打他？"齐宣王回答说："章子是绝对不会背叛寡人的人，为什么要派兵去攻打他呢？"

不久，传来捷报，齐军大获全胜，秦军大败，秦王只好自称西藩之臣并派使者向齐国谢罪讲和。这时齐宣王的左右侍臣就说："大王怎么知道章子绝对不会背叛您而投降秦国呢？"齐宣王回答说："章子的母亲启因得罪他的父亲，他的父亲便将她杀死埋在马棚下。当寡人任命章子为将军时，我曾勉励他说：'先生的能力很强，定会保全军队凯旋，那时，我一定要改葬将军的母亲。'章子说：'臣并非不能改葬先母。臣的先母得罪先父，而臣的父亲没有留下什么吩咐就去世了。假如臣得不到父亲的允许而改葬母亲，这是在欺骗死去的父亲。所以臣才不敢这样做。'作为人子而不敢欺骗死去的父亲，难道他做人臣还能欺辱活着的君王吗？"

十四　楚将伐齐

楚将伐齐，鲁亲之，齐王患之。张丏曰："臣请令鲁中立。"

乃为齐见鲁君。鲁君曰："齐王惧乎？"曰："非臣所知也，臣来吊足下。"鲁君曰："何吊？"曰："君之谋过矣。君不与胜者而与不胜者，何故也？"鲁君曰："子以齐、楚为孰胜哉？"对曰："鬼且不知也。""然则子何以吊寡人？"曰："齐、楚之权敌也，不用有鲁与无鲁。足下岂如全众而合二国之后哉！楚大胜齐，其良士选卒必殪，其余兵足以待天下；齐为胜，其良士选卒亦殪。而君以鲁众合战胜后，此其为德也亦大矣，其见恩德亦其大也。"鲁君以为然，身退师。

译文

楚国准备攻打齐国，鲁国与楚国关系亲密，齐王对此很是担忧。张丏说："我请求去鲁国游说，使鲁国中立。"

于是张丐代表齐国去拜见鲁国国君。鲁国国君说："齐王害怕了吗？"张丐说："这不是我所能知道的，我是来哀悼您的。"鲁国国君说："为什么哀悼我？"张丐说："大王的谋划错了。您不去帮助胜利者而去帮助失败者，这是什么缘故？"鲁国国君说："您认为齐、楚两国哪一方能取胜呢？"张丐回答说："就是鬼都不知道。"鲁国国君："那么您凭什么说哀悼寡人呢？"张丐说："齐国、楚国势均力敌，不在乎有没有鲁国的参与。您不如保全军队在两国交战之后联合胜利一方啊！如果楚国大胜齐国，楚国的良将精兵必定会有很多伤亡，但其余的军队完全可以抵御其他诸侯；如果齐国取胜，齐国的良将精兵也必定会有很大伤亡。然而君王再率领鲁国的兵众去联合战胜的一方，这时您施与的恩德很大，他们对您的感激也会很大。"鲁国国君认为有道理，于是亲自率领军队撤兵。

十五　秦伐魏

秦伐魏，陈轸①合三晋而东，谓齐王②曰："古之王者之伐也，欲以正天下而立功名，以为后世也。今齐、楚、燕、赵、韩、梁六国之递甚也，不足以立功名，适足以强秦而自弱也，非山东之上计也。能危山东者，强秦也。不忧强秦，而递相罢弱，而两归其国于秦，此臣之所以为山东之患。天下为秦相割，秦曾不出刀；天下为秦相烹，秦曾不出薪。何秦之智而山东之愚耶？愿大王之察也。

"古之五帝、三王、五伯之伐也，伐不道者。今秦之伐天下不然，必欲反之，主必死辱，民必死虏。今韩、梁之目未尝干，而齐民独不也，非齐亲而韩、梁疏也，齐远秦而韩、梁近。今齐将近矣！今秦欲攻梁绛、安邑③，秦得绛、安邑以东下河，必表里河而东攻齐，举齐属之海，南面而孤楚、韩、梁，北向而孤燕、赵，齐无所出其计矣，愿王熟虑之！

注释

①陈轸：齐国人，游说之士。

②齐王：指齐闵王。

③绛：指春秋时晋国都新田，地处今山西曲沃西南侯马镇。安邑：指魏国的故都，地处今山西夏县北。

译文

秦国攻打魏国，陈轸联合韩、赵、魏之后，往东去到齐国，对齐王说："古代圣王兴兵征伐，目的是为了匡正天下和建立功名，是为了造福后世。如今齐、楚、燕、韩、魏、赵等六国，彼此侵略征伐，不但不足以建立功名，而且会使秦国强大，使自己走向衰弱，这绝对不是崤山以东各个诸侯国的好计策。能够威胁崤山以东各个诸侯国的，只有强大的秦国。如今六国不但不联手抗拒强秦，反而互相削弱，最后必然两败俱伤而将自己的国家归于秦国，这是我为崤山以东六国所忧虑的地方。天下诸侯互相割让土地给秦国，而秦国并不需要动刀；天下诸侯自动替秦国烹煮自己，秦国并不需要提供柴火。为什么秦国那么聪明，而崤山以东的六国又是那样愚蠢呢？希望大王明察啊。

"古时的五帝、三王和五霸的征伐，讨伐的都是无道的国家。但是如今秦国征伐天下却不是这样，一定要反其道而行，这样一来，国君必定死于屈辱，百姓必定被杀和俘虏。现在韩、魏两国百姓的眼泪从未流干，只有齐国的百姓没有这样，这并不是齐国和秦国关系好，而韩、魏与秦国关系不好所造成的，只是因为齐国距离秦国较远，而韩、魏两国离秦国较近。如今齐国距离秦国越来越近了！如今秦国正想要攻打魏国的绛和安邑，如果秦国攻取了绛和安邑，再继续沿黄河东下进兵，必定会控制黄河两侧，然后向东而进攻齐国，占据齐国的土地直到东海，接着向南进兵，使楚、韩、魏三国陷于孤立，再向北进兵使燕、赵两国陷于孤立，这样一来，齐国就无计可施了。希望大王慎重考虑这件事！

"今三晋已合矣，复为兄弟约，约而出锐师以成梁绛、安邑，此万世之计也。齐非急以锐师合三晋，必有后忧。三晋合，秦必不敢攻梁，必南攻楚。楚、秦构难，三晋怒齐不与己也，必东攻齐。此臣之所谓齐必有大忧，不如急以兵合于三晋。"

齐王敬诺，果以兵合于三晋。

译文

"现在韩、赵、魏三国已经联合在一起，再度成为兄弟之邦，而且相约共同派出精兵去保卫魏国的绛和安邑，这是万世长远的计划。齐国如果不赶紧出精兵联合韩、赵、魏三国，必将后患无穷。韩、赵、魏三国联合以后，秦国必然不敢攻打魏国，必定会转过头往南攻打楚国。楚、秦既然交战，那时韩、赵、魏三国就会愤怒齐国不肯支援自己，必然会出兵向东攻打齐国。这就是臣说的齐国必有的大患，不如赶紧出兵联合韩、赵、魏三国。"

齐王恭敬地点点了头，果然派兵与韩、赵、魏联合。

十六　苏秦为赵合从

苏秦为赵合从①，说齐宣王曰："齐南有太山，东有琅邪②，西有清河③，北有渤海，此所谓四塞之国也。齐地方二千里，带甲数十万，粟如丘山。齐车之良，五家之兵，疾如锥矢，战如雷电，解如风雨。即有军役，未尝倍太山、绝清河、涉渤海也。临淄④之中七万户，臣窃度之，下户三男子，三七二十一万，不待发于远县，而临淄之卒固以二十一万矣。临淄甚富而实，其民无不吹竽、鼓瑟、击筑、弹琴、斗鸡、走犬、六博、蹋踘者⑤。临淄之途，车毂击，人肩摩，连衽成帷，举袂成幕，挥汗成雨，家敦而富，志高而扬。夫以大王之贤与齐之强，天下不能当。今乃西面事秦，窃为大王羞之！

注释

①从：同"纵"。

②太山：泰山。（清）程蘩初《战国策集注》作"泰山"。下同。琅邪：山名。地处今山东诸城东南。（清）程蘩初《战国策集注》作"琅邪"。

③清河：指济水，为齐、赵边境河水。

④临淄：齐国都城，地处今山东淄博东北。

⑤竽：乐器，笙类。瑟：乐器，似琴。筑：乐器古代弦乐器，形似琴，有十三弦。演奏时，左手按弦的一端，右手执竹尺击弦发音。琴：乐器，古为五弦，后为七弦。斗鸡：用鸡相斗的游戏。走犬：指田猎活动。六博：古代的棋戏。蹋鞠（tà jū）：古代一种用于习武、健身和娱乐的踢球运动。

译文

苏秦为赵国合纵，他去游说齐宣王道："齐国南有泰山，东有琅邪山，西有清河，北有渤海，这是有四面均有要塞的国家。齐国土地方圆两千里，有精兵几十万，粮食堆积如山。齐国的战车精良，又有五家的精英部队，行军就像射出的箭一样快，作战就像闪电一般凶猛，解散就像风收雨住一样快捷。即使发生军事战争，也从没有征调过泰山、清河、渤海的部队。单是首都临淄就有七万户人家，我私下里计算，每户有三名壮士，三七就是二十一万人，不必征调远方的兵力，光是临淄一城就可以组成二十一万人的大军了。临淄非常富庶而又充实，百姓没有不会吹竽、鼓瑟、击筑、弹琴、斗鸡、赛狗、赌博、踢球的。临淄的街道上，车子的车轴相接、百姓摩肩接踵，把衣襟连起来就可成为帷帐，把衣袖举起来就可成帷幕，挥一挥汗就可以形成雨，家家生活都非常富裕，人人志气极为高昂。凭大王的贤明和齐国的富强，天下诸侯都不能跟齐国对抗，如今齐国却西面事奉秦国，臣私下里为大王感到羞愧！

"且夫韩、魏之所以畏秦者，以与秦接界也。兵出而相当，不至十日而战胜存亡之机决矣。韩、魏战而胜秦，则兵半折，四境不守；战而不胜，以亡随其后。是故韩、魏之所以重与秦战而轻为之臣也。今秦攻齐则不然，倍韩、魏之地，过卫阳晋之道①，径亢父②之险，车不得方轨，马不得并行，百人守险，千人不能过也。秦虽欲深入，则狼顾，恐韩、魏之议其后也。是故惮疑虚猲③，高跃而不敢进，则秦不能害齐，亦已明矣。夫不深料④秦之不奈我何也，而欲西面事秦，是群臣之计过也。今无臣事秦之名，而有强国之实，臣固愿大王之少留计。"

齐王曰："寡人不敏，今主君以赵王之教诏之⑤，敬奉社稷以从。"

注释

①过卫阳晋之道：（清）程曑初《战国策集注》作"至卫阳晋之道"。阳晋，卫国之地，地处今山东郓（yùn）城西。

②亢父：齐国都邑，地处今山东济宁南。

③猲（hè）：古通"嚇"，恐吓，吓唬。

④不深料：（清）程曑初《战国策集注》作"不料"。

⑤赵王之教诏之：（清）程曑初《战国策集注》作"赵王之诏告之"。

译文

"更何况韩、魏两国之所以畏惧秦国，是因为他们与秦国接壤。秦国发动军队攻打韩、魏，双方相对抗，用不了十天的时间，胜败存亡的命运就已经决定了。如果韩、魏两国能够战胜秦军，那么韩、魏两国的军队必然要损失一半，则其四面的边境也就无法防守；如果韩、魏两国的军队战败了，那么灭亡就会紧跟其后。因此，韩、魏两国不敢轻易地和秦国开战，却容易向秦国称臣了。如今，如果秦国攻打齐国，情形就不是这样，秦国的背后有韩、魏两国，秦军又必然经过卫地阳晋的要道和亢父的险阻，在那里，车马不能并行，只要有一百个人守住天险，即使一千人也无法通过。秦国虽然想发兵深入，则心中会不安而环顾，唯恐韩、魏从后偷袭。所以，秦兵只是虚张声势，威胁向齐出兵，实际上却犹疑不定不敢进军，秦国不能攻打齐国是很明显的。大王不仔细考虑秦国不能对齐国如何，反而想要向西事奉秦国，这是群臣在谋划上的错误。现在齐国并无臣事秦国的名声，而能得到强国的实力，我希望大王稍稍考虑一下！"

齐宣王说："寡人不够聪敏，如今您拿赵王的教训来告诉我，我愿恭敬地把国家托付给您。"

十七　张仪为秦连横齐王

张仪为秦连横齐王曰："天下强国无过齐者，大臣、父兄殷众富乐，无过齐者。然而为大王计者，皆为一时说而不顾万世之利。从人说大王者，必谓：'齐西有强赵，南有韩、魏，负海之国也，地广人众，兵强士勇，虽有百秦，将无奈我何。'大王览其说，而不察其至实。

"夫从人朋党比周，莫不以从为可。臣闻之，齐与鲁三战而鲁三胜，国以危亡随其后，虽有胜名而有亡之实，是何故也？齐大而鲁小。今赵之与秦也，犹齐之于鲁也。秦、赵战于河漳①之上，再战而再胜秦；战于番吾②之下，再战而再胜秦。四战之后，赵亡卒数十万，邯郸仅存。虽有胜秦之名，而国破矣！是何故也？秦强而赵弱也。今秦、楚嫁子取妇，为昆弟之国。韩献宜阳，魏效河外③，赵入朝黾池④，割河间⑤以事秦。大王不事秦，秦驱韩、魏攻齐之南地，悉赵涉清河，指博关⑥，临淄、即墨⑦非王之有也。国一日被攻，虽欲事秦，不可得也。是故愿大王熟计之！"

齐王曰："齐僻陋隐居，托于东海之上，未尝闻社稷之长利。今大客幸而教之，请奉社稷以事秦。"献鱼盐之地三百里于秦也。

①河漳：即指漳水。

②番吾：地名。赵国都邑，地处今河北磁县。

③河外：地区名。地处今河南西北黄河以南地区。

④黾（miǎn）池：地名。秦国都邑，地处今河南渑池县西。

⑤河间：地区名。指漳水和黄河之间，地处今河北任丘、献县一带。

⑥博关：关名。地处今山东博平西北。

⑦即墨：地名。齐国都邑，地处今山东平度东南。

译文

张仪为秦国的连横策略，到齐国游说齐王说："天下的强国没有能超过齐国的，大臣、宗亲贵族都殷实众多而富足安乐，也没有哪个国家能超过齐国。然而，为大王出谋划策的人，都只顾眼前一时的安定，却不顾齐国长远的利益。那些主张合纵而游说大王的人，必定会说：'齐国，西有强大的赵国，南有韩、魏两国，是一个背靠大海的国家，土地辽阔，百姓众多，兵士勇猛善战，即使有一百个秦国，对齐国也没有什么办法。大王只看到他们所说的那些，却没有看到事情的实际情况。

"那些主张合纵的人都互相勾结，互为党派，没有人不认为合纵的策略是可行的。据臣所知，齐鲁交战三次，鲁国三战三胜，可是鲁国却身陷危境，最后因此亡国。虽然有战胜的虚名，却遭受灭亡的现实，这是为什么呢？因为齐国大而鲁国小。现在，赵国跟秦国相比，就如同齐国跟鲁国。秦、赵战于漳水之上，两次交战，都是赵国打败了秦国；战于番吾之下，两次交战，亦都是赵国打败了秦国。但四次交战之后，赵国损失几十万大军，仅剩下一个首都邯郸。虽然有战胜秦国的虚名，可是赵国却因此遭受损伤。这是什么缘故呢？是秦国强大而赵国弱小啊。如今秦、楚互通婚姻，两国结为兄弟之邦。韩国献宜阳给秦国，魏献河外给秦国，而赵国更是到秦邑渑池给秦国朝贡，并割让河间给秦国。如果大王不臣事秦国，秦国就会驱使韩、魏攻打齐国南部，然后还将动员赵国之兵渡过清河，长驱直入向博关进攻，这样，临淄、即墨就不会为大王所拥有了。国家一旦被攻破，那时，虽然想向秦国臣服，也是不可能了。

因此，希望大王深思熟虑！"

齐王说："齐国地处边远偏僻的地方，而且东临大海，从来没有考虑过国家的长远利益。今天有幸得到贵客的赐教，寡人愿意用国家来事奉秦国。"于是割让给秦国盛产鱼盐的土地三百里。

卷九　齐策二

十八 韩、齐为与国

韩、齐为与国①。张仪以秦、魏伐韩。齐王②曰："韩，吾与国也。秦伐之，吾将救之。"田臣思曰："王之谋过矣，不如听之。子哙与子之③国，百姓不戴，诸侯弗与。秦伐韩，楚、赵必救之，是天下以燕赐我也。"王曰："善。"乃许韩使者而遣之。

韩自以得交于齐，遂与秦战。楚、赵果遽起兵而救韩，齐因起兵攻燕，三十日而举燕国。

注释

①与国：同盟。

②齐王：指齐宣王。

③子哙（kuài）：即燕王哙，立七年，为齐军所杀。子之：燕王哙相国，亦为齐军所杀。

译文

韩国、齐国结为盟国。张仪用秦、魏的军队进攻韩国。齐宣王说："韩国，是我们的盟国。秦国进攻它，我准备去援救它。"田臣思说："大王的谋划错了，不如听之任之。当初燕王哙把国君之位让给相国子之，百姓并不拥戴他，诸侯也不和他交往。如今秦国进攻韩国，楚国、赵国一定会救援，这是上天把燕国赏赐给我们。"齐宣王说："好。"于是就假装答应韩国使者的要求并让他回国。

韩国自认为得到了齐国的支援，于是就跟秦国交战。楚、赵两国果然立即发兵援救韩国，齐国于是趁机发兵攻打燕国，只用了三十天就攻占了燕国。

十九　张仪事秦惠文王

张仪事秦惠文王。惠王死，武王立。左右恶张仪，曰："仪事先王不忠。"言未已，齐让又至。

张仪闻之，谓武王曰："仪有愚计，愿效之王。"王曰："奈何？"曰："为社稷计者，东方有大变，然后王可以多割地。今齐王甚憎仪，仪之所在，必举兵而伐。故仪愿乞不肖身而之梁，齐必举兵而伐之。齐、梁之兵连于城下，不能相去，王以其间伐韩，入三川^①，出兵函谷而无伐，以临周，祭器必出。挟天子，案图籍，此王业也！"王曰："善。"乃具革车三十乘，纳之梁。齐果举兵伐之。

战国策

注释

①三川：韩国郡名。辖今河南黄河以南、灵宝以东的伊、洛流域。

译文

张仪侍奉秦惠文王。惠王死后，其子秦武王即位。武王的左右近臣乘机毁谤张仪，说："张仪侍奉先王不忠。"话还没说完，齐王派来谴责张仪的人又到了。

张仪听说这些事后，便对武王说："臣有一条愚计，愿意进献给大王。"武王问他："是什么计策？"张仪说："为国家社稷考虑，如果崤山以东的六国发生大的变动，大王就可乘势攻城掠地，多割土地。如今齐王对臣恨之入骨，无论臣在哪里，他一定会发兵攻打。所以臣愿意捐弃不成才的身体前往魏国，齐王一定会出兵攻魏。当齐、魏兵马在大梁城下交战之时，大王可乘机攻打韩国，进入三川，并兵东出函谷关直逼周的边境，定会得到周的祭器。然后大王挟天子，掌握图籍，这是成就帝王的霸业！"武王说："好。"于是准备三十辆兵车，把张仪送到魏都大梁。齐国果然出兵进攻魏国。

梁王^①大恐。张仪曰："王勿患，请令罢齐兵。"乃使其舍人冯喜之楚，藉使之齐。齐、楚之事已毕，因谓齐王："王甚憎张仪，虽然，厚矣王之托仪于秦王也。"齐王曰："寡人甚憎仪，仪之所在，必举兵伐之，何以托仪也？"对曰："是乃王之托仪也。仪之出秦，固^②与秦王约曰：'为王计者，东方有大变，然后王可以多割地。齐王甚憎仪，仪之所在，必举兵伐之。故仪愿乞不肖身而之梁，齐必举兵伐梁。梁、齐之兵连于城下不能去，王以其间伐韩，入三川，出兵函谷而无伐，以临周，祭器必出，挟天子，案图籍，是王业也。'秦王以为然，与革车三十乘而纳仪于梁。而果伐之，是王内自罢而伐与国，广邻敌以自孤，而信仪于秦王也。此臣之所谓托仪也。"王曰："善。"乃止。

注释

①梁王：指魏襄王。

②固：（清）程蘷初《战国策集注》作"因"。

译文

魏王大为惊恐。这时张仪说："大王不必忧心，让我使齐国退兵。"于是张仪派他的舍人冯喜去楚国，借用楚国使者的名义前往齐国。冯喜到齐国，处理完齐、楚之间的事务后，借机对齐王说："听说大王恨张仪入骨，虽然如此，大王却使张仪取信于秦王，您对他的情谊很是深厚。"齐王问道："寡人非常憎恨张仪，张仪在哪里，寡人必定攻打哪里，为何说寡人抬举张仪呢？"冯喜说："这正是大王抬举张仪之处。张仪离开秦国之时，本来就与秦武王约定，说：'为大王和国家考虑，如果东方六国发生大的变故，秦国便可乘机扩张土地。齐王对臣十分痛恨，无论臣在何处安身，必然会出兵攻打。所以臣愿捐弃自己不成才的身体到魏国去，齐国并定会出兵攻打魏国。当两国交战二难分难舍之时，大王可乘势攻打韩国，进入三川，必兵出函谷关，直逼两周，祭器必出，而后挟天子，掌握图籍，这是成就帝王的霸业。'秦王觉得很对，就用三十辆兵车，送张仪到魏国。大王果然出兵伐魏，这是大王对内使民众疲敝，而对外攻打盟国，和邻邦结仇而使自己陷于孤立，而且使张仪更加得到秦王的宠信。这就是臣所说的抬举张仪。"齐王说："对。"于是停止进攻魏国。

二十　犀首以梁与楚战于承匡而不胜

犀首以梁与楚战于承匡而不胜①。张仪谓梁王："不用臣言以危国。"梁王因相仪。仪以秦、梁之齐合横亲。犀首欲败之，谓卫君曰："衍非有怨于仪也，值②所以为国者不同耳。君必解衍。"卫君为告仪，仪许诺，因与之参坐于卫君之前。犀首跪行，为仪千秋之祝。明日张子行，犀首送之至于齐疆。齐王闻之，怒于仪曰："衍也吾雠，而仪与之俱，是必与衍鬻③吾国矣。"遂不听。

❧注释

①犀首：指魏国将领公孙衍。承匡：地名。地处今河南睢县。
②值：通"直"，只不过。
③鬻（yù）：卖。

❧译文

犀首公孙衍率领魏国的军队与楚国的军队在承匡交战，却没有取得胜利。张仪对魏王说："如果不采用我的意见，国家就危险了。"魏王于是任命张仪为相国。张仪便以秦、魏两国的名义与齐国连横相亲。犀首想要破坏这件事，就对卫君说："我并非跟张仪有什么怨仇，只不过是治理国家的方法不同罢了。请您一定替我向张仪解释。"卫君为此去告诉了张仪，张仪答应了，因此与犀首在卫君面前坐在一起了。犀首跪地前行，祝张仪长寿。第二天张仪出发了，犀首一直送他到齐国边境。齐王听到这件事，对张仪很恼怒，就说："犀首是我的仇敌，可是张仪跟他偕同并行，这一定是想和犀首一起出卖我的国家了。"于是，就不再听信张仪的话了。

二十一　昭阳为楚伐魏

昭阳为楚伐魏①，覆军杀将得八城，移兵而攻齐。陈轸为齐王使，见昭阳，再拜贺战胜，起而问："楚之法，覆军杀将，其官爵何也？"昭阳曰："官为上柱国②，爵为上执圭③。"陈轸曰："异贵于此者何也？"曰："唯令尹④耳。"陈轸曰："令尹贵矣！王非置两令尹也，臣窃为公譬可也。楚有祠者，赐其舍人卮酒⑤。舍人相谓曰：'数人饮之不足，一人饮之有余。请画地为蛇，先成者饮酒。'一人蛇先成，引酒且饮之，乃左手持卮，右手画蛇，曰：'吾能为之足。'未成，一人之蛇成，夺其卮曰：'蛇固无足，子安能为之足？'遂饮其酒。为蛇足者，终亡其酒。今君相楚而攻魏，破军杀将得八城，不弱兵，欲攻齐，齐畏公甚，公以是为名亦足矣，官之上非可重也。战无不胜而不知止者，身且死，爵且后归，犹为蛇足也！"昭阳以为然，解军而去。

注释

①昭阳为楚伐魏：指公元前323年发生的战役。昭阳：楚军主将，大司马。

②上柱国：即大司马，楚国最高武官。

③上执圭：指楚国最高的爵位。

④令尹：指楚国最高的官职，为军政首脑，地位等同于他国之相。

⑤舍人：身边的侍从人员。卮（zhī）：指古代盛酒的器皿。

译文

楚国将领昭阳率军攻打魏国，击杀魏将，大破其军，并占领了八座城池，接着又移师攻打齐国。陈轸作为齐王使者去见昭阳，向他拜了两拜之后，祝贺他打了胜仗，然后站起来问昭阳说："按照楚国的规定，灭敌杀将的人能得到什么官爵禄位呢？"昭阳答道："官至上柱国，爵为上执圭"。陈轸接着又问："比这更尊贵的官爵是什么？"昭阳说："那只有令尹了。"陈轸就说："令尹的确是最显贵的官职了！但楚王却不可能设置两个令尹，请让我替将军打个比方。楚国有个人祭过祖先，之后，便把一壶酒赐给随从。随从相顾商议：'这点酒几个人不够喝，一个人享用却还有剩余。让我们各在地上画一条蛇，先画成的饮此酒。'有个人率先画好，取过酒杯准备喝，就左手持杯，右手又在地上画了起来，并说：'我还可以为蛇添上脚呢。'蛇足尚未画完，另一随从的蛇也画好了，于是夺过他手中的酒杯，说'蛇本无脚，你怎么能给它添上脚呢？'便喝了那酒。哪个画蛇添脚的人最终没有喝到酒。如今将军您辅佐楚王攻打魏国，破军杀将，夺其八城，兵力未受损之际，您又想移师去攻打齐国，齐人非常害怕您，将军足以立身扬名了，而在官位上是不可能再有什么加封的了。战无不胜却不懂得适可而止的人，将会丧失性命，他的官爵也会留给后来的人，这正如画蛇添足一样啊！"昭阳认为他的话有道理，于是就撤兵回国了。

二十二　秦攻赵

秦攻赵。赵令楼缓①以五城求讲于秦，而与之伐齐。齐王②恐，因使人以十城求讲于秦。楼子恐，因以上党二十四县许秦王③。赵足④之齐，谓齐王曰："王欲秦、赵之解乎？不如从合于赵，赵必倍秦，倍秦则齐无患矣。"

注释

①楼缓：人名。赵国人，亲秦派。

②齐王：指齐王建。

③秦王：指秦昭襄王。

④赵足：人名。赵国人，亲秦派。

秦国攻打赵国，于是赵国派楼缓用五座城邑向秦国求和，并联合秦国进攻齐国。齐王建很害怕，于是派人用十座城邑向秦国求和。楼缓得知后也很恐惧，因此把上党二十四县许给秦昭襄王。赵足来到齐国去，对齐王建说："大王想要秦国、赵国的联盟瓦解吗？您不如跟赵国实行合纵，赵国一定会背叛秦国，赵国背叛秦国，那齐国就没有忧患了。"

二十三　权之难

权①之难，齐、燕战。秦使魏冉之赵，出兵助燕击齐。薛公使魏处②之赵，谓李兑③曰："君助燕击齐，齐必急，急必以地和于燕，而身与赵战矣。然则是君自为燕东兵，为燕取地也。故为君计者，不如按兵匆出。齐必缓，缓必复与燕战。战而胜，兵罢弊，赵可取唐、曲逆④；战而不胜，命悬于赵。然则吾中立而割穷齐与疲燕也，两国之权归于君矣。"

注释

①权：地名。中山都邑，地处今河北正定北。

②魏处：人名。或为孟尝君门下食客。

③李兑：人名。赵文王年少，故李兑执掌赵国大权。

④唐：地名。地处今河北唐县。曲逆：地名。地处今河北完县东南。

译文

权地之战，是齐国、燕国在交战。秦国派穰侯魏冉到赵国，使赵国出兵帮助燕国攻打齐国。而孟尝君田文则派魏处到赵国，对李兑说："您如果帮助燕国攻打齐国，齐国一定危急，其危急一定会用土地和燕国讲和，反过来就会亲自和赵国交战。这样一来，就是您自己成了燕国东边的军队，为燕国夺取土地。因此，为您考虑，不如按兵不动，如此，齐国的形势一定缓和，缓和后一定再与燕国交战。如果齐国战胜了燕国，其军队就会疲劳不堪，赵国便可乘机夺取唐、曲逆等地；如果齐国不能取胜，它的命运就掌握在赵国手里。这样一来，如果您严守中立，便可以从困境中的齐国和疲惫的燕国手中割取土地，那么，两个国家的大权，全都归您掌管了。"

二十四　秦攻赵长平

秦攻赵长平①，齐、燕救之。秦计曰："齐、燕救赵，亲，则将退兵；不亲，则且遂攻之。"

赵无以食，请粟于齐而齐不听。周子②谓齐王曰："不如听之以却秦兵，不听则秦兵不却，是秦之计中而齐、燕之计过矣。且赵之于燕、齐隐③蔽也，齿之有唇也，唇亡则齿寒。今日亡赵，则明日及齐、燕矣。且夫救赵之务，宜若奉漏瓮，沃焦釜。夫救赵，高义也；却秦兵，显名也。义救亡赵，威却强秦之兵，不务为此而务爱粟，则为国计者过矣。"

注释

①长平：地名。地处今山西高平西北。
②周子：齐国的谋臣。
③隐：通"荫"。

译文

秦国攻打赵国的长平，齐、燕两国发兵援赵。秦王考虑说："齐、燕来救援赵国，如果他们团结作战，寡人就退兵；如果他们各自为政，我就继续攻打它。"

这时，赵军的粮食缺乏，便派人向齐国借粮，可是齐王没有答应。谋臣周子对齐王说："大王不如把粮米暂借赵国，让他击退秦兵，如果不加理睬，秦兵就不会退却，这样一来，就是中了秦国的计谋而齐、燕两国的计策就落空了。况且赵国是齐、燕两国的天然屏障，这就像牙齿跟嘴唇的关系，没有了嘴唇，牙齿就会感到寒冷。今日秦国灭亡了赵国，明日就会轮到齐、燕两国了。而且，救援赵国就好比捧着漏水的瓮，又像浇灭烧焦的锅一样，实在是十万火急。救援赵国是一种高尚的义举；使秦兵退却，也可以张扬名声。既有救援赵国的义举，又树立了退却秦军的威名，不将这样的大事当作目前之要务，却一味地吝啬粮食，这是对基本国策考虑的错误啊。"

二十五　或谓齐王

　　或谓齐王[1]曰："周、韩西有强秦，东有赵、魏。秦伐周、韩之西，赵、魏不伐，周、韩为割，韩却周害也。及韩却周割之后，赵、魏亦不免与秦为患矣。今齐、秦伐赵、魏，则亦不异于赵、魏之应秦而伐周、韩。今齐入于秦而伐赵、魏，赵、魏亡之后，秦东面而伐齐，齐安得救天下乎？"

注释

　　[1]齐王：指齐王建。

译文

　　有人对齐王建说："周国、韩国西面有强大的秦国，东面又有赵国和魏国。如果秦国进攻周、韩两国的西面，而赵国、魏国不进攻，周、韩两国则会被秦国割取土地，韩国退却，而周国会遭到危害。等到韩国退却而周国遭受危害之后，赵、魏两国也不免遭受秦国的祸患。趋近齐、秦两国攻打赵、魏两国，这也跟当初赵、魏两国响应秦国进攻周、韩两国没有什么不同。如今齐国加入秦国一方而去进攻赵、魏两国，而当赵、魏两国灭亡之后，秦国就会向东进攻齐国，齐国怎么能得到天下诸侯的援救呢？"

卷十　齐策三

二十六　楚王死

楚王^①死，太子在齐质。苏秦谓薛公曰："君何不留楚太子，以市其下东国^②。"薛公曰："不可。我留太子，郢^③中立王，然则是我抱空质而行不义于于下也。"苏秦曰："不然。郢中立王，君因谓其新王曰：'与我下东国，吾为王杀太子。不然，吾将与三国^④共立之。'然则下东国必可得也。"

苏秦之事，可以请行，可以令楚王亟入下东国，可以益割于楚，可以忠太子而使楚益入地，可以为楚王走太子，可以忠太子使之亟去，可以恶苏秦于薛公，可以为苏秦请封于楚，可以使人说薛公以善苏子，可以使苏子自解于薛公。

苏秦谓薛公曰："臣闻谋泄者事无功，计不决者名不成。今君留太子者，以市下东国也。非亟得下东国者，则楚之计变，变则是君抱空质而负名于天下也。"薛公曰："善。为之奈何？"对曰："臣请为君之楚，使亟入下东国之地。楚得成，则君无败矣。"薛公曰："善。"因遣之。故曰可以请行也。

注释

① 楚王：指楚怀王熊槐。
② 下东国：地区名。指楚国淮北靠近齐国之地。
③ 郢（yǐng）：地名。指楚国都城，地处今湖北江陵西北纪南城。
④ 三国：此处指齐、韩、魏。

译文

楚怀王死时，太子还在齐国充当人质。苏秦就对孟尝君田文说："您为什么不扣留楚国太子，用他与楚国交换下东国的土地呢？"孟尝君说："不能这样做。如果我扣留了楚国太子，而楚国另立新君，这样的话我就白白扣留一个没用的人质，而且会被诸侯非议我做了不义之举。"苏秦说："不是这样。楚国一旦另立新君，您就可以对楚国新王说：'如果楚国能割让东国的土地给我，我就为大王杀掉太子。否则，我将联合秦、韩、魏三国一起拥立楚太子为王。'这样，下东国的土地必然能到手。"

苏秦的这个计谋，可以请求出使楚国，可以迫使楚王尽快割让下东国给齐国，可以让楚国多割让土地给齐国，可以忠于楚太子而迫使楚增加割地的数目，可以为楚王赶走太子，可以忠于楚太子而让他离开齐国，可以借此事在孟尝君那里诋毁苏秦，可以为苏秦在楚王面前请封，也可以让人说服孟尝君让其善待苏秦，也可以由苏秦用自己的计策解除孟尝君对自己的戒心。

苏秦对孟尝君田文说："我听说，计谋泄露，所做的事情就不会成功，如果遇到事情犹豫不决，就难以成名。如今您扣留楚国太子，是为了用他交换下东国之地。如果您不能尽快得到下东国之地，恐怕楚人的计划就会改变，一旦楚国的计划改变，您便会处于空有人质而背负不义的尴尬处境。"孟尝君："先生说得很对。但是我该怎么办呢？"苏秦回答说："我愿意为您出使楚国，使它尽快割让下东国之地。一旦得地，则您就立于不败之地了。"孟尝君田文说："好。"于是派苏秦到楚国去。因此说苏秦可以请求出使楚国。

谓楚王曰："齐欲奉太子而立之。臣观薛公之留太子者，以市下东国也。今王不亟入下东国，则太子且倍王之割而使齐奉己。"楚王曰："谨受命。"因献下东国。故曰可以使楚亟入地也。

谓薛公曰："楚之势可多割也。"薛公曰："奈何？""请告太子其故，使太子谒之君，以忠太子，使楚王闻之，可以益入地。"故曰可以益割于楚。

谓太子曰："齐奉太子而立之，楚王请割地以留太子，齐少其地。太子何不倍楚之割地而资齐，齐必奉太子。"太子曰："善。"倍楚之割而延齐。楚王闻之恐，益割地而献之，尚恐事不成。故曰可以使楚益入地也。

译文

　　苏秦出使到楚国，对新立的楚王说："齐国想要奉太子为楚国的国君。在我看来，薛公扣留太子的原因，是用太子来交换贵国的下东国的土地。现今大王如果不尽快割让下东国土地给齐国，太子便会用比大王多出一倍的土地而换取齐国对自己的支持。"楚王回答道："寡人恭敬地接受您的教导。"于是献出下东国的土地。因此说苏秦之计能使楚王赶紧割让土地。

　　苏秦回到齐国，对薛公田文说："看楚国的形势，还可以割让更多的土地。"孟尝君田文说："有什么办法呢？"苏秦回答说："请把实情告诉太子，并让他前来见您，以此表示支持他回国执政，然后故意让楚王知道这件事，这样就可以让楚国割让更多的土地。"因此说苏秦的计策可以从楚国割取更多的土地。

　　苏秦便前去拜见楚太子，对他说："齐国要拥立太子为楚王，而新立的楚王却以土地贿赂齐国以扣留太子您，但是齐国嫌得到土地太少了。太子若答应割让更多的土地给齐国，这样一来，齐国一定会奉您为楚王。"太子说："好。"便答应割让更多的土地给齐国。楚王听到这个消息后，甚是恐慌，于是也割让更多的土地，尚且害怕事情不能成功。因此说苏秦之计可以使楚国割让更多的土地。

　　谓楚王曰："齐之所以敢多割地者，挟太子也。今已得地而求不止者，以太子权王也，故臣能去太子。太子去，齐无辞，必不倍于王也。王因驰强齐而为交，齐必听王。然则是王去雠而得齐交也。"楚王大悦，曰："请以国因。"故曰可以为楚王使太子亟去也。

　　谓太子曰："夫劕①楚者王也，以空名市者太子也，齐未必信太子之言也，而楚功见矣。楚交成，太子必危矣。太子其图之。"太子曰："谨受命。"乃约车而暮去。故曰可以使太子急去也。

注释

①剬（zhì）：古同"制"，控制。

译文

苏秦又对楚国新王说："齐国之所以胆敢多割楚地，是因为他们以楚太子相要挟。如今齐国虽已得到土地，可要求没有止境，这仍是楚太子在齐国，和大王势均力敌，所以臣愿意设法赶走太子。太子一旦离开齐国，齐国再无借口了，必然再不敢违背大王了。大王便趁机与齐达成友好关系，齐国定然接受大王的要求。这样一来，大王既除去了仇敌，又结交到了强大的齐国。"楚王听了十分高兴，说："寡人愿意把楚国托付给先生。"因此说苏秦之计可以为楚王尽快赶走太子。

于是苏秦再对太子说："如今控制楚国的是楚王，空手套白狼的是太子，齐国未必相信太子的许诺，而新的楚王业已割让土地给齐国。一旦齐、楚交结，太子的处境就危险了。太子您得好好考虑。"太子醒悟："恭敬地听从您的命令。"于是整治车辆，乘马连夜离去。所以说苏秦之计可以使楚太子尽早离开齐国。

苏秦使人请薛公曰："夫劝留太子者苏秦也。苏秦非诚以为君也，且以便楚也。苏秦恐君之知之，故多割楚以灭迹也。今劝太子者又苏秦也，而君弗知，臣窃为君疑之。"薛公大怒于苏秦。故曰可使人恶苏秦于薛公也。

又使人谓楚王曰："夫使薛公留太子者苏秦也，奉王而代立楚太子者又苏秦也，割地固约者又苏秦也，忠王而走太子者又苏秦也。今人恶苏秦于薛公，以其为齐薄而为楚厚也。愿王之知之。"楚王曰："谨受命。"因封苏秦为武贞君。故曰可以为苏秦请封于

楚也。

又使景鲤谓薛公曰："君之所以重于天下者，以能得天下之士而有齐权也。今苏秦天下之辩士也，世与少有。君因不善苏秦，则是围塞天下士而不利说途也。夫不善君者且奉苏秦，而于君之事殆矣。今苏秦善于楚王，而君不蚤亲，则是身与楚为雠也。故君不如因而亲之，贵而重之，是君有楚也。"薛公因善苏秦。故曰可以为苏秦说薛公以善苏秦。

译文

苏秦又派人对孟尝君说："劝您扣留太子的是苏秦。但他不是真诚地为您打算，他是为楚国的利益。他唯恐您察觉此事，所以通过多割楚地的做法来掩饰帮助楚国的形迹。如今劝太子连夜逃奔的也是苏秦，而您并不知道，我私下里替您感到疑惑。"孟尝君因此对苏秦很是愤怒。因此说可以是人到孟尝君那里诋毁苏秦。

苏秦又派人到楚王那里说："使孟尝君扣留太子的是苏秦，尊奉大王而取代楚太子的也是苏秦，割地以巩固齐、楚合约的是苏秦，忠于大王而驱逐太子的仍然是苏秦。如今有人在孟尝君那里诽谤苏秦的，说他厚楚而薄齐。希望大王能了解这些情况。"楚王说："恭敬地接受命令。"于是便封苏秦为武贞君。因此说可以为自己受到楚国的封赏。

苏秦又让景鲤对孟尝君说："您之所以名重于天下，是因为您能延揽天下有才能的人士，从而能控制齐国的政权。如今苏秦是天下出类拔萃的辩说之士，当世少有。您如果不好好对待苏秦，就会闭塞天才贤才的道路了。那些与您关系不好的人，都会重用苏秦，那么您的处境就会危险了。现在苏秦和楚王的关系不错，如果不及与苏秦亲近，就很容易成为楚国的仇敌。所以说您不如和苏秦亲近，给他荣华富贵，您就能得到楚国的支持。"于是孟尝君就和苏秦言归于好。所以说苏秦的计策可以说服孟尝君善待自己。

二十七　齐王夫人死

齐王夫人死，有七孺子^①皆近。薛公欲知所欲立，乃献七珥^②，美其一，明日视美珥所在，劝王立为夫人。

注　释

①孺子：指王的妃嫔，比夫人低一等。

②珥：串有珠玉的耳饰。

译　文

齐王的夫人死了，而受齐王宠爱的嫔妃有七个。薛公田文想要知道齐王打算立哪个嫔妃为夫人，于是便献上七副耳饰，其中一副最为美观。第二天，他看是哪位妃嫔戴着那个最精美的耳饰，就劝说齐王立她为夫人。

二十八　孟尝君将入秦

孟尝君将入秦，止者千数而弗听。苏秦欲止之，孟尝曰："人事者，吾已尽知之矣；吾所未闻者，独鬼事耳。"苏秦曰："臣之来也，固不敢言人事也，固且以鬼事见君。"

孟尝君见之。谓孟尝君曰："今者臣来，过于淄^①上，有土偶人与桃梗^②相与语。桃梗谓土偶人曰：'子，西岸之土也，埏^③子以为人，至岁八月^④，降雨^⑤下，淄水至，则汝残矣。'土偶曰：'不然。吾西岸之土也，残吾则复西岸耳。今子，东国之桃梗也，刻削子以为人，降雨下，淄水至，流子而去，则子漂漂者将何如耳。'今秦，四塞之国，譬若虎口，而君入之，则臣不知君所出矣。"孟尝君乃止。

注释

①淄：指淄水。源出今山东莱芜东北。

②桃梗：用桃木刻成的人像。

③埏（shān）：用水调和土。

④八月：指周历八月，即相当于夏历六月，正值雨季。

⑤降雨：大雨。降，通"洚"。

译文

孟尝君准备到秦国去，劝阻他的人非常多，但他一概不听。苏秦也打算劝阻他，孟尝君说："关于人的事情，我已经都知道了；我还没有听说过的，只有鬼神的事情了。"苏秦说："我这次来，本来就没有打算谈人的事情，本来就是打算和您谈论鬼神的事情。"

孟尝君接见了苏秦。苏秦对孟尝君说："臣这次来齐国，路经淄水，听见一个土偶和桃人在谈话。桃人对土偶说：'你原是西岸之土，被捏制成人，到八月季节，天降大雨，淄水爆发，你就会残缺而不全了。'土偶说：'不对。我本是西岸的泥土，即使为大水所毁，不过仍然活到西岸而已。而你是东方的桃木雕刻而成，天降大雨，淄水横流，你就会随波而去，飘飘荡荡，还不知何地是你的归宿呢。'现在的秦国是一个四方都有险塞的国家，状如虎口，而您进入秦国，臣不知道您能从哪里出来。"孟尝君于是就停止去秦国了。

二十九 孟尝君在薛

孟尝君在薛，荆人攻之。淳于髡①为齐使于荆，还反，过薛。孟尝令人体②貌而亲郊迎之，谓淳于髡曰："荆人攻薛，夫子弗忧，文无以复侍矣。"淳于髡曰："敬闻命矣。"

至于齐，毕报，王③曰："何见于荆？"对曰："荆甚固，而薛亦不量其力。"王曰："何谓也？"对曰："薛不量其力而为先王立清庙④。荆固而攻之，清庙必危。故曰薛不量力而荆亦甚固。"齐王和其颜色曰："嘻！先君之庙在焉！"疾兴兵救之。

颠蹶之请，望拜之谒，虽得则薄矣。善说者，陈其势，言其方，人之急也，若自在隘窘之中，岂用强力哉？

注释

①淳于髡（kūn）：齐国人，复姓淳于，赘婿出身，出仕齐国。

②体：通"礼"。

③王：指齐闵王。

④清庙：指宗庙。

译文

孟尝君住在薛地，而楚国攻打薛地。淳于髡为齐国出使到楚国，回来时经过薛地。孟尝君率领手下，并准备大礼亲自到郊外去迎接他，对淳于髡说："楚国进攻薛地，如果先生不忧虑，那我以后就不能再伺候您了。"淳于髡说："恭敬地听从您的命令。"

淳予髡回到齐国，汇报完毕后，齐闵王问道："您在楚国都见到了什么？"淳子髡回答说："楚国非常顽强，而薛地的人不自量力。"齐闵王说："这是什么意思呢？"淳于髡回答说："薛人不自量力而为先王立宗庙，而楚国一旦攻打薛地，宗庙一定危险。所以说薛人不自量力，楚国也确实强大。"齐闵王紧张地说："啊！先君的宗庙在那里呀？"齐闵王急速发兵去援助薛地。

如果孟尝君辛辛苦苦地去四处奔走请求，诚心诚意地去拜望，但是得到效果却是很微小的。而善于游说的人，能够认清并陈述形势，谈论方略，当别人着急时，就像自己在困境中一样，哪里还用得着使用强力呢？

三十　孟尝君奉夏侯章以四马百人之食

孟尝君奉夏侯章①以四马百人之食，遇之甚欢。夏侯章每言未尝不毁孟尝君也。或以告孟尝君，孟尝君曰："文有以事夏侯公矣，勿言。"董之繁菁②以问夏侯公，夏侯公曰："孟尝君重非诸侯也，而奉我四马百人之食，我无分寸之功而得此，然吾毁之以为之也。君所以得为长者，以吾毁之者也。吾以身为孟尝君，岂待言也哉？"

注释

①夏侯章：人名。孟尝君门下宾客。

②董之繁菁：人名。齐国人，事迹不详。

译文

孟尝君用四匹马和一百人的食禄来奉养夏侯章，对待他特别尊重。可是夏侯章每次说话都要诽谤孟尝君。有人就把这件事告诉孟尝君，孟尝君说："我知道该如何侍候夏侯先生，不要再说了。"董之繁菁也因此去问夏侯章，夏侯章说："孟尝君肃然很受尊重，但却不是诸侯，却用四匹马和一百人的食禄奉养我，我没有一点功劳却得到这么优厚的待遇，我诽谤他，正是为了抬高他。孟尝君之所以能够被人称为德高望重的人，就是因为我诽谤他。我用生命为孟尝君效力，哪里只是用语言来赞扬呢？"

三十一　孟尝君讌坐

孟尝君讌坐①，谓三先生曰："愿闻先生有以补之阙者。"一人曰："訾②天下之主，有侵君者，臣请以臣之血湔其衽③。"田瞀④曰："车轶之所能至，请掩足下之短，诵足下之长。千乘之君与万乘之相，其欲有君而使也，如弗及也。"胜（股目）⑤曰："臣愿以足下之府库财物，收天下之士，能为君决疑应卒⑥，若魏文侯之有田子方、段干木也⑦。此臣之所为君取矣。"

注释

①谯坐：闲居。

②訾：通"恣"，任凭。

③湔：同"溅"。衽：衣襟。

④田瞀（mào）：人名。齐国人。

⑤胜（股目）：人名，齐国人。

⑥卒：同"猝"。

⑦魏文侯：姬姓魏氏，名斯（一名都），开创霸业，册立封侯。变法集权，联合三晋。田子方：人名。名无择，学于子贡，为魏文侯之师。魏国人。段干木：姓段干，名木，学于子夏，亦为魏文侯之师。

译文

孟尝君闲居的时候，对三位年长的人说："希望各位先生多多提意见，以补救我的过失。"其中一个人说："天下的诸侯，如果有谁敢侵犯您，我请求用我的血溅洒在他的衣襟上。"田瞀说："凡是车辆所能到达的地方，请让我去掩盖您的短处，而颂扬您的长处。使拥有千辆兵车的国君和万辆兵车的相国，他们想要得到您而驱使您，迫不及待地想重用您。"胜（股目）说："我希望用您府库的财物，收罗天下的士人，能够帮您解决疑难并应付突发的变故，就像魏文侯有田子方和段干木一样。这就是我为您所采取的方法了。"

三十二　孟尝君舍人有与君之夫人相爱者

孟尝君舍人有与君之夫人相爱者。或以问孟尝君曰："为君舍人而内与夫人相爱，亦甚不义矣，君其杀之。"君曰："睹貌而相悦者，人之情也，其错之勿言也。"

居期年，君召爱夫人者而谓之曰："子与文游久矣，大官未可得，小官公又弗欲。卫君①与文布衣交，请具车马皮币，愿君以此从卫君游。"舍人游于卫甚重。

齐、卫之交恶，卫君甚欲约天下之兵以攻齐。是人谓卫君曰："孟尝君不知臣不肖，以臣欺君。且臣闻齐、卫先君刑马压羊，盟曰：'齐、卫后世无相攻伐，有相攻伐者，令其命如此。'今君约天下之兵以攻齐，是足下倍先君盟约而欺孟尝君也。愿君勿以齐为心。君听臣则可；不听臣，若臣不肖也，臣辄以颈血湔足下衿。"卫君乃止。

齐人闻之曰："孟尝君可谓善为事矣，转祸为功。"

注释

①卫君：指卫国嗣君。

译文

孟尝君有个门客和孟尝君的夫人相爱。有人就把这事告诉了孟尝君，说："身为您的门客，却爱慕您的夫人，这人也太不讲道义了，您应该把他杀了。"孟尝君说："看到美貌的人而心生爱慕，这是人之常情，你就不要再说他的错误了。"

过了一年，孟尝君召见那个爱慕他夫人的门客，对他说："您跟随我的时日也不算短了，您大官得不到，小官又不愿意做。卫君和我是布衣之交，我给您准备了车马和皮币等礼物，请您乘车并带上盘缠去和卫君交往。"门客去到卫国以后，很受卫君的看重。

后来齐、卫两国关系恶化，卫君极想纠集诸侯去进攻齐国。这时这个门客站出来对卫君说："孟尝君不知道臣无德无能，把臣推荐了您。而且臣曾听说过去齐、卫两国的先君杀马宰羊，彼此立下盟约说：'齐、卫两国的子孙，不得刀兵相向，若违背誓言出兵攻伐的，就让他们的下场像今天的马羊。'如今大王约集天下诸侯的军队，准备进攻齐国，这是大王您违背了先王的盟约，而且还欺骗了孟尝君。我希望大王把攻打齐国放在心上。大王听从臣的劝告也就罢了，如果不听，就算是我这样不肖的人，也会把自己脖颈里的血溅到您的衣襟上。"卫君这才打消了进攻齐国的念头。

齐国人听说了这件事，都说："孟尝君真是个善于待人处事的人啊，能够把祸患转化为功劳。"

三十三　孟尝君有舍人而弗悦

孟尝君有舍人而弗悦，欲逐之。鲁连[1]谓孟尝君曰："猿猕猴错木据水，则不若鱼鳖；历险乘危，则骐骥不如狐狸。曹沫[2]之奋三尺之剑，一军[3]不能当；使曹沫释其三尺之剑，而操铫鎒[4]，与农夫居垄亩之中，则不若农夫。故物舍其所长，之其所短，尧亦有所不及矣。今使人而不能，则谓之不肖；教人而不能，则谓之拙。拙则罢之，不肖则弃之。使人有弃逐，不相与处，而来害相报者，岂非世之立教首也哉！"孟尝君曰："善。"乃弗逐。

注释

①鲁连：指鲁仲连。战国时的齐国人。
②曹沫：一作"曹刿（guì）"，春秋时期鲁国人。
③一军：指一万两千五百人。
④铫鎒（yáo nòu）：指古代除草的两种农具。

译文

孟尝君不喜欢他的一位侍从，想将他赶走。鲁仲连对孟尝君说："猿猴离开树木住在水上，那么它们就比不上鱼鳖；历经险阻和攀登危岩，那么千里马就比不上狐狸。曹沫挥动三尺长的宝剑，一军人马都比不上他一人之威；假如曹沫放下三尺长剑，而拿起锄草农具与农夫在田地中干活，那么他就比不上农夫。因此一个人做事舍其所长，而用其所短，就是圣明的尧也有不如人的地方。如今让人做他不能做的事，不能做就认为他没有才能；教人做他做不了的事，不能做就认为他愚笨。愚笨的人就斥退他，没有才能的人就抛弃他。假如使人被驱逐，这些不能好好相处的人，将来就会回来而向您报复，这难道不是为世人树立了一个戒条吗！"孟尝君说："好。"就没有驱逐那个舍人。

三十四　孟尝君出行国

孟尝君出行国，至楚，献象床。郢之登徒直使①送之，不欲行，见孟尝君门人公孙戍曰："臣，郢之登徒也，直送象床。象床之直千金，伤此若发漂，卖妻子不足偿之。足下能使仆无行，先人有宝剑，愿得献之。"公孙曰："诺。"

入见孟尝君曰："君岂受楚象床哉？"孟尝君曰："然。"公孙戍曰："臣愿君勿受。"孟尝君曰："何哉？"公孙戍曰："小国所以皆致相印于君者，闻君于齐能振达贫穷，有存亡继绝之义。小国英桀之主，皆以国事累君，诚说②君之义，慕君之廉也。今君到楚而受象床，所未至之国，将何以待君？臣戍愿君勿受。"孟尝君曰："诺！"

注　释

①登徒：登徒，复姓。直使：当值奉派。

②说：通"悦"。

译　文

孟尝君出巡访问，来到楚国的时候，楚王送给他一张用象牙制成的床。郢都一个姓登徒的人正好负责送象牙床给孟尝君，可是他不愿意去，于是便找到孟尝君的门客公孙戍，对他说："我是郢都人登徒，如今我负责护送象牙床。可是象牙床价值千金，如稍有损坏，即使卖掉妻室儿女也赔不起。先生如果能让我推掉这个差使，我愿把先人所留下的宝剑送给您。"公孙戍说："好的。"

于是公孙戍去见孟尝君，说："您难道准备接受楚人送您的象牙床吗？"孟尝君说："是的"。公孙戍说："我希望您最好不要接受"。孟尝君问：

"这是为什么呢？"。公孙戍说："小国之所以都把相印授公，只是因为听说您在齐地能怜恤孤贫，在诸侯中有存亡继绝的义举。小国英明的君主门都以国事委公，这是他们真心喜欢您的高义，仰慕您的廉洁。如今您在楚国就接受了象牙床这样的重礼，那些您还未去到的国家，又将拿什么样的礼物来送给您呢？所以臣希望您不要接受这份礼品。"孟尝君说："好！"

公孙戍趋而去，未出至中闱①，君召而返之，曰："子教文无受象床，甚善。今何举足之高，志之扬也？"公孙戍曰："臣有大喜三，重②之宝剑一。"孟尝君曰："何谓也？"公孙戍曰："门下百数，莫敢入谏，臣独入谏，臣一喜；谏而得听，臣二喜；谏而止君之过，臣三喜。输象床，郢之登徒不欲行，许戍以先人之宝剑。"孟尝君曰："善，受之乎？"公孙戍曰："未敢。"

曰："急受之！"因书门版③曰："有能扬文之名，止文之过，私得宝于外者，疾入谏！"

注释

①闱：宫中的小门。
②重（chóng）：加上。
③门版：挂在门上的木板。

译文

公孙戍快步退了出去，还没有走到中门，孟尝君就把他叫了回来问他说："您叫田文不要接受象牙床之礼，这固然很好。但为何先生如此趾高气扬呢？"公孙戍便婉言道："臣有三大喜事，外加一柄宝剑。"孟尝君不解道："这是什么意思？"公孙戍说："您门下食客有几百人，却没有人敢于进谏，唯独我来劝您，这是我的第一喜；我进谏而您能听从，这是我的第二喜；我的劝谏而能纠正您的过错，这是我的第三喜。楚王送您象牙床，而郢都之人登徒不愿意去送，他曾答应事成之后，送臣一柄先人的宝剑。"孟尝君说："好。先生接受宝剑了吗？"公孙戍说："我还不敢接受馈赠。"

孟尝君说："您赶快收下这份礼物！"于是孟尝君在门板上写道："有谁能宣扬我田文的名声，阻止田文犯错误，虽然私自在外获得珍宝，也请迅速前来进谏。"

三十五　淳于髡一日而见七人于宣王

淳于髡一日而见七人于宣王。王曰："子来，寡人闻之，千里而一士，是比肩而立；百世而一圣，若随踵而至也。今子一朝而见七士，则士不亦众乎？"

淳于髡曰："不然。夫鸟同翼者而聚居，兽同足者而俱行。今求柴胡、桔梗于沮泽①，则累世不得一焉。及之皋黍、梁父之②阴，则郄③车而载耳。夫物各有畴，今髡贤者之畴也。王求士于髡，譬若挹水于河，而取火于燧也。髡将复见之，岂特七士也！"

注释

①柴胡、桔梗：二者均生长于山上。
②皋黍：山名。梁父：地名。地处今山东泰安东南。
③郄（xì）：同"郤"，敞开之意。

译文

淳于髡一天之内向齐宣王引荐了七个贤人。齐宣王说："您过来，我听说千里之内才有一位贤士，就是并肩而站立了；百代之中才出一个圣人，那就像脚尖挨着脚跟出现一样。如今您一天之内就给我引荐七位贤士，那么天下贤士是不是太多了？"

淳于髡说："不对。翅膀相同的鸟类才聚居在一起生活，足爪相同的野兽才一起行走。如今若是到低湿的地方去采集柴胡和桔梗，那世世代代采下去也不能得到一根，但如果到皋泰山、梁父山的北坡去采集，那就可以敞开车子去装载。世上万物各有其类，如今我淳于髡是属于贤士一类的人。君王向我寻求贤士，就如同到黄河里去取水，用燧石取火一般。我还会继续向大王举荐贤才，哪里只是七个人呢！"

三十六　齐欲伐魏

齐欲伐魏[1]。淳于髡谓齐王[2]曰："韩子卢[3]者，天下之疾犬也。东郭逡[4]者，海内之狡兔也。韩子卢逐东郭逡，环山者三，腾山者五，兔极于前，犬废于后，犬兔俱罢，各死其处。田父见之，无劳倦之苦，而擅其功。今齐、魏久相持，以顿其兵，弊其众，臣恐强秦、大楚承其后，有田父之功。"齐王惧，谢将休士也。

注释

①齐欲伐魏：此事发生在公元前340年。

②齐王：指齐威王。

③韩子卢：韩国的良犬，名卢。

④东郭逡（qūn）：兔子名称。

译文

齐国想发兵攻打魏国。淳于髡便对齐王说："韩子卢，是天下跑得最快的狗。东郭逡则是世上跑得很快的兔子。韩子卢去追逐东郭逡，环山追了三圈，翻山又跑了五次，前面的兔子筋疲力尽，后面的狗也筋疲力尽，狗与兔子都跑不动而累倒在地，倒在地上活活累死。有个老农夫看到了，不费吹灰之力捡走了它们。如果现在齐、魏两国相持不下，双方士兵百姓都为此疲惫不堪，我担心强大的秦国和楚国会抄我们后路，就像农夫那样轻松获利。"齐王听后很害怕，就下令休养将士，不再出兵进攻魏国。

三十七　国子曰

国子①曰："秦破马服君②之师，围邯郸。齐、魏亦佐秦伐邯郸，齐取淄鼠③，魏取伊是④。公子无忌⑤为天下循便计，杀晋鄙⑥，率魏兵以救邯郸之围，使秦弗有而失天下。是齐入于魏而救邯郸之功也。

"安邑者，魏之柱国⑦也；晋阳者，赵之柱国也；鄢郢者，楚之柱国也。故三国欲与秦壤界⑧，秦伐魏取安邑，伐赵取晋阳，伐楚取鄢郢矣。逼三国⑨之君，兼二周之地，举韩氏取其地，且天下之半。今又劫赵、魏，疏中国，封卫之东野，兼魏之河内，绝赵之东阳⑩，则赵、魏亦危矣。赵、魏危，则非齐之利也。

"魏、赵、楚之志，恐秦兼天下而臣其君，故专兵一志以逆秦。三国之与秦壤界而患急，齐不与秦壤界而患缓，是以天下之势不得不事齐也。故秦得齐则权重于中国，赵、魏、楚得齐，则足以敌秦。故秦、赵、魏得齐者重，失齐者轻。齐有此势，不能以重于天下者，何也？其用者过也！"

注释

①国子：指齐大夫。

②马服君：指赵括，其继承其父赵奢的封号。

③淄鼠：地名。赵国都邑。

④伊是：地名。赵国都邑，地处今山西安泽东南。

⑤公子无忌：魏昭王的少子，被封为信陵君。

⑥晋鄙：人名。魏国将军。

⑦柱国：都城。

⑧壤界：指国界相连。

⑨三国：指魏、赵、楚。

⑩东阳：地区名。赵国之地，地处今河北太行山以东地区。

译文

　　齐国大夫国子说："秦国打败马服君赵括的军队，并包围了赵国都城邯郸。齐、魏两国也帮助秦国进攻邯郸，齐国攻占了淄鼠，魏国则夺取了伊是。魏国公子无忌为天下而设下妙计，杀死魏国将军晋鄙，并率领魏国军队去解救邯郸之围，从而使秦国不能占领邯郸且失去了天下民心。这是齐国当时支持魏国，与其共同救援邯郸的大功。

　　"安邑是魏国的都城，晋阳是赵国的都城，鄢郢是楚国的都城。魏、赵、楚三国和秦国本来接壤，如果秦国进攻魏国，就可以夺取安邑，进攻赵国，就会夺取晋阳，进攻楚国，就会夺取鄢郢。秦国逼迫三国的君主，并兼并东西两周的土地，灭掉韩国并夺取它的土地，秦国将要攻占天下一半的土地了。如今秦国又强取赵、魏两国，并李健中原各国的关系，割取卫国的东部领土，兼并魏国的河内地区，切断赵国的东阳，那么，赵、魏两国也就危险了。赵、魏两国处于危险境地，是不符合齐国的利益的。

　　"魏国、赵国、楚国的意思，是害怕秦国兼并天下而使它们的君主臣服，因此他们集中兵力合力抗拒秦兵。三国与秦国接界，祸患就紧急，而齐国不与秦国接界，祸患就迟缓，因此根据天下局势来看，诸侯不得不事奉齐国。如果秦国得到齐国的支持，那么它就会在中原得到重视，赵国、魏国、楚国得到齐国的支持，那么就可以抵御秦国。因此，秦、赵、魏三国谁得到齐国的支持，谁就会得到诸侯的重视，失去齐国的支持就会受到诸侯的轻视。齐国既然拥有这样好的形势，却不能在天下得到举足轻重的作用，这是为什么呢？大概是用错了计策吧！"

卷十一　齐策四

三十八　齐人有冯谖者

齐人有冯谖①者，贫乏不能自存，使人属孟尝君，愿寄食门下。孟尝君曰：“客何好？”曰：“客无好也。”曰：“客何能？”曰：“客无能也。”孟尝君笑而受之曰：“诺。”左右以君贱之也，食以草具。

居有顷，倚柱弹其剑，歌曰：“长铗②归来乎！食无鱼。”左右以告。孟尝君曰：“食之，比门下之客。”居有顷，复弹其铗，歌曰：“长铗归来乎！出无车。”左右皆笑之，以告。孟尝君曰：“为之驾，比门下之车客。”于是乘其车，揭其剑，过其友曰：“孟尝君客我。”后有顷，复弹其剑铗，歌曰：“长铗归来乎！无以为家。”左右皆恶之，以为贪而不知足。孟尝君问：“冯公有亲乎？”对曰：“有老母。”孟尝君使人给其食用，无使乏。于是冯谖不复歌。

注释

①冯谖（xuān）：一作“冯驩”。

②铗（jiá）：剑柄，这里指剑。

译文

齐国有个名叫冯谖的人，家境贫困不能养活自己，就托人向孟尝君请求，在他的门下当门客。孟尝君问：“宾客有什么爱好吗？”冯谖说：“没有。”孟尝君又问：“宾客有什么才能吗？”他回答说：“我没有才能。”孟尝君笑了笑就接纳了他：“好吧。”孟尝君身边的人以为孟尝君看不起冯谖，就让他吃粗劣的饭食。

刚住不久，冯谖就背靠柱子，弹着配剑而歌唱说：“长剑呀，咱们回去吧，吃饭没有鱼。"左右的人把这件事告诉孟尝君。孟尝君吩咐说："让他吃鱼，给他其他门客的待遇。"又过了不久，冯谖又弹着他的剑唱道："长剑呀，我们还是回去吧，出门没有车坐。"周围的人都笑他，又告诉孟尝君。孟尝君说："给他配上车，待遇和其他门客一样。"于是冯谖驾车带剑，去拜访他的朋友夸耀说："孟尝君把我当作门客。"此后不久，冯谖又弹其剑唱道："长剑呀，咱们回去吧，没办法养家。"左右的人都厌恶他，认为他贪得无厌。孟尝君问："冯先生有父母吗？"左右答道："家有老母健在。"孟尝君派人把吃的给他母亲送去，不使他母亲穷困，于是冯谖就不再唱歌了。

后孟尝君出记①，问门下诸客："谁习计会，能为文收责②于薛者乎？"冯谖署曰："能。"孟尝君怪之，曰："此谁也？"左右曰："乃歌夫'长铗归来'者也。"孟尝君笑曰："客果有能也，吾负之，未尝见也。"请而见之，谢曰："文倦于事，愦于忧，而性愞③愚，沉于国家之事，开罪于先生。先生不羞，乃有意欲为收责于薛乎？"冯谖曰："愿之。"于是约车治装，载券契而行，辞曰："责毕收，以何市而反？"孟尝君曰："视吾家所寡有者。"

驱而之薛，使吏召诸民当偿者悉来合券。券遍合，起矫命，以责赐诸民，因烧其券，民称万岁。

注释

①记：文告。
②责：同"债"。
③愞：同"懦"，懦弱。

译文

后来，孟尝君出了一通文告，问门下食客："请问哪一位熟习账务会计业务，能替我到薛地收债呢？"冯谖签署名字说："我能。"孟尝君感到很诧异，向左右随从问道："这是谁呀？"随从们回答道："就是那个歌唱'长剑呀，我们回去吧'的人。"孟尝君笑道："他果然有才能，我对不起他，还未见过他的面呢。"于是请他来相见，道歉说："田文每日为琐事所烦扰，被忧愁弄得神昏意乱，而且生性懦弱笨拙，只因沉于国家大事，以致得罪了先生。好在先生不怪我，先生您还愿意替我到薛地收债吗？"冯谖说："愿意效劳。"于是就备好车马行装，带着债券契约出发，辞别时，冯谖问："收完债后，买些什么东西回来？"孟尝君回答说："先生看着我家还缺少的东西买吧。"

冯谖赶着马车来到薛地，派官吏把该还债的百姓召集来核对债券。债券全部核对之后，冯谖站起来假托孟尝君的名义将债款赏给这些百姓，并烧掉了那些券契文书，百姓欢呼万岁。

长驱到齐，晨而求见。孟尝君怪其疾也，衣冠而见之，曰："责毕收乎？来何疾也！"曰："收毕矣。""以何市而反？"冯谖曰："君云'视吾家所寡有者'。臣窃计，君宫中积珍宝，狗马实外厩，美人充下陈①。君家所寡有者，以义耳！窃以为君市义。"孟尝君曰："市义奈何？"曰："今君有区区之薛，不拊爱子其民，因而贾②利之。臣窃矫君命，以责赐诸民，因烧其券，民称万岁。乃臣所以为君市义也。"孟尝君不说，曰："诺，先生休矣！"

后期年，齐王③谓孟尝君曰："寡人不敢以先王之臣为臣。"孟尝君就国于薛，未至百里，民扶老携幼，迎君道中。孟尝君顾谓冯谖："先生所为文市义者，乃今日见之。"

冯谖曰："狡兔有三窟，仅得免其死耳。今君有一窟，未得高枕而卧也。请为君复凿二窟。"孟尝君予车五十乘，金五百斤，西游于梁，谓梁王曰："齐放其大臣孟尝君于诸侯，诸侯先迎之者，富而兵强。"于是梁王虚上位，以故相为上将军，遣使者，黄金千斤，车百乘，往聘孟尝君。冯谖先驱诫孟尝君曰："千金，重币也；百乘，显使也。齐其闻之矣。"梁使三反，孟尝君固辞不往也。齐王闻之，君臣恐惧，遣太傅④赍黄金千斤，文车⑤二驷，服剑⑥一，封书谢孟尝君曰："寡人不祥，被于宗庙之祟，沉于谄谀之臣，开罪于君，寡人不足为也。愿君顾先王之宗庙，姑反国统万人乎？"冯谖诫孟尝君曰："愿请先王之祭器，立宗庙于薛。"庙成，还报孟尝君曰："三窟已就，君始高枕为乐矣。"

孟尝君为相数十年，无纤介之祸者，冯谖之计也。

注释

① 下陈：堂下的庭院。

② 贾（gǔ）：用商人的手段牟利。

③ 齐王：指齐闵王。

④ 太傅：官名。三公之一。

⑤ 文车：有彩绘的车。

⑥ 服剑：国君的佩剑。

译文

冯谖又马不停蹄地返回齐都临淄，一大早就去求见孟尝君。孟尝君很奇怪他回来得这么快，穿戴好就接见他说："收完债了吗？怎么回来得这般快？"冯谖答道："都收完了。"孟尝君又问："先生替我买了些什么回来？"冯谖说："您曾说'买些家中缺少的东西'。我私下里想，您宫中堆满珠宝，犬马充满棚厩，美女成群站满堂下。您家中所缺少的唯有仁义了！因此臣私底下就为您买了仁义回来。"孟尝君说："你是怎么买仁义的？"冯谖答道："您的封地只有小小的薛地，您不但不体恤薛地的百姓，反而像商人一样在他们身上牟取利益。我私下假传您的命令，将债款都赐给了百姓，并把所有债券烧毁，百姓都高呼万岁。这就是臣替您买回来的仁义呀。"孟尝君很不高兴，说：

"我知道了，先生退下休息吧！"

一年后，齐闵王对孟尝君说："寡人不敢让先王的旧臣来做我的臣子。"孟尝君只好回到封地薛地，在距离薛地还有一百多里的地方，当地百姓就扶老携幼，在路旁迎接孟尝君。孟尝君回头对冯谖说："先生为我买的仁义，我今天算是看到了。"

冯谖说："狡兔有三个洞穴，仅仅可得以免死。如今您只有一个洞穴，还不能做到高枕无忧。请让我替殿下再凿两个洞穴。"孟尝君便给他五十辆车，五百斤黄金，让其向西去游说魏国，冯谖来到魏国，对魏王说："齐国将大臣孟尝君驱逐给诸侯，诸侯谁先得到他，谁就能富国而强兵。"于是魏王空出相位，让原来的相国做上将军，派出使节，以千斤黄金、百乘马车去聘请孟尝君。冯谖先驱车赶回薛地告诫孟尝君说："千斤黄金，是极贵重的聘礼；百乘马车，亦是极隆重的使节。齐国应早知道知道这件事情了。"魏国使者接连往返多次，可孟尝君始终坚决推辞而不肯前去。齐王听到这个消息，君臣震恐，连忙派遣太傅带着千斤黄金，彩车两辆及齐王佩剑一把，并书信一封向孟尝君道歉说："我很不幸，遭受祖宗降下的灾祸，听信谄谀之臣的谗言，得罪了您，寡人虽不足以辅佐，但请先生顾念先王宗庙，暂且回国统御百姓好吗？"冯谖告诫孟尝君说："希望您索取先王的祭器，立宗庙于薛地。"宗庙落成，冯谖回报孟尝君说："三个洞穴已经凿好，殿下可高枕无忧了。"

孟尝君为相几十年，没有遇到丝毫的祸患，正是依靠冯谖的计谋。

三十九　孟尝君为从

孟尝君为从，公孙弘①谓孟尝君曰："君不以使人先观秦王②？意者秦王帝王之主也，君恐不得为臣，奚暇从以难之？意者秦王不肖之主也，君从以难之，未晚。"孟尝君曰："善，愿因请公往矣。"

公孙弘敬诺，以车十乘之秦。昭王闻之，而欲愧之以辞。公孙弘见，昭王曰："薛公之地，大小几何？"公孙弘对曰："百里。"昭王笑而曰："寡人地数千里，犹未敢以有难也。今孟尝君之地方百里，而因欲难寡人，犹可乎？"公孙弘对曰："孟尝君好人③，大王不好人。"昭王曰："孟尝之好人也，奚如？"公孙弘曰："义不臣乎天子，不友乎诸侯，得志不惭为人主，不得志不肯为人臣，如此者三人；而治可为管、商④之师，说义听行，能致其如此者五人；万乘之严主也，辱其使者，退而自刭，必以其血污其衣，如臣者十人。"昭王笑而谢之，曰："客胡为若此，寡人直与客论耳！寡人善孟尝君，欲客之必谕寡人之志也！"公孙弘曰："敬诺。"

公孙弘可谓不侵矣。昭王，大国也；孟尝，千乘也。立千乘之义而不可陵，可谓足使矣。

注释

①公孙弘：齐国人。

②秦王：指秦昭王。

③好人：指尊重人才。

④管、商：指管仲、商鞅。

译文

孟尝君想要采取合纵政策，公孙弘对孟尝君说："您不如派人先观察一下秦昭王？如果秦王是帝王一样的君主，您将来恐怕不能做他的臣子，哪有时间采取合纵来与他为难呢？如果秦王是个没有才能的君主，那时您再采取合纵与他为难，也不晚。"孟尝君说："好，希望您前往观察一下吧。"

公孙弘答应了，便率领十辆兵车到了秦国。秦昭王听到这个消息，想要用言辞羞辱他。公孙弘拜见秦昭王，昭王问，"薛公的封地有多大？"公孙弘回答说："一百里。"昭王笑着说："寡人的土地有数千里，还不敢去为难别人。如今孟尝君的封地只有方圆百里，还想要与我为难，这做得到吗？"公孙弘回答说："孟尝君尊重贤才，而大王不尊重人才。"秦昭王说："孟尝君尊重的贤能之人，是什么样子的？"公孙弘说："坚持正义，不向所谓的天子臣服，也不和诸侯做朋友，得志的时候做君主也不会惭愧，不得志的时候也不肯做别人的臣仆，像这样的有三个人：治理国家方面可以做管仲、商鞅的老师，所讲的道理符合义，弱国君主能听从实行，可以使他们称王称霸，像这样的有五个人；拥有万辆兵车的威严君主，如果侮辱了他的使者，使者将后退自杀，必定用他的血污染君王的衣服，像我这样的有十个人。"昭王笑着向公孙弘道歉，说："您为什么这样，寡人只不过是跟客人您谈论问题罢了！我跟孟尝君很友好，希望贵客一定要把我的心意转告给孟尝君！"公孙弘说："好吧。"

公孙弘可算得上是不可侵犯的人了。秦昭王是大国的君主；孟尝君不过是千乘的主人。公孙弘树立起千乘的正义，使其不受侵犯和侮辱，可以说是足以做使者的人了。

四十　鲁仲连谓孟尝君

鲁仲连谓孟尝君曰："君好士也？雍门子养椒亦[①]，阳得子养[②]，饮食衣裘与之同之，皆得其死。今君之家富于二公，而士未有为君尽游者也。"君曰："文不得是二人故也，使文得二人者，岂独不得尽！"对曰："君之厩马百乘，无不被绣衣而食菽粟者，岂有骐麟、騄耳[③]哉？后宫十妃，皆衣缟纻[④]，食粱肉，岂有毛嫱、西施[⑤]哉？色与马取于今之世，士何必待古哉！故曰君之好士未也。"

注释

①雍门子：人名。雍门，为齐都临淄城门名，以此地为姓氏。椒亦：人名。为雍门子所养的人。

②阳得子：人名。"养"下脱所养之人。

③骐麟、騄（lù）耳：均为良马的名称。

④缟：素色的缯。纻（zhù）：细麻布。

⑤毛嫱：即毛嫱，指古代的美女。西施：春秋时越王勾践献给吴王夫差的美女。

鲁仲连对孟尝君说："您是真的喜爱贤士吗？过去雍门子供养椒亦，阳得子供人才，饮食和衣物都和他们自己相同，门客们都愿意为他们效力。如今您的家比雍门子和阳得子富有，然而您的门客却没有一个为您尽心的人。"孟尝君说："这是因为我没有得到像椒亦二位那样的贤人，假如我得到这两个人，怎么不会为我尽力！"鲁仲连说："您的马棚里有可以拉一百辆车子的马，但没有一匹不披着锦绣的马衣而吃着豆子和米类，难道它们都是骐麟、騄耳吗？您后宫的十个妃子，都穿着洁白的细布衣，吃的都是上等的米和肉，难道有像毛嫱、西施那样的美女吗？您的美女与骏马都是从当世选取的，何必一定要用古时候那样的贤士呢！因此说您并不是真正地喜欢贤士。"

四十一　孟尝君逐于齐而复反

孟尝君逐于齐而复反，谭拾子①迎之于境，谓孟尝君曰："君得无有所怨齐士大夫？"孟尝君曰："有。""君满意杀之乎？"孟尝君曰："然。"谭拾子曰："事有必至，理有固然，君知之乎？"孟尝君曰："不知。"谭拾子曰："事之必至者，死也；理之固然者。富贵则就之，贫贱则去之，此事之必至，理之固然者。请以市谕。市，朝则满，夕则虚，非朝爱市而夕憎之也，求存故往，亡②故去。愿君勿怨。"孟尝君乃取所怨五百牒削去之，不敢以为言。

①谭拾子：人名。齐国人。

②亡：通"无"。

孟尝君被齐国驱逐出境，后又再次回来，谭拾子到边境去迎接他，并对孟尝君说："在齐国的士大夫中，有您心里怨恨的人吗？"孟尝君说："有的。"谭拾子说："您杀掉他们，就感到满意吗？"孟尝君说："是的。"谭拾子说："事情总有它发展的必然结果，道理亦有它本来的规律，您了解吗？"孟尝君说："不了解。"谭拾子说："事情发展的必然结果就是死亡，道理的规律也本是如此。一旦富贵了就有人靠近他，贫贱了就有人远离他，这就是事情和道理发展的必然规律。请让我以市场作为比喻。市场，早晨人是满满的，晚上就变得空荡无人，这并不是人们爱早市而恨晚市，而是早晨人们想要在市场上买东西，而到了晚上，要买的东西晚上没有，所以离开。希望您不要怨恨别人。"孟尝君于是就把刻在小简上的五百个所怨恨的仇人名字削掉，不再提这件事情了。

四十二　齐宣王见颜斶

齐宣王见颜斶①曰："斶前！"斶亦曰："王前！"宣王不悦。左右曰："王，人君也。斶，人臣也。王曰斶前，斶亦曰王前，可乎？"斶对曰："夫斶前为慕势，王前为趋士；与使斶为慕势，不如使王为趋士。"王忿然作色曰："王者贵乎？士贵乎？"对曰："士贵耳，王者不贵。"王曰："有说乎？"斶曰："有。昔者秦攻齐，令曰：'有敢去柳下季②垄五十步而樵采者，罪死不赦！'令曰：'有能得齐王头者，封万户侯，赐金千镒③。'由是观之，生王之头，曾不若死士之垄也。"宣王默默不悦。

左右皆曰："斶来，斶来！大王据千乘之地而建千石钟，万石簴④。天下仁义之士，皆来役处；辩知并进，莫不来语；东西南北，莫敢不服。求万物无不备具，而百姓无不亲附。今夫士之高者，乃称匹夫，徒步而处农亩；下则鄙野监门、闾里⑤，士之贱也亦甚矣！"

①颜斶（chù）：人名。齐国隐士。

②柳下季：人名。春秋时为鲁国大夫，姬姓，展氏，名禽，食邑柳下，谥号曰"惠"，故亦称柳下惠。

③镒（yì）：古代重量单位，一镒合二十两（一说二十四两）。

④簴（jù）：古代挂钟磬的架子上的立柱。

⑤鄙：小邑。野：郊外。监门：守门的人。闾里：包括二十五家。

译 文

齐宣王召见颜斶说："颜斶你上前来。"颜斶也说："大王您上前来。"齐宣王听了很不高兴。其左右近臣都说："大王是一国之君，而你颜斶只是区区一个臣子。大王唤你上前，你也唤大王上前，这样做可以吗？"颜斶说："如果我上前，那就是贪慕权势，如果大王上前，那就是谦虚恭敬地对待贤士；与其让我拥有贪慕权势的恶名，不如让大王获取礼贤下士的美誉。"齐宣王气得脸色大变，愤怒地道："是君王尊贵，还是士人尊贵？"颜斶回答说："自然是士人尊贵，君王不尊贵。"齐宣王问："此话怎讲？"颜斶答道："以前秦国征伐齐国时，秦王曾下令：'有敢在柳下惠坟墓周围五十步内打柴的人，一概处死，决不宽赦！'又下令：'谁能取得齐王首级，封侯万户，赏赐以千金。'由此看来，活国君的头颅，比不上死贤士的坟墓呀。"齐宣王哑口无言，但内心极不高兴。

左右侍臣都指责颜斶说："颜斶过来！颜斶过来！大王据千乘之国，并且拥有千斤重的钟和万石重的钟架。天下仁义辩智之士，莫不争相投奔效劳；那些雄辩而睿智之人纷纷前来，莫不向大王建言献策；四海之内，莫不向大王臣服。想要的东西无不齐备，百姓无不心服。而即便是最清高的士人，也不过是普通民众，每天徒步而行，耕作为生；而一般的士人，则只能居住在鄙陋穷僻之处，以看门守户为生，士的地位是十分低贱的！"

斶对曰："不然。斶闻古大禹之时，诸侯万国，何则？德厚之道，得贵士之力也。故舜起农亩，出于野鄙而为天子。及汤之时，诸侯三千。当今之世，南面称寡者乃二十四。由此观之，非得失之策与！稍稍诛灭，灭亡无族之时，欲为监门、闾里，安可得而有乎哉？

"是故《易传》不云乎：'居上位，未得其实，以喜其为名者，必以骄奢为行。据慢骄奢，则凶从之。'是故无其实而喜其名者削，无德而望其福者约，无功而受其禄者辱，祸必握①。故曰：'矜功不立，虚愿不至。'此皆幸乐其名，华而无其实德者也。

"是以尧有九佐，舜有七友，禹有五丞，汤有三辅，自古及今，而能虚成名于天下者，无有。是以君王无羞亟问，不愧下学。是故成其德而扬功名于后世者，尧、舜、禹、汤、周文王是也。

"故曰：'无形者，形之君也；无端者，事之本也。'夫上见其原，下通其流，至圣人明学，何不吉之有哉！《老子》曰：'虽贵，必以贱为本；虽高，必以下为基。'是以侯王称孤、寡、不穀，是其贱之本与？非夫孤寡者，人之困贱下位也，而侯王以自谓，岂非下人而尊贵士与？夫尧传舜，舜传禹，周成王任周公旦，而世世称曰明主，是以明乎士之贵也。"

注释

①握：通"渥"，重。

译文

颜斶反驳道："不对。我听说上古大禹之时，天下有上万个诸侯国，这是为什么呢？因为那是道德淳厚的世道，得力于重用士人。因此虞舜这个出身于乡村鄙野的农夫，得以走出穷乡僻壤而成为天子。到了商汤之时，诸侯国尚存三千。时至今日，面向南方而自称寡人者只剩下二十四个了。由此看来，不就是因为士人得失才造成了天下变化！当诸侯被逐渐被削弱，到亡国而灭族之时，即使有人想要看守门户，又怎么能办得到呢！

"所以《易传》中不是说过吗：'身居高位而不具备相应的德行，只喜爱追求虚名的人，行为必然骄奢傲慢。而骄奢傲慢的人，最终惠招致祸患。'因此，无才无德而喜爱虚名的人会被削弱，没有德行却妄求福禄的人会遭困厄，没有功劳却接受俸禄的人会遭受侮辱，祸患就会深重。所以说，'居功自傲不能成就功业，只有空想而不去做难以达到目的。'这些都是指那些企图侥幸成名，而没有实际德行的人。

"正因为如此，尧有九个佐官，舜有七位师友，禹有五位帮手，而汤有三大贤臣辅佐，从古至今，不实际去做、不依靠必要的帮助就能够成名于天下的人，没有。因此，君主不要以向别人请教为羞，不要以向地位低微的人学习为耻。因此，能完善自身的道德而扬名后世的人，只有唐尧、虞舜、商汤、周文王这样的人。

"所以说：'无形的东西，是有形事物的主宰；没有端头的东西，才是事务的开端。'若能上溯事物本源，下通事物的演变，道德高尚而又精通学问，哪里还会有不吉祥的事情发生呢！《老子》中说：'虽然尊贵，必定以低贱为根本；虽然高尚，必定以低下为基础。'所以诸侯、君主皆自称为孤、寡或不毂，这大概就是他们懂得以贱为本的道理吧？所谓孤、寡，是指生活困窘、地位卑微的人，可是诸侯、君主却用以自称，难道不是谦居人下而尊重人士的表现吗？尧传位给舜、舜传位给禹，周成王重用周公旦，后世都称他们是贤明的君主，这足以证明贤士的尊贵啊。"

宣王曰："嗟乎！君子焉可侮哉，寡人自取病耳！及今闻君子之言，乃今闻细人之行，愿请受为弟子。且颜先生与寡人游，食必太牢[①]，出必乘车，妻子衣服丽都。"

颜斶辞去曰："夫玉生于山，制则破焉，非弗宝贵矣，然大璞不完。士生于鄙野，推选则禄焉，非不得尊遂也，然而形神不全。斶愿得归，晚食以当肉，安步以当车，无罪以当贵，清静贞正以自虞[②]。制言者王也，尽忠直言者斶也。言要道已备矣，愿得赐归，安行而反臣之邑屋。"则再拜而辞去也。

　　斶知足矣，归反于璞，则终身不辱也③。

注释

①太牢：指牛、羊、豕。

②虞：通"娱"，娱乐。

③归反于璞，则终身不辱也：（清）程篯初《战国策集注》作"归真反璞，则终身不辱"。

译文

　　宣王叹息道："可叹呀！我怎么能够侮辱人呢，我这是自取其辱呀！知道今天听到了君子高论，才明白是轻贤慢士的小人行径。希望先生能接受我弟子。如果颜先生与我相从交游，我定会让您食必牛、羊、猪肉，出行必乘马车，先生的妻子儿女也必然穿上华丽的锦衣。"

　　颜斶对宣王辞谢说："玉产于深山，一经琢磨就会破坏其天然本色，不是说美玉不再宝贵，只是失去了它本真的完美。士大夫本就生于乡野，经过推荐才能接受俸禄，这也并不是不尊贵显达，而是他们的形神从此难以保存完全。我只希望回到乡下，晚一点进食，即使是吃野菜也如吃肉一般，缓行慢步，完全可以当作坐车，无罪无伐，足以当作富贵，清静无为，坚持贞洁而自娱自乐。有纳言决断权力的，是大王您；秉忠而直谏的，则是颜斶我。我要说的，主要的道理都说得很完备了，希望大王赐我归去，让我安稳地返回家乡的小屋。"于是，再拜而告辞离去了。

　　颜斶可以说是知足的人了，返回家乡，回归到真实的自己，那么就终生不会受到着辱了。

四十三　先生王斗造门而欲见齐宣王

　　先生王斗①造门而欲见齐宣王，宣王使谒者延入。王斗曰："斗趋见王为好势，王趋见斗为好士，于王何如？"使者复还报。王曰："先生徐之，寡人请从。"宣王因趋而迎之于门，与人，曰："寡人奉先君之宗庙，守社稷，闻先生直言正谏不讳。"王斗对曰："王闻之过。斗生于乱世，事乱君，焉敢直言正谏？"宣王忿然作色，不说②。

有间，王斗曰："昔先君桓公所好者五，九合诸侯，一匡天下，天子受籍③，立为大伯④。今王有四焉。"宣王说，曰："寡人愚陋，守齐国，唯恐失抎⑤之，焉能有四焉？"王斗曰："否。先君好马，王亦好马；先君好狗，王亦好狗；先君好酒，王亦好酒；先君好色，王亦好色；先君好士，是王不好士。"宣王曰："当今之世无士，寡人何好？"王斗曰："世无骐骥騄耳，王驷已备矣；世无卢氏之狗，王之走狗已具矣；世无毛嫱、西施，王宫已充矣。王亦不好士也，何患无士？"

注释

①王斗：人名。齐国人。

②说：同"悦"。

③籍：通"阼（zuò）"，指侯伯之位。

④大伯：诸侯的领袖。

⑤抎（yǔn）：失掉。

译文

王斗先生来到王宫，想要拜见齐宣王。宣王吩咐侍者将他引进来。王斗说："我拜见大王是趋炎附势，而大王迎接我就是礼贤下士，不知大王怎么看？"负责接待的人将他的话汇报给齐宣王。宣王说："请先生慢行，寡人亲自来迎接。"于是快步走到宫门去迎接王斗，并和他一起进宫。宣王说："寡人得以事奉先王宗庙，管理社稷，听说先生能直言进谏，毫不忌讳。"王斗回答说："大王听错了，我生于乱世，又事奉昏君，怎么敢直言进谏呢？"宣王听后，不禁愤然作色，很不开心。

过了一会儿，王斗说：“过去先王齐桓公有五样爱好，他九合诸侯，一举匡扶周室，周天子赐给他侯伯德爵位，立他为诸侯中的霸主。现在大王有四种爱好与他相同。”宣王听了很高兴，问道：“寡人愚钝疏浅，治国安邦还担心力有不及，又怎能有四样爱好与先主相同呢？”王斗说：“不。先主喜欢马，大王也喜欢马；先主喜欢狗，大王也喜欢狗；先主喜欢酒，大王也喜欢酒；先君好色，大王也好色；先主喜好贤士，大王却不是那样。”宣王说：“当今世上没有贤士，寡人又如何礼贤下士呢？”王斗说：“当世虽没有骐骥、騄耳这样的骏马，可是大王您已经车马齐备；当世虽没有卢氏那样的良犬，可是大王已经拥有善跑德猎狗了；当世虽没有毛嫱、西施一类的美女，可大王的后宫已经充满美女。大王只是不喜欢贤士而已，哪里是担心世无贤士呢？”

王曰：“寡人忧国爱民，固愿得士以治之。”王斗曰：“王之忧国爱民，不若王爱尺縠①也。”王曰：“何谓也？”王斗曰：“王使人为冠，不使左右便辟②而使工者，何也？为能之也。今王治齐，非左右便辟无使也，臣故曰不如爱尺縠也。”宣王谢曰：“寡人有罪国家。”于是举士五人任官，齐国大治。

注释

①縠（hú）：古称质地轻薄纤细透亮、表面起皱的平纹丝织物为縠，也称绉纱。

②便（pián）辟：指国君身边善于逢迎、受到宠幸的人。

译文

宣王说：“我忧国爱民，本来就希望得到贤士的帮助来治理齐国。”王斗说：“大王的忧国忧民还远不如爱惜一尺绉纱。”宣王问道：“这是什么意思？”王斗回答说：“大王让人做帽子，不用身边亲近的人而请能工巧匠，是为什么？因为他们会做帽子。现在大王治理齐国，不是亲近的人不任用，所以我说大王的忧国忧民不如一尺绉纱。"宣王向王斗道歉道："寡人有罪于国家。"于是，选拔五位贤士，并委任他们官职，齐国因而治理得很好。

四十四　齐王使使者问赵威后

齐王使使者问赵威后①。书未发，威后问使者曰："岁亦无恙耶？民亦无恙耶？王亦无恙耶？"使者不说，曰："臣奉使使威后，今不问王而先问岁与民，岂先贱而后尊贵者乎？"威后曰："不然。苟无岁，何以有民？苟无民，何以有君？故有问舍本而问末者耶？"

乃进而问之曰："齐有处士曰钟离子，无恙耶？是其为人也，有粮者亦食②，无粮者亦食；有衣者亦衣，无衣者亦衣。是助王养其民者也，何以至今不业也？叶阳子无恙乎？是其为人，哀鳏寡③，恤孤独④，振困穷，补不足。是助王息其民者也，何以至今不业也？北宫之女婴儿子无恙耶？彻其环瑱⑤，至老不嫁，以养父母。是皆率民而出于孝情者也，胡为至今不朝也？此二士弗业，一女不朝，何以王齐国，子万民乎？於陵子仲⑥尚存乎？是其为人也，上不臣于王，下不治其家，中不索交诸侯。此率民而出于无用者，何为至今不杀乎？"

注释

①齐王：指齐襄王，田氏，名法章，齐闵王之子。赵威后：指赵惠文王妻子。公元前266年，赵惠文王卒，子孝王立，年幼，由赵威后摄政。

②食（sì）：动词，拿东西给人吃。

③鳏：老而无妻。寡：老而无夫。

④孤：老而无子。独：幼而无父。

⑤彻：通"撤"。瑱（zhèn）：指妇女的首饰。

译文

齐襄王派遣使者问候赵威后。书信尚未打开，赵威后就问使者说："今年的收成不错吧？百姓还安居乐业吗？你们的大王身体也还好吧？"使者听了不高兴，说："我奉大王的差遣来向太后问好，您不先问我们大王却先问今年的年成和百姓，这难道不是先卑贱而后尊贵吗？"赵威后说："不对。如果没有好的年成，怎么会有百姓的安居乐业呢？如果没有百姓的安居乐业，那怎么会有国君呢？哪里有舍弃根本而先问末节的道理呢？"

她接着又问使者说："齐国有个隐士叫钟离子，他还好吗？他这个人，有粮食的人让他们有饭吃，没粮食的人也让他们有饭吃；有衣服的人就给他们衣服，没有衣服的人也给他们衣服。他是帮助你们的大王养活百姓的人，为什么到现在还没有被重用呢？叶阳子还安好吗？他主张怜恤鳏寡孤独、振济穷困不足的人。他是为你们大王存恤安息百姓的人，为什么到现在还不任用他呢？北宫家的女儿婴儿子还好吗？她摘去耳环玉饰，到老不嫁，一心奉养双亲，这是用孝道为百姓作出表率，为何至今还未朝见君王呢？这样的两位隐士不受重用，一位孝女不被君王接见，齐王靠什么来治理齐国、抚恤万民呢？於陵的子仲这个人还活着吗？他的为人啊，在上对君王不行臣道，在下不能很好地治理自己的家业，中又不和诸侯交往。这是在引导百姓变得无所事事的人，你们大王为什么如今还不杀死他呢？"

四十五　齐人见田骈

齐人见田骈①曰："闻先生高议，设为不宦，而愿为役。"田骈曰："子何闻之？"对曰："臣闻之邻人之女。"田骈曰："何谓也？"对曰："臣邻人之女，设为不嫁，行年三十而有七子，不嫁则不嫁，然嫁过毕矣。今先生设为不宦，訾②养千钟，徒百人，不宦则然矣，而富过毕也。"田子辞。

注释

①田骈（pián）：战国时齐国有名的学者。

②訾（zī）：资。

译文

有个齐国人去见田骈说："听说先生您高谈阔论，不愿意入仕做官，我愿意供您差遣。"田骈问道："您从哪里听来的？"那人答道："从我邻家的一个女子那里听来的。"田骈问："你说这话是什么意思？"那人说："我邻居家的女子立志不嫁人，可是年龄还没到三十岁却生有子女七个，说是不嫁吧，却比出嫁的人更厉害。如今先生说是不做官，却有千钟的俸禄，仆役百人，说是不做官，却比做官的人还富有呀。"田骈听了便辞谢告退。

四十六　管燕得罪齐王

管燕得罪齐王①，谓其左右曰："子孰而与我赴诸侯乎？"左右嘿②然莫对。管燕连然③流涕曰："悲夫！士何其易得而难用也！"田需对曰："士三食不得餍④，而君鹅鹜⑤有余食；下宫糅罗纨⑥，曳绮縠⑦，而士不得以为缘⑧。且财者君之所轻，死者士之所重，君不肯以所轻与士，而责士以所重事君，非士易得而难用也！"

注释

①管燕：人名。齐国人。齐王：指齐宣王。

②嘿（mò）：同"默"。

③连然：泪流不断的样子。连，通"涟"。

④餍（yàn）：饱。

⑤鹜（wù）：鸭。

⑥下宫：指后宫。罗：指质地轻软的丝织品。纨：指白色细绢。

⑦绮縠：有花纹的织品。

⑧缘：衣服的边饰。

译文

管燕得罪了齐王，他对左右的人说："你们谁愿意与我一起投奔其他的诸侯呢？"左右的人默不作声没有一人回答。管燕伤心而泣涕涟涟地说："真是可悲啊！士人为什么容易得到，而难以任用啊！"田需回答说："士人在您这里三顿饭都无法吃饱，可是您所吃的鹅、鸭还有剩余；后宫的美人穿着各种绫、罗、素绢，拖着绮绣的细纱，而士人却不能用它们做个衣服的花边。再说财物是您所轻视的东西，死亡是士人所重视的事情，您不肯把您所轻视的财物送给士人，却要求士人把自己所重视的生命奉献给您，由此可见，这并不是士人容易得到却难以任用啊！"

四十七　苏秦自燕之齐

苏秦自燕之齐①，见于华章②南门。齐王③曰："嘻！子之来也。秦使魏冉致帝，子以为何如？"对曰："王之问臣也卒④，而患之所从生者微。今不听，是恨秦也；听之，是恨天下也。不如听之以卒秦，勿庸称也以为天下。秦称之，天下听之，王亦称之，先后之事，帝名为无伤也。秦称之，而天下不听，王因勿称，以收天下，此大资也！"

注释

①苏秦自燕之齐：指苏秦受燕昭王的派遣，送昭王弟襄安君到齐国做人质，因而做了齐国臣子。

②华章：指齐国官门名。

③齐王：指齐闵王。

④卒：同“猝”，仓促。

译文

苏秦从燕国来到齐国，在华章南门拜见齐闵王。齐闵王说："唉！您可算来了。秦国派魏冉送来帝号，您认为怎么样？"苏秦回答说："大王的提问让臣感到很仓促，但是祸患的发生总是隐秘而难以察觉的。现在如果不听从秦国的要求，就会使秦国憎恨您；如果听从秦国的要求，这就要使天下的诸侯憎恨您。不如表面上听从秦而使秦终成称帝之事，但我们不用称帝以应对天下之人。如果秦王称帝，天下各国又都听从，那么大王也称帝，不过是早晚的事情，对帝王的名号是没有损害的。如果秦王称帝，而天下各国不听从，大王因此也不要称帝，以收取天下民心，这是很大的凭借。"

四十八　苏秦谓齐王

苏秦谓齐王曰："齐、秦立为两帝①，王以天下为尊秦乎？且尊齐乎？"王曰："尊秦。""释帝则天下爱齐乎？且爱秦乎？"王曰："爱齐而憎秦。""两帝立，约伐赵，孰与伐宋之利也？"王曰："伐宋利。"对曰："夫约然与秦为帝，而天下独尊秦而轻齐；齐释帝，则天下爱齐而憎秦；伐赵不如伐宋之利。故臣愿王明释帝，以就天下；倍约傧②秦，勿使争重；而王以其间举宋。夫有宋则卫之阳城③危；有淮北则楚之东国危；有济西则赵之河东危；有阴、平陆④则梁门不启。故释帝而贰之以伐宋之事，则国重而名尊，燕、楚以形服，天下不敢不听，此汤、武之举也！敬秦以为名，而后使天下憎之，此所谓以卑易尊者也！愿王之熟虑之也！"

注释

①两帝：齐称东帝，秦称西帝。
②傧：通"摈"，摈弃。

③阳城：当作"阳地"，地处河南濮阳之地。

④阴：指陶，地处近山东定陶西北。平陆：地处今山东汶上北。

🏮译文

苏秦对齐王说："如今齐国、秦国都已称帝，大王认为天下是尊重秦国还是齐国？"齐王说："尊重秦国。""如果放弃帝号，那么天下人是亲近秦国还是齐国呢？"齐王说："亲近齐国而憎恨秦国。"苏秦说："齐、秦两国称帝后，相约讨伐赵国，和讨伐宋国相比哪个更为有利？"齐王说："讨伐宋国更有利。"苏秦说："如果现在齐国与秦国相约并立帝号，但天下各国只会尊重秦国而轻视齐国；如果齐国放弃帝号，那么天下各国就会亲近齐国而憎恨秦国；讨伐赵国不如讨伐宋国有利。所以我希望大王公开放弃帝号，使天下各国都亲近齐国；违背盟约并摈弃秦国，不与秦国争雄；然后大王可以趁此机会一举攻占宋国。一旦占据了宋国，那么卫国的阳城就危险了；占领了淮水之北，那么楚国的东部地区就危险了；占有了济水以西的土地，那么赵国的河东就危险了；占有了阴地、平陆，那么魏国都城大梁的打门就不能打开了。因此，放弃帝号，违背与秦国的盟约以进攻宋国，那么齐国就会威震诸侯，燕国、楚国就会因形势而臣服，天下诸侯不敢不听从齐国的指挥，这是商汤、周武王那样的伟业啊！名义上尊重秦国，然后使天下各国憎恨秦国，这就是用卑贱换取尊贵的方法呀！希望大王仔细考虑这件事！"

卷十二　齐策五

四十九 苏秦说齐闵王

苏秦说齐闵王曰:"臣闻用兵而喜先天下者忧,约结而喜主怨者孤。夫后起者藉也,而远怨者时也,是以圣人从事,必藉于权而务兴于时。夫权藉者,万物之率①也;而时势者,百事之长也。故无权藉,倍②时势,而能事成者寡矣。

"今虽干将、莫邪,非得人力,则不能割刿③矣;坚箭利金,不得弦机之利,则不能远杀矣。矢非不钴④,而剑非不利也,何则?权藉不在焉。何以知其然也?

"昔者赵氏袭卫,车不舍人不休,傅卫国,城刚平⑤,卫八门土⑥而二门堕矣,此亡国之形也。卫君跣行告溯于魏,魏王身被甲底剑⑦,挑赵索战,邯郸之中鹜,河、山⑧之间乱。卫得是藉也,亦收余甲而北面,残刚平,堕中牟⑨之郭。卫非强于赵也,譬之卫矢而魏弦机也,藉力魏而有河东之地。赵氏惧,楚人救赵而伐魏,战于州西⑩,出梁门,军舍林中⑪,马饮于大河。赵得是藉也,亦袭魏之河北,烧棘蒲⑫,队黄城⑬。故刚平之残也,中牟之堕也,黄城之坠也,棘蒲之烧也,此皆非赵、魏之欲也,然二国劝行之者,何也?卫明于时权之藉也。

"今世之为国者不然矣。兵弱而好敌强,国罢而好众怨,事败而好鞠之,兵弱而憎下人,地狭而好敌大,事败而好长诈。行此六者而求伯,则远矣。

注释

① 率:率领。

② 倍:通"背",违背。

③ 刿(guì):割,刺伤。

④铦（xiān）：锋利。

⑤刚平：地名。卫国都邑，地处河南清丰西南。

⑥土：通"杜"，杜绝，堵塞。

⑦魏王：指魏武侯。底：通"砥："，砥砺，磨砺。

⑧河：指黄河。山：指太行山。

⑨中牟：地名。指黄河以东。

⑩州西：指州城之西。州，地处今河南沁阳东。

⑪林中：指林乡之中。林乡，魏国都邑，地处今河南新郑东。

⑫棘蒲：地名。魏国都邑，地处今河北赵县。

⑬队：同"堕"，毁坏。黄城：地名。魏国都邑，地处今河南内黄北。

译文

苏秦游说齐闵王说："我听说，用兵而喜欢率先挑起战争的人，必定后患无穷，缔结盟约并带头攻打他国的人，最终会犯众怒而陷于孤立境地。如果有所凭借就能后发制人，顺应时势就可远离仇怨，因此圣人处理事情，必定借助于权变，不失时机地行动。借助权变而有所凭借，是统率万物的关键；而倚重天时，则是处理各种事情的首要条件。因此，不懂得借助权变，违背时势去行动，而能成就大事的人是很少的。

"即使有干将、莫邪一类的宝剑，如果没有人去用它，就不能刺伤任何东西；即使再坚硬的箭矢，如果不借助弓弩来发射，就不能杀伤远处的敌人。箭并不是不锐利，剑并不是不锋利，这是为什么呢？就是由于少了凭借之物。为什么这样说呢？

"过去赵国攻打卫国，车不停歇，人不喘息，一下子就包围了卫国都城，修筑刚平城，卫都有八个城门皆被堵塞，另外两个城门被摧毁，呈现出亡国的景象。卫国国君光着脚丫奔向魏国求援，于是魏武侯亲自披甲磨剑，领兵向赵国挑战，邯郸大乱，黄河与太行山之间也不可收拾。卫国有魏国作依靠，则乘机重整旗鼓，北向攻赵，夺取了刚平，并攻下了中牟的外城。卫国并非比赵国强大，假如把卫国比作一支利箭，那么魏国就好比强弓劲弩，它只是借助了魏国的力量才攻取了赵国的河东之地。赵国非常恐惧，楚国就救赵而讨伐魏国，双方在州西开战，然后楚国横穿魏都大梁城门，驻军林中而饮马黄河。赵国得到楚国的援助，便去攻打魏国的黄河以北之地，纵火焚烧棘蒲而毁坏黄城。因此，毁刚平、破中年、陷黄城、焚棘蒲，这并非是赵国、魏国的初衷，然而他们都那么竭力去做，这是为什么呢？这是因为卫国能看准时势并善于利用时机的缘故。

"如今那些执国施政的君王却不是这样。自己的军队弱小却喜欢挑斗强敌；国家疲惫偏要触犯众怒；败局已定却仍然一意孤行；自己的军队弱小却不能居人之下；自己的土地狭小，却要与大国为敌；事情失败了却偏偏喜欢欺诈。如果犯下这六种错误还妄图建立霸业，那么离霸业是越来越远了。

"臣闻善为国者，顺民之意而料兵之能，然后从于天下。故约不为人主怨，伐不为人挫强。如此，则兵不费，权不轻，地可广，欲可成也。

"昔者，齐之与韩、魏伐秦、楚也，战非甚疾也，分地又非多韩、魏也，然而天下独归咎于齐者，何也？以其为韩、魏主怨也。且天下遍用兵矣，齐、燕战而赵氏兼中山[1]，秦、楚战韩、魏不休而宋、赵专用其兵。此十国者，皆以相敌为意，而独举心于齐者，何也？约而好主怨，伐而好挫强也。

"且夫强大之祸，常以王人为意也；夫弱小之殃，常以谋人为利也。是以大国危，小国灭也。大国之计，莫若后起而重伐不义。夫后起之籍，与多而兵劲，则是以众强适罢寡也[2]，兵必立也。事不塞天下之心，则利必附矣。大国行此，则名号不攘而至，伯王不为而立矣。

"小国之情，莫如谨静而寡信诸侯。谨静则四邻不反，寡信诸侯则天下不卖，外不卖，内不反，则蓄积朽腐而不用，币帛矫蠹而不服矣。小国道此，则不祠而福矣，不贷而见足矣。故曰：'祖仁者王，立义者伯，用兵穷者亡。'何以知其然也？

注释

①齐、燕战而赵氏兼中山：指公元前296年，齐、燕发生权之战，燕国大败，亡十万大军。次年，赵国灭中山。

②适：通"敌"。罢：同"疲"。

译文

"臣听说，善于治理国家的君主，应该要顺应民心，善于切实估计自己兵力的强弱，然后再和其他的国家联合。因此缔约不会触犯众怒，出兵时不替他国去抵抗强敌。这样，就能保全自己的兵力而不会消耗，而且地位不会降低，疆土可以得到扩展，欲望可以实现。

"之前，齐国联结韩、魏两国共同讨伐秦、楚两国，作战并非特别卖力，齐国分的土地又不比韩、魏两国多，可是天下诸侯唯独将战争的罪责归咎于齐国，这是为什么呢？是因为齐国把诸侯对韩、魏两国的怨恨都集中于自己的身上。再说，那时天下普遍都在用兵，齐国与燕国交战，又有赵国乘机消灭中山国，秦国与楚国作战，韩、魏两国亦不断交锋，而宋、赵两国也在互相攻伐。这十个国家，钩心斗角，相互敌对，然而天下诸侯只埋怨齐国，这又是什么道理呢？因为结盟时齐国喜欢主导而招来他国的怨恨，攻伐时又喜欢攻打强敌。

"再说，强国招致祸患，往往是因为它一心想成为众人之王；弱国遭受灾殃，往往是由于它想图谋他国的利益，所以强国因此陷入危险，小国也要覆灭。大国的策略，不如后发制人，派大军来讨伐那些不讲道义的国家。后发制人并能有所倚仗，盟国众多且兵力强大，这就是联合强大的军队来对付弱小国家，战争必能取得胜利。做事情合乎公道，不堵塞天下诸侯之心，则利益必会随之而来了。打国如果这样做，则名号不必强求就能得到，霸业不用强求也能随之成就。

"小国的情形，最好的策略则莫过于谨慎从事，不要轻信诸侯。小心谨慎，则邻国就不会背叛；不轻信诸侯，就不会被天下出卖，在外不被出卖，在内没有背叛，就可粮食腐朽而吃不完，丝绸就算虫蛀也穿不尽了。小国若能如此，那么不用祈祷就能享福，不必借贷就能富足了。所以说：'施行仁政可以称王，建树信义可以称霸，而穷兵黩武必然会招致灭亡。'为什么知道是这样呢？

　　"昔吴王夫差以强大为天下先，袭郢而栖越[1]，身从诸侯之君[2]，而卒身死国亡，为天下戮者，何也？此夫差平居而谋王，强大而喜先天下之祸也。昔者莱、莒好谋，陈、蔡好诈，莒恃晋而灭，蔡恃越而亡，此皆内长诈、外信诸侯之殃也。由此观之，则强弱大小之祸，可见于前事矣。

　　"语曰：'骐骥之衰也，驽马先之；孟贲[3]之倦也，女子胜之。'夫驽马、女子，筋骨力劲非贤於骐骥、孟贲也，何则？后起之藉也。今天下之相与也不并灭，有而案兵而后起，寄怨而诛不直，微用兵而寄义，则亡天下可跬足[4]而须也。明于诸侯之故，察于地形之理者，不约亲，不相质而固，不趋疾，众事而不反，交割而不相憎，俱强而加以亲，何则？形同忧而兵趋利也。何以知其然也？

　　"昔者齐、燕战于桓之曲[5]，燕不胜，十万之众尽，胡人袭燕楼烦数县[6]，取其牛马。夫胡之与齐非素亲也，而用兵又非约质而谋燕也，然而甚于相趋者，何也？形同忧而兵趋利也。由此观之，约于同形则利长，后起则诸侯可趋役也。

注释

①袭郢：指公元前506年，吴伐楚入郢之事，但当时吴王应为阖闾，而非夫差。栖越：指公元前494年，夫差击败越国，使越王勾践栖于会稽。

②身从诸侯之君：指公元前482年，夫差会晋定公及诸侯于黄池之事。

③孟贲：人名。为秦武王时期的力士。

支離東北風塵際
漂泊西南天地間
三峽樓臺淹日月
五溪衣服共雲山

④踱（шǐ）足：举足。

⑤齐、燕战于桓之曲：指公元前296年，齐、燕权地之战。桓，即指权。地名，地处今河北正安北二十里。

⑥楼烦数县：指楼烦族的居住地，地处今山西宁武附近，当时附属于燕国。

译文

"之前，吴王夫差倚仗国家强大，首先率领军队四方征战，攻击楚国而拘禁越王，并召集诸侯参加他主持的黄池会盟，可最后却身死国亡，为天下所耻笑，这是为什么呢？因为夫差平时总想身居人上，图谋成为天下之主，倚仗强大率先挑起战争，从而招致祸患。以前莱、莒两国喜欢施用阴谋，而陈、蔡两国则爱用诈术，结果，莒国因倚仗晋国而被齐国灭亡，蔡国因倚仗越国而被楚灭亡，这些都是在内使用诈术，在外轻信诸侯而招来的横祸。由此看来，国家的强弱大小所招来的祸患，在历史上都有事实印证。

"常言道：'千里马一旦衰老，劣马就可以跑在它的前面了；力士孟贲一旦疲倦，女子就可以打败他了。'劣马、女子的筋骨劲力，远远比不上千里马和力士孟贲，但为何会出现这种情况呢？这是因为后发制人而有所凭借。如今，天下诸侯相互牵制，谁也不能消灭对方，如果哪个国家能够按兵不动，后发制人，同时善于转嫁仇怨，而讨伐无道的国家，隐藏用兵的真正意图，假借正义之名作为号召，征服天下便能指日可待。掌握诸侯的国情，明了天下的地理形势，不需结盟，不用互相扣留人质，而关系会更牢固，不用督促也会主动出击，相遇共事不会反复无常，一起受害而不相互埋怨，彼此都强大了且越发亲近，为何能做到这样呢？因为形势相同令他们忧患相同且利害一致。怎么知道是这样的呢？

"从前，齐、燕两国在权地交战，燕兵败北，十万兵众被消灭，胡人乘势袭击燕国的楼烦等地，掳掠牛马。胡人与齐国本来就非亲非故，又没有与齐国订立攻打燕国的盟约，然而却竭力配合齐国，这是什么原因呢？就是因为他们忧患相同、利害相关呀。由此可见，联合形势相同的国家就可以获得长远的利益，后发制人，可使诸侯归附并加以驱使。

"故明主察相诚欲以伯王为志，则战攻非所先。战者，国之残也，而都县之费也。残费已先，而能从诸侯者寡矣。彼战之为残也，士闻战则输私财而富军市，输饮食而待死士，令折辕而炊之，杀牛而觞士，则是路①军之道也。中人祷祝，君翳酿②，通都小县置社，有市之邑莫不止事而奉王，则此虚中之计也。

"夫战之明日，尸死扶伤。虽若有功也，军出费，中哭泣，则伤主心矣。死者破家而葬，夷伤者空财而共药，完者内酺而华乐③，故其费与死伤者钧。故民之所费也，十年之田而不偿也。军之所出，矛戟折，镮④弦绝，伤弩、破车、罢马，亡矢之大半。甲兵之所具，官私之所出也，士大夫之所匿，厮养士⑤之所窃，十年之田而不偿也。天下有此再费者，而能从诸侯寡矣。

"攻城之费，百姓理襜蔽⑥，举冲橹⑦，家杂总，身窟穴，中罢于刀金，而士困于土功，将不释甲，期数⑧而能拔城者为亟耳。上倦于教，士断于兵，故三下城而能胜敌者寡矣。故曰彼战攻者非所先也。何以知其然也？

注释

①路：通"露"，衰败。

②翳（yì）：掩埋。酿：通"禳（ráng）"，祭祀。

③完者：生还的人。酺（pú）：官府特许的欢聚饮酒。华：通"哗"。

④镮（huán）：刀环。

⑤厮养士：军中服杂役的人。

⑥襜（chān）蔽：车帷。

⑦冲橹：战车。

⑧期（jī）数：满一年。

译文

　　"所以说，英明的君主和有远见卓识的相国，如果想完成霸王大业的理想，就不要把战争摆在首位。战争是国家的祸害，让都邑耗损巨大的财力，国家的实力遭到损耗，还能号令诸侯的国家是很少的。战争对国家的损耗是显而易见的，士人听说将有战事，就捐献财产给军队而丰富军中的市场，又运送酒肉粮食来犒劳那些勇敢杀敌的战士，长官让人拆下车辕当柴烧，并杀牛设宴款待战士，这些都是削弱士兵的做法。国人为出征祈祷，君王设祭，大城小县都设有神庙祈福，凡有市场的城邑都要停业，而为战争服务，这实在是损耗国家的做法啊。

　　"在开战的第二天，尸横满地，哀鸿遍野，人们扶着受伤的将士。虽然好像得胜立功，但实际上，国家损耗大量的资财，国中之人悲惨痛哭，足以令国君伤心。阵亡将士的家属为安葬之事而倾尽家财，负伤的将士也因治伤而耗尽积蓄；那些侥幸平安而归的军人，则饮酒作乐，所以这些花费与死伤者的开支相等。所以战争使人民耗费的钱财，十年耕种所得的土地收获也难以抵偿。军队出战，矛戟毁坏，刀环和弓弦断裂，战车破坏，战马疲惫，箭矢损失大半。武器和军械的费用由国家和私人负担，有的被士大夫藏匿起来，有的被军中杂役窃取，即使十年耕种所得的土地收获也难以抵偿。有这两种耗费的国家，还能对诸侯施以号令，那就太少了。

　　"攻城拔地的费用，百姓修补车帷，营造战车，家人编入部队，国中之人疲于制造兵器，战士因挖掘地道而困乏，将军离不开铠甲，一年之内能攻下城池就算很快了。上面的长官由于久战而倦于进行教化，士卒为兵器所伤残，所以攻下三城之后，还有余力战胜敌人的就太少了。所以说，不应该把使用战争攻伐放在第一位。怎么知道回事这样的呢？

　　"昔智伯瑶攻范、中行氏，杀其君，灭其国，又西围晋阳，吞兼二国，而忧一主，此用兵之盛也。然而智伯卒身死国亡为天下笑者，何谓也？兵先战攻而灭二子患也。

"昔者，中山悉起而迎燕、赵，南战于长子①，败赵氏；北战于中山②，克燕军，杀其将。夫中山千乘之国也，而敌万乘之国二，再战比胜，此用兵之上节也，然而国遂亡，君臣于齐者，何也？不图于战攻之患也。由此观之，则战攻之败，可见于前事。

"今世之所谓善用兵者，终战比胜而守不可拔，天下称为善。一国得而保之，则非国之利也。臣闻战大胜者，其士多死而兵益弱；守而不可拔者，其百姓罢而城郭露③。夫士死于外，民残于内，而城郭露于境，则非王之乐也。今夫鹄的④非咎罪于人也，便弓引弩而射之，中者则善，不中则愧，少长贵贱则同心于贯之者，何也？恶其示人以难也。今穷战比胜而守必不拔，则是非徒示人以难也，又且害人者也，然则天下仇之必矣。夫罢士露国而多与天下为仇，则明君不居也。素用强兵而弱之，则察相不事也。彼明君察相者，则五兵⑤不动而诸侯从，辞让而重赂至矣。

注释

①长子：地名。赵国都邑，地处今山西长子西。

②北战于中山：指公元前315年，燕王哙把王位让给相国子之，国家大乱，中山国乘机攻燕。

③露：衰败。

④鹄的：箭靶的红心。

⑤五兵：泛指各种武器。

译文

"过去，智伯瑶攻灭范氏、中行氏，杀死他们的君主，灭了他们的国家，紧接着又麾兵西向，围攻晋阳，吞并了两国而又使一名国君陷入困境，这可以说是用兵盛极一时了，然而智伯却落得身死国亡的下场，为天下人所耻笑，这是什么缘故呢？这是因为智伯把战争放在首位，将范氏、中行氏灭掉所带来的灾祸。

"过去，中山国调动全国的军队来攻打燕、赵两国的军队，在南方的长子大败赵国的军队；又在在国境以北大败燕国的军队，并杀掉燕国领兵的大将。中山国只不过是个千乘小国，却与两个万乘大国同时为敌，并连续取得两次胜利，这可算是用兵的典范了，然而中山国终究免不了灭亡的命运，国君只能逃往齐国做了臣子，这是什么原因呢？因为它没有考虑战争的祸患。由此看来，由战争带来的败亡在历史上有很多事情可以印证。

"如今那些善于用兵的人，屡战屡胜，攻则取，守则固，天下人都说他善于用兵。一个国家依靠善于用兵的人而保存，这并非对国家有利。我听说，战争中取得大捷，它的士卒定会伤亡惨重；守城而不被敌人攻下的，它的百姓会疲惫不堪，城郭也会损毁。士兵战死于国外，百姓受害于国内，城郭被毁坏于国境，这不是国君所乐意看到的。

"如今，箭靶并没有与人结怨，可是人人都会以强弓硬弩去射它，射中就高兴，没有射中就感到羞惭，不论老少尊卑都希望射中它，这是为什么呢？是人们厌恶它让人难以射中。现在有的国家屡战屡胜且守城不被攻拔，这不仅仅是示人以难，同时也害人不浅，那么天下必定视他为仇敌了。士卒疲惫，且又与天下诸侯为仇敌，圣明的国君是不会这样做的。经常发动战争使兵力削弱，这是有远见的贤相不会去做的。那些贤明的国君与有远见的相国，他们不会妄动刀兵而诸侯自然会服从，态度谦让而贵重的财富自然会到来。

"故明君之攻战也，甲兵不出于军而敌国胜，冲橹不施而边城降，士民不知而王业至矣。彼明君之从事也，用财少，旷日远而为利长者。故曰：兵后起则诸侯可趋役也。

"臣之所闻，攻战之道非师[1]者，虽有百万之军，北之堂上；虽有阖闾、吴起之将，禽之户内；千丈之城，拔之尊俎[2]之间；百尺之冲[3]，折之衽席之上。故钟鼓竽瑟之音不绝，地可广而欲可成；和乐倡优侏儒[4]之笑不乏，诸侯可同日而致也。故名配天地不为尊，利制海内不为厚。故夫善为王业者，在劳天下而自佚，乱天下而自安。

佚治在我，劳乱在天下，则王之道也。锐兵来则拒之，患至则趋之，使诸侯无成谋，则其国无宿忧矣。何以知其然矣？

注释

①非师：不用兵。

②尊俎（zǔ）：尊以盛酒，俎以放肉。借指宴会。

③冲：古战车名。

④倡优侏儒：歌舞杂技艺人。

译文

"所以，英明的君主作战，不必动用军队就能战胜敌国，不必运用攻城的战车，敌国的边城就会投降，百姓尚未察觉而王业就已完成。英明的君主处理事情，费用少，时间虽长却可取得长远的利益。所以说，后发制人就可令诸侯归附并加以驱使。

"我听说，攻战之道不在于用兵，即使拥有百万大军，也能败之于朝堂之上；即使遇到阖闾、吴起那样的将帅，也能在室内将其擒获；虽有千丈深的城池，也可以在酒席之间摧毁它；虽有百尺高的战车，也可以在坐席之上摧折它。所以，钟鼓竽瑟之声在朝堂不绝于耳，国土可以扩张而愿望可以达成；歌舞杂技艺人在堂前表演不断，而诸侯都会同日一起前来臣服。因此名号与天地相配亦不算是高贵，富甲天下也不算是富有。因此，善于开创基业的君王，能使诸侯劳顿而自己闲逸，使天下大乱而本国安宁。安逸而大治是我方，而劳顿而混乱是他国，这就是王霸之道。强敌来了就抵抗，祸患来了就避开，是诸侯不能对自己有所图谋，那么国家就会安定无忧了。怎么知道会是这样呢？

"昔者魏王①拥土千里，带甲三十六万，其强②而拔邯郸，西围定阳③，又从十二诸侯朝天子④以西谋秦。秦王⑤恐之，寝不安席，食不甘昧，令于境内，尽堞⑥中为战具，竟⑦为守备，为死士置将，以待魏氏。

"卫鞅谋于秦王曰：'夫魏氏其功大而令行于天下，有十二诸侯而朝天子，其与必众。故以一秦而敌大魏，恐不如。王何不使臣见魏王，则臣请必北魏矣。'秦王许诺。

注释

①魏王：指魏惠王。

②其强：应作"其恃强"。

③定阳：地名。地处今陕西洛川北。

④从十二诸侯朝天子：指公元前344年，魏惠王在逢泽（今河南开封东南）召集诸侯会盟，会后，魏王率诸侯朝周。十二诸侯，指泗水流域的一些小国。

⑤秦王：指秦孝公。

⑥堞（dié）：城。

⑦竟：通"境"。

译文

"过去魏惠王拥有领土上千里，甲士数十万，倚仗自己国力强大，攻取邯郸，西围定阳，又率领十二家诸侯朝拜周天子，并图谋对付秦国。秦孝公为此忧心忡忡、寝食难安、食不甘味，下令全国，修缮战守的器具，境内严加防守，同时招募死士，任命将领，以此来防范魏国的进攻。

"卫鞅向秦孝公献计说：'魏王因有巨大的功劳而号令得以施行天下，又率领十二家诸侯朝见天子，拥护魏国的国家一定很多，所以，以区区一个秦国与强大的魏国为敌，恐怕不行。大王为何不以臣为使去见魏王，那我就有把握挫败魏国了。'秦王答应了他的请求。

"卫鞅见魏王曰：'大王之功大矣，令行于天下矣。今大王之所从十二诸侯，非宋、卫也，则邹、鲁、陈、蔡，此固大王之所以鞭笞①使也，不足以王天下。大王不若北取燕，东伐齐，则赵必从矣；西取秦，南伐楚，则韩必从矣。大王有伐齐、楚心，而从天下之志，则王业见矣。大王不如先行王服，然后图齐、楚。'魏王说于卫鞅之言也，故身广公宫，制丹衣，柱建旌九斿②，从七星之旗③，此天子之位也，而魏王处之。于是齐、楚怒，诸侯奔齐。齐人伐魏，杀其太子，覆其十万之军④。魏王大恐，跣行按兵于国而东次于齐，然后天下乃舍之。当是时，秦王垂拱受河西之外⑤，而不以德魏王。

"故卫鞅之始与秦王计也。谋约不下席，言于尊俎之间，谋成于堂上，而魏将⑥以禽于齐矣；冲橹未施，而西河之外入于秦矣。此臣之所谓北⑦之堂上，禽将户内，拔城于尊俎之间，折冲席上者也。"

注释

①笞（chuí）：指马鞭。

②斿（liú）：指旗上的飘带。

③七星之旗（yú）：画有朱雀七星的旗子。

④覆其十万之军：指公元前314年，魏、齐马陵之战，魏国败，太子申被杀。

⑤河西之外：地处今陕西大荔、宜川一带。西临黄河。

⑥魏将：指庞涓。

⑦北：打败。

译文

"卫鞅往见魏惠王说：'大王功劳很大，可以号令天下。如今大王率领的十二家诸侯，不是宋、卫，就是邹、鲁、陈、蔡这些小国，这些国家本来就受大王驱使，然而就凭它们大王您还不足以称王天下。大王不如向北攻打燕国，向东攻伐齐国，那么赵国自会服从；再向西方进攻秦国，向南讨伐楚国，那么韩国自会望风而服。大王有讨伐齐、楚的心愿且有让天下服从的志向，那么王业就可以实现了。大王不如先穿上王者的服饰，加天子衣冠，然后再去攻打齐、楚两国。'魏惠王听了卫鞅十分高兴，便按照天子的规格大建宫室，制作丹衣和九斿、七星之旗，天子所才能享有的，魏惠王都享受了。对齐、楚两国君主因此大为激愤，而各路诸侯也都投向齐国。齐国攻打魏国，杀掉了魏太子申，并覆灭魏国十万大军。魏惠王震恐，光着脚急忙下令收兵，又向东臣服于齐，然后诸侯们这才停止对魏国的进攻。这时，秦孝公则不费吹灰之力便取得魏国的河西地区，而且对魏惠王毫无感激之情。

"所以这一开始就是卫鞅当初与秦孝公商议好的对策。在座席之上谋划好对策，在庙堂之上定好计划，而魏国大将庞涓已为齐国所擒；攻城之器还未动用，秦国便已收西河以外的土地。这就是我所讲的败敌于庙堂之上，擒获敌将于房户之中，在酒宴上攻下敌城，在枕席上折断敌人兵车。"

卷十三　齐策六

五十　齐负郭之民有狐咺者

齐负郭之民有狐咺①者正议，闵王斮之檀衢②，百姓不附；齐孙室子③陈举直言，杀之东闾④，宗族离心；司马穰苴⑤为政者也，杀之，大臣不亲。以故燕举兵，使昌国君⑥将而击之。齐使触子⑦将而应之。齐军破，触子以舆一乘亡。达子收余卒复振，与燕战，求所以偿者，闵王不肯与，军破走。

王奔莒⑧，淖齿⑨数之曰："夫千乘、博昌⑩之间，方数百里，雨血沾衣，王知之乎？"王曰："不知。""嬴、博⑪之间，地坼至泉，王知之乎？"王曰："不知。""人有当阙者，求之则不得，去之则闻其声，王知之乎？"王曰："不知。"淖齿曰："天雨血沾衣者，天以告也；地坼至泉者，地以告也；人有当阙而哭者，人以告也。天地人皆以告矣，而王不知戒焉，何得无诛乎？"于是杀闵王于鼓里⑫。

🐉注释

①狐咺（xuān）：人名。齐国平民。

②檀衢：齐国都城内的道路名。

③孙室子：宗室。

④东闾：齐都临淄东门。

⑤司马穰苴（jū）：人名。齐国宗室，又称"田穰苴"。司马，主持军政的官。

⑥昌国君：指燕国上将军乐毅。

⑦触子：人名。齐国将领。

⑧王奔莒：指公元前284年齐闵王奔莒。莒：地名。齐国都邑，地处今山东莒县。

⑨淖（zhuō）齿：人名。楚国将领。

⑩千乘：地名。齐国都邑，地处今山东高青高成镇北。博昌：地名。齐国都邑，地处今山东博兴南。

⑪嬴：地名。齐国都邑，地处今山东莱芜西北。博：地名。齐国都邑，地处今山东泰安东南。

⑫鼓里：莒城内的里巷名。

译文

齐国有个靠着城墙居住的人叫狐咺，他直言批评国家的过失，被齐闵王处死在檀衢，从此百姓不再亲附齐闵王；齐国宗室中陈举也直言不讳，被闵王处死在东城门外，齐国宗族从此和齐闵王离心；司马穰苴在齐国执政，也被齐闵王处死，大臣们从此不再亲近齐闵王。因此，燕国发动军队，派昌国君乐毅带兵进攻齐国。齐国派触子率领军队迎战。齐军大败，触子驾着一辆车逃跑了。齐国大将达子收拾残兵败将，重整旗鼓，又与燕国军队作战，其要求齐闵王对士兵进行犒劳，齐闵王不肯给予，结果齐国军队再次败北。

齐闵王逃跑到了莒城，齐国相国淖齿列举了他的数条罪状，说："在千乘与博昌之间数百里的地方，天降血雨，污秽了人衣，大王您知道吗？"齐闵王说："不知道。"淖齿继续问道："嬴、博之间，大地裂开涌出泉水，这件事大王知道吗？"齐闵王说："不知道。"淖齿再问道："有人在宫门前哭泣，去寻找却找不到，离开了却又听见哭泣的声音，这件事大王知道吗？"齐闵王说："不知道。"淖齿说："天下血雨沾湿了衣服，这是老天在警告您；地裂出泉，这是大地在警告您；有人在宫门哭泣，这是人在警告您。天、地、人都在给您警告，但您却不知道警惕，又怎能不遭受诛杀呢？"于是淖齿就在鼓里这个地方杀死了齐闵王。

太子①乃解衣免服，逃太史②之家为溉园。君王后，太史氏女，知其贵人，善事之。田单以即墨之城，破亡余卒，破燕兵，给骑劫③，遂以复齐，遽迎太子于莒，立之以为王。襄王即位，君王后以为后，生齐王建。

注释

①太子：指齐襄王，名法章。

②太史：齐国史官。太史氏，以官为氏。

③骑劫：人名。燕国将领，燕惠王派遣替代乐毅的人。

译文

太子就改换了服装，逃到一个姓太史的人家里，为他们浇灌菜园。太史家的女儿知道他不是一般常人，于是很好地款待他。齐将田单带领即墨城的残兵败将，诈骗燕将骑劫，因此大破燕兵，恢复了失地，于是便在莒地迎接太子，立他为襄王。襄王即位后，就立太史家的女儿为王后，生下齐王建。

五十一　王孙贾年十五

王孙贾①年十五，事闵王。王出走，失王之处。其母曰："女②朝出而晚来，则吾倚门而望；女暮出而不还，则吾倚闾③而望。女今事王，王出走，女不知其处，女尚何归？"

王孙贾乃入市中曰："淖齿乱齐国，杀闵王，欲与我诛者，袒右！"市人从者四百人，与之诛淖齿，刺而杀之。

注释

①王孙贾：人名。齐国人。

②女：通"汝"，你。

③闾：里门。

译文

王孙贾当年十五岁，侍奉齐闵王。齐闵王逃亡后，王孙贾不知闵王逃到哪里去了。他的母亲说："你早晨出去晚上回来，我就倚门盼望着你；你晚上出去不回来，我就倚着里门盼望着你。你如今侍奉君王，君王逃走了，你却不知道他的下落，你还回来干什么？"

于是王孙贾就走入集市中说："淖齿搅乱了齐国，杀死了齐闵王，想要跟我一起去诛杀他的人，就把右臂袒露出来！"集市上有四百人跟随他，和他一起去诛杀淖齿，刺死了淖齿。

五十二　燕攻齐

燕攻齐，取七十余城，唯莒、即墨不下。齐田单以即墨破燕，杀骑劫。初，燕攻下聊城[①]，人或谗之。燕将惧诛，遂保守聊城不敢归。田单攻之岁余，士卒多死而聊城不下。

鲁连乃书，约之矢以射城中，遗燕将曰："吾闻之：'智者不倍[②]时而弃利，勇士不怯死而灭名，忠臣不先身而后君。'今公行一朝之忿，不顾燕王之无臣，非忠也；杀身亡聊城，而威不信[③]于齐，非勇也；功废名灭，后世无称，非知也。故知者不再计，勇士不怯死。今死生荣辱，尊卑贵贱，此其一时也，愿公之详计而无与俗同也。

❦注　释

①聊城：地名。齐国都邑，地处今山东聊城西。

②倍：通"背"。

③信：通"伸"，伸张。

❦译　文

燕国攻打齐国，夺取了七十多座城池，只有莒和即墨两地还未被攻破。齐将田单就以即墨的残余部队大败燕军，杀死燕国大将骑劫。当初，燕国大将攻占聊城时，却被人在燕王那里进了谗言，燕将害怕会被处死，就死守在聊城不敢回国。齐将田单进攻聊城一年多，将士死伤累累，可聊城仍然没被攻下。

于是鲁仲连就写了一封信，绑在箭杆上射到城内，信中这样对燕将讲：

"我听说：'聪明人不违背时势而去做有损利益的事，勇敢的人不会因为害怕死亡就做毁掉名声的事，忠臣总是处处为君王着想而后才想到自己。'现在将军竟因一时的激愤，而不顾燕王将失去一位大臣，这不是忠臣的行为；城破身死，但威名不会在齐国传播，这不是勇敢的行为；战功废弃，英名埋没，后人不会称颂，这不是聪明人的举动。因此，明智的人不会踌躇不决，勇敢的人也不会贪生怕死，如今生死荣辱、尊卑贵贱，都在此一举，希望将军能够仔细考虑，不要同俗人持一样的想法。

"且楚攻南阳①，魏攻平陆②，齐无南面之心，以为亡南阳之害，不若得济北③之利，故定计而坚守之。今秦人下兵，魏不敢东面，横秦之势合，则楚国之形危。且弃南阳，断右壤，存济北，计必为之。今楚、魏交退，燕救不至，齐无天下之规，与聊城共据期年之弊，即臣见公之不能得也。齐必决之于聊城，公无再计。彼燕国大乱，君臣失计，上下迷惑，栗腹④以百万之众，五折于外，万乘之国，被围于赵，壤削主困，为天下戮，公闻之乎？今燕王方寒心独立，大臣不足恃，国弊祸多，民心无所归。今公又以弊聊之民距全齐之兵，期年不解，是墨翟⑤之守也；食人炊骨，士无反北之心，是孙膑、吴起之兵也，能以见于天下矣。

注释

①南阳：地区名。地处泰山以南，汶水以北。

②平陆：地名。齐国都邑，地处今山东汶上北。

③济北：指聊城，其在济水以北。

④栗腹：人名。燕国相国。公元前251年，燕王喜派其领兵攻赵，被赵将廉颇击败。

⑤墨翟：人名。鲁国人，善于守御。

译文

"况且楚国进攻齐国的南阳、魏国进逼齐国的平陆,齐国没有了南顾之心,认为失去南阳的害处小,攻取聊城的利益大,所以下定决心攻打聊城。如今秦国出兵助齐,魏国再也不敢出兵平陆;秦齐连横之势已成,楚国的形势就岌岌可危。何况即便弃南阳、失平陆,只要能保全聊城之地,它们必定会尽一切力量来实现,在所不惜。如今楚、魏两国先后退兵,可燕国的援军仍然没有到达,齐国既没有了外患,且与燕国聊城已经相持一年,聊城早已疲敝,我认为您是无法抵御的。齐国必然会为聊城一决胜负,您不要再踌躇不决。目下燕国大乱,君臣失措,上下惶惑,燕将栗腹率领百万军队进攻赵国,却屡战屡败五次,燕国本是万乘强国,却被赵国围困,土地被掠夺,国君遭困厄,为天下诸侯耻笑,您听闻过吗?现在,燕王正在寒心,孤立无援,大臣不足以倚仗,兵祸连连,国难深重,民心涣散而无所依归。而如今您却能指挥早已疲惫不堪的聊城子民,抗拒整个齐国的兵马,整整一年不能解围,这是如墨翟一般善于守城;士兵们饥饿到食人肉炊人骨的地步,而始终没有背叛的想法,这是如孙膑、吴起一样善于用兵,您的军事才能已经显示于天下了。

"故为公计者,不如罢兵休士,全车甲,归报燕王,燕王必喜。士民见公如见父母,交游攘臂而议于世,功业可明矣。上辅孤主以制群臣,下养百姓以资说士,矫国革俗于天下,功名可立也。意者[1],亦捐燕弃世,东游与齐乎?请裂地定封,富比陶、卫[2],世世称孤寡,与齐久存,此亦一计也。二者显名厚实也,愿公熟计而审处一也。

"且吾闻,效小节者不能行大威,恶小耻者不能立荣名。昔管仲射桓公中钩,篡也;遗公子纠[3]而不能死,怯也;束缚桎梏,辱身也。此三行者,乡里不通也,世主不臣也。使管仲终穷抑幽囚而不出,惭耻而不见,穷年没寿,不免为辱人贱行矣。然而管子并三行之过,据齐国之政,一匡天下,九合诸侯,为伍伯首,名高天下,光照邻国。

注释

①意者：大概，也许。

②陶、卫：指陶朱公范蠡和卫国人子贡。均为春秋时期的大商人。

③公子纠：人名。春秋时期齐僖公之子。齐襄公时，其携带管仲奔鲁国。齐襄公死，其回国争位不成，后为鲁国国君所杀。

译文

"因此，我为您考虑，不如罢兵休战，保全车仗和甲胄，回国向燕王复命，他一定会很高兴。燕国的官吏和民众见到您，就如同见到父母一样，与您交游的人会抓着您的胳膊赞扬将军的赫赫战功，您的功业就可以显扬。将军上可辅佐孤立无助的国君，统制群臣；下可存恤百姓，招纳说客，矫正国家的弊端，改革社会的陋俗，功成名就且名传天下。如果将军不愿回去，或则，您就抛弃燕国，抛弃世俗的成见，向东投奔于齐国呢？我会请求齐王赐您封地，并给您封号，可以与陶朱公范蠡、卫国的子贡一样富有，代代享有诸侯那样的威名，和齐国长期并存，这是另一条出路。这两者，要么扬名当世，要么富贵安逸，希望您能仔细考虑，慎重地选择其中的一个。

"而且，我还听说过了看重小节的人，难以做出有威望的大事；不堪忍受小辱的人，难以树立荣誉和威名。从前，管仲弯弓射中桓公的带钩，这是篡逆作乱；他抛地下公子纠而不能死义，这是贪生怯弱；身陷囚笼，这是奇耻大辱。有了这三种行为的人，乡民野老也不会与之交往，君主也不会以之为臣。如果管仲终身困辱抑郁，不再出仕，羞愧而不见人，那他一直到死，也不免认为是污浊的人做了下贱的事。可是管仲却在三种恶行的情况下，仍然执掌齐国政事，扶正天下，九次召集诸侯会盟，使桓公得以成为春秋五霸之首，他自己也名满天下，光耀邻邦。

"曹沫①为鲁君将，三战三北而丧地千里。使曹子之足不离陈②，计不顾后，出必死而不生，则不免为败军禽将。曹子以败军禽将，非勇也；功废名灭，后世无称，非知也。故去三北之耻，退而与鲁君计也，曹子以为遭。齐桓公有天下，朝诸侯，曹子以一剑之任，劫桓公于坛位之上，颜色不变而辞气不悖，三战之所丧，一朝而反之，天下震动惊骇，威信吴、楚，传名后世。

"若此二公者，非不能行小节，死小耻也，以为杀身绝世，功名不立，非知也。故去忿恚③之心而成终身之名，除感忿之耻而立累世之功，故业与三王争流，名与天壤相敝也。公其图之！"

燕将曰："敬闻命矣。"因罢兵到橐④而去。故解齐国之围，救百姓之死，仲连之说也。

注 释

①曹沫：人名。春秋时期鲁国人，鲁庄公的将领。

②陈：通"阵"。

③忿恚（huì）：怨恨。

④罢兵到橐：表示不抵抗。到，通"倒"。橐：箭筒。

译 文

"曹沫做鲁国的将军，三战三败，失地千里。如果他脚不离开疆场，不顾后果一意孤行，出战就只知拼死拼活，那就不过是一个丧师身殁的败将罢了。曹沫认为战败被擒的将领，就不能称为勇士；功业废弃，名声泯灭，后世无人称颂，不能算是聪明。所以，曹沫能不顾三次败北的耻辱，退而与鲁君重新谋划，并把这当作自己的际遇。齐桓公威服天下之后，召集诸侯会盟，而曹沫就凭着一柄宝剑，便在祭坛之上劫持桓公，从容不迫，面不改色，义正词严，三次战争所丧失的土地，一朝就收回来，天下为之震动，他的威名更远播吴楚、名传后世。

"像管仲、曹沫两个人，并不是不能遵行小节，为小耻而死，他们认为一旦身死，功名不立，这是不明智的做法。所以才能抛弃愤恨之心，成就一生的功名；忍受一时耻辱，建立万世功业，因此他们的功业可与三王争高低，声名可与天地共存，愿将军能仔细考虑！"

燕国大说："谨遵先生您的教诲。"于是就停止战斗，收拾行装，撤军回国。所以说，解除齐军对聊城的围困，拯救百姓免遭战祸，这都是鲁仲连的功劳呀！

五十三　燕攻齐

燕攻齐，齐破。闵王奔莒，淖齿杀闵王。田单守即墨之城，破燕兵，复齐墟。襄王为太子微①。齐以②破燕，田单之立疑，齐国之众皆以田单为自立也。襄王立，田单相之。

过菑水③，有老人涉菑而寒，出不能行，坐于沙中。田单见其寒，欲使后车分衣，无可以分者，单解裘而衣之。襄王恶之，曰："田单之施，将欲以取我国乎？不早图，恐后之。"左右顾无人，岩下有贯珠者，襄王呼而问之曰："女闻吾言乎？"对曰："闻之。"王曰："女以为何若？"对曰："王不如因以为己善。王嘉单之善，下令曰：'寡人忧民之饥也，单收而食之；寡人忧民之寒也，单解裘而衣之；寡人忧劳百姓，而单亦忧之，称寡人之意。'单有是善而王嘉之，善单之善，亦王之善已。"王曰："善。"乃赐单牛酒，嘉其行。

后数日，贯珠者复见曰："王至朝日，宜召田单而揖之于庭，口劳之。"乃布令求百姓之饥寒者，收谷之。乃使人听于闾里，闻丈夫之相与语，举曰："田单之爱人，嗟，乃王之教泽也！"

注释

①微：指隐藏。

②以：通"已"。

③ 菑：通“淄”，水名。

译文

　　燕国进攻齐国，齐国被攻破，齐闵王逃到了莒地，被淖齿杀死。齐国将领田单死守即墨，后来大败燕军，收复了齐国的故土。当时，齐襄王为太子，隐藏起来。后来齐国打败了燕国，田单对立襄王为国君感到犹豫，齐国的老百姓都怀疑田单会自立为王。后来襄王被立为国君，而田单自己做了相国，辅佐齐襄王。

　　有一次路过菑水，田单看见一位老者赤足渡河，禁不住寒冷，出水之后不能再走路了，僵坐在岸边的沙土上。田单看见老者身体寒冷，便让后车的随从分些衣服给他，但随从们没有多余的衣服可以分出来，田单就脱下自己的皮裘给老人穿上。齐襄王内心很是憎恶田单这种行为，便说：“田单这种施舍的行为，难道是想要图谋我的国家吗？如果不早点图谋，恐怕将来他就会先动手。”齐襄王看左右无人，只是殿堂下有个穿珠人，便把他叫唤过来问道：“你听到我说什么了吗？”穿珠人说：“听到了。”襄王问道：“你认为我该怎么做？”那人说：“大王不如顺水推舟，把它变成自己的善行。您可以嘉奖田单的行为，并下令说：‘寡人担心我的子民挨饿，田单就分赐他们食物；寡人担心子民受冻，田单就脱下自己的皮裘分赐他们衣服；寡人担心子民劳苦，田单也担心他们，正合寡人心意。’田单既有这些优点，而大王又赞扬他，也就成为大王的圣德。”襄王叹道：“好。”于是以牛酒犒劳田单，表扬了他的行为。

　　过了几天，穿珠人又去拜见襄王说：“大王上朝时，最好特地召见田单，并在朝堂上以礼相待，亲自表示慰问。”于是，齐襄王下令收容饥寒交迫的百姓，并给以赈济又派人到街头里巷，打探民众的议论，听见老百姓都在谈论说：“田单很爱护百姓，啊，这全是大王教导的恩泽啊！”

五十四　貂勃常恶田单

　　貂勃①常恶田单，曰：“安平君②小人也。”安平君闻之，故为酒而召貂勃曰："单何以得罪于先生，故常见誉于朝？"貂勃曰："跖③之狗吠尧，非贵跖而贱尧也，狗固吠非其主也。且今使公孙子贤而徐子不肖。然而使公孙子与徐子斗，徐子之狗犹时攫公孙子之腓④而噬之也。若乃得去不肖者而为贤者狗，岂特攫其腓而噬之耳哉！"安平君曰："敬闻命。"明日，任之于王。

王有所幸臣九人之属，欲伤安平君，相与语于王曰："燕之伐齐之时，楚王使将军将万人而佐齐，今国已定而社稷已安矣，何不使使者谢于楚王？"王曰："左右孰可？"九人之属曰："貂勃可。"

注释

①貂勃：人名。齐国人。

②安平君：田单的封号。安平，地名。地处今山东益都东北。

③跖（zhí）：传说中奴隶起义领袖，被诬陷为"盗"。

④腓（féi）：腿肚子。

译文

齐国人貂勃经常中伤田单，说："安平君田单是个小人。"安平君田单听到后，特意摆设酒宴召请貂勃，说："我在什么地方得罪了先生，为什么先生常在朝廷中跟我过意不去呢？"貂勃说："盗跖的狗对尧狂吠，并不是狗认为盗跖高贵而尧卑贱，狗本来就是对不是其主人的人狂吠的。再说，如今假如公孙子贤明，而徐子不成器，然而如果公孙子和徐子打起来，徐子的狗还是会扑上去咬公孙子的腿肚子。如果让这狗离开不成器的人，而寻找贤明人做它的主人，难道只是扑上去咬别人腿肚子而已！"安平君说："恭敬地听到您的指教。"第二天，就把他推荐给齐襄王。

齐襄王有九个宠幸的侍臣，想要中伤安平君，便一同对齐襄王说："燕国攻打齐国的时候，楚王派将军淖齿率领万人帮助齐国，如今国家已经安定了，为什么不派使者向楚王表示谢意呢？"齐襄王说："左右的人谁可以呢？"这九个人说："貂勃可以。"

貂勃使楚，楚王受而觞之，数日不反。九人之属相与语于王曰："夫一人身而牵留万乘者，岂不以据势也哉？且安平君之与王也，君无臣礼而上下无别，且其志欲为不善。内牧百姓，循抚其心，振穷补不足，布德于民；外怀戎翟、天下之贤士，阴结诸侯之雄俊豪英。其志欲有为也。愿王之察之。"

异日，而王曰："召相单来。"田单免冠、徒跣①、肉袒而进，退而请死罪。五日而王曰："子无罪于寡人，子为子之臣礼，吾为吾之王礼而已矣！"

注释

①跣（xiǎn）：指光着脚。

译文

貂勃出使到楚国，楚王接受了齐国的谢意并设宴款待他，过了好几天也没有回国。九个宠臣又对襄王说："一个普通的貂勃，竟然滞留在拥有万辆兵车的国君那里，难道不是因为仰仗田单的势力吗？而且安平君对大王，没有君臣礼节，上下也没有分别，况且他的内心是想要图谋不轨。他在国内笼络百姓，安抚民心，救济穷困补充不足，对人民广施恩惠；对国外而安抚戎狄与天下的贤明之士，暗中结交诸侯中的英雄豪杰，他的志向是将要有所图谋啊。希望大王仔细审察。"

有一天，襄王说："把相国田单传唤来。"田单摘下帽子，只光着脚、赤着上身进见，然后退出去请求死罪。过了五天，襄王对田单说："您对我没有罪过，您还是尽到您的臣子之礼，我尽到我的君王之礼就行了！"

　　貂勃从楚来，王赐诸前，酒酣，王曰："召相田单而来。"貂勃避席稽首曰："王恶得此亡国之言乎！王上者孰与周文王？"王曰："吾不若也。"貂勃曰："然，臣固知王不若也。下者孰与齐桓公？"王曰："吾不若也。"貂勃曰："然，臣固知王不若也。然则周文王得吕尚以为太公，齐桓公得管夷吾以为仲父，今王得安平君而独曰'单'。且自天地之辟，民人之始，为人臣之功者，谁有厚于安平君者哉？而王曰'单'，恶得此亡国之言乎！

　　"且王不能守先王之社稷，燕人兴师而袭齐墟，王走而之城阳①之山中。安平君以惴惴之即墨，三里之城，五里之郭，敝卒七千，禽其司马而反千里之齐，安平君之功也。当是时也，阖城阳而王，天下莫之能止。然而计之于道，归之于义，以为不可，故为栈道木阁而迎王与后于城阳山中，王乃得反，子临百姓。今国已定，民已安矣，王乃曰'单'，且婴儿之计不为此。王不亟杀此九子者以谢安平君，不然，国危矣！"王乃杀九子而逐其家，益封安平君以夜邑②万户。

❀注 释

　　①城阳：地名。齐国都邑，地处今山东莒县。
　　②夜邑：地名。齐国都邑，地处今山东掖县。

❀译 文

　　貂勃从楚国回来，齐襄王当面赏赐他饮酒，酒喝得正高兴时，襄王说："去把相国田单叫来。"貂勃离开座席，向襄王行了大礼说："大王怎么能说出这种亡国的话呢！请大王向上和周文王比一下，谁更厉害？"襄王说："我不如周文王。"貂勃说："是的，我本来知道您不如周文王。请您向下和齐桓公比一下，谁更厉害？"襄王说："我不如齐桓公。"貂勃说："是的，我本来知道您不如齐桓公。可是周文王得到吕尚，把他尊为太公，齐桓公得到管仲，把他尊为仲父，如今大王得到安平君却偏偏叫他'单'。再说自开天辟地，开始有人来以来，作为臣子而建立功勋的人，有谁的功劳能比安平君更大的呢？可是大王却叫他'单'，大王怎么能说出这种亡国的话呢！

"况且，当初大王不能守卫先王遗留下的国家，燕国人发兵来进攻齐国故城，大王逃到城阳的山中，安平君凭借惴惴不安的即墨城，只有三里方圆的内城，五里大小的外城，带领着七千疲惫的士兵，却擒获了燕国的司马骑劫，使千里失地返归齐国，这些都是安平君的功劳。正当这个时候，如果田单关闭城阳城而自立为王，天下的人没有谁能够制止他。然而安平君从道义上出发，认为不能那样做，因此修建栈道木阁，到城阳山中去迎接大王和王后，如此大王才能返回故国，以百姓为子民。如今国家已经安定，民众已经安生了，大王却叫他'单'，就是小孩也不会这样做的。大王不如赶快杀掉这九个人，以此向安平君谢罪，不这样做的话，国家就危险了！"襄王于是杀掉这九个人并驱逐了他们的家眷，又把夜邑的万户之地加封给安平君。

五十五　田单将攻狄

田单将攻狄，往见鲁仲子①。仲子曰："将军攻狄，不能下也。"田单曰："臣以五里之城，七里之郭，破亡余卒，破万乘之燕，复齐墟。攻狄而不下，何也？"上车弗谢而去。遂攻狄，三月而不克之也。

齐婴儿谣曰："大冠若箕，修剑拄颐，攻狄不能，下垒枯丘。"田单乃惧，问鲁仲子曰："先生谓单不能下狄，请闻其说。"鲁仲子曰："将军之在即墨，坐而织蒉②，立则丈插，为士卒倡曰：'无可往矣，宗庙亡矣，魂魂恫③矣！归于何党矣。'当此之时，将军有死之心，而士卒无生之气，闻若言，莫不挥泣奋臂而欲战，此所以破燕也。当今将军东有夜邑之奉，西有菑上之虞④，黄金横带而驰乎淄、渑⑤之间，有生之乐，无死之心，所以不胜者也。"田单曰："单有心，先生志之矣。"明日，乃厉气循城，立于矢石之所，乃援枹⑥鼓之，狄人乃下。

注释

①鲁仲子：即鲁仲连，齐国高士。

②蒉（kuì）：古代用草编的筐子，一般用来盛土。

③惝（chǎng）：迷迷糊糊；不清楚。

④虞：通"娱"，娱乐。

⑤淄、渑：二水名。地处今山东淄博附近。

⑥枹（fú）：鼓槌。（清）程蘡初《战国策集注》作"枹"。

译文

田单准备攻打狄地，前去拜见鲁仲连。鲁仲连说："将军此去攻打狄地，是不能攻克的。"田单说："我曾经凭借五里的内城、七里的外城，率领残兵败将，打败了拥有万辆战车的燕国，收复了齐国的失地，您却说不能攻克狄地，这是为什么呢？"田单说完上车没告辞就离开了，于是就领兵攻打狄地，果然打了三个月都没有攻下。

齐国儿童的歌谣唱道："大帽子像簸箕呀，长剑支着下巴，攻狄不能下呀；地上枯坟垒垒没办法。"田单这才感到害怕，询问鲁仲连说："先生说我不能攻下狄地，请让我听听您的看法。"鲁仲连说："将军困守即墨的时候，坐下来就编织草筐，站起来就用铲挖土，对士兵们鼓励说：'我们没有地方可以去了，国家已经灭亡了，浑浑噩噩，魂魄又会去往何处。'正当这个时候，将军有誓死为国的决心，士兵没有苟且贪生的念头，听到了这样的话，没有一个不挥泪振臂而请求决一死战的，这就是能打败燕国的原因。如今，将军您东面有封地夜邑的丰厚收入，西面又有淄水上游观之乐，腰带的带钩上装饰着黄金，骑马、驾车还可驰骋在淄水、渑水之间，有活着的欢乐，却没有赴死的心情，这就是不能取胜的原因。"田单说："我是有决心的，先生您就等着看吧。"第二天，田单就亲自去战场勉励士气，并在攻城部队中巡视，站在弓箭和石块能打到的地方，亲自操起鼓槌击鼓，狄城这才被攻下。

五十六　濮上之事

濮^①上之事，赘子^②死，章子^③走。盼子谓齐王^④曰："不如易余粮于宋，宋王必说^⑤，梁氏不敢过宋伐齐。齐国弱，是以余粮收宋也。齐国复强，虽复责之宋，可；不偿，因以为辞而攻之，亦可。"

注释

①濮：水名。地处今山东濮县西南。

②赘（zhuì）子：人名。齐国将领。

③章子：人名。齐国将领，即匡章。

④盼子：人名。齐国将领，即田盼。齐王：指齐宣王。

⑤宋王：指宋王偃。说：同"悦"。

译文

在濮上之战中，齐国的将领赘子阵亡，匡章也战败而逃。田盼对齐宣王说："不如把我们的余粮送给宋国，宋王一定很高兴，魏国因此就不敢越过宋国来进攻齐国了。齐国目前很衰弱，这是用送余粮的办法收买宋国。将来齐国再度强盛了，再去向宋国讨还这笔债务，是可以的；如果宋国不肯偿还，那我们就可以用这个为借口去攻打宋国，也是可以的。"

五十七　齐闵王之遇杀

齐闵王之遇杀^①，其子法章变姓名，为莒太史家庸夫。太史敫^②女奇法章之状貌，以为非常人，怜而常窃衣食之，与私焉。莒中及齐亡臣相聚，求闵王子，欲立之。法章乃自言于莒。共立法章为襄王。

襄王立，以太史氏女为王后，生子建。太史敫曰："女无媒而嫁者，非吾种也，污吾世矣。"终身不睹。君王后贤，不以不睹之故，失人子之礼也。

注释

①齐闵王之遇杀：指公元前284年，燕国军队攻入齐国都临淄，齐闵王逃亡，被楚国将领淖齿杀掉。

②敫：音jiǎo。

译文

齐闵王被杀害后，他的儿子法章便改名换姓，做了莒地姓太史人家的仆人。太史敫的女儿看见法章的相貌不同寻常，认为他不是一般人，于是就很怜爱他，而且常偷偷送给他衣服和食物，并和他私通。后来莒地的人以及从齐国国都逃到莒地的大臣聚在一起，共同寻找齐闵王的儿子，想要立他为王。法章这时才从莒地出来说明自己的身份。于是大家就共同立他为齐襄王。

齐襄王即位，就把太史敫的女儿立为王后，后来生了一个儿子叫建。太史敫说："我的女儿没有通过媒人就出嫁，不是我的后代，玷污了我在世上的名声。"便终身不肯见他的女儿。王后很贤惠，不因父亲不见她而不顾父女应有的礼节。

襄王卒，子建立为齐王。君王后事秦谨，与诸侯信，以故建立四十有余年不受兵。

秦始皇①尝使使者遗君王后玉连环，曰："齐多知，而解此环不②？"君王后以示群臣，群臣不知解。君王后引椎椎破之，谢秦使曰："谨以解矣。"

及君王后病且卒，诫建口："群臣之可用者某。"建曰："请书之。"君王后曰："善。"取笔牍受言。君王后曰："老妇已亡③

矣！"

君王后死，后后胜相齐，多受秦间金玉，使宾客入秦，皆为变辞，劝王朝秦，不修攻战之备。

注释

①秦始皇：（清）程瓘初《战国策集注》作"秦昭王"。应作"秦昭王"。

②不：同"否"。

③亡：通"忘"。

译文

齐襄王死后，他儿子建继位为齐王。王后对待秦国很谨慎，和各国诸侯来往也很诚信，因而齐王建在位的四十多年里，国家没有遭受战乱。

秦昭王曾派使臣给王后一副玉连环，说："齐国人都很聪明，能解开这个玉连环吗？"王后把玉连环拿给群臣看，群臣没有人知道如何解开。王后拿起椎子把它敲破，并告诉秦王的使者说："玉连环已经解开了。"

当王后病危将死之时，她告诫齐王建说："群臣中某人可以任用。"齐王建说："请让我把他们的名字写下来。"王后说："好。"于是，齐王取笔和木简准备记下来。但王后却说："我已经忘记了！"王后死后，后胜担任齐国的相国，收受了许多秦国间谍送来的金玉，他派去秦国的宾客，回来都说符合秦国利益的诡辩的话，并劝齐王建朝贡秦国，不修建防御战争的工事。

五十八　齐王建入朝于秦

齐王建入朝于秦，雍门司马①前曰："所为立王者，为社稷耶？为王立王耶？"王曰："为社稷。"司马曰："为社稷立王，王何以去社稷而入秦？"齐王还车而反。

即墨大夫与雍门司马谏而听之，则以为可可为谋，即入见齐

"齐地方数千里，带甲数百万。夫三晋大夫皆不便秦，而在阿、鄄②之间者百数，王收而与之百万之众，使收三晋之故地，即临晋之关③可以入矣。鄢、郢大夫不欲为秦，而在城南下者百数，王收而与之百万之师，使收楚故地，即武关④可以入矣。如此，则齐威可立，秦国可亡。夫舍南面之称制，乃西面而事秦，为大王不取也。"齐王不听。

秦使陈驰⑤诱齐王内之，约与五百里之地。齐王不听即墨大夫而听陈驰，遂入秦，处之共⑥松柏之间，饿而死。先是齐为之歌曰："松邪！柏邪！住建共者，容耶！"

注释

①雍门：齐国城门名。司马：武官，地位在将军之下。

②阿：地处今山东阳谷东。鄄（juàn）：地处今山东鄄城北。

③临晋之关：临晋关，地处今陕西朝邑西。

④武关：地处今陕西丹凤东南。

⑤陈驰：齐国入仕秦国的人。

⑥共：地处今河南辉县东北。

译文

齐王建去秦国朝见秦王，齐都临淄雍门的司马横戟挡在他的马前，说："我们立王的原因，是为国家立王，还是为大王立王呢？"齐王说："为国家。"司马说："既然为国家立王，那么您为何要抛弃国家而到秦国去呢？"齐王听后便掉转头回宫去了。

即墨大夫知道了临淄雍门的司马官劝谏齐王，并为齐王所听从，就认为可以和齐王共谋，于是就进宫拜见齐王，说："齐国的方圆数千里，拥有大军数百万。韩、赵、魏三国的大夫们都不愿为秦国效力，而在东阿和鄄城两地之间聚集了数百人，如果大王能够将他们招揽过来，并给予他们百万大军，让他们收复三国被秦国占领的土地，就可以攻取秦国东边的临晋关。鄢、郢的大夫们也不愿意为秦国效力，在我国南部的城南下面聚集了数百人，如果大王能够将他们招揽过来，并给予他们百万大军，让他们收复楚国被秦国占领的土地，就可以攻取秦国南边的武关。这样一来，齐国的威势就可以建立，秦国就会灭亡。您舍弃南面称王的机会而甘愿往西去侍奉秦国，大王这样做是不可取的。"齐王没有听从。

秦王派宾客陈驰诱使齐王入秦，假装给他以五百里土地。齐王不采纳即墨大夫的意见，却听信陈驰的诱骗，于是到了秦国之后，秦王把他安置在边远的共邑，处在荒僻的松柏之间，最终被活活地饿死了。在这以前，齐国人作了一首歌谣："松树啊！柏树啊！让齐王死在共邑的，就是那些能说会道的宾客啊！"

五十九　齐以淖君之乱仇楚

齐以淖君之乱仇楚。其后秦欲取齐，故使苏涓①之楚，令任固②之齐。

齐明谓楚王③曰："秦王④欲楚，不若其欲齐之甚也。其使涓来，以示齐之有楚，以资固于齐。齐见楚，必受固，是王之听涓也，适为固驱以合齐、秦也。齐、秦合，非楚之利也。且夫涓来之辞，必非固之所以之齐之辞也。王不如令人以涓来之辞谩固于齐，齐、秦必不合。齐、秦不合，则王重矣。王欲收齐以攻秦，汉中可得也⑤。王即欲以秦攻齐，淮、泗之间⑥亦可得也。"

注释

①苏涓：人名。秦国臣子。

②任固：人名。秦国臣子。

③齐明：人名。楚国臣子。楚王：指楚顷襄王。

④秦王：指秦昭王。

⑤汉中可得也：指公元前312年秦国攻取楚国汉中之地。汉中，地区名。地处陕西城固一带。

⑥淮、泗之间：指淮北泗上之地。

译文

　　齐国因为淖齿造成的动乱仇而恨楚国。后来，秦国想要联合齐国，所以派苏涓到楚国去，派任固到齐国去。

　　齐明对楚王说："秦昭王想要联合楚国，不如他想要联合齐国更为迫切。他派苏涓来楚国，是为了向齐国表示秦、楚两国的亲近，用这种办法来帮助任固在齐国游说。齐国看到秦、楚两国亲近，一定会接受任固的游说。这样，大王听信苏涓的话，恰巧帮助了任固去联合齐、秦两国。如果齐国和秦国联合，对楚国是很不利的。再说苏涓来楚国说的话，一定和任固到齐国所说的话不一样。大王不如派人把苏涓来我国说的话告诉齐国，使齐国明白任固是在欺骗他们，这样，齐、秦两国一定不能联合。齐、秦两国不能联合，那么大王的地位就很重要了。大王如果想联合齐国进攻秦国，那么被秦国夺取的汉中之地就可以收回。大王如果想联合秦国而进攻齐国，那么齐国的淮水、泗水之间的土地也可以得到了。"

卷十四 楚策一

楚国（？—公元前223年），又称荆、荆楚，是先秦时期位于长江流域的诸侯国。芈姓，熊氏。周成王时期（一说即公元前1042—前1021年），封楚人首领熊绎为子爵，建立楚国。

经过几百年的发展，楚国在春秋楚成王在位之时开始崛起，奄有江汉，并不断兼并周边各小诸侯国，周天子赐胙，命楚国镇守中南。前704年，熊通僭越称王，是为楚武王。楚庄王时，任用虞邱子、孙叔敖等贤臣，问鼎中原、邲之战大败晋国而称霸，开创春秋时期楚国最鼎盛的时代。

进入战国，楚悼王任用吴起变法，兵强马壮，初露称雄之势。楚宣王、楚威王时期，疆土西起大巴山、巫山、武陵山，东至大海，南起南岭，北至今河南中部、安徽和江苏北部、陕西东南部、山东西南部，幅员广阔。楚国至此进入了鼎盛时期。

楚怀王时攻越国，尽得越国故吴地，越国因此而分崩离析。但因为怀王用人不当，以及秦相张仪欺诈导致国势渐衰。公元前223年，秦军攻破楚都寿春，楚国正式灭亡。

本策从"齐楚构难"篇开始，至"虞卿谓春申君"篇结束，共4卷，52篇。

一　齐、楚构难

齐、楚构难，宋请中立。齐急宋，宋许之。子象为楚谓宋王①曰："楚以缓失宋，将法齐之急也。齐以急得宋，后将常急矣。是从齐而攻楚，未必利也。齐战胜楚，势必危宋；不胜，是以弱宋干强楚也。而令两万乘之国常以急求所欲，国必危矣。"

注释

①子象：人名。楚国人。宋王：指宋王偃。

译文

齐国与楚国发生了战争，宋国希望保持中立。齐国逼迫宋国，宋国只好答应帮助齐国。子象为了楚国的利益劝说宋王说："楚国因为态度缓和而失掉了宋国的援助，准备效法齐国去逼迫宋国。齐国因为用逼迫的办法得到了宋国，那么今后它将要经常采用这种办法来对待宋国了。这是跟随齐国去进攻楚国，未必会对宋国有利。再说，如果齐国战胜了楚国，必然会危及宋国；如果齐国不能战胜楚国，这是用弱小的宋国去冒犯强大的楚国。如果宋国让两个拥有万辆兵车的大国经常来胁迫，以实现各自的愿望，国家就必定会危险了。"

二 五国约以伐齐

五国约以伐齐。昭阳谓楚王①曰："五国已破齐，必南图楚。"王曰："然则奈何？"对曰："韩氏辅国也，好利而恶难。好利，可营也；恶难，可惧也。我厚赂之以利，其心必营；我悉兵以临之，其心必惧我。彼惧吾兵而营我利，五国之事必可败也。约绝之后，虽勿与地可。"楚王曰："善。"

乃命大工尹②之韩，见公仲③曰："夫牛阑之事，马陵之难④，亲主⑤之所见也。主苟无以五国用兵，请效列城五，请悉楚国之众也，以图于齐。"

韩之反赵、魏之后，而楚果弗与地，则五国之事困也。

注释

①昭阳：人名。楚国将领，官大司马。楚王：楚顷襄王。

②大工尹：官名。楚国的行政要职。

③公仲：人名。指韩国相国公仲侈。

④夫牛阑之事：事不详。马陵之难：指公元前341年，齐国田忌大破魏军于马陵，魏国太子申被杀。

⑤主：指公仲倗。大夫称主。

译文

五个国家结成联军进攻齐国。楚国昭阳对楚王说："五国如果攻破了齐国，一定会乘着这个机会向南进攻楚国。"楚王说："这可怎么办啊？"昭阳回答说："韩国不是进攻齐国的主要国家，贪图私利而畏惧危难。贪图私利，就可以对他进行利诱；畏惧危难，就可以对他实施威胁。我用重利去拉拢它，它必定会为眼前的利益所诱惑；我再率兵去威胁他，它必定会恐惧我。它害怕我们的大军，又贪图我们的财物，这样五国联军攻打齐国的战事，一定会失败。他们的联盟分散之后，即使不给韩国割地也是可行的。"楚王说："很好。"

于是他派大工尹到韩国，会见韩相国公仲倗说："当初牛阑之事，马陵之难，都是您亲眼所见的。您如果不与五国联合攻齐，我国愿意献出五个城邑，并出动全军与齐国为敌。"韩国与赵、魏解除盟约以后，楚国果然没有割地给韩国，而五国联盟攻齐之事就落空了。

三　荆宣王问群臣

荆宣王①问群臣曰："吾闻北方之畏昭奚恤②也，果诚何如？"群臣莫对。

江乙③对曰："虎求百兽而食之，得狐。狐曰：'子无敢食我也。天地使我长百兽，今子食我，是逆天帝命也。子以我为不信，吾为子先行，子随我后，观百兽之见我而敢不走乎？'虎以为然，故遂与之行。兽见之皆走。虎不知兽畏己而走也，以为畏狐也。今王之地方五千里，带甲百万，而专属之昭奚恤；故北方之畏昭奚恤也，其实畏王之甲兵也，犹百兽之畏虎也。"

注释

①荆宣王：指楚宣王，芈姓，熊氏，名良夫，楚肃王弟。

②昭奚恤：楚国的令尹。

③江乙：人名。魏国人，当时在楚国做官。

译文

楚宣王问群臣："我听说北方诸侯都害怕昭奚恤，真的是这样吗？"群臣无人回答。

江乙回答说："老虎捕捉各种野兽来吃，有一次捉到一只狐狸。狐狸对老虎说：'您不敢吃我。上天派我做群兽的领袖，如今您吃掉了我，就是违背上天的命令。您如果不相信我的话，我在前面走，您跟在我的后面，看看群兽见了我，有哪一个敢不逃跑的？'老虎信以为真，就和狐狸同行。各种野兽见了它们，都纷纷逃跑。老虎不明白群兽是害怕自己才逃跑的，却以为是害怕狐狸。现在大王的国土方圆五千里，大军百万，都交给昭奚恤统领；因此，北方诸侯害怕昭奚恤，其实是害怕大王的军队，这就跟群兽害怕老虎是一样的。"

四 昭奚恤与彭城君议于王前

昭奚恤与彭城君①议于王前，王召江乙而问焉，江乙曰："二人之言皆善也，臣不敢言其后，此谓虑贤也。"

注释

①彭城君：楚国封君。彭城，地名。楚国都邑，地处今江苏徐州。

译文

昭奚恤和彭城君在楚王面前议论国家大事，楚王召来江乙，问他对昭奚恤和彭城君议论的看法，江乙说："两个人的言论都很好，我不敢在他们议论之后发表意见，这就叫怀疑贤者的言论啊。"

五　邯郸之难

邯郸之难[1]，昭奚恤谓楚王[2]曰："王不如无救赵而以强魏，魏强，其割赵必深矣。赵不能听，则必坚守，是两弊也。"

景舍[3]曰："不然。昭奚恤不知也。夫魏之攻赵也，恐楚之攻其后。今不救赵，赵有亡形，而魏无楚忧，是楚、魏共赵也，害必深矣！何以两弊也？且魏全兵以深割赵，赵有亡形而见楚之不救己也，必与魏合而以谋楚，故王不如少出兵以为赵援。赵恃楚劲，必与魏战。魏怒于赵之劲，而见楚救之不足畏也，必不释赵。赵、魏相弊，而齐、秦应楚，则魏可破也。"

楚因使景舍起兵救赵。邯郸拔，楚取睢、濊之间[4]。

注释

①邯郸之难：指公元前354年至公元前353年，魏国围攻赵国都城邯郸。

②楚王：指楚宣王。

③景舍：人名。楚国将领。

④睢、濊之间：魏国的东南境。睢、濊，皆水名。

译文

赵国都城邯郸被魏军围困，昭奚恤对楚宣王说："大王不如不援救赵国，而出兵使魏国的力量增强，魏国的力量强大，它定会割取赵国更多的土地。赵国不顺从，就必定会坚守，这是使他们两败俱伤的好办法。"

景舍说："不是这样。昭奚恤是不了解情况。魏国攻打赵国，却担心楚国从后面进攻它。如今不援救赵国，赵国就有灭亡的形迹，而魏国又没有楚国攻其后顾之忧，这是楚、魏两国共同攻打赵国，赵国的危害一定很深重！怎么能说是两败俱伤呢？况且魏国不损耗兵力，便割取了赵国很多土地，赵国已经显露出灭亡的征兆，又知道了楚国不援救自己，必然会与魏国联合起来而图谋楚国，所以大王不如少出些军队作为赵国的援兵。赵国依仗楚国的强大，必定会与魏国战斗。魏国就会为赵国的顽强所激怒，而且看到楚国的援救不值得畏惧，一定不肯放弃灭亡赵国的机会。赵国、魏国互相削弱，而齐、秦两国乘楚国援救赵国之机起兵攻打魏国，那么魏国就可以被攻破。"

楚国因此派景舍领兵援救赵国。赵国的邯郸被魏国攻占以后，楚国取得了睢水、濊水之间的大片土地。

六 江尹欲恶昭奚恤于楚王

江尹欲恶昭奚恤于楚王[①]而力不能，故为梁山阳君[②]请封于楚。楚王曰："诺。"昭奚恤曰："山阳君无功于楚国，不当封。"江尹因得山阳君与之共恶昭奚恤。

注释

①江尹：即江乙。楚王：指楚宣王。

②山阳君：指魏国封君。魏惠王时封于山阳。山阳，地名。地处今河南焦作东南。

译文

江尹想要在楚宣王面前诽谤昭奚恤，可是觉得自己能力不够，所以就为当时在楚国的魏国山阳君向楚宣王请求封地。楚宣王说："好。"昭奚恤说："山阳君对楚国没有功劳，不应当加封。"江尹因此取得了山阳君的好感，跟他共同厌恶昭奚恤。

七 魏氏恶昭奚恤于楚王

魏氏恶昭奚恤于楚王，楚王告昭子[①]。昭子曰："臣朝夕以事听命，而魏人吾君臣之间，臣大惧。臣非畏魏也。夫泄吾君臣之交，而天下信之，是其为人也近君矣。夫苟不难为之外，岂忘为之内乎？臣之得罪无日矣。"王曰："寡人知之，大夫何患？"

注释

①楚王：指楚宣王。昭子：指昭奚恤。

译文

魏国派人在楚宣王面前说昭奚恤的坏话，楚宣王把这件事告诉了昭奚恤。昭奚恤说："我早晚事奉君王并听从命令，然而一个魏国人在我们君臣之间挑拨扰乱，我很害怕。我并不是害怕魏国人。我是害怕他们会疏远我们君臣之间的感情，而使天下人相信那些挑拨之词，这样的人一定是接近君王的人。既然他们不难在外边对人中伤，难道不能让别有用心的人在国内这样干吗？我获罪的日子没有几天了。"楚宣王说："我知道这些事情，大夫您还在担心什么呢？"

八　江乙恶昭奚恤

江乙恶昭奚恤，谓楚王曰："人有以其狗为有执而爱之。其狗尝溺井，其邻人见狗之溺井也，欲入言之，狗恶之，当门而噬之。邻人惮之，遂不得入言。邯郸之难，楚进兵大梁，将取矣，昭奚恤取魏之宝器，以臣居魏知之，故昭奚恤常恶臣之见王。"

译文

江乙厌恶昭奚恤，便对楚宣王说："有一个人认为他的狗很会看门而喜爱它。他的狗曾经往井里撒尿，他的邻居看见狗往井里撒尿，便想要进去告诉它的主人，狗很讨厌他，就守住大门要咬他。邻居惧怕凶恶的狗，不敢进去告诉其主人。邯郸之战，楚国进兵魏国都城大梁，即将攻占之时，昭奚恤获得了魏国很多的宝器，因为臣那时居住在魏国知道此事，所以昭奚恤非常讨厌我和大王见面。"

九　江乙欲恶昭奚恤于楚

江乙欲恶昭奚恤于楚，谓楚王曰："下比周则上危，下分争则上安。王亦知之乎？愿王勿忘也。且人有好扬人之善者，于王何如？"王曰："此君子也，近之。"江乙曰："有人好扬人之恶者，于王何如？"王曰："此小人也，远之。"江乙曰："然则且有子杀其父，臣弑其主者，而王终己不知者，何也？以王好闻人之美而恶闻人之恶也！"王曰："善。寡人愿两闻之。"

译文

江乙想要在楚国中伤昭奚恤，便对楚宣王说："在下位的人结党营私，那么居上位的人就危险了；在下位的人互相争斗，那么居上位的人就安全，大王您知道这个道理吗？希望大王不要忘记。而且有个人喜欢宣扬别人善良，大王认为这个人怎么样？"楚宣王说："这人是君子，我要亲近他。"江乙说："有个人喜欢宣扬别人丑恶，大王认为这个人怎么样？"楚宣王说："这人是小人，我会疏远他。"江乙说："虽然如此，那么有一个做儿子的杀了他父亲，做臣子的杀了他的国君，但大王始终不知道，这是为什么？因为大王喜欢听别人的好话而讨厌听别人的坏话。"楚宣王说："好。我愿意别人的好话坏话都听。"

十　江乙说于安陵君

江乙说于安陵君①曰："君无咫尺之地、骨肉之亲，处尊位，受厚禄，一国之众，见君莫不敛衽而拜，抚委而服，何以也？"曰："王过举而已。不然，无以至此。"

江乙曰："以财交者，财尽而交绝；以色交者，华落而爱渝②。

是以嬖女不敝席，宠臣不敝轩。今君擅楚国之势，而无以深自结于王，窃为君危之。"安陵君曰："然则奈何？"江乙曰："愿君必请从死，以身为殉，如是必长得重于楚国。"曰："谨受令。"

三年而弗言。江乙复见曰："臣所为君道，至今未效，君不用臣之计，臣请不敢复见矣！"安陵君曰："不敢忘先生之言，未得间也。"

注释

①安陵君：名坛，楚国封君。

②华落：比喻容颜衰老。渝：变。

译文

江乙对安陵君说："您没有为楚国立下过丝毫的功劳，也没有骨肉之亲可以依靠，但您却身居高位，享受厚禄，全国的百姓见到您，没有不整理好衣帽毕恭毕敬地向您行礼的，这是为什么呢？"安陵君回答说："这不过是因为楚王过分地抬举我罢了；如果不这样，不可能到这种地步。"

江乙说："拿钱财来和他人交往，当金钱用完了，交情也就断绝了；用美色与别人交往，当美色衰退了，爱情也就改变了。所以，爱妾床上的席子还没有睡破，就被遗弃了；宠臣的马车还没有用坏，就被贬黜了。如今您在楚国独揽权势，可自己并没有什么能与楚王结成深交，我私下里为您感到担忧。"安陵君说："那该怎么办呢？"江乙说："希望您一定向楚王请求随他而死，为他殉葬，这样，您在楚国必能长期受到尊重。"安陵君说："恭敬地遵守您的教导。"

过了三年，安陵君仍然没有对楚王说什么。江乙又拜见他说："我给您说的，到现在您也没有去实行，您既然不采纳我的意见，我请求从此不再会见您了！"安陵君说："我实在不敢忘记先生给我的教导，只因没有遇到恰当的时机。"

于是楚王游于云梦①，结驷千乘，旌旗蔽日，野火之起也若云霓，虎嗥之声若雷霆。有狂兕②（牛羊）车依轮而至，王亲引弓而射，壹发而殪③。王抽旃旄④而抑兕首，仰天而笑曰："乐矣，今日之游也！寡人万岁千秋之后⑤，谁与乐此矣？"安陵君泣数行而进曰："臣入则编席，出则陪乘，大王万岁千秋之后，愿得以身试黄泉，蓐⑥蝼蚁，又何如得此乐而乐之！"王大说，乃封坛为安陵君。

君子闻之曰："江乙可谓善谋，安陵君可谓知时矣。"

注释

①云梦：指战国时期楚王的游猎区，包括江汉平原及其附近丘陵地区。

②兕（sì）：指犀牛。

③殪（yì）：杀。

④旃（zhān）：曲柄旗。旄（máo）：古代用牦牛尾装饰的旗子。

⑤万岁千秋之后：指死后。

⑥蓐（rù）：草垫子。

译文

后来，楚王要到云梦地区去游猎，车马成群结队，络绎不绝，五色的旌旗遮蔽天日，野火烧起来如同彩虹，老虎咆哮之声好像雷霆。忽然一头犀牛像发了狂似的朝车轮横冲直撞过来，楚王拉弓搭箭，一箭便射死了犀牛。楚王随手拔起一根旗杆，接住犀牛的头，仰天大笑说："今天的游猎实在是太高兴了！我要是百年之后，又会和谁一道享受这种快乐呢？"安陵君泪流满面，上前对楚王说："我在宫内和大王挨席而坐，出外和大王同车而乘，大王百年之后，我愿随您而死，在黄泉之下做大王的席垫，防止蝼蚁来侵扰您，又有什么比这更快乐呢！"楚王听了很高兴，就正式封他为安陵君。

君子听说了这件事情说："江乙真可以说是善于出谋划策，安陵君真算是善于利用时机啊。"

十一　江乙为魏使于楚

江乙为魏使于楚，谓楚王曰："臣入竟[1]，闻楚之俗，不蔽人之善，不言人之恶，诚有之乎？"王曰："诚有之。"江乙曰："然则白公之乱[2]得无遂乎？诚如是，臣等之罪免矣。"楚王曰："何也？"江乙曰："州侯[3]相楚，贵甚矣而主断，左右皆曰'无有'，如出一口矣！"

注释

①竟：通"境"。

②白公之乱：指楚惠王时，白公曾在楚国作乱，杀令尹，劫持楚王，后被叶公子高平。白公，春秋时期人，楚平王的孙子。

③州侯：楚国得宠的大臣，州是其封邑，地处今湖北洪湖东北。

译文

江乙代表魏国出使楚国，对楚宣王说："我进入楚国国境，就听说楚国有一种风俗，不掩盖别人的善良，不谈论别人的邪恶，真的有这回事吗？"楚宣王说："确实有这回事。"江乙说："既然这样，那么白公所制造的祸乱能不成功吗？真的是这样，我们的罪过就可以免除了。"楚宣王说："为什么？"江乙说："州侯做楚相，地位尊贵并独断专行，可是您左右的人都说'没有专权的事'，就像从一张嘴里说出来的一样啊！"

十二　郢人有狱三年不决者

郢人有狱三年不决者，故令人请其宅，以卜其罪。客因为之谓昭奚恤曰："郢人某氏之宅，臣愿之。"昭奚恤曰："郢人某氏不当服罪，故其宅不得。"

客辞而去。昭奚恤已而悔之，因谓客曰："奚恤得事公，公何为以故与奚恤？"客曰："非用故也。"曰："请而不得，有说①色，非故如何也？"

注释

①说：通"悦"。

译文

郢城一个人打官司，三年还没有判决，因此他就让一个人请求买他的住宅，来卜测他是否有罪。受他委托的人因此为他对昭奚恤说："郢城某人的住宅，我希望买下它。"昭奚恤说："这个人不应当判有罪，所以他的住宅您是得不到的。"

受委托的人便辞谢离开。昭奚恤不久便后悔了，就召回这个人说："我可以任用您办事，您为什么用这种欺诈的方式来对待我呢？"受委托的人说："我并没有用欺诈的手段来对待您。"昭奚恤说："您请求的东西没有得到，脸上却表现出喜悦，这不是欺诈又是什么呢？"

十三 城浑出周

城浑①出周，三人偶行，南游于楚，至于新城②。

城浑说其令曰："郑③、魏者，楚之枭④国而秦、楚之强敌也。郑、魏之弱，而楚以上蔡⑤应之；宜阳⑥之大也，楚以弱新城围⑦之。蒲反、安邑⑧相去百里，秦人一夜而袭之，安邑不知；新城、上蔡相去五百里，秦人一夜而袭之，上蔡亦不知也。今边邑之所恃者，非江南、泗上也，故楚王⑨何不以新城为主郡也？边邑甚利之。"

新城公大说⑩，乃为具驷马乘车五百金之尽⑪。城浑得之，遂南交于楚，楚王果以新城为主郡。

注释

①城浑：人名。周人。

②新城：地名。本为韩国都邑，后入楚国。地处今河南伊川西南。

③郑：指韩国。

④耎（ruǎn）：柔弱。

⑤上蔡：地名。楚国都邑，地处今河南上蔡西南。

⑥宜阳：地名。本韩国都邑，此时为秦国所得，地处河南宜阳西北。

⑦圉（yǔ）：抵御。

⑧蒲反：即蒲坂，魏国都邑，地处今山西永济东南。安邑：地名。战国时曾为魏都，地处今山西夏县西北。

⑨楚王：指楚怀王。

⑩新城公：即上文的新城令。说：同"悦"。

⑪尽：通"赆"，馈赠。

译文

城浑离开周国出游，与三人同行，向南到楚国游历，一直来到了楚国的新城。

城浑向新城的县令说："韩国、魏国，对楚国来说是弱国，然而秦国却是楚国的强大敌人。韩国、魏国虽是弱国，可是楚国却用上蔡之地去对付它们；秦国的宜阳强大，楚国却用弱小的新城去捍御它。蒲坂、安邑相距百里，秦国在一夜之间偷袭蒲坂，而安邑不能发觉；新城、上蔡相距五百里，秦国在一夜之间偷袭新城，而上蔡也不能发觉。如今楚国边境城邑所依靠的，不是江南、泗上两地，所以说，楚王为什么不把新城作为楚国的主郡？这对保卫边邑更加有利。"

新城的县令非常高兴，于是就为城浑准备四马拉的兵车，并把五百两黄金赠送给他。城浑得到这些东西，于是向南到楚国都城去活动，楚王果然把新城设为主要郡县。

十四 韩公叔有齐、魏

韩公叔有齐、魏，而太子①有楚、秦以争国。郑申②为楚使于韩，矫以新城、阳人③予太子。楚王④怒，将罪之。对曰："臣矫予之，以为国也。臣为太子得新城、阳人以与公叔争国而得之。齐、魏必伐韩；韩氏急，必悬命于楚，又何新城、阳人之敢求？太子不胜，幸而不死，在今将倒冠而至，又安敢言地！"楚王曰："善。"乃不罪也。

注释

①太子：指韩国公子几瑟。

②郑申：人名。楚国臣子。

③阳人：地名。楚国都邑，地处河南临汝西。

④楚王：指楚怀王。

译文

韩国公叔有齐、魏两国的支持，而太子几瑟有楚、秦两国的支持，互相争夺国家的大权。郑申为楚国出使出韩国，他假托楚王的命令，把新城、阳人两地给予太子几瑟。楚怀王很生气，将要惩处郑申。郑申说："我假传王命，把新城、阳人给予几瑟，全是为了楚国的利益。我认为几瑟得到了新城、阳人两地，如果他在与公叔争权的斗争中胜利了，齐、魏两国必定会出兵进攻韩国；韩国危急，必定会完全依靠楚国的救援，又怎么敢要求新城、阳人两地呢？如果几瑟争权失败，侥幸活着，将会仓皇逃奔到楚国来，又怎么敢提起新城、阳人的事呢？"楚怀王说："好。"就不再惩处郑申了。

十五 楚杜赫说楚王以取赵

楚杜赫说楚王①以取赵，王且予之五大夫②，而令私行。陈轸③谓楚王曰："赫不能得赵，五大夫不可收也，是赏无功也。得赵而王无加焉，是无善也。王不如以十乘行之，事成，予之五大夫。"王曰："善。"乃以十乘行之。

杜赫怒而不行。陈轸谓王曰："是不能得赵也。"

⚘注释

①杜赫：人名。周人，游说之士。楚王：指楚怀王。

②五大夫：较高的爵位。

③陈轸：人名。齐国人，游说之士，属纵横家。先出仕秦国，后出仕楚国。

⚘译文

住在楚国的杜赫劝说楚王去争取赵国的支持，楚王将要授给他五大夫的爵位，并且让他以个人的身份行动。陈轸对楚王说："如果杜赫不能争取不到赵国的支持，赏给他五大夫的爵位就无法收回，这就是赏赐无功之人。如果他能争取到赵国的支持，大王对他的赏赐就没无法再增加了，这就相当于有功而不赏。大王不如给他十辆兵车让他去赵国，事情成功以后，再授给他五大夫的爵位。"楚王说："好。"于是楚王给杜赫十辆兵车，让他去赵国办事。

杜赫听后大怒，不肯出发。陈轸对楚王说："这说明他不能争取到赵国的支持。"

十六　楚王问于范环

楚王问于范环①曰："寡人欲置相于秦，孰可？"对曰："臣不足以知之。"王曰："吾相甘茂可乎？"范环对曰："不可。"王曰："何也？"曰："夫史举，上蔡②之监门也。大不知事君，小不知处室，以苟廉闻于世，甘茂事之顺焉。故惠王之明、武王之察、张仪之好谮，甘茂事之，取十官而无罪。茂，诚贤者也，然而不可相秦。秦之有贤相也，非楚国之利也。且王尝用召滑于越而纳句章③。昧④之难，越乱，故楚南塞濑胡而郡江东⑤。计王之功，所以能如此者，越乱而楚治也。今王以用之于越矣，而忘之于秦，臣以为王巨速忘矣。王若欲置相于秦乎？若公孙郝⑥者可。夫公孙郝之于秦王，亲也，少与之同衣，长与之同车，被王衣以听事，真大王之相已。王相之，楚国之大利也。"

注释

①楚王：指楚怀王。范环：楚国臣子。

②上蔡：应当为"下蔡"。地处今安徽凤台。

③召滑：楚国臣子。句章：越国之地，地处今浙江余姚东南。

④昧：越国之地，今地不详。

⑤濑胡：当作"厉门"，是通往岭南的要道。江东：指今江苏南部、浙江北部地区。

⑥公孙郝：秦昭王时期的亲信大臣。

译文

楚怀王问范环说："寡人想向秦国推荐一个相国，您看谁可以胜任？"范环回答说："臣对此不足以知道。"楚怀王说："我推荐甘茂去做相国可以吗？"范环回答说："不可以。"楚怀王间："为什么？"范环说："史举原来是下蔡的看门人，往大说他不知道如何事奉君王，往小说他不知道怎样处理好家务事，以苛刻闻名于世，但甘茂能和他相处融洽。所以，像惠王那样贤明、武王那样明察，张仪喜欢说别人坏话，让甘茂去事奉他们，就算顺利升官十次也不是罪过。甘茂的确是个人才，但是却不可以让他去做秦国的相国。秦国有贤能的相国，对楚国是不利的。况且大王曾经派召滑到越国办事，得到了句章之地。昧地之难，但因越国内乱，所以楚国能向南控制厉门并以江东为郡。计算大王的功劳，之所以能达到如此程度，是因为越国内乱而楚国政治清明。如今大王对越国已经用过这种策略，却还想对秦国使用，我认为大王您太健忘了。大王您要问谁去秦国担任相国比较恰当？像公孙郝那样的人就可以。公孙郝和秦王的关系很亲密，年少时他与秦王同穿一件衣服，长大以后与秦王同坐一辆车，披着秦王的衣服入朝听政，他可真是大王应该派去秦国做相国的人选啊。如果大王推荐他去做秦国的相国，对楚国来说才是有利的。"

十七　苏秦为赵合从

苏秦为赵合从，说楚威王曰："楚，天下之强国也；大王，天下之贤王也。楚地西有黔中，巫郡①，东有夏州、海阳②，南有洞庭、苍梧③，北有汾陉之塞、郇阳④。地方五千里，带甲百万，车千乘，骑万匹，粟支十年，此霸王之资也。夫以楚之强与大王之贤，天下莫能当也。今乃欲西面而事秦，则诸侯莫不西面而朝于章台⑤之下矣。

"秦之所害于天下莫如楚，楚强则秦弱，楚弱则秦强，此其势不两立。故为王计，莫如从亲以孤秦。大王不从亲，秦必起两军，一军出武关⑥，一军下汉中，若此，则鄢⑦、郢动矣。臣闻治之其未乱，为之其未有也。患至而后忧之，则无及已。故愿大王早计之。

注释

①黔中：郡名。楚国之地，地处今湖南西北部、湖北西南部及贵州东北部。巫郡：楚国之地，治所地处今四川巫山北。

②夏州：地名。地处今湖北汉阳北。海阳：地名。地处今江苏泰州。

③洞庭：湖名。地处今湖南岳阳西南。苍梧：山名。即九疑山，地处今湖南宁远南。

④汾陉（xíng）之塞：塞名。地处今河南许昌西南。郇（xún）阳：地名。楚国都邑，地处今陕西洵阳东。

⑤章台：台名。在咸阳。

⑥武关：关名。地处今陕西商州西南。

⑦鄢：地名。楚国都邑，地处今湖北宜城东南。

　　苏秦为赵国组织合纵联盟，便去游说楚威王说："楚国，是天下强国；大王，您是天下的贤主。楚国西有黔中、巫郡，东有夏州、海阳，南有洞庭、苍梧，北有汾陉、郇阳。全国土地方圆五千里，武装的战士百万，战车千辆，战马万匹，粮食储备可供十年使用，这是建立霸业的资本。凭借楚国的强大和大王的贤能，天下就无人能够抵挡，可现在您却打算向西听命于秦国，那么诸侯就会都倒向西方拜在秦国的章台下了。

　　"秦国最害怕的国家莫过于楚国，楚国强盛则秦国就弱，楚国衰弱则秦国强大，楚、秦两国势不两立。所以为大王考虑，不如与东方各国结成合纵联盟来孤立秦国。大王如果不组织合纵联盟，秦国必然会从两路进军，一路从武关出击，一路则指向汉中，这样，楚国的鄢、郢二地必然会引起震动。我听说治理天下，要在它还未混乱时就要着手，做一件事在未开始时就要做好准备。祸患来临了，然后才去发愁，那就来不及了。因此，我希望大王及早谋划。

　　"大王诚能听臣，臣请令山东之国奉四时之献，以承大王之明制，委社稷宗庙，练士厉兵，在大王之所用之。大王诚能听臣之愚计，则韩、魏、齐、燕、赵、卫之妙音美人必充后宫矣。赵、代良马橐驼，必实于外厩。故从合则楚王，横成则秦帝。今释霸王之业而有事人之名，臣窃为大王不取也。

　　"夫秦，虎狼之国也，有吞天下之心。秦，天下之仇雠，横人皆欲割诸侯之地以事秦，此所谓养仇而奉雠者也！夫为人臣而割其主之地，以外交强虎狼之秦，以侵天下，卒有秦患，不顾其祸。夫外挟强秦之威以内劫其主，以求割地，大逆不忠，无过此者。故从亲则诸侯割地以事楚，横合则楚割地以事秦。此两策者，相去远矣，有亿兆之数，两者，大王何居焉？故弊邑赵王使臣效愚计，奉明约，在大王命之。"

"大王如果真的能听取我的建议，请我让崤山以东的各国一年四季都来朝贡，来奉行大王的诏令，将国家和宗庙都委托给您，训练士兵，来供大王驱使。如果大王真的能听从我的愚计，那么韩、魏、齐、燕、赵、卫各国的美好音乐和美人必定会充满您的后宫，赵国、代郡的良马、骆驼一定会充满您的马厩。因此，合纵联盟成功，楚国就能称王，连横联盟成功，秦国就会称帝。现在您放弃称王称霸的大业，反而有侍奉别人的名声，我私下真的认为大王不该这样做啊。

"秦国是如同老虎豺狼一样贪婪的国家，且有吞并崤山以东六国的野心。秦国是天下共同的仇敌，主张连横的人却想割让诸侯的土地去侍奉秦国，这些就是所谓的奉养仇敌的人啊！身为人臣却主张割让自己国君的土地，去结交虎狼一样的秦国，并让其侵略天下各国，自己的国家最终也会遭受到秦国带来的祸患，但他是根本不顾自身将要遭受的灾祸的。对外依靠强秦的威势，对内胁迫自己的国君，要求割让自己国家的土地，大逆不忠的罪过，没有比这更大的了。因此，实现合纵联盟，那么各诸侯国就会割土地来侍奉楚国；实现连横联盟，楚国就得割土地去侍奉秦国，合纵与连横这两种策略，所带来的结果相距真是太远了，有亿兆倍那么大的差距，对于这两种策略，大王您会站在哪一方呢？因此，敝国的国君赵王派我来献上这个愚计，想和您共同遵守合纵盟约，全在大王的决定。"

楚王曰："寡人之国，西与秦接境，秦有举巴蜀、并汉中之心。秦，虎狼之国，不可亲也。而韩、魏迫于秦患，不可与深谋，恐反以入于秦，故谋未发而国已危矣。寡人自料，以楚当秦，未见胜焉。内与群臣谋，不足恃也。寡人卧不安席，食不甘味，心摇摇而悬旌，而无所终薄。今君欲一天下，安诸侯，存危国，寡人谨奉社稷以从。"

楚王说：“我的国家，西边与秦国相接，且秦国有夺取巴蜀、吞并汉中的野心。秦国是一个贪狠暴戾如同虎狼的国家，不可能和它亲近。而韩、魏两国迫于秦国的威胁，又不能和它们深入地谋划合作，如果深入合作，恐怕它们反会投入秦国的怀抱，这样，计谋还没有付诸实行，楚国就已经大祸临头了。我自己考虑，单凭楚国来对抗秦国，未必能够取得胜利。在国内与群臣的谋划，也没法依靠。我寝食难安，心神不定，内心好像风中的旗子飘荡不定，而最终没有地方可以寄托。现在您想团结天下，安定诸侯，拯救危国，我愿意竭尽整个国家来追随您。”

十八　张仪为秦破从连横

张仪为秦破从连横，说楚王曰：“秦地半天下，兵敌四国，被山带河，四塞以为固。虎贲之士百余万，车千乘，骑万匹，粟如丘山。法令既明，士卒安难乐死，主严以明，将知以武，虽无出兵甲，席卷常山①之险，折天下之脊，天下后服者先亡。且夫为从者，无以异于驱群羊而攻猛虎也。夫虎之与羊，不格明矣。今大王不与猛虎而与群羊，窃以为大王之计过矣。

“凡天下强国，非秦而楚，非楚而秦，两国敌侔交争，其势不两立。而大王不与秦，秦下甲兵据宜阳，韩之上地不通；下河东②，取成皋③，韩必入臣于秦。韩入臣，魏则从风而动。秦攻楚之西，韩、魏攻其北，社稷岂得无危哉？

“且夫约从者，聚群弱而攻至强也。夫以弱攻强，不料敌而轻战，国贫而骤举兵，此危亡之术也！臣闻之：‘兵不如者，勿与挑战；粟不如者，勿与持久。’夫从人者，饰辩虚辞，高主之节行，言其利而不言其害，卒有秦祸，无及为已！是故愿大王之熟计之也。

注释

①常山：山名。即恒山，地处今河北曲阳西北，与太行山相连。

②河东：地区名。地处今山西西南部。

③成皋：地名。地处今河南荥阳汜（sì）水城西。

译文

张仪为秦国瓦解合纵联盟，推行连横策略去游说楚王说："秦国的土地占有天下土地的一半，武力可以与诸侯对抗，四周环山，东据黄河，四面还有要塞作为坚固的屏障。还拥有百万勇猛士兵，战车千辆，战马万匹，粮食堆积如山。法令严明，士卒又甘愿赴汤蹈火，拼死战斗毫不畏惧，国君严厉而英明，将帅足智多谋而又勇武，虽然没有出兵，但一出兵就席卷恒山的险隘，折断天下的脊梁，天下后臣服的国家必然先会灭亡。再说，搞合纵联盟的那些人，无异于驱赶群羊去进攻猛虎。弱羊敌不过猛虎，这是很明显的道理。现在大王不与猛虎友好，却与群羊为伍，我私底下认为大王的计策完全错了。

"总计天下的强国，不是秦国就是楚国，不是楚国就是秦国，两国势均力敌，互相争夺，势不两立。如果大王不与秦国联合，一旦秦国发动大军攻占宜阳，韩国上郡的要道就会被切断；秦国再进而出兵河东，攻取成皋，韩国必定臣服秦国。韩国臣服秦国，魏国也必然趁机而行动。秦国进攻楚国的西边，韩、魏两国进攻楚国的北边，楚国怎么会没有危险呢？

"况且合纵联盟只是联合了一群弱小的国家，去进攻最为强大的秦国。以弱小的国家去进攻强大的国家，不预估一下敌人的力量就轻易作战，国家贫穷却又经常发动战争，这是危险亡国的做法啊！我听说：'兵力不如对方强大，就不要向对方挑战；粮食不如对方充足，就不要同对方进行持久作战。'那些主张合纵联盟的人，矫饰巧辩，满口说的都是一些虚假的言辞，高赞国君的节操品行，但只说好处而不说害处，一旦楚国遭遇大祸，那时就来不及了！因此，我希望大王对此能够多多考虑。

"秦西有巴蜀，方船①积粟，起于汶山②，循江而下，至郢三千余里。舫船载卒，一舫载五十人，与三月之粮，下水而浮，一日行三百余里；里数虽多，不费马汗之劳，不至十日而距扞关③。扞关惊，则从竟陵④已东，尽城守矣，黔中、巫郡非王之有已。秦举甲出之武关，南面而攻则北地⑤绝。秦兵之攻楚也，危难在三月之内，而楚恃诸侯之救，在半岁之外，此其势不相及也。夫恃弱国之救而忘强秦之祸，此臣之所以为大王之患也！

"且大王尝与吴人五战三胜而亡之，陈⑥卒尽矣；有偏守新城而居民苦矣。臣闻之：'攻大者易危，而民弊者怨于上。'夫守易危之功而逆强秦之心，臣窃为大王危之。

注释

①方船：两舟相并。

②汶山：山名。即岷山，地处今四川松潘北。

③扞（hàn）关：古关名。地处今湖北长阳西。

④竟陵：地名。楚国都邑，地处今湖北潜江西北。

⑤北地：楚国北境之地，地处今河南信阳以北。

⑥陈：通"阵"。

译文

"秦国西面有巴、蜀之地，用船运粮，从汶山出发，沿长江而下，到楚国都城有三千多里。用船运兵，一船能载五十人和运三月粮食，船顺流而下，一日可行三百多里；路程虽长，却不费车马之劳，不到十天就能到达楚国的扞关。扞关为之惊动，竟陵以东的各地城邑，都要加强守城的力量，黔中、巫郡都会不再为大王所有了。秦国再出兵武关，向南进攻，则楚国的北部交通就会被切断。秦军进攻楚国，三个月之内，楚国形势就将十分危急，然而楚国等待诸侯的援军，要在半年之后才能到来，这势必会赶不上。依靠弱国的救援，却忘记强秦的祸患，这就是我为大王所担忧的原因啊。

"再说，大王曾与吴国交战，五战三胜灭亡了吴国，临阵的士兵已经丧失殆尽；又为了守卫新得之城，人民深受其苦。我听说：'进攻强大的敌人则容易遭到危险；人民疲惫穷困，则容易抱怨君主。'为了维持易受危难的功业，而去违背强秦的意愿，我私底下为大王感到危险。

"且夫秦之所以不出甲于函谷关十五年以攻诸侯者，阴谋有吞天下之心也。楚尝与秦构难，战于汉中，楚人不胜，通侯、执珪①死者七十余人，遂亡汉中②。楚王大怒，兴师袭秦，战于蓝田③，又却，此所谓两虎相搏者也。夫秦、楚相弊而韩、魏以全制其后，计无过于此者矣。是故愿大王熟计之也。

"秦下兵攻卫阳晋④，必扃天下之匈⑤。大王悉起兵以攻宋，不至数月而宋可举，举宋而东指，则泗上十二诸侯⑥尽王之有已。

注释

①执珪：楚国的高级爵位。

②遂亡汉中：指公元前312年秦国攻取楚国汉中。

③蓝田：地名。秦国都邑，地处今陕西蓝田西。

④阳晋：地名。卫国都邑，地处今山东郓城西。

⑤扃（jiōng）：关闭。匈：同"胸"。

⑥泗上十二诸侯：泛指泗水流域的一些小国。

译文

"秦国之所以十五年不出兵函谷关来攻打各诸侯国，是因为它暗中有吞并诸侯统一天下的野心。楚国曾经和秦国发生冲突，双方在汉中地区作战，楚国被打败了，通侯、执珪以上的官员战死了七十多人，于是楚国失掉了汉中。楚王大为恼怒，便派兵进攻秦国，两军在蓝田交战，但楚国又一次遭到惨败，这就是所谓的两虎相搏啊。秦、楚两国作战，互相削弱对方，而韩、魏两国却保存着实力，借机进攻秦、楚两国的后方，没有比这更加错误的做法了。因此希望大王对此能仔细考虑。

"秦国出兵进攻卫国的阳晋，必定断绝诸侯的交通要道。大王调动全部的军队去进攻宋国，不到数月，就可以灭宋，然后再继续东进，那么泗上十二诸侯国就全为大王所有了。

"凡天下所信约从亲坚者苏秦，封为武安君而相燕，即阴与燕王谋破齐共分其地。乃佯有罪，出走入齐，齐王因受而相之。居两年而觉，齐王大怒，车裂苏秦于市。夫以一诈伪反覆之苏秦，而欲经营天下，混一诸侯，其不可成也亦明矣。

"今秦之与楚也，接境壤界，固形亲之国也。大王诚能听臣，臣请秦太子入质于楚，楚太子入质于秦，请以秦女为大王箕帚之妾^①，效万家之都以为汤沐之邑，长为昆弟之国，终身无相攻击。臣以为计无便于此者。故敝邑秦王使使臣献书大王之从车下风^②，须以决事。"

楚王曰："楚国僻陋，托东海之上。寡人年幼，不习国家之长计。今上客幸教以明制，寡人闻之，敬以国从。"乃遣车百乘，献骇鸡之犀、夜光之璧于秦王。

注释

①箕帚之妾：指侍奉洒扫的贱妾。帚：同"帚（zhǒu）"。
②从车下风：指楚王的左右侍从。

译文

"天下所坚决主张联合东方六国组成合纵联盟的人是苏秦，他被封为武安君，出任燕国的相国，便暗地里和燕王谋划攻破齐国后瓜分齐国的土地。他假装在燕国犯下了罪过，逃到了齐国，齐王于是让他做了相国。过了两年，真相被发现，齐王大为恼怒，就把苏秦车裂于市场之上。任用一个欺诈虚伪、反复无常的苏秦，却企图控制天下，统一诸侯，这显然是不可能成功的。

"如今秦、楚两国接壤，形势上本来就是友好的国家。大王果真能听从我的劝告，我可以请秦王让太子做楚国的人质，而大王您亦让太子去做秦国的人质，我会让秦王的女儿做大王侍奉洒扫之妾，并献出万户的大城，作为大王的汤沐之邑，从此秦、楚两国永结为兄弟之邦，终身不互相侵犯。我认为没有比这更有利于楚国的策略了。所以秦王派我出使贵国，呈献国书，敬候您的决定。"

楚王说："楚国地处偏僻，又临近东海之滨。我还很年轻，不懂得国家的长远大计。如今承蒙贵客把贤明的策略告诉我，我听了您的高见，愿恭敬地把国家托付给您。"于是派出百辆车，将骇鸡、犀角、夜光宝璧献给了秦王。

十九　张仪相秦

张仪相秦，谓昭雎[①]曰："楚无鄢、郢、汉中，有所更得乎？"曰："无有。"曰："无昭雎、陈轸有所更得乎？"曰："无所更得。"张仪曰："为仪谓楚王逐昭过[②]、陈轸，请复汉中。"昭雎归报楚王，楚王说[③]之。

有人谓昭过曰："甚矣，楚王不察于尊名者也。韩求相工陈藉而周不听，魏求相綦母恢而周不听，何以也？周曰：'是列县畜我也。'今楚，万乘之强国也；大王，天下之贤主也。今仪曰逐君与陈轸而王听之，是楚自行不如周，而仪重于韩、魏之王也。

注释

①昭雎：人名。楚国臣子，主张联合齐国援助韩国以抗秦国。

②昭过：人名。楚国臣子。

③说：同"悦"。

译文

张仪做秦国相国的时候，对楚国地昭雎说："如果楚国失掉鄢地、郢都、汉中，还能有这样的地方吗？"昭雎说："不会再有了。"张仪说："如果楚国失去了昭过、陈轸，还有什么人能够任用呢？"昭雎说："没有什么人可以任用了。"张仪说："请您替我告诉楚王，如果驱逐昭过、陈轸，我就可以让秦王把汉中归还给楚国。"昭雎回去把这件事报告楚王，楚王听后很高兴。

有人对昭过说："真是太过分，楚王太不看重自己的名声了。从前，韩国要求东周任命工陈籍做相国，而东周不答应；魏国要求西周任命綦母恢做相国，而西周也不答应，这是为什么呢？周王说：'这是把对我当作一个县看待了。'如今楚国，是拥有万辆兵车的强大国家；大王，是天下的贤明君主。现在张仪要求大王驱逐您和陈轸，而大王听信了他的话，这是楚国使自己不如周国，把张仪看得比韩、魏两国的君王更高贵了。

"且仪之所行，有功名者秦也，所欲贵富者魏也。欲为攻于魏，必南伐楚。故攻有道，外绝其交，内逐其谋臣。陈轸，夏人也，习于三晋之事，故逐之，则楚无谋臣矣。今君能用楚之众，故亦逐之，则楚众不用矣，此所谓内攻之者也，而王不知察。今君何不见臣于王，请为王使齐交不绝。齐交不绝，仪闻之，其效汉中必缓矣。是昭雎之言不信也，王必簿之。"

译文

"况且张仪的所作所为，是想要在秦国建立功名，又想在魏国取得富贵。如果他想要帮助魏国攻打其他国家，一定会向南进攻楚国。所以进攻就要有一定的方法，对外断绝这个国家的邦交，对内驱逐这个国家的谋臣。陈轸，是中原人，对韩、赵、魏的政事很熟悉，所以张仪驱逐了他，那么楚国就没有谋臣了。如今您能指挥楚国的民众，所以张仪也要驱逐您，那么楚国的民众就没人指挥了，这就是所谓的从内部进攻的办法，然而大王却不懂得认真考察。现在您为什么不推荐我去见君王，请让我为大王出使齐国，使齐、楚两国之交不断绝。齐、楚两国不断交，张仪听到此事后，就会推迟归还汉中。这样，昭雎的话就显得不真实了，楚王一定会看轻他。"

二十 威王问于莫敖子华

威王问于莫敖子华①曰："自从先君文王②以至不穀之身，亦有不为爵劝、不以禄勉，以忧社稷者乎？"莫敖子华对曰："如华不足知之矣。"王曰："不于大夫，无所闻之。"莫敖子华对曰："君王将何问者也？彼有廉其爵，贫其身，以忧社稷者；有崇其爵，丰其禄，以忧社稷者；有断脰③决腹，一瞑而万世不视，不知所益，以忧社稷者；有劳其身，愁其志，以忧社稷者；亦有不为爵劝，不为禄勉，以忧社稷者。"

王曰："大夫此言将何谓也？"莫敖子华对曰："昔令尹子文④缁帛之衣以朝，鹿裘以处，未明而立于朝，日晦而归食，朝不谋夕，无一月之积。故彼廉其爵，贫其身，以忧社稷者，令尹子文是也。

注释

①莫敖：官名。地位仅次于令尹、司马。代王传命及备王咨询。子华：人名。

②文王：指楚文王，芈姓，熊氏，名赀，楚武王之子。

③脰（dòu）：脖子。

④令尹：楚国百官的首领。执掌一国大权。子文：人名。春秋时期人。

译文

楚威王问莫敖子华说："从先君文王直到我这一辈，真的有不贪求爵位、不计较俸禄，而为国家安危操心的大臣吗？"莫敖子华回答说："像我这样的人是没有资格谈论这个问题的。"楚威王说："如果不向您请教的话，我就更无从知道了。"莫敖子华回答说："君王您问的是哪一类的大臣呢？他们之中有廉洁奉公，安于贫困，而忧虑国家安危的；有爵位高，俸禄多，而忧虑国家安危的；有不怕断头剖腹，视死如归，丝毫不顾个人安危而忧虑国家安危的；有劳其筋骨，苦其心志，而忧虑国家安危的；也有既不贪求爵位，又不贪求俸禄而忧虑国家安危的。"

楚威王说："您说的这几类人，说的都是谁呢？"莫敖子华回答说："过去的令尹子文，他上朝的时候身穿简朴的黑丝绸衣服，在家的时候，则身穿简朴的鹿皮衣，天还没有亮他就起来等在了朝堂上，太阳落山了才回家去吃饭，吃完早饭而顾不上晚饭，家里连一个月的粮食都没有。所以，我说的那个廉洁奉公，安于贫困，而忧虑国家安危的，就是令尹子文这种人。

"昔者叶公子高身获于表薄①，而财于柱国，定白公之祸②，宁楚国之事，恢先君以掩方城③之外，四封不侵，名不挫于诸侯。当此之时也，天下莫敢以兵南乡④。叶公子高，食田六百畛⑤。故彼崇其爵，丰其禄，以忧社稷者，叶公子高是也。

"昔者吴与楚战于柏举⑥，两御之间夫卒交。莫敖大心⑦抚其御之手，顾而大息⑧曰：'嗟乎子乎，楚国亡之日至矣！吾将深入吴军，若扑一人，若挬⑨一人，以与大心者也。社稷其为庶几乎？'故断脰决腹，一瞑而万世不视，不知所益，以忧社稷者，莫敖大心是也。

注释

①叶公子高：人名。春秋时期的人，名诸梁，字子高，封于叶（今河南叶县），故称叶公。表薄：指朝臣所站的位置。

②白公之祸：指公元前479年，白公胜在郢都作乱，杀死令尹、四马，挟持楚王。

③方城：山名。地处今河南叶县。

④乡：通"向"。

⑤畛：田间小路。

⑥柏举：地名。楚国都邑，地处今湖北麻城东北柏子山。

⑦莫敖大心：人名。即沈尹戌，亡于柏举之战。

⑧大（tài）息：叹息。

⑨捽（zuó）：揪住。

译文

"过去楚国有个叶公子高，身为朝臣，拥有大量财富，他平定了白公之乱，使楚国得以安定，并发扬了先君的遗德，他的名声远播方城之外，四境诸侯都不敢来侵犯，使楚国的威名在诸侯中没有受到损害。在那个时候，诸侯没有敢出兵南侵的。叶公子高因功而得到六百畛的土地。所以，我说的那个爵位高，俸禄多而忧虑国家安危的，就是叶公子高这种人。

"过去吴、楚两国在柏举交战，双方对垒，兵车和士兵已经短兵相接。莫敖大心抚摸着为他驾车的战士的手，回顾叹息说：'这位兄弟啊，楚国亡国的日子就要到了！我准备深入吴军，您如果能打倒一个敌人，助我一臂之力，都是对我大心的帮助。如果大家都这样，国家也许还有希望吧？'所以，我说的那个不怕断头，不怕剖腹，视死如归，不顾个人安危而忧虑国家安危的，就是莫敖大心这种人。

"昔吴与楚战于柏举，三战入郢，君王身出，大夫悉属，百姓离散。棼冒勃苏①曰：'吾被坚执锐，赴强敌而死，此犹一卒也，不若奔诸侯。'于是赢粮潜行，上峥山，逾深谷，蹠②穿膝暴，七日而薄秦王③之朝，崔④立不转，昼吟宵哭，七日不得告，水浆无入口，瘨而殫闷⑤，旄⑥不知人。秦王闻而走之，冠带不相及，左奉其首，右濡其口，勃苏乃苏。

"秦王身问之：'子孰谁也？'棼冒勃苏对曰：'臣非异，楚使新造盭⑦棼冒勃苏。吴与楚人战于柏举，三战入郢，寡君身出，大夫悉属，百姓离散。使下臣来告亡，且求救。'秦王顾令之起：'寡人闻之，万乘之君得罪一士，社稷其危，今此之谓也。'遂出革车千乘，卒万人，属之子蒲与子虎⑧，下塞以东，与吴人战于浊水⑨而大败之，亦闻于遂浦⑩。故劳其身，愁其思，以忧社稷者，棼冒勃苏是也。

注释

①棼冒勃苏：人名。指申包胥。

②蹠（zhí）：脚掌。

③秦王：指秦哀公。

④霍（hè）：古同"鹤"。

⑤蹎（diān）：晕倒。殫闷：气绝。

⑥旄：同"眊（mào）"，昏迷。

⑦新造盭（lì）：罪臣。盭：同"戾"，罪。

⑧子蒲、子虎：均为人名。春秋时秦国将领。

⑨浊水：水名。源出今河南内乡，流经今河南邓州南。

⑩遂浦：地名。

译文

"从前，吴、楚两国在柏举交战，吴军接连攻了三次，攻入了楚都，楚君逃亡，大臣们全部跟随，百姓流离失所。棼冒勃苏说：'我如果身披铠甲，手执武器与强敌作战，即使战死，其作用也只像一个普通士卒而已，还不如向诸侯去求援。'于是，他带着干粮秘密出发，越过高山峻岭，跨过深谷，脚掌磨破了，膝盖受伤了；七天之后到了秦王的朝廷附近，像鹤一样踮着脚跟翘望，希望得到秦王的帮助，日夜哭泣，经过七个昼夜，也未能面告秦王，他滴水不进，以致头昏眼花，气绝晕倒，不省人事。秦王听说后赶忙跑去看他，连衣帽来不及系好，左手捧着他的头，右手给他灌水，棼冒勃苏才慢慢苏醒过来。

　　"秦王亲自问他说：'你是什么人？'棼冒勃苏回答说：'我不是别人，是楚王派来的罪臣棼冒勃苏。吴、楚两国现在于柏举交战，吴国接连进攻三次，进入楚都，楚君逃亡，大臣也都全部跟随，百姓流离失所。敝国君王特派我来向大王您报告楚国即将亡国的消息，并且请求援救。'秦王叫他躺好别动，并说：'我听说，万乘大国的君王，如果得罪了志士，国家就会危险，如今就是这种情况吧。'于是，秦王就派出战车千辆，兵士万人，让子蒲和子虎带领，出边关向东挺进，与吴军战于浊水之上并大败吴军，同时，又在遂浦大战了一场。所以，我说的那个劳其筋骨、苦其心志而忧虑国家安危的，就是棼冒勃苏这种人。

　　"吴与楚战于柏举，三战入郢，君王身出，大夫悉属，百姓离散。蒙穀给斗于宫唐①之上，舍斗奔郢曰：'若有孤，楚国社稷其庶几乎？'遂入大宫，负鸡次之典以浮于江，逃于云梦之中。昭王反郢，五官失法，百姓昏乱。蒙穀献典，五官得法而百姓大治。此蒙穀之功，多与存国相若，封之执珪，田六百畛。蒙穀怒曰：'穀非人臣，社稷之臣。苟社稷血食②，余岂患无君乎？'遂自弃于磨山③之中，至今无胄。故不为爵劝，不为禄勉，以忧社稷者，蒙穀是也。"

　　王乃大息曰："此古之人也。今之人，焉能有之耳！"莫敖子华对曰："昔者先君灵王好小要，楚士约食，冯④而能立，式⑤而能起。食之可欲，忍而不入；死之可恶，然而不避。章⑥闻之，其君好发者，其臣抉拾⑦。君王直不好，若君王诚好贤，此五臣者，皆可得而致之。"

注释

①蒙穀：人名。楚国将领。宫唐：地名。
②血食：代指国家的延续。

③磨山：山名。地处今湖南安福西。

④冯（píng）：通"凭"。

⑤式：扶着。

⑥章：莫敖子华的名。

⑦抉拾：指古代射箭用具，此处指射箭。

译文

"吴、楚两国在柏举交战，吴军接连攻了三次，攻入了楚都，楚君逃亡，大臣们全部跟随，百姓流离失所之际，楚臣蒙穀在宫唐与吴军战斗，这时楚王生死未卜，蒙穀撇开吴军奔向楚都，说：'如果有国君的儿子可以继位，楚国大概还有希望富国吧？'于是，他来到楚宫，把那些散乱的法律典籍收拾好并背在身上，乘船浮游于江上，逃到云、梦地区之中。之后，楚昭王返回楚都，官员没有法律可以依靠，社会秩序混乱。蒙穀献出了法律典籍，朝中官员便有法可依，因此百姓得以治理。蒙穀立下了大功，与使楚国得以保全的功劳相等，于是，楚王封他执珪的爵位，并赐给他六百畛的封地。但蒙穀却生气地说：'我并不是君王一个人的大臣，而是国家的大臣。只要国家平安无事，我难道会去担心无官可做吗？'于是他自己放弃封赏隐居磨山之中，到现在他的后人仍然没有爵禄。所以，我说的那个既不追求爵位，也不追求俸禄而忧虑国家安危的，就是蒙穀这种人啊！"

楚王听后叹息道："这些都是古人，现在还会有这样的人吗！"莫敖子华回答说："从前，楚灵王喜欢细腰的人，因此楚国的人便少吃饭，使自己的腰都细起来，以至于要扶着东西才能站立、行走。吃饭是正常的欲望，但总是忍着饿不吃；死亡是令人厌恶的，可是人们没有躲避。我听说，如果国君喜好射箭，大臣也会去学习射箭。如此看来，大王您只是不喜好贤臣而已，如果您是真心喜好贤臣，上述这五种贤臣，都是可以被大王罗致来的。"

卷十五 楚策二

二十一 魏相翟强死

魏相翟强①死，为甘茂谓楚王②曰："魏之几相者，公子劲③也。劲也相魏，魏、秦之交必善。秦、魏之交完，则楚轻矣。故王不如与齐约，相甘茂于魏。齐王④好高人以名，今为其行人⑤请魏之相，齐必喜。魏氏不听，交恶于齐，齐、魏之交恶，必争事楚。魏氏听，甘茂与樗里疾贸首之雠也，而魏、秦之交必恶，又交重楚也。"

注释

①翟强：人名。魏国大臣中主张与楚国亲善的人。

②楚王：指楚怀王。

③公子劲：人名。魏国公子中主张亲秦的人。

④齐王：指齐宣王辟疆。

⑤行人：指使臣。

译文

魏国的相国翟强死了，有人为甘茂对楚王说："在魏国，有希望继任的相国是公子劲。公子劲如果做了魏相，魏、秦两国的邦交必然友好。魏、秦两国交好，那么楚国在诸侯中的地位就会降低。因此，大王您不如与齐国结盟，让甘茂做魏国的相国。齐王以好居人上而出名，如今让他的使者出面，请求甘茂出任魏国相国，齐王一定很高兴。魏国如果不同意，其与齐国的关系就会恶化，齐、魏两国的关系恶化，他们必定会争着拉拢楚国。魏国如果同意任命甘茂为相国，但甘茂与现在的秦相樗里疾是势不两立的仇人，这样一来魏、秦两国的邦交必定会恶化，他们两国就都会倚重于楚国了。"

二十二　齐、秦约攻楚

齐、秦约攻楚，楚令景翠[1]以六城赂齐，太子[2]为质。昭雎[3]谓景翠曰："秦恐，且因景鲤、苏厉[4]而效地于楚。公出地以取齐，鲤与厉且以收地取秦，公事必败。公不如令王重赂景鲤、苏厉使人秦，齐恐，必不求地而合于楚。若齐不求，是公与约也。"

注释

①景翠：人名。楚国将领。
②太子：名横，即为后来的顷襄王。
③昭雎：人名。楚国谋臣，主张联齐、援韩以抗秦。
④景鲤：人名。楚怀王相。苏厉：人名。苏秦之弟。

译文

齐国和秦国约定一起攻打楚国，楚王派景翠用六座城池贿赂齐国，并派太子到齐国去做人质。昭雎对景翠说："秦国担心一旦齐、楚联合，自己就要通过景鲤、苏厉向楚国献地。如果您送出土地争取齐国，那么景鲤和苏厉也会要求楚国献出土地争取秦国，这样一来，您的事业一定会失败。您不如让楚王多多贿赂景鲤、苏厉，让他们出使秦国，齐国就会害怕，必定不敢再向楚国索取土地并与楚国联合。如果齐国不再索要土地，这就是您缔结了两国的友好盟约。"

二十三　术视伐楚

术视[1]伐楚，楚令昭鼠[2]以十万军汉中。昭雎胜秦于重丘[3]，苏厉谓宛公[4]昭鼠曰："王欲昭雎之乘秦也，必分公之兵以益之。秦知公兵之分也，必出汉中。请为公令芈戎谓王曰：'秦兵且出汉中。'则公之兵全矣。"

注释

①术视：人名。秦国将领。

②昭鼠：人名。楚国将领。

③重丘：地名。地处今河南沁阳东北。

④宛公：指昭鼠的封号。宛：地名。地处今河南南阳。

译文

术视率秦军攻打楚国，楚国派昭鼠率领十万大军进驻汉中。昭雎在重丘将秦军打败，苏厉便对宛公昭鼠说："楚王想让昭雎乘胜进攻秦军，一定会调派您的部分兵力去增强昭雎的力量。秦国一旦知道您的兵方被分散了，就一定会进攻汉中。请让我为您派毕戎对楚王说：'秦兵将要进攻汉中。'那您的兵力就会得以保全了。"

二十四　四国伐楚

四国①伐楚，楚令昭雎将以距②秦。楚王欲击秦，昭雎不欲。桓臧为昭雎谓楚王口："雎战胜，三国恶楚之强也，恐秦之变而听楚也，必深攻楚以劲秦。秦王③怒于战不胜，必悉起而击楚，是王与秦相罢④而以利三国也。战不胜秦，秦进兵而攻。不如益昭雎之兵，令之示秦必战。秦王恶与楚相弊而全天下，秦可以少割而收也。秦、楚之合，而韩、齐、魏不敢不听，三国可定也。"

注释

①四国：指秦、齐、韩、魏四国。

②距：通"拒"。

③秦王：指秦昭王稷。

④罢：同"疲"，疲惫。

译文

　　秦、齐，韩、魏四国联合攻打楚国，楚王命令昭雎率领军队抵御秦兵。楚王想要进攻秦国，昭雎却不想这样做。桓臧为昭雎对楚王说："如果昭雎战胜了秦国，那么其他三国就会憎恨楚国的强大，又担心秦国会改变主意而与楚国联合：三国必定加强对楚国的进攻以便增强秦国。如果秦王为战争不胜所激怒，一定发动全国的兵力来进攻楚国。这样，楚国就要跟秦国互相疲劳作战，而使齐、韩、魏三国获得利益。如果楚国不能战胜秦国，秦国就会乘胜发兵攻打楚国。因此，大王不如增强昭雎的兵力，并让他做出决战的样子给秦国看。秦王本来就厌恶和楚国互相削弱而使天下诸侯得利，这样楚国就可以少割让一点土地以结束战争。如果秦、楚两国联合，那么韩、齐、魏三国就不敢不听从，三国就安定下来了。"

二十五　楚怀王拘张仪

　　楚怀王拘张仪，将欲杀之。靳尚①为仪谓楚王曰："拘张仪，秦王②必怒。天下见楚之无秦也，楚必轻矣。"又谓王之幸夫人郑袖曰："子亦自知且贱于王乎？"郑袖曰："何也？"尚曰："张仪者，秦王之忠信有功臣也。今楚拘之，秦王欲出之。秦王有爱女而美，又简择宫中佳丽好玩习音者，以欢从之；资之金玉宝器，奉以上庸六县为汤沐邑③，欲因张仪内之楚王。楚王必爱，秦女依强秦以为重，挟宝地以为资，势为王妻以临于楚。王惑于虞④乐，必厚尊敬亲爱之而忘子，子益贱而日疏矣。"

　　郑袖曰："愿委之于公，为之奈何？"曰："子何不急言王，出张子？张子得出，德子无已时，秦女必不来，而秦必重子。子内擅楚之贵，外结秦之交，畜张子以为用，子之子孙必为楚太子矣，此非布衣之利也。"郑袖遽说楚王出张子。

注释

①靳尚：人名。楚怀王的宠臣。

②秦王：指秦昭王。

③上庸：地名。地处今河北竹山西南。汤沐邑：指国君赏赐给贵族的私邑。

④虞：通"娱"。

译文

楚怀王拘禁了张仪，并准备杀了他。靳尚为张仪对怀王说："大王您扣留张仪，秦王一定会愤怒。天下诸侯一看到楚国失去了秦国这个盟友，楚国一定会被轻视。"接着靳尚又对怀王的宠妃郑袖说："您可知道，您马上就要在大王面前失宠了吗？"郑袖说："为什么？"靳尚说："张仪是对秦王有功的忠臣。现在楚国将他拘禁，秦国肯定会要求楚国释放张仪。秦王有一个美丽的爱女，他又选择美貌善玩且懂音乐的宫女作陪嫁，为了使她高兴，此外秦王还陪嫁了各种金玉宝器，并将上庸县送给她作为享乐的费用，正打算让张仪进献爱女给楚王。大王必定很爱秦王的爱女，而秦王爱女也会仰仗强秦来抬高自己身价，同时更以珠宝土地为资本，她势必成为大王的妻子，到那时其就等于君临楚国。而大王每天都沉迷于享乐，必然会尊敬、宠爱秦女而把您忘掉，那您就会更加失宠而日益被疏远了。"

郑袖说："我愿意把这一切都拜托给您来处理，您看怎么办呢？"靳尚说："您为什么不赶快劝说大王，让他将张仪给放了呢？如果张仪被释放了，他心里会对您感激不尽，秦王的爱女也就不会来楚国了，秦国也必定会尊重您。您在国内能够拥有楚国的高贵地位，在国外又和秦国交好，并且留下张仪来为您所用，您的子孙必然会成为楚国的太子，这可不是寻常老百姓的利益。"于是郑袖马上就去劝说楚怀王释放张仪。

二十六　楚王将出张子

楚王将出张子①，恐其欺己也。靳尚谓楚王曰："臣请随之，仪事王不善，臣请杀之。”

楚小臣，靳尚之仇也，谓张旄②曰：“以张仪之知，而有秦、楚之用，君必穷矣。君不如使人微要③靳尚而刺之，楚王必大怒仪也。彼仪穷，则子重矣。楚、秦相难，则魏无患矣。”

张旄果令人要靳尚刺之。楚王大怒，秦、楚构兵而战。秦、楚争事魏，张旄果大重。

注　释

①楚王：指楚怀王。张子：指张仪。

②张旄：人名。魏国臣子。

③要：拦截，阻击。

译　文

楚王准备将张仪放出来，可是又担心他欺骗自己。靳尚对楚王说：“请陛下允许我跟随他，如果张仪不好好事奉大王，我就将他杀掉。”

楚国有一个小臣，是靳尚的仇人，他对张旄说：“凭张仪的才智，并且为秦、楚两国所重用，您将来的处境一定很穷困。您不如派人暗中拦截靳尚并刺杀他，楚王一定会对张仪大怒。如果张仪处境困窘，那么您就会受到重用了。如果秦、楚两国因此打起仗来，那么魏国就没有后患了。”

张旄果然派人拦截靳尚并刺杀了他，楚王大怒，于是秦、楚两国互相打起来。秦、楚两国都努力争取魏国，张旄果真大受重用。

二十七　秦败楚汉中

秦败楚汉中①。楚王入秦，秦王留之②。游腾③为楚谓秦王曰：“王挟楚王而与天下攻楚，则伤行矣；不与天下共攻之，则失利矣。王不如与之盟而归之。楚王畏，必不敢倍④盟。王因与三国⑤攻之，义也。”

①秦败楚汉中：指公元前312年，秦军在汉中的丹阳大败楚军，取汉中置郡。

②楚王入秦，秦王留之：指公元前299年，秦昭王约楚怀王在武关相会，楚怀王一到便被秦国扣留，挟持到咸阳。

③游腾：人名。西周臣子。

④倍：通"背"。

⑤三国：齐、韩、魏。

⚇译 文

秦军在汉中将楚军击败。楚怀王进入秦国，秦昭王便扣留了他。游腾替楚游说秦王说："如果大王挟持楚王并和天下诸侯一起去攻打楚国，那么就会损伤大王的德行了。如果大王不和天下诸侯共同攻打楚国，那么就会使国家利益受到损失。大王不如与楚国结盟并放楚王回国。楚王畏惧秦国，一定不敢背叛盟约。如果楚王违背盟约，大王便可以联合齐、韩、魏三国攻打它，这才是正义的行为。"

二十八　楚襄王为太子之时

楚襄王为太子之时，质于齐。怀王薨，太子辞于齐王①而归，齐王隘之："予我东地②五百里，乃归子。子不予我，不得归。"太子曰："臣有傅，请追而问傅。"傅慎子曰："献之地，所以为身也。爱地不送死父，不义，臣故曰献之便。"太子人，致命齐王曰："敬献地五百里。"齐王归楚太子。

太子归，即位为王。齐使车五十乘，来取东地于楚。楚王告慎子曰："齐使来求东地，为之奈何？"慎子曰："王明日朝群臣，皆令献其计。"

上柱国子良入见。王曰："寡人之得来反王坟墓、复群臣、归社稷也，以东地五百里许齐。齐今使来求地，为之奈何？"子良曰："王不可不与也。王身出玉声，许强万乘之齐而不与，则不信，后不可以约结诸侯。请与而复攻之。与之信，攻之武，臣故曰与之。"

注释

①齐王：指齐闵王。

②东地：指东国，楚国淮北临近齐国之地。

译文

楚襄王做太子的时候，在齐国做人质。楚怀王死后，太子便向齐王提出要求回到楚国，但是齐王不准许，说："你要割让给我东地方圆五百里的土地，我才放你回去。你如果不割让的话，你就不能回去。"太子说："我有个老师，请允许我问问他。"太子的老师慎子说："您应该答应割让给齐国土地，土地是为了安身的。因为爱惜土地，却不能为父亲送葬，是不符合道义的，所以我说，割让土地对您有利。"太子进宫，答复齐王说："我恭敬地献上方圆五百里的土地。"齐王于是允许太子返回楚国。

太子回到楚国，即位做了楚王。齐国派来五十辆使车，来楚国索取位于东地的土地。楚王告诉慎子说："齐国的使臣来索取东地，该怎么办呢？"慎子说："大王明天召见群臣，让大家提出自己的意见。"

上柱国子良进宫拜见楚王。楚王说："我之所以能够回到楚国来见到先王地坟墓，又能和群臣再次见面，使国家恢复正常，是因为答应割让给齐国东地五百里的土地。现在齐派使臣来索取，该怎么办呢？"子良说："大王不能不给。您的话一诺千金，既然亲口答应了强大的齐国，却又反悔不给，这就是不守信用，将来您就很难和其他诸侯国家谈判结盟了。应该先答应给齐国割让东地，然后再发兵攻打齐国。割让东地，是守信用；攻打齐国，是显示武力。所以我认为应该割地。"

子良出，昭常入见。王曰："齐使来求东地五百里，为之奈何？"昭常曰："不可与也。万乘者，以地大为万乘。今去东地五百里，是去战国之半也，有万乘之号而无千乘之用也，不可。臣故曰勿与。常请守之。"

昭常出，景鲤入见。王曰："齐使来求东地五百里，为之奈何？"景鲤曰："不可与也。虽然，楚不能独守。王身出玉声，许万乘之强齐也而不与，负不义于天下。楚亦不能独守，臣请西索救于秦。"

译文

子良出宫之后，昭常进宫拜见楚王。楚王说："齐国使臣来索要东地五百里的土地，这该怎么办呢？"昭常说："不能给。所谓的万乘之国，就是因为土地幅员辽阔。现在如果割让东地五百里的土地，这就等于减少了我国的一半了，这样一来，楚国虽有万乘之国的称号，却连千乘之国的实力也没有了，不能割让。所以我说不能割让。请让我去守卫东地。"

昭常出宫之后，景鲤进宫拜见楚王。楚王说："齐国使臣来索要东地五百里的土地，这该怎么办呢？"景鲤说："不能给。虽然如此，单靠楚国一国的力量不可能独守东地。大王一诺千金，郑重答应了拥有万乘的强大的齐国，如今却又不割让土地，就会在天下诸侯中背负不义的坏名声。单靠楚国一国的力量也不能独守东地。请让我西去向秦国求救。"

景鲤出，慎子入。王以三大夫计告慎子曰："子良见寡人曰：'不可不与也，与而复攻之。'常见寡人曰：'不可与也，常请守之。'鲤见寡人曰：'不可与也，虽然，楚不能独守也，臣请索救于秦。'寡人谁用于三子之计？"慎子对曰："王皆用之！"王怫然①作色曰："何谓也？"慎子曰："臣请效其说，而王且见其诚然也。王发上柱国子良车五十乘，而北献地五百里于齐。发子良之明日，遣昭常为大司马，令往守东地。遣昭常之明日，遣景鲤车五十乘，西索救于秦。”王曰："善。"乃遣子良北献地于齐。遣子良之明日，立昭常为大司马，使守东地。又遣景鲤西索救于秦。

注释

① 怫（fú）然：不高兴愤怒的样子。

译文

　　景鲤出宫后，慎子进见楚王。楚王把三个大夫出的主意都告诉了慎子说："子良说：'不能不给，给了以后再出兵去进攻齐国。'昭常说：'不能给，我愿去守卫东地。'景鲤说：'不能给，但是楚国不能单独守住东地，我愿意去秦国求救。'我到底要采用他们三个人谁的主意呢？"慎子回答说："大王都采用。"楚王怒容满面地说："这是什么意思？"慎子说："请让我说出我的道理，大王就会知道确实是这个样子。大王您先派遣上柱国子良带上兵车五十辆，到齐国去进献东地五百里。在派遣子良的第二天，任命昭常为大司马，让他去守卫东地。在派遣昭常的第二天，派景鲤带领战车五十辆，往西去向秦国求救。"楚王说："好。"于是派子良北到齐国去献地。在派遣子良的第二天，又立昭常为大司马，让他去守卫东地，还派遣景鲤向西去秦国求救。

　　子良至齐，齐使人以甲受东地。昭常应齐使曰："我典主东地，且与死生。悉五尺至六十①，三十余万，弊甲钝兵，愿承下尘。"齐王谓子良曰："大夫来献地，今常守之，何如？"子良曰："臣身受命弊邑之王，是常矫也。王攻之。"齐王大兴兵攻东地，伐昭常。未涉疆，秦以五十万临齐右壤。曰："夫隘楚太子弗出，不仁；又欲夺之东地五百里，不义。其缩甲则可，不然，则愿待战。"

　　齐王恐焉，乃请子良南道楚，西使秦，解齐患。士卒不用，东地复全。

注释

①五尺：指幼童。六十：指老人。

译文

　　子良到了齐国，齐国派人带兵来接收东地。昭常回答齐国使臣说："我是主管东地的大司马，要与东地共存亡。我已动员了全国幼童到六十岁的老人入伍，共三十多万人，虽然我们的铠甲破旧且武器钝拙，但愿意奉陪到底。"齐王对子良说："您来献地，昭常却守卫东地，这是怎么回事？"子良说："我是受了敝国大王之命来进献东地的，这是昭常在假传王命。大王可以去进攻他。"齐王于是大举进攻东地，去讨伐昭常。但当大军还未到达东地边界时，秦国已经派了五十万大军进逼齐国的西境。并宣称："你们扣押了楚太子，不让他回国，这是不仁；又想抢夺楚国东地五百里，这不义。你们如果收兵则罢；不然，我们等待决战一场。"

　　齐王害怕了，就请求子良往南告诉楚国，又派人向西出使秦国，解除齐国的祸患。楚国没有派一兵一卒，却使东地得以保全。

二十九　女阿谓苏子

　　女阿谓苏子①曰："秦栖楚王②、危太子者，公也。今楚王归、太子南，公必危。公不如令人谓太子曰：'苏子知太子之怨己也，必且务不利太子。太子不如善苏子，苏子必且为太子人矣。'"苏子乃令人谓太子，太子复请善于苏子。

注释

①女阿：楚国太子的保姆。苏子：指苏秦。

②楚王：指楚怀王。

　　楚国太子的保姆女阿对苏秦说："让秦国扣留楚王，使太子受到危害的人，是您。如今楚王死去，太子也从齐国南回到楚国，您必定会危险了。您不如派人对太子说：'如果苏秦知道太子怨恨自己，必将设法对太子不利。太子不如和苏秦友善，苏秦一定会设法帮助太子回到楚国。'"苏秦于是就派人去对太子说了这番话，于是太子也再次和苏秦友善。

卷十六　楚策三

三十 苏子谓楚王

苏子谓楚王曰:"仁人之于民也,爱之以心,事之以善言。孝子之于亲也,爱之以心,事之以财。忠臣之于君也,必进贤人以辅之。今王之大臣父兄,好伤贤以为资,厚赋敛诸臣百姓,使王见疾于民,非忠臣也。大臣播王之过于百姓,多赂诸侯以王之地,是故退王之所爱,亦非忠臣也,是以国危。臣愿无听群臣之相恶也,慎大臣父兄,用民之所善,节身之嗜欲,以与百姓。

"人臣莫难于无妒而进贤。为主死易,垂沙之事①,死者以千数。为主辱易,自令尹以下,事王者以千数。至于无妒而进贤,未见一人也。故明主之察其臣也,必知其无妒而进贤也。贤臣之事其主也,亦必无妒而进贤。夫进贤之难者,贤者用且使己废,贵且使己贱,故人难之。"

🎐注释

①垂沙之事:指公元前301年,秦、齐、韩、魏四国一起进攻楚国,杀死楚国将领,攻占垂沙之事。垂沙,位于秦楚边境,地处今河南唐河西南。

🎐译文

苏秦对楚王说:"仁爱的人对于百姓,总是真心实意地去爱他们,用好话去抚慰他们。孝子对自己的父母,总是用真心去爱他们,用钱财去奉养他们。忠臣对自己的国君,一定要推荐贤能的人来辅佐国君。如今大王的重臣和父兄们,喜好毁谤贤能的人,用来当作他们提升自身的条件,对百姓课以沉重的赋税,使大王被百姓怨恨,他们不是忠臣。这些大臣在百姓当中传播大王您的错误,用您的土地大肆地贿赂诸侯,因此排斥大王所爱惜的人,这也不是忠臣,这样下去,国家就危险了。我希望您不要听任大臣们之间互相攻击,要审慎地任用大臣和宗亲,要任用那些百姓所喜欢的人,要节制自己的嗜好和欲望，去亲附百姓。

　　"作为人臣，难做到的，莫过于没有嫉妒之心而能推荐贤才。为国君去死是很容易的，垂沙之战中，死亡的人数以千计。为国君忍受屈辱也很容易，自令尹以下，侍奉大王的人数以千计。至于没有忌妒之心又能推荐贤才的，却不见一人。所以，英明的国君考察他的臣子，必须了解他们是否没有忌妒之心而能推荐贤才。贤能的人侍奉国君，也必须没有忌妒之心而能推荐贤才。推荐贤才之所以很难做到，是因为一旦贤能的人被任用，自己就会被废弃，贤能的人地位尊贵会使自己的地位卑贱，所以人们才难以做到。"

三十一　苏秦之楚

　　苏秦之楚，三日乃得见乎王，谈卒，辞而行。楚王曰："寡人闻先生若闻古人，今先生乃不远千里而临寡人，曾不肯留，愿闻其说。"对曰："楚国之食贵于玉，薪贵于桂，谒者难得见如鬼，王难得见如天帝。今臣食玉炊桂，因鬼见帝其可得乎！"王曰："先生就舍，寡人闻命矣。"

译文

　　苏秦来到楚国，过了三个月，才有机会见到楚王。和楚王交谈完毕后，就向楚王辞行。楚王说："我听先生谈论就如同听古人谈论一样，现在先生不远千里来见我，却不肯多留一些日子，我希望能听听您的高见。"苏秦回答说："楚国的粮食比宝玉还贵，柴禾比桂树还贵，禀报接待的人像小鬼一样难得一见，大王像天帝一样难于面见。现在要我拿玉当粮食，拿桂当柴禾烧，通过小鬼去面见高高在上的天帝，我怎么能做得到呢！"楚王说："请先生到客馆住下吧，我明白您的意思了。"

三十二　楚王逐张仪于魏

楚王逐张仪于魏。陈轸曰："王何逐张子？"曰："为臣不忠不信。"曰："不忠，王无以为臣；不信，王勿与为约。且魏臣不忠不信，于王何伤？忠且信，于王何益？逐而听则可，若不听，是王令困也。且使万乘之国免其相，是城下之事也。"

译文

楚王让魏国驱逐张仪。陈轸说："大王为什么要驱逐张仪呢？"楚王说："他作为臣子不忠诚且不讲信用。"陈轸说："张仪不忠诚，大王不要把他作为臣子；他不讲信用，大王不要跟他订立盟约。况且，他作为魏国的臣子而不忠不信，对大王有什么损害？他尽忠并且守信，对大王又有什么益处？您想驱逐张仪，如果魏王听从，那是可以的，如果不听，这是大王的命令不能在诸侯中实行，从而使自己处于困境。况且，要拥有万辆兵车的魏国罢免它的相国，这是让魏国蒙受城下之盟的耻辱啊。"

三十三　张仪之楚贫

张仪之楚，贫，舍人怒而归。张仪曰："子必以衣冠之敝，故欲归。子待我为子见楚王。"当是之时，南后、郑袖①贵于楚。

张子见楚王，楚王不说②。张子曰："王无所用臣，臣请北见晋君③。"楚王曰："诺。"张子曰："王无求于晋国乎？"王曰："黄金珠玑犀象出于楚，寡人无求于晋国。"张子曰："王徒不好色耳？"王曰："何也？"张子曰；"彼郑④、周之女，粉白黛黑，立于衢间，非知而见之者以为神。"楚王曰："楚僻陋之国也，未尝见中国之女如此其美也。寡人之独何为不好色也！"乃资之以珠玉。

注释

①南后：指楚怀王王后。郑袖：指楚怀王妃子。

②说：同"悦"。

③晋君：指韩王。

④郑：指韩国。

译文

张仪来到楚国后，生活贫困，他的随从很不高兴，想要回去。张仪说："您一定是因为衣冠破烂，所以想要回去吧。您等我替您去拜见楚王。"这个时候，南后和郑袖在楚国地位尊贵。

张仪前去拜见楚王，楚王不高兴。张仪说："既然大王不用我，那我就到北方去见韩王。"楚王说："好吧。"张仪说："难道大王对韩国没有什么想要的吗？"楚王说："黄金、珍珠、玑珠、犀革、象牙都出自楚国，我对韩国没有什么想要的。"张仪说："难道大王不喜欢美色吗？"楚王说："什么意思？"张仪说："那些韩国和周国的女子，脸白而眉黑，站在大街巷口，不知道她们的人，初次见到她们还以为是仙女下凡。"楚王说："楚国是一个偏僻的国家，从来没有见过有中原女子如此美丽。我怎么就不喜欢美色呢！"于是赠送给张仪珍珠、玉器。

南后、郑袖闻之大恐，令人谓张子曰："妾闻将军之晋国，偶有金千斤，进之左右，以供刍秣。"郑袖亦以金五百斤。

张子辞楚王曰："天下关闭不通，未知见日也，愿王赐之觞。"王曰："诺。"乃觞之。张子中饮，再拜而请曰："非有他人于此也，愿王召所便习而觞之。"王曰："诺。"乃召南后、郑袖而觞之。张子再拜而请曰："仪有死罪于大王。"王国："何也？"曰："仪行天下遍矣，未尝见人如此其美也。而仪言得美人，是欺王也！"王曰："子释之。吾固以为天下莫若是两人也。"

译文

南后和郑袖知道此事，大为恐慌，就派人对张仪说："我们听说将军要到韩国去，我这里有金千斤，送给您左右的人，作为养马的草料钱。"郑袖也给了张仪五百金。

张仪辞别楚王时说："各国诸侯互相隔绝，不知哪天才能再见到大王，希望大王赐酒辞行。"楚王说："很好。"于是设宴与张仪对饮。酒至半酣，张仪一拜再拜请求说："这里没有外人，希望大王邀集左右亲近一起来畅饮。"楚王说："好。"于是找来南后和郑袖，一起饮酒。张仪又再拜而请罪说："我对大王犯有死罪。"楚王说："这是为什么？"张仪说："我走遍天下，从来没有见过像南后、郑袖二位这样的美人，我却说要为您去寻找美人，这简直是在欺骗大王啊！"楚王说："您就不必挂心了。我本来就认为天下的美女没有谁能够比得上她们两人。"

三十四　楚王令昭雎之秦重张仪

楚王①令昭雎之秦重张仪。未至，惠王死，武王逐张仪。楚王因收昭雎以取齐。桓臧②为雎谓楚王曰："横亲之不合也，仪贵惠王而善雎也。今惠王死，武王立，仪走，公孙郝、甘茂贵。甘茂善魏，公孙郝善韩，二人固不善雎也，必以秦合韩、魏。韩、魏之重仪，仪有秦而雎以楚重之。今仪困秦而雎收楚，韩、魏欲得秦，必善二人者。二人将收韩、魏轻仪而伐楚，方城必危。王不如复雎而重仪于韩、魏。仪据楚势，挟魏重以与秦争。魏不合秦，韩亦不从，则方城无患。"

注释

①楚王：指楚怀王。
②桓臧：人名。楚国人。

楚怀王派昭雎到秦国去游说，让秦国重用张仪。昭雎还没有到秦国，秦惠文王便死了，而秦武王驱逐了张仪。楚怀王因此召回了昭雎以讨好齐国。桓臧替昭雎对楚怀王说："连横没有成功，这是因为张仪得势于秦惠文王，且和昭雎关系密切。如今秦惠文王死，秦武王即位，张仪被驱逐，公孙郝、甘茂被重用。甘茂和魏国关系密切，公孙郝和韩国关系密切，这两个人本来就和昭雎关系不好，一定主张秦国联合韩国与魏国。韩国、魏国当初之所以重视张仪，是因为张仪有秦国作靠山，而昭雎又依靠楚国的力量帮助他。如今张仪在秦国遭难而昭雎被楚国召回，如果韩国、魏国想要得到秦国的支持，它们必定要亲近甘茂和公孙郝。这两个人也将拉拢韩、魏两国，轻视张仪去进攻楚国，那么方城一定危险了。大王不如恢复昭雎的地位，而使张仪在韩国、魏国得到重用。张仪依靠楚国的势力，倚仗魏国的重用，去跟秦国对抗。如果魏国不与秦国联合，韩国也不会顺从秦国，那么方城就没有祸患了。"

三十五　张仪逐惠施于魏

张仪逐惠施①于魏，惠子之楚，楚王②受之。冯郝③谓楚王曰："逐惠子者，张仪也。而王亲与约，是欺仪也，臣为王弗取也。惠子为仪者来，而恶王之交于张仪，惠子心弗行也。且宋王④之贤惠子也，天下莫不闻也。今施之不善张仪也，天下莫不知也。今为事之故，弃所贵于雠人，臣以为大王轻矣，且为事耶？王不如举惠子而纳之于宋，而谓张仪曰：'请为子勿纳也。'仪必德王。而惠子穷⑤人，而王奉之，又必德王。此不失为仪之实，而可以德惠子。"楚王曰："善。"乃奉惠子而纳之宋。

注释

①惠施：人名。宋国人，时为魏惠王相。

②楚王：指楚怀王。

③冯郝：人名。楚国人。

④宋王：指宋王偃。

⑤穷：穷困。

译文

张仪将惠施驱逐出了魏国，惠施来到楚国，楚怀王接纳了他。大臣冯郝对楚王说："驱逐惠施的人是张仪。大王和惠施结交，这是在欺辱张仪，我认为大王这样做是不可取的。惠施是因为张仪驱逐才来楚国的，他也一定厌恶大王和张仪结交，惠施如果知道您和张仪结交，他一定不会来楚国的。况且宋王认为惠施是一个贤能的人，天下没有人不知道的。如今惠施与张仪结仇，诸侯中也无人不晓。如今惠施与大王结交，您就抛弃了张仪，大王这样做是否有些轻率呢？还是为了国家的大事呢？大王不如帮助惠施，将他送到宋国去，然后对张仪说：'我是因为您才没有接待惠施。'张仪必然会感激大王。而惠施是个被驱逐、困窘的人，大王却帮助他到宋国去，惠施也必然感激大王。这样您实际上不失为张仪着想，又可以使惠施对您感恩戴德。"楚王说："好。"于是就把惠施送到宋国去了。

三十六　五国伐秦

五国伐秦①，魏欲和，使惠施之楚。楚将入之秦而使行和。

杜赫②谓昭阳曰："凡为伐秦者楚也。今施以魏来，而公入之秦，是明楚之伐而信魏之也。公不如无听惠施，而阴使人以讲德秦。"昭子曰："善。"因谓惠施曰："凡为攻秦者魏也，今子从楚为和，楚得其利，魏受其怨。子归，吾将使人因魏而和。"

惠子反，魏王不说③。杜赫谓昭阳曰："魏为子先战，折兵之半，谒病不听，请和不得，魏折而入齐、秦，子何以救之？东有越累，北无晋④，而交未定于齐、秦，是楚孤也，不如速和。"昭子曰："善。"因令人谒和于魏。

①五国伐秦：发生于公元前318年。五国：指韩、赵、魏、楚、燕。

②杜赫：楚国臣子，游说之士。

③魏王：指魏惠王。说：同"悦"。

④晋：指魏国。

译 文

韩、赵、魏、楚、燕五国联合进攻秦国，魏国想要讲和，派惠施到楚国去。楚国准备让惠施到秦国去讲和。

杜赫对昭阳说："这次讨伐秦国的国家是以楚国为首。如今惠施以魏王的名义来到楚国，但您让他到秦国去讲和，这是向秦国表明楚国主战并使它相信魏国主和。您不如不听惠施的话，而暗中派人去秦国请求讲和。"昭阳说，"好。"于是对惠施说："进攻秦国的国家是以魏国为首，如今您跟随我们去讲和，楚国就会得到好处，而魏国会受到秦国的怨恨。您先回去，我将派人通过魏国去讲和。"

惠施返回魏国，魏惠王很不高兴。杜赫对昭阳说："魏国为您冲在前面，损失了一半兵力，向您报告处境艰难，您不施以救援，请求讲和又没能办到，如果魏国转而去投靠齐国、秦国，您用什么办法挽救这种局面呢？东面有越国造成的麻烦，北面又没有魏国的援助，并且与齐国、秦国的邦交还未确立，这是楚国被孤立了，不如迅速与秦国讲和。"昭子说："好。"于是派人告诉魏国，与秦国讲和。

三十七　陈轸告楚之魏

陈轸告楚之魏。张仪恶之于魏王①曰："轸犹善楚，为求地甚力。"左爽②谓陈轸曰："仪善于魏王，魏王甚信之，公虽百说之犹不听也。公不如以仪之言为资，而得复楚。"陈轸曰："善。"因使人以仪之言闻于楚，楚王喜，欲复之。

注释

①魏王：指魏惠王。

②左爽：人名。魏国人。一作"左华"。

译文

陈轸向楚王告假来到了魏国。张仪便在魏惠王面前中伤陈轸说："陈轸还是对楚国好，他为楚国求得土地很卖力气。"左爽对陈轸说："张仪跟魏王的关系很密切，魏王非常信任他，您即使费尽口舌，魏王还是不会听您的。您不如把张仪诽谤您的话作为借口，还能重新回到楚国去。"陈轸说："好。"于是就派人把张仪的话宣扬到楚国，楚王听了很高兴，果然准备召回陈轸。

三十八 秦伐宜阳

秦伐宜阳。楚王①谓陈轸曰："寡人闻韩倗②巧士也，习诸侯事，殆能自免也。为其必免，吾欲先据之以加德焉。"

陈轸对曰："舍之，王勿据也。以韩倗之知，于此困矣。今山泽之兽无猛于麋。麋知猎者张罔③前而驱己也，因还走而冒人，至数。猎者知其诈，伪举罔而进之，麋因得矣。今诸侯明知此多诈，伪举罔而进者必众矣。舍之，王勿据也。韩倗之知，于此困矣。"楚王听之，宜阳果拔，陈轸先知之也。

注释

①楚王：指楚怀王。

②韩倗（péng）：人名。韩国相国。

③罔：同"网"。

译文

秦军攻打韩国的宜阳。楚怀王对陈轸说："我听说韩倗是个非常聪明的人，他熟悉各诸侯间的事情，大概能够自免于危难。因为他一定能避免为难，所以我想先拉拢他，让他因此感激我们。”

陈轸回答说：“大王最好放弃这种想法，不要拉拢他了。凭韩俪的智慧，也得被困在这次战役里。如今山泽中的野兽，没有比麋鹿更狡猾的了。麋鹿知道猎人张开大网，是要前来把它赶到网里去，于是它就调过头跑来冲撞人，这样经过多次。猎人了解它狡诈习性，就举着网假装前进，麋鹿就这样被捕获了。如今诸侯明知道韩俪很狡猾，可是举着网伪装前进的人一定非常多。放弃这种打算，大王不要拉拢他了。韩俪的聪明才智，要在这里陷入困境了。”楚怀王听信了他的话。宜阳果然被秦军占领，陈轸事先料到这个结果了。

三十九　唐雎见春申君

唐雎见春申君①曰：“齐人饰身修行得为益，然臣羞而不学也。不避绝江河，行千余里来，窃慕大君之义，而善君之业。臣闻之，贲、诸②怀锥刃而天下为勇，西施衣褐而天下称美，今君相万乘之楚，御中国之难，所欲者不成，所求者不得，臣等少也。夫枭棋③之所以能为者，以散棋④佐之也。夫一枭之不胜五散亦明矣。今君何不为天下枭，而令臣等为散乎？”

注释

①唐雎：人名。魏国人。春申君：为黄歇的封号。

②贲：指孟贲，古代的勇士。诸：指专诸，为春秋时期吴国的勇士，为吴国公子光刺杀吴王僚。

③枭棋：古代六博戏中的一种贵彩。在棋子上刻枭的形状，掷得枭，可获胜。

④散棋：古代六博戏中的一种贵彩，其他五个没有刻画枭形的棋子叫做五白，掷得五白，可以胜枭。

译文

唐雎拜见春申君说:"齐人装扮自己、修养品行是为了获得禄位,然而我对他们的这种做法感到羞耻,不想学习。我之所以不规避横渡江河的危险,远行千余里来到楚国,是因为仰慕您高尚的情操,并且赞赏您所建立的功业。我曾听说,孟贲、专诸即使怀里揣着锥子和短刀,而天下人都认为他们是勇士,西施即使穿着粗布衣裳,而天下人仍称她为美女,如今您做了拥有万辆兵车的楚国相国,抵抗着中原各国这样的大敌,但您想完成的功业却没有完成,所要追求的目标不能达到,这是因为像我这样帮助您的大臣太少了。枭子之所以能取胜,就是因为有五个散子的辅助。一个枭子不能战胜五个散子,这也是很明了的。如今您为什么不做天下的枭子,而让我们做那五个散子呢?"

卷十七　楚策四

四十 或谓楚王

或谓楚王①曰："臣闻从者欲合天下以朝大王，臣愿大王听之也。夫因诎为信②，奋患有成，勇者义之。摄祸为福，裁少为多，知者官之。夫报报之反，墨墨之化③，唯大君能之。祸与福相贯，生与亡为邻，不偏于死，不偏于生，不足以载大名。无所寇艾④，不足以横世。夫秦捐德绝命之日久矣，而天下不知。今夫横人嗛⑤口利机，上干主心，下牟百姓，公举而私取利，是以国权轻于鸿毛，而积祸重于丘山。"

注释

①楚王：指楚考烈王熊完。
②诎：弯曲。信：通"伸"。
③墨墨之化：变化无形。墨，同"默"。
④寇艾：指入寇他国。艾，通"刈（yì）"。
⑤嗛（lǎn）：贪求。

译文

有人对楚考烈王说："我听说主张合纵的人想要联合天下诸侯来朝见大王，希望大王能听从他们。弯曲的东西可以伸展，在患难中奋进可以有所建树，这是勇敢者应该做的事。预见到祸患能把它转变为福事，积少可以成多，这是聪明人处理事情的办法。事物反反复复地变化，都在无声无息地演进中，只有品德高尚的人能驾驭它。祸与福相通，生与死为邻，不专一于致死，不专一于求生，就不能树立崇高的荣誉。没有经过贼寇的侵犯，就不能建立盖世的功业。秦国抛弃道义、违背天命的时间已经很长了，可是天下人并没有察觉。如今主张连横的人巧言利舌，向上求得君主的欢心，向下加倍损害百姓的利益，表面为公家谋划，实际暗中取利，因此使得国家的政权比鸿毛还轻，而积累的祸患却比丘山还重。"

四十一　魏王遗楚王美人

魏王遗楚王美人，楚王说之①。夫人郑袖知王之说新人也，甚爱新人。衣服玩好，择其所喜而为之；宫室卧具，择其所善而为之。爱之甚于王。王曰："妇人所以事夫者，色也；而妒者，其情也。今郑袖知寡人之说新人也，其爱之甚于寡人，此孝子所以事亲，忠臣之所以事君也！"

郑袖知王以己为不妒也，因谓新人曰："王爱子美矣，虽然，恶②子之鼻。子为见王，则必掩子鼻。"新人见王，因掩其鼻。王谓郑袖曰："夫新人见寡人，则掩其鼻，何也？"郑袖曰："妾知也。"王曰："虽恶必言之。"郑袖曰："其似恶闻君王之臭也。"王曰："悍哉！"令劓③之，无使逆命。

❧注释❧

①楚王：指楚怀王。说：同"悦"，下同。

②恶（wù）：厌恶。

③劓（yì）：割掉鼻子。

❧译文❧

魏王赠给楚怀王一个美女，楚怀王很是喜欢。楚怀王的夫人郑袖，知道怀王宠爱这位美人，所以装作也很喜爱这个新来的女子。一切衣服首饰，都挑她喜欢的送去；房间和家具，也都按她喜欢的让她使用。看起来似乎比楚王更喜欢她。楚王说："女人仰仗自己的美色来博取丈夫的欢心，而有嫉妒之心乃是人之常情。如今郑袖明知寡人喜欢新人，可是她爱新人比我还要厉害，这就如同孝子侍奉双亲，忠臣侍奉君王一样啊！"

郑袖知道楚王认定自己没有嫉妒之心，就去对新人说："大王爱你的美貌，但是他讨厌你的鼻子。所以你如果见了君王，一定要捂住鼻子。"从此。新人见到楚王，就捂住自己的鼻子。楚王对郑袖说："新人看见寡人时，就捂住自己的鼻子，这是为什么？"郑袖回答说："我知道这件事。"楚王说："即使再难听的话，你也要告诉我。"郑袖说："她好像是讨厌君王身上的气味。"楚王说："真是个悍妇！"于是下令割掉美人的鼻子，不许违抗命令。

四十二　楚王后死

楚王后死，未立后也。谓昭鱼①曰："公何以不请立后也？"昭鱼曰："王不听，是知困而交绝于后也。""然则何不买五双珥，令其一善而献之王，明日视善珥所在，因请立之。"

注　释

①昭鱼：人名。楚国大臣。

译　文

楚国的王后死了，还没有新立王后。有人对昭鱼说："您为什么不请求大王立新的王后呢？"昭鱼说："如果大王不听从我的意见，这不仅将使我的主意不起作用，而且会与新立的王后断绝了交情。"那人说："那么您为什么不买五双耳环，其中一双最漂亮，并把这些耳环都献给大王，明天看谁戴着那对最漂亮的耳环，您就请大王立她为王后。"

四十三　庄辛谓楚襄王

庄辛谓楚襄王①曰："君王左州侯②，右夏侯③，辇从鄢陵君与寿陵君④，专淫逸侈靡，不顾国政，郢都必危矣！"襄王曰："先生老悖乎？将以为楚国妖祥⑤乎？"庄辛曰："臣诚见其必然者也，非敢以为国妖祥也。君王卒幸四子者不衰，楚国必亡矣。臣请辟于赵，淹留以观之。”

　　庄辛去之赵。留五月，秦果举鄢、郢、巫、上蔡、陈之地。襄王流掩于城阳⑥，于是使人发驺征庄辛于赵。庄辛曰：“诺。”

注释

　　①庄辛：人名。楚国臣子。为楚庄王的后代，故以庄为姓。

　　②州侯：楚国的封君，封邑在州。州，楚国都邑，地处今湖北监利。

　　③夏侯：楚国的封君，封邑在夏。夏，楚国都邑，地处今湖北汉口。

　　④鄢陵君：楚国的封君，封邑在鄢陵。鄢陵，楚国都邑，地处今河南鄢城东南。寿陵君：楚国的封君。

　　⑤祆（yāo）祥：吉凶祸福的征兆。

　　⑥城阳：地名。楚国都邑，地处今河南淮阳东南。

译文

　　庄辛对楚襄王说：“大王您左有州侯、右有夏侯，又有鄢陵君和寿陵君在车后跟从，您生活淫逸奢侈、毫无节制，不理国家朝政，这样下去，郢都必然变得很危险！”楚襄王说：“先生老糊涂了？还是用妖言来惑乱楚国呢？”庄辛说：“我当然是看到了必然的后果，而不敢用妖言来惑乱楚国。如果大王始终宠幸这四个人，那楚国一定会因此而灭亡。请大王准许我到赵国去避难，在那里来静观楚国的变化。”

　　庄辛离开楚国到了赵国，在赵国待了五个月，秦国果然发兵攻占了鄢、郢、巫、上蔡、陈这些地方，楚襄王也流亡到了城阳，于是派人发车到赵国去召请庄辛回国。庄辛说：“好。”

　　庄辛至，襄王曰：“寡人不能用先生之言，今事至于此，为之奈何？”庄辛对曰：“臣闻鄙语曰：‘见兔而顾犬，未为晚也；亡羊而补牢，未为迟也。’臣闻昔汤、武以百里昌，桀、纣以天下亡。今楚国虽小，绝长续短，犹以数千里，岂特百里哉！

"王独不见夫蜻蛉①乎？六足四翼，飞翔乎天地之间，俯啄蚊虻而食之，仰承甘露而饮之，自以为无患，与人无争也。不知夫五尺童子，方将调饴胶丝，加己乎四仞②之上，而下为蝼蚁食也。

注释

①蜻蛉：即蜻蜓。

②仞：长度单位，古八尺为一仞。

译文

庄辛到了城阳，楚襄王说："我当初不听先生的话，现在事情发展到这个地步，该怎么办呢？"庄辛回答说："我知道一句俗语：'见到兔子以后，再放出猎犬并不算晚；羊丢失以后，再去修补羊圈也不算迟。'我听说，过去商汤和周武王，依靠方圆百里的土地就使天下昌盛，而夏桀和商纣王，虽然拥有天下，最终却不免身死国亡。现在楚国的土地虽然狭小，如果取长补短，还能有方圆几千里，哪止百里啊！

"大王难道没有见过蜻蜓吗？它长着六只脚和四只翅膀，在天地之间飞翔，低下头来啄食蚊虫，抬头起来喝甘美的露水，自以为无忧且无患，又和人没有争端。但它不知道那尺高的孩子，正调糖浆并将其涂在丝网上，要把自己从两三丈的空中粘住，它的下场就是被蚂蚁吃掉。

"蜻蛉其小者也，黄雀因是以。俯啄①白粒，仰栖茂树，鼓翅奋翼，自以为无患，与人无争也。不知夫公子王孙，左挟弹，右摄丸，将加己乎十仞之上，以其颈为招。昼游乎茂树，夕调乎酸碱，倏忽之间，坠于公子之手。

"夫雀其小者也，黄鹄②因是以。游于江海，淹乎大沼，俯啄鳝鲤，仰啮菱衡③，奋其六翮④而凌清风，飘摇乎高翔，自以为无患，与人无争也。不知夫射者，方将修其碆卢⑤，治其矰缴⑥，将加己乎百仞之上。彼礛磻⑦，引微缴，折清风而抎⑧矣。故昼游乎江河，夕调乎鼎鼐⑨。

注释

①噣（zhuó）：同"啄"。

②黄鹄：指天鹅。

③咶（niè）：咬。衡：水草。

④翮（hé）：指鸟翅膀。

⑤碆（bō）卢：指弓箭。碆，石头做的箭簇。卢：黑色的弓。

⑥矰缴（zēng zhuó）：指系有丝绳、弋射飞鸟的短箭。

⑦礛磻（jiān bō）：指锐利的石制箭头。

⑧抎（yǔn）：古通"陨"，陨落。

⑨鼐（nài）：大鼎。

译文

"蜻蜓还算是小的，其实黄雀也是如此。它俯身去啄白米粒，仰起头来栖息在茂密的树丛中，鼓动着翅膀奋力飞翔，自以为没有祸患，和人没有争端。却不知那公子王孙左手拿着弹弓，右手握住弹丸，准备把它从七八丈的高空中将它射落下来，拿它的脖子当作靶子。黄雀白天还在茂密的树丛中游玩，晚上就已经被调上佐料，成了桌上的佳肴，转眼之间，便落入王孙公子之手。

"黄雀算是小的，其实黄鹄也是如此。黄鹄在江海间翱游，栖息在大沼泽旁边，低下头吞食鱼类，抬起头来吃菱角和水草，振动翅膀而凌驾清风，飘飘摇摇在高空飞翔，自认为不会有灾祸，又与人没有争端。然而却不知那射箭的人，正在修治弓箭，系好拴箭的箭绳，将准备将它从七八十丈的高空射下自己。它将带着箭，拖着细微的箭绳，从清风中坠落下来。黄鹄白天还在湖里游泳，晚上就被煮在了鼎中。

"夫黄鹄其小者也，蔡圣侯①之事因是以。南游乎高陂②，北陵乎巫山，饮茹溪③之流，食湘波④之鱼，左抱幼妾，右拥嬖女，与之驰骋乎高蔡⑤之中，而不以国家为事。不知夫子发方受命乎宣王⑥，系己以朱丝而见之也。

"蔡圣侯之事其小者也，君王之事因是以。左州侯，右夏侯，辇从鄢陵君与寿陵君，饭封禄之粟，而载方府⑦之金，与之驰骋乎云梦之中，而不以天下国家为事。不知夫穰侯方受命乎秦王⑧，填黾塞⑨之内，而投己乎黾塞之外。"

襄王闻之，颜色变作，身体战栗。于是乃以执珪而授之，封之为阳陵君，与⑩淮北之地也。

注释

①蔡圣侯：指蔡国末代君主。

②陂（bēi）：堤岸。

③茹溪：水名。

④湘波：指湘水。

⑤高蔡：地名。地处今河南上蔡。

⑥子发：楚宣王将领。

⑦方府：指楚国藏金的府库。

⑧秦王：指秦昭王。

⑨黾（miǎn）塞：地处今河南信阳东南的平靖关。

⑩与：通"举"，攻取。

译文

"黄鹄算是小的，而蔡圣侯的事也是如此。他向南游玩于高陵，往北到巫山，饮茹溪里的水，吃湘江里的鱼，左手抱着年轻貌美的侍妾，右手搂着如花似玉的美人，和她们同车驰骋在高蔡一带，而不把国家朝政放在心上。他不知道子发正在接受宣王的命令，要用红色的丝绳将他绑去见楚王了。

"蔡圣侯的事只是小事，其实大王您的事也是如此。大王左边是州侯，右边是夏侯，鄢陵君和寿陵君跟随着大王的车辆，您享受封地的粮食，车上载着国库里的财物，与他们驰骋在云梦地区，而不把国家朝政当回事。然而大王却不知道穰侯魏冉正接受秦王的命令，在黾塞之南布满军队，而把大王赶出黾塞之外去了。"

楚襄王听了这番话之后，脸色大变，全身战栗。于是把执珪的爵位送给庄辛，并封他为阳陵君，不久便收复了淮北的土地。

四十四　齐明说卓滑以伐秦

齐明说卓滑①以伐秦，滑不听也。齐明谓卓滑曰："明之来也，为樗里疾卜交也。明说楚大夫以伐秦，皆受明之说也，唯公弗受也，臣有辞以报樗里子矣。"卓滑因重之。

注释

①齐明：人名。东周国人。卓滑：人名。楚国谋臣，一作"邵滑"。

译文

齐明游说卓滑去攻打秦国，卓滑不听从他的意见。齐明对卓滑说："我这次来到楚国，是替樗里疾来试探秦、楚两国关系如何。我游说楚国大夫攻去打秦国，他们都接受我的意见，只有您不接受，这次我可有话回报樗里疾了。"卓滑因此而重视齐明。

四十五　或谓黄齐

或谓黄齐①曰："人皆以谓公不善于富挚②。公不闻老莱子③之教孔子事君乎？示之其齿之坚也，六十而尽相靡也。今富挚能，而公重不相善也，是两尽也。谚曰：'见君之乘，下之；见杖，起之。'今也王爱富挚而公不善也，是不臣也。"

注释

①黄齐：人名。事迹不详。

②富挚：人名。事迹不详。

③老莱子：人名。楚国人，著书十五篇，阐述道家理论。

译文

有人对黄齐说："人们都认为您和富挚的关系不好。您没有听说过老莱子教孔子如何事奉国君的事吗？他先让孔子看自己的牙齿是如何的坚固，但到六十岁，牙齿就因为互相磨损而坏完了。如今富挚有才能，可是您跟他关系不好，只会两败俱伤。常言说得好：'看见君王的马车，自己就要从车上下来；看见君王的手杖，自己坐着也要站起来。'如今大王很喜欢富挚，可是您却和他关系不好，这不是臣下应有的态度。"

四十六　垂沙之难

垂沙①之难，楚太子横为质于齐。楚王死，薛公归太子横，因与韩、魏之兵随而攻东国。太子惧。昭盖②曰："不若令屈署③以新东国为和于齐以动秦。秦恐齐之败东国而令行于天下也，必将救我。"太子曰："善。"遽令屈署以东国为和于齐。秦王④闻之惧，令芈戎告楚曰："毋与齐东国，吾与子出兵矣。"

注释

①垂沙：地名。楚国都邑，地处今河南沁阳东北。

②昭盖：人名。楚国臣子。

③屈署：人名。楚国臣子。

④秦王：指秦昭王稷。

　　垂沙战役之后，楚国太子横到齐国去做人质。楚怀王死后，薛公田文才让太子横回国，随后齐国又联合韩、魏两国，紧跟着进攻楚国的东地。太子横很害怕。昭盖说："您不如让屈署假装割让东地向齐国求和，以此来触动秦国，秦国害怕齐国取得东地，从而在天下发号施令，一定会派兵来援救我们。"太子说："好。"立刻命令屈署用东地向齐国求和。秦昭王听到此事很是担心，就命令芈戎告诉楚王说："不要把东地送给齐国，我马上为您出兵了。"

四十七　有献不死之药于荆王者

　　有献不死之药于荆王[1]者，谒者操以入。中射之士问曰："可食乎？"曰："可。"因夺而食之。王怒，使人杀中射之士。中射之士使人说王曰："臣问谒者，谒者曰可食，臣故食之，是臣无罪，而罪在谒者也。且客献不死之药，臣食之而王杀臣，是死药也。王杀无罪之臣，而明人之欺王。"王乃不杀。

　　[1]荆王：指楚王。

　　有人向楚王献长生不死药，传达的人拿着药走入宫中。有个宫中卫士看见后问道："这东西可以吃吗？"传达的人答说："是可以吃的。"于是卫士就抢过来吃了。楚王大为恼怒，派人去杀死这个卫士。这个卫士托人向楚王解释说："我问过传达的人，他告诉我说是可以吃的，我才把它吃下去，这事我并没有罪，有罪的是传达的人。况且客人所献的是长生不死药，我吃了它，大王就杀我，这分明是死药。大王杀死一个没有罪的臣子，就证明是有人在欺骗大王。"楚王于是就不杀他了。

四十八　客说春申君

客说春申君曰："汤以亳①，武王以鄗②，皆不过百里，以有天下。今孙子③天下贤人也，君籍④之以百里势，臣窃以为不便，于君何如？"春申君曰："善。"于是使人谢孙子。孙子去之赵，赵以为上卿。"

客又说春申君曰："昔伊尹⑤去夏入殷，殷王而夏亡。管仲去鲁入齐，鲁弱而齐强。夫贤者之所在，其君未尝不尊，国未尝不荣也。今孙子天下贤人也，君何辞之？"春申君又曰："善。"于是使人请孙子于赵。

注释

①亳：地名。商汤所定都之处。初都南亳，地处今河南商丘东南。后迁西亳，地处今河南偃师西。

②鄗：通"镐（hào）"，地名。为西周的都城，地处今陕西长安市曲乡西。

③孙子：人名。即荀卿，赵国人，当时为楚国兰陵令。此处"荀"作"孙"，避汉宣帝讳改。

④籍：通"藉"，凭借。

⑤伊尹：人名。为商汤相，号阿衡。

译文

有一个人游说春申君黄歇说："商汤以亳为根据地，周武王以镐京兴起，但两个地方都只不过百里大小，而他们却得到了天下。现在荀子是天下的贤人，您竟给他一百里的土地作为凭借，我私下认为这对于您很不利，不知您以为如何？"春申君说："说得对。"于是就派人谢绝了荀子。荀子于是就离开楚国到了赵国，赵王封他为上卿。

这人又对春申君说："从前伊尹离开夏到了殷，结果殷商却得天下而夏朝灭亡。管仲离开鲁国到了齐国，因此鲁国衰弱而齐国强盛了。由此可见，贤人在哪个国家，那个国家的君王便会受人尊敬，国家也会兴盛。现在荀子是天下的贤人，您怎么让他告辞而去？"春申君说："说得对。"于是春申君就派人到赵国请荀子。

孙子为书谢曰："'疠人怜王'，此不恭之语也。虽然，不可不审察也，此为劫弑死亡之主言也。夫人主年少而矜材，无法术以知奸，则大臣主断国，私以禁诛于己也。故弑贤长而立幼弱，废正适①而立不义。

"《春秋》记之曰：'楚王子围②聘于郑，未出竟③，闻王病，反问疾，遂以冠缨绞王杀之，因自立也。齐崔杼④之妻美，庄公通之，崔杼帅其群党而攻。庄公请与分国，崔杼不许；欲自刃于庙，崔杼不许。庄公走出，逾于外墙，射中其股，遂杀之，而立其弟景公。'

✿注 释

① 适：通"嫡"。
② 王子围：人名。楚共王子。
③ 竟：通"境"。
④ 崔杼：人名。春秋时齐庄公的大臣。

✿译 文

荀子就写了一封信辞谢说："'麻风病人还可怜被臣子杀死的国王'，这虽然是一句很不恭敬的话，但不能不加以审查，这是对一般被臣子杀死的国君而说的。如果人主年轻，又矜夸自己的才能，却没有方法识别奸邪的人，那么大臣就会专横跋扈而独断专行，暗地里禁绝自己被杀的可能性，因此，他们就要杀死有才能年长的君主，而拥立年幼、体弱的君主，废弃能继承王的嫡子，

　　"《春秋》中记载说：'楚国的王子围到郑国去访问，还没等他走出国境，就听说父王生病，就返回宫中探问病情，于是乘机用帽缨把楚王勒死，自立为王。齐国崔杼的夫人长得很美丽，齐庄公和她私通，崔杼便率领家臣去攻打庄公。庄公请求和他共分齐国，崔杼不答应；庄公又要求到祖庙自杀，崔杼仍不答应。庄公只好逃命，可他刚翻过外墙，崔杼就射中他的大腿，并杀了他，于是立庄公的弟弟景公为王。'

　　"近代所见，李兑用赵，饿主父于沙丘，百日而杀之；淖齿用齐，擢闵王之筋，悬于其庙梁，宿夕而死。夫疠虽痈肿胞疾①，上比前世，未至绞缨射股；下比近代，未至擢筋而饿死也。夫劫弑死亡之主也，心之忧劳，形之困苦，必甚于疠矣。由此观之，'疠虽怜王'可也。"

　　因为赋曰："宝珍隋珠②，不知佩兮；杂布与锦，不知异兮。间姝子奢③，莫知媒兮，嫫母④求之，又甚喜之兮。以瞽为明，以聋为聪，以是为非，以吉为凶。呜呼上天，易惟其同！"《诗》曰："上天甚神，无自瘵⑤也。"

注释

①痈：恶疮。胞疾：胞胎中带来的疾病。
②隋珠：传世的明珠。
③间姝：美女名。子奢：美男名。
④嫫（mó）母：丑女名。
⑤瘵（zhài）：灾害。

译文

　　"近来所看到的，李兑在赵国专权，在沙丘宫困饿了赵主父，一百天后杀了他；淖齿在齐国掌权，竟抽掉齐闵王的筋，把他挂在宗庙的大梁上，隔了一夜就死了。因此说，麻风病即使是胎带的疾病，但如果往上和前代相比，还不至于被臣子用帽缨勒死，或者被臣子用箭射死；如果往下和近代君王相比，也不至于被臣子抽筋吊死，更不会被臣子活活饿死。可见那些被臣子杀害的君主，心中所受的忧劳和身体所受的痛苦，必定比生麻风病的人还要厉害。由此看来，'麻风病人还可怜国王'是有道理的。"

于是荀子写了一首赋说："珍贵的隋珠，不知佩戴啊；杂布和锦绣，不会分开啊。美女同妹和美男子奢，没有说媒，却向丑女嫫母求婚，反而很喜爱。认为瞎子眼光明亮，聋子听觉灵敏，以是为非，以吉为凶。唉，天啊！世间的一切是如此的相同啊！"《诗经》中说："上天最圣明，不要自取祸殃啊。"

四十九　天下合从

天下合从。赵使魏加[1]见楚春申君曰："君有将乎？"曰："有矣，仆欲将临武君[2]。"魏加曰："臣少之时好射，臣愿以射譬之，可乎？"春申君曰："可。"加曰："异日者，更羸[3]与魏王处京台之下，仰见飞鸟。更羸谓魏王曰：'臣为王引弓虚发而下鸟。'魏王曰：'然则射可至此乎？'更羸曰：'可。'有间，雁从东方来，更羸以虚发而下之。魏王曰：'然则射可至此乎？'更羸曰：'此孽[4]也。'王曰：'先生何以知之？'对曰：'其飞徐而鸣悲。飞徐者，故疮痛也；鸣悲者，久失群也。故疮未息而惊心未忘也。闻弦音，引而高飞，故疮裂而陨也。'今临武君尝为秦孽，不可为拒秦之将也。"

注释

①魏加：赵国臣子。

②临武君：指赵国将领庞煖（xuān）。

③更羸：假托之人名。

④蕞：指未治愈的暗伤。

东方诸侯联合起来抵抗秦国。赵国派魏加去见楚相春申君，说："您安排好领兵的大将了吗？"春申君说："是的，我想让临武君为大将。"魏加说："我年少时喜欢射箭，我希望用射箭来打个比方吧，可以吗？"春申君说："可以。"魏加说："从前，更羸和魏王站在京台之下，抬头看见了飞鸟。更羸便对魏王说：'我只要虚拨一弓弦，就可以为您把鸟射下来。'魏王说：'你的射箭技术竟然可以达到这种地步吗？'更羸说：'可以的。'过了一会儿，有一只大雁从东方飞来，更羸虚射一箭就把它射落在地上。魏王说：'你射箭的技艺是如何达到这种地步的？'更羸说：'因为这是一只受过伤的大雁。'魏王说：'你是怎么知道的？'更羸说：'因为这只雁飞得很缓慢，且叫的声音又悲切。飞得缓慢是因为它旧伤疼痛；叫得悲切是因它离群已久。所以，身负旧伤且惊惧之心没有忘却。一听见弓弦的声音，它就吓得拼命高飞，所以便会因旧伤口破裂而掉落下来。'现在的临武君也曾被秦军打败，就如惊弓之雁，它是不可以担任抵抗秦国的将领的。"

五十　汗明见春申君

汗明①见春申君，候问三月，而后得见。谈卒，春申君大说②之。汗明欲复谈，春申君曰："仆已知先生，先生大息矣。"汗明憱焉③曰："明愿有问于君而恐固。不审君之圣孰与尧也？"春申君曰："先生过矣，臣何足以当尧？"汗明曰："然则君料臣孰与舜？"春申君曰："先生即舜也。"汗明曰："不然。臣请为君终言之。君之贤实不如尧，臣之能不及舜。夫以贤舜事圣尧，三年而后乃相知也，今君一时而知臣，是君圣于尧而臣贤于舜也。"春申君曰："善。"召门吏为汗先生著客籍，五日一见。

①汗明：人名。

②说：通"悦"。

③傶（cù）焉：局促不安的样子。

译文

　　汗明去拜见春申君，等候了三个月才得到接见。谈完话后，春申君非常高兴。汗明想要继续和春申君交谈，春申君却说："我已经了解先生了，请先生先去休息吧。"汗明不安地说："我愿意向您请教一个问题，可是害怕问题浅陋。不知您和尧谁更圣明？"春申君说："先生问错了，我怎么能同尧相比呢？"汗明说："那么您估量一下我和舜谁更有才能？"春申君说："先生就是与舜一样的人。"汗明说："不是这样。请您让我把话都说出来。您的贤能的确不如尧，我的才能更赶不上舜。即使贤能的舜事奉圣明的尧，三年以后尧才了解舜。如今您在很短时间内便了解了我，这就是您比尧圣明而我比舜贤能。"春申君说："说得好。"于是叫来守门的官吏把汗明的名字登记在宾客名册上，每五天接见他一次。

　　汗明曰："君亦闻骥乎？夫骥之齿至矣，服盐车而上太行①。蹄申②膝折，尾湛胕③溃，漉汁④洒地，白汗交流，中坂迁延，负辕不能上。伯乐⑤遭之，下车攀而哭之，解纻衣以幂⑥之。骥于是俯而喷，仰而鸣，声达于天，若出金石声者，何也？彼见伯乐之知己也。今仆之不肖，陋于州部，堀⑦穴穷巷，沉污鄙俗之日久矣，君独无意湔⑧拔仆也，使得为君高鸣屈于梁乎？"

注释

①太行：山名。绵延山西、河北二省。

②申：通"伸"，伸展。

③湛：下垂。胕：同"肤"。

④瀌汁：渗出的汁液。

⑤伯乐：姓孙名阳，字伯乐，春秋时期善于相马的人。

⑥幂：覆盖。

⑦堀：通"窟"。

⑧湔（jiān）：洗。

译文

汗明说："您听过千里马的故事吗？千里马长到了驾车的年龄，便拉着盐车上太行山。它四蹄伸展膝盖弯曲，尾巴下垂皮肤溃烂，流出的口水洒了一地，全身汗水交流，走到太行的半道上不能前进，驼着车辕不能上去。这时，伯乐遇到了它，跳下车来牵着缰绳为它哭泣，脱下自己的苎麻衣服给它盖上。千里马于是低头而喷气，仰头而长鸣，叫声响彻云霄，就像从金石乐器上发出的声音一样，为什么会这样？因为它看到伯乐是了解自己的。如今我这个不成器的人，困在地方的行政机构中，住在穷巷、洞窟里，埋没在鄙风陋习的环境里已经很长时间了，您难道无意洗刷我的污秽，让我为您在山梁之上高声长鸣吗？"

五十一 楚考烈王无子

楚考烈王①无子，春申君患之，求妇人宜子者进之，甚众，卒无子。

赵人李园，持其女弟欲进之楚王，闻其不宜子，恐又无宠。李园求事春申君为舍人。已而谒归，故失期。还谒，春申君问状。对曰："齐王遣使求臣女弟，与其使者饮，故失期。"春申君曰："聘入乎？"对曰："未也。"春申君曰："可得见乎？"曰："可。"于是园乃进其女弟，即幸于春申君。

①楚考烈王：芈姓，熊氏，名完，楚顷襄王子。

译文

　　楚考烈王没有儿子，相国春申君为此很是忧虑，便寻求宜于生子的妇人进献给楚王，虽然数量很多，却始终没有生下儿子。

　　赵国人李园，带着自己的妹妹，想要把她进献给楚王，可是又听人说楚王不能生孩子，又担心自己的妹妹将来得不到楚王的宠幸。李园就拜见春申君，请求做他的舍人。不久，李园请假回家，故意晚回来。回来见到春申君，春申君便问他迟到的原因。李园回答说："齐王派使者来聘娶我的妹妹，我和使者一起喝酒，所以耽误了回来的时间。"春申君说："接受聘礼了吗？"李园说："还没有。"春申君说："我可以见一下你的妹妹吗？"李园说："可以。"于是李园就把妹妹进献给了春申君，她随即受到春申君的宠爱。

　　知其有身，园乃与其女弟谋。园女弟承间说春申君曰："楚王之贵幸君，虽兄弟不如。今君相楚王二十余年，而王无子，即百岁后将更立兄弟。即楚王更立，彼亦各贵其故所亲，君又安得长有宠乎？非徒然也，君用事久，多失礼于王兄弟。兄弟诚立，祸且及身，奈何以保相印、江东之封乎？今妾自知有身矣，而人莫知。妾之幸君未久，诚以君之重而进妾于楚王，王心幸妾。妾赖天而有男，则是君之子为王也，楚国封尽可得，孰与其临不测之罪乎？"春申君大然之。乃出园女弟，谨舍而言之楚王。楚王召入，幸之。遂生子男，立为太子，以李园女弟立为王后。楚王贵李园，李园用事。

译文

　　李园知道妹妹有了身孕，便和妹妹商量了一个计谋。李园的妹妹乘机对春申君说："楚王重用您，就连他的亲兄弟也不过如此。现在您当楚国相国已经有二十多年了，可是楚王还没有儿子，等到楚王死后，必然立其兄弟为王。新王即位，必然重用自己原来的亲信故交，您又怎能长久地得到宠幸呢？不仅如此，您出任宰相的时间太长，对大王兄弟有许多失礼得罪的地方。如果将来大王的兄弟真的登上王位，您定会大祸临头，又怎能保全您的相印和江东的封地呢？现在，我已经知道自己怀有身孕，但旁人都不知道。我受您的宠爱还不算久，假如能凭您的身份而把我献给楚王，那楚王必然会宠爱我。万一我能生下男孩，那不就是您的儿子做了楚王，楚国就尽在你的掌握，这和您面对着不可猜测的罪过相比，哪一个更好呢？"春申君认为她说得很对，就把李园的妹妹迁出府外，转移到一个秘密的地方，并向楚王进献。楚王便把李园妹妹召进宫，非常喜欢她。后来她果然生了一个男孩，被立为太子，李园的妹妹也因此被立为皇后。楚王因此重用李园，李园也因此掌握了朝中大权。

李园既入其女弟为王后，子为太子，恐春申君语泄而益骄，阴养死士，欲死春申君以灭口，而国人颇有知之者。

春申君相楚二十五年，考烈王病。朱英①谓春申君曰："世有无妄之福，又有无妄之祸。今君处无妄之世，以事无妄之主，安不有无妄之人乎？"春申君曰："何谓无妄之福？"曰："君相楚二十余年矣，虽名为相国，实楚王也，五子皆相诸侯。今王疾甚，且暮且崩，太子衰弱，疾而不起，而君相少主，因而代立当国，如伊尹、周公，王长而反政。不即遂南面称孤，因而有楚国。此所谓无妄之福也。"

注释

①朱英：人名。观津（今山东观城）人。为春申君门客。

李园已经把自己妹妹送入宫并做了皇后，所生的孩子又成了太子。他便担心春申君会泄露秘密而越发骄纵，因此就暗中养着刺客，想要杀死春申君灭口。当时楚国国内已有很多人知道了这件事。

当春申君做楚相国第二十五年时，楚考烈王生病了。朱英对春申君说："世间有出人意外的鸿福，也有始料不及的横祸。现在您就处于这样的境地，您侍奉的是出人意料的君主，怎能没有一个出人意料的人来帮助您呢？"春申君说："什么叫出人意外的福呢？"朱英说："您当楚国的相国已经二十多年了，虽然名义上是楚国的相国，实际上却是楚国的国王，您五个儿子都辅助诸侯。现在君王病得很重，早晚是会死的，但太子弱小，患病而不能起身，你就得代少主掌管国政，就像伊尹和周公一样，等到少主长大后再归还政权。要不然，您就可以南面称王，掌握楚国。这就是出人意外的福。"

春申君曰："何谓无妄之祸？"曰："李园不治国，王之舅也，不为兵将，而阴养死士之日久矣。楚王崩，李园必先入，据本议制断君命，秉权而杀君以灭口。此所谓无妄之祸也。"春申君曰："何谓无妄之人？"曰："君先仕臣为郎中[①]，君王崩，李园先入，臣请为君（劘）[②]其胸杀之。此所谓无妄之人也。"春申君曰："先生置之，勿复言已。李园软弱人也，仆又善之，又何至此？"朱英恐，乃亡去。

后十七日，楚考烈王崩，李园果先入，置死士，止于棘门之内。春申君后入，止棘门，园死士夹刺春申君，斩其头，投之棘门外。于是使吏尽灭春申君之家。而李园女弟，初幸春申君有身，而入之王所生子者，遂立为楚幽王[③]也。

是岁，秦始皇立九年矣。嫪毐[④]亦为乱于秦，觉，夷三族[⑤]，而吕不韦废。

译文

　　春申君问："什么叫出人意外的祸呢？"朱英说："李园不是治理国家的人，而是君王的妻舅，他不领兵为将，却在暗中豢养刺客很久了。楚王死后，李园必定先入宫，按照他原本的计划，假传君王命令，凭借自己手中的权力而杀您灭口，这就是所谓意想不到的祸。"春申君说："什么叫意想不到的人呢？"朱英说："阁下先任命我为郎中，如果君王死后，李园一定先入宫，请让我替您以利剑刺入他的胸膛，把他杀死，这就是所谓意想不到的人。"春申君说："先生不要再提这件事了。李园为人软弱，我又和他很要好，怎么能到这种地步呢？"朱英心里便害怕起来，就赶紧离开楚国。

　　十七日后，楚考烈王驾崩，李园果然先入宫中，暗中在棘门内布置刺客。春申君后入宫，当他经过棘门时，李园的刺客便从门两边跳出杀死他，然后将他的头割下丢到棘门外。同时又派人灭了春申君全族。李园的妹妹当处与春申君同居怀孕，进宫后所生的孩子，就被立为楚幽王。

　　这一年，秦始皇已经在位九年了。嫪毐亦在秦国为乱宫廷，被发觉，秦王便灭了其三族，而丞相吕不韦也被免去相位。

五十二　虞卿谓春申君

　　虞卿①谓春申君曰："臣闻之《春秋》，于安思危，危则虑安。今楚王之春秋高矣，而君之封地不可不早定也。为主君虑封者，莫如远楚。秦孝公封商君，孝公死，而后不免杀之。秦惠文王封冉子②，惠王死，而后王夺之。公孙鞅，功臣也；冉子，亲姻也，然而不免夺死者，封近故也。太公望封于齐，邵公奭封于燕，为其远王室矣。今燕之罪大③而赵怒深，故君不如北兵以德赵，践乱燕以定身封④，此百代之一时也。”

君曰："所道攻燕，非齐则魏。魏、齐新怨楚，楚虽欲攻燕，将何道哉？"对曰："请令魏王⑤可。"君曰："何如？"对曰："臣请到魏，而使所以信之。"

注释

①虞卿：指赵国上卿。

②冉子：指秦国穰侯魏冉。但魏冉受封皆在秦昭王时，此处误记。

③燕之罪大：指燕王喜伐赵，引起燕、赵连年战事。

④定身封：指公元前259年，赵国以灵丘（今山东高唐南）封春申君。

⑤魏王：指魏安釐王，名圉。

译文

虞卿对春申君说："我听《春秋》上说，在安定的时候要想到危险，在危险的时候要思虑如何转危为安。如今楚王年龄大了，您的封地不可不及早确定下来。我替您考虑封地，最好远离楚国的都城。秦孝公封公孙鞅于商地，但秦孝公死后，他最终没有免掉被后继君王杀害的灾祸。秦昭王封冉子于穰，昭王死后，后继君王便剥夺了他的封地。公孙鞅是秦国的功臣，冉子是秦王的姻亲，然而却都没有免掉被夺去封地、遭杀害的原因，这是因为封地太靠近都城。太公望封在齐地，邵公奭封在燕地，之所以能够长寿，是因为他们的封地都远离王室。如今燕国犯有很大的伐赵之罪，赵国对它积怨很深，所以，您不如向北进军，既可以使赵国感激您，又可以讨伐残破的燕国，以此来确定自己的封地，这是百年难遇的一个好时机。"

春申君说："进攻燕国所经过的道路，不是经过齐国就是经过魏国。魏、齐两国刚刚与楚国结下怨仇，楚国虽然想要攻打燕国，又将从什么地方通过呢？"虞卿回答说："请使魏王答应借道。"春申君说："具体该怎么办？"虞卿回答说："我请求到魏国去，寻找机会让他们相信我的话。"

乃谓魏王曰："夫楚亦强大矣，天下无敌，乃且攻燕。"魏王曰："乡①也，子云天下无敌；今也，子云乃且攻燕者，何也？"对曰："今为②马多力则有矣，若曰胜千钧③则不然者，何也？夫千钧非马之任也。今谓楚强大则有矣，若越赵、魏而斗兵于燕，则岂楚之任也哉？非楚之任而楚为之，是敝楚也。敝楚是强魏也，其于王孰便也？"

注释

① 乡：通"向"，先前。
② 为：通"谓"。
③ 钧：三十斤。

译文

于是虞卿到魏国对魏王说："楚国也强大了，天下无敌，就要攻打燕国。"魏王说："先前，您说楚天下无敌；如今，您又说它将要攻打燕国，这是为什么呢？"虞卿回答说："如今说马有很大力气，那是有的，如果说马的力量能驮千钧重的东西，那是不科能的，为什么呢？因为千钧不是马所能承受的。如今说楚国强大，那是真的，如果要越过赵、魏两国而跟燕国交战，那么楚国能承受得了吗？不是楚国该承担的事，楚国偏要去做，这是使楚国的疲敝。使楚国疲敝就是增强魏国，对大王来说，哪种情况更为有利？"

卷十八　赵策一

赵国（公元前 403—前 222 年），为春秋战国时期诸侯国之一，也是战国七雄之一。嬴姓，赵氏，始祖造父，为商朝名臣飞廉次子季胜之后，因征伐徐国有功，受封于赵城，由此为赵氏。

赵氏历经二十余代，传至赵简子赵鞅、赵襄子赵毋恤。赵鞅打破了晋国六卿的格局，赵毋恤力战智、韩、魏的围攻，简襄之烈确立了赵国版图。

三家分晋后，周威烈王始命赵烈侯赵籍为侯。国都曾先后在晋阳（今太原）、中牟（今鹤壁）、邯郸（今邯郸），前 372 年又立信都（今邢台）为赵之别都。

至赵武灵王时，赵国称王，施行胡服骑射，建立起中国历史上第一支成建制的骑兵。沿阴山修筑赵长城，公元前 296 年灭中山国。疆土囊括了河北省的大部分、山西省的大部分、内蒙古的阴山以南的部分。成为东方六国最强大的国家，与秦国展开了数十年的争霸。

公元前 228 年，赵国都城邯郸被秦军攻破。赵国大夫们北逃到代，共同拥立赵代王嘉继续抵抗秦军。公元前 222 年，秦军攻灭赵代王嘉，赵国灭亡。

本策从"知伯从韩、魏兵以攻赵"篇开始，至"秦使王翦攻赵"篇结束，共 4 卷，67 篇。

一　知伯从韩、魏兵以攻赵

知伯从韩、魏兵以攻赵，围晋阳而水之，城下不沉者三板[1]。郗疵[2]谓知伯曰："韩、魏之君[3]必反矣。"知伯曰："何以知之？"郗疵曰："以其人事知之。夫从韩、魏之兵而攻赵，赵亡，难必及韩、魏矣。今约胜赵而三分其地，今城不没者三板，臼灶生蛙，人马相食，城降有日，而韩、魏之君无憙④志而有忧色，是非反如何也？"

明日，知伯以告韩、魏之君曰："郗疵言君之且反也。"韩、魏之君曰："夫胜赵而三分其地，城今且将拔矣。夫二家虽愚，不弃美利于前，背信盟之约，而为危难不可成之事，其势可见也。是疵为赵计矣，使君疑二主之心而解⑤于攻赵也。今君听谗臣之言而离二主之交，为君惜之。"趋而出。

郗疵谓知伯曰："君又何以疵言告韩、魏之君为？"知伯曰："子安知之？"对曰："韩、魏之君视疵端而趋疾。"

郗疵知其言之不听，请使于齐，知伯遣之。韩、魏之君果反矣。

注释

①板：古代用板筑城，高二尺、长八尺。

②郗（xī）疵：人名。智伯德谋臣。

③韩、魏之君：指韩康子虎、魏桓子驹。

④憙：通"喜"。

⑤解：通"懈"。

译文

智伯率领韩、魏两家的军队一道进攻赵氏，把晋阳城包围起来，引河水淹城池，水离城只有六尺。郗疵对智伯说："韩、魏两家的国君肯定会背叛我们。"智伯问："您怎么知道的呢？"郗疵说："从他们的行动举止和军事形势上判断就可以知道。您率领韩、魏两家军队进攻赵国，如果赵氏灭亡，那灾难必然会降到韩、魏头上。虽然您如今跟韩、魏相约，灭赵之后就和韩、魏三分赵国领土，可是现在晋阳只差六尺就被淹没，连石臼和炉灶都出现了青蛙，饿到了人马相食的地步，晋阳被攻陷指日可待，然而韩、魏两家君主不但不喜，反倒是忧愁满面，这不是表明他们将要背叛又是什么呢？"

第二天，智伯就把这话告诉韩、魏两家君主，说："郗疵说两位就要背弃盟约。"韩、魏两君说："灭掉赵氏以后，我们三家便可以三分赵地，而且晋阳马上就要陷落。我们虽然愚笨，也不至于放弃眼前的利益，甚至背弃盟约去做那种不可能成功的事，这是很明显的。这是郗疵在为赵氏谋划，以便使您怀疑我们二人，进而放松对赵氏的进攻。如今您竟听信奸臣的谗言，而离间我们之间的关系，我们真为您感到惋惜。"说完就快步出去了。

郗疵对智伯说："您为什么要把我的话告诉韩、魏两家君王呢？"智伯说："你怎么知道我告诉了他们了呢？"郗疵说："因为韩、魏两家君王临走时，用眼睛直直地看着我并快步走开。"

郗疵周到智伯不会采纳自己的建议，就主动请求出使齐国，于是智伯就派他去齐国。不久韩、魏两家君主果然叛变了。

二 知伯帅赵、韩、魏而伐范、中行氏

知伯帅赵、韩、魏而伐范、中行氏①，灭之。休数年，使人请地于韩。韩康子欲勿与，段规②谏曰："不可。夫知伯之为人也，好利而鸷愎，来请地不与，必加兵于韩矣，君其与之。与之，彼狃③，又将请地于他国。他国不听，必乡④之以兵，然则韩可以免于患难而待事之变。"康子曰："善。"使使者致万家之邑一于知伯。知伯说。

又使人请地于魏，魏桓子欲勿与。赵葭⑤谏曰："彼请地于韩，韩与之，请地于魏，魏弗与，则是魏内自强而外怒知伯也，然则其错兵于魏必矣，不如与之。"桓子曰："诺。"因使人致万家之邑一于知伯。知伯说，又使人之赵，请蔺、皋狼⑥之地，赵襄子弗与。知伯因阴结韩、魏，将以伐赵。

①范：指范吉射。中行氏：指中行寅。周定王十一年（公元前458年），智伯与韩、赵、魏共灭范、中行氏。

②段规：人名。韩康子的谋臣。

③狃（niǔ）：习惯。

④乡：通"向"。

⑤赵葭：人名。魏桓子谋臣。

⑥蔺：赵国都邑，地处今山西离石西。皋狼：赵国都邑，地处今离石西北。

译文

智伯率领赵、韩、魏三家的军队进攻范氏、中行氏，灭了他们。休息了几年，智伯派人向韩氏索取土地。韩康子不想给他，段规劝谏说："不可以。智伯的为人贪图货利而凶狠暴戾，他派人来索取土地，如果不给，他一定会派兵进攻我们，君王您还不如给他。给了他，他就会习以为常，又将会向其他国家索取土地。别国不听从，智伯一定派兵侵略它，这样一来，那么韩国就可以免除患难，坐等事情的发展变化。"韩康子说："好。"就派使者送一个万家城邑给智伯。智伯很高兴。

智伯又派人向魏国索取土地，魏桓子不想给他。赵葭劝谏说："他向韩国索取土地，韩国给了他，他向魏国索取土地，而魏国不给，这是魏国内心自己为强盛，而对外却激怒了智伯。这样一来，智伯一定会对魏国用兵，不如给他土地。"魏桓子说："好。"因此派人送一个万家的城邑给智伯，智伯非常高兴。他又派人到赵国去，索取蔺、皋狼两个地方，赵襄子不给他。智伯因此暗中勾结韩、魏两国，准备进攻赵国。

赵襄子召张孟谈①而告之曰："夫知伯之为人，阳亲而阴疏，三使韩、魏而寡人弗与焉，其移兵寡人必矣。今吾安居而可？"张孟谈曰："夫董阏于，简主②之才臣也，世治晋阳，而尹铎③循之，其余政教犹存，君其定居晋阳。"君曰："诺。"

乃使延陵生^④将车骑先之晋阳，君因从之。至，行城郭，案府库，视仓廪，召张孟谈曰："吾城郭之完，府库足用，仓廪实矣，无矢奈何？"张孟谈曰："臣闻董子之治晋阳也，公宫之垣皆以狄蒿苦楚廧^⑤之，其高至丈余，君发而用之。"于是发而试之，其坚则箘簬^⑥之劲不能过也。君曰："足矣，吾铜少若何？"张孟谈曰："臣闻董子之治晋阳也，公宫之室皆以炼铜为柱质，请发而用之，则有余铜矣。"君曰："善。"号令以定，备守以具。

注释

①赵襄子：名无恤，赵鞅之子。张孟谈：赵襄子的谋臣。
②董阏于：春秋时期的人，赵鞅的家臣。简主：即赵简子，名鞅。
③尹铎：春秋时期人，赵鞅家臣。
④延陵生：人名。赵襄子家臣。
⑤狄蒿：草名。苦楚：木名。廧：同"墙"。
⑥箘簬（jùn lù）：美竹名。

译文

赵襄子召来张孟谈对他说："智伯的为人，表面上跟你亲近，但内心里却很疏远，他屡次派人到韩、魏去，却避开我们，看来他一定攻打我们了。现在我们驻扎在什么地方才好？"张孟谈说："董阏于是先主赵简子的能干之臣，世代治理晋阳，而且尹铎也遵循他治理的方法，他们政治教化的影响至今存在，您还是驻守在晋阳。"赵襄子说："好。"

于是就派延陵生率领车骑先到晋阳，赵襄子随后也去了。到晋阳以后，他巡视城郭，察看府库，检查粮仓，召见张孟谈说："我看城郭已经很完善了，府库的物资也足够使用，粮仓已经装满，可是没有箭该怎么办呢？"张孟谈说："我听说董子治理晋阳的时候，凡是公宫的墙壁，都用荻蒿苦楚筑成的，墙壁的高度达一丈多，您可以打开使用这些东西。"于是打开一试，它们的坚硬程度就是美竹也不能超过。赵襄子说："箭杆足够了，但是我们缺少铜又该怎么办呢？"张孟谈说："我听说董子治理晋阳的时候，凡是公宫的室中，都是用冶炼的铜做柱子，请您打开使用它，那么就有多余的铜了。"赵襄子说："好。"号令已经定好，防御的物资也已经具备。

三国之兵乘晋阳城，遂战。三月不能拔，因舒军而围之，决晋水而灌之。围晋阳三年，城中巢居而处，悬釜而炊，财食将尽，士卒病羸。襄子谓张孟谈曰："粮食匮，财力尽，士大夫病，吾不能守矣，欲以城下，何如？"张孟谈曰："臣闻之，亡不能存，危不能安，则无为贵知士也。君释此计，勿复言也。臣请见韩、魏之君。"襄子曰："诺。"

张孟谈于是阴见韩、魏之君曰："臣闻唇亡则齿寒，今知伯帅二国之君伐赵，赵将亡矣，亡则二君为之次矣。"二君曰："我知其然。夫知伯为人也，粗中而少亲，我谋未遂而知，则其祸必至，为之奈何？"张孟谈曰："谋出二君之口，入臣之耳，人莫之知也。"二君即与张孟谈阴约三军，与之期日，夜遣入晋阳。张孟谈以报襄子，襄子再拜。

🐉译文

智、韩、魏三家的军队开伐到晋阳城，双方就开始交战。三个月没能攻克，因此展开军队包围了它，并决开晋水堤岸而灌晋阳。晋阳被包围了三年，城中的人在高处搭了巢住着，悬挂着锅做饭，财物食品即将用光，士兵们犯病且身体羸弱。赵襄子对张孟谈说："粮食缺乏，财力将尽，臣民生病，我不能坚守了，想要率领城中的人马投降，您看怎么样？"张孟谈说："我听说，国家灭亡而不能使它复存，局势危险而不能使它安定，那么就不需要智士了。请您放弃这个计划，不要再说了。我请求去见韩、韩两国之君。"赵襄子说："好。"

　　张孟谈于是暗中会见了韩、魏两国之君说，"我听说嘴唇没有了，那么牙齿就要受寒，如今智伯率领两家军队进攻赵国，赵国将要灭亡了，赵国灭亡那么二位也要依次跟着灭亡。"两位国君说："我们知道会这样的。智伯的为人，粗暴而很少亲近别人，如果我们的计谋没有成功就被他知道，那么大祸一定会到来，您看该怎么办？"张孟谈说："计谋从两位国君的口里说出，进入我的耳朵，没有什么人会知道。"两位国君就和张孟谈私下约定号军队的行动，决定日期，夜里便把张孟谈送回晋阳。张孟谈把情况报告给赵襄子，赵襄子再次拜谢了他。

　　张孟谈因朝知伯而出，遇知过辕门之外。知过入见知伯曰："二主殆将有变。"君曰："何如？"对曰："臣遇张孟谈于辕门之外，其志矜，其行高。"知伯曰："不然。吾与二主约谨矣，破赵三分其地，寡人所亲之，必不欺也。子释之，勿出于口。"知过出，见二主，入说知伯曰："二主色动而意变，必背君，不如今杀之。"知伯曰："兵著晋阳三年矣，旦暮当拔之而飨其利，乃有他心，必不然，子慎勿复言。"

　　知过曰："不杀则遂亲之。"知伯曰："亲之奈何？"知过曰："魏宣子①之谋臣曰赵葭，康子之谋臣曰段规，是皆能移其君之计，君其与二君约，破赵则封二子者各万家之县一，如是则二主之心可不变，而君得其所欲矣。"知伯曰："破赵而三分其地，又封二子者各万之县一，则吾所得者少，不可。"知过见君之不用也，言之不听，出，更其姓为辅氏，遂去不见。

注释

①魏宣子：即魏桓子。

　　张孟谈朝见智伯后出来，在辕门外遇见了智过。智过进去见智伯说："韩、魏之君恐怕要发动兵变。"智伯说："为什么？"智过回答说："我在辕门之外遇到了张孟谈，看见他神情很傲慢，走路脚抬得很高。"智伯说："不会这样的。我和韩、魏之君已经订立盟约了，破赵之后，三家平分它的土地，这是我亲自约定的，他们一定不会欺骗我。请您放弃这种想法，不要从您嘴里再说出这些话。"智过出来拜见了韩、魏之君，又进去对智伯说："二君神色异样，意志改变，一定会背叛您，不如现在杀了他们。"智伯说："军队包围晋阳三年了，早晚便可占领而享受它的利益，在这时却有了别的心思，肯定是不可能的，您千万不要再说什么了。"

　　智过说："不杀那么就要亲近他们。"智钀说："怎么样亲近他们呢？"智过说："魏宣子的谋臣叫赵葭，韩康子的谋臣叫段规，这都是能改变他们君主计策的人，您可以跟这两位约定，攻破赵国后各封给二位一个万家的县，那么韩、魏之君的心意就会不改变，而您也可以得到自己所想要的了。"智伯说："攻破越国，三家平分它的土地，又封给他们二位各一个万家的县，那么我所得到的土地就少了，不能这样做。"智过见智伯不能用他的计谋，不听他的话，出来以后，就改自己的姓为辅氏，于是就自动离开，不再去见智伯了。

　　张孟谈闻之，入见襄子曰："臣遇知过于辕门之外，其视有疑臣之心，入见知伯，出更其姓。今暮不击，必后之矣。"襄子曰："诺。"使张孟谈见韩、魏之君，以夜期，杀守堤之吏而决水灌知伯军。知伯军救水而乱，韩、魏翼而击之，襄子将卒犯其前，大败知伯军而禽知伯。

　　知伯身死、国亡、地分，为天下笑，此贪欲无厌也。夫不听知过，亦所以亡也。知氏尽灭，唯辅氏存焉。

　　张孟谈听到这件事后，便进见赵襄子说："我在辕门之外遇到知过，他看我的眼神中露出怀疑之心，他进去拜见智伯，出来以后就更改了自己的姓氏，今夜不进攻智伯，行动就必然就会落到于智伯了。"赵襄子说："好。"便派张孟谈去见韩、魏两国之君，约定今天夜晚杀死把守堤岸的吏卒，并掘开晋水堤岸去淹智伯的军队。智伯的军队因为救水而大乱，韩、魏两国的军队乘机像张开的翅膀一样左右夹击，赵襄子则率领军队从正面进攻，把智伯的军队打得大败，并活捉了智伯。

　　智伯身死，国亡地分，魏天下人所讥笑，这是他贪得无厌的下场。不听智过的计谋，也是他所以灭亡的原因。智氏被全部灭掉，唯独辅氏存在。

三　张孟谈既固赵宗

　　张孟谈既固赵宗，广封疆，发阡陌①，乃称简之迹②以告襄子曰："昔者，简主之语有之曰：'五百③之所以致天下约，令主势能制臣，无令臣能制主。故贵为列侯者，不令在相位，自将军以上，不为近大夫。'今臣之名显而身尊，权重而众服，臣愿捐功名、去权势以离众。"

　　襄子恨然④曰："何哉？吾闻辅主者名显，功大者身尊，任国者权重，信忠在己而众服焉，此先圣之所以集⑤国家、安社稷乎！子何为然？"张孟谈对曰："君之所言，成功之美也；臣之所谓，持国之道也。臣观成事，闻往古，上下之美同，臣主之权均之能美，未之有也。前事之不忘，后事之师。君若弗图，则臣力不足。"怆然有决⑥色。襄子去之。卧三日，使人谓之曰："晋阳之政，臣下不使者何如？"对曰："死僇⑦。"

注释

①阡陌：指田间小路。南北向为"阡"，东西向为"陌"。

②简：指赵简子。迹：前人留下来的事迹。

③五百：指春秋五霸。百，通"伯"。

④恨然：不高兴的样子。

⑤集：通"辑"，安定。

⑥决：通"诀"，诀别。

⑦僇：通"戮"。

译文

张孟谈巩固了赵国的地位以后，扩大了边境，整顿了田亩，于是向赵襄子叙述赵简子的遗训说："从前，先君简子统治赵国时，有这样的话：'五霸之所以得到天下诸侯拥护，是因为他们约束得当，使君主的权势能控制臣下，不使臣下的权势能控制君主。因此，尊贵为列侯的人，不能让他担任相国，有将军以上地位的人，不能让他担任亲近的大夫。'如今我的名声显赫而地位尊贵，权力重大且众人服从，我希望捐弃功名，抛弃权势而离开众人。"

赵襄子不开心地说："这是为什么呢？我听说辅佐君主的人应该名声显赫，功劳大的人就应该地位尊贵，执掌国政的人就应该具有重大的权力，自己忠诚讲信用，众人就会服从，这是古代圣贤安定国家的原因啊！您为什么这样说呢？"张孟谈说："您所说的，是成就功名的美好；我所说的，是治理国家的方法。我观察古往今来成功的事业，我认为天下美好的事情是相同的，但是臣下与君主的权力，如果完全相等，却还能美好，是没有这种事。记住过去的经验教训，可做以后行事的借鉴。您如果不考虑，那么我是没有这个力量的。"张孟谈显出悲伤诀别的样子。赵襄子让他离开。赵襄子躺了三天，派人对张孟谈说："晋阳的政事，臣下不从命怎么办？"张孟谈回答说："杀掉。"

为张孟谈曰："左司马①见使于国家，安社稷不避其死，以成其忠，君其行之！"君曰："子从事。"乃许之。张孟谈便厚以便名，纳地、释事以去权尊而耕于肙丘[2]。故曰，贤人之行，明主之政也。

耕三年，韩、魏、齐、楚负亲以谋赵。襄子往见张孟谈而告之曰："昔者知氏之地，赵氏分则多十城，而今诸侯复来谋我，为之奈何？"张孟谈曰："君其负剑而御臣以之国，舍臣于庙，授吏大夫，臣试计之。"君曰："诺。"张孟谈乃行其妻之楚，长子之韩，次子之魏，少子之齐，四国疑而谋败。

注释

①左司马：指张孟谈。

②肙（yuān）丘：地名。

译文

有人为张孟谈对赵襄子说："左司马为了国家的利益和安定，不躲避死亡，竭尽他的忠诚，君王还是放他走吧！"赵襄子说："那就照他的意见办吧。"于是赵襄子就答应了张孟谈的请求。张孟谈心抛弃重权和美名而更加巩固了自己的名声，他交纳封地，放弃政事，而在肙丘耕种。所以说，张孟谈的行为是贤人的行为，赵襄子的政策是英明君主的政策。

张孟谈在肙丘种了三年地，韩、魏、齐、楚四国背叛了过去的联盟而谋划进攻赵国。赵襄子便前去见张孟谈并告诉他说："从前瓜分智伯的土地，赵氏多分到十个城邑，如今诸侯又来谋划进攻我们，这该怎么办？"张孟谈说："君王还是背着剑为我驾驶车辆回到都城，让我住在宗庙里，把任命官吏权力交给我，我为您试着谋划对策。"赵襄子说，"好。"张孟谈于是让他的妻子到楚国去，长子到韩国去，次子到魏国去，少子到齐国去，四国产生疑心而计谋失败。

四　晋毕阳之孙豫让

晋毕阳之孙豫让，始事范、中行氏而不说，去而就知伯，知伯宠之。及三晋分知氏，赵襄子最怨知伯，而将其头以为饮器。豫让遁逃山中曰："嗟乎！士为知己者死，女为悦己者容。吾其报知氏之仇矣！"乃变姓名为刑人，入宫涂厕，欲以刺襄子。襄子如厕，心动，执问涂者，则豫让也。刃其扞[1]曰："欲为知伯报仇！"左右欲杀之，赵襄子曰："彼义士也，吾谨避之耳。且知伯已死，无后，而其臣至为报仇，此天下之贤人也。"卒释之。

豫让又漆身为厉[2]，灭须去眉，自刑以变其容，为乞人而往乞。其妻不识曰："状貌不似吾夫，其音何类吾夫之甚也！"又吞炭为哑，变其音。其友谓之曰："子之道甚难而无功，谓子有志则然矣，谓子智则否。以子之才而善事襄子，襄子必近幸子，子之得近而行所欲，此甚易而功必成。"豫让乃笑而应之曰："是为先知报后知，为故君贼新君，大乱君臣之义者，无过此矣。凡吾所谓为此者，以明君臣之义，非从易也。且夫委质而事人，而求弑之，是怀二心以事君也。吾所为难，亦将以愧天下后世人臣怀二心者。"

注释

①扞：应作"圬"，泥瓦工用的抹（mǒ）子。

②厉：通"癞"，恶疮。

译文

晋国毕阳的孙子豫让，最初侍奉范氏、中行氏，但不受重用，于是他就离开转投智伯，智伯很宠信他。后来韩、赵、魏三家瓜分了智伯的土地，中赵襄子最痛恨智伯，把智伯的头盖骨拿来作饮酒的容器。豫让逃到山里说："唉！志士为了解自己的人而牺牲，女子为喜欢自己的人而装扮。我定要报答智伯的知遇之恩！"于是豫让便改名换姓，装扮成一个受过刑的人，潜伏到赵王宫里粉刷厕所，以便趁机刺死赵襄子。有一次，赵襄子上厕所，心中突然感到异常，就下令把粉刷厕所的人提来审问，才知道是原来是豫让，豫让在粉刷工具上装上兵刃说："我想要为智伯报仇！"赵襄子身边的卫士想要杀他，可是赵襄子却制止说："这是一位义士，我只要小心躲开他就行了。况且智伯死后没留下子孙，他的臣子中有肯来为他报仇的，这一定是天下有气节的贤人。"最后赵襄子把豫让放了。

豫让又在自己的身上涂上漆，长满了恶疮，剃掉胡须和眉毛，用自残改变了自己的容貌，装扮成一个乞丐去乞讨。他的妻子不认识他了，看着他说："这个人的容貌不像我的丈夫，但是他的声音为什么那么像我的丈夫！"豫让又吞火炭，改变了自己的声音。他的朋友见到他劝他说："您采取的这种办法，不仅很艰难，而且不会成功，要说您是一个有志气的人倒是不错，但您并不聪明。凭您的才能，如果用心去侍奉赵襄子的话，他必定会亲近您，您如果利用亲近他的机会，再去做你想做的事情，这是非常容易且必定会成功的。"豫让笑着回答说："这是为先知遇我的人而去报复后知遇我的人，为旧的主人而去杀新主人，极大地败坏君臣大义，没有比这更严重的了。我所做这一切的原因，是为了阐明君臣之间的大义，并不是图容易。况且委身去侍奉他人，却又阴谋刺杀他，这是怀有二心来侍奉主人。我之所以选择困难的方法，是为了让天下后世怀有二心的人臣感到羞愧。"

居顷之，襄子当出，豫让伏所当过桥下。襄子至桥而马惊。襄子曰："此必豫让也。"使人问之，果豫让。于是赵襄子面数豫让曰："子不尝事范、中行氏乎？知伯灭范、中行氏，而子不为报仇，反委质事知伯。知伯已死，子独何为报雠之深也？"豫让曰："臣事范、中行氏，范、中行氏以众人遇臣，臣故众人报之。知伯以国士遇臣，臣故国士报之。"襄子乃喟然叹泣曰："嗟乎，豫子！豫子之为知伯，名既成矣，寡人舍子亦以足矣。子自为计，寡人不舍子。"使兵环之。豫让曰："臣闻明主不掩人之义，忠臣不爱死以成名。君前已宽舍臣，天下莫不称君之贤。今日之事，臣故伏诛，然愿请君之衣而击之，虽死不恨。非所望也，敢布腹心。'于是襄子义之，乃使使者持衣与豫让。豫让拔剑三跃，呼天击之曰："而可以报知伯矣。"遂伏剑而死。死之日，赵国之士闻之，皆为涕泣。

译文

过了不久，赵襄子要外出巡视，豫让便埋伏在赵襄子所必经的桥下。赵襄子骑马走在桥边时，马忽然惊跳起来。赵襄子说："肯定是豫让在此。"派人搜捕之后，果然是豫让。因此赵襄子就当面责备豫让说："你不是曾经侍奉过范、中行氏吗？智伯灭了范、中行氏，你不但不替范、中行氏报仇，反而去臣事智伯。如今智伯已经死了，你为什么还要替他报仇呢？"豫让回答说："当我侍奉范、中行氏时，他们只把我当作一般人看待，所以我也就用一般人的态度对待他们。智伯把我当作国士看待，所以我也就用国士的行为报答智伯。"赵襄子流着泪感叹道："唉！豫让啊，你为智伯报仇，已经使你成为忠臣义士了，我对待你，也算是仁至义尽。你自己想一想吧，我不能再放过你了。"于是赵襄子就下令，让卫士把豫让包围起来。这时豫让又对赵襄子说："我听说下贤明的君主不会去掩饰别人的忠义之行，一个忠臣不惜自己的生命来成就名声。君王您以前已经宽恕过我一次，天下没有不为这件事赞扬君王的。今天我到这里行刺您，按理您应将我处死，不过我想得到君王的王袍，准许我在刺它几下，我即使死了也没有遗憾了。我的愿望虽不一定会实现，但是我想真诚地说出来。"赵襄子为了成全豫让的志节，就脱下自己的衣服由侍臣交给豫让。豫让接过王袍以后拔出佩剑，奋而起身，然后用剑刺衣服，仰天长叹说："我豫让总算为智伯报了仇。"豫让说完话，就举剑自杀而死。赵国的忠义之士听说这件事以后，都落泪惋惜不已。

五　魏文侯借道于赵攻中山

魏文侯①借道于赵攻中山，赵侯②将不许。赵利③曰："过矣。魏攻中山而不能取，则魏必罢，罢则赵重。魏拔中山，必不能越赵而有中山矣。是用兵者魏也，而得地者赵也。君不如许之，许之大劝，彼将知赵利之也，必辍。君不如借之道，而示之不得已。"

注释

①魏文侯：姬姓魏氏，名斯。

②赵侯：指赵烈侯，嬴姓，赵氏，名籍。

③赵利：人名。赵国臣子。

译文

魏文侯向赵国借道攻打中山，赵烈侯不想答应。赵利说："您错了。如果魏国攻打中山而不能胜利，那么魏国一定会疲乏，魏国疲乏赵国地位就会提高。如果魏国攻取了中山，一定不能越过赵国而拥有中山的土地。这就是说，用兵作战的是魏国，实际上取得土地的是赵国。您不如答应他，但如果答应太痛快，他们就会明白这是赵国在利用他们，就一定会停止对中山的用兵。您不如借给路给赵国，但要表示出不得已的样子。"

六　秦、韩围梁

秦、韩围梁，燕、赵救之。谓山阳君①曰："秦战而胜三国，秦必过周、韩而有梁。三国而胜秦，三国之力虽不足以攻秦，足以拔郑②。计者不如构三国攻秦。"

注释

①山阳君：韩国地封君，握有实权。

②郑：指韩国。

秦、韩两国联合，围攻魏国，燕、赵两国援救它。有人对山阳君说："秦国如果战胜三国，就一定越过周国、韩国而占有魏国的土地。三国如果战胜秦国，三国的力量虽不足以攻破秦国，却完全可以占领韩国。为了韩国的利益，不如联合三国攻打秦国。"

七　腹击为室而巨

腹击①为室而巨，荆敢②言之主。谓腹子曰："何故为室之巨也？"腹击曰："臣羁旅也，爵高而禄轻，宫室小而帑③不众。主虽信臣，百姓皆曰：'国有大事，击必不为用。'今击之巨宫，将以取信于百姓也。"主君曰："善。"

①腹击：人名。赵国臣子。

②荆敢：人名。楚国人，出仕赵国。

③帑（tǎng）：财帛。

赵臣腹击把自己的宅子修得很大，荆敢把这件事奏报给赵国君主。赵王对腹击说："您为什么要兴建这么大的宅邸呢？"腹击回答说："我只是寄居赵国的一个臣子，爵位虽然高，但俸禄却很低，官邸太小而眷属不多。君王您虽然信任我，但百姓都说：'一旦国家有难，腹击定不会为赵国效命。'如今我建造大官邸，就是为了取信于民。"赵王说："好。"

八　苏秦说李兑

苏秦说李兑①曰："洛阳乘轩里苏秦，家贫亲老，无罢车②驽马，桑轮蓬箧。赢滕履蹻^③，负书担橐，触尘埃，蒙霜露，越漳、河，足重茧，日百而舍，造外阙，愿见于前，口道天下之事。"李兑曰："先生以鬼之言见我则可，若以人之事，兑尽知之矣。"苏秦对曰："臣固以鬼之言见君，非以人之言也。"李兑见之。

苏秦曰："今日臣之来也暮，后郭门，藉^④席无所得，宿寄人田中，傍有大丛。夜半，土梗与木梗斗曰：'汝不如我，我者乃土也。使我逢疾风淋雨，坏沮，乃复归土。今汝非木之根则木之枝耳，汝逢疾风淋雨，漂入漳、河，东流至海，氾滥无所止。'臣窃以为土梗胜也。今君杀主父而族之，君之立于天下，危于累卵。君听臣计则生，不听臣计则死。"李兑曰："先生就舍，明日复来见兑也。"

注释

①李兑：人名。赵国相国，封为奉阳君。

②罢车：破车。罢，同"疲"。

③赢：缠绕。滕：裹足布。蹻（jué）：草鞋。

④藉：同"借"。

译文

苏秦游说李兑道："我是洛阳乘轩里的苏秦，家境贫寒，双亲老迈，没有破车劣马，也没有桑树枝做的轮子和草编的车厢。我打着绑腿，穿着草鞋，背着书卷，担着行囊，顶着飞扬的尘土，冒着寒霜和露水，越过了漳河和黄河，脚上磨出了厚厚的老茧，每天走一百里才能住宿，这才来到您的宫门外，请求拜见您，和您谈谈天下大事。"李兑说："先生如果拿关于鬼的事情给我听倒还可以，如果谈的是人的事情，我已经都知道了。"苏秦回答说："我本来就是来和您谈论鬼的事情，不是谈论人的事。"于是李兑便接见了他。

苏秦说："今天我来的时候天色已晚，外城城门已经关闭，连个草席都没找到，只好借宿在人家的田地里，旁边有一个丛祠。半夜的时候，我听到土偶跟木偶斗嘴说：'你比不上我，我是土做的。假如我遇到暴风大雨，被毁坏了，仍会回到土里。而你不是树根，只是树枝罢了。你如果遇上暴风打雨，就会被冲到漳河和黄河里，向东流入大海中，漂浮游荡而不知道会停在哪里。'我私下认为土偶获得了胜利。如今您杀了赵武灵王而灭了他的宗族，您生活在天地之下，比鸡蛋还要危险。您听我的计谋就能生存，不听我的计谋就得死亡。"李兑说："您到客舍住下吧，明天再来见我。"

　　苏秦出，李兑舍人谓李兑曰："臣窃观君与苏公谈也，其辩过君，其博过君，君能听苏公之计乎？"李兑曰："不能。"舍人曰："君即不能，愿坚塞两耳，无听其谈也。"

　　明日复见，终日谈而去。舍人出送苏君，苏秦谓舍人曰："昨日我谈粗而君动，今日精而君不动，何也？"舍人曰："先生之计大而规高，吾君不能用也。乃我请君塞两耳，无听谈者。虽然，先生明日复来，吾请资先生厚用。"

　　明日来，抵①掌而谈。李兑送苏秦明月之珠、和氏之璧、黑貂之裘，黄金百镒。苏秦得以为用，西入于秦。

注释

　　①抵（zhǐ）：拍。

译文

　　苏秦出去了，李兑的一个门客对李兑说："我暗中观察您与苏秦的谈话，他的辩才和博学都在您之上，您会听取苏秦的计谋吗？"李兑说："不会。"门客说："您如果不会，希望您牢牢堵住两只耳朵，不要听他的谈话。"

　　第二天苏秦又来拜见李兑，谈了一整天后才离去。门客出来送苏秦，苏秦对门客说："昨天我谈得粗略，您的主人被我说动了；今天我谈得详细，但他却无动于衷，这是为什么呢？"门客说："先生的计策宏大而见解高远，我的主人是不能采用的。于是我便请他牢牢堵住两只耳朵，不让他听你的话。虽然如此，您明天再来，我会请主人资助您丰厚的费用。"

第二天苏秦来，李兑同他击掌而谈。李兑于是赠送苏秦夜明珠、和氏璧、黑貂裘、黄金百镒。苏秦得到这些东西后便作为资用，向西进入秦国。

九　赵收天下且以伐齐

赵收天下且以伐齐。苏秦为齐上括说赵王^①曰："臣闻古之贤君，德行非施于海内也，教顺慈爱非布于万民也，祭祀时享非当于鬼神也。甘露降，风雨时至，农夫登，年谷丰盈，众人喜之，而贤主恶之。今足下功力非数痛加于秦国，而怨毒积恶非曾深于齐也。臣窃外闻大臣及下吏之议，皆言主前专据以秦为爱赵而憎齐。臣窃以事观之，秦岂得爱赵而憎齐哉？欲亡韩、吞两周之地，故以齐为饵，先出声于天下，欲邻国闻而观之也。恐其事不成，故出兵以佯示赵、魏。恐天下之惊觉，故微韩以贰之。恐天下疑己，故出质以为信。声德于与国，而实伐郑韩。臣窃观其图之也，议秦以谋计必出于是。

注释

①赵王：指赵惠文王。

译文

赵国联合天下诸侯准备进攻齐国。苏秦为齐国上书游说赵惠文王说："我听说古代贤明的君主，他的道德品行还未在天下施行，教育训化和慈祥仁爱还未施予万民，祭祀天地宗庙不一定面对鬼神。可是天上降下的甜美的露水，风雨按时来到，农夫丰收，年谷非常充足，人们对此都很高兴，然而贤明的君主却仍觉得没有给予百姓什么心神不安。如今凭您的功力，并没有多次与秦国攻伐，而且与秦国之间的怨恨、愤怒也不比齐国深。我在外面暗中听到大臣和下级官吏的议论，都说君王以前专断地认为秦国爱护赵国而憎恨齐国。我根据事实私下观察，秦国哪里会爱护赵国而憎恨齐国呢？这是秦国想要灭亡韩国，吞并两周的土地，所以把齐国作为钓饵，先在天下声言其憎恨齐国，想使邻国听到并看到此事。秦国又担心此事不能成功，所以假装出兵给赵、魏两国看。秦国又担心天下诸侯醒悟，所以稍微进攻一下韩国来消除诸侯的怀疑。秦国仍担心天下诸侯对自己怀有疑心，所以派出人质以取得信任。这样一来，秦国声言对盟国友好，而实际上却进攻周国和韩国。我暗中观察秦国的意图，料想秦国的计谋一定是这样。

　　"且夫说士之计皆曰：'韩亡三川，魏灭晋国，市朝未罢，而祸及于赵。'且物固有势异而患同者，又有势同而患异者。昔者楚人久伐而中山亡①。今燕尽齐之北地②，距沙丘而至巨鹿之界三百里③，距于扞关④，至于榆中⑤千五百里。秦尽韩、魏之上党⑥，则地与国都邦属而壤界者七百里。秦以三军强弩坐羊唐⑦之上，即地去邯郸百二十里。且秦以三军攻王之上党而包其北，则句注⑧之西非王之有也。今逾句注、禁常山⑨而守三百里，通于燕之唐、曲吾⑩，此代马、胡犬不东，而昆山⑪之玉不出也，此三宝者，又非王之有也。今从于强秦国久伐齐，臣恐其祸出于是矣。

注释

　　①楚人久伐而中山亡：指楚怀王末年至顷襄王初年，楚国连年受到别国攻打，公元前295年，赵武灵王联合齐、燕共灭中山。
　　②北地：指齐国北部黄河以北的地方。
　　③沙丘：地名。地处今河北广宗西北。巨鹿：地名。地处今河北平乡境内。
　　④扞关：地名。
　　⑤榆中：地名。地处今陕西榆林东北。

⑥上党：地区名。地处今山西东南。

⑦羊唐：地名。即羊肠，地处今山西壶关东南。

⑧句注：山名。地处今山西代县西北。

⑨常山：山名。地处今河北曲阳西北。

⑩唐：地名。地处今河北唐县东北。曲吾：地名。即曲逆，地处河北完县东南。

⑪昆山：山名。地处今新疆于阗东北。

译文

"再说，游说之士一般都认为：'韩国失去了三川之地，魏国失去了故都的绛、安邑之地，早市没有停止，赵国就要遭受灾祸了。'况且事情本来就有形势不同而祸患相同的，也有形势相同而祸患不同的。从前，楚国连年被诸国进攻，而赵国便乘机灭亡了中山。如今燕国全部占领了齐国北部的土地，从沙丘到巨鹿的边界只有三百里，从北部边境到扞关，直到榆中有一千五百里。秦国全部占领了韩、魏两国的上党，那么秦国就和赵国有七百里边境接壤。秦国用三军中的驽箭手据守在羊肠险要的地方，那距离邯郸就只有一百二十里了。况且秦国率领三军进攻赵国的上党地区，并危害它的北部，那么句注以西的土地就不是君王您的了。如今秦军越过句注、控制常山，只有三百里就可以通向燕国的唐地、曲逆。这样，代地的马、胡地的狗就不能向东来，昆山的宝玉也不能运出，这三样宝物都不会为君王所有了。如今顺从强大的秦国去进攻齐国，我害怕祸患就从这里产生。

"昔者五国之王尝合横而谋伐赵，叁分赵国壤地，著之盘盂，属之雠柞①。五国之兵有日矣，齐乃西师以禁秦国，使秦废令素服而听，反温、枳、高平②于魏，反王公、什清③于赵，此王之明知也。夫齐事赵，宜为上交，今乃以抵罪取伐，臣恐其后事王者之不敢自必也。今王收齐，天下必以王为义，齐抱社稷以事王，天下必重王。然则齐义，王以天下就之；下至齐暴，王以天下禁之，是一世之命制于王已。臣愿大王深与左右群臣详计某言，先事成虑而熟图之也。"

注释

①属之雠柞：写在册籍之上。雠柞，指祭祀的册籍。

②温：地名。地处今河南温县西南。枳：通"轵"，地名。地处今河南济源南。高平：地名。地处今河南西南向城镇。

③王公、什清：均为地名。今地不详。

译文

"从前，五国的君主曾经连横而谋划进攻赵国，把赵国的土地分成三份，盟约刻在盘盂上，写在册籍上。正当五国即将出兵的日子里，齐国却向西出兵攻打秦国，迫使秦国废除称帝之令，穿上白色的凶服而听命于齐，把温地、枳地、高平归还给魏国，把王公、什清归还给赵国，这是君王您清楚知道的。齐国帮助了赵国，应当和它是友好的国家，可如今赵国却问罪齐国并对它进攻，我害怕以后帮助君王的国家就一定不敢与您交往了。如今君王联合齐国，天下诸侯一定认为君王您仁义，齐国就会拿整个国家来事奉君王，天下诸侯必然会尊重君王您。如果齐国行义举，君王就可以带领天下诸侯去亲近它；如果齐国凶暴，君王就率领天下诸侯去制止它，这就是天下的命运控制在君王手里了。我希望大王您和左右群臣认真地考虑一下我说的话，事先谋划一下，在事情成功之前深思熟虑一下。"

十　齐攻宋

齐攻宋，奉阳君不欲。客谓奉阳君曰："君之春秋高矣，而封地不定，不可不熟图也。秦之贪，韩、魏危，燕、楚僻，中山之地薄，宋罪重，齐怒深，残伐乱宋，定身封，德强齐，比百代之一时也。"

　　齐国进攻宋国，奉阳君不想帮助齐国一起攻打。有人对奉阳君说："您的年龄已经很大了，可是封地还没有确定，不可不为此事多做打算。秦国贪婪，韩、魏两国处境危险，燕、楚两国又很偏僻，中山的土地瘠薄，宋国罪孽深重，齐国又非常愤怒，如果攻打混乱的宋国，确定自身的封地，使强大的齐国对您感恩戴德，这是千载难逢的好时机。"

十一　秦王谓公子他

　　秦王谓公子他①曰："昔岁崤下之事②，韩为中军，以与诸侯攻秦。韩与秦接境壤界，其地不能千里，展转不可约。日者秦、楚战于蓝田③，出锐师以佐秦，秦战不利，因转与楚，不固信盟，唯便是从。韩之在我，心腹之疾。吾将伐之，何如？"公子他曰："王出兵韩，韩必惧，惧则可以不战而深取割。"王曰："善。"乃起兵，一军临荥阳④，一军临太行⑤。

　　①秦王：指秦昭王。公子他：指秦惠文王子，秦昭王兄。
　　②崤下之事：指公元前298年，韩、齐、魏攻入函谷关。
　　③秦、楚战于蓝田：此事发生于公元前312年。
　　④荥阳：地名。地处今河南荥阳。
　　⑤太行：山名。

　　秦昭王对公子他说："当年，韩、齐、魏进攻函谷关的战役，韩国作为主力，而与诸侯联合起来进攻秦国。韩国与秦国边境接壤，它的土地方圆不到千里，反复无常不遵守盟约。从前秦国与楚国在蓝田交战，韩国派出精锐部队来帮助秦军，可当秦军战斗不利时，韩国却反过去与楚国联合，不坚守盟约，只追求利益。韩国对于我国来说，确实是心腹之患。我准备进攻它，您认为怎么样？"公子他说："大王您出兵韩国，韩国必定会恐惧，恐惧就可以不用战争而多割取土地。"昭王说。"好。"于是就出动军队，一支军队进逼荥阳，一支军队进逼太行。

韩恐，使阳城君①入谢于秦，请效上党之地以为和。命韩阳告上党之守靳（黄重）曰："秦起二军以临韩，韩不能有。今王②令以上党入和于秦，使是言之太守，太守其效之。"靳（黄重）曰："人有言：'挈瓶之知，不失守器。'王则有令，而臣太守，虽王与子亦其猜焉。臣请悉发守以应秦，若不能卒，则死之。"韩阳趋以报王，王曰："吾始已诺于应侯矣，今不与，是欺之也。"乃使冯亭代靳（黄重）。

注释

① 阳城君：指韩桓惠王时的封君。
② 今王：指韩桓惠王。

译文

韩国十分恐惧，便派阳城君到秦国谢罪，请求献出上党的土地作为讲和的条件。韩桓惠王又派韩阳告诉上党太守靳（黄重）说："秦国出动两支军队来进攻韩国，韩国就会灭亡。现在君王下令把上党献给秦国求和，派我把情况告诉太守您，太守还是把地献给秦国吧。"靳（黄重）说："人们常说：'即使只有瓶子装水那样一点小智小慧，也不能失去器物。'君王尽管有献地的命令，但我是太守，即使是君王和您也不会对我猜疑的。我请求发动全部守军去对付秦兵，如果最后不能守住，那么我就为国战死。"韩阳迅速把情况报告给韩王。韩王说："我已经答应应侯范雎了，如果不献出上党，这就是在欺骗他。"于是就派冯亭取代靳（黄重）。

冯亭守三十日，阴使人请赵王①曰："韩不能守上党，且以与秦，其民皆不欲为秦而愿为赵。今有城市之邑十七，愿拜内之于王，唯王才之。"赵王喜，召平原君②而告之曰："韩不能守上党，且以与秦，其吏民不欲为秦而皆愿为赵。今冯亭令使者以与寡人，何如？"赵豹对曰："臣闻圣人甚祸无故之利。"王曰："人怀吾义，何谓无故乎？"对曰：'秦蚕食韩氏之地，中绝不令相通，故自以为坐受上党也。且夫韩之所以内赵者，欲嫁其祸也。秦被其劳而赵受其利，虽强大不能得之于小弱，而小弱顾能得之强大乎？今王取之，可谓有故乎？且秦以牛田、水通粮，其死士皆列之于上地，令严政行，不可与战。王其图之。"王大怒曰："夫用百万之众，攻战逾年历岁，未得一城也。今不用兵而得城十七，何故不为？"赵豹出。

战国策

卷十八 赵第一

417

注释

①赵王：指赵孝成王，名丹，赵惠文王子。
②平原君：即下文的赵豹，赵惠文王同母弟。

译文

冯亭坚守了三十天，便暗中派人请求赵孝成王说："韩国不能守住上党，将要把它献给秦国，可是上党的百姓都不想做秦国的臣民而愿意做赵国的臣民。如今有十七个县，愿意献给大王，希望大王考虑一下。"赵王大喜过望，召来平阳君赵豹并对他说："韩国不能坚守上党，将要把它献给秦国，但上党的百姓不想做秦国的臣民而愿意做赵国的臣民。如今冯亭派使者把上党献给我，你看怎么样？"赵豹回答说："我听说圣人认为无缘无故获得利益会带来大的祸患。"赵王说："人们钦慕我的恩义，怎么能说是无缘无故呢？"赵豹说："秦国逐渐蚕食韩国的土地，并从中断绝了上党通向韩国的道路，所以自认为可以坐受上党。再说韩国之所以把上党献给赵国，是想要把祸患转嫁给赵国。秦国遭受了攻打上党的劳劳，而赵国却享受了它的利益，即使是强大的国家也不能从弱小的国家得到这种好处，哪里有弱小的国家能从强大的国家手中得到的可能呢？如今大王您得到上党，可以说是有理由吗？况且秦国用牛耕种，从水道运送军粮，它的勇敢不怕死的将士列阵在上等的土地上，法令严格而政务推行顺利，不能与它交战。大王您还是自己认真考虑一下。"赵王大怒说："动用上百万军队，攻战经年累月，却没有得到一座城池。如今不用兵就会得到十七座城，为什么不这样做呢？"赵豹便退了出去。

王召赵胜、赵禹①而告之曰："韩不能守上党，今其守以与寡人，有城市之邑十七。"二人对曰："用兵逾年，未见一城，今坐而得城，此大利也。"乃使赵胜往受地。

赵胜至曰："敝邑之王使使者臣胜，太守有诏，使臣胜谓曰：'请以三万户之都封太守，千户封县令，诸吏皆益爵三级，民能相集者，赐家六金。'"冯亭垂涕而勉曰："是吾处三不义也。为主守地而不能死，而以与人，不义一也；主内之秦，不顺主命，不义二也；卖主之地而食之，不义三也。"辞封而入韩，谓韩王曰："赵闻韩不能守上党，今发兵已取之矣。"韩告秦曰："赵起兵取上党。"秦王②怒，令公孙起、王齮以兵遇赵于长平③。

注释

①赵胜：即平原君，为赵国相国。赵禹：为赵国大臣。

②秦王：指秦昭王。

③公孙起：即白起。王齮：人名，秦国将领。长平：地名。赵国都邑，地处山西高平西北。

译文

赵王召见赵胜、赵禹并对他们说："韩国不能守住上党，现在上党太守准备把它献给我，共有十七座城池。"二人回答说："用兵多年，没得到一座城池，如今安坐就能得到城邑，这是非常有利的事。"于是就派遣赵胜前去接受土地。

赵胜到上党便说："敝国的君王，委派使者我赵胜对您说：'请把三万户的城邑封赏给太守，千户的封赏给县令，各官吏的爵位都连升三级，百姓能聚集到一起的，每家赏赐六金。'"冯亭流泪并低头说："这是使我处在三不义的境地了。为君主守卫土地而不能战死，反而把它送给别人，这是第一不义；君王把土地献给秦国，我没有听从君主的命令，这是第二不义；出卖君主的地反而得到封邑，这是第三不义。"于是便辞谢了赵国的封赏而回到韩国，对韩王说："赵国听说韩国不能坚守上党，如今已发兵占领上党了。"

韩国便报告秦国说："赵国发兵占领了上党。"秦王大怒，命令白起、王齮率领军队与赵国的军队在长平交战。

十二　苏秦为赵王使于秦

苏秦为赵王使于秦，反，三日不得见。谓赵王曰："秦乃者过柱山[1]，有两木焉，一盖呼侣，一盖哭。问其故，对曰：'吾已大矣，年已长矣，吾苦夫匠人且以绳墨案规矩刻镂我。'一盖曰：'此非吾所苦也，是故吾事也。吾所苦夫铁钻然，自入而出夫人者。'今臣使于秦而三日不见，无有为臣为铁钻者乎？"

注释

[1]柱山：山名。即砥柱山，地处今河南陕县东。

译文

苏秦为赵国出使秦国，回来后，三天没能得到赵王的接见。苏秦便对赵王说："我从前经过砥柱山，看见那里有两棵树，一棵树在呼唤自己的伙伴，而另一棵树在哭泣。我问它们其中的缘故，一棵树回答说：'我已经长得很高大了，年纪也已经很老了，我痛苦的是那些匠人，将要用绳墨量我，按规矩雕刻

我。'另一棵树说：'这不是我所痛苦的事情，这原本就是我分内的事。我所痛苦的是那铁钻一样的东西，钻进去而使木屑出来。'如今我出使秦国，归来后三天不得进见，莫非是有人像铁钻一样把我排挤走吧？"

十三　甘茂为秦约魏以攻韩宜阳

甘茂为秦约魏以攻韩宜阳，又北之赵。冷向谓强国①曰："不如令赵拘甘茂勿出，以与齐、韩、秦市。齐王②欲求救宜阳，必效县狐氏③。韩欲有宜阳，必以路、涉、端氏④赂赵。秦王⑤欲得宜阳，不爱名宝，且拘茂也，且以置公孙郝、樗里疾。"

❧注释

①冷向：人名。秦国臣子。强国：人名。赵国臣子。

②齐王：指齐宣王。

③狐氏：地名。

④路：地名。地处今山西潞城东北。涉：地名。地处今河北涉县西北。端氏：地名。地处今山西沁水东北。

⑤秦王：指秦武王。

❧译文

甘茂为秦国联合魏国去进攻韩国的宜阳，又向北到赵国。冷向对强国说："您不如让赵国扣押甘茂，不放他出来，用他与齐、韩、秦三国进行交易。齐王想要援救宜阳，一定会献出狐氏县。韩国想要保住宜阳，一定用路、涉、端氏三地贿赂赵国。秦武王想要得到宜阳，一定会不爱惜名贵的宝物。况且赵国扣押了甘茂，将会使秦国任用公孙郝、樗里疾。"

十四　谓皮相国

谓皮相国[1]曰："以赵之弱而据之建信君、涉孟之雠[2]，然者何也？以从[3]为有功也。齐不从，建信君知从之无功。建信者安能以无功恶秦哉？不能以无功恶秦，则且出兵助秦攻魏，以楚分齐，则是强毕矣。建信、春申从，则无功而恶秦。分齐亡魏，则有功而善秦。故两君者，奚择有功之无功为知哉！"

注释

①皮相国：齐相。

②建信君：赵相国。涉孟：人名。赵国臣子。雠：相等，相类。

③从：通"纵"，合纵。

译文

有人对皮相国说："以赵国弱小的形势，却任用建信君、涉孟之类的人，这样为什么呢？这是因为赵国认为推行合纵之策能够成功。齐国如果不同意合纵，建信君就会知道合纵是不能成功的。建信君怎么能用不成功的合纵之策危害秦国呢？既然不能用不成功的合纵之策危害秦国，那么就会出兵帮助秦国攻打魏国，或许会跟楚国一起瓜分齐国的土地，这是建信君图强计谋全部用完的结果。建信君、春申君推行合纵之策，既不会成功，又可以危害秦国。赵、楚分裂齐国土地，帮助秦国灭亡魏国，则会成功而有利，又会与秦国亲善。因此，建信君和涉孟这两个人，怎能选择成功与不成功来表现他们的智谋呢！"

十五　或谓皮相国

或谓皮相国曰："魏杀吕辽[1]而卫兵，亡其比阳[2]而梁危，河间[3]封不定而赵危。文信[4]不得志，三晋倍之忧也。今魏耻未灭，赵患又起，文信侯之忧大矣。齐不从，三晋之心疑矣。忧大者不计而构，心疑者事秦急。秦、魏之构不待割而成。秦从楚、魏攻齐，独吞赵，齐、赵必俱亡矣。"。

注释

①吕辽：人名。魏国臣子。

②比阳：地名。地处今河北唐县。

③河间：地区名。地处今河北献县、乐城、河间一带。

④文信：即文信侯，指吕不韦。

译文

有人对皮相国说："魏国杀了吕辽而卫国遭到了秦兵的进攻，失掉了比阳魏国就危险了，河间的疆界不确定赵国就危险了。文信侯的愿望没有满足，这是害怕韩、赵、魏会背叛。如今魏国的耻辱还未洗雪，赵国的祸患又产生了，对文信侯来说忧虑就更大了。齐国不参加合纵，韩、赵、魏就产生了合纵不能成功的疑心。忧虑大的国家来不及考虑就与秦国构和，心中怀疑合纵不成的国家就急于事奉秦国。秦、魏两国的构和，没等到割地就成功了。秦国跟楚、魏两国一起进攻齐国，独自吞并赵国，齐、赵两国一定会一起灭亡。"

十六 赵王封孟尝君以武城

赵王封孟尝君以武城①。孟尝君择舍人以为武城吏，而遣之曰："鄙语岂不曰'借车者驰之，借衣者被之'哉？"皆对曰："有之。"孟尝君曰："文甚不取也。夫所借衣车者，非亲友则兄弟也。夫驰亲友之车，被兄弟之衣，文以为不可。今赵王不知文不肖，而封之以武城，愿大夫之往也。毋伐树木，毋发屋室，訾然使赵王悟而知文也。谨使可全而归之。"

注释

①赵王：指赵惠文王。武城：地名。地处今山东武城西。

译文

赵王把武城封给孟尝君。孟尝君在他的门客中挑选了一些人去出任武城的官吏，并对他们说："俗语不是说'借来的车子若使劲跑，借来的衣服披在外面'吗？"他们都回答说："是有这样的说法。"孟尝君说："我非常不认同这种说法。借来的衣服和车子，若不是亲友的就是兄弟的。驾着亲友的车子使劲地跑，把兄弟的衣服披在外面，我认为不应该这么做。如今赵王不了解我的无能，而把武城封给我，希望你们去后，不要砍伐树木，不要破坏房屋，谨慎从事，让赵王了解我善于治理。这样，到时候才可以将完整的武城归还给赵王。"

十七　谓赵王

谓赵王①曰："三晋合而秦弱，三晋离而秦强，此天下之所明也。秦之有燕而伐赵，有赵而伐燕；有梁而伐赵，有赵而伐梁；有楚而伐韩，有韩而伐楚，此天下之所明见也。然山东不能易其略，兵弱也。弱而不能相壹，是何秦之知、山东之愚也，是臣所为山东之忧也。虎将即禽，禽不知虎之即已也，而相斗两罢②，而归其死于虎。故使禽知虎之即己，决不相斗矣。今山东之主不知秦之即己也，而尚相斗，两敝而归其国于秦，知不如禽远矣！愿王熟虑之也。

注释

①赵王：指赵武灵王，嬴姓赵氏，名雍。

②罢：同"疲"，疲敝。

译文

有人对赵武灵王说："三晋联合则秦国就弱小，三晋彼此疏远则秦国就强大，这是天下人都明白的道理。秦国与燕国亲近则会进攻赵国，与赵国亲近则进攻燕国；秦国与魏国亲近则进攻赵国，与赵国亲近就进攻魏国；与楚国亲近就进攻韩国，与韩国亲近就进攻楚国，这是天下人都明白的道理。然而崤山以东的六个国家不能改变秦国的连横之路，这是因为它们兵力弱小。兵力弱小的国家又不能团结一致，这是秦国何等明智，山东六国是何等愚蠢，这是我为山东六国忧虑的地方。老虎将要靠近野兽，野兽不知道老虎靠近自己，反而彼此斗得很疲劳，最终它们都死在老虎口里。因此，使野兽知道老虎靠近自己，它们决不会互相争斗了。如今山东六国的君主不知道秦国正在靠近自己，仍在互相争斗，以致彼此疲敝，最终使自己的国家归于秦国，是智慧比野兽差太远了！希望君王仔细考虑一下。

"今事有可急者，秦之欲伐韩、梁，东窥于周室甚，惟寐亡之。今南攻楚者，恶三晋之大合也。今攻楚休而复之，已五年矣，攘地千余里。今谓楚王①：'苟来举玉趾而见寡人，必与楚为兄弟之国，必为楚攻韩、梁，反楚之故地。'楚王美秦之语，怒韩、梁之不救己，必入于秦。有谋发使之赵，以燕饵赵而，离三晋。

"今王美秦之言而欲攻燕，攻燕，食未饱而祸已及矣。楚王入秦，秦、楚为一，东面而攻韩。韩南无楚，北无赵，韩不待伐，则挈马俛②而西走。秦与韩为上交，秦祸安移于梁矣。以秦之强，有楚、韩之用，梁不待伐矣，则挈马俛而西走。秦与梁为上交，秦祸案环中赵矣。以强秦之有韩、梁、楚，与燕之怒，割必深矣。国之举此，臣之所以来。臣故曰：'事有可急为者'。

注释

①楚王：指楚怀王熊槐。
②俛：同"俯"。

译文

"如今有十分危急的事情，秦国想要进攻韩、魏两国，向东急于窥伺周王室，只有它在睡觉的时候才能忘记。如今秦国向南进攻楚国的原因，是它憎恶三晋会互相联合。如今秦国进攻楚国，休整后又继续进攻，已经五年了，扩充了千余里土地。如今秦王对楚王说：'您如果迈动贵脚来会见寡人，秦国一定和楚国结为兄弟之国，一定为楚国进攻韩、魏两国，收回楚国原来的土地。'楚王认为秦王的话很美好，又会恼怒韩国、魏国不援救自己，一定会倒向秦国。秦国又谋划派使者到赵国去，用共同进攻燕国来利诱赵国，而离间三晋的关系。

"如今大王认为秦国的话很美好，想要进攻燕国，如果进攻燕国，还不到一顿饭的工夫而祸患就已经来到了。一旦楚王倒向秦国，秦国、楚国联合，就会向东面的韩国进攻。韩国南面没有楚国的援助，北面又没有赵国的援助，韩国没有等到秦楚进攻，就会牵着马而俯首帖耳，听命于秦国。秦国与韩国有了好交情，秦国的兵祸就会转移到魏国。凭借秦国的强大，又有楚、韩两国可以利用，魏国没有等秦国进攻，就会牵着马而俯首帖耳，听命于秦。秦国与魏国有了好交情，秦国看赵国就像自己怀中的物品了。凭借秦国的强大并有韩、魏、楚供其驱使，再加上燕国对赵国恼怒，这样一来，赵国一定要被割取很多土地了。国家走到这种地步，这就是我前来的原因，因此我说：'现在有有急于要做的事情'。

　　"及楚王之未入也，三晋相亲、相坚，出锐师以戍韩、梁西边，楚王闻之，必不入秦，秦必怒而循攻楚，是秦祸不离楚也，便于三晋。若楚王入，秦见三晋之大合而坚也，必不出楚王，即多割，是秦祸不离楚也，有利于三晋。愿王之熟计之也！"

　　赵王因起兵南戍韩、梁之西边。秦见三晋之坚也，果不出楚王而多求地。

译文

　　"趁楚王没有入秦的时候，韩、赵、魏三国互相亲近，签订盟约，赵国派出精锐军队戍守韩、魏两国的西部边境，楚王听到消息，一定不会到秦国，秦国一定恼怒并像以前一样攻打楚国，这样秦国的兵祸就会紧跟楚国，而有利于韩、赵、魏三国。如果楚王进入秦国，秦国看到三晋联合并签订盟约，一定不放楚王回国，定会要求楚国多割让土地，这样，秦国的兵祸就仍然没有离开楚国，而有利于三晋。希望大王对此深思熟虑！"

赵王因此发兵戍守韩、魏两国的西部边境。秦国看到三晋坚定盟约，果然不放楚王回国，而要求多割让土地。

學貫大成

百〇七歲叟馬識途

战国策 下

传世·经典国学集

全本

[西汉]刘向 编订

岳昌强 译注

四川人民出版社

图书在版编目（CIP）数据

战国策 / 岳昌强译注. −− 成都：四川人民出版社，
2022.3（2023.8重印）

（传世·经典国学集）

ISBN 978-7-220-12636-9

Ⅰ.①战… Ⅱ.①岳… Ⅲ.①中国历史–战国时代–史籍
②《战国策》–注释③《战国策》–译文 Ⅳ.①K231.04

中国版本图书馆CIP数据核字(2021)第273858号

ZHANGUOCE

战 国 策

岳昌强　译注

策划出品	远涉文化
出版统筹	罗婷婷　庄本婷
策划编辑	袁 艺
责任编辑	段瑞清
版式设计	成都原创动力
封面设计	李其飞
特约校对	北京悦文文化发展有限公司
责任印制	李 剑

出版发行	四川人民出版社（成都槐树街2号）
网　址	http://www.scpph.com
E-mail	scrmcbs@sina.com
发行部业务电话	（028）86259624　86259453
防盗版举报电话	（028）86259624
印　刷	成都东江印务有限公司
成品尺寸	145mm×208mm
印　张	27
字　数	890千
版　次	2022年4月第1版
印　次	2023年8月第2次
书　号	ISBN 978-7-220-12636-9
定　价	88.00元

目录

卷十九　赵策二

十八 苏秦从燕之赵

苏秦从燕之赵，始合从，说赵王曰："天下之卿相人臣，乃至布衣之士，莫不高贤大王之行义，皆愿奉教陈忠于前之日久矣。虽然，奉阳君妒，大王不得任事，是以外客游谈之士，无敢尽忠于前者。今奉阳君捐馆舍，大王乃今然后得与士民相亲，臣故敢献其愚、效愚忠。为大王计，莫若安民无事，请无庸有为也。安民之本，在于择交，择交而得则民安，择交不得则民终身不得安。请言外患：齐、秦为两敌，而民不得安；倚秦攻齐，而民不得安；倚齐攻秦，而民不得安。故夫谋人之主，伐人之国，常苦出辞断绝人之交，愿大王慎无出于口也。

译文

苏秦从燕国到赵国，开始倡导合纵策略，他游说赵王说："普天之下，各诸侯国的卿相大臣，乃至于普通老百姓，没有一个不仰慕大王施行仁义的行为，他们早就想向大王您进献忠心。然而，奉阳君妒嫉贤能，使您不能专理国事，以致宾客疏远，游说之士都不敢到大王的近前来进献忠言。现在奉阳君已经死去，大王能够和各方面的人士接近，我这才敢向大王进献一些不成熟的看法并效忠于您。我为大王考虑，没有比让人民安居乐业、国家平安无事更好的了。百姓安居乐业的根本，在于选择良好的邦交，有好的邦交人民就安定，没有好的邦交百姓就会终生不得安宁。请让我再说说外部的祸患：假如将齐、秦两国都看作敌人，百姓就不得安宁；依靠秦国进攻齐国，百姓也不能安定；如果依靠齐国去进攻秦国，百姓亦不能安定。因此，图谋他国国君，讨伐别的国家，劝人断绝邦交的话会难以启齿，我希望大王要谨慎，不要说这样的话。

"请屏左右，白言所以异，阴阳①而已矣。大王诚能听臣，燕必致毡裘狗马之地，齐必致海隅鱼盐之地，楚必致橘柚云梦之地，韩、魏皆可使致封地汤沐之邑，贵戚父兄皆可以受封侯。夫割地效实，五伯之所以覆军禽将而求也；封侯贵戚，汤、武之所以放杀而争也。今大王垂拱而两有之，是臣之所以为大王愿也。

"大王与秦，则秦必弱韩、魏；与齐，则齐必弱楚、魏。魏弱则割河外[2]，韩弱则效宜阳。宜阳效则上郡绝，河外割则道不通，楚弱则无援。此三策者，不可不熟计也。夫秦下轵道则南阳动[3]，劫韩、包周则赵自销铄，据卫取淇则齐必入朝。秦欲已得行于山东，则必举甲而向赵。秦甲涉河逾漳，据番吾[4]，则兵必战于邯郸之下矣。此臣之所以为大王患也。

注释

①阴阳：指合纵、连横。

②河外：地区名，指魏国西河之外，地处今陕西大荔至澄城以北。

③轵道：道路名。南阳：地区名，战国时属于魏国。

④番吾：地名，赵国都邑，地处今河北磁县。

译文

"请您让左右侍臣回避，我来说说两种策略的差别，就是合纵、连横而已。大王如果真能听从我的建议，燕国一定会把出产毡、裘、狗、马的好地方献给您，齐国一定会把出产鱼盐的海滨献给您，楚国一定会把出产橘柚的云梦之地献给您，韩、魏两国也必然献出很多供您洗盥费用的县邑，大王的亲戚父兄亦都可以有封侯的土地。割取别国土地又得到别国财货，这是五霸不惜牺牲将士性命都要去追求的；使贵戚得以封侯，这是从前商汤放逐夏桀、周武王讨伐殷纣也要夺取的。现在大王只需安坐，不费力气就可以得到这两种好处，这是我希望大王能够获得的。

"大王您如果与秦国结盟，那么秦国必然会去侵略韩、魏两国；如果大王与齐国结盟，那么齐国必然去侵略楚、魏两国。魏国衰弱后就会割河外之地，韩国衰弱了，就会献出宜阳。献出了宜阳，则通往上党的路就切断了；河外割让了，道路也就不能通行到上党，楚国衰弱，赵国就会孤立无援。这三种策略，是不能不慎重考虑的。秦国如果攻下轵道，那么魏国的南阳就会动摇了；秦国如果再劫持韩国，包围周室，那么赵国就会自行削弱；如果秦国再占领卫地，夺取淇水之地，那么齐国必然会到秦国称臣。假如秦国能在山东得到这些地方，必然就会进攻赵国。如果秦军渡过黄河、穿过漳水、占据番吾，那么秦兵必将交战于邯郸城下。这就是我为大王感到担忧的地方。

"当今之时，山东之建国莫如赵强。赵地方二千里，带甲数十万，车千乘，骑万匹，粟支十年。西有常山，南有河、漳，东有清河①，北有燕国。燕固弱国，不足畏也。且秦之所畏害于天下者，莫如赵。然而秦不敢举兵甲而伐赵者，何也？畏韩、魏之议其后也。然则韩、魏，赵之南蔽也。秦之攻韩、魏也，则不然。无有名山大川之限，稍稍蚕食之，傅之国都而止矣。韩、魏不能支秦，必入臣于秦，秦无韩、魏之隔，祸中于赵矣。此臣之所以为大王患也。

注释

①清河：河名。战国时处于齐、赵两国之间。

译文

"现在的形势，崤山以东这几个国家，没有哪个国家能有赵国这么强大。赵国土地方圆两千里，精兵数十万，战车千辆，战马万匹，军粮可供应军队十年之用。西边有常山，南边有黄河、漳水，东边又有清河，北边亦有燕国。燕国本是一个弱国，不足畏惧。在天下各诸侯国中，秦国最害怕的就是赵国，然而秦国不敢发兵讨伐赵国的原因是什么呢？是因为秦国担心韩、魏两国在后边算计它。这样看来，韩、魏两国就是赵国南边的屏障。如果秦国攻打韩、魏两国，情况就不是这样了。韩、魏两国没有高山大川的阻隔，秦国只要逐渐蚕食它们的土地，一直把国都吞食完为止就可以了。韩、魏两国不能抗拒秦国，必然会向秦称臣。韩、魏臣服于秦后，秦国就没有韩、魏两国的障碍了，那么战祸就将降到赵国头上。这也是我为大王担忧的地方啊。

"臣闻，尧无三夫之分，舜无咫尺之地，以有天下；禹无百人之聚，以王诸侯。汤、武之卒不过三千人，车不过三百乘，立为天子，诚得其道也。是故明主外料其敌国之强弱，内度其士卒之众寡、贤与不肖，不待两军相当，而胜败存亡之机固已见于胸中矣，岂掩于众人之言而以冥冥决事哉？

"臣窃以天下地图案之，诸侯之地五倍于秦，料诸侯之卒十倍于秦。六国并力为一，西面而攻秦，秦必破矣。今见破于秦，西面而事之，见臣于秦。夫破人之与破于人也，臣人之与臣于人也，岂可同日而言之哉！

译文

"我听说，尧帝最初的时候没有几个部属，舜帝最初本就没有土地，但他们都拥有了整个天下；禹帝最初的时候所拥有的不过是一个不到百人的小部落，却最终能够在各诸侯中称王。商汤、周武王所拥有的士兵不超过三千人，战车不超过三百辆，但最后却成为天子，这都是因为他们确实掌握了治理国家的道理。所以说英明的君主，对外要预料到敌国的强弱，对内要衡量士卒的多寡和素质的优劣，不必等到两军短兵相接，而对胜败存亡的关键和环节就都已经了然于胸了，怎能被众人的观点蒙蔽、糊涂之下就决定事情呢？

"我私下察看天下各国的地图，诸侯的土地相当于秦国的五倍，料想诸侯的兵力相当于秦国的十倍。如果六国能够团结一致，合力向西去攻打秦国，秦国必定会被攻破。现在各国将要被秦国攻破，却向西共同侍奉秦国，向秦国称臣。灭掉别国或被别国灭掉，让别国臣服或臣服于别国，这两者难道能相提并论吗！

"夫横人者，皆欲割诸侯之地以与秦成。与秦成，则高台榭①，美宫室，听竽瑟之音，察五味之和，前有轩悬②，后有长庭，美人巧笑，卒③有秦患而不与其忧。是故横人日夜务以秦权恐猲④诸侯，以求割地，愿大王之熟计之也。

注释

①榭：指高台上的木屋。

②轩悬：悬钟磬奏乐时，只在东、北、西三面悬挂，南面不悬。

③卒：同"猝"。

④猲：同"喝"。

译文

"那些主张连横之策的人，他们都想割让诸侯的土地来与秦国讲和。一旦能和秦国讲和，他们就可以高筑台榭，装饰住宅宫室，倾听优美的音乐，品尝山珍海味，前面悬挂着乐器，后面又有长庭，美女不时发出妖媚的笑声，然而一旦秦国突然发兵攻打诸侯，他们却不与诸侯共同承担忧患。因此，这些主张连横的人日夜寻求依靠秦国的权势来恐吓诸侯，以求得割取诸侯的土地，请大王仔细考虑这个问题。

"臣闻明王绝疑去谗，屏流言之迹，塞朋党之门，故尊主广地强兵之计，臣得陈忠于前矣。故窃为大王计，莫如一韩、魏、齐、楚、燕、赵六国从亲，以畔秦。令天下之将相，相与会于洹水①之上，通质刑白马以盟之。约曰：'秦攻楚，齐、魏各出锐师以佐之，韩绝食道，赵涉河、漳，燕守常山之北。秦攻韩、魏，则楚绝其后，齐出锐师以佐之，赵涉河、漳，燕守云中②。秦攻齐，则楚绝其后，韩守成皋，魏塞午道③，赵涉河、漳、博关④，燕出锐师以佐之。秦攻燕，则赵守常山，楚军武关⑤，齐涉渤海，韩、魏出锐师以佐之。秦攻赵，则韩军宜阳，楚军武关，魏军河外，齐涉渤海，燕出锐师以佐之。诸侯有先背约者，五国共伐之。'六国从亲以摈秦，秦必不敢出兵于函谷关以害山东矣。如是则伯业成矣！"

赵王曰："寡人年少，莅国之日浅，未尝得闻社稷之长计。今上客有意存天下，安诸侯，寡人敬以国从。"乃封苏秦为武安君，饰车百乘，黄金千镒，白璧百双，锦绣千纯，以约诸侯。

注释

① 洹（huán）水：水名，今名安阳河。
② 云中：郡名，赵武灵王置，治今内蒙古托克托东北。
③ 午道：道路名，地处赵国东齐国西。一纵一横互相交错为午。
④ 博关：关名，地处今山东聊城东南。
⑤ 武关：关名，战国时秦国置，地处今陕西商南东南。

译文

"我听说贤明的君主善于解决疑难，不听信谗言，摒弃一切流言蜚语的传播途径，杜绝朋党之间的门路。一次，为了使国君尊贵、疆地扩大、增强兵力，我愿意在大王您的面前陈述我的忠心。我私下里为大王考虑，不如联合韩、魏、齐、楚、燕、赵六国合纵，结为盟友，一起来抗拒秦国。通令各国的将相，都到洹水岸边集会，互相交换质子，杀白马缔结盟约。相互约定说：'如果秦国进攻楚国，那么齐、魏两国都要各出精兵帮助楚国，韩国军队负责切断秦国的粮道，赵国军队渡过黄河、漳水，燕国军队则防守在常山以北一带。如果秦国攻打韩、魏两国，那么楚国军队就切断秦国的后路，齐国派出精兵帮助韩、魏，赵国军队渡过黄河、漳水，燕国军队就防守在云中一带。如果秦国进攻齐国，那么楚国军队负责切断秦国的后路，韩国军队防守成皋，魏国军队截断秦军必经的午道，赵国军队越过黄河、漳水、博关，燕国派出精兵支援齐国。如果秦国进攻燕国，那么赵国军队就防守在常山，楚国军队驻扎武关，齐国军队渡过渤海，韩、魏两国各出精兵支援燕国。如果秦国进攻赵国，那么韩国军队防守宜阳，楚国军队驻扎武关，魏国军队驻扎河外，齐国军队则渡过渤海，燕国亦派出精兵援救赵国。六个国家谁先背叛盟约，其他五个国家就共同出兵讨伐它。'只要六个国家真正形成合纵，联合起来抵抗秦国，那么秦国一定不敢出兵函谷关，来侵犯山东六国了。这样的话，大王的霸业就可以成就了啊！"

赵王说："我年纪小，即位的时间又短，还未听到过治国的长远之计。现在贵客您有意保全天下，安定诸侯，我诚恳地将国家托付给您。"于是赵王就封苏秦为武安君，赐给他战车百辆、黄金千镒、白璧百双、锦绣千匹，用这些财物去与诸侯缔结盟约。

十九　秦攻赵

秦攻赵，苏子为谓秦王曰："臣闻明王之于其民也，博论而技艺之，是故官无乏事而力不困；于其言也，多听而时用之，是故事无败业而恶不章。臣愿王察臣之所谒，而效之于一时之用也。臣闻怀重宝者，不以夜行；任大功者，不以轻敌。是以贤者任重而行恭，知者功大则辞顺。故民不恶其尊，而世不妒其业。

"臣闻之：'百倍之国者，民不乐后也；功业高世者，人主不再行也；力尽之民，仁者不用也；求得而反静，圣主之制也；功大而息民，用兵之道也。'今用兵终身不休，力尽不罢，赵怒必于其已邑，赵仅存哉，然而四输之国也。今虽得邯郸，非国之长利也。意者，地广而不耕，民羸不休，又严之以刑罚，则虽从而不止矣。

"语曰：'战胜而国危者，物不断也；功大而权轻者，地不入也。'故过任之事，父不得于子；无已之求，君不得于臣。故微之为著者强，察乎息民之为用者伯，明乎轻之为重者王。"

译文

秦国攻打赵国，苏秦为赵国对秦王说，"我听说，贤明的君王对待他的臣民，普遍地进行教导并教给他们各种技艺，因此官吏各尽其职，不耽误国家大事，民力亦不困乏；对于他们的意见，广泛听取并随时采用，因此国家的各种事业就不会衰败，而丑恶的东西就不会显露出来。我希望大王考察我所陈述的主张，并在当前实践中检验它的功效。我听说握有珍宝的人，不会在夜间走路；担任重要职务的人，不会轻视敌人。因此，贤明的人责任越大而行为越恭谨，聪明的人功劳越大而言辞越和顺。所以民众不会讨厌他们尊贵的地位，世人也不会嫉妒他们的功业。

"我还听说：'土地广大的国家，民众争相归附；功业盖世的人，国君不会再重用他；力量耗尽的民众，仁义的君主不会再驱使他们；想要得到什么反而不去强求，这是圣明君主采取的做法；建立大的功业以后，使百姓休养生息，这是用兵应遵守的法则。'如今秦国长久用兵而终身不知停止，民众精疲力竭也不罢手，激怒赵国，一定要战胜它，使它成为自己的一个都邑，赵国就所剩无几了。然而赵国是个四通八达的国家，如今秦国即使得到邯郸，也不是长远的利益。料想，土地广大而不耕种，民众疲弱而得不到休息，又用严格的刑罚来约束他们，那么赵国百姓虽然服从，秦国也不会长久地待在这里。

"俗话说：'打了胜仗而使国家处于危险境地，这是战事不断的缘故；功劳大而权力小，这是没有取得土地的缘故。'所以超过承担能力的事情，父亲不会从儿子那里得到什么；毫无节制地索取，君王也不会从臣子那里得到什么。因此，看到微小就能预料显著的人强大，知道使民休养生息是为了更好驱使他们的人可以做霸主，明白地位低微的人可以成为位高权重的人可以称王。"

秦王曰："寡人案兵息民，则天下必为从，将以逆秦。"苏子曰："臣有以知天下之不能为从以逆秦也。臣以田单、如耳①为大过也。岂独田单、如耳为大过哉，天下之主亦尽过矣！夫虑收亡齐、罢楚、敝魏与不可知之赵，欲以穷秦、折韩，臣以为至愚也。

"夫齐威、宣，世之贤主也，德博而地广，国富而用民，将武而兵强。闵王用之，后逼韩、威魏，以南伐楚，西攻秦，秦为齐兵困于崤塞之上②，十年攘地，秦人远迹不服，而齐为虚戾③。夫齐兵之所以破，韩、魏之所以仅存者，何也？是则伐楚、攻秦，而后受其殃也。

"今富非有齐威、宣之余也，精兵非有逼韩、劲魏之军也，而将非有田单、司马④之虑也。收破齐、罢楚、弊魏、不可知之赵，欲以穷秦、折韩，臣以为至误。臣以从一不可成也。客有难者，今臣有患于世。夫刑名之家皆曰'白马非马'⑤也，已如白马实马，乃使有白马之为也⑥。此臣之所患也。

注释

①田单：齐国臣子，破燕国军队，复齐国。如耳：魏国臣子。二人都主张合纵。

②秦为齐兵困于崤塞之上：指公元前287年，齐闵王派苏秦和赵国奉阳君李兑主持三晋与齐、燕五国伐秦，秦国受挫，归还赵、魏之地。

③齐为虚戾：指公元前284年，燕国乐毅率秦、三晋与燕五国联军攻破齐国。

④司马：指齐国名将司马穰苴。

⑤刑名之家：指名家学派，代表人物为公孙龙。刑，通"形"。白马非马：是名家一个重要的命题。白指色，马指形，形和色是不同的概念，即"白马非马"。

⑥乃使有白马之为也：指合纵本不能成功，但是主张合纵的人却说能够成功。

译文

秦王说："如果我按兵不动，使民众休养生息，那么天下诸侯一定会推行合纵之策来对付秦国。"苏秦说："我有依据知道天下诸侯不能组成合纵来对付秦国。我认为田单、如耳的行为是错误的。不仅田单、如耳的行为是错误的，天下诸侯也完全错了！他们谋划联合破亡的齐国、疲惫的楚国、破败的魏国与存亡不可知的赵国，想去使秦国穷困、使韩国折服，我认为他们已经愚蠢到极点了。

"齐国的威王、宣王，是当代的贤明君主，他们德高地广，国家富强而民众乐于听命，将军勇武而军队强大。齐闵王使用他们，后来逼近韩国、威胁魏国，并向南讨伐楚国，向西进攻秦国，秦兵被齐兵围困在崤山以西，十年间经常开拓土地，秦国畏惧远避但始终不服，然而齐国最终却弄得国空人绝。齐军之所以被打败，而韩、魏两国之所以能幸存，这是为什么呢？这都是因为齐国讨伐楚国、进攻秦国，所带来的祸殃。

"当今各国没有齐威王、宣王时那样富有，军队也没有当初齐国逼近韩国、威胁魏国时强大，并且将军也没有田单、司马穰苴的谋略。联合破亡的齐国、疲惫的楚国、破败的魏国和存亡不可知的赵国，想去使秦国穷困、使韩国折服，我认为是极端错误的。我认为合纵是不可能成功的。有人责难我的看法，这是我目前最忧虑的。形名家们，都说'白马不是马'，但白马的确是马，假如有白马非马之说，这就是我所忧虑的事情。

"昔者秦人下兵攻怀[1]，服其人，三国救之。赵奢[2]、鲍佞将，楚人四起而从之，临怀而不救，秦人去而不从。不识三国之憎秦而爱怀邪？亡其憎怀而爱秦邪？夫攻而不救，去而不从，是以三国之兵困，而赵奢、鲍佞之能也！故裂地以效于秦。田单将齐之良，以兵横行于中十四年，终身不敢设兵以攻秦、折韩也，而驰于封内。不识从之一成恶[3]存也。"

于是秦王解兵不出于境，诸侯休，天下安，二十九年不相攻。

注释

①怀：地名，魏国都邑，地处今河南武涉西南。

②赵奢：人名，赵国名将，被封为马服君。

③恶（wū）：在哪里。

"从前秦国发兵攻占怀地，使魏国屈服，赵、齐、楚三国本应该去援救怀地，赵奢、鲍佞为将，加上楚国人从四方前来救援。但面临怀地陷落而不援救，秦人退兵而不去攻击。不知道三国是憎恨秦国而爱惜怀地呢？还是憎恨怀地而爱惜秦国呢？秦国攻打而不援救，秦兵撤退而不追击，这是因为三国的军队处境困难，而赵奢、鲍佞无能啊！所以才割地给秦国。田单率领齐国精良的军队，在国内横行十四年，然而始终不敢率兵攻打秦国、折服韩国，他只不过是在国内称雄而已。因此，我不知道合纵成功的希望在哪里。"

于是秦王息兵休整，不出国境，诸侯也因此休战，天下安定，二十九年没有互相攻战。

二十　张仪为秦连横说赵王

张仪为秦连横说赵王曰："弊邑秦王使臣敢献书于大王御史[1]。大王收率天下以傆[2]秦，秦兵不敢出函谷关十五年矣。大王之威行于天下山东，弊邑恐惧慑伏，缮甲厉兵，饰车骑，习驰射，力田积粟，守四封之内，愁居慑处，不敢动摇，唯大王有意督过之也。

"今秦以大王之力，西举巴蜀[3]，并汉中[4]，东收两周而西迁九鼎[5]，守白马之津[6]。秦虽辟远，然而心忿悁含怒之日久矣。今寡君有敝甲钝兵，军于渑池，愿渡河逾漳，据番吾，迎战邯郸之下。愿以甲子之日[7]合战，以正殷纣之事。敬使臣先以闻于左右。

①御史：官名，传达国君命令，记载国家大事。

②傆：通"摈"，拒绝。

③西举巴蜀：秦国灭蜀在秦惠文王后元九年，即公元前316年。

④并汉中：秦惠文王后元十三年（公元前312年），败楚军于丹阳，遂并汉中。

⑤东收两周而西迁九鼎：秦国攻取东西周当在秦庄襄王元年，即公元前249年，当时张仪已死六十一年。

⑥白马之津：津渡名，地处今河南滑县东北。

⑦甲子之日：指周武王战胜商纣的日子。

译文

张仪为秦国推行连横之策，游说赵王说："敝国国君派我通过御史给大王献上书信。大王率领天下诸侯来对抗秦国，使秦国不敢出函谷关已经有十五年了。大王的威信通行于天下和崤山以东的六个国家，我们秦国对此非常恐惧而慑服，于是便修缮铠甲、磨励兵器、整顿战车，练习骑射，勤于耕作，积蓄粮食，严守四面边疆，过着忧愁而又恐惧的日子，不敢轻举妄动，唯恐大王有意责备我们的过错。

"现在秦国仰仗大王的督促，秦国西面收复巴、蜀，兼并汉中，东面征服东、西两周，把九鼎运移到西方，镇守在白马渡口。秦国虽然地处偏远，但心怀愤恨的时间已经很久了。如今敝国只有一支敝甲钝兵，驻扎在渑池，准备渡过黄河、越过漳水、占领番吾，与赵军会战于邯郸城下。希望在甲子之日能和赵军会战，以仿效武王伐纣的旧事。秦王特派我将此事事先敬告给大王。

"凡大王之所信以为从者，恃苏秦之计。荧惑诸侯，以是为非，以非为是。欲反覆齐国而不能，自令车裂于齐之市。夫天下之不可一亦明矣。今楚与秦为昆弟之国，而韩、魏称为东蕃之臣，齐献鱼盐之地，此断赵之右臂也。夫断右臂而求与人斗，失其党而孤居，求欲无危，岂可得哉！

"今秦发三将军：一军塞午道，告齐使兴师度清河，军于邯郸之东；一军军于成皋，驱韩、魏而军于河外；一军军于渑池。约曰：'四国为一以攻赵，破赵而四分其地。'是故不敢匿意隐情，先以闻于左右。臣切为大王计，莫如与秦遇于渑池，面相见而身相结也。臣请案兵无攻，愿大王之定计。"

❧译文❧

"大王之所以听信合纵政策，是因为依靠的是苏秦的计谋。苏秦惑乱诸侯，颠倒是非，想要覆灭齐国却没有做到，反而使自己被车裂在齐国的集市上。如此一来，天下各国的诸侯是无法联合在一起的，这很明显。如今楚国和秦国结为兄弟国家，韩、魏两国也自称是秦国的东方附属国，齐国向秦国献出了出产鱼盐的土地，这就相当于切断了赵国的右臂。一个被切断了右臂的人去和别人进行打斗，并失去了朋友而孤立无援，想要不发生危险，怎么可能呢！

"现在秦国已经派出了三路大军：一路大军堵塞午道，通知齐国派出军队渡过清河，驻扎在邯郸的东面；一路大军驻扎在成皋，韩、魏两国联军则驻扎在河外；一路大队则驻扎在渑池。几路大军盟誓说：'四国团结一致攻打赵国，攻破赵后，四个国家共同瓜分赵国的土地。'因此我不敢隐瞒真相，预先通知大王和您左右的人。我私下里为大王考虑，大王您不如和秦王在渑池相会，相见之后面对面商议两国的联合。我会请求秦王按兵不去进攻赵国，希望大王尽快拿定主意。"

赵王曰："先王之时，奉阳君相，专权擅势，蔽晦先王，独制官事。寡人宫居，属于师傅，不能与国谋。先王弃群臣，寡人年少，奉祠祭之日浅，私心固窃疑焉。以为一从不事秦，非国之长利也。乃且愿变心易虑，剖地谢前过以事秦。方将约车趋行，而适闻使者之明诏。"于是乃以车三百乘入朝渑池，割河间以事秦。

❧译文❧

赵王说："先王在位的时候，奉阳君为相国，为人专权跋扈，蒙蔽先王，独断朝政。而我则深居宫中，听从师傅的安排，不能参与国家大事的谋划。当先王丢下群臣去世的时候，我年纪还小，在位的时间不长，但内心本来就非常疑惑。认为与各诸侯订立合纵之盟抗拒秦国，不是赵国的长远利益。因此，我正想重新考虑，改变战略国策，向秦割地以弥补之前参加合纵的过错，希望事奉秦国。我正准备车马要到秦国去时，适逢您的到来，使我能够领受您英明的教诲。"于是赵王便率领三百辆战车，到渑池去朝见秦王，并把河间之地献给秦国。

二十一　武灵王平昼闲居

武灵王平昼闲居，肥义①侍坐曰："王虑世事之变，权甲兵之用，念简、襄之迹，计胡、狄之利乎？"王曰："嗣立不忘先德，君之道也；错质②务明主之长，臣之论也。是以贤君静而有道民便事之教，动有明古先世之功。为人臣者，穷有弟长辞让之节，通有补民益主之业。此两者，君臣之分也。今吾欲继襄主之业，启胡、翟之乡，而卒世不见也。敌弱者，用力少而功多，可以无尽百姓之劳，而享往古之勋。夫有高世之功者，必负遗俗之累；有独知之虑者，必被庶人之恐。今吾将胡服骑射以教百姓，而世必议寡人矣。"

注释

①肥义：人名，为赵武灵王相国。
②错质：指献身于君王。

译文

赵武灵王平日闲着的时候，肥义在旁边侍奉陪坐，说："大王您是不是在考虑目前形势的变化，权衡兵力的合理使用，思念简子和襄子的光辉业绩，考虑如何从胡、狄那里获得利益吗？"赵武灵王回答说："继承君位而不忘祖先的功德，这是作为君王应该遵守的原则；委身于国君，致力于发扬君主的长处和功绩，这是臣子的本分。所以贤明的君王在平时就要教育老百姓为国出力，战时则要争取光大祖先的功业。做臣子的，在不得志时就要保持尊敬长辈、谦虚退让的品行，地位显达以后，就要做出有益于百姓和君王的事业。这两个方面，是做君王和臣下的都应尽的职责。现在我想继承襄主的事业，开发胡、狄居住的地区，但是我担心一辈子也没有人理解我的用心。如果敌人的力量薄弱，我们只需花费很少的力量，就会取得非常大的成果，不必使百姓疲惫，就会得到简子、襄子那样的功绩。要想建立盖世功勋的人，必然要遭受一些世俗小人的责难；而有独到见解的人，也必然会招惹众人的怨恨。现在我准备教导民众改穿胡服、练习骑马射箭，这样一来，国内一定会有人非议指责我了。"

　　肥义曰："臣闻之，疑事无功，疑行无名。今王即定负遗俗之虑，殆毋顾天下之议矣。夫论至德者不和于俗，成大功者不谋于众。昔舜舞有苗，而禹袒入裸国，非以养欲而乐志也，欲以论德而要功也！愚者暗于成事，智者见于未萌，王其遂行之。"

　　王曰："寡人非疑胡服也，吾恐天下笑之。狂夫之乐，知者哀焉；愚者之笑，贤者戚焉。世有顺我者，则胡服之功未可知也。虽驱世以笑我，胡地、中山吾必有之。"

译文

　　肥义说："我听说，做事情犹豫不决就无法建立功业，该行动的时候却顾虑重重，就不会取得功名。现在大王既然下定决心摆脱世俗偏见，那就不要顾虑天下人的非议了。凡是追求高尚道德的人，都不会去附和俗人的意见；成就伟大功业的人，都不会去与一般人商议。从前虞舜为了宣扬德教，就演练舞蹈，苗族就归顺了；禹光着身子进入不穿衣服的部落，这个部落也就服从了。他们这样做，并不是想放纵情欲，而是想借此宣扬道德，建立功业啊！愚蠢的人即使在事情发生以后还看不明白，而聪明的人却能在事情未发生之前就有所察觉，大王您还是马上按您的想法去实行吧。"

　　赵武灵王说："我不是对'胡服骑射'这件事有什么顾虑，而是担心天下人会笑话我的这种做法。狂狷的人觉得高兴的事，有理智的人会为他感到悲哀；愚蠢的人高兴的事，贤明者却对此担忧。如果国人都支持我的话，那么改穿胡服的功效是不可估量的。即使天下的百姓都讥笑我，胡地和中山我也一定会得到手。"

王遂胡服。使王孙绁告公子成①曰："寡人胡服且将以朝，亦欲叔之服之也。家听于亲，国听于君，古今之公行也；子不反亲，臣不逆主，先王之通谊也。今寡人作教易服而叔不服，吾恐天下议之也。夫制国有常，而利民为本；从政有经，而令行为上。故明德在于论贱，行政在于信贵。今胡服之意，非以养欲而乐志也。事有所出，功有所止，事成功立，然后德且见也。今寡人恐叔逆从政之经，以辅公叔之议。且寡人闻之：'事利国者行无邪，因贵戚者名不累。'故寡人愿募公叔之义，以成胡服之功。使绁谒之叔，请服焉。"

译文

于是赵武灵王改穿胡人的服装。他派王孙绁转告公子成说："我已经改穿胡服了，而且将要穿着胡服上朝，我希望王叔您也改穿胡服。在家里要听命于父母，在朝廷要听命于君王，这是古今通行的惯例；子女不能违抗父母的命令，臣子不能违抗国君的命令，这是先王所立下的规矩。现在我下令改穿服装，如果王叔您都不穿的话，我担心天下的人对此会大加议论。治理国家要有一定原则，但要以有利于百姓为根本；处理政事有一定的规则，但要以政令能够顺利施行为上。所以要想修明德政，就必须考虑到下层百姓的利益；要想推行政令，首先要使权贵们遵行。现在我改穿胡服的目的，并不是想要纵欲而娱乐心志。事情只要开始做了，功业就会有成功的时候；事成功显现出来了。现在我担心王叔会违背从政的规则，从而助长了王公贵族对这件事情的非议。何况我曾经听说：'只要做的事情有利于国家，行动就不会出现偏差；按照王公贵族的意见来办事，就不会遭到人们的非议。'所以我想要依靠王叔的威望，来达成改穿胡服的目的。我特地派王孙绁来禀告您，请求您也穿上胡服。"

公子成再拜曰："臣固闻王之胡服也，不佞寝疾，不能趋走，是以不先进。王今命之，臣固敢竭其愚忠。臣闻之：'中国者，聪明睿知之所居也，万物财用之所聚也，贤圣之所教也，仁义之所施也，诗、书、礼、乐之所用也，异敏技艺之所试也，远方之所观赴也，蛮夷之所义行也。'今王释此而袭远方之服，变古之教，易古之道，逆人之心，畔学者，离中国，臣愿大王图之。"

译文

公子成拜了拜，说："我本来就已经听说大王改穿胡服这件事了，但我卧病在床，无法行走，所以没有先去拜见大王，对您陈述我的看法。今天大王派人来通知我改穿胡服，我就大胆地说出我的愚见吧。我听说：'中国地区，是聪明而有远见的人士所生活的地方，是各种物资和财富所聚集的地方，是圣贤推行教化的地方，是仁义道德所普遍施行的地方，是《诗》《书》《礼》《乐》所实行的地方，是各种奇巧技艺所施展的地方，是远方国家不远千里前来考察学习的地方，是四方落后的少数民族崇拜和效法的地方。'但是如今大王却丢弃了这些优秀的东西，而改穿落后少数民族的服装，这是改变了先人的教化，变易了先人的制度，背离了人们的心理，背叛了先贤们的教导，丢弃了中原的先进制度，我请大王慎重地考虑这件事。"

使者报王。王曰：“吾固闻叔之病也。”即之公叔成家，自请之曰：“夫服者所以便用也，礼者所以便事也。是以圣人观其乡而顺宜，因其事而制礼，所以利其民而厚其国也。祝发①文身，错臂左衽②，瓯越③之民也。黑齿雕题④，鳀冠秫缝⑤，大吴之国也。礼服不同，其便一也。

注释

①祝发：即断发。

②错臂：指文身。左衽：衣襟向左开。中原地区风俗衣襟向右开。

③瓯越：古越族地一支。分布在今浙江、福建一带。

④雕题：指刻画额头，涂以丹青。题，额头。

⑤鳀冠：鳀鱼皮做成的帽子。秫缝：指缝制粗拙。

译文

使者把公子成的话报告给赵武灵王。赵武灵王说：“我早就听说王叔患病了。”于是马上就去公子成家里，亲自对他说：“大凡衣服不过是为了便于穿用，而礼制是为了便于办事。因此圣人观察当地的习俗然后制定与之相适应的措施，根据具体的情况来制定礼法，这样做的目的是既有利于民众，也有益于国家。剪掉头发，在身上刺花纹，两臂刻着纹饰，衣襟向左掩，这是瓯越人民的风俗。染黑牙齿，在额头雕画，头戴鱼皮帽子，身穿缝制粗拙的衣服，这则是吴国的风俗。虽然它们的礼制和服饰虽然不同，但其利国便民却是一致的。

“是以乡异而用变，事异而礼易。是故圣人苟可以利其民，不一其用；果可以便其事，不同其礼。儒者一师而礼异，中国同俗而教离，又况山谷之便乎！故去就之变，知者不能一；远近之服，贤圣不能同。穷乡多异，曲学多辨。不知而不疑，异于己而不非者，公于求善也。今卿之所言者，俗也；吾之所言者，所以制俗也。今吾国东有河、薄洛之水^①，与齐、中山同之，而无舟楫之用。自常山以至代、上党，东有燕、东胡^②之境，西有楼烦^③、秦、韩之边，而无骑射之备。故寡人且聚舟楫之用，求水居之民，以守河、薄洛之水；变服骑射，以备其燕、东胡、楼烦、秦、韩之边。且昔者简主不塞晋阳以及上党，而襄主兼戎取代，以攘诸胡，此愚知之所明也。

注释

①薄洛之水：水名。

②东胡：古族名，因居住在胡（即匈奴）东面而得名。

③楼烦：古族名，居住在今山西西北宁武、岢岚一带。

译文

"因此，地方不同，所采用的举措也就不一样，情况不同，使用的礼制也会有所改变。因此，圣贤的君主只制定有利于百姓的政策，但并不统一他们的举措；如果可以方便行事，礼制完全可以不用相同。儒生虽都师从同一老师，可是他们的主张、礼法却各不相同，中原地区风俗相同，但各国的政教却不同，更何况地处偏僻山区的人民，难道不更应该因地制宜考虑便宜行事吗！所以说，对于风俗礼制的取舍，即使是再聪明的人也无法统一；不同地区的服式，即使圣贤也难以使其统一。偏僻的地方人们少见而多怪，孤陋寡闻的人则喜欢争辩不休。不熟悉的事情不要轻易怀疑，对不同于自己的意见不要轻易非议，这才是追求真理的态度。现在王叔您所说的是有关适应风俗的意见；而我所说的则是如何改变旧传统的言论。现在，我国东面有黄河、薄洛之水，是我国和齐国、中山共同拥有的边境，但我国却没有战船守御它。从常山到代郡、上党郡一带，东面与燕国和东胡接壤，西面又与楼烦、秦国、韩国紧紧相邻，但我们却没有骑兵部队去防守。因此我准备制造战船，招募习于水战的居民，让他们来防守黄河、薄洛之水；我还要人民改穿胡服，练习骑马射箭，以便防备我国与燕国、东胡、楼烦、秦国、韩国接壤的边境。从前简子不把我国的疆域限于晋阳和上党两个地方，襄子又兼并了戎族和代郡，赶走了胡人。这些功业，不论是愚笨之人还是聪明之人都明白。

"先时中山负齐之强兵，侵掠吾地，系累吾民，引水围鄗①，非社稷之神灵，即鄗几不守。先王忿之，其怨未能报也。今骑射之服，近可以备上党之形，远可以报中山之怨。而叔也顺中国之俗以逆简、襄之意，恶变服之名而忘国事之耻，非寡人所望于子！"

注释

①鄗：通"镐"，地名，赵国都邑，地处今河北柏乡北。

译文

"过去，中山国依仗齐国强大的军队的支持，侵犯并掠夺我国的土地，掳掠并囚禁我国的人民，引水围灌鄗城，如果不是祖宗神灵的保佑，鄗城几乎就要被攻破。先王对这件事非常气愤，可是直到今天，他们的仇怨还未能报。现在我们推行'胡服骑射'的政策，从近处来说，可以扼守上党这样形势险要的地方，从远处来说，可以报中山侵略先王的仇恨。可王叔您却偏偏要因袭中原的旧俗，而违背简子和襄主的遗愿，反对改变服式的做法，忘记了国家曾蒙受的耻辱，这决不是我对您的期望啊！"

公子成再拜稽首曰："臣愚不达于王之议，敢道世俗之间。今欲断简、襄之意，以顺先王之志，臣敢不听令！"再拜，乃赐胡服。

赵文①进谏曰："农夫劳而君子养焉，政之经也。愚者陈意而知者论焉，教之道也。臣无隐忠，君无蔽言，国之禄也。臣虽愚，愿竭其忠。"王曰："虑无恶扰，忠无过罪，子其言乎。"赵文曰："当世辅俗，古之道也；衣服有常，礼之制也；修法无愆，民之职也。三者，先圣之所以教。今君释此，而袭远方之服，变古之教，易古之道，故臣愿王之图之。"

注释

①赵文：赵国臣子。

译文

公子成听了，对武灵王再次参拜谢罪，说："我太愚蠢了，竟没能体会到大王的良苦用心，所以才冒昧地说了一些世俗的偏见。现在大王想要继承简子和襄主的遗愿，实现先王未竟的事业，我怎么敢不服从命令呢！"公子成又拜了两拜，于是赵武灵王赐给他胡服。

赵文又劝谏赵武灵王说："农夫辛勤耕作以供养君子，这是治理国家的常规。愚笨的人表达意见，而由明智的人加以决策，这是朝廷教化的方法。做臣子的不隐瞒自己的忠心，做君王的不阻塞言路，这就是国家的福分。我虽然愚笨，但还是希望竭尽自己的忠心。"赵武灵王说："考虑问题，不要厌恶不同意见的干扰，对竭尽忠心的人，不能指责他的错误，您就大胆直言吧。"赵文说："适应时势顺，从当地民俗，这是自古以来的法则；衣服有一定的款式，这是礼法的规定；遵守法纪，不犯错误，这是老百姓的本分。这三个方面，都是古代圣贤用来教导人民的。现在大王您对这些都弃之不顾，而去改穿远方胡人的衣服，改变古代的教化，变更自古以来的法则，所以我希望大王认真地考虑这件事。"

王曰："子言世俗之间。常民溺于习俗，学者沉于所闻。此两者，所以成官而顺政也，非所以观远而论始也。且夫三代不同服而王，五伯不同教而政。知者作教，而愚者制焉。贤者议俗，不肖者拘焉。夫制于服之民。不足与论心；拘于俗之众，不足与致意。故势与俗化，而礼与变俱，圣人之道也。承教而动，循法无私，民之职也。知学之人，能与闻迁，达于礼之变，能与时化，故为己者不待人，制今者不法古，子其释之。"

赵造[1]谏曰："隐忠不竭，奸之属也；以私诬国，贼之类也。犯奸者身死，贼国者族宗。此两者，先圣之明刑，臣下之大罪也。臣虽愚，愿尽其忠，无逃其死。"王曰："竭意不讳，忠也；上无蔽言，明也。忠不辟危，明不距人，子其言乎！"

注释

① 赵造：赵国臣子。

译文

赵武灵王说："您所说的只是世俗的见解。一般民众只是一味地沉溺于旧的世俗之中，而书呆子又总是拘泥于书本上的知识，这两种人，他们只能谨守职责，遵守法令而已，不能和他们一道谋划长远的事业，谈论创新的。况且夏、商、周三个朝代虽然服装不同，但却能统一天下；春秋五霸政教各异，却能治理好国家。有远见的聪明人制定法令，愚蠢的人被法令制约，只能去遵守。贤达的人改革习俗，而愚笨的人却拘泥于旧风陋俗。因此，对那些受世俗礼法制约的人，没有必要和他们交流思想；对那些拘泥于旧风陋俗的人，没有必要向他们说明你的意图。因此，习俗应随时势而变，而礼法制度也要随着形势的变化而变化，这才是圣人治国的根本原则啊。接到国家的政令就马上行动，遵守法制而抛弃个人私心，这才是老百姓的本分。真正有学问而有远见的人能随着事物的变化而改变观点，真正通晓礼法的人能跟着时代的变化而变化。因此，真正为自己着想的人不会兼顾他人的想法，要改变时势就不能完全效法古代，您就放心吧。"

赵造也去劝谏赵武灵王说："不竭尽忠心，知而不言，这是奸臣一类的人；为了私利去欺骗君主，这是盗贼一类的人。犯了奸佞罪的人应处以死刑，危害国家的人应诛灭宗族。这两点，是上古圣王制定的刑罚，也是做臣子的人所犯的大罪。我虽然愚笨，但愿尽自己的忠心，绝不逃避死亡。"赵武灵王说："毫不保留地说出自己的想法，而不加任何隐讳，这是忠臣；不阻塞言路，虚心接受意见，这就叫明君。忠臣不畏惧危险，明君不拒绝臣子发表意见，您就坦然地说吧！"

　　赵造曰："臣闻之：'圣人不易民而教，知者不变俗而动。'因民而教者，不劳而成功；据俗而动者，虑径而易见也。今王易初不循俗，胡服不顾世，非所以教民而成礼也。且服奇者志淫，俗辟者乱民。是以莅国者不袭奇辟之服，中国不近蛮夷之行，所以教民而成礼者也。且循法无过，修礼无邪，臣愿王之图之。"

　　王曰："古今不同俗，何古之法？帝王不相袭，何礼之循？宓戏、神农教而不诛[1]，黄帝、尧、舜诛而不怒[2]。及至三王，观时而制法，因事而制礼，法度制令，各顺其宜，衣服器械，各便其用。故治世不必一其道，便国不必法古。圣人之兴也，不相袭而王。夏、殷之衰也，不易礼而灭。然则反古未可非，而循礼未足多也。且服奇而志淫，是邹、鲁[3]无奇行也；俗辟而民易，是吴、越无俊民也。是以圣人利身之谓服，便事之谓教。进退之谓节，衣服之制，所以齐常民，非所以论贤者也。故圣与俗流，贤与变俱。谚曰：'以书为御者，不尽于马之情；以古制今者，不达于事之变。'故循法之功不足以高世；法古之学不足以制今。子其勿反也。"

注释

　　[1]宓（fú）戏、神农教而不诛：宓戏、神农均为传说中的圣王，前者教民畜牧，后者教民耕种，不用刑罚，即所谓"教而不诛"。宓戏，即伏羲。

　　[2]黄帝、尧、舜诛而不怒：黄帝、尧、舜均为传说中的帝王，他们虽用兵诛乱，但仍以教化为主，即"诛而不怒"。

　　[3]邹、鲁：古国名，均地处今山东境内。

赵造说："我听说过：'圣人不去变更百姓的习俗而去教化他们，聪明的人不改变习俗而治理国家。'根据民意进行教化，不用费多大力气就能收到成效；根据习俗治理国家，考虑问题简捷方便，做起来容易见到效果。现在大王您改变原来的习俗而不遵循规则，改穿胡服而不顾世人的议论，这不是按照礼仪法则去教化民众的方式。而且穿着奇装异服，就会使人心思不正，习俗怪僻，则会扰乱民心。因此，做国君的人不应去接受奇异怪僻的衣服，中原地区的人民不应效法蛮夷的行为方式，这不是按礼法教化百姓的途径。况且遵循以往的法令，不会出差错，按照传统的礼节行事就不会生出邪念，我希望大王慎重考虑这件事情。"

赵武灵王说："自古至今，习俗本不同，我们为什么要效法古代呢？帝王不是世代相承的，我们为什么要遵循礼法呢？伏羲和神农，对民众只是进行教化，而不用刑罚，黄帝、尧、舜，虽有刑罚但不愤怒。到了夏、商、周三代圣王时，都是观察当时的形势来制定法制，根据具体情况来制定礼俗，法度、政令都因时制宜，衣服器用都使用方便。所以治理国家不一定要只用一种方式，只要对国家有利，就不一定要效法古代。圣人的出现，不是因为承袭前代才统治天下的；夏朝和殷朝的衰亡，因为不改变礼法而灭亡。这样说来，不沿袭古法，不一定就要受到非议，谨守旧礼陋俗也未必值得称赞。再说，如果服饰奇异就会使人心思不正的话，那么最遵守礼法的邹国和鲁国就不会有行为怪僻的人了；如果说习俗怪僻就会使民众变坏的话，那么吴、越地区就不会有出类拔萃的人才了。所以说，圣人把便于穿着的叫衣服，把方便行事的就叫教化。行为举止上的一些礼节，服饰上的规定，只是让普通百姓整齐划一，而不是用来评论贤明的。因此，圣人能适应任何习俗而变化，有才能的人能紧随时势的变化。有句谚语说：'按照书本来驾车的人，就不能充分发挥马的能力；采用古代的礼法来治理当今的国家，就不能符合当今社会的变化。'所以，遵循传统的制度建立的功业，不可能超过当世，效法古人的学说，就不能够治理好当代，您还是不要反对了。"

二十二　王立周绍为傅

王立周绍①为傅曰："寡人始行县，过番吾，当子为子之时，践石以上者皆道子之孝，故寡人问子以璧，遗子以酒食，而求见子。子谒病而辞。人有言子者曰：'父之孝子，君之忠臣也。'故寡人以子之知虑为辩足以道②人，危足以持难，忠可以写意，信可以远期。诗云：'服难以勇，治乱以知，事之计也。立傅以行，教少以学，义之经也。循计之事，失而累；访议之行，穷而不忧。'故寡人欲子之胡服以傅王子。"

周绍曰："王失论矣，非贱臣所敢任也。"王曰："选子莫若父，论臣莫若君。君，寡人也。"周绍曰："立傅之道六。"王曰："六者何也？"周绍曰："知虑不躁达于变，身行宽惠达于礼，威严不足以易于位，重利不足以变其心，恭于教而不快，和于下而不危。六者，傅之才，而臣无一焉。隐中不竭，臣之罪也。傅命仆官，以烦有司，吏之耻也。王请更论。"

注释

①王：指赵武灵王。周绍：赵人。

②道：同"导"，诱导。

译文

赵武灵王想立周绍为王子的师傅，便对他说："我起初视察县邑，路过番吾，当时您身为人子，凡是骑马的人都称道您的孝心，所以我把玉璧馈赠给您，把酒食赠予您，而要求拜见您。可是您托病推辞了。有人在我面前谈论您说：'您是父亲的孝子，是君王的忠臣。'所以我认为您的智谋完全可以引导别人，纯正的为人完全可以扶助危难，忠诚可以表露心意，守信可以长久不变。诗说：'用勇气可以征服困难，用智慧可以治理动乱，这是对事情谋划的要点。设立师傅根据品行，教导年轻人依靠学问，这是仁义的规范。遵循计划办的事情，虽有错但不会成为负担；经过咨询讨论的行动，虽处于困境而不忧愁。’所以物品想让您穿上胡服做王子的师傅。”

周绍说：“大王您选错了人，这不是我所敢担任的职务。”赵武灵王说：“挑选儿子没有谁能赶得上父亲，选择臣子没有谁能赶得上国君。这个国君就是我。”周绍说，“选择师傅的标准有六条。”赵武灵王说：“这六条标准是什么呢？”周绍说：“有智谋、不急躁而通晓事物的变化，自身行为宽厚仁慈而通晓礼仪，威严不能改变他的意志，重利不能够改变他的心意，对于教化恭谨而不放纵，对属下和蔼而不危害他人。具有这六条，才是师傅的人才，可是臣下不具备任何一条。隐瞒实情不竭尽全力，这是我的罪过。顺从君命而玷污官职，以此麻烦官府，这是官吏的耻辱。请大王重新选择。”

王曰：“知此六者，所以使子。”周绍曰：“乃国未通于王胡服。虽然，臣，王之臣也，而王重命之，臣敢不听令乎？”再拜，赐胡服。

王曰：“寡人以王子为子任，欲子之厚爱之，无所见丑。御道之以行义，勿令溺苦于学。事君者，顺其意，不逆其志；事先者，明其高，不倍其孤。故有臣可命，其国之禄也。子能行是，以事寡人者毕矣。《书》云：‘去邪无疑，任贤勿贰。’寡人与子，不用人矣。”遂赐周绍胡服衣冠、贝带、黄金师比①，以傅王子也。

注 释

①师比：指匈奴的带钩。

译 文

赵武灵王说：“我了解这六条标准，所以才委派您担任这个职位。”周绍说：“如今国内的民众还没有明白君王穿胡服的意图。即使是这样，我是君王的臣子，而君王又任命我以重要职位，我怎么敢不听从命令呢？”周绍再次拜谢了君王的信任，赵武灵王于是就赏赐给他胡服。

赵武灵王说："我把辅佐王子的事作为您的任务，想让您很好地爱护他，不要让他露出什么丑恶的地方。驾驭引导他实行仁义，不要让他因为沉溺于书本学习而困苦。事奉国君的人，应该顺从君王的心意，不违背君王的意志。事奉先君的人，要彰明先君的高尚，不背叛先君的遗孤。所以有这样的臣子可以任命，大概就是国家的福气吧。您能做到这样，事奉寡人的职责就完成了。《尚书》上说：'铲除邪恶没有疑心，任用贤能没有贰心。'我任用您，就不会再用别人了。"于是便赏赐周绍胡人的衣服帽子、有贝壳装饰的革带、用黄金做成的胡带之钩，任命他为王子的师傅。

二十三　赵燕后胡服

赵燕[1]后胡服，王令让之曰："事主之行，竭意尽力，微谏而不哗，应对而不怨，不逆上以自伐，不立私以为名。子道顺而不拂，臣行让而不争。子用私道者家必乱，臣用私义者国必危。反亲以为行，慈父不子；逆主以自成，惠主不臣也。寡人胡服，子独弗服，逆主罪莫大焉。以从政为累，以逆主为高，行私莫大焉。故寡人恐亲犯刑戮之罪，以明有司之法。"

赵燕再拜稽首曰；"前吏命胡服，施及贱臣，臣以失令过期，更不用侵辱教，王之惠也。臣敬循衣服，以待令。"

注释

①赵燕：人名，赵国贵族。

译文

赵燕迟迟不肯穿胡服，赵武灵王便派人责备他说："事奉君王，应该尽心竭力，用含义深远的言辞纳谏而不喧哗，回答君王的问题而没有怨言，不违背君王的意志而自夸功绩，不树立私人的威信而借此扬名。做儿子的应该遵循教导而不拂逆父亲的心意，做臣子的应该行为谦让而不与君王争执。做儿子的使用不正当之道，家庭必定混乱；做臣子的使用不正当之义，国家必定危险。儿子有反对父母的行为，慈爱的父亲也不会把他当儿子看待；臣子违背君王的意愿成就自己的私心，慈祥的君主也不会把他当臣子。我改穿胡服，你唯独不穿，罪过没有比违逆君王意志更大的了。你把改穿胡服当作负担，把违背君王的意志看作高尚，这是最大的私心。所以我担心你会遭受杀头的罪过，用以表明国家的法律严明。"

赵燕再拜叩头说："前些日子，官吏命令我改穿胡服，君王的恩惠已经赐给我，我认为自己违反穿胡服的命令并超过了限期，可是君主没有惩罚我，而改用教诲，这是君王的恩惠。我敬请遵循改穿胡服，正等待君王的命令。"

二十四　王破原阳以为骑邑

王破原阳①以为骑邑。牛赞②进谏曰："国有固籍，兵有常经。变籍则乱，失经则弱。今王破原阳以为骑邑，是变籍而弃经也。且习其兵者轻其敌，便其用者易其难。今民便其用而王变之，是损君而弱国也。故利不百者不变俗，功不什者不易器。今王破卒散兵以奉骑射，臣恐其攻获之利，不如所失之费也。"

王曰："古今异利，远近易用，阴阳不同道，四时不一宜。故贤人观时而不观于时，制兵而不制于兵。子知官府之籍，不知器械之利；知兵甲之用，不知阴阳之宜。故兵不当于用，何兵之不可易？教不便于事，何俗之不可变？

注释

①原阳：地名，赵国都邑，地处今山西大同西北。
②牛赞：人名，赵国臣子。

译文

赵武灵王把原阳作为训练骑射的营地。牛赞进谏说："国家有固定的法令，军队有固定的准则。改变法令国家就会混乱，失去准则军队就会削弱。如今大王把原阳作为训练骑射的基地，这是改变法令并抛弃准则的做法。况且熟习之前的兵制的将士才能轻敌敢战，对之前的武器感到方便的人，难事也会觉得很容易。如今士兵对武器感到便于使用而君王却完全改变了它，这是损害君王声誉并削弱国家力量的做法。因此，利益不到百倍就不能改变风俗，功效不能增加十倍就不更换器具。如今大王拆散原来军队的编制，而实行骑马射箭，我害怕它攻战获得的利益，赶不上所损失的费用。"

赵武灵王说："古今的利害不一致，边远之地和中原地区可以交换器用，阴阳变化规律不同，四季的推移亦不统一。所以贤明的人观察时俗而不被时俗所牵制，制造兵器而不被兵器所制约。您知道官府的法令，却不知道改换器用的便利；您只知道一般兵器铠甲的用途，而不知道根据天时人事的变化而采取适宜的措施。所以，兵器如果不适合使用，什么兵器不可以改换呢？教化如果不便于行事，什么风俗不可以改变呢？

"昔者先君襄主与代①交地，城境封之，名曰无穷之门②，所以昭后而期远也。今重甲循兵不可以逾险，仁义道德不可以来朝。吾闻信不弃功，知不遗时。今子以官府之籍，乱寡人之事，非子所知。"

牛赞再拜稽首曰："臣敢不听令乎！"王遂胡服，率骑入胡，出于遗遗之门③，逾九限之固，绝五径之险，至榆中④，辟地千里。

注释

①代：古国名，地处今河北蔚县东北。

②无穷之门：隘口名，地处今河北张北南。

③遗遗之门：地名，即挺关，地处今陕西榆林西北。

④榆中：古地区名，地处今内蒙古伊金霍洛旗一带。

"从前先君襄主之时，赵国的边境与代国接壤，就在边境筑城表示封疆的范围，城门名叫无穷之门，这是用来昭示后代，希望后世子孙开拓远地。如今装备厚重的铠甲和长长的兵器，是不能越过险要地形的；讲究仁义道德，是不能使胡人来臣服的。我听说讲信用不能抛弃功利，聪明的人不会放弃时机。如今您以官府的法令，来扰乱寡人变服骑射、强兵拓地的大事，这些是您不能够了解的地方。"

牛赞再拜了两拜，叩头至地说："我怎么敢不听从您的命令呢！"赵武灵王于是就让他穿上胡服，率领骑兵攻入胡地，从挺关出发，越过了重重坚固的要塞，跨过了许多的险地，到达榆中，开拓了千里疆土。

卷二十　赵策三

二十五　赵惠文王三十年

赵惠文王三十年①，相都平君田单②问赵奢曰："吾非不说将军之兵法也，所以不服者，独将军之用众。用众者，使民不得耕作，粮食辗赁③不可给也。此坐而自破之道也，非单之所为也。单闻之，帝王之兵，所用者不过三万，而天下服矣。今将军必负十万、二十万之众乃用之，此单之所不服也。"

注 释

①赵惠文王三十年：此处当作"赵孝成王二年"，即公元前264年。

②相都平君田单：田单本为齐国将领，被齐封为安平君。后为赵国相，封都平君。

③辗（wǎn）赁：运输。

译 文

赵孝成王二年，相国安平君田单对赵奢说："我不是不喜欢将军的用兵方法，我只是无法佩服的是您使用的士卒数量太多了。使用的士卒多，就会使百姓无法很好地进行耕作，粮食的供应就会出现问题。这是坐以待毙、不攻自破的作战方法，这不是我会采用的方法。我听说过，帝王所用的兵力不超过三万人，天下就能归服。现在将军您每次必定要有十万甚至二十万的兵力才能作战，这是我所不能佩服您的地方。"

马服①曰："君非徒不达于兵也，又不明其时势。夫吴干之剑②，肉试则断牛马，金试则截盘匜③，薄之柱上而击之，则折为三；质之石上而击之，则碎为百。今以三万之众而应强国之兵，是薄柱、击石之类也。且夫吴干之剑材，难夫毋脊之厚而锋不入，无脾④之薄而刃不断。兼有是两者，无钩锷镡⑤、蒙须之便，操其刃而刺，则未入而手断。君无十余、二十万之众，而为此钩锷镡蒙须之便，而徒以三万行于天下，君焉能乎？且古者，四海之内，分为万国。城虽大，无过三百丈者；人虽众，无过三千家者。而以集兵三万，距此奚难哉！今取古之为万国者，分以为战国七，能具数十万之兵，旷日持久数岁，即君之齐已。齐以二十万之众攻荆，五年乃罢。赵以二十万之众攻中山，五年乃归。今者齐、韩相方，而两国围攻焉，岂有敢曰：'我其以三万救是者乎哉？'今千丈之城、万家之邑相望也，而索以三万之众，围千丈之城，不存其一角，而野战不足用也，君将以此何之？"都平君喟然太息曰："单不至也！"

注释

①马服：即马服君赵奢。

②吴干之剑：指利剑。

③盘匜（yí）：古代盥洗器皿盘与匜的并称。

④脾：剑面近刃处。

⑤钩：剑头环。锷（è）：刀剑的刃。镡（xín）：指剑柄与剑身连接的突出部分。

译文

马服君赵奢说："看来您不仅不通晓用兵之道，而且也不知晓如今的天下大势。那吴国的干将之剑，加之于肉体可以砍断牛、马，加之于金属可以割盘断匜，如果把它靠在柱子上砸，则会折为三段；把它垫在石头上砸，则会碎为百片。现在用三万兵力去对付强大国家的军队，这就像是把宝剑敲击柱子、垫在石头上砸它一样。况且，那吴国的干将之剑虽然锋利，如果剑背不足够厚，剑尖就无法刺入；剑面不足够轻薄，剑刃就无法断物。如果同时具备了这样的剑背和剑面，但是没有好的剑环、剑刃和剑柄，拿着这样的剑去刺杀，剑还没有入物，自己的手指就先被割断了。您如果没有十几、二十万的兵力作为利剑来使用，只想凭借三万名军队而横行于天下，怎么能做到呢？何况，古时候天下分成为万国。即使是大城邑，城墙也没有超过三百丈的；人口即使众多，也没有超过三千家的。这样的情形，用训练有素的三万军队去攻打这样的城邑，能有什么困难呢！如今，古代众多的诸侯国已经归并成为七个国家，它们都可以召集十万兵力，打旷日持久的消耗战，就像您曾任职的齐国那样的状况。齐国动用二十万兵力攻楚，五年才结束战争；赵国出动二十万兵力攻打中山，整整打了五年才告成功。假如说，现在齐、韩两国势均力敌，又相互攻打，有谁敢说他能用三万兵力去援救呢？现在，方圆千丈的大城、户口上万的都邑比比皆是，如果想用三万的兵力去包围千丈的大城，恐怕连城的一角都围不住，至于进行野战就更加不够了，您想用这点兵力去干什么呢？"安平君田单长叹了一口气说："我确实没有达到您的高度啊！"

二十六　赵使仇郝之秦

赵使仇郝①之秦，请相魏冉。宋突②谓仇郝曰："秦不听，楼缓③必怨公。公不若阴辞楼子曰：'请无急秦王。'秦王见赵之相魏冉之不急也，且不听公言也，是事而不成，魏冉固德公矣。"

注释

①仇郝：人名，赵国臣子。
②宋突：人名，赵国臣子。
③楼缓：：人名，赵人，时为秦国丞相。

译文

赵国派仇郝到秦国去，准备请求秦王任命魏冉为相国。宋突对仇郝说："如果秦王不听您的意见，楼缓一定怨恨您。您不如暗中告诉楼缓说：'赵国请秦王不要急于委派魏冉为相国。'秦王见赵国并不急于请求任命魏冉为相国，一定会不听您的话，这样，即使秦王任命魏冉为相之事不成功，魏冉也必定会感激您了。"

二十七　齐破燕

齐破燕[1]，赵欲存之。乐毅谓赵王[2]曰："今无约而攻齐，齐必仇赵，不如请以河东易燕地于齐。赵有河北，齐有河东，燕[3]、赵必不争矣，是二国亲也。以河东之地强齐，以燕、赵辅之，天下憎之，必皆事王以伐齐，是因天下以破齐也。"王曰："善。"乃以河东易齐，楚、魏憎之，令淖滑、惠施[4]之赵，请伐齐而存燕。

注释

①齐破燕：指公元前312年，齐宣王乘燕国内乱，出兵攻打燕国，五十天便攻破燕国。

②赵王：指赵武灵王。

③燕：应作"齐"。

④淖滑：楚国臣子。惠施：魏国相国。

译文

齐军攻破燕国，赵国想让燕国能够保存。乐毅便对赵武灵王说："如今没有约结盟国就去攻打齐国，齐国一定会记恨赵国，不如向齐国请求用河东换取燕国被占领的土地。赵国拥有河北的土地，齐国拥有河东的土地，齐、赵两国一定不会发生争执，这样一来，两国就亲近了。用河东的土地增强齐国的力量，并且燕国与赵国辅助它，天下诸侯就会憎恨它，一定都会来事奉大王而讨伐齐国，这就是依靠天下诸侯的力量去攻破齐国。"赵武灵王说："好。"于是就用河东的土地和齐国交换，楚、魏两国憎恨这件事，就派淖滑、惠施来到赵国，请求共同讨伐齐国而保住燕国。

二十八　秦攻赵蔺、离石、祁拔

秦攻赵蔺、离石、祁拔[1]。赵以公子郚为质于秦，而请内焦、黎、牛狐之城^②，以易蔺、离石、祁于赵。赵背秦，不予焦、黎、牛狐。秦王^③怒，令公子缯请地。赵王乃令郑朱^④对曰：“夫蔺、离石、祁之地，旷远于赵，而近于大国，有先王之明与先臣之力，故能有之。今寡人不逮，其社稷之不能恤，安能收恤蔺、离石，祁乎！寡人有不令之臣，实为此事也，非寡人之所敢知。”卒倍秦。

秦王大怒，令卫胡昜^⑤伐赵，攻阏与^⑥。赵奢将救之。魏令公子咎以锐师居安邑以挟秦。秦败于阏与，反攻魏几^⑦，廉颇救几，大败秦师。

注释

①蔺：地名，赵国都邑，地处今山西离石西。离石：地名，赵国都邑，地处今山西离石。祁拔：地名，赵国都邑，地处今山西祁县。

②焦：地名，赵国都邑，地处今河南三门峡西。黎：地名，赵国都邑，地处今河南浚县西。牛狐之城：地名，赵国都邑。

③秦王：指秦昭王。

④赵王：指赵惠文王。郑朱：人名，赵国臣子。

⑤胡昜（yáng）：人名，卫国人，时为亲过将领。

⑥阏（è）与：地名，赵国都邑，地处今山西和顺。

⑦几：地名。魏国都邑，地处今河北大名东南。

译文

秦国进攻赵国，攻克了蔺、离石、祁三地。赵国把公子部送到秦国做人质，并请求献出焦、黎、牛狐等城邑给秦国，用来交换蔺、离石、祁三地。秦国答应交换以后，赵国却背叛了秦国，不肯给秦国焦、黎、牛狐等城邑。秦昭王大怒，派公子缯向赵国请求割让土地。赵惠文王就派大臣郑朱回答说：“那蔺、离石、祁三地，距离赵国遥远，却接近秦国，因为有了先王的贤明和先臣的力量，所以赵国才能拥有它。如今我不及先王，恐怕国家都不能治理好，哪里能顾及收复蔺地、离石、祁三地呢！我有不好的臣子，实际上是他们自作主张，我并不知道这件事。"赵国终于背弃了与秦国的约定。

秦昭王大怒，便派胡易进攻赵国，进攻阏与。赵奢便领兵去救援。魏国便派公子咎带领精锐不对驻扎再安邑，以牵制秦军。秦军大败于阏与，回头又去进攻魏国的几地。赵将廉颇则去救援几地，大败秦国军队。

三十　富丁欲以赵合齐、魏

富丁①欲以赵合齐、魏，楼缓欲以赵合秦、楚。富丁恐主父②之听楼缓而合秦、楚也。

司马浅③为富丁谓主父曰："不如以顺齐。今我不顺齐伐秦，秦、楚必合而攻韩、魏。韩、魏告急于齐，齐不欲伐秦，必以赵为辞，则伐秦者赵也，韩、魏必怨赵。齐之兵不西，韩必听秦违齐。违齐而亲秦，兵必归于赵矣。今我顺而齐不西，韩、魏必绝齐，绝齐则皆事我。且我顺齐，齐无不西。日者楼缓坐魏三月，不能散齐、魏之交。今我顺而齐、魏果西，是罢齐、敝秦也，赵必为天下重国。"

✨注释

①富丁：人名，赵国臣子。

②主父：即赵武灵王。其于二十七年（公元前299年）传位给少子何，是为赵惠文王，自号主父。

③司马浅：人名，赵国臣子。

✨译文

富丁想要赵国联合齐、魏两国，楼缓想要赵国联合秦、楚两国。富丁害怕赵武灵王听信楼缓的话和秦国、楚国联合。

司马浅便替富丁对赵武灵王说："您不如以国家的名义顺从齐国。如果我国不顺从齐国去讨伐秦国，秦、楚两国必定联合起来进攻韩、魏两国。韩、魏两国向齐国求救，齐国不想讨伐秦国，必定会用赵国作为借口，那么不讨伐秦国的就变成赵国了，韩、魏两国一定会记恨赵国。齐国的军队不向西进攻秦国，韩国一定听从秦国，从而对抗齐国。背叛齐国而亲近秦国，兵祸一定落到赵国头上了。如果我们顺从齐国而齐国不向西进攻秦国，韩、魏两国必定会与齐国绝交，与齐国绝交，那就都会来事奉我国。况且我们顺从齐国，齐国就不会不向西进攻秦国了。从前，楼缓在魏国住了三个月，也没能拆散齐、魏两国的邦交。如今我们顺从齐国，并且齐、魏两国果真向西进攻秦国，这将会使其、秦两国疲敝，赵国一定会成为天下诸侯重视的国家。"

主父曰："我与三国攻秦，是俱敝也。"曰："不然。我约三国而告之秦，以未构中山也。三国欲伐秦之果也，必听我，欲和我。中山听之，是我以三国挢中山而取地也；中山不听，三国必绝之，是中山孤也。三国不能和我，虽少出兵可也。我分兵而孤烁中山，中山必亡。我已亡中山，而以余兵与三国攻秦，是我一举而两取地于秦、中山也。"

译文

赵武灵王说："我国跟三国一起进攻秦国，都会疲敝不堪的。"司马浅说："不是这样。我们约结三国，并把未与中山国媾和的情况告诉它们。如果三国想要进攻秦国是真心，必定会听信我们的话，让我们和中山讲和。中山国如果听从，这是我们依靠三国力量阻挠中山而取得土地的时机；中山国如果不听从，三国一定和它断绝邦交，这样中山国就陷入孤立了。三国如果不能使我们和中山讲和，我们即使少出兵攻打秦国也是可以的。我们分兵孤立中山并使它削弱，中山一定灭亡。我们灭亡中山以后，用剩余兵力与三国一起攻打秦国，这样一来，我们一举就可以从秦国、中山两处割取土地了。"

三十一　魏因楼缓且合于秦

魏因楼缓且合于秦，赵恐，请效地于魏而听薛公。李歆[①]谓李兑曰：“赵畏横之合也，故欲效地于魏而听薛公。公不如令主父以地资周最，而请相之于魏。周最以天下辱秦者也，今相魏，魏、秦必虚矣。齐、魏虽劲，无秦不能伤赵。魏不听，是轻齐也。秦、魏虽劲，无齐不能得赵。此利于赵而便于周最也。”

注释

①李歆（kài）：人名，赵国臣子。

译文

魏国想通过楼缓与秦国结盟，赵国感到很恐慌，请求向魏国进献土地并听命于薛公田文。李歆对李兑说：“赵国害怕连横之策成功，所以想要向魏国进献土地并听命于薛公田文。您不如让灵王用土地去资助周最，请求魏王任其为相。周最是率领天下诸侯憎恨秦国的人，如果他做了魏国相国，魏、秦两国一定不会联合。齐、魏两国虽然强大，可没有秦国的帮助，就无法伤害赵国。魏国如果不同意周最为相，就是轻视齐国。秦、魏两国虽然强大，可没有齐国帮助，就不能得到赵国。这是对赵国有利并便于周最的方法。”

三十二　魏使人因平原君请从于赵

魏使人因平原君[①]请从于赵。三言之，赵王[②]不听。出遇虞卿[③]曰：“为入必语从。”虞卿入，王曰：“今者平原君为魏请从，寡人不听，其于子何如？”虞卿曰：“魏过矣。”王曰：“然，故寡人不听。”虞卿曰：“王亦过矣。”王曰：“何也？”曰：“凡强弱之举事，强受其利，弱受其害。今魏求从而王不听，是魏求害而王辞利也。臣故曰魏过，王亦过矣。”

传世·经典国学集

战国策

卷二十　赵策三

注释

①平原君：即赵胜。

②赵王：指赵孝成王。

③虞卿：人名，赵国人，本为游说之士，时为赵国上卿。

译文

魏国派人通过平原君向赵国请求结成合纵联盟。平原君赵胜向赵王谈了多次，但赵王不同意。平原君出来遇到虞卿说："您如果入见君王，一定谈论合纵的主张。"虞卿入见赵王，赵王说："如今平原君为魏国请求合纵，我没有听从，对于这件事您的看法如何？"虞卿说："魏国错了。"赵王说："是的，所以我没有听从。"虞卿说："大王也错了。"赵王说："这是为什么呢？"虞卿说："凡是强国与弱国共事，强国得到的是利益，而弱国得到的却是危害。如今魏国请求合纵，然而大王您不听，这是魏国自求祸害，而大王您却拒绝利益。所以我说魏国错了，大王也错了。"

三十三　平原君谓冯忌

平原君请冯忌①曰："吾欲北伐上党，出兵攻燕，何如？"冯忌对曰："不可。夫以秦将武安君公孙起②乘七胜之威，而与马服子③战于长平之下，大败赵师，因以其余兵围邯郸之城。赵以七败之余，收破军之敝，而秦罢于邯郸之下，赵守而不可拔者，以攻难而守者易也。今赵非有七克之威也，而燕非有长平之祸也。今七败之祸未复，而欲以罢赵攻强燕，是使弱赵为强秦之所以攻，而使强燕为弱赵之所以守，而强秦以休兵承赵之敝。此乃强吴之所以亡，而弱越之所以霸。故臣未见燕之可攻也。"平原君曰："善哉！"

注释

①冯忌：人名，游说之士，为平原君门客。

②公孙起：即白起。

③马服子：指赵奢之子赵括。

译文

平原君对冯忌说："我想要向北进攻上党，出兵攻打燕国，你觉得怎么样？"冯忌回答说："不可以。当初秦将武安君白起趁七次战胜赵兵的威势，和马服君之子赵括大战于长平之下，把赵国的军队打得大败，又用他的剩余兵力包围了邯郸城。赵国用七败的余兵，收合了破散的残兵败将守卫邯郸城，然而秦国的部队却在城下疲倦不堪，未能攻克赵，这是因为攻城困难而防守容易。如今赵国没有七战七胜的声威，然而燕国也没有长平之战的祸患，现在赵国七败的祸患还没有恢复，却想要用疲倦的军队去攻打强大的燕国，这是让弱小的赵国像强秦那样去攻打邯郸，要强大的燕国做弱赵那种固守本国，而强大的秦国用休整的军队，趁着赵国疲敝之时进攻赵国，这就是强大的吴国之所以灭亡，而弱小的越国之所以能称霸的原因。所以我没有看出燕国有什么可以进攻的理由。"平原君说："说得太对了！"

三十四　平原君谓平阳君

平原君谓平阳君①曰："公子牟②游于秦，且东，而辞应侯。应侯曰：'公子将行矣，独无以教之乎？'曰：'且微君之命命之也，臣固且有效于君。夫贵不与富期，而富至；富不与不梁肉期，而梁肉至；梁肉不与骄奢期，而骄奢至；骄奢不与死亡期，而死亡至。累世以前，坐此者多矣。'应侯曰：'公子之所以教之者厚矣。'仆得闻此，不忘于心。愿君之亦勿忘也。"平阳君曰："敬诺。"

传世·经典国学集

注释

①平阳君：指赵惠文王母弟赵豹。

②公子牟：魏国的公子。

译文

平原君赵胜对平阳君赵豹说："公子牟到秦国游历之后，将要向东回到魏国之时，去向应侯范雎辞行。应侯范雎说：'公子您快要离开了，难道就没有什么教导我的吗？'公子牟说：'假如没有您的命令来命令我，我本来也有话想对您说。尊贵的人不跟财富约期，而财富自然到来；富裕之后不跟精美的食物约期，精美的食物自然到来；已经享用精美的食物而不跟骄傲奢侈约期，而骄傲奢侈自然到来；骄傲奢侈之后而不跟死亡约期，而死亡自然到来。数世以前，犯这种错误的人很多。'应侯范雎说：'公子您教导我的道理太深刻了。'我能听到这样的话，一定会牢牢地记在心里，希望您也不要忘记。"平阳君赵豹说："恭敬地听从您的命令。"

三十五　秦攻赵于长平

秦攻赵于长平，大破之①，引兵而归②。因使人索六城于赵而讲。赵计未定，楼缓新从秦来，赵王③与楼缓计之曰："与秦城何如？不与何如？"楼缓辞让曰："此非人臣之所能知也。"王曰："虽然，试言公之私。"

楼缓曰："王亦闻夫公甫文伯④母乎？公甫文伯官于鲁，病死。妇人为之自杀于房中者二人。其母闻之，不肯哭也。相室⑤曰：'焉有子死而不哭者乎？'其母曰：'孔子，贤人也，逐于鲁，是人不随。今死而妇人为死者二人。若是者，其于长者薄而于妇人厚。'故从母言之，之为贤母也；从妇言之，必不免为妒妇也。故其言一也，言者异则人心变矣。今臣新从秦来，而言勿与，则非计也；言与之，则恐王以臣之为秦也，故不敢对。使臣得为王计之，不如予之。”王曰：“诺。”

注释

①秦攻赵于长平，大破之：指公元前260年，秦、赵两国在长平大战，秦将白起坑杀赵国降卒四十多万人。长平，赵国都邑，地处今山西高平西北。

②引兵而归：指秦相范雎因妒忌白起的功劳，便下令召他回国。

③赵王：指赵孝成王，名丹。

④公甫文伯：人名，为春秋时鲁国当权者季康子的叔伯兄弟，姬姓，名歜。

⑤相室：指保姆一类的人。

译文

秦军在长平进攻赵军，把赵军打得大败，随即撤兵回国。然后秦国派人向赵国索取六座城邑作为讲和条件。赵国的主意还没有拿定。楼缓刚从秦国回来，赵孝成王便与楼缓谋划说：“割让秦国城邑怎么样？不割让又怎么样？”楼缓辞谢说：“这不是我能够知道的事情。”赵王说：“即使这样，也请您谈一下个人的见解吧。”

楼缓说：“大王听说过公甫文伯母亲的事情吗？公甫文伯在鲁国做官，病死了。妇人为他在房中自杀的有两人。他母亲听说这件事后，不肯为他哭泣。他家的保姆就说：‘哪里有儿子死了而不哭的人呢？’他的母亲说：‘孔子是个贤明的人，被鲁国驱逐在外，这个人不去跟随孔子。如今他死了，然而却有两个妇人为他而死。这样的人，说明他对长者情薄，而对妇人情厚。’所以从他母亲说的话来看，她是一位贤良的母亲；但如果从妇人嘴里说出这话，就免不了被人称为嫉妒的妇人了。因此，同样的话，由于说话的人身份不同，那么人们心中的看法也就不同了。如今我刚从秦国回来，如果我说不割城给秦国，那不是好计谋；如果说割城给秦国，那么恐怕大王就会认为我是为秦国说话。所以我不敢回答。假如让我为大王谋划此事，不如把城割给秦国。”赵王说：“好吧。”

虞卿闻之，入见王，王以楼缓言告之。虞卿曰："此饰说也。"王曰："何谓也？"虞卿曰："秦之攻赵也，倦而归乎？王以其力尚能进，爱王而不攻乎？"王曰："秦之攻我也，不遗余力矣，必以倦而归也。"虞卿曰："秦以其力攻其所不能取，倦而归。王又以其力之所不能攻以资之，是助秦自攻也。来年秦复攻王，王无以救矣。"

王又以虞卿之言告楼缓。楼缓曰："虞卿能尽知秦力之所至乎？诚知秦力之不至，此弹丸之地，犹不予也，令秦来年复攻王，得无割其内而媾乎？"王曰："诚听子割矣，子能必来年秦之不复攻我乎？"

楼缓对曰："此非臣之所敢任也。昔者三晋之交于秦，相善也。今秦释韩、魏而独攻王，王之所以事秦必不如韩、魏也。今臣为足下解负亲之攻，启关通币，齐交韩、魏，至来年而王独不取于秦，王之所以事秦者，必在韩、魏之后也。此非臣之所敢任也。"

译文

虞卿听到这件事后，入宫拜见赵王，赵王便把楼缓的话告诉了他。虞卿说："这是伪装的游说之辞。"赵王说："为什么这样说呢？"虞卿说："秦国攻打赵国，是因为疲敝不堪而退兵呢？还是大王认为他们还有进攻能力，只是因为爱惜大王才不进攻呢？"赵王说："秦国攻打我国，可以说是不遗余力了，一定是因为疲敝不堪才退兵的。"虞卿说："秦国用它的力量进攻它所不能夺取的城邑，因疲敝之后退兵。大王却又把它力量所不能攻占的城邑割让出去资助它，这是在帮助秦国攻打自己啊。明年秦国再来攻打大王，大王就没有什么办法挽救自己了。"

赵王又把虞卿的话转告给楼缓。楼缓说："虞卿能够全部知道秦国军力的最大限度吗？如果他的确知道秦国兵力能打到哪里，那么弹丸那么大的地方也不肯给它，假如明年秦国再来攻打赵国，大王能不割让赵国内地的城邑去讲和吗？"赵王说："假如听您的话割让了城邑，您能够保证明年秦国不再来攻打我国吗？"

楼缓回答说："这可不是我敢保证的事情。从前韩、赵、魏三国和秦国交好，互相亲善。如今秦国放过韩、魏两国偏偏攻打大王，由此看来，大王事奉秦王的礼仪一定不如韩、魏两国。如今我可以为您解除由于辜负秦国而招致的进攻，使双方开放边关，互通使节，让赵国像韩、魏两国一样与秦国交好。假如到了明年大王还不能取得秦王的欢心，那么大王一定是又落在了韩、魏两国的后面了。这可不是我所敢保证的事情了。"

王以楼缓之言告。虞卿曰："楼缓言，不媾，来年秦复攻，王得无更割其内而媾。今媾，楼缓又不能必秦之不复攻也，虽割何益！来年复攻，又割其力之所不能取而媾也，此自尽之术也，不如无媾。秦虽善攻，不能取六城；赵虽不能守，而不至失六城。秦倦而归，兵必罢。我以五城收天下以攻罢秦，是我失之于天下，而取偿于秦也。吾国尚利，孰与坐而割地，自弱以强秦？

"今楼缓曰：'秦善韩、魏而攻赵者，必王之事秦不如韩、魏也。'是使王岁以六城事秦也，即坐而地尽矣。来年秦复求割地，王将予之乎？不与，则是弃前功而挑秦祸也；与之，则无地而给之。语曰：'强者善攻，而弱者不能自守。'今坐而听秦，秦兵不敝而多得地，是强秦而弱赵也。以益愈强之秦，而割愈弱之赵，其计固不止矣。且秦虎狼之国也，无礼义之心，其求无已，而王之地有尽。以有尽之地，给无已之求，其势必无赵矣。故曰：此饰说也。王必勿与。"王曰："诺。"

译文

赵王又把楼缓的话告诉了虞卿。虞卿说："楼缓说如果不割地与秦国讲和，明年秦国又会来攻打赵国，恐怕大王又会再割让国内的土地去讲和。如果现在讲和，楼缓又不能保证秦国不再来进攻赵国，即使割让土地又有什么好处呢！如果明年秦再来攻打赵国，又割让秦国力量无法夺取的土地去讲和，这是自取灭亡的办法，不如不与秦国讲和。秦国即使善于进攻，也不能一下就夺取六座城邑；赵国即使不善于防守，也不至于一次丢失六座城邑。秦国由于疲敝而退兵，秦兵一定疲惫不堪。如果我们用五座城邑去收买天下诸侯，而去攻打疲敝的秦国，这样，我们虽然在失地于别的国家，但却从秦那里得到了补偿。这对我国还是有利的，这与白白割让土地，使自己削弱而使秦国强大比起来，哪个更好呢？

"如今楼缓说：'秦国与韩、魏两国友善而攻打赵国的原因，一定是大王事奉秦国不如韩、魏两国。'这是让大王每年都用六座城邑去事奉秦国，也就是白白地把国土丢光啊。明年秦再要求割让土地，大王准备给它吗？如果不给，那么这就是前功尽弃并挑起秦军进攻的战祸；如果给它，那么却没有土地可以割了。俗话说：'强大的善于进攻，而弱小的不能自卫防守。'如今平白无故地听从秦国的要求，秦兵不受任何损伤却多占了土地，这是在使秦国强大而使赵国衰弱的啊。以越发强大的秦国，来宰割越发衰弱的赵国，秦国侵夺赵国的计谋一定会没完没了了。再说秦国是个像猛虎恶狼一样的国家，没有一点礼仪之心，它的欲望没有止境，可是大王的土地却有割尽的时候。用有限的土地，供给无止境的贪欲，那形势发展的结果必然使赵国灭亡了。因此我认为：这是楼缓装饰诈伪的游说之辞。大王一定不要割让土地给秦国。"赵王说："好吧。"

楼缓闻之，入见于王，王又以虞卿言告之。楼缓曰："不然。虞卿得其一，未知其二也。夫秦、赵构难，而天下皆说，何也？曰：'我将因强而乘弱。'今赵兵困于秦，天下之贺战胜者，则必尽在于秦矣。故不若亟割地求和以疑天下，慰秦心。不然，天下将因秦之怒，乘赵之敝而瓜分之。赵且亡，何秦之图？王以此断之，勿复计也。"

虞卿闻之，又入见王曰：“危矣，楼子之为秦也！夫赵兵困于秦，又割地求和，是愈疑天下，而何慰秦心哉？是不亦大示天下弱乎？且臣曰勿予者，非固勿予而已也。秦索六城于王，王以五城赂齐。齐，秦之深雠也，得王五城，并力而西击秦，齐之听王，不待辞之毕也。是王失于齐而取偿于秦，一举结三国之亲，而与秦易道也。”赵王曰：“善。”因发虞卿东见齐王，与之谋秦。

虞卿未反，秦之使者已在赵矣。楼缓闻之，逃去。

译文

楼缓听说后，再次入宫拜见赵王，赵王又把虞卿讲的话告诉了他。楼缓说：“不是这样。虞卿只知其一，不知其二。如果秦、赵两国结为怨仇并造成战祸，天下诸侯都会高兴，这是为什么呢？他们会说：‘我将要依靠强大的秦国而欺凌弱小的赵国。’如今赵兵为秦国所困，天下祝贺战胜的人，必定都在秦国的一方了。所以大王不如赶快割地求和，以此使天下诸侯心生疑虑，进而缓和秦国侵略赵国的野心。不这样做，天下诸侯将凭借秦国的愤怒，趁着赵国破败的时候而将它瓜分。赵国将要灭亡了，还图谋秦国什么呢？大王就此作出决断，不要再有其他考虑了。”

虞卿听到后，又入宫拜见赵王说：“危险了，楼缓是在为秦国服务啊！赵兵被秦国围困，又去向秦国割地求和，这是越发使天下诸侯怀疑赵国的力量了，又怎么能缓和秦王的野心呢？这不是大肆地向天下诸侯显示赵国的弱小吗？再说我说我不割让土地，并不是一定不拿出土地。秦国向大王索要六座城邑，大王可以用五座城邑去贿赂齐国。齐国，是与秦国有深仇大恨的国家，如果齐国得到大王五座城邑，就会与我们合力向西进攻秦国，用不着等到把话说完，齐王就会听从您的。这就是大王虽在齐国有所失去，却在秦国得到了补偿，这一举就可以使我们与韩、魏、齐三国结成亲密同盟，那时我们的处境就与秦国反过来了。”赵王说：“好。”因此派遣虞卿向东去拜见齐王，与齐王谋划攻打秦国。

虞卿还没有从齐国回来，秦国派来议和的使者已来到了赵国。楼缓听说这个消息后，就从赵国逃走了。

三十六　秦攻赵

秦攻赵，平原君使人请救于魏，信陵君发兵至邯郸城下，秦兵罢。虞卿为平原君请益地，谓赵王[1]曰："夫不斗一卒，不顿一戟，而解二国患者，平原君之力也。用人之力，而忘人之功，不可。"赵王曰："善。"将益之地。

公孙龙[2]闻之，见平原君曰："君无覆军杀将之功，而封以东武城[3]。赵国豪杰之士，多在君之右[4]，而君为相国者，以亲故。夫君封以东武城不让无功，佩赵国相印不辞无能，一解国患，欲求益地。是亲戚受封，而国人计功也。为君计者，不如勿受便。"平原君曰："谨受令。"乃不受封。

注释

①赵王：指赵孝成王。

②公孙龙：人名，赵国人，名家学派的代表人物，时在平原君家里做客。

③东武城：地名，赵国都邑，地处今山东武城。

④在君之右：秦、汉之前，以右为上。

译文

秦国进攻赵国，平原君派人向魏国请求援救，魏国信陵君发兵到邯郸城下，秦国这才罢兵。虞卿为平原君请求增加封地，便对赵孝成王说："您不使一个士卒战斗，不使一支戟毁坏，而解决了两个国家之间的灾祸，这是平原君的功劳。得到了别人的帮助，却忘了别人的功劳，这是不可以的。"赵孝成王说："好。"将要给平原君增加封地。

公孙龙听到了这件事后，便拜见平原君说："您没有消灭敌人军队并杀伤敌人将领的功劳，但赵王却把东武城封给您。赵国的英雄豪杰，才能多在您之上，然而您却因为是赵王亲属而做了相国。您接受东武城的封地，没有功劳而不谦让，佩戴赵国相印，没有才能而不推辞，一旦为国家解除祸患，就想要追加封地。这是以亲戚的身份无功而受封，而且以国人的身份计功受赏。我替您考虑，不如不接受封地合适。"平原君说："敬遵您的教诲。"于是就没有接受封地。

三十七　秦、赵战于长平

秦、赵战于长平，赵不胜，亡一都尉[①]。赵王召楼昌与虞卿曰："军战不胜，尉复死，寡人使卷甲而趋[②]之，何如？"楼昌曰："无益也，不如发重使而为媾。"虞卿曰："夫言媾者，以为不媾者军必破，而制媾者在秦。且王之论秦也，欲破王之军乎？其不[③]邪？"王曰："秦不遗余力矣，必且破赵军。"虞卿曰："王聊听臣，发使出重宝以附楚、魏。楚、魏欲得王之重宝，必入吾使。赵使入楚、魏，秦必疑天下合从也，且必恐。如此，则媾乃可为也。"

赵王不听，与平阳君为媾，发郑朱入秦，秦内[④]之。赵王召虞卿曰："寡人使平阳君媾秦，秦已内郑朱矣，子以为奚如？"虞卿曰："王必不得媾，军必破矣，天下之贺战胜者皆在秦矣。郑朱，赵之贵人也，而入于秦，秦王[⑤]与应侯必显重以示天下。楚、魏以赵为媾，必不救王。秦知天下不救王，则媾不可得成也。"赵卒不得媾，军果大败。王入秦，秦留赵王而后许之媾。

注释

①都尉：中级军官。
②趋：同"趋"。
③不：同"否"。
④内：同"纳"，下同。
⑤秦王：指秦昭王。

译文

秦、赵两国在长平交战，赵国战败，死亡了一个都尉。赵孝成王召见楼昌和虞卿说："现在军队打了败仗，都尉又战死了一个，我派全部甲兵去袭击秦军，你们认为怎么样？"楼昌说："这样没有好处，不如派出一个重要的使者与秦国讲和。"虞卿说："那些谈论讲和的人，认为不讲和，战争就一定会失败，可是讲和的主动权是在秦国手中。再说大王您看，秦国是想要打败大王的军队呢？还是不想打败大王的军队呢？"赵孝成王说："秦国是不遗余力了，一定要打败赵国的军队。"虞卿说："大王姑且听从我的意见，派使者拿着重要宝器去讨好楚、魏两国。楚、魏两国想要得到大王的贵重宝物，一定会让我们的使者进入他们的国家。赵国使者进入楚、魏两国，秦国就会怀疑天下诸侯会合纵抗秦，一定会恐惧。如此一来，那么讲和的事才可以去做。"

赵孝成王没有采纳，派平阳君赵豹办理讲和事宜，并派郑朱到秦国去，秦国接纳了郑朱。赵孝成王召见虞卿说："我派平阳君与秦国讲和，秦国已经接纳郑朱了，您认为会怎么样？"虞卿说："大王与秦国讲和是不可能成功的，赵国的军队一定会被打败了，天下诸侯祝贺战争胜利的人已经到秦国了。郑朱，是赵国尊贵的人，进入秦国去讲和，秦昭王和应侯范雎一定把这个显贵的使者给天下诸侯看。楚、魏两国会认为赵国已经与秦国讲和，一定不会援救大王。秦国知道天下诸侯不援助赵国，那么讲和是一定不会成功的。"赵国最终没能与秦国讲和，军队果然被打得大败。赵王入秦朝拜，秦国扣留了赵王后，才答应与赵国讲和。

三十八　秦围赵之邯郸

秦围赵之邯郸①。魏安釐王使将军晋鄙②救赵，畏秦，止于荡阴③不进。魏王使客将军辛垣衍④间入邯郸，因平原君谓赵王曰："秦所以急围赵者，前与齐湣王争强为帝⑤，已而复归帝，以齐故。今齐已益弱，方今唯秦雄天下，此非必贪邯郸，其意欲求为帝。赵诚发使尊秦昭王为帝，秦必喜，罢兵去。"平原君犹豫未有所决。

此时鲁仲连适游赵，会秦围赵。闻魏将欲令赵尊秦为帝，乃见平原君曰："事将奈何矣？"平原君曰："胜也何敢言事！百万之众折于外，今又内围邯郸而不能去。魏王使将军辛垣衍令赵帝秦，今其人在是，胜也何敢言事！"鲁仲连曰："始吾以君为天下之贤公子也，吾乃今然后知君非天下之贤公子也。梁客辛垣衍安在？吾请为君责而归之。"平原君曰："胜请召而见之与先生。"平原君遂见辛垣衍曰："东国有鲁连先生，其人在此，胜请为绍介而见之于将军。"辛垣衍曰："吾闻鲁连先生，齐国之高士也，衍，人臣也。使事有职，吾不愿见鲁连先生也。"平原君曰："胜已泄之矣。"辛垣衍许诺。

注释

①秦围赵之邯郸：此事发生于公元前257年。
②晋鄙：人名，魏国将领。
③荡阴：地名，魏国都邑，地处今河南汤阴西南。
④辛垣衍：人名，魏国将领。
⑤前与齐湣王争强为帝：此事发生于公元前288年。

译文

秦国军队围困了赵国都城邯郸。魏安釐王便派大将晋鄙前去援救赵国，但由于畏惧秦军，所以魏军就驻扎在荡阴，不敢前进。魏王又派将军辛垣衍秘密潜入邯郸城中，通过平原君对赵王说："秦军之所以加紧围攻邯郸，是因为之前秦王与齐王互相逞威称帝，可不久之后，齐王便取消了帝号，因为齐国不称帝，所以秦国也取消了帝号。如今，齐国日渐衰弱，天下只有秦国最强了，可见，秦国并不是为了贪图邯郸之地，它真正的目的是想要再次称帝。如果赵国真能派遣使者尊秦昭王为帝，秦昭王一定会很高兴，这样秦国就会撤军了。"平原君很犹豫，没有作出决定。

这个时候，鲁仲连恰好在赵国游历，正碰上秦军围攻赵国。他听说魏国打算让赵国尊秦王为帝，就去拜见平原君说："事情打算怎么办呢？"平原君回答说："我哪里还敢说什么呢！赵国的百万大军折损在外，如今秦军又深入赵国，围困了邯郸，而且没有什么办法能够让秦国撤兵。魏王派将军辛垣衍来，让赵国尊秦为帝，现在这个人就在邯郸城里，我哪里还敢还敢说什么呢！"鲁仲连说："一开始我认为您是天下贤明的公子，直到今天我才发现您其实并不是这样的人。魏国的将军辛垣衍在哪里？请让我为您当面去斥责他，并打发他回去。"平原君说："让我请他来和先生见一面吧。"平原君于是就去见辛垣衍说："东方的齐国有个叫鲁仲连的先生，他现在正在这里，我想把他介绍给您，让他来跟您见个面。"辛垣衍说："我早听说过鲁仲连先生，他是齐国的高士，而我，只是魏王的臣子。我这次奉命出使，担负着重要的职责，我不想与鲁仲连先生见面。"平原君说："可我已经跟他说您在这里了。"辛垣衍只好答应去见鲁仲连。

鲁连见辛垣衍而无言。辛垣衍曰："吾视居北围城之中者，皆有求于平原君者也。今吾视先生之玉貌，非有求于平原君者，曷为久居此围城之中而不去也？"鲁连曰："世以鲍焦①无从容而死者，皆非也。今众人不知，则为一身。彼秦者，弃礼义而上首功②之国也。权使其士，虏使其民。彼则肆然而为帝，过而遂正于天下，则连有赴东海而死矣，吾不忍为之民也！所为见将军者，欲以助赵也。"

辛垣衍曰："先生助之奈何？"鲁连曰："吾将使梁及燕助之，齐、楚则固助之矣。"辛垣衍曰："燕则吾请以从矣，若乃梁，则吾乃梁人也，先生恶能使梁助之耶？"鲁连曰："梁未睹秦称帝之害故也，使梁睹秦称帝之害，则必助赵矣。"辛垣衍曰："秦称帝之害将奈何？"鲁仲连曰："昔齐威王③尝为仁义矣，率天下诸侯而朝周。周贫且微，诸侯莫朝，而齐独朝之。居岁余，周烈王④崩，诸侯皆吊，齐后往。周怒，赴于齐曰：'天崩地坼，天子下席，东藩之臣田婴齐后至，则斫⑤之！'威王勃然怒曰：'叱嗟！而母婢也。'卒为天下笑。故生则朝周，死则叱之，诚不忍其求也。彼天子固然，其无足怪。"

注释

①鲍焦：人名，周代的隐士，因不满当时社会，抱树绝食而死。

②首功：以斩获敌首计功。

③齐威王：田氏，名婴齐，一作因齐。

④周烈王：姓姬，名喜，为周安王之子。其死应当在齐桓公之时，本章叙述与事实不符。

⑤斫（zhuó）：砍。

译文

鲁仲连见到辛垣衍后，没有说话。辛垣衍说："在我看来，待在这个被围困的城中的人，都是有求于平原君的。如今我看先生的仪容相貌，并不像是有求于平原君的人，您为什么长时间地待在这个围城中而不走呢？"鲁仲连说："世人都认为鲍焦是不能自我宽容而自杀的，其实不是这样的。现在一般的人不了解他的内心，才会认为他是为了自身的利益而死的。那个秦国，是一个抛弃了仁义礼制，并且以斩获敌首计功的国家。它的国君用权术来驾驭士人，像对待奴隶一样来役使它的人民。如果秦国肆无忌惮地称帝的话，然后它便会用法令来规范天下，那么我鲁仲连也只好跳东海自杀了。我无法容忍做它的人民的啊！我之所以要见将军，就是想帮助赵国。"

辛垣衍问："先生您打算怎样来帮助赵国呢？"鲁仲连说："我准备让魏国和燕国来援救赵国，齐国、楚国本来就会帮助赵国的。"辛垣衍说："燕国，我是认为它会听从您的。如果说魏国，那么我本人就是魏国人，先生怎么能让魏国来帮助赵国呢？"鲁仲连回答："魏国还没有看到秦国称帝的危害，才不愿出兵帮助，如果魏国看到了秦国称帝的危害，那么它定会援救赵国。"辛垣衍说："秦国称帝会有哪些危害呢？"鲁仲连说："过去齐威王曾经施行仁义之政，率领天下的诸侯去朝见周天子。当时的周王室既贫又弱，诸侯没有去朝见的，而只有齐国去朝见它。过了一年多时间，周烈王死了，各诸侯国都前去吊丧，齐国晚到。周王室的人都很生气，在给齐国的讣告里说：'天子驾崩，如同天崩地裂，新天子都亲自守丧，而戍卫东部边防的诸侯齐国的田婴竟敢迟到，应当斩首。'齐威王勃然大怒，骂道：'呸！你就是个奴婢罢了。'结果这件事成了天下的笑柄。齐威王之所以在周天子活着的时候去朝见他，而在其死后却辱骂他，这是因为忍受不了周室过分的苛求。然而做天子的本来就是如此，这并没有什么可大惊小怪的。"

　　辛垣衍曰："先生独未见夫仆乎？十人而从一人者，宁力不胜、智不若耶？畏之也。"鲁仲连曰："然梁之比于秦若仆耶？"辛垣衍曰："然。"鲁仲连曰："然吾将使秦王烹醢①梁王。"辛垣衍快然不悦曰："嘻，亦太甚矣，先生之言也！先生又恶能使秦王烹醢梁王？"

　　鲁仲连曰："固也，待吾言之。昔者，鬼侯、鄂侯②、文王，纣之三公也。鬼侯有子而好③，故入之于纣，纣以为恶，醢鬼侯。鄂侯争之急，辨之疾，故脯④鄂侯。文王闻之，喟然而叹，故拘之于牖里⑤之库百日，而欲舍之死。曷为与人俱称帝王，卒就脯醢之地也？"

注释

①烹醢（hǎi）：指古时的两种酷刑。烹是将人煮死；醢是把人剁成肉酱。

②鬼侯：亦称九侯，为商朝诸侯。与西伯昌、鄂侯为商朝三公。鄂，地名。地处今河南沁阳西北。

③子：女儿。好：美丽。

④脯（fǔ）：肉干，此处作动词用。

⑤牖（yǒu）里：地名，一作羑里。地处河南汤阴北。

辛垣衍说："先生难道没有见过做奴仆的吗？十个仆人跟随一个主子，难道是仆人的力量和智慧都不如主人吗？只是因为仆人害怕主人罢了。"鲁仲连问："照您这样说，魏国和秦国的关系就是仆人与主人的关系了？"辛垣衍说："是的。"鲁仲连说："这样的话，我就能够让秦王把魏王煮熟了并剁成肉酱。"辛垣衍听了面色不悦地说："嗨，先生所说的话也太过分了！您怎么能让秦王把魏王煮熟了并剁成肉酱呢？"

鲁仲连说："当然可以，等我慢慢跟您说。过去，鬼侯、鄂侯、文王三个人，都是商纣王所封的诸侯。鬼侯有个女儿很漂亮，所以就把她献给了纣王，可纣王却认为她长得丑陋，就把鬼侯剁成了肉酱。鄂侯为了这件事，急忙地为鬼侯辩护，因为言辞激烈了一点，所以也被纣王杀死，做成了肉干。文王听说后，不由得长叹一声，就被纣王囚禁在羑里的库房里，关了一百天，还打算把他杀死。是什么原因使这些和别人同样称王的人，最后却沦落到被人制成肉酱、肉干的下场呢？"

"齐闵王将之鲁①，夷维子执策而从②，谓鲁人曰：'子将何以待吾君？'鲁人曰：'吾将以十太牢待子之君。'夷维子曰：'子安取礼而来待吾君？彼吾君者，天子也。天子巡狩，诸侯辟舍，纳筦键③，摄衽抱几，视膳于堂下。天子已食，乃退而听朝也。'鲁人投其籥④，不果纳，不得入于鲁。

"将之薛，假涂于邹⑤。当是时，邹君死，闵王欲入吊。夷维子谓邹之孤曰：'天子吊，主人必将倍⑥殡柩，设北面于南方，然后天子南面吊也。'邹之群臣曰：'必若此，吾将伏剑而死。'故不敢入于邹。邹、鲁之臣，生则不得事养，死则不得饭含，然且欲行天子之礼于邹、鲁之臣，不果纳。今秦万乘之国，梁亦万乘之国。俱据万乘之国，交有称王之名，睹其一战而胜，欲从而帝之，是使三晋之大臣不如邹、鲁之仆妾也。

"且秦无已而帝，则且变易诸侯之大臣。彼将夺其所谓不肖，而予其所谓贤；夺其所憎，而与其所爱。彼又将使其子女谗妾为诸侯妃姬，处梁之宫，梁王安得晏然而已乎？而将军又何以得故宠乎？"

注释

①鲁：国名，地处今山东南部，都城为曲阜，公元前256年为楚国所灭。

②夷维子：人名。夷维：地名，齐国都邑，地处今山东高密。

③筦（guǎn）键：指钥匙和锁。

④钥（yuè）：通"钥"。

⑤邹：国名，地处今山东邹城东南。

⑥倍：通"背"，背向。

译文

"齐王准备去鲁国，夷维子拿着马鞭驾车随行，他先问鲁国人说：'你们打算用什么样的礼节来接待我的国君呢？'鲁国人回答：'我们准备用十太牢的规格来款待您的国君。'夷维子说：'你们怎么能用这样的礼节来接待我们的国君呢？我们的国君，是天子啊。天子巡视四方，各诸侯国君都要让出自己的宫室，还要交出钥匙，自己提起衣襟，捧着几案，在堂下侍候天子吃饭。等天子吃完饭，诸侯才能告退去处理政务。'鲁国人一听这番话，就锁门下匙，果然没有接纳他们进城，齐闵王因此不能进入鲁国。

"齐闵王只好到薛地去，向邹国借路通行。恰巧在这个时候，邹国国君死了，闵王想入城吊丧，夷维子就对邹国的新君说：'天子来吊丧，主人一定要把灵柩移到相反的方向，在南边设立朝北的灵堂，以便让天子面向南祭吊。'邹国的大臣们说：'如果一定要这么办，我们就只有拔剑自杀了。'因此，齐闵王就不敢进入邹城。鲁国和邹国的臣子，在国君生前不能事奉供养他，国君死后又得不到很好的安葬，然而当齐闵王想在邹、鲁两国举行天子之礼时，他们都不能接受。现在秦国是拥有万辆兵车的大国，魏国也是拥有万辆兵车的大国，彼此都是拥有万辆兵车的大国，彼此都有称王的名分，仅因看到秦国打了一次胜仗，就要尊秦为帝，这样看来，韩、赵、魏三国的大臣还不如邹、鲁二国的大臣啊。

"况且秦国一旦顺利地实现了它称帝的野心，就会马上更换各诸侯国的大臣。它将撤换它认为没有才能的臣子，而把职位授予它认为有才能的人；撤换它所憎恨的人，而把职位授予与它亲近的人。它还会把秦国的女儿和那些善于说坏话的女人嫁给诸侯充当妃嫔，日夜谗毁，一旦这样的女人进入魏王的王宫里，魏王还能够安然地过日子吗？而将军您又怎能继续像原来那样受宠信呢？"

于是辛垣衍起，再拜，谢曰："始以先生为庸人，吾乃今日而知先生为天下之士也。吾请去，不敢复言帝秦。"

秦将闻之，为却军五十里。适会魏公子无忌夺晋鄙军以救赵击秦，秦军引而去。于是平原君欲封鲁仲连。鲁仲连辞让者三，终不肯受。平原君乃置酒，酒酣，起前以千金为鲁连寿。鲁连笑曰："所贵于天下之士者，为人排患、释难、解纷乱而无所取也。即有所取者，是商贾之人也，仲连不忍为也。"遂辞平原君而去，终身不复见。

译文

于是辛垣衍站起身来，向鲁仲连拜了两拜，道歉说："一开始我以为先生是个平庸之人，如今我才知道先生是能纵论天下的士人啊。请让我离开这里，我不敢再说尊秦为帝的事了。"

秦国的将军听说这件事后，便把部队撤退了五十里。恰巧这时魏国的公子无忌夺取了晋鄙的兵权，率领军队前来援救赵国，抗击秦军，于是秦军撤退归国。于是平原君便想封赏鲁仲连。鲁仲连再三辞让，始终不肯接受。平原君就摆酒设宴款待他，当酒喝得正畅快的时候，平原君站起身来，上前奉上千金向鲁仲连祝福。鲁仲连笑着说："我之所以背天下之士看重，就是因为我替人排除忧患、解除危难、排解纷乱而不收取任何报酬。如果收取报酬，那就和商人没有什么区别了，我鲁仲连不愿意做这样的事。"于是辞别平原君而离开赵国，终身不再见面。

三十九　说张相国

说张相国曰："君安能少赵人而令赵人多君？君安能憎赵人而令赵人爱君乎？夫胶漆至黏也，而不能合远；鸿毛至轻也，而不能自举。夫飘于清风，则横行四海。故事有简而功成者，因也。今赵万乘之强国也，前漳、滏①，右常山，左河间，北有代，带甲百万，尝抑强齐四十余年，而秦不能得所欲。由是观之，赵之于天下也不轻。今君易万乘之强赵，而慕思不可得之小梁，臣窃为君不取也。"君曰："善。"自是之后，众人广坐之中，未尝不言赵人之长者也，未尝不言赵俗之善者也。

❀注释

①漳、滏：均为水名。

❀译文

有人游说赵国的张相国说："您怎么能轻视赵国人，反而使赵国人尊重您呢？您怎么能憎恶赵国人，反而使赵国人爱戴您呢？胶和漆是最黏的东西，但不能把两个距很远的东西黏合在一起；鸿毛是最轻的东西，可是不能自己举起自己。它只有飘浮在清风之中，才能在四海横行。因此，事情用简单办法就能成功的原因，是要有所凭借。如今赵国是拥有万辆兵车的强国，它的前面有漳河、滏水，右面有险峻的常山，左面有河间，北面有代地，又有甲兵百万，曾经遏制过强大的齐国四十多年，又使秦国没有得到它想要得到的。由此看来，赵国在天下是不容轻视的国家。如今您轻视拥有万辆兵车的强大赵国，却爱慕不可预料的弱小的魏国,我私底下认为您的想法是不可取的。"张相国说:"好。"从此以后,在大庭广众之下,张相国没有不谈论赵国人长处的,亦没有不谈论赵国美好风俗的。

四十　郑同北见赵王

郑同①北见赵王。赵王曰:"子南方之博士也,何以教之?"郑同曰:"臣南方草鄙之人也,何足问?虽然,王致之于前,安敢不对乎?臣少之时,亲尝教以兵。"赵王曰:"寡人不好兵。"郑同因抚手仰天而笑之曰:"兵固天下之狙喜②也,臣故意大王不好也。臣亦尝以兵说魏昭王,昭王亦曰:'寡人不喜。'臣曰:"王之行能如许由③乎?许由无天下之累,故不受也。今王既受先王之传,欲宗庙之安、壤地不削,社稷之血食④乎?'王曰:'然。'

"今有人操随侯之珠,持百丘之环,万金之财,特宿于野,内无孟贲之威、荆庆⑤之断,外无弓弩之御,不出宿夕,人必危之矣。今有强贪之国,临王之境,索王之地,告以理则不可,说以义则不听。王非战国守圉之具,其将何以当之?王若无兵,邻国得志矣。"赵王曰:"寡人请奉教。"

注释

①郑同:人名,楚国人,为游说之士。

②狙喜:巨害。

③许由:人名,相传为尧时期的隐士。

④血食:指祭祀。

⑤荆庆:人名,古时的勇士。

译文

郑同北上去拜见赵王。赵王说:"您是南方的博学之士,有什么可以请教您的呢？"郑同回答说："我是南方一个鄙陋无知的人，没有什么值得您向我请教的。当然，大王您已经把问题摆在了我面前，我怎么敢不回答呢？我年轻的时候，父亲曾教给我兵法。"赵王说："我不喜欢兵法。"郑同听了赵王的话，拍着手仰天大笑说："兵法本来就是天下的巨害，我原本就猜想大王您不会喜欢它。我以前也曾用兵法去游说过魏昭王，魏昭王也说：'我不喜欢。'我就说：'大王的行为能比得上许由吗？许由并没有世俗的名利牵累，所以不接受尧的禅让。可如今大王已经接受了先王遗留下的国家，您想要祖先的灵魂得以安息，国家的领土不被侵占，社稷之神得到祭祀吗？'魏昭王说：'当然。'

"现在如果有人带着随侯之珠，拿着贵重的百丘之环，揣着万金之财，独自在野外露宿，本身并没有孟贲那样的威武、荆庆那样的果断，身边也没有强弓利箭来防卫，过不了一个晚上，他就会处于危险境地。现在有强大贪婪的国家，侵犯赵国边境，向大王您索取疆土，给它讲道理，它不同意，和它谈道义，它不听。在这种情况下，大王您如果没有争战之国所具有的防御设备，打算凭借什么去抵御它呢？大王您如果不讲求用兵的策略，那么邻国的野心就可以实现了。"赵王说："我请求您多加指教。"

四十一　建信君贵于赵

建信君①贵于赵。公子魏牟②过赵，赵王③迎之，顾反至坐，前有尺帛，且令工以为冠。工见客来也，因辟④。赵王曰："公子乃驱后车，幸以临寡人，愿闻所以为天下。"魏牟曰："王能重王之国若此尺帛，则王之国大治矣。"赵王不说，形于颜色，曰："先王不知寡人不肖，使奉社稷，岂敢轻国若此！"魏牟曰："王无怒，请为王说之。"曰："王有此尺帛，何不令前郎中以为冠？"王曰："郎中不知为冠。"

魏牟曰："为冠而败之，奚亏于王之国？而王必待工而后乃使之。今为天下之工，或非也，社稷为虚戾，先王不血食，而王不以予工，乃与幼艾。且王之先帝驾犀首而骖马服⑤，以与秦角逐，秦当时适其锋。今王憧憧⑥，乃辇建信以与强秦角逐，臣恐秦折王之輢⑦也！"

注释

①建信君：赵国的封君，为赵孝成王相国。

②公子魏牟：人名，魏国的公子，为战国时著名思想家。

③赵王：即赵孝成王。

④辟：躲避。

⑤王之先帝：指赵惠文王。犀首：不详。马服：指马服君赵奢。

⑥憧憧（chōng）：形容往来不定或摇曳不定。

⑦輢（yǐ）：古代车箱两旁人可以倚靠的木板。借指秦国将要打败赵国。

译文

建信君在赵国地位显贵。魏国公子牟经过赵国，赵孝成王迎接他，回来以后，回到自己位置上，见面前摆着一小块丝织物，便准备让工匠用它做帽子。工匠看见客人到来，就回避了。赵孝成王说："公子有幸光临寡人的国家，希望能够听您谈论治理天下的道理。"魏国公子牟说，"大王重视国家如果能像重视这块小小的丝织物一样，那么您的国家就会大治了。"赵孝成王很不高兴，不满的情绪已经表现在了脸上。他说："先王不知道我不成器，让我继承国家的基业，我怎么敢像您说的那样轻视国家呢！"魏国公子牟说："大王不要动怒，请让我为您解释。"接着说："您有这么一小块小小丝织物，为什么不让侯在面前的郎中将它做成帽子？"赵孝成王说："郎中不知道怎么做帽子。"

魏国公子牟说："如果他做帽子做坏了，对于您的国家会有什么损害呢？可见君王您必定要等工匠来了以后才让他们做。如今您对待治理天下的工匠，却不是这样的，如此下去，国家就会成为废墟，先王也就得不到祭祀了，然而大王却不把国家大事交给真正能治理好国家的工匠，竟然交给年轻漂亮的近臣。再说大王的先辈，起用犀首、马服君这样的大臣，而与秦国争相较量，秦国当时也要躲避赵国的锋芒。现在大王却与建信君同车而来来往往，与建信君一起和强大的秦国争夺胜负，我担心秦国折断大王车上的依靠，毁灭您的国家啊！"

四十二　卫灵公近雍疽、弥子瑕

卫灵公近雍疽、弥子瑕①。二人者，专君之势以蔽左右。侏儒②谓君曰："昔日臣梦见君。"君曰："子何梦？"曰："梦见灶。"君忿然作色曰："吾闻梦见人君者，梦见日。今子曰梦见灶而言君也，有说则可，无说则死。"

对曰："日，并烛天下者也，一物不能蔽也。若灶则不然，前之人炀③，则后之人无从见也。今臣疑人之有炀于君者也，是以梦见灶。"君曰："善。"于是因废雍疽、弥子瑕，而立司空狗④。

注释

①卫灵公：春秋时期的卫国国君。名元。雍疽、弥子瑕：均为人名，为灵公宠臣。

②侏儒：指身材矮小的杂技艺人。

③炀：向火取暖。

④司空狗：人名，即史狗，为春秋时期人，史朝之子，在卫国任司空。

译文

卫灵公宠爱雍疽和弥子瑕。这两个人，于是依靠国君的势力独断专行，蒙蔽了卫灵公的近臣。有个身材矮小的杂技艺人对卫灵公说："前些日子我梦见了大王。"卫灵公说："您梦见了我什么？"这个杂技艺人说："我梦见了灶。"卫灵公愤怒得变了脸色说："我听说见到国君的人，就会梦见太阳。如今您说梦见灶竟然说是梦见了国君，如果您能够解释还好，不能解释就赐你一死。"

这个杂技艺人说："太阳，光照天下，没有一个东西能遮蔽它。但灶则不是这样，前面的人在灶前烤火，那么后面的人就没有办法烤火了。如今我怀疑有人在君王面前烤火，因此我梦见了灶。"卫灵公说："好。"于是就废黜了雍疽、弥子瑕，而立了司空狗。

四十三　或谓建信

或谓建信："君之所以事王者，色也；茸①之所以事王者，知②也。色老而衰，知老而多。以日多之知，而逐衰之色，君必困矣。"建信君曰："奈何？"曰："并骥而走者，五里而罢；乘骥而御之，不倦而取道多。君令茸乘独断之车，御独断之势，以居邯郸；令之内治国事，外刺诸侯，则茸之事有不言者矣。君因言王而重责之，茸之轴今折矣。"建信君再拜受命，入言于王，厚任茸以事能重责之，未期年③而茸亡走矣。

注释

①茸（qī）：人名。赵国臣子。

②知：通"智"，智慧。

③期（jī）年：一周年。

译文

有人对建信君说："您之所以能事奉君王，是因为您的美色。茸之所以能事奉君王，是因为他的智谋。容貌会随着年龄会衰老，而智谋则会随着年龄反而会增多。用一天比一天多的智谋，与日益衰减的容貌竞争，您一定会陷于困境。"建信君说："那应该怎么办呢？"那人说："如果和千里马一起赛跑，跑五里以后就会疲倦；而乘上千里马拉的车子，既不会疲倦而跑的道路很多。您让茸乘坐独自决断的车子，拥有独自决断的权势，在邯郸任职。然后让他在内治理国家大事，向外则刺探诸侯的情报，那么茸管理的事情就无法全部向君王报告了。您就对大王说一定要委任他重任，茸的车轴就会折断。"建信君听后向那人再次拜谢，接受了教导，入宫向赵王进言，赵王就重用茸，把繁重的事情都交给他办，并严格要求他，没到一年葺就逃走了。

四十四　苦成常谓建信君

　　苦成常①谓建信君曰："天下合从，而独以赵恶秦，何也？魏杀吕辽②而天下交之。今收河间，是与杀吕辽何以异？君唯释虚伪疾，文信③犹且知之也。从而有功乎，何患不得收河间？从而无功乎，收河间何益也？"

注释

①苦成常：人名，赵国臣子。
②吕辽：人名，秦国臣子。
③文信：即文信侯，为秦相吕不韦的封号。

译文

　　苦成常对建信君说："天下各国都组织合纵联盟来对抗秦国，可是唯独赵国最憎恨秦国，这是为什么呢？魏国杀了吕辽，而天下诸侯却与魏国交好，如今赵国想收复河间，这跟魏国杀吕辽又有什么不同呢？您只有不顾秦、赵两国之间的矛盾，假装有病，可是文信侯吕不韦还是会知道赵国的态度的。合纵如果能够成功的话，还担心不能收复河间吗？合纵如果不能够成功的话，收复河间又有什么益处呢？"

四十五　希写见建信君

　　希写①见建信君。建信君曰："文信侯之于仆②也，甚无礼。秦使人来仕，仆官之丞相，爵五大夫③。文信侯之于仆也，甚矣其无礼也！"希写曰："臣以为今世用事者不如商贾。"建信君悖然曰："足下卑用事者而高商贾乎？"曰："不然。夫良商不与人争买卖之贾而谨司时④。时贱而买，虽贵而贱矣；时贵而卖，虽贱已贵矣。昔者文王之拘于牖里，而武王羁于玉门⑤，卒断纣之头而县于太白⑥者，是武王之功也。今君不能与文信侯相伉以权，而责文信侯少礼，臣窃为君不取也。"

注释

①希写：人名，赵国人。

②仆：指建信君自谦的称呼。

③五大夫：爵名，在秦为第九级，在赵不详。

④贾：同"价"。司：通"伺"，考察。

⑤玉门：门名，指成皋的北门。

⑥县：通"悬"，悬挂。太白：旗名。

译文

希写拜见建信君。建信君说："文信侯吕不韦对待我，太没有礼貌了。秦国派人来赵国做官，我让他做丞相的属官，赐爵五大夫。可文信侯吕不韦对我太没有礼貌了！"希写说："我认为现在执政的人不如商人。"建信君怒气冲冲地说："你是小看执政的人而去抬高商人吗？"希写说："不是这样。高明的商人不跟别人争论买卖的价钱，而是谨慎地考察时机。当物价低贱的时候买进来，即使出高一点的价格，也还是很便宜；当物价昂贵的时候卖出，即使卖的价格低一点，可还是有很大的利润。从前周文王被商纣王拘禁在羑里，而周武王被羁押在玉门，但最终砍下商纣王的头并悬挂在太白旗上，这是周武王的功劳。如今您不能跟文信侯以权相对抗，反而责备文信侯缺少礼仪，我认为这是不可取的。"

四十六　魏魁谓建信君

魏魁①谓建信君曰："人有置系蹄②者而得虎，虎怒，决蹯③而去。虎之情，非不爱其蹯也，然而不以环寸之蹯害七尺之躯者，权也。今有国，非直七尺躯也，而君之身于王，非环寸之蹯也。愿公之熟图之也。"

注释

①魏魁：人名。

②置系蹄：指设置绳索缠住兽足的工具。

③蹯（fán）：兽足。

译文

魏魁对建信君说："有人设置绳索为机关来捕捉野兽，捉住了一只老虎，老虎大怒，挣断脚掌逃跑了。老虎并不是不爱惜自己的脚掌，而是不能因为这一寸大小的脚掌，而去伤害自己七尺大小的身体，这是在衡量利害轻重。如今赵王拥有一个国家，这不只是七尺大小的身躯，而您的身体对于君王来说，还不如一寸大小的脚掌。希望您能认真考虑。"

四十七　秦攻赵

秦攻赵，鼓铎之音闻于北堂①。希卑②曰："夫秦之攻赵，不宜急于如此，此召兵也，必有大臣欲衡③者耳。王欲知其人，旦日赞群臣而访之，先言横者，则其人也。"建信君果先言横。

注释

①铎（duó）：古代宣布政教法令时或有战事时用的大铃。北堂：古指居室东房的后部。

②希卑：人名，赵国人。

③衡：通"横"，即连横。

译文

秦国进攻赵国，摇动大铃的声音在北堂里都能听到。希卑说："秦国攻打赵国，不应该如此紧急，这应是内奸召引外兵的信号，一定有大臣想要和秦国连横。大王想要知道那个人是谁，明天会见大臣们时探访一下，那个先主张连横的人，就是摇动大铃的内奸。"建信君果然首先主张连横。

四十八　齐人李伯见孝成王

齐人李伯见孝成王，成王说之，以为代郡①守。而居无几何，人告之反。孝成王方馈，不堕食。无几何，告者复至，孝成王不应。已，乃使使者言："齐举兵击燕，恐其以击燕为名，而以兵袭赵，故发兵自备。今燕、齐已合，臣请要其敝，而地可多割。"自是之后，为孝成王从事于外者，无自疑于中者。

注释

①代郡：地名，为赵武灵王设置。治今河北蔚县西南。

译文

齐国人李伯拜见赵孝成王，孝成王很喜欢他，便任命他为代郡郡守。李伯担任郡守时间没多久，就有人向孝成王告发他谋反。当时孝成王正在吃饭，听到消息后，无动于衷继续吃饭。又没过多久，告发的人又来报告，孝成王仍然不理睬他。随后，李伯就派使者向孝成王报告说："齐国发兵攻打燕国，我担心他们会以攻打燕国为名来偷袭赵国，所以发兵做好交战的准备。如今燕、齐两国已经交战，我请求乘两国疲敝之时率兵中途拦截，这样可以多割取土地。"从此之后，为孝成王在外面办事的人，心中都不怀疑孝成王会不信任自己。

卷二十一　赵策四

四十九　为齐献书赵王

为齐献书赵王曰："臣一见而能令王坐而天下致名宝，而臣窃怪王之不试见臣而穷臣也。群臣必多以臣为不能者，故王重见臣也。以臣为不能者非他，欲用王之兵成其私者也。非然，则交有所偏者也；非然，则知不足者也；非然，则欲以天下之重恐王，而取行于王者也。

"臣以齐循事王，王能亡燕，能亡韩、魏，能攻秦，能孤秦。臣以齐致尊名于王，天下孰敢不致尊名于王？臣以齐致地于王，天下孰敢不致地于王？臣以齐为王求名宝于燕及韩、魏，孰敢辞之？臣之能也，其前可见也已。

"齐先重王，故天下尽重王；无齐，天下必尽轻王也。秦之强，以无齐之故重王，燕、魏自以无齐故重王。今王无齐独安得重天下？故劝王无齐者，非知不足也，则不忠者也。非然，则欲用王之兵成其私者也；非然，则欲轻王以天下之重取行于王者也；非然，则位尊而能卑者也。愿王之熟虑无齐之利害也。"

译文

有人为齐国向赵王呈献书信说："只要我拜见一次君王，就能使君王坐着而得到天下各国献上的名贵宝器。可是我奇怪，大王为何不试着会见一下我，而使我处于窘迫的境地。这一定是大臣们认为我不能做到，所以大王您才没有召见我。大臣们认为我不能做到没有别的原因，这是有人想要利用大王的军队，成就他自己的私利。如果不是这样，那就是结交外国而有偏爱之心；如果还不是这样，那就是一群智慧不足之人；如果还不是这样，那就是有人想要天下重大的事情恐吓大王，让大王您按照他们的主张行事。

"我会让齐国顺从并事奉大王，大王就能灭掉燕国，就能灭掉韩国、魏国，就能够进攻秦国，能够孤立秦国。我会让齐国向大王致送尊名，天下谁敢不向大王送上尊名呢？我会让齐国送给大王土地，天下谁敢不送给大王土地呢？我会让齐国为大王向燕国和韩国、魏国献上名贵宝器，谁又敢推辞呢？我的能力目前就可以显现出来。

"如果齐国首先尊重大王，那么天下诸侯都会尊重大王；如果没有齐国尊重大王，那天下诸侯一定都会轻视大王。秦国如此强大，因为没有齐国帮助的缘故，所以会尊重大王，燕、魏两国自以为得不到齐国的帮助，所以会重视大王。如今大王如果没有齐国的帮助，又怎么会受到天下的尊重呢？因此，那些劝说大王不要齐国帮助的人，不是智力不足，就是对大王不忠心的人。如果不是这样，那就是想要借重大王的军队，成就他自己的私利；如果不是这样，那就是有人想要用天下重大的事情恐吓大王，让大王您按照他们的主张行事；如果不是这样，那就是因为他们地位尊贵而能力低下。希望大王仔细考虑失去齐国帮助的利害得失。"

五十 齐欲攻宋

齐欲攻宋[①]，秦令起贾[②]禁之，齐乃抶[③]赵以伐宋。秦王怒，属怨于赵。李兑约五国[④]以伐秦，无功，留天下之兵于成皋，而阴构于秦。又欲与秦攻魏，以解其怨而取封焉。

魏王[⑤]不说。苏秦之齐，谓齐王[⑥]曰："臣为足下谓魏王曰：'三晋皆有秦患，今之攻秦也，为赵也。五国伐赵，赵必亡矣。秦逐李兑，李兑必死。今之伐秦也，以救李子之死也。今赵留天下之甲于成皋，而阴鬻之于秦，已讲，则令秦攻魏以成其私封，王之事赵也，何得矣？且王尝济于漳，而身朝于邯郸，抱阴成[⑦]，负葛蘖[⑧]，以为赵蔽，而赵无为王行也。今又以何阳、姑密[⑨]封其子，而令秦攻王，以便取阴[⑩]。人比而后知贤不如。王若用所以事赵之半收齐，天下有敢谋王者乎？

注释

①齐欲攻宋：指齐闵王听从苏秦的建议，举兵攻宋。

②起贾：人名，为秦国御史。

③捄（ㄐㄧㄡˋ）：救援。

④五国：指三晋及燕、齐。

⑤魏王：指魏昭王。

⑥齐王：指齐闵王。

⑦阴成：地名，魏国都邑，地处今河南卢氏东北。

⑧葛孽：地名，魏国都邑，地处今河北肥乡东北。

⑨何阳：地名，魏国都邑，地处今河南孟县西南。姑密：地名，魏国都邑，地处今河南孟县东北。

⑩阴：地名，即陶，宋国都邑，地处今山东定陶。

译文

齐国打算进攻宋国，秦国便派起贾去阻止这件事。齐国就联合赵国一起进攻宋国。秦王很生气，就把一腔怨气归结到赵国方面。赵国的李兑联合韩、赵、魏、燕、齐五国去攻打秦国，没有成功，于是就把诸侯的军队留在成皋，想暗中与秦国讲和。又想和秦国联合进攻魏国，来消除秦国对赵国的怨恨，另一方面也可以为自己取得封地。

魏昭王对此很不高兴。苏秦就到齐国去，对齐王说："我替您对魏王说：'韩、赵、魏三国都遭受过秦国的威胁，如今联合进攻秦国，是为了赵国。如果秦、齐、燕、韩、魏五国联合进攻赵国，赵国一定会灭亡。如果秦国驱逐李兑，李兑必死无疑。现在去讨伐秦国，就是在救李兑的性命。如今赵国把诸侯联军驻留在成皋，暗中却出卖诸侯，和秦国媾和，还订立和约，想联合秦国一起进攻魏国，使李兑达到取得封地的目的，那么大王您尊崇赵国究竟能得到了什么好处呢？

'况且，大王您曾经北渡漳水，亲自去邯郸拜访赵王，献出阴成、葛孽之地，用来作为赵国的屏障，但赵国却一点不为大王效力。现在您又把河阳、姑密两地封赐给李兑的儿子，而李兑却勾结秦国来攻打魏国，想要以此来夺取陶邑作为封地。任何人只有比较后才知道贤与不贤。大王如果拿出对待赵国的一半诚心去联合齐国，那么诸侯谁又敢图谋大王呢？

'王之事齐也，无入朝之辱，无割地之费。齐为王之故，虚国于燕、赵之前，用兵于二千里之外，故攻城野战，未尝不为王先被矢石也。得二都，割河东，尽效之于王。自是之后，秦攻魏，齐甲未尝不岁至于王之境也。请问王之所以报齐者可乎？韩岷①处于楚，去齐三千里，王以此疑齐，曰有秦阴。今王又挟故薛公以为相②，善韩徐③以为上交，尊虞商④以为大客，王固可以反疑齐乎？'

"于魏王听此言也甚诎，其欲事王也甚循，甚怨于赵。臣愿王之日闻魏而无庸见恶也，臣请为王推其怨于赵，愿王之阴重赵，而无使秦之见王之重赵也。秦见之，且亦重赵。齐、秦交重赵，臣必见燕与韩、魏亦且重赵也，皆且无敢与赵治。五国事赵，赵从亲以合于秦，必为王高矣。臣故欲王之遍劫天下而皆私甘之也。王使臣以韩、魏与燕劫赵，使丹⑤也甘之；以赵劫韩、魏，使臣也甘之；以三晋劫秦，使顺⑥也甘之；以天下劫楚，使岷也甘之。则天下皆偪⑦秦以事王，而不敢相私也。交定然后王择焉。"

注释

①韩岷（wěn）：人名，一作"韩珉"。曾为齐国相，主张亲秦。

②挟故薛公以为相：指公元前294年，薛公田文发动政变失败，于是出走魏国，任魏国相国。

③韩徐：人名，即韩徐为，赵国将领，持反对齐国的态度。

④虞商：人名，事迹不详。

⑤丹：人名，即齐国臣子公玉丹。

⑥顺：人名，亦称顺子，为齐闵王子侄，曾在赵国做人质。

⑦偪（bī）：同“逼”，逼迫。

译文

'大王如果帮助齐国，既不会有朝贡称臣的屈辱，也不会有割让土地的损失了。齐国因为大王帮忙的缘故，就会在燕、赵两国出兵之前出动军队，到两千里以外的地方作战无论是攻城还是野战，没有不为您冲锋在前的。齐国攻下两座城邑，割取河东，全都拿来献给大王。至此之后，秦国进攻魏国，齐国的军队未尝不会越过边境前来援救的。请问大王，您报答齐国的做法又是什么呢？韩珉位于楚国，距离齐国有三千里，大王因此来怀疑齐国，说齐国和秦国暗地里有交往。如今大王又任用齐国的相国薛公来做相国，把赵将韩徐当作上宾，把虞商尊为贵客，大王怎么能因此怀疑齐国呢？'

"魏王听了这话肯定会感到自己理亏，所以他一定会侍奉大王，而非常怨恨赵国。我希望大王逐渐了解魏国而不要厌恶它，请让我为您把魏国对魏国的怨恨转移到赵国去。希望大王您能在暗地里尊重赵国，不要让秦国知道大王您尊重赵国。如果秦国发现齐国尊重赵国的话，那么秦国也一定会尊重赵国。如果齐、秦两国都尊重赵国，我将见到燕、韩、魏三国也会尊重赵国，都不敢与赵国对抗。这样一来，五个国家共同来侍奉赵国，赵国又和秦国结成了联盟，那么赵国的地位一定会在齐国之上。所以，我想让大王使诸侯之间互相冲突，然后您再暗地里在中间调停。大王可派我使韩、魏、燕三国与赵国发生矛盾，派公玉丹从中调解；让赵国和韩、魏两国发生矛盾，再派我去从中进行调解；让韩、赵、魏三国和秦国发生矛盾，派顺子从中调解；让诸侯和楚国发生矛盾，派韩珉从中调解。这样一来，诸侯都会背弃秦国而来投靠大王，都不敢暗地里和秦国交往。大王与诸侯的邦交稳定以后，看与哪个国家关系好对大王有利，然后大王您再选择。"

五十一　齐将攻宋

齐将攻宋，而秦阴禁之。齐因欲与赵，赵不听。齐乃令苏秦说李兑，以攻宋①而定封焉。苏秦乃谓齐王②曰："臣之所以坚三晋以攻秦者，非以为齐得利秦之毁也，欲以使攻宋也。而宋置太子以为王，下亲其上而守坚，臣是以欲足下之速归休士民也。今太子走，诸善太子者，皆有死心。若复攻之，其国必有乱，而太子在外，此亦举宋之时也。

注释

①宋：战国时的中等国家，都彭城（地处今江苏徐州）。

②齐王：指齐闵王。

译文

　　齐国准备攻打宋国，而秦国在暗中阻止它。齐国因此想要联合赵国，但赵国不同意。齐国就派苏秦游说李兑，一起进攻宋国并确定李兑的封地。苏秦就对齐闵王说："我之所以坚持用三晋的兵力攻打秦国，并不是认为齐国可以在秦国的失败中得到什么好处，而是想以此便于攻打宋国。可是宋国让太子做了国君，百姓支持他们的国君且防守坚固，我因此想让您迅速撤兵回国使士兵得到休息。如今宋国太子逃亡，那些支持太子的人，都有战死的决心。如果再一次攻打它，宋国一定发生动乱，然而太子却在国外，这正是占领宋国的好时机。

　　"臣为足下说奉阳君曰：'君之身老矣，封不可不早定也。为君虑封，莫若于宋，他国莫可。夫秦人贪，韩、魏危，燕、楚辟①，中山之地薄，莫如于陶②。失今之时，不可复得已。宋之罪重，齐之怒深，残乱宋，得大齐，定身封，此百代之一时也。'奉阳君甚食之。虽得大封，齐无大异。

　　"臣愿足下之大发攻宋之举，而无庸致兵，以观奉阳君之应足下也。悬陶以甘之，循有燕以临之，而臣待忠之封，事必大成。臣又愿足下有地效于襄安君③以资臣也。足下果残宋，此两地之封也，足下何爱焉？若足下不得志于宋，与国④何敢望也。足下以此资臣也，臣循燕观赵，则足下击溃而决天下矣。"

注释

①辟：偏僻。

②陶：即定陶，宋国都邑，地处今山东定陶西北。

③襄安君：燕国公子，这时在齐国做人质。

④与国：即同盟国，指燕、赵两国。

译文

"我为您游说奉阳君说：'您年纪很大了，封地不可不早日确定下来。为您考虑封地，不如定在宋国，其他国家都不可以。秦国人贪婪，韩、魏两国因为靠近秦国就很危险，燕、楚两国偏僻，中山国的土地贫瘠，不如确定在陶地。如果失掉如今的时机，就不可能再得到了。宋国罪孽深重，齐国对它的恼怒很深，进攻混乱的宋国，使强大的齐国感激您，从而确定自己的封地，这是千百年来好的时机。'奉阳君很是喜欢我的这番话。他虽然得到了大的封地，但对齐国来说没有什么影响。

"我希望您发动对宋国的进攻，而不用等待赵国军队的到来，以此来看奉阳君如何对待您的举动的。您用封给他陶地去引诱他，加上有顺从齐国的燕国去威慑他，而我又拥封地来对他表示忠心，事情一定会取得很大成功。我希望您拿出一块土地献给襄安君来协助我的工作。您如果真能攻占宋国，这只是两块封地，您又何必吝啬呢？如果您不能攻占宋国，燕、赵两国也就没有什么奢望了。您用这两块土地来资助臣下，我使燕国顺从，同时让赵国旁观，那么您就可以打败残破的宋国，而宰割天下的命运了。"

五十二 五国伐秦无功

五国伐秦无功，罢于成皋。赵欲构于秦，楚与魏、韩将应之，齐弗欲。苏秦谓齐王①曰："臣以②为足下见奉阳君矣。臣谓奉阳君曰：'天下散而事秦，秦必据宋，魏冉必妒君之有陶也③。秦王贪，魏冉妒，则陶不可得已矣。君无构，齐必攻宋。齐攻宋，则楚必攻宋，魏必攻宋，燕、赵助之。五国据宋，不至一二月，陶必得矣。得陶而构，秦虽有变，则君无患矣。若不得已而必构，则愿五国复坚约。五国愿得赵，足下雄飞，与韩氏大吏东免④，齐王必无召哏也。使臣守约，若与有倍⑤约者，以四国攻之。无倍约者，而秦侵约，五国复坚而宾⑥之。今韩、魏与齐相疑也，若复不坚约而讲，臣恐与国之大乱也。齐、秦非复合也，必有踦重⑦者矣。复合与踦重者，皆非赵之利也。且天下散而事秦，是秦制天下也。秦制天下，将何以天下为？臣愿君之蚤计也。

注释

①齐王：指齐闵王。

②以：通"已"，已经。

③魏冉必妒君之有陶也：指秦国相国魏冉想得到陶地作为封邑，因此妒忌李兑得到陶地。

④免：通"勉"，勉励。

⑤倍：通"背"。下同。

⑥宾：通"摈"，排斥。

⑦踦（yǐ）重：偏重。

译文

韩、赵、魏、燕、齐五国联合攻打秦国，没有成功，便将军队驻扎在成皋。赵国想和秦国讲和，楚、魏、韩三国打算响应，但齐国不同意这样做。苏秦对齐王说："我已经为您会见奉阳君李兑了。我对奉阳君说：'各诸侯国都解散合纵联盟而去投靠秦国了，秦国必定会占据宋国，魏冉必然会妒忌您得到了陶邑。秦王贪婪，魏冉妒忌，因此您不可能得到陶邑了。如果您不和秦国讲和的话，齐国必然进攻宋国。齐国一旦进攻宋国，楚、魏两国也必然会进攻宋国，燕、赵两国亦会出兵相助。五国的军队联合起来进攻宋国，用不了两个月，一定会攻下陶邑。如果攻取陶邑之后，再和秦国和解，秦国即使有什么变故，那您也没有什么可忧虑的了。如果不得已一定要和秦国讲和的话，那么就希望五国能够坚守盟约。各诸侯国都与赵国亲善，您又雄壮有力，如果和韩国的重臣一起去勉励齐王，齐王就一定不会召回韩珉。您就让我来监守执行盟约，如果盟国中有背叛盟约的，就让其他四个国家攻打它。如果五国没有违背盟约，而秦国侵略同盟的国家，五国就坚守盟约而共同来抵抗秦国。如今韩、魏两国和齐国互相猜疑，如果五国不坚守盟约，而与秦国讲和的话，我担心盟国之间会发生大乱。齐、秦两国如果重新联合起来，那么各诸侯国要么偏重秦国，要么偏重齐国，无论如何，都会对赵国不利。而且诸侯国解散了合纵联盟去投靠秦国，那么秦国就能控制天下了。秦国一旦控制了天下，那么各诸侯国还能做什么呢？我希望您尽早考虑这件事。

　　'天下争秦，秦有六举，皆不利赵矣。天下争秦，秦王受负海之国①，合负亲之交，以据中国，而求利于三晋，是秦之一举也。秦行是计，不利于赵，而君终不得陶，一矣。

　　'天下争秦，秦王内韩珉于齐，内成阳君②于韩，相魏怀③于魏，复合衡交两王④，王贲、韩他⑤之曹皆起而行事，是秦之一举也。秦行是计也，不利于赵，而君又不得陶，二矣。

　　'天下争秦，秦王受齐受赵，三强三亲，以据魏而求安邑，是秦之一举也。秦行是计，齐、赵应之，魏不待伐，抱安邑而倍秦，秦得安邑之饶，魏为上交，韩必入朝秦，过赵已安邑矣，是秦之一举也。秦行是计，不利于赵，而君必不得陶，三矣。

注释

　　①负海之国：指齐国。

　　②内：通"纳"。成阳君：韩国的封君，亲秦派。

③魏怀：魏国人，亲秦派。

④两王：指燕、赵两王。

⑤王贲、韩他：皆为秦国臣子，主张对赵用兵。

译文

'各诸侯国都争着来侍奉秦国，秦国会有六种举动，都对赵国极为不利。诸侯竞相侍奉秦国，秦国会与齐国亲近，再与以前背叛的诸侯国恢复交往，这就控制了中原地区，那么就会向韩、赵、魏三国索取利益，这是秦国采取的第一个举动。秦国实行这个方案，会对赵国不利，您最终也得不到陶邑，这是其一。

'天下诸侯竞相侍奉秦国，秦王就会让韩珉去齐国，让成阳君到韩国，让魏怀去魏国做相国，恢复与赵、燕两国的连横阵线。同时，像王贲、韩他等人都会再度被起用，执掌大权，这是秦国一个举动。秦国实行这个方案，对赵国不利，而您还是得不到陶邑，这是其二。

'各国诸侯竞相侍奉秦国，秦王接受齐、赵两国，三个强国结成同盟以后，就会控制魏国而索取安邑，这是秦国的又一个举动。秦国实行这个方案，齐、赵两国都会响应，魏国等不到秦军进攻就会献出安邑来争取秦国的谅解，秦国取得安邑如此富饶的地方，又和魏国交好，那么韩国必定也要朝见秦国，秦国就会拿魏国献出安邑为借口，以此来威胁赵国也割让土地，这是秦国的一种举动。秦国实行这个方案，会对赵国不利，您也必然得不到陶邑，这是其三。

'天下争秦，秦坚燕、赵之交，以伐齐收楚，与韩珉而攻魏，是秦之一举也。秦行是计，而燕、赵应之。燕、赵伐齐，兵始用，秦因收楚而攻魏，不至一二月，魏必破矣。秦举安邑而塞女戟①，韩之太行绝，下轵道、南阳②而伐魏，绝韩，包二周，即赵自消烁矣。国烁于秦，兵分于齐，非赵之利也，而君终身不得陶，四矣。

'天下争秦，秦坚三晋之交攻齐，国破财屈，而兵东分于齐，秦按兵攻魏，取安邑，是秦之一举也。秦行是计也，君按救魏，是以攻齐之已弊，与秦争战也。君不救也，韩、魏焉免西合？国在谋之中，而君有终身不得陶，五矣。

'天下争秦，秦按为义，存亡继绝，固危扶弱，定无罪之君，必起中山与滕③焉。秦起中山与滕，而赵、宋同命，何暇言陶？六矣。故曰君必无讲，则陶必得矣。'奉阳君曰：'善。'乃绝和于秦，而收齐、魏以成取陶。"

注释

①女戟：魏国地区，在太行山西，接近韩国。

②轵：地名，魏国都邑，地处河南济源南。南阳：地区名，属于魏国，地处今河南济源至获嘉一带，以在太行山南而得名。

③滕：国名，地处今山东滕州东南，为宋国所灭。

译文

'天下诸侯竞相侍奉秦国，秦国加强与燕、赵两国的外交，并通过进攻齐国来拉拢楚国，与韩眠一起攻打魏国，这是秦国的又一举动。秦国实行这个方案，燕、赵两国响应。燕、赵两国去进攻齐国，战争刚一开始，秦国就会趁机联合楚国而进攻魏国，用不到一两个月，魏国肯定会被灭亡。秦国占领安邑，堵塞女戟，韩国在太行的道路就会被切断，秦军经轵道、南阳去进攻魏国，断绝韩国的后路，包围东周和西周，那么赵国就自然被削弱了。国家被秦国削弱，军队又去进攻齐国，这对赵国是不利的，而您会终身得不到陶邑，这是其四。

'天下诸侯竞相侍奉秦国，秦国就会使三晋联合去攻打齐国，国家残破而财力屈竭，兵力分散在东边对齐国的战事中，秦国就发兵攻打魏国，攻取安邑，这是秦国的一种举动。秦国采取这个计策，您要出兵援救魏国，就是攻打已经疲敝的齐国，就是在与秦国争战啊。您如果不去救援，韩、魏两国怎么能避免与西方联合呢？赵国在秦国的算计之中，而您又终身得不到陶地了，这是其五。

　　‘天下诸侯争相侍奉秦国，秦国便打出主持正义，保存亡国、延续灭绝的国家，稳定危国、扶持弱国、安定无罪的君主这样的幌子，必然会恢复中山和滕国，秦国让中山和滕国复兴，赵、宋两国就会面临同样的命运，怎么有时间谈到陶地呢？这是其六。所以说您一定不要讲和，那么陶地就必然会得到。’奉阳君说：‘很好。’于是就停止与秦国讲和，并拉拢齐、魏两国，以取得陶地。"

五十三　楼缓将使

　　楼缓①将使，伏事辞行，谓赵王②曰："臣虽尽力竭知，死不复见于王矣。"王曰："是何言也？固且为书而厚寄卿。"楼子曰："王不闻公子牟夷③之于宋乎？非肉不食。文张④善宋，恶公子牟夷，寅然⑤。今臣之于王，非宋之于公子牟夷也，而恶臣者过文张，故臣死不复见于王矣。"王曰："子勉行矣，寡人与子有誓言矣。"楼子遂行。后以中牟⑥反入梁。候者来言而王弗听，曰："昔已与楼子有言矣。"

注释

　　①楼缓：人名，赵国人，主张亲秦。
　　②赵王：指赵惠文王。
　　③公子牟夷：人名，宋国公子。
　　④文张：人名，事迹不详。
　　⑤寅然：一作"宋然之"。宋，指宋王。
　　⑥中牟：地名，赵国都邑，地处今河南鹤壁西。

译文

　　楼缓将要出使，领受任务后便辞行，对赵惠文王说："我虽然竭尽全力和智慧，但至死也不能再见到大王了。"赵惠文王说："这是什么话呢？我本来准备写个文书并对您寄予厚望。"楼缓说："大王您没有听说公子牟夷在宋国的情形吗？他没有肉就不吃饭。文张和宋王很要好，但文张讨厌公子牟夷，结果宋王摒弃了公子牟夷。如今我对于大王来说，不如宋王对公子牟夷，并且讨厌我的人超过文张，所以我至死也不能再见到大王了。"赵惠文王说："您尽力去做吧，寡我和您已立下誓言了。"楼缓于是就出发了。后来楼缓占据中牟造反，反叛投靠了魏国。侦察的人向赵王报告，赵王不相信，说："我已经和楼缓立下誓言了。"

五十四 虞卿谓赵王

虞卿①谓赵王曰："人之情，宁朝人乎？宁朝于人也？"赵王曰："人亦宁朝人耳，何故宁朝于人？"虞卿曰："夫魏为从主，而违者范座②也。今王能以百里之地，若万户之都，请杀范座于魏。范座死，则从事可移于赵。"赵王曰："善。"乃使人以百里之地，请杀范座于魏。魏王许诺，使司徒执范座而未杀也。

范座献书魏王曰："臣闻赵王以百里之地，请杀座之身。夫杀无罪范座，薄故也；而得百里之地，大利也。臣窃为大王美之。虽然，而有一焉，百里之地不可得，而死者不可复生也，则王必为天下笑矣。臣窃以为与其以死人市，不若以生人市也。"

注释

①虞卿：赵国相国。

②违：当作"成"。范座：魏国相国。

译文

虞卿对赵王说："人在一般情况下，是希望使者来朝见自己呢？还是愿意派遣使者去朝见别人呢？"赵惠文王说："人们都希望使者来朝见自己，怎么希望去朝见他人呢？"虞卿说："那么魏国作为合纵的领袖，使其成功是范座。如今大王若是能够用方圆百里的土地，或者以万户的城邑，请求魏国杀掉范座。范座一死，赵国就可以做合纵联盟的领袖。"赵惠文王说："好。"于是就派人以百里之地，向魏国请求杀掉范座。魏王答应了，派司徒逮捕了范座，却没有杀他。

范座向魏王呈献书信说："我听说赵王用方圆百里的土地，请求杀掉我。杀死无罪的我，这是小事；而得到方圆百里的土地，是很大的利益。我私下为大王赞同这件事。虽然这样，但仍然有一个问题，方圆百里的土地不能得到，而死去的人也不能复生，那么大王一定会被全天下人耻笑。我私下认为与其用死人做交易，不如用活着的人做交易。"

又遗其后相信陵君书曰："夫赵、魏，敌战之国也。赵王以咫尺之书来，而魏王轻为之杀无罪之座。座虽不肖，故魏之免相也，尝以魏之故，得罪于赵。夫国内无用臣，外虽得地，势不能守。然今能守魏者，莫如君矣。王听赵杀座之后，强秦袭赵之欲，倍赵之割，则君将何以止之？此君之累也。"信陵君曰："善。"遽言之王而出之。

译文

范座又给继任相国信陵君写信说："赵国、魏国是敌对交战的国家。赵王把一封短的书信送来，而魏王就要轻率地为他杀掉无罪的范座。我虽然不成器，却也是魏国免职的相国，我曾经因为魏国的缘故得罪了赵国。国内不能任用我，在国外虽然得到土地，势必不能守卫住。然而如今能守卫魏国的，非您莫属了。大王听信赵王的要求杀了我以后，强大的秦国就会采用与赵国相同的办法，就会比赵国加倍地要求割让土地，那么您将用什么办法去制止它呢？这就是您的麻烦。"信陵君说："好。"于是便报告魏王并释放了范座。

五十五　燕封宋人荣蚠为高阳君

燕封宋人荣蚠①为高阳君，使将而攻赵。赵王因割济东三城令卢、高唐、平原②陵地城邑市五十七，命以与齐，而以求安平君③而将之。

马服君谓平原君曰："国奚无人甚哉！君致安平君而将之，乃割济东三城市邑五十七以与齐，此与敌国战，复军杀将之所取，割地于敌国者也。今君以此与齐，而求安平君而将之，国奚无人甚也！且君奚不将奢也？奢尝抵罪居燕，燕以奢为上谷守，燕之通谷要塞，奢习知之。百日之内，天下之兵未聚，奢已举燕矣。然则君奚求安平君而为将乎？"平原君曰："将军释之矣，仆已言之仆主矣，仆主幸以听仆也。将军无言已。"

郡守，燕国通往上谷的要塞，我完全了解，百天之内，诸侯的兵还没集合起来，我就已经攻下了燕国。这样看来，那么您为什么要求得安平君而任命他为大将呢？"平原君说；"将军放弃这种想法吧，我已经对我的君王说过了，幸亏君王听了我的话。将军不要说了。"

马服君曰："君过矣！君之所以求安平君者，以齐之于燕也，茹肝涉血①之仇耶？其于奢不然。使安平君愚，固不能当荣蚠；使安平君知，又不肯与燕人战。此两言者，安平原必处一焉。虽然，两者有一也。使安平君知，则奚以赵之强为？赵强则齐不复霸矣。今得强赵之兵以杜燕，将旷日持久数岁，令士大夫余子②之力尽于沟垒，车、甲、羽毛③裂敝，府库、仓廪虚，两国交敝，乃引其兵而归。夫尽两国之兵，无明此者矣。"已而得三城也，城大无能过百雉④者，果如马服之言也。

注释

①涉血：喋血，指血流满地。

②余子：指大臣的庶子。

③羽毛：指羽旄旗。

④雉：古代城墙长三丈高一丈叫一雉。

译文

赵奢说："您错了！您之所以要求得安平君为将，难道是认为齐国跟燕国有食肝喋血的仇恨吗？这件事我认为不是这样。假如安平君愚蠢，那他本来就不能抵挡荣蚠；假如安平君聪明，那他又不肯与燕国人交战。我说的这两种情况，安平君必居其一。虽然这样，二者必居其一。假如安平君聪明，那么凭什么为赵国的强大进攻燕国呢？如果赵国强大了，齐国就不能再称霸了。如今安平君得到强大的赵国军队，用来抗拒燕国军队，一定会旷日持久花费几年时间，使士大夫庶子的力量，完全用在战壕营垒之中，使战车、铠甲、羽毛装饰的旗帜破裂，府库、粮仓空虚，燕、赵两国由于互相交战而实力削弱，于是安平君就会率兵回国。使两国军队耗尽力量，没有比这还要明白的道理了。"不久，安平君攻占了三座城市，可是没有一个能超过三百平方丈的，果然像赵奢说的那样。

五十六　三国攻秦

三国攻秦①，赵攻中山，取扶柳②，五年以擅呼沱③。齐人戎郭④。宋突谓仇郝⑤曰："不如尽归中山之新地。中山案此言于齐曰：'赵国将假道于卫，以遏章子⑥之路。'齐闻此，必效鼓。"

注释

①三国攻秦：指公元前298年，齐、韩、魏三国共同进攻秦国。

②扶柳：地名，中山都邑，地处今河北冀县西。

③呼沱：即滹沱河。

④郭：即下文鼓。齐国都邑，地处今河北晋县西。

⑤宋突：人名，赵国臣子，仇郝的门客。仇郝：人名，赵国臣子，曾为宋国相国。

⑥章子：人名，即齐国将领匡章。

译文

韩、齐、魏三国进攻秦国，赵国攻打中山，夺取了扶柳，五年以后，又控制了滹沱河一带。齐国人出兵守卫鼓地。宋突对仇郝说："您不如把新占领的土地全部归还给中山。中山国据此向齐国说：'赵国将要向卫国借道，以阻断章子进攻的道路。'齐国听到这件事，一定会献出鼓地的。"

五十七 赵使赵庄合从欲伐齐

赵使赵庄①合从欲伐齐，齐请效地，赵因贱赵庄。齐明为谓赵王②曰："齐畏从之合也，故效地。今闻赵庄贱，张瘈③贵，齐必不效地矣。"赵王曰："善。"乃召赵庄而贵之。

注释

①赵庄：人名，赵国将领。

②齐明：人名，东周国臣子。赵王：指赵武灵王。

③张瘈（qín）：人名，赵国臣子，反对合纵攻齐。

译文

赵国派赵庄组织合纵联盟，想要讨伐齐国。齐国请求献出土地以求和，赵国因此轻视赵庄。齐明为赵庄对赵武灵王说："齐国害怕各国合纵，所以献出土地。如今听说赵庄被轻视，而破坏合纵的张瘈却显贵了，齐国一定不会献出土地了。"赵武灵王说："好。"于是召见赵庄并使他显贵。

五十八 翟章从梁来

翟章①从梁来，甚善赵王。赵王三延之以相，翟章辞不受。田驷谓柱国韩向②曰："臣请为卿刺之。客若死，则王必怒而诛建信君③。建信君死，则卿必为相矣。建信君不死，以为交，终身不敝，卿因以德建信君矣。"

注释

①翟章：人名，魏国人。

②田驷：人名，事迹不详。柱国：官名，地位仅次于相。韩向：人名，赵国大臣。

③建信君：指赵孝成王相国。

　　瞿章从魏国来到赵国，与赵王聊得非常投机。赵王几次邀请他做相国，但瞿章都没有接受。田驷对柱国韩向说："请让我为您刺杀他。如果他死了，那大王必定会非常生气，从而处死建信君。建信君死了，您就可以做相国了。如果建信君不死，您就趁这个机会跟他结交，终生都不会衰败，您还能因此让建信君感激您。"

五十九　冯忌为庐陵君谓赵王

　　冯忌为庐陵君谓赵王①曰："王之逐庐陵君，为燕也？"王曰："吾所重者，无燕、秦也。"对曰："秦三以虞卿为言，而王不逐也。今燕一以庐陵君为言，而王逐之，是王轻强秦而重弱燕也。"王曰："吾非为燕也，吾固将逐之。""然则王逐庐陵君，又不为燕也。行逐爱弟，又兼无燕，臣窃为大王不取也。"

注释

　　①冯忌：人名，游说之士。庐陵君：指赵孝成王时封君。赵王：指赵孝成王。

译文

　　冯忌为庐陵君向赵孝成王说："大王您驱逐庐陵君，这是因为燕国对他有意见吗？"赵孝成王说："我所看重的，并不是燕、秦两国。"冯忌说："秦国多次提出对虞卿的意见，可是大王并没有驱逐他。如今燕国对庐陵君不满，大王就驱逐他，这是大王轻视强大的秦国而重视弱小的燕国。"赵孝成王说："我不是为了燕国，我本来就想驱逐他。"冯忌说："这样说来，大王驱逐庐陵君不是因为燕国。驱逐亲爱的弟弟，又加上无视燕国，我私下认为大王的做法是不可取的。"

六十　冯忌请见赵王

　　冯忌请见赵王^①，行人^②见之。冯忌接手俛^③首，欲言而不敢。王问其故，对曰："客有见人于服子^④者，已而请其罪。服子曰：'公之客独有三罪：望我而笑，是狎也；谈语不称师，是倍^⑤也；交浅而言深，是乱也。'

　　"客曰：'不然。夫望人而笑，是和也；言而不称师，是庸说也；交浅而言深，是忠也。昔者尧见舜于草茅之中，席陇亩而荫庇桑，阴移而受天下传。伊尹负鼎俎^⑥而干汤，姓名未著而受三公。使夫交浅者不可以深谈，则天下不传，而三公不得也。'"赵王曰："甚善。"冯忌曰："今外臣交浅而欲深谈可乎？"王曰："请奉教。"于是冯忌乃谈。

注释

①赵王：指赵孝成王。

②行人：官名，主管接见、聘问之事。

③俛：通"俯"。

④服子：人名，即孔子弟子宓（fú）子贱。服，通"宓"。

⑤倍：通"背"，背叛。

⑥伊尹：人名，商汤的臣子。鼎：古代烹煮食物的器具。俎（zǔ）：古代切肉用的砧（zhēn）板。

译文

　　冯忌请求拜见赵王，掌管外交事务的官员安排他拜见了赵王。冯忌拱手低头，想要说话而又不敢。赵王问他是什么原因，冯忌回答说："有个客人向宓子推荐一个人，不久他问宓子这人有什么过错。宓子说：'您的客人有三条过错：看着我发笑，这是轻视我；谈话不谈及老师，这是背叛师门；交情浅而言语深，这是在迷惑我。'

"客人说：'不是这样。看着人笑，这是和蔼；言谈不谈及老师，因为说的都是平凡的话；交情浅而言语深，这是对您忠诚。从前尧在草茅之中会见舜，就在田野设席坐在桑树的阴凉下，树荫移动而舜接受了尧禅让的天下。伊尹背着鼎俎谒见商汤，姓名还未显贵就接受了三公的职位。如果交情浅就不可以深谈，那么天下就无法禅让，并且三公的职位也不可能得到了。'"赵王说："说得非常好。"冯忌说："如今我和大王您交情浅而想深谈，可以吗？"赵王说："请您多多指教。"于是冯忌才谈了自己的意见。

六十一 客见赵王

客见赵王①曰："臣闻王之使人买马也，有之乎？"王曰："有之。""何故至今不遣？"王曰："未得相马之工也。"对曰："王何不遣建信君乎？"王曰："建信君有国事，又不知相马。"曰："王何不遣纪姬乎？"王曰："纪姬，妇人也，不知相马。"对曰："买马而善，何补于国？"王曰："无补于国。""买马而恶，何危于国？"王曰："无危于国。"对曰："然则买马善而若恶，皆无危补于国。然而王之买马也，必将待工。今治天下，举错非也，国家为虚戾，而社稷不血食，然而王不待工，而与建信君，何也？"赵王未之应也。客曰："燕郭之法，有所谓桑雍者，王知之乎？"王曰："未之闻也。"

客曰："燕郭之法②，有所谓柔痈者，王知之乎？"王曰："未之闻也。""所谓柔痈者，便辟③左右之近者，及夫人、优笑、孺子④也。此皆能乘王之醉昏，而求所欲于王者也。是能得之乎内，则大臣为之枉法于外矣。故日月晖于外，其贼在于内，谨备其所憎，而祸在于所爱。"

①赵王：指赵孝成王。

②燕郭之法：指"郭偃之法"。郭偃，春秋时期晋国人，辅佐晋文公变法。

③便辟（pián pì）：指国君左右的亲信小臣。

④孺子：年轻的美女。

译文

有个说客去拜见赵孝成王，说："我听说大王打算派人去买马，有这样的事情吗？"赵孝成王说："有这样的事。"说客说："那么为什么您到现在还没派人去买呢？"赵孝成王说："因为没有找到擅长相马的人。"说客又问："大王为什么不派建信君去呢？"赵孝成王说："建信君要处理国家大事，再说他也不懂相马。"说客说："大王为什么不派纪姬去呢？"赵孝成王说："纪姬是个女人，不懂得相马。"说客说："如果买来了马并且非常好，对国家有什么好处呢？"赵孝成王说："对国家没有什么影响。"说客说："那么买来不好的马，对国家又会造成什么危害呢？"赵孝成王说："对国家没有什么危害。"说客说："既然买来的马无论好还是坏，都对国家没什么益处或坏处。然而大王您买马却必定要等待一个擅长相马的人。如今大王如果治理国家的措施不恰当，国家将要变成废墟，而且社稷不稳，但是大王不等待善于治理国家的人，而把大权交给建信君，这是为什么呢？"赵孝成王没有什么话来回答了。

说客继续说道："郭偃之法有所谓'柔痈'的说法，大王您知道吗？"赵王说："我没听说过。"说客说："所谓'柔痈'，就是指您左右受宠幸的亲近之臣以及您的夫人、会调笑的人和年轻的美女。这些人都是能趁你酒酣耳热之际，向您提出自己非分要求的人。这些人的欲望如果能在宫中得到满足，那么大臣就能在外面为非作歹、贪赃枉法了。所以说，太阳和月亮的光芒照亮外面的世界，可它们的内部仍然有黑点。虽然人们十分谨慎地防备自己憎恶的人，可祸患却往往发生在自己所爱的人身上。"

传世·经典国学集

战国策

卷二十一 赵策四

523

六十二 秦攻魏

秦攻魏，取宁邑①，诸侯皆贺。赵王②使往贺，三反不得通。赵王忧之，谓左右曰："以秦之强，得宁邑，以制齐、赵。诸侯皆贺，吾往贺而独不得通，此必加兵我，为之奈何？"左右曰："使者三往不得通者，必所使者非其人也。有谅毅者，辨士也，大王可试使之。"

谅毅亲受命而往。至秦，献书秦王③曰："大王广地宁邑，诸侯皆贺，敝邑寡君亦窃嘉之，不敢宁居，使下臣奉其币物三至王廷，而使不得通。使若无罪，愿大王无绝其欢；若使有罪，愿得请之。"秦王使使者报曰："吾所使赵国者，小大皆听吾言，则受书币。若不从吾言，则使者归矣！"谅毅对曰："下臣之来，固愿承大国之意也，岂敢有难？大王若有以令之，请奉而行之，无所敢疑。"

注释

① 宁邑：即安邑，地处今山西夏县西北。
② 赵王：指赵惠文王。
③ 秦王：指秦昭王。

译文

秦国攻打魏国，夺取了宁邑，各诸侯都前去祝贺。赵惠文王也派使者前去祝贺，但使者往返三次都没有得到通报接见。赵惠文王因此很忧愁，对左右的人说："凭借秦国的强大，夺取宁邑以后，就可以控制齐、赵两国了。诸侯都去祝贺，我派往前去祝贺的使臣却得不到通报接见，秦国一定会攻打我们，这件事怎么办呢？"左右的人说："使者多次往返不能得到通报接见，一定是所派出的人不是适当的人选。有一个叫谅毅的，是个能言善辨的人，大王可以派他去试试。"

谅毅亲自接受赵王的命令前往秦国。到了秦国，便向秦王献上书说："大王扩大土地攻取了安邑，诸侯都来祝贺，敝国君王也私下为大王感到高兴，不敢安闲住着，便派使臣捧着礼物三次来到大王的宫廷，可是使者都没能得到通报召见。使臣如果没有罪过，希望大王不要断绝两国欢好的机会；如果使臣有罪，愿闻其详。"秦王派使者告诉谅毅说："我所要求赵国的，是大事小事都要听我的，如果这样做了，那么我就接受送来的书信财物。如果不听从我的话，那么使者就请回去吧！"谅毅回答说："我这次来，本来就希望接受大国的旨意，怎么敢难为大王呢？大王如果有什么吩咐，请允许我们奉命遵行，不敢有丝毫的怀疑。"

于是秦王乃见使者曰："赵豹、平原君数欺弄寡人，赵能杀此二人则可，若不能杀，请今率诸侯受命邯郸城下。"谅毅曰："赵豹、平原君，亲寡君之母弟也，犹大王之有叶阳、泾阳君[1]也。大王以孝治闻于天下，衣服之便于体，膳啖之嗛[2]于口，未尝不分于叶阳、泾阳君。叶阳君、泾阳君之车马衣服，无非大王之服御者。臣闻之：'有覆巢毁卵而凤凰不翔，刳胎焚夭[3]而麒麟不至。'今使臣受大王之令以还报，敝邑之君畏惧不敢不行，无乃伤叶阳君、泾阳君之心乎？"

秦王曰："诺。勿使从政。"谅毅曰："敝邑之君，有母弟不能教诲，以恶大国，请黜之，勿使与政事，以称大国。"秦王乃喜，受其币而厚遇之。

注释

①叶阳：即高陵君，名悝。泾阳君，名市（fú）。二人均为秦昭王同母弟。
②嗛：同"衔"。
③夭：指幼兽。

于是秦昭王才接见赵国使者，说："赵豹、平原君多次欺骗愚弄寡人。如果赵国能杀掉这两个人则罢，如果不能杀，我现在就率领诸侯在邯郸城下等待你们的命令。"谅毅说："赵豹、平原君，是我们君王的亲兄弟，就像大王有叶阳君、泾阳君两个弟弟一样。大王用孝治国闻名天下，凡是好的衣服和美味的饮食，没有什么不曾分给叶阳君、泾阳君的。叶阳君、泾阳君的车马衣服，没有不和大王相同的。我听说过这样的话：'鸟巢倾覆毁坏了鸟蛋，凤凰就不再飞来这里，剖开兽胎焚烧小兽，麒麟就不再来到这里。'如今使臣接受大王的命令回国向敝国君主报告，敝国君主就会因害怕不敢不执行，恐怕也要伤叶阳君、泾阳君的心吧？"

秦昭王说："好。那就不要让他们从事国家政事好了。"谅毅说："敝国的君主，对亲兄弟教导无方，惹恼了大国，请让我们贬黜他们，不让他们参与国家政事，以称大国的心愿。"秦王这才高兴，接受了谅毅带来的礼物，并用优厚的礼节接待了他。

六十三　赵使姚贾约韩、魏

赵使姚贾[1]约韩、魏，韩、魏以而反之。举茅为姚贾谓赵王[2]曰："贾也，王之忠臣也。韩、魏欲得之，故反之，将使王逐之，而己因受之。今王逐之，是韩、魏之欲得，而王之忠臣有罪也。故王不如勿逐，以明王之贤，而折韩、魏之招。"

注释

[1]姚贾：人名，魏国人，先后出仕赵、秦两国。
[2]举茅：人名，魏国人。赵王：指赵悼襄王。

译文

赵国派姚贾约结韩、魏两国，但韩、魏两国不久又背叛了赵国。举茅为姚贾对赵王说："姚贾是大王的忠臣。韩、魏两国都想要得到他，所以才背叛赵国，好让大王驱逐他，自己则趁机接纳他。如果大王现在驱逐姚贾，那么韩、魏两国的愿望就可以实现了，然而大王的忠臣却有了罪名。所以大王不如不驱逐姚贾，以表明大王的贤明，以此挫败韩、魏两国招收姚贾的企图。"

六十四　魏败楚于陉山

魏败楚于陉山[①]，禽唐明[②]。楚王[③]惧，令昭应奉太子以委和于薛公。主父欲败之，乃结秦连宋之交，令仇郝相宋，楼缓相秦。秦王离赵、宋，齐、楚之和卒败。

注释

①魏败楚于陉（xíng）山：指陉山之战，或作重丘之役。重丘：地名，楚国都邑，地处今河南泌阳东北。

②禽：同"擒"。唐明：人名，楚国将领。

③楚王：指楚怀王熊槐。

译文

魏国在陉山之战中打败了楚国，并擒获了楚将唐明。楚怀王感到很害怕，便命令昭应送太子到齐国孟尝君那里做人质讲和。赵武灵王想要破坏这件事情，于是就与秦、宋两国亲近，并派仇郝出任宋国相国，派楼缓出任秦国相国。秦王联合赵、宋两国，齐、楚两国的讲和最后以失败告终。

六十五　秦召春平侯

秦召春平侯[①]，因留之。世钧[②]为之谓文信侯曰："春平侯者，赵王[③]之所甚爱也，而郎中甚妒之，故相与谋曰：'春平侯入秦，秦必留之。'故谋而入之秦。今君留之，是空绝赵，而郎中之计中也。故君不如遣春平侯而留平都侯。春平侯者，言行于赵王，必厚割赵以事君，而赎平都侯。"文信侯曰："善。"因与接意而遣之。

注释

①春平侯：赵国封君，曾担任相国。
②世钧：人名，秦国人。
③赵王：指赵悼襄王，公元前244—前236年在位。

译文

秦国把赵国春平侯邀请到秦国，趁机将他扣留。世钧为春平侯对文信侯吕不韦说："春平侯是赵悼襄王宠爱的人，可是近侍官却很嫉妒他，所以他们互相谋划说：'让春平侯到秦国去，秦国一定会扣留他。'因此设计使他到了秦国。如今您扣留他，这是白白地断绝了秦国和赵国的关系，而且使近侍官的计策得以实现。所以您不如让春平侯回去，而扣留平都侯。春平侯回去后，在赵悼襄王那里一说就实行，一定多割让赵国的土地来讨好您，以赎回平都侯。"文信侯说："好。"因此盛情招待春平侯并让他返回赵国。

六十六　赵太后新用事

赵太后①新用事，秦急攻之。赵氏求救于齐。齐曰："必以长安君②为质，兵乃出。"太后不肯，大臣强谏。太后明谓左右："有复言令长安君为质者，老妇必唾其面。"

左师触龙③愿见太后。太后盛气而胥之。入而徐趋，至而自谢，曰："老臣病足，曾不能疾走，不得见久矣。窃自恕，而恐太后玉体之有所郄④也，故愿望见太后。"太后曰："老妇恃辇而行。"曰："日食饮得无衰乎？"曰："恃粥耳。"曰："老臣今者殊不欲食，乃自强步，日三四里，少益嗜食，和于身也。"太后曰：

"老妇不能。"太后之色少解。

传世·经典国学集

战国策

卷二十一·赵策四

529

注释

①赵太后：指赵孝成王母。

②长安君：指赵太后幼子，长安是其封号，不是地名。

③左师：指执政官。触龙：赵国臣子。

④郄：通"隙"。此处指身体不适。

译文

　　赵太后刚刚主持国政，秦国就加紧进攻赵国。赵国向齐国请求救援。齐国说："必须让长安君来齐国做质子，才会派兵。"赵太后不肯，大臣们都极力劝谏。赵太后明确地告诫左右的侍臣说："谁要是再提起让长安君做质子的事情，老婆子我一定吐他一脸唾沫。"

　　左师触龙对太后侍臣说他希望拜见太后，太后怒气冲冲地等着他。触龙刚走入殿内，就用快走的姿势慢慢地走着小步，到了太后面前道歉说："老臣的脚有毛病，所以不能快走，很长时间没能来拜见您了。我私下原谅了自己，但是又担心太后的贵体有什么不适，所以想来看望您。"太后说："我全靠坐车走动。"触龙说："您每天的饮食该不会减少吧？"太后说："就喝点粥罢了。"触龙说："老臣我近来特别不想吃东西，于是强迫自己走走，每天走三四里，稍微增加了点食欲，身体也舒适了点。"太后说："我做不到像您那样。"太后的脸色稍微有所缓和。

　　左师公曰："老臣贱息①舒祺，最少，不肖，窃爱怜之，愿令得补黑衣②之数，以卫王宫，没死③以闻。"太后曰："敬诺。年几何矣？"对曰："十五岁矣。虽少，愿及未填沟壑而托之。"太后曰："丈夫亦爱怜其少子乎？"对曰："甚于妇人。"太后笑曰："妇人异甚。"对曰："老臣窃以为媪之爱燕后④贤于长安君。"

曰:"君过矣,不若长安君之甚。"左师公曰:"父母之爱子,则为之计深远。媪之送燕后也,持其踵为之泣,念悲其远也,亦哀之矣。已行,非弗思也,祭祀必祝之,祝曰:'必勿使反。'岂非计久长,有子孙相继为王也哉?"太后曰:"然。"

左师公曰:"今三世以前,至于赵之为赵,赵主之子孙侯者,其继有在者乎?"曰:"无有。"曰:"微独赵,诸侯有在者乎?"曰:"老妇不闻也。""此其近者祸及身,远者及其子孙。岂人主之子侯则必不善哉?位尊而无功,奉厚而无劳,而挟重器多也。今媪尊长安君之位,而封之以膏腴之地,多予之重器,而不及今令有功于国,一旦山陵崩⑤,长安君何以自托于赵?老臣以媪为长安君计短也,故以为其爱不若燕后。"太后曰:"诺。恣君之所使之。"于是为长安君约车百乘质于齐,齐兵乃出。

子义⑥闻之曰:"人主之子也,骨肉之亲也,犹不能恃无功之尊,无劳之奉,而守金玉之重也,而况人臣乎?"

注释

①贱息:对自己子女的谦称。

②黑衣:卫士穿的衣服。此处借指侍卫。

③没死:冒死罪。

④媪:对老年妇女的尊称。燕后:指赵太后女,因嫁给燕王,故称燕后。

⑤山陵崩:对国君或王后之死的讳称。

⑥子义:赵国的贤人。

译文

左师公说:"犬子舒祺,年龄最小,不成器,可是老臣私底下又疼爱他,希望您能让他补充黑衣卫士的人数,来保卫王宫,我冒着死罪来禀告太后。"太后说:"我答应您。年龄多大了?"触龙回答:"十五岁了。虽然还小,但我想趁我未死之前把他托付给您。"太后说:"男人也疼爱小儿子吗?"触龙回答说："比妇人爱得厉害些。"太后笑着说："还是妇人疼爱小儿子更厉害。"触龙回答说："老臣私底下认为您疼爱燕后超过爱长安君。"太后说："您错了，比疼爱长安君差得远了。"左师公说："父母爱子女，就要为他们考虑得长远些。您送燕后出嫁时，她上了车还握着她的脚后跟为她哭泣，伤心她的远嫁，这也够伤心的了。送走以后，不是不想念她了，每逢祭祀您一定为她祈祷，祈祷说：'千万别让她回来啊。'这难道不是从长远考虑，希望她有子孙能相继为王吗？"太后说："是这样的。"

左师公说："从现在算起往上推三代，一直到赵氏建国的时候，赵王的子孙凡被封侯的，他们的子孙还有能继承爵位的吗？"太后说："没有了。"触龙又问："不仅是赵国，其他诸侯国君被封侯的子孙还后继有人吗？"太后说："我没有听说过。"触龙说："这些人祸患如果近的话，则本身遭祸，祸患来得晚的就会降临到子孙头上。难道国君的子孙做侯的就一定不好吗？因为他们地位高贵却没有功，俸禄优厚却没有劳，而且拥有的贵重宝器太多了啊。现在您把长安君的地位提得很高，并且把肥沃的土地封给他，还给他很多贵重的宝器，却不趁现在让他有功于国，一旦您百年之后，长安君凭什么在赵国立足呢？老臣认为您为长安君考虑得太短浅了，所以认为您对长安君的爱不如燕后。"太后说："您说得对。全凭您的安排。"于是为长安君备车一百辆，送他到齐国去做人质，齐国这才出兵。

子义听到这件事后说："国君的孩子，是国君的亲骨肉，尚且还不能凭靠无功的尊位，没有劳绩的俸禄，坐拥金玉宝器，更何况是人臣呢！"

六十七　秦使王翦攻赵

秦使王翦①攻赵，赵使李牧、司马尚②御之。李牧数破走秦军，杀秦将桓齮③。王翦恶之，乃多与赵王宠臣郭开等金，使为反间，曰："李牧、司马尚欲与秦反赵，以多取封于秦。"赵王疑之，使赵葱及颜最④代将，斩李牧，废司马尚。后三月，王翦因急击，大破赵，杀赵葱，虏赵王迁及其将颜最，遂灭赵。

注释

①王翦：人名，秦国名将。

②李牧：人名，赵国名将，被封为武安君。司马尚：人名，赵国将领。

③桓齮（yǐ）：人名，秦国将领。

④赵葱：人名，赵国将领。颜最：人名，本齐国将领，后出仕赵国。

译文

秦国派王翦去进攻赵国，赵国派李牧、司马尚率兵抵抗。李牧多次把秦军打得大败，并杀掉了秦国将领桓齮。王翦因此厌恶李牧，于是给赵王宠臣郭开等赠送很多金银钱财，让他在赵王面前挑拨离间，说："李牧、司马尚想要和秦国勾结一起反对赵国，以便从秦国取得更多的封地。"赵王于是怀疑李牧、司马尚，便派赵葱和颜最代替他们为将，后杀了李牧，罢弃了司马尚。三个月以后，王翦趁机加紧进攻赵国，大破赵军，杀了赵葱，俘虏了赵王迁及其将领颜最，于是灭了赵国。

卷二十二　魏策一

　　魏国（公元前403—前225年），为春秋战国时期诸侯国之一，也是战国七雄之一。姬姓，魏氏，始祖为毕万（毕公高之裔孙）。

　　三家分晋后，魏与赵、韩一起被周威烈王正式封为诸侯。魏国地处中央四战之地，忧患的环境和勃勃雄心使魏文侯成为战国最早推行变法图强的君主。他用翟璜为相，改革弊政；用乐羊为将，攻掠中山国；用李悝变法，教授法经，依法治国，魏国国力因此蒸蒸日上。

　　魏国领土曾包括现在山西南部、河南中北部、陕西东部、河北南部和江苏北部。西邻秦国，东隔淮水、颍水与齐国和宋国相邻，西南与韩国交错接界、南面有鸿沟与楚国接壤，北面则有赵国。魏国始都安邑（今山西夏县），公元前364年，魏惠王从安邑迁都大梁（今河南开封），此后的魏国又被称为梁国。

　　公元前334年魏惠王和齐威王在徐州会盟，互相承认对方为王，史称"徐州相王"。

　　在之后的争霸中，魏国"东败于齐，西丧秦地七百余里，南辱于楚"，公元前225年，为秦国所灭。

　　本策从"知伯索地于魏桓子"篇开始，至"秦王使人谓安陵君"篇结束，共4卷，83篇。

一　知伯索地于魏桓子

　　知伯索地于魏桓子①，魏桓子弗予。任章②曰："何故弗予？"桓子曰："无故索地，故弗予。"任章曰："无故索地，邻国必恐；重欲无厌，天下必惧。君予之地，知伯必憍③；憍而轻敌，邻国惧而相亲。以相亲之兵，待轻敌之国，知氏之命不长矣。《周书》

曰：'将欲败之，必姑辅之；将欲取之，必姑与之。'君不如与之，以骄知伯。君何释以天下图知氏，而独以吾国为知氏质④乎？"君曰："善。"乃与之万家之邑一。知伯大说，因索蔡、皋狼于赵，赵弗与，因围晋阳。韩、魏反于外，赵氏应之于内，知氏遂亡。

注释

①知伯：即智伯。魏桓子：人名，名驹。

②任章：人名，为魏桓子的相国。

③憍：同"骄"。

④质：箭靶，靶子。

译文

　　智伯向魏桓子索要土地，魏桓子不给。任章问他说："为什么不给他呢？"魏桓子说："他无缘无故来索要土地，所以不给他。"任章说："没有缘由就来索取土地，智伯的邻国一定会感到害怕；胃口太大又不知满足，天下诸侯都会担忧。如果您把土地给了智伯，智伯必定越发骄横；他一骄横就会轻敌，邻国害怕自然就会亲近联合。用相互团结的军队来抵御轻敌的国家，智伯肯定活不长了。《周书》上说：'想要打败他，一定要先帮助他；想要有所获取，一定要先给予。'所以您不如把土地给他，以便使他越来越骄横。您怎么能放弃和天下诸侯共同图谋智伯的机会，而使我国成为智伯进攻的对象呢？"魏桓子说："好。"于是就把一个有万户人家的城邑给了智伯。智伯很高兴，于是又向赵国索取蔡、皋狼两地，赵国不答应，智伯就围攻晋阳。这时韩、魏联军从国外反击，赵氏则从国内接应，智伯于是很快就灭亡了。

二　韩、赵相难

　　韩、赵相难。韩索兵于魏曰："愿得借师以伐赵。"魏文侯曰："寡人与赵兄弟，不敢从。"赵又索兵以攻韩，文侯曰："寡人与韩兄弟，不敢从。"二国不得兵，怒而反。已乃知文侯以讲于己也，皆朝魏。

译文

韩、赵两国彼此产生了仇怨。韩国向魏国借兵说："希望能够借些军队给我去讨伐赵国。"魏文侯说："我与赵国国君是兄弟，不敢从命。"赵国又向魏国借兵进攻韩国，魏文侯说："我与韩国国君是兄弟，不敢从命。"两个国家都没有借到军队，于是很气愤地回国了。之后，两国才知道魏文侯是以此来替自己讲和，便都来朝见魏国。

三　乐羊为魏将攻中山

乐羊①为魏将攻中山。其子在中山，中山之君烹其子而遗之羹，乐羊坐于幕下而啜之，尽一杯。文侯谓睹师赞②曰："乐羊以我之故，食其子之肉。"赞对曰："其子之肉尚食之，其谁不食！"乐羊既罢中山，文侯赏其功而疑其心。

注释

①乐羊：人名，魏国将领。
②睹师赞：人名，魏国臣子。

译文

乐羊作为魏国的将领攻打中山国。但当时他的儿子就在中山国内，中山国国君就把他的儿子煮成人肉羹送给他。乐羊就坐在军帐内端着肉羹喝了起来，一杯全喝完了。魏文侯对睹师赞说："乐羊因为我的缘故，竟吃了自己儿子的肉。"睹师赞却说："他连自己儿子的肉都吃了，还有谁的肉不敢吃呢！"乐羊攻占中山国之后，魏文侯虽然奖赏了他的战功，却也怀疑起了他的用心。

四 西门豹为邺令

西门豹为邺令①，而辞乎魏文侯。文侯曰："子往矣，必就子之功，而成子之名。"西门豹曰："敢问就功成名亦有术乎？"文侯曰："有之。夫乡邑老者而先受坐之士，子入而问其贤良之士而师事之，求其好掩人之美而扬人之丑者而参验之。夫物多相类而非也，幽莠之幼也似禾，骊牛②之黄也似虎，白骨疑象，武夫类玉。此皆似之而非者也。"

注释

①西门豹：人名，魏国臣子。邺：地名，魏国都邑，地处今河北临漳西南邺镇。

②骊牛：指黄黑色的牛。

译文

西门豹被任命为邺令，他向魏文侯辞行。魏文侯说："您去吧，一定能成就您的功业和美名。"西门豹说："冒昧地问一下，成就功名也有方法吗？"魏文侯说："有方法。对于那些乡邑里的老者，您就让他们先入座，然后访求其中贤良之士并尊其为师，再找一些喜欢掩盖别人优点而喜欢宣扬别人缺点的人来参照检验他们。事物总是似是而非，深色的狗尾草幼小的时候像禾苗，黑黄色的牛像虎，白骨往往被人错认为象牙，武夫石与美玉相类似。这些东西都是似是而非的。"

五 文侯与虞人期猎

文侯与虞人①期猎。是日饮酒乐，天雨。文侯将出，左右曰："今日饮酒乐，天又雨，公将焉之？"文侯曰："吾与虞人期猎，虽乐，岂可不一会期哉！"乃往，身自罢之。魏于是乎始强。

注释

①虞人：指管理山泽的小官。

译文

　　魏文侯和管理山泽的人约定好日子一起去打猎。到了这天，魏文侯喝酒喝得很高兴，天又下着雨。魏文侯准备出去赴约，左右的大臣说："今天饮酒非常快乐，天又下着雨，您准备到哪里去呢？"魏文侯说："我与管理山泽的人约好今天一同去打猎，虽然现在很快乐，难道就可以不去赴约吗！"于是便动身前往。魏国从此开始强盛起来。

六　魏文侯与田子方饮酒而称乐

　　魏文侯与田子方①饮酒而称乐。文侯曰："钟声不比乎？左高。"田子方笑。文侯曰："奚笑？"子方曰："臣闻之，君明则乐官，不明则乐音。今君审于声，臣恐君之聋于官也。"文侯曰："善，敬闻命。"

注释

①田子方：人名，名无择，学于子贡，为魏文侯之师。

译文

　　魏文侯和田子方一边饮酒一边谈论音乐。魏文侯说："钟声不协调了吧？左面的声音高。"田子方笑了起来。魏文侯说："您笑什么？"田子方说："我听说，英明的君主喜欢关心政事；不英明的国君就偏爱音乐。现在您对音乐辨别得很清楚，我唯恐您对政事而辨别不清。"魏文侯说："好，敬听您的教诲。"

七 魏武侯与诸大夫浮于西河

魏武侯与诸大夫浮于西河①，称曰："河山之险，岂不亦信固哉！"王错②侍坐，曰："此晋国③之所以强也。若善修之，则霸王之业具矣。"吴起④对曰："吾君之言，危国之道也；而子又附之，是重危也。"武侯忿然曰："子之言有说乎？"

吴起对曰："河山之险，不足保也；伯王之业，不从此也。昔者三苗之居，左彭蠡⑤之波，右有洞庭之水，文山⑥在其北，而衡山在其南。恃此险也，为政不善，而禹放逐之。夫夏桀之国，左天门⑦之阴，而右天谿⑧之阳，庐、皋⑨在其北，伊、洛⑩出其南。有此险也，然为政不善，而汤伐之。殷纣之国，左孟门而右漳、釜⑪，前带河，后被山。有此险也，然为政不善，而武王伐之。且君亲从臣而胜降城，城非不高也，人民非不众也，然而可得并者，政恶故也。从是观之，地形险阻，奚足以霸王矣！"

武侯曰："善。吾乃今日闻圣人之言也！西河之政，专委之子矣。"

注释

①魏武侯：名击，魏文侯之子。西河：指黄河流经魏国西部由北向南的一段。下文的"西河"则为郡名，地处今陕西东部黄河西岸地区。

②王错：人名，魏国臣子。

③晋国：指魏国。

④吴起：卫国人，战国时著名的军事家和政治家，时出仕魏国。

⑤彭蠡：古泽名，即今江西鄱阳湖。

⑥文山：即岷山，地处今四川松潘北。

⑦天门：即天井关，地处今山西晋城南。

⑧天谿：指黄河和济水。

⑨庐、皋：均为山名，地处今山西太原、交城一带。

⑩伊、洛：均为水名，地处今河南境内。

⑪孟门：指太行山的隘口，地处今河南修武北。漳、釜：均为水名。漳水地处今河南、河北分界处。釜，当作"滏"，即今河北南部滏阳河。

译文

魏武侯和大臣们乘船在西河上游玩，魏武侯赞叹道："河山如此险峻，边防难道不是很坚固吗！"大臣王错在旁边陪坐，说："这就是魏国强大的原因。如果再好好地治理它，那么我们魏国称霸天下的条件就具备了。"吴起回答说："我们国君所说的话，是危害国家的言论；但是您又附和他，这就更加危险了。"魏武侯气愤地说："你说的话有什么缘由吗？"

吴起回答说："河山险峻不足以保全国家，霸业亦从不在河山险要处产生。过去三苗居住的地方，左边有彭蠡湖，右面有洞庭湖，文山在它的北面，衡山在它的南面。虽然有这些天险可以依仗，可是政事治理不好，结果被大禹放逐。夏桀的国家，左面是天门山的北麓，右边是黄河和济水，庐山和皋山在北，伊水、洛水流经它的南面。尽管有这样的天险可以依靠，但是没有治理好国政，结果被商汤攻破了。殷纣的国家，左边有孟门山，右边有漳水和滏水，前面临黄河，后面靠着山。虽然有如此的天险，然而国家治理不好，遭到周武王的讨伐。再说，您曾经亲自率领我们攻陷了多少城邑，那些城的墙不是不高，百姓不是不多，然而能够攻破它们，那是因为它们所在国家的政治腐败。由此看来，地形险峻，怎么能成就霸业呢？"

魏武侯说："好。我今天才算是听到圣人的高论了！西河的政务，就全托付给您了。"

八　魏公叔痤为魏将

魏公叔痤①为魏将，而与韩、赵战浍②北，禽乐祚③。魏王说④，郊迎，以赏田百万禄之。公叔痤反走，再拜辞曰："夫使士卒不崩，直而不倚，挠而不辟者，此吴起余教也，臣不能为也。前脉形地之险阻，决利害之备，使三军之士不迷惑者，巴宁、爨襄⑤之力也。县赏罚于前，使民昭然信之于后者，王之明法也。见敌之可也鼓之，不敢怠倦者，臣也。王特为臣之右手不倦赏臣，何也？若以臣之有功，臣何力之有乎？"王曰："善。"于是索吴起之后，赐之田二十万，巴宁、爨襄田各十万。

王曰："公叔岂非长者哉！既为寡人胜强敌矣，又不遗贤者之后，不掩能士之迹，公叔何可无益乎？"故又与田四十万，加之百万之上，使百四十万。故《老子》曰："圣人无积，既以为人，己愈有；既以与人，己愈多。"公叔当之矣。

注释

①公叔痤：魏国大臣，曾为魏相。

②浍（huì）：水名，发源于河南，流入安徽。

③禽：同"擒"。乐祚：人名，赵国将领。

④魏王：指魏惠王。说：通"悦"。

⑤巴宁、爨（cuàn）襄：均为魏国将领。

译文

公叔痤做魏国的将领，同韩、赵两国在浍水北岸交战，擒获了赵将乐祚。魏惠王大喜，亲自到城郊迎接公叔痤，并赐田百万亩作为他的食禄。公叔痤却反身退走，然后拜了两拜辞谢说："能使士兵不溃散，勇往直前，强敌压己而不退却的，是吴起留下的教导，我是做不到的。在军队前观察地形的险阻艰难，判断有利有害加以防备，使三军士卒不迷惑的，是巴宁、爨襄二人的功劳。在战前悬赏罚，战后使百姓明白且无疑而信任的，是大王您圣明的法度。看见可以进攻敌人，击鼓进军不敢懈怠的，那才是我的职责。大王只是因为我的右手不懈怠而赏赐我，这是为什么呢？假如认为我有功，我又有什么功劳呢？"魏惠王说："好。"于是寻找吴起的后人，赏赐土地二十万亩，巴宁、爨襄受赏土地各十万亩。

魏惠王说："公叔痤难道不是一个有德行的人吗！他已经替我战胜了强大的敌人，又没有遗忘贤者的后代，不掩盖能士的功劳，公叔痤怎么能不得到赏赐呢？"所以又赏赐给他土地四十万亩，加上起初赏赐的土地一百万亩，共有土地一百四十万亩。所以《老子》中说："圣人没有积蓄，全力帮助他人，而自己才更富有；尽量给予别人，自己的财富才更多。"公叔痤应该就是这样的人啊。

九　魏公叔痤病

魏公叔痤病，惠王往问之，曰："公叔病，即不可讳，将奈社稷何？"公叔痤对曰："痤有御庶子公孙鞅[1]，愿王以国事听之也。为弗能听，勿使出竟[2]。"王弗应，出而谓左右曰："岂不悲哉！以公叔之贤，而谓寡人必以国事听鞅，不亦悖乎！"

公叔痤死，公孙鞅闻之，已葬，西之秦，孝公[3]受而用之。秦果日以强，魏日以削。此非公叔之悖也，惠王之悖也！悖者之患，固以不悖者为悖。

注释

①公孙鞅：卫国人，即商鞅，后入秦佐秦孝公变法。

②竟：通"境"。

③孝公：即秦孝公。

译文

魏国的公叔痤病得很重，魏惠王前去看望他，说："您病重，这已是无法避讳的了，国家应该怎么办呢？"公叔痤回答说："我有一个御庶子叫公孙鞅，希望大王在国事上听从他，如果办不到，一定不要让他离开魏国。"魏惠王没有回应，出来后对左右大臣说，"这难道不可悲吗！以公叔痤的贤能，却对我说在国事上一定要听从公孙鞅的，这不是很荒谬吗！"

公叔痤死了，公孙鞅听到后，埋葬完公叔痤，就向西去了秦国，秦孝公接纳并重用了他。秦国果然一天比一天强盛，魏国一天比一天削弱。这不是公叔痤痤昏聩，而是魏惠王的昏聩啊！昏聩者的毛病，本来就是把不昏聩的人看成是昏聩的。

十　苏子为赵合从

苏子为赵合从，说魏王曰：“大王之地，南有鸿沟、陈、汝南、许、鄢、昆阳、邵陵、舞阳、新郪①；东有淮、颍、沂、黄、煮枣、海盐、无疏②；西有长城之界；北有河外、卷、衍、酸枣③，地方千里。地名虽小，然而庐田庑舍之数，曾无所刍牧牛马之地。人民之众，车马之多，日夜行不休已，无以异于三军之众。臣窃料之，大王之国不下于楚。然横人谋④王，外交强虎狼之秦，以侵天下。卒有国患，不被其祸。夫挟强秦之势，以内劫其主，罪无过此者。且魏天下之强国也，大王天下之贤主也。今乃有意西面而事秦，称东藩，筑帝宫，受冠带，祠春秋，臣窃为大王愧之。

注释

①鸿沟：古运河。陈：地名，地处今河南淮阳。汝南：郡名，地处今河南南部汝水中游。许：地名，地处今河南许昌东。鄢：地名，地处今河南鄢陵。昆阳：地名，地处今河南叶县北。邵陵：地名，地处今河南郾城东。舞阳：地名，地处今河南舞阳西。新郪（qī）：地名，地处今河南沈丘东。

②淮、颍、沂、黄：均为水名。煮枣：地名。地处今山东菏泽东南。海盐、无疏：今地不详。

③河外：地区名，指黄河以南的魏国地区。卷：地名，地处今和安南原阳西。衍：地名，地处今河南郑州北。酸枣：地名，地处今河南延津西南。

④谋：引诱，诱惑。

苏秦为了赵国的合纵联盟去游说魏襄王说："大王的国土，南边有鸿沟、陈地、汝南、许地、鄢地、昆阳、召陵、舞阳、新郪；东边有淮水、颍水、沂水、外黄、煮枣、海盐、无疏；西面有长城边界；北面有河外、卷地、衍地、酸枣，国土纵横千里。国家的名声虽小，但房屋田舍十分密集，以至于没有放牧牛马的地方。百姓众多，车马成群，日夜奔驰不绝，其声势和三军进军一样。我私下里估计，大王的国力不亚于楚国。然而那些主张连横的人却劝说大王结交如虎狼一样残暴的秦国，并和它一起侵犯天下各国。一旦国家因此遭受祸患，他们又不肯为您分忧。他们依仗强秦的势力，在国内胁迫自己的君主，所犯下的罪过没有比这更严重的了。再说魏国是天下的强国，大王是天下贤明的君主。如今却甘心向西服事秦国，自称是秦国东方的属国，建筑秦帝行宫，接受秦的封赏，春秋两季给它进贡助祭，我私底下替大王惭愧。

"臣闻越王勾践以散卒三千，禽夫差于干遂①；武王卒三千人、革车三百乘，斩纣于牧之野。岂其士卒众哉？诚能振其威也。今窃闻大王之卒，武力②二十余万，苍头③二千万，奋击④二十万，厮徒⑤十万，车六百乘，骑五千匹，此其过越王勾践、武王远矣！今乃劫于辟臣之说，而欲臣事秦。夫事秦必割地效质，故兵未用而国已亏矣。凡群臣之言事秦者，皆奸臣，非忠臣也。夫为人臣，割其主之地以求外交，偷取一旦之功而不顾其后，破公家而成私门，外挟强秦之势以内劫其主，以求割地，愿大王之熟察之也。

"《周书》⑥曰：'绵绵不绝，缦缦⑦奈何？毫毛不拔，将成斧柯⑧。'前虑不定，后有大患，将奈之何？大王诚能听臣，六国从亲，专心并力，则必无强秦之患。故敝邑赵王使使臣献愚计，奉明约，在大王诏之。"魏王曰："寡人不肖，未尝得闻明教。今主君以赵王之诏诏之，敬以国从。"

注释

①禽：同"擒拿"。夫差：人名，春秋末期吴国的君主。干遂：地名，地处江苏吴县西北。

②武力：指魏国按照严格标准选拔的步兵。

③苍头：用青色头巾裹头的特殊部队。

④奋击：能奋勇杀敌的战士。

⑤厮徒：指军中杂役。

⑥《周书》：书名，即《逸周书》。

⑦缦缦：蔓延滋长的样子。

⑧柯：指斧柄。

译文

我听说越王勾践靠着三千残兵败将，在干隧擒获了吴王夫差；周武王也仅有三千士兵、三百辆战车，在牧野斩杀了商纣王。这难道是他们士兵多吗？其实是他们能振奋自己的兵威。如今我听说大王的兵力有训练有素的士兵二十万，青布裹头的士兵二十万，奋勇杀敌的战士二十万，杂役部队十万，还有六百辆战车，战马五千匹，这肯定远远超过越王勾践和武王的力量了！如今您却迫于谀臣的邪说，想要臣服于秦国。事奉秦国，一定得割让土地送上人质，因此军队还没用上而国家的元气就已经亏损了。群臣之中凡是主张事奉秦国的人，都是奸臣，绝对不是忠臣。作为人臣却割让君主的土地与外国勾结，窃取一时的功名和好处，却不顾及后患，损害国家的利益而去满足个人的私利与欲望，在国外仰仗强秦的威势，在国内胁迫自己的君主割让土地。希望大王慎重考虑。

"《周书》中说：'除草，如果在微弱时不及早斩断，等其长大后还能拿它怎么办呢？幼苗的时候如果不抓住时机将它铲除，等其将来长大了就要用斧头砍了。'事先不能考虑成熟，事后就会有大祸等着，到那时又该怎么办呢？如果大王真的能听从我的建议，使六国合纵相亲，齐心合力，那么必然不会遭受强秦的侵犯。因此敝国国君赵王派我来进献愚计，奉上盟约，全听凭大王的诏令。"

魏王说："我不贤能，以前从未听过这样高明的指教。今天您用赵王的诏令来教导我，我愿意以我的国家来听从您的建议。"

十一　张仪为秦连横

张仪为秦连横，说魏王曰："魏地方不至千里，卒不过三十万人。地四平，诸侯四通，条达辐辏，无有名山大川之阻。从郑至梁，不过百里；从陈至梁，二百余里。马驰人趋，不待倦而至梁。梁南与楚境，西与韩境，北与赵境，东与齐境，卒戍四方，守亭障者参列，粟粮漕庚^①，不下十万。魏之地势，故战场也。魏南与楚而不与齐，则齐攻其东；东与齐而不与赵，则赵攻其北；不合于韩，则韩攻其西；不亲于楚，则楚攻其南。此所谓四分五裂之道也！

注释

①漕庚：指储存水路运输的粮仓。

译文

张仪为秦国推行连横政策，去游说魏王说："魏国的领土方圆不到一千里，士兵不超过三十万人。四周地势平坦，和四方诸侯交通便利，犹如车轮辐条都集聚在车轴上一样，境内没有高山深川的阻隔。从郑国到魏国，不过百里；从陈地到魏国，也只有二百里。人奔马跑，还没等到疲倦就到了魏国。魏国南边与楚国接壤，西边与韩国接壤，北边与赵国接连，东边与齐国相邻，军队戍守四方，守境的小亭和屏障参差排列，运粮的河道和储米的粮仓，不少于十万。魏国的地势，本来就是适合作战的地方。如果魏国向南亲近楚国而不亲近齐国，那齐国就会进攻魏国的东面；向东亲附齐国而不亲附赵国，那赵国就会由进攻魏国的北面；不和韩国联合，那么韩国就会攻打魏国的西面；不和楚国亲善，那么楚国就会攻打魏国的南面。这就是人们所说的四分五裂的地势。

"且夫诸侯之为从者，以安社稷、尊主、强兵、显名也。合从者，一天下，约为兄弟，刑白马以盟于洹水①之上，以相坚也。夫亲昆弟、同父母，尚有争钱财，而欲恃诈伪反覆苏秦之余谋，其不可以成亦明矣。大王不事秦，秦下兵攻河外，拔卷、衍、燕②、酸枣，劫卫取阳晋③，则赵不南；赵不南则魏不北，魏不北则从道绝；从道绝，则大王之国欲求无危，不可得也。秦挟韩而攻魏，韩劫于秦，不敢不听。秦、韩为一国，魏之亡可立而须也。此臣之所以为大王患也。为大王计，莫如事秦。事秦则楚、韩必不敢动；无楚、韩之患，则大王高枕而卧，国必无忧矣。

✦注释

①洹水：水名。在河南省北境，今名安阳河。源出林县，东流经安阳市到内黄县入卫河。

②燕：地名，指古南燕国，地处今河南滑县。

③阳晋：地名，卫国都邑，地处今山东巨野西。

✦译文

"况且诸侯组织合纵阵线，目的是为了使社稷安定，君主尊贵，兵力强大，名声显赫。现在合纵的国家想要联合诸侯，统一天下，结为兄弟，在洹水之滨宰杀白马歃血为盟，以示相互坚守信约。然而同一父母所生的亲兄弟之间，尚且还会发生争夺钱财的事情，而却想依靠欺诈虚伪、反复无常的苏秦所残留下来的计策，这个政策不可能成功是很明显的了。如果大王不侍奉秦国，秦国就会派出军队进攻河外，攻占卷、衍、燕、酸枣等地，胁迫卫国并夺取阳晋，那么赵国就无法南下去支援魏国；赵国不能南下支援，那么魏国就不能北上联合赵国；魏国不能联络赵国，那么合纵的盟约就中断了。合纵盟约一旦中断，那么大王想要自己的国家没有危险，那是不可能的。秦国如果挟制韩国来攻打魏国，韩国迫于秦国的压力，不敢不听从。秦、韩两国联合，那魏国的灭亡就在眼前了。这就是我为大王担心的地方啊。我为大王考虑，您不如侍奉秦国。侍奉了秦国，那么楚、韩两国就一定不敢轻举妄动；没了楚、韩两国的祸患，大王就可以高枕无忧了，国家也一定不会有什么可以忧患的了。

"且夫秦之所欲弱莫如楚，而能弱楚者莫若魏。楚虽有富大之名，其实空虚；其卒虽众多，然而轻走易北，不敢坚战。悉魏之兵南面而伐，胜楚必矣。夫亏楚而益魏，攻楚而适秦，嫁祸安国，此善事也。大王不听臣，秦甲出而东，虽欲事秦而不可得也。且夫从人多奋辞而寡可信，说一诸侯之王，出而乘其车；约一国而反，而成封侯之基。是故天下之游士，莫不日夜搤腕、瞋目、切齿以言从之便，以说人主。人主览其辞，牵其说，恶得无眩哉？臣闻积羽沉舟，群轻折轴，众口铄金，故愿大王之熟计之也！"

魏王曰："寡人蠢愚，前计失之。请称东藩，筑帝宫，受冠带，祠春秋，效河外。"

译文

"再说，秦国想要削弱的国家是楚国，而最能削弱楚国的就是魏国。楚国虽然有富足强大的名声，但实际上却很空虚；它的士兵的人数虽然多，但大部分容易逃跑败退，不敢打硬仗。如果出动全部魏国军队向南讨伐，必定能战胜楚国。让楚国吃亏而魏国得到好处，攻打楚国而取悦秦国，把灾祸转嫁给别的国家，从而安定自己的国家，这是一件很好的事。大王如果不听取我的意见，秦兵出动向东攻打魏国，那时即使魏国想归顺也不可能了。况且那些主张合纵的人，大都夸大其词、不可信赖，他们游说一个君主，出来就乘坐那个君主赏赐的车子；联合一个诸侯反抗秦国，他就有了封侯的资本。因此天下游说之士，随时随地都在捏着手腕、瞪着眼睛、咬牙切齿地宣扬合纵的好处，以博得君王的欢心。君王们观览并听取了他们的言辞，被他们的空话牵动，怎么能不头昏目眩呢？我听说羽毛堆积多了也可以压沉船只，轻的东西装多了也可以压断车轴，众口一词足以熔化金属，所以请大王仔细考虑这个问题。"

魏王说："我太过愚蠢，以前采取的策略是错误的。我愿意做秦国东方的藩臣，为秦王修建行宫，接受秦国的封赏，春、秋两季贡献祭品，并献上河外的土地。"

十二　齐、魏约而伐楚

　　齐、魏约而伐楚，魏以董庆[1]为质于齐。楚攻齐，大败之，而魏弗救。田婴怒，将杀董庆。盱夷[2]为董庆谓田婴曰："楚攻齐，大败之，而不敢深入者，以魏为将内之于齐而击其后。今杀董庆，是示楚无魏也。魏怒合于楚，齐必危矣。不如贵董庆以善魏，而疑之于楚也。"

注释

　　[1]董庆：人名，魏国臣子。
　　[2]盱（gàn）夷：人名，齐国臣子。

译文

　　齐、魏两国约定一同讨伐楚国，魏国把董庆送到齐国作为人质。楚国进攻齐国，打败了齐国，但魏国却不去救援。田婴大怒，将要杀了董庆。盱夷为救董庆对田婴说："楚国进攻齐国，打败了齐国而不敢深入的原因，是认为魏国将要使楚军深入到齐军腹地，然后从后方截击它。现在杀死董庆，是向楚国表示齐、魏两国断绝了关系。魏国恼怒而去和楚国联合，齐国必定就危险了。您不如使董庆地位尊贵，以此求好于魏国，从而又迷惑了楚国。"

十三　苏秦拘于魏

　　苏秦拘于魏，欲走而之齐，魏氏闭关而不通。齐使苏厉为之谓魏王曰："齐请以宋地封泾阳君，而秦不受也。夫秦非不利有齐而得宋地也，然其所以不受者，不信齐王①与苏秦也。今秦见齐、魏之不合也，如此其甚也，则齐必不欺秦，而秦信齐矣。齐、秦合而泾阳君有宋地，则非魏之利也。故王不如复东苏秦，秦必疑齐而不听也。夫齐、秦不合，天下无变，伐齐成则地广矣。"

注释

①齐王：指齐闵王。

译文

　　苏秦被魏国扣押，想要离开逃到齐国去，但是魏国关闭关口不让他出去。齐国便派苏厉替他对魏王说："齐国请求把宋国的土地封给泾阳君，而秦国没有接受。有齐国的帮助而得到宋国的土地对秦国并非不利，然而秦国之所以没有接受齐国的请求，是不相信齐王和苏秦。现在秦国看到齐、魏两国不和，已经到了如此地步，那么齐国一定不欺骗秦国，而秦国也会信任齐国了。齐、秦两国联合而泾阳君又享有宋国土地，这对魏国绝不会有利了。所以大王不如让苏秦回到东面的齐国，秦国必然会怀疑齐国而不相信它。齐、秦不和，诸侯的关系就没有变化，大王讨伐齐国就可以成功了，您的土地也可以扩大了。"

十四　陈轸为秦使于齐

　　陈轸为秦使于齐，过魏求见犀首①，犀首谢陈轸。陈轸曰："轸之所以来者，事也。公不见轸，轸且行，不得待异日矣。"犀首乃见之。陈轸曰："公恶事乎？何为饮食而无事？"犀首曰："衍不肖，不能得事焉，何敢恶事？"陈轸曰："请移天下之事于公。"犀首曰："奈何？"陈轸曰："魏王使李从②以车百乘使于楚，公可以居其中而疑之。公谓魏王曰：'臣与燕、赵故矣，数令人召臣也，曰无事必来。今臣无事，请谒而往，无久，旬五之期。'王必无辞以止公。公得行，因自言于廷曰：'臣急使燕、赵，急约车为行具。'"犀首曰："诺。"谒魏王③，王许之，即明言使燕、赵。

注释

①犀首：指公孙衍。

②李从：人名，魏国臣子。

③魏王：指魏惠王。

译文

陈轸为秦国出使齐国，路过魏国要求拜见公孙衍，公孙衍拒绝了陈轸。陈轸说："我之所以来，是有事情。您既然不见我，我就要走了，不可能再等了。"公孙衍才会见了他。陈轸说："您讨厌政事吗？为什么只是吃吃喝喝而不处理政事呢？"公孙衍说："我无能，不能得到事情，怎么敢厌恶政事呢？"陈轸说："请允许我把天下的政事都移交给您。"公孙衍说："那该怎么办呢？"陈轸说："魏王派李从率车百辆到楚国出使，您可以从中使魏王怀疑他。您可以对魏王说：'我与燕、赵两国国君是故交，他们屡次派人邀请我，说没事时一定要来。现在我无事可做，请允许我前去拜见他们，不会去很久，只要十五天。'魏王一定没有借口来阻止您。您能够出行了，就在朝廷上公开说：'我有急事出使燕、赵两国，急需准备车辆整治行装。'"公孙衍说："好吧。"于是就去拜见了魏王，魏王答应了他，于是他明确声明要出使燕、赵两国。

诸侯客闻之，皆使人告其王曰："李从以车百乘使楚，犀首又以车三十乘使燕、赵。"齐王①闻之，恐后天下得魏，以事属犀首，犀首受齐事。魏王止其行。燕、赵闻之，亦以事属犀首。楚王②闻之曰："李从约寡人，今燕、齐、赵皆以事因犀首，犀首必欲寡人，寡人欲之。"乃倍李从而以事因犀首。魏王曰："所以不使犀首者，以为不可。今四国属以事，寡人亦以事因焉。"犀首遂主天下之事，复相魏。

注释

①齐王：指齐威王。
②楚王：指楚怀王。

译文

各诸侯国在魏国的人员听说了这件事，都派人告诉他们的国君说："李从率车百辆出使楚国，而公孙衍又率车三十辆出使燕、赵两国。"齐王听说后，唯恐结交魏国晚于其他诸侯，就把齐国的政事委托给公孙衍，公孙衍接受了齐国的政事。但这时魏王制止了公孙衍的出行。燕、赵两国听说后，也把政事交给了公孙衍。楚王听说后说："李从同我订了约，现在燕、齐、赵三国都把政事交给了公孙衍，公孙衍一定也想为我做事，我也想任用他。"于是背弃了李从，而把政事交给了公孙衍。魏王说："我之所以不派公孙衍出使的原因，是以为他不能胜任政事。如今四个国家把政事交给他，我也就把政事交给他吧。"公孙衍于是掌管了天下的政事，又再次担任了魏国的相国。

十五　张仪恶陈轸于魏王

张仪恶陈轸于魏王[①]曰："轸善事楚，为求壤地也，甚力。"左华[②]谓陈轸曰："仪善于魏王，魏王甚爱之。公虽百说之，犹不听也。公不如以仪之言为资，而反于楚。"陈轸曰："善。"因使人先言于楚王[③]。

注释

①魏王：指魏惠王。

②左华：人名，魏国人。

③楚王：指楚怀王。

译文

张仪在魏王面前中伤陈轸说："陈轸对楚国很友好，为楚国求取土地非常卖力。"左华对陈轸说："张仪同魏王亲近，魏王特别偏爱他。您即使百般解释，魏王还是不会听您的。您不如把张仪的话作为凭借，而报告给楚王。"陈轸说："好。"于是派人先向楚王说了张仪的那番话。

十六　张仪欲穷陈轸

张仪欲穷陈轸，令魏王召而相之，来将悟之。将行，其子陈应止其公之行，曰："物之湛者，不可不察也！郑彊①出秦曰，应为知。夫魏欲绝楚、齐，必重迎公。郢中不善公者，欲公之去也，必劝王多公之车。公至宋，道称疾而毋行，使人谓齐王曰：'魏之所以迎我者，欲以绝齐、楚也。'"

齐王曰："子东，无之魏而见寡人也，请封子。"因以鲁侯之车迎之。

注释

①郑彊：人名，本为郑国人，韩国灭郑国后，成为韩国人。

译文

张仪想使陈轸陷入困境，就让魏王召他来做相国，准备在他来魏国之后将他囚禁。陈轸准备出发的时候，他的儿子陈应阻止自己的父亲出行，说："此事谋划得很深，不可以不详察啊！郑彊离开秦国说的话，我是知道的。魏国想断绝楚、齐两国的联盟，一定会非常隆重地欢迎您。楚国郢都中同您不友好的人，本来就想要让您离开，一定会劝说楚王多给您出使的车辆。您到了宋国，途中称病不再前行，派人对齐王说：'魏国迎接我的原因，是想要断绝齐、楚两国的联盟。'"

齐王说："您如果向东，不去魏国而来看望寡人，请让我封赏您。"于是便用鲁侯的车去迎接陈轸。

十七　张仪走之魏

张仪走之魏，魏将迎之。张丑[①]谏于王，欲勿内，不得于王，张丑退。复谏于王曰："王亦闻老妾事其主父者乎？子长色衰，重嫁而已。今臣之事王，若老妾之事其主父者。"魏王因不纳张仪。

注释

①张丑：人名，曾为齐国臣子。

译文

张仪离开秦国到魏国去，魏王准备迎接他。张丑对魏王进谏，想让魏王不接纳张仪，没能得到魏王的同意，张丑便退下。然后他再次向魏王进谏说："大王也听说过老妾侍奉主父的事吧？当她年长色衰，只好再嫁罢了。我如今侍奉大王，就像老妾侍奉主父一样。"魏王于是没有接纳张仪。

十八　张仪欲以魏合于秦、韩而攻齐、楚

张仪欲以魏合于秦、韩而攻齐、楚。惠施欲以魏合于齐、楚以案兵。人多为张子于王所。惠子谓王曰："小事也，谓可者谓不可者正半，况大事乎？以魏合于秦、韩而攻齐、楚，大事也，而王之群臣皆以为可。不知是其可也，如是其明耶？而群臣之知术也，如是其同耶？是其可也，未如是其明也，而群臣之知术也，又非皆同

也，是有其半塞也。所谓劫主者，失其半者也。”

　　张仪想以魏国联合秦、韩两国去打齐、楚两国。惠施想以魏国同齐、楚两国联合起来而按兵不动。很多人都到魏王那里替张仪说话。惠施对魏王说："就算是一件小事，说可以做的和说不可以做的恰好各占一半，更何况是大事呢？主张魏国与秦国、韩国联合起来去进攻齐、楚两国，是件大事，而大王的群臣都认为可以做。不知这件事是否可行，难道是很清楚了吗？莫非群臣知道的治国之术，竟如此相同吗？这件事是否可行，并没达到如此清楚的程度，而群臣知道的治国之术，又并非完全相同，可见其中有一半人是糊涂不明的。所谓的能够威胁君王的，就是君王将失策于这一半糊涂人的诡辩之上。"

十九　张子仪以秦相魏

　　张子仪以秦相魏，齐、楚怒而欲攻魏。雍沮①谓张子曰："魏之所以相公者，以公相则国家安，而百姓无患。今公相而魏受兵，是魏计过也。齐、楚攻魏，公必危矣。"张子曰："然则奈何？"雍沮曰："请令齐、楚解攻。"

　　雍沮谓齐、楚之君②曰："王亦闻张仪之约秦王③乎？曰：'王若相仪于魏，齐、楚恶仪，必攻魏。魏战而胜，是齐、楚之兵折，而仪固得魏矣；若不胜，魏必事秦以持其国，必割地以赂王。若欲复攻，其敝不足以应秦。'此仪之所以与秦王阴相结也。今仪相魏而攻之，是使仪之计当于秦也，非所以穷仪之道也。"齐、楚之王曰："善。"乃遽解攻于魏。

　　①雍沮：人名，魏国人，张仪的门客。
　　②齐、楚之君：指齐宣王和楚怀王。

③秦王：指秦武王。

张仪凭借秦国的势力在魏国任相国，齐、楚两国很愤怒，想要攻打魏国。雍沮对张仪说："魏国之所以让您做相国，是认为您做相国，国家就可以安宁，百姓就可以没有祸患。如今您做相国，魏国却遭受兵祸，这说明魏国的打算错了。倘若齐、楚进攻魏国，您的处境就很危险了。"张仪说："那该怎么办呢？"雍沮说："请让我去劝说齐、楚两国放弃攻打魏国。"

于是雍沮就去对齐、楚君主说："大王听说张仪和秦武王订立密约的事吗？张仪说：'大王如果能让我到魏国做相国，齐、楚两国恨我，必定会攻打魏国。若是魏国胜利了，齐、楚两国的兵力就会受损失，我就顺理成章出任魏相；若是魏国不能战胜齐、楚，魏国一定会选择投靠秦国来保全自己的国家，必然割地给大王。这时齐、楚两国想要再进攻魏国，但它们的士兵已十分疲惫了，不能与秦国对抗。'这就是张仪和秦王暗中商量好的。现在张仪做了魏国相国，你们就去攻打魏国，会使张仪的计谋得以实现，这不是困厄张仪的办法。"齐、楚两国的君主都说："对。"于是立即放弃了进攻魏国。

二十　张仪欲并相秦、魏

张仪欲并相秦、魏，故谓魏王①曰："仪请以秦攻三川，王以其间约南阳，韩氏必亡。"史厌谓昭鱼②曰："公何不以楚佐仪求相之于魏，韩恐亡，必南走楚。仪兼相秦、魏，则公亦必并相楚、韩也。"

①魏王：指魏惠王。
②史厌：人名，事迹不详。昭鱼：人名，楚国人，曾为韩国相国。

译文

张仪想要同时兼任秦、魏两国的相国，因此对魏王说："我请求秦国出兵攻打韩国的三川郡，大王趁这个时候向韩国索要南阳，那么韩国就灭亡了。"史厌对昭鱼说："您为什么不依靠楚国来帮助张仪从魏国取得相位，韩国害怕灭亡，一定会向南投奔楚国。张仪兼做秦、魏国两国相国，那么您也会兼做楚、韩两国的相国了。"

二十一 魏王将相张仪

魏王将相张仪，犀首弗利，故令人谓韩公叔[1]曰："张仪以合秦、魏矣。其言曰：'魏攻南阳，秦攻三川，韩氏必亡。'且魏王所以贵张子者，欲得地也，则韩之南阳举矣。子盍少委焉，以为衍功，则秦、魏之交可废矣。如此，则魏必图秦而弃仪，收韩而相衍。"公叔以为信，因而委之，犀首以为功，果相魏。

注释

①韩公叔：人名，为韩国相国。

译文

魏王将要任命张仪为相国，这对公孙衍不利，因此公孙衍便派人对韩国的公叔说："张仪已经使秦、魏两国联合了。他声称：'如果魏国进攻南阳，秦国进攻三川，韩国就一定会灭亡。'况且魏王重用张仪的原因，是想要得到土地，那么韩国的南阳就要被攻下了。您何不将韩国的部分土地割给魏国，把这作为我的功劳，那么秦、魏之间的联合就可以废除了。这样一来，魏国就会图谋秦国而抛弃张仪，拉拢韩国，而任命我为相国。"公孙衍认为这样对韩国有利，因而将部分土地割给魏国，公孙衍以此作为功劳，果真做了魏国的相国。

二十二　楚许魏六城

楚许魏六城，与之伐齐而存燕。张仪欲败之，谓魏王曰："齐畏三国^①之合也，必反燕地以下楚、赵，楚、赵必听之，而不与魏六城。是王失谋于楚、赵，而树怨于齐、秦也。齐遂伐赵，取乘丘^②，收侵地，虚^③、顿丘危。楚破南阳、九夷^④，内沛^⑤，许、鄢陵^⑥危。王之所得者新观^⑦也，而道涂^⑧宋、卫为制。事败为赵驱，事成功县^⑨宋、卫。"魏王弗听也。

注 释

①三国：指楚、赵、魏三国。

②乘丘：地名，地处今山东曹县东北。

③虚：地名，魏国都邑，地处今河南延津东南。

④九夷：地名，在淮、泗之间，分布于齐、楚接壤处。

⑤沛：地名，齐国都邑，地处今江苏沛州。

⑥许：地名，魏国都邑，地处今河南许昌东。鄢陵：地名，魏国都邑，地处今河南鄢陵。

⑦新观：地名，齐国都邑，地处今河南清丰南。

⑧涂：通"途"。

⑨县：通"悬"。

译 文

楚国答应给魏国六座城邑，同它一起攻打齐国，以保存燕国。张仪想要破坏这件事，便对魏王说："齐国害怕楚、赵、魏三国的联合，一定会退还燕国土地，来屈居于楚、赵两国之下，楚、赵两国一定会听从齐国，因而楚国就不会给魏国六座城邑了。这是大王失策于楚、赵两国，而又同齐、秦两国结仇。齐国于是会攻打赵国，攻下乘丘，收复被侵占的土地，魏国的虚、顿丘两地就危险了。楚国攻取南阳、九夷，进入沛地，魏国的许、鄢陵两地就危险了。大王所能得到的，只有新观了，而去往新观的道路上又要受到宋国、卫国的挟张仪告公仲，令以饥故，赏韩人以近河外。魏王惧，问张子。
张子曰："秦欲救齐，韩欲攻南阳，秦、韩合而欲攻南阳无异也。
且以遇卜王，王不遇秦，韩之卜也决矣。"魏王遂尚遇秦，信韩、
广魏、救赵，尺楚人遽于华下①。伐齐之事遂败。

注释

①尺：通"斥"。华下：地名，韩国都邑，地处今河南新郑北。

译文

张仪告诉韩国相国公仲，让他以韩国遭受饥荒为理由，让饥民到靠近河外
的地方就食。魏王很害怕，就去询问张仪。张仪说："秦国想要救齐国，韩
国想要攻取南阳，秦、韩两国想要攻取南阳，这都没什么区别。况且韩国要用
魏国是否与秦国会晤来判断大王的态度，如果大王不与秦国会晤，那么韩国对
大王您的推断就可以肯定了。"于是魏王就与秦国会晤，取信于韩国、扩大魏
国、挽救赵国，斥责了楚国派到华下的使者。这样一来，攻打齐国的行动就被
破坏了。

二十三　徐州之役

徐州①之役，犀首谓梁王②曰："何不阳与齐而阴结于楚？二国
恃王，齐、楚必战。齐战胜楚，而与乘之，必取方城③之外；楚战胜
齐，而与乘之，是太子之仇④报矣。"

①徐州：地名，齐国都邑，地处今山东滕县东南。

②梁王：指魏惠王。

③方城：指楚国所筑的长城。

④太子之仇：指公元前341年，齐、魏马陵之战，魏太子申被杀。

译文

徐州之战就要开始了，公孙衍对魏惠王说："何不明里帮助齐国而暗里与楚国结盟呢？齐、楚两个国家都要依靠大王，就一定会打起来。如果齐国战胜楚国，魏国则与它一起攻打楚国，一定会取得方城以外的土地；如果楚国战胜了齐国，魏国也和它一起进攻齐国，这是报了魏太子被杀之仇。"

二十四　秦败东周与魏于伊阙

秦败东周与魏于伊阙①，杀犀武，乘胜而留于境。魏令公孙衍请卑辞割地以讲于秦。为窦屡②谓魏王曰："臣不知衍之所以听于秦之少多，然而臣能半衍之割，而令秦讲于王。"王曰："奈何？"对曰："王不若与窦屡关内侯③，而令之赵，王重其行而厚奉之，因扬言曰：'闻周、魏令窦屡以割魏地于奉阳君④而听秦矣。'夫周君、窦屡、奉阳君之与穰侯，贸首之仇也。今行和者，窦屡也；制割者，奉阳君也。太后恐其不因穰侯也，而欲败之，必以少割请合于王，而和于东周与魏也。"

注释

①伊阙：山名，地处今河南洛阳龙门山。

②窦屡：人名，魏国臣子。

③关内侯：爵名。

④奉阳君：即赵国大臣李兑的封号。

秦国在伊阙打败了东周与魏国，杀死了魏将犀武，并乘胜追击驻扎在伊阙境内。魏国派公孙衍去秦国，用卑下的言辞请求割让土地讲和。有人替窦屡对魏王说："我不知道公孙衍会答应割多少地给秦国，然而我能够用公孙衍答应割让土地的一半，就让秦国与大王讲和。"魏王说："应该怎么做呢？"这个人回答说："大王不如让窦屡做关内侯，命他出使赵国，大王重视他的出行并且给他丰厚的俸禄，同时宣扬说：'听说东周、魏国已叫窦屡割让魏国土地给奉阳君李兑，并听命于秦国了。'东周君主、窦屡、奉阳君同穰侯，是以死相争的仇人。现在进行讲和的是窦屡；控制向秦国割地的是奉阳君。秦国太后害怕他们不肯通过穰侯，就会从中破坏这件事情，一定会同意魏国少割让土地，并要求秦国同东周和魏国讲和了。"

二十五　齐王将见燕、赵、楚之相于卫

齐王将见燕、赵、楚之相于卫，约外魏。魏王惧，恐其谋伐魏也，告公孙衍。公孙衍曰："王与臣百金，臣请败之。"王为约车，载百金。犀首期齐王至之曰，先以车五十乘至卫间齐，行以百金，以请先见齐王。乃得见，因久坐，安从容谈。三国之相怨。

谓齐王曰："王与三国约外魏，魏使公孙衍来，今久与之谈，是王谋三国也已。"齐王曰："魏王闻寡人来，使公孙子劳寡人，寡人无与之语也。"三国之相不信齐王之遇，遇事遂败。

齐王将要在卫国会见燕、赵、楚三国的相国，把魏国排斥在外。魏王感到很害怕，担心他们谋划进攻魏国，于是把这件事告诉了公孙衍。公孙衍说："大王给我百金，我请求去破坏他们的计划。"魏王给他准备车辆，装载百金。公孙衍预算好齐国到达卫国的日期，先率车五十辆到达卫国私下会见齐国

人，给齐国的使者百金，请求先拜见齐王。顺利见到齐王之后，便坐了很长时间，不紧不慢地闲谈。三个国家的相国因此产生了不满。

有人便对齐王说："大王同我们三国约定，没有邀请魏国，魏国派公孙衍来出使，今天您却长时间同他交谈，这是大王和他在谋划我们三国啊。"齐王说："魏王听说我来到卫国，便派公孙先生来慰劳我，我并没有与他说什么。"三个国家的相国不相信齐王的话，因此会晤的事情就被破坏了。

二十六　魏令公孙衍请和于秦

魏令公孙衍请和于秦，綦母恢①教之曰："无多割。和成固有秦重，以与王遇；和不成，则后必莫能以魏合于秦者矣。"

注释

①綦（qí）母恢：人名，周国臣子。

译文

魏国派公孙衍向秦国求和，綦母恢教导他说："不要多割让土地。讲和成功，魏国必然会受到秦国的重视，您也会得到魏王的礼遇；讲和不成，那么以后一定没有谁能够让魏国与秦国联合了。"

二十七　公孙衍为魏将

公孙衍为魏将，与其相田需不善。季子为衍谓梁王①曰："王独不见夫服牛骖骥乎？不可以百步。今王以衍为可使将，故用之也；而听相之计，是服牛骖骥也。牛马俱死，而不能成其功，王之国必伤矣！愿王察之。"

注释

①季子：人名，指杨朱的友人季梁。梁王：指魏襄王。

译文

公孙衍做魏国大将的时候，和魏相国田需的关系不好。季子替公孙衍对魏王说："大王难道没有见过牛和良马一同驾车吗？走不到一百步就无法前进了。现在大王认为公孙衍是个可以领兵的将领，因此任用他；然而您又听信相国田需的主意，这明显是用牛和良马一同驾车的做法。即使牛马累死，也无法成功，大王的国家势必要受到损伤啊！希望大王明察。"

卷二十三　魏策二

二十八　犀首、田盼欲得齐、魏之兵以伐赵

犀首、田盼①欲得齐、魏之兵以伐赵，梁君与田侯②不欲。犀首曰：“请国出五万人，不过五月而赵破。”田盼曰：“夫轻用其兵者，其国易危；易用其计者，其身易穷。公今言破赵大易，恐有后咎。”

犀首曰：“公之不慧也。夫二君者，固已不欲矣，今公又言有难以惧之，是赵不伐而二士之谋困也。且公直言易，而事已去矣。夫难构而兵结，田侯、梁君见其危，又安敢释卒不我予乎？”田盼曰：“善。”遂劝两君听犀首。犀首、田盼遂得齐、魏之兵。兵未出境，梁君、田侯恐其至而战败也，悉起兵从之，大败赵氏。

注释

①田盼：人名，亦称盼子，齐国名将。

②梁君：指魏惠王。田侯：指齐威王。

译文

犀首和田盼想要率领齐、魏两国的军队进攻赵国，但是魏王和齐王都不赞成。犀首说：“请两国各出五万兵力，用不了五个月我就能攻破赵国。”田盼说：“轻易用兵的国家，容易遭遇灾祸；轻易使用计谋的人，则容易陷入困境。您如今把攻破赵国说得也太容易了，恐有后患。”

犀首说：“您太糊涂了。齐、魏二位君主，本来就已经不想出兵。今天您又说出困难来吓唬他们，这样一来，不但赵国不能攻打，我们两人的图谋也无法实现了。如果您干脆就说很容易，那么战事就可以开始了。等到双方交战，短兵相接，齐王和魏王看到他们所处的危险，又怎么敢放着军队不给我们用呢？”田盼说：“对。”于是就合力劝说两国君主听从犀首的意见。犀首、田盼于是得到齐、魏两军的指挥权。军队还没有离开国境，魏王和齐王就担心他

们到了赵国要打败仗，就调集全部军队紧跟而来，结果大败赵国。

二十九 犀首见梁君

犀首见梁君①曰："臣尽力竭知，欲以为王广土取尊名，田需从中败臣，王又听之，是臣终无成功也。需亡，臣将侍；需侍，臣请亡。"王曰："需，寡人之股掌之臣也。为子之不便也，杀之亡之，外之毋谓天下何，内之无若群臣何也！今吾为子外之，令毋敢入子之事。入子之事者，吾为子杀之亡之，胡如？"犀首许诺。于是东见田婴②，与之约结，召文子③而相之魏，身相于韩。

✿注释✿

① 梁君：指魏襄王。

② 田婴：人名，号为靖郭君，时为齐国执政大臣。

③ 文子：人名，为田婴之子田文。

✿译文✿

公孙衍拜见魏王说："我尽心竭力，想办法为大王扩张土地取得至高的名分，但田需却总是从中败坏我，而大王又听从他，这使我始终没有成就功业。田需离开，我将侍奉您；田需侍奉您，我就离开。"魏王说："田需，是寡人的左右手。因为对您的不利，我就杀了他或让他离开，不管是朝中还是国外的人都将不以为然！现在我为您疏远他，让他不敢干预您的事。干预您的事的人，我为您杀了他或让他离开，怎么样？"公孙衍答应了。于是向东去会见了田婴，和他缔结了盟约，召来田文担任魏国相国，而自己做了韩国的相国。

三十 苏代为田需说魏王

苏代为田需说魏王①曰："臣请问文②之为魏，孰与其为齐也？"王曰；"不如其为齐也。""衍之为魏孰与其为韩也？"王曰："不如其为韩也。"而苏代曰："衍将右韩而左魏，文将右齐而左魏。二人者，将用王之国举事于世，中道而不可，王且无所闻之矣。王之国虽操药而从之可也。王不如舍需于侧，以稽二人者之所为。二人者曰：'需非吾人也，吾举事而不利于魏，需必挫我于王。'二人者必不敢有外心矣。二人者之所为，利于魏与不利于魏，王厝③需于侧以稽之，臣以为便于事。"王曰："善。"果厝需于侧。

注释

①魏王：指魏襄王。

②文：即孟尝君田文。

③厝（cuò）：安置。

译文

苏代为田需游说魏王说："我冒昧地问一下大王，田文帮助魏国与帮助齐国，对哪一个国家更尽心呢？"魏王说："他帮助魏国赶不上帮助齐国。"苏代又问："公孙衍帮助魏国与帮助韩国，对哪个国家更尽心呢？"魏王说："他帮助魏国不如帮助韩国。"苏代说："公孙衍必会亲近韩国而疏远魏国，田文也会亲近齐国而疏远魏国。这两个人，将要利用大王的国家在世间行事，但在办事中发生的事情，大王却无从知晓。大王的国家就是一个患病垂危的人，急需医治。大王不如安置田需在您的身边，考察这两个人的所作所为。这两个人就会说：'田需不是我们的同伙，我们办事如果不利于魏国，田需一定会在大王面前指责我们。'这两个人就一定不敢有外心了。他二人的所作所为，不论有利于魏国或不利于魏国，大王都要安置田需在身边考察他们，我认为这对国事有利。"魏王说："好吧。"果真把田需安置在自己的身边。

三十一　史举非犀首于王

史举①非犀首于王，犀首欲穷之，谓张仪曰："请令王让先生以国，王为尧、舜矣；而先生弗受，亦许由也。衍请因令王致万户邑于先生。"张仪说②，因令史举数见犀首。王闻之而弗任也，史举不辞而去。

注释

①史举：人名。为楚国下蔡看守城门的人，甘茂的老师。
②说：同"悦"。

译文

史举在魏王面前指责公孙衍，公孙衍想使史举陷于困境，就对张仪说："请让我使魏王把国家委托给先生，魏王就成了尧、舜一样的君主了；而先生您又不接受，也成了许由一样的贤人。我因此再使魏王赐给先生一座万户人家的城邑。"张仪听了大为高兴，于是安排史举多次去拜见公孙衍。魏王听说后就不再信任史举，史举只好没有告别就离开了魏国。

三十二　楚王攻梁南

楚王①攻梁南，韩氏因围蔷②。成恢为犀首谓韩王③曰："疾攻蔷，楚师必进矣。魏不能支，交臂而听楚，韩氏必危，故王不如释蔷。魏无韩患，必与楚战，战而不胜，大梁不能守，而又况存蔷乎？若战而胜，兵罢敝，大王之攻蔷易矣。"

注释

①楚王：指楚怀王。
②蔷：地名，魏国都邑，地处今河南新安西北。
③成恢：人名，魏国人。韩王：指韩宣惠王。

译文

　　楚王进攻魏国的南面，韩国乘机围困了魏国蔷地。成恢替公孙衍对韩王说："韩军猛攻蔷地，楚国军队就会深入进攻。魏国支撑不住，就只能拱手听命于楚国，韩国就危险了，所以大王最好放弃攻打蔷地。魏国没有韩国之患，一定会同楚国交战，如果战败，大梁就守不住，哪里还能保存蔷地呢？如果打胜了，则士兵疲惫不堪，大王再攻打蔷地也就容易了。"

三十三　魏惠王死

　　魏惠王死[1]，葬有日矣。天大雨雪，至于牛目，坏城郭，且为栈道而葬。群臣多谏太子[2]者，曰："雪甚如此而丧行，民必甚病之，官费又恐不给，请驰期更日。"太子曰："为人子，而以民劳与官费用之故，而不行先王之丧，不义也。子勿复言。"

　　群臣皆不敢言，而以告犀首。犀首曰："吾未有以言之也，是其唯惠公[3]乎！请告惠公。"

注释

　　①魏惠王死：此事发生于公元前319年。
　　②太子：指魏襄王，名嗣。
　　③惠公：指魏国大臣惠施。

译文

　　魏惠王死，举行葬礼的日子已经定下。但是当天却下起了大雪，积雪深得几乎能掩没牛的眼睛，城郭毁坏，路也无法通行，太子准备用木板构筑栈道去送葬。群臣都去谏阻太子，说："雪下得这么大还要送殡，百姓一定会感到痛苦，且国家开支恐怕又不够，请暂缓时间，改日安葬。"太子说："做儿子的只因为人民辛苦和国家开支不够的缘故，就不按期举行先王的丧礼，这不合道义。你们就不要再说了。"

大臣们都不敢再去劝说，就把这件事告诉了犀首。犀首说："我也没有什么办法，这事只有惠公才有办法解决！请你们去告诉惠公吧。"

惠公曰："诺。"驾而见太子。曰："葬有日矣？"太子曰："然。"惠公曰："昔王季历葬于楚山之尾①，栾水②啮其墓，见棺之前和。文王曰：'嘻！先君必欲一见群臣百姓也夫，故使栾水见之。'于是出而为之张于朝，百姓皆见之，三日而后更葬，此文王之义也。今葬有日矣，而雪甚及牛目，难以行，太子为及日之故，得毋嫌于欲亟葬乎？愿太子更日。先王必欲少留而扶社稷、安黔首③也，故使雪甚。因驰期而更为日，此文王之义也。若此而弗为，意者羞法文王乎！"太子曰："甚善。敬驰期，更择日。"

惠子非徒行其说也，又令魏太子未葬其先王而因又说文王之义。说文王之义以示天下，岂小功也哉！

🐉注释

①王季历：指周文王之父。楚山：地处今陕西户县东南。

②栾（luán）水：指地里渗出的水。

③黔首：百姓。

🐉译文

惠公听说此事后说："好吧。"就驾着车去见太子。他问："举行葬礼的日期已经定下来了吗？"太子说："是的。"惠子说："过去周王季历埋葬在楚山脚下，地下渗漏出来的水侵蚀了他的坟墓，棺材前面的横木都露出来了。周文王说：'唉！先王一定是想再看一看各位大臣和百姓吧，所以才让渗漏的水把棺木露出来。'于是就把棺木取出来放在朝堂之上，给它搭起灵棚，让百姓都来朝见，三天以后才重新改葬，这是文王的道义啊。现在葬期虽然已经定下来了，但是雪下得太大，甚至没到牛的眼睛，灵车难以前行，太子为了能按期下葬就不顾困难，这是不是显得有些太急躁了呢？希望太子能够更改下葬日期。先王一定是想要再停留一下，再来扶护一下国家、安顿人民，所以才让雪下得这么大。因此推迟葬期而另择吉日，这正是文王的道义。像这样的情况还不改日安葬，想来大概是您把效法文王当作羞耻了吧！"太子说："您说得太对了。那就延期安葬，另择吉日。"

惠子不仅仅实践了自己的主张，并且还让魏太子不匆忙地安葬先王，并借此机会宣扬了周文王的道义。将周文王的道义昭示于天下，这难道是很小的功劳吗！

三十四　五国伐秦

五国伐秦①，无功而还。其后齐欲伐宋，而秦禁之。齐令宋郭②之秦，请合而以伐宋，秦王③许之。魏王畏齐、秦之合也，欲讲于秦。

谓魏王④曰："秦王谓宋郭曰：'分宋之城，服宋之强者，六国也。乘宋之敝，而与王⑤争得者，楚、魏也。请为王毋禁楚之伐魏也，而王独举宋。王之伐宋也，请刚柔而皆用之。如宋者，欺之不为逆，杀之不为雠者也。王无与之讲以取地，既已得地矣，又以力攻之，期于啖⑥宋而已矣。'

注释

①五国伐秦：指公元前287年，李兑主持三晋与齐、燕五国伐秦之事。

②宋郭：人名，齐国人。

③秦王：指秦昭王。

④谓魏王：向魏王进言的是苏秦。魏王，指魏昭王。

⑤王：指齐闵王。

⑥啖（dàn）：吃。

译文

韩、赵、魏、齐、燕五国讨伐秦国，无功而返。在这之后，齐国要讨伐宋国，但秦国制止了它。齐国派宋郭去秦国，请求与秦国联合进攻宋国，秦王答应了。魏王害怕齐、秦两国的联合，也想同秦国讲和。

苏秦对魏王说："秦王对宋郭说：'分割宋国的城邑，击败宋国的强大势力是六国。趁宋国衰弱，而同齐王争利的，是楚、魏两国。请您劝齐王不要去阻止楚国进攻魏国，那么齐王就可以独自攻取宋国了。齐王进攻宋国，刚柔两种手段一齐使用。像宋国这样的国家，欺侮它不能算大逆不道，攻灭它也不能算结仇。大王不要和宋国讲和来得到土地，已经得到土地了，再加紧进攻它，目的就是灭掉宋国而已。'

"臣闻此言，而窃为王悲。秦必且用此于王矣，又必且困王以求地，既已得地，又且以力攻王。又必讲王，因使王轻齐，齐、魏之交已丑①，又且收齐以更索于王。秦尝用此于楚矣，又尝用此于韩矣。愿王之深计之也。秦善魏不可知也已。故为王计，太上伐秦，其次宾②秦，其次坚约而详③讲，与国无相离也。秦、齐合，国不可为也已。王其听臣也，必无与讲。

注释

①丑：恶。
②宾：同"摈"，摈弃。下同。
③详：同"佯"，假装。

译文

"我听了这些话，心里替大王感到悲哀。秦国一定会用这种方法来对待大王，也一定将会使大王陷入困境，并以此来索取土地，获得了土地，又将用武力进攻大王。最后一定会同大王讲和，这就使大王轻视齐国，等齐、魏两国的关系恶化，它又将拉拢齐国而更加肆无忌惮地向大王勒索土地。秦国曾经对楚国用过这种策略，也曾对韩国用过这种策略。希望大王仔细考虑这件事。秦国对魏国的友好用心深不可测。所以替大王考虑，最上策是进攻秦国，其次是摈弃秦国，再次是坚守信约而同秦国假装讲和，同其他国家彼此不相离。如果秦、齐两国联合，魏国就无计可施了。大王还是听我的吧，一定不要同秦国讲和。

"秦权重，魏冉明孰，是故又为足下伤秦者，不敢显也。天下可令伐秦，则阴劝而弗敢图也。见天下之伤秦也，则先鬻与国而以自解也。天下可令宾秦，则为劫于与国而不得已者。天下不可，则先去，而以秦为上交以自重也。如是人者，鬻王以为资者也，而焉能免国于患？免国于患者，必穷三节而行其上，上不可则行其中，中不可则行其下，下不可则明不与秦两生以残秦。使秦皆无百怨百利，唯已之曾安。令足下鬻之以合于秦，是免国于患者之计也，臣何足以当之！虽然，愿足下之论臣之计也。

❦译文

"秦国权势过大，魏冉又明习于诸侯之事，因此即使有为您损伤秦国的，也不敢明显地表现出来。天下诸侯可以号令进攻秦国，就会有人暗中劝告而不敢再图谋伐秦了。看到天下诸侯损伤秦国，就先出卖盟国来自我解脱。天下诸侯能够号令摈弃秦国，但只能说是受到盟国的胁迫而不得已而已。天下诸侯认为不能进攻秦国，自己就会首先背叛诸侯，而把秦国作为上等的邦交来保全自己。像这样出人，把出卖大王作为资本，怎么能免除国家的祸患呢？能免除国家祸患的人，一定用尽三等策略而首先推行上等的策略，上等策略行不通就推行中等的，中等策略行不通就推行下等的，下等策略行不通就明确表示不同秦国俱存，必须损伤秦国。使秦国不择利害的多少，只有停止进攻魏国才能得到自己的安宁。如果有人让您出卖盟国来向秦国求和，认为这是能免除国家祸患

"燕、齐雠国也，秦兄弟之交也。合雠国以伐婚姻，臣为之苦矣。黄帝战于涿鹿之野，而西戎之兵不至；禹攻三苗，而东夷之民不起。以燕伐秦，黄帝之所难也，而臣以致燕甲而起齐兵矣。

"臣又偏事三晋之吏，奉阳君、孟尝君、韩呡、周最、韩徐为从而下之，恐其伐秦之疑也，又身自丑于秦。初之请焚天下之秦符①者，臣也；次传焚符之约者，臣也；欲使五国约闭秦关者，臣也。奉阳君、韩徐为既和矣，苏脩、朱婴②既皆阴在邯郸，臣又说齐王而往败之。天下共讲，因使苏脩游天下之语，而以齐为上交，兵请伐魏。臣又争之以死，而果西因苏脩重报。臣非不知秦权之重也，然而所以为之者，为足下也。"

☙注 释

①符：外交凭证。
②苏脩、朱婴：均为人名，均主张连横。

☙译 文

"燕、齐两国是仇国，而燕国同秦国是兄弟之国。让燕、齐这样的仇国联合起来，去攻打燕国的婚姻之国秦国，我感到很难做到。黄帝与蚩尤在涿鹿之野作战，而蚩尤的友邦西戎的军队没有赶来支援黄帝；大禹攻打三苗，而三苗的友邦东夷的百姓也没有起来响应。使燕国进攻秦国，是黄帝也难以办到的事，而我召来燕国军队并使齐国起兵响应。

"我又与三晋的大臣交往，跟从奉阳君、孟尝君、韩呡、周最、韩徐为并且列在他们之下，唯恐他们对攻伐秦国之事疑虑不定，使自己与秦国的关系恶化。一开始请求诸侯焚烧秦国符节的，是我；再次传告诸侯焚烧秦国符节的，是我；使五国结盟而关闭通往秦国关隘的，还是我。奉阳君、韩徐为已经同意进攻秦国，苏脩、朱婴已经都暗中留在了邯郸，我又游说齐王前去完结苏、朱的连横之策。诸侯一同进攻秦国，于是秦国派苏脩去向诸侯宣扬自己的连横言论，而把齐国作为最好的邦交，并请求发兵攻魏。我又以死相谏，果真从西面由苏脩传来齐不伐魏的消息。我不是不知道秦国权势之大，然而我之所以这样做，是为了大王您啊。"

三十五　田需、周宵相善

田需、周宵①相善，欲罪犀首。犀首患之，谓魏王②曰："今所患者，齐也。婴子言行于齐王③，王欲得齐，则胡不召文子④而相之？彼必务以齐事王。"王曰："善。"因召文子而相之。犀首以倍田需、周宵。

注释

①周宵：人名，魏国臣子。

②魏王：指魏襄王。

③婴子：指田婴。齐王：指齐宣王。

④文子：指田文，为田婴之子。

译文

田需、周宵彼此关系很好，想要加罪于公孙衍。公孙衍为此非常担心，便对魏王说："现在要担忧的国家，是齐国。田婴的话齐王很是听从，大王想得到齐国，那么为什么不召来田文并让他担任相国呢？他一定会使齐国友好地对待魏国。"魏王说："好。"于是召来田文并任命他为相国。公孙衍因此便使田文去反对田需、周宵。

三十六　魏王令惠施之楚

魏王①令惠施之楚，令犀首之齐。钧二子者乘数，钧将测交也。施因令人先之楚，言曰："魏王令犀首之齐，惠施之楚，钧二子者乘数，将测交也。"楚王闻之，因郊迎惠施。

注释

①魏王：指魏惠王。

译文

魏王命令惠施出使楚国，命令公孙衍出使齐国。使两人出使的车辆数相等，以便推测两国与魏国交情的深浅。惠施于是派人先去楚国，说："魏王命令公孙衍出使齐国，惠施出使楚国，平均二人随从的车辆数，将要以此来推测哪一国与魏国交情更加友好。"楚王听说后，于是亲自到郊外迎接惠施。

三十七　魏惠王起境内众

魏惠王起境内众，将太子申而攻齐。客谓公子理①之傅曰："何不令公子泣王太后，止太子之行？事成则树德，不成则为王矣。太子年少，不习于兵。田盼宿将也，而孙子②善用兵，战必不胜，不胜必禽。公于争之于王，王听公子，公子必封；不听公子，太子必败；败，公子必立；立，必为王也。"

注释

①公子理：人名，太子申弟。
②孙子：人名，即孙膑。

译文

魏王在国内发兵，任命太子申为将去攻打齐国。一个客居魏国的人对公子理的老师说："为什么不让公子理到王太后那里去哭诉，阻止太子出征呢？如果阻止成功了，就树立了美德，如果不成功，就会做国君。太子年少，对用兵不熟悉。而齐国的田盼是老将，而孙子又善于用兵，太子出战肯定无法取胜，无法取胜就一定会被擒获。公子理到大王那里去力争，如果大王听从公子理的建议，公子理一定会受封赏；如果不听从公子理，太子就会战败；战败了，公子理一定会被立为太子，立为太子，一定会成为国君。"

三十八　齐、魏战于马陵

齐、魏战于马陵①，齐大胜魏，杀太子申，覆十万之军。魏王②召惠施而告之曰："夫齐，寡人之仇也，怨之至死不忘。国虽小，吾常欲悉起兵而攻之，何如？"对曰："不可。臣闻之，王者得度，而霸者知计。今王所以告臣者，疏于度而远于计。王固先属怨于赵，而后与齐战。今战不胜，国无守战之备，王又欲悉起而攻齐，此非臣之所谓也。王若欲报齐乎，则不如因变服折节而朝齐，楚王③必怒矣。王游人而合其斗，则楚必伐齐，以休楚而伐罢④齐，则必为楚禽矣。是王以楚毁齐也。"魏王曰："善。"乃使人报于齐，愿臣畜而朝。田婴许诺。

注　释

①马陵：地名，地处今河北大名东南。

②魏王：指魏惠王。

③楚王：指楚威王。

④罢：同"疲"，疲惫。

译　文

齐、魏两国在马陵交战，齐国把魏国打得大败，并杀死了魏国太子申，消灭魏军十万。魏王召来惠施告诉他说："齐国是寡人的仇敌，我们之间仇怨至死也不会忘记。魏国虽然很小，但我常想调集全部兵力进攻它，您觉得怎么样？"惠施回答说："不可以这样做。我听说，为王者要拥有气度，称霸者要懂得计谋。现在大王告诉我的，离气度和计谋都太远了。大王本来先同赵国结下了仇怨，而后又同齐国作战。如今没有胜利，国家没有守卫作战的后备，大王又打算调动全部兵力进攻齐国，这不是我所说的王者与霸者的风范。大王如果想报复齐国，不如就更换君主的服装，卑躬屈膝去朝拜齐国，楚王一定会发怒。大王派人到齐、楚两国游说，促使它们争斗，那么楚国一定会进攻齐国，以休闲的楚国去进攻疲敝的齐国，齐国就一定会被楚国击败，这是大王用楚国来毁掉齐国。"魏王说："太好了。"就派人向齐国报告，魏王愿意称臣朝拜。田婴答应了。

张丑①曰："不可。战不胜魏，而得朝礼，与魏和而下楚，此可以大胜也。今战胜魏，覆十万之军而禽太子申；臣万乘之魏而卑秦、楚，此其暴戾定矣。且楚王之为人也，好用兵而甚务名，终为齐患者，必楚也。"田婴不听，遂内②魏王，而与之并朝齐侯③再三。

赵氏丑之。楚王怒，自将而伐齐，赵应之，大败齐于徐州④。

注释

①张丑：人名，齐国臣子。
②内：同"纳"。
③齐侯：指齐威王。
④徐州：地名，地处今山东藤县东南。

译文

张丑说："不行。如果打不赢魏国，而能够让魏国行朝见之礼，与魏国联合而降服楚国，这可以获得大胜。现在战胜了魏国，消灭十万魏军并擒杀了太子申，使拥有万辆兵车的魏国臣服，而轻视秦、楚两国，齐王暴戾是一定的了。况且楚王的为人，喜欢用兵而且很图虚名，最终成为齐国祸患的，一定是楚国了。"田婴不听从，于是接纳了魏王，并和他多次朝见齐侯。

赵国感到羞耻。楚王大怒，亲自率兵进攻齐国，赵国响应，在徐州把齐国打得大败。

三十九　惠施为齐、魏交

惠施为齐、魏交，令太子鸣为质于齐。王①欲见之，朱仓②谓王曰："何不称病？臣请说婴子曰：'魏王之年长矣，今有疾，公不如归太子以德之。不然，公子高③在楚，楚将内而立之，是齐抱空质而行不义也。"

注释

①王：指魏惠王。
②朱仓：人名，魏国臣子。
③公子高：人名，魏国公子。

译文

惠施为撮合齐、魏两国交好，让魏国的太子鸣到齐国做人质。魏王想见太子，朱仓对魏王说："您为什么不声称自己生病？请让我去对田婴说：'魏王年纪很大了，现在生病，您不如让太子回国，对他施加以恩惠。不然的话，公子高在楚国，楚国必将让他回国并立他为太子，这样一来，齐国就留下了一个没有任何作用的人质而且做了不义之事啊。'"

四十　田需贵于魏王

田需贵于魏王，惠子曰："子必善左右。今夫杨，横树之则生，倒树之则生，折而树之又生。然使十人树杨，一人拔之，则无生杨矣。故以十人之众，树易生之物，然而不胜一人者，何也？树之难而去之易也。今子虽自树于王，而欲去子者众，则子必危矣。”

田需得到魏王的宠幸，惠子对田需说：“您一定要好好对待大王身边的人呀。就像如今那杨树，横着种能活，倒着种能活，折断了种也能活。然而让十个人来种树，一个人来拔它，那么就没有一棵树能活了。以十人之力去栽种容易存活的东西，却敌不过一个人的毁坏，这是什么原因呢？栽种困难而毁掉容易啊。如今您虽然在魏王面前取得了信任，可是想排挤你的人太多了，那么您就会危险了。”

四十一　田需死

田需死，昭鱼①谓苏代曰：“田需死，吾恐张仪、薛公、犀首之有一人相魏者。”代曰：“然则相者以谁而君便之也？”昭鱼曰：“我欲太子②之自相也。”代曰：“请为君北见梁王③，必相之矣。”

昭鱼曰：“奈何？”代曰：“君其为梁王，代请说君。”昭鱼曰：“奈何？”对曰：“代也从楚来，昭鱼甚忧。代曰：‘君何忧？’曰：‘田需死，吾恐张仪、薛公、犀首有一人相魏者。’代曰：‘勿忧也。梁王，长主也，必不相张仪。张仪相魏，必右秦而左魏；薛公相魏，必右齐而左魏；犀首相魏，必右韩而左魏。梁王，长主也，必不使相也。’王曰：‘然则寡人孰相？’代曰：‘莫如太子之自相。是三人皆以太子为非固相也，皆将务以其国事魏，而欲丞相之玺。以魏之强，而持三万乘之国辅之，魏必安矣。

故曰，不如太子自相也。'"遂北见梁王，以此语告之，太子果自相。

注释

①昭鱼：人名，楚国令尹。

②太子：指魏襄王太子，名遫（sù）。

③梁王：指魏襄王。

译文

田需死了，昭鱼对苏代说："田需死了，我担心张仪、薛公、公孙衍之中有一个人会做魏国相国。"苏代说："那么谁做相国对您有利呢？"昭鱼说："我想让魏国太子做相国。"苏代说："请让我为您北上见魏王，一定能让魏太子做相国。"

昭鱼说："怎么做呢？"苏代说："假设您为魏王，请允许我对您游说。"昭鱼说："那又能怎么说呢？"苏代回答说："就说我从楚国来，昭鱼很担心。我问他：'您有什么担忧的呢？'昭鱼回答说：'田需死了，我担心张仪、薛公、公孙衍之中有一个人会做魏国相国。'我说：'不必担忧。魏王，年长而成熟，一定不会任命张仪为相国。如果张仪做了魏国相国，一定亲近秦国而疏远魏国；薛公做了魏国相国，一定亲近齐国而疏远魏国；公孙衍做了魏国相国，一定亲近韩国而疏远魏国。魏王，年长成熟，一定不会让他们做相国。'魏王问：'那我让谁来担任魏国的相国呢？'我说：'不如让太子自己做相国。这三个人都会认为太子不会长久做相国，都将尽力用他们的国家来服事魏国，都想得到魏国的丞相大印。凭魏国的强大，有三个拥有万辆兵车的国家辅助，一定会安全。所以说不如太子自己做相国。'"苏代于是北上去拜见魏王，把这番话告诉了魏王，果然魏国太子自己做了相国。

四十二　秦召魏相信安君

秦召魏相信安君①，信安君不欲往。苏代为说秦王曰："臣闻之，忠不必当，当不必忠。今臣愿大王陈臣之愚意，恐其不忠于下吏，自使有要领之罪，愿大王察之。今大王令人执事于魏，以完其交，臣恐魏交之益疑也。将以塞赵也，臣又恐赵之益劲也。

"夫魏王之爱习魏信也，甚矣；其智能而任用之也，厚矣；其畏恶严尊秦也，明矣。今王之使人入魏而不用，则王之使人入魏无益也。若用，魏必舍所爱习而用所畏恶，此魏王之所以不安也。夫舍万乘之事而退，此魏信之所难行也。

战国策

卷二十三 魏策二

注释

①信安君：事迹不详。

译文

秦国召见魏国相国信安君，但信安君不想前往。苏代为他游说秦王说，"我听说，忠心不贰的人不一定聪明，聪明的人不一定就忠心耿耿。现在我愿意为大王谈一下我的愚见，我担心信安君不忠于大王，使自己犯下杀头之罪，希望大王明察。现在大王派人到魏国执掌政事，来保全与魏国的邦交，我担忧与魏国的邦交更加不稳定。大王想要以此来遏止赵国，我又担忧赵国会更加强大。

"魏王爱惜信安君，很是厉害；把他当作智能之士加以任用；他魏王畏惧并尊敬秦国，是很清楚的。如果大王现在派人进入魏国而不被任用，那么大王派人入魏就会徒劳无益。如果被任用，魏国一定会舍弃爱惜的人而任用所畏惧的人，这就是魏王会感到不安的原因。放弃治理拥有万辆兵车国家的政事而退隐，这是魏国信安君所难以做到的。

"夫令人之君处所不安，令人之相行所不能，以此为亲，则难久矣。臣故恐魏交之益疑也。且魏信舍事，则赵之谋者必曰：'舍于秦，秦必令其所爱信者用赵，是赵存而我亡也，赵安而我危也。'则上有野战之气，下有坚守之心，臣故恐赵之益劲也。

"大王欲完魏之交，而使赵小心乎？不如用魏信而尊之以名。魏信事王，国安而名尊；离王，国危而权轻。然则魏信之事王也，上所以为其主者忠矣，下所以自为者厚矣，彼其事王必完矣。赵之用事者必曰：'魏氏之名族不高于我，土地之实不厚于我。魏信以魏事秦，秦甚善之，国得安焉，身取尊焉。今我构难于秦，兵为招质，国处削危之形，非得计也。结怨于外，生患于中，身处死亡之地，非完事也。'彼将伤其前事，而悔其过行；冀其利，必多割地以深下王，则是大工垂拱多割割地以为利重，尧、舜之所求而不能得也！臣愿大王察之。"

译文

"使别人的国君坐卧不安，使人家的相国做自己不能做的事，以此来亲善，是很难持久的。因此我担忧秦国与魏国的邦交会更加不稳定。况且信安君舍弃魏国的政事，那么赵国的谋臣一定会说：'与秦国联合，秦国一定会派秦王宠爱信任的人来执掌赵国，这是使赵国保存而我们已经灭亡了，赵国平安而我们却危险了。'这样，就会使赵国的上位者有在外作战的士气，下面的人也会有坚守国土的决心，所以臣下担心赵国更加强大起来。

"大王想保全与魏国的关系，而使赵国不敢轻举妄动吗？不如任用信安君，用相国的名声使他尊贵。信安君服事大王，就能使魏国平安，并能使自己名声尊贵；他如果背离大王，魏国就会出现危险，而他自己的名声也会有损。那么信安君就会服事大王，在上位的人之所以为他们的国君办事是为了尽忠，而下面的人之所以为自己奔波是因为俸禄优厚，信安君服事大王必定会尽心尽力。赵国的当权者一定会说：'魏国的名门望族并不比我们高贵，土地上的物产并不比我们丰厚。信安君用魏国去服事秦国，秦国对他很友善，魏国得到了平安，信安君自己也取得尊贵的地位。如果现在我们同秦国结怨，士兵就会成为人家的靶子，赵国也会处在被削弱的危险形势当中，这并非合理的策略。在外面结仇，而在国内产生祸患，使自己身处绝境，这并非万全之策。'因此，赵国的当权者将痛惜自己以前做过的事，后悔自己以前的行为；希望自己能得到好处，一定会多割让土地来服事大王，那么就是大王垂衣拱手而得到赵国割让土地的大利，这是尧、舜想求也不能得到的利益啊！我希望大王明察。"

四十三　秦、楚攻魏

　　秦、楚攻魏，围皮氏①。为魏谓楚王②曰："秦、楚胜魏，魏王③之恐也见亡矣，必合于秦，王何不倍④秦而与魏王？魏王喜，必内太子⑤。秦恐失楚，必效城地于王，王虽复与之攻魏可也。"楚王曰："善。"乃倍秦而与魏，魏内太子于楚。

　　秦恐，许楚城地，欲与之复攻魏。樗里疾怒，欲与魏攻楚，恐魏之以太子在楚不肯也。为疾谓楚王曰："外臣疾使臣谒之，曰：'敝邑之王欲效城地，而为魏太子之尚在楚也，是以未敢。王出魏质，臣请效之，而复固秦、楚之交，以疾攻魏。"楚王曰："诺。"乃出魏太子。秦因合魏以攻楚。

注释

　　①皮氏：地名，地处今山西河津西。

　　②楚王：指楚怀王。

　　③魏王：指魏襄王。

　　④倍：通"背"。

　　⑤内：同"纳"。下同。太子：指魏襄王太子，名遫。

译文

　　秦、楚两国进攻魏国，包围困皮氏。有人替魏国对楚王说："秦、楚两国将要打败魏国，魏王害怕魏国灭亡，一定会归附秦国，大王为什么不背叛秦国而同魏王讲和呢？魏王高兴了，一定会把太子送来楚国做人质。秦国害怕失去楚国的支持，一定会向大王献上城邑和土地的，大王即使再同秦国攻打魏国也还是可以的。"楚王说："好。"于是就背叛秦国而同魏国讲和，魏国果然把太子送到楚国做人质。

秦国感到恐慌，答应割给楚国城邑和土地，想同楚国再次攻打魏国。樗里疾大怒，想同魏国攻打楚国，但又担心魏国会因为太子被扣在楚国而不肯出兵。有人为樗里疾对楚王说："外臣樗里疾派我拜见您说：'敝邑的国君想献上城邑和土地，但因为魏国太子还在楚国，所以没有采取行动。大王放出魏国的人质，我就请求献上城邑和土地，恢复秦、楚原来的邦交，加紧进攻魏国。'"楚王说："好吧。"于是便放回了魏国太子。秦国于是就联合魏国而进攻楚国。

四十四　庞葱与太子质于邯郸

庞葱①与太子质于邯郸，谓魏王曰："今一人言市有虎，王信之乎？"王曰："否。""二人言市有虎，王信之乎？"王曰："寡人疑之矣。""三人言市有虎，王信之乎？"王曰："寡人信之矣。"庞葱曰："夫市之无虎明矣，然而三人言而成虎。今邯郸去大梁也远于市，而议臣者过于三人矣。愿王察之矣！"王曰："寡人自为知。"于是辞行。而谗言先至，后太子罢质，果不得见。

注释

①庞葱：人名，魏国臣子。

译文

庞葱要陪太子到邯郸去做人质，庞葱对魏王说："现在，如果有一个人说街市上有老虎，您会相信吗？"魏王说："我不会相信。"庞葱又问："如果有两个人说市场上有老虎呢？"魏王说："那我就会感到怀疑了。"庞葱再问："如果有三个人说市场上有老虎，大王会相信吗？"魏王说："那我就要相信了。"庞葱说："街市上不会有老虎那是很清楚的，但是三个人说有老虎就变成真的有老虎了。如今邯郸离大梁，比到街市的距离远得多，而毁谤我的人又不止三个。希望您能明察秋毫啊！"魏王说："我自己会判断的。"于是庞葱告辞而去。而毁谤他的话很快传到魏王那里，等太子结束质子的生活回国后，庞葱果真不能再得到魏王的信任了。

四十五　梁王魏婴觞诸侯于范台

　　梁王魏婴①觞诸侯于范台。酒酣，请鲁君举觞。鲁君兴，避席择言②曰："昔者，帝女仪狄作酒而美，进之禹，禹饮而甘之，遂疏仪狄，绝旨酒，曰：'后世必有以酒亡其国者！'齐桓公夜半不嗛③，易牙乃煎敖燔炙④，和调五味而进之，桓公食之而饱，至旦不觉，曰：'后世必有以味亡其国者！'晋文公得南之威⑤，三日不听朝，遂推南之威而远之，曰：'后世必有以色亡其国者！'楚王登强台而望崩山⑥，左江而右湖，以临彷徨⑦，其乐忘死，遂盟强台而弗登，曰：'后世必有以高台陂池亡其国者！'今主君之尊，仪狄之酒也；主君之味，易牙之调也；左白台而右闾须⑧，南威之美也；前夹林而后兰台⑨，强台之乐也。有一于此，足以亡其国，今主君兼此四者，可无戒与！"梁王称善相属。

☙注释

　　①梁王魏婴：指魏惠王。
　　②避席择言：为外交礼节，类似于春秋时的盟会赋诗。
　　③嗛：通"慊（qiè）"，满足。
　　④易牙：指春秋时齐桓公的宠臣，善于烹调。敖：通"熬"。燔（fán）炙：烤肉。
　　⑤南之威：南威，为美女名。
　　⑥楚王：指楚昭王。崩山：指巫山。
　　⑦彷徨：水名。

⑧白台、闾须：均为美女名。

⑨夹林、兰台：均为旅游景点。

译文

魏惠王魏婴在范台宴请各国诸侯。大家酒兴正浓的时候，魏惠王向鲁恭公敬酒。鲁恭公站起身，离开自己的座席，正色道："从前，舜的女儿仪狄擅长酿酒，酒味醇美，她把酒献给了禹，禹喝了之后觉得味道醇美，但因此就疏远了仪狄，戒绝了美酒，并且说道：'后世一定有因为美酒而使国家灭亡的君主！'齐桓公有一天夜里觉得肚子饿，易牙于是就煎熬烧烤，做出美味可口的菜肴给他送上，齐桓公吃得很饱，一觉睡到天亮还未醒，醒了之后说：'后世一定有因贪恋美食而使国家灭亡的君主！'晋文公得到了美女南威，三天没有上朝理政，于是就把南之威打发走了，说道：'后世一定有因为贪恋美色而使国家灭亡的君主！'楚王登上强台远望崩山，左边是长江，右边是大湖，登临彷徨之水，只觉山水之乐而忘记人之将死，于是发誓不再登临强台，他说：'后世一定有因为修高台、山坡、美池，而使国家灭亡的君主！'现在您酒杯里盛的好似仪狄酿的美酒；桌上放的如同易牙烹调出来的美味佳肴；您左边的白台和右边的闾须，都像是南威一样的美女；您前边有夹林，后边有兰台，都是强台一样的游乐之地。这四者中占有一种，就能够使国家灭亡，可是现在您同时拥有四样，怎能不引以为戒呢？"魏惠王听后连连称赞说好。

卷二十四　魏策三

四十六　秦、赵约而伐魏

秦、赵约而伐魏，魏王[1]患之。芒卯[2]曰：“王勿忧也，臣请发张倚使谓赵王[3]曰：‘夫邺[4]，寡人固弗有也。今大王收秦而攻魏，寡人请以邺事大王。’”赵王喜，召相国而命之曰：“魏王请以邺事寡人，使寡人绝秦。”相国曰：“收秦攻魏，利不过邺。今不用兵而得邺，请许魏。”

张倚因谓赵王曰：“敝邑之吏效城者已在邺矣，大王且何以报魏？”赵王因令闭关绝秦，秦、赵大恶。

芒卯应赵使曰：“敝邑所以事大王者，为完邺也。今郊邺者，使者之罪也，卯不知也。”赵王恐魏承秦之怒，遂割五城以合于魏而支秦。

注释

①魏王：指魏昭王。

②芒卯：人名，齐国人，当时为魏国将领。

③张倚：人名，魏国臣子。赵王：指赵惠文王。

④邺：地名，地处今河北临漳南。

译文

秦、赵两国商定一起进攻魏国，魏王为此很担忧。芒卯说：“大王不要忧虑，我请求派张倚出使，去对赵王说：‘邺地，我本来就不打算占有了。如果大王现在与秦国绝交不再进攻魏国，敝国国君请求用邺地来侍奉大王。’”赵王很高兴，召来赵国相国跟他说：“魏王请求用邺地来服事寡人，让寡人与秦国断交。”赵国相国说：“联合秦国进攻魏国，好处也只不过是得到邺地。现在不用出兵就能得到邺地，请您答应魏国。”

张倚于是对赵王说：“敝国献城的官吏已经在邺地了，大王将要用什么来回报魏国呢？"赵王就下令关闭通往秦国的关隘并同秦国断交，秦、赵两国的关系因此急剧恶化。

芒卯于是对赵国的使者说；"敝国服事大王的原因，是为了保全郪地。如今再献出郪地，是使者的过错，我是不知道的。"赵王担心魏国会趁秦国愤怒之际对赵国不利，便立即割让五个城邑给魏国，想联合魏国来抵抗秦国。

四十七　芒卯谓秦王

芒卯谓秦王①曰："王之士未有为之中者也。臣闻明王必胥中而行。王之所欲于魏者，长羊、王屋、洛林②之地也。王能使臣为魏之司徒③，则臣能使魏献之。"秦王曰："善。"因任之以为魏之司徒。

谓魏王曰："王所患者上地④也，秦之所欲于魏者，长羊、王屋、洛林之地也。王献之秦，则上地无忧患。因请以下兵东击齐，攘地必远矣。"魏王曰："善。"因献之秦。

注释

①秦王：指秦昭王。

②长羊、洛林：均在王屋附近。王屋：山名，在垣城东北。

③司徒：官名，主管土地及民政。

④上地：指上郡之地，地处今陕西榆林一带。

译文

芒卯对秦王说："大王的臣子中，没有在诸侯国中做内应的。我听说英明的君主要等有内应的帮助才会行动。大王想向魏国要求的，是长羊、王屋、洛林的土地。大王如果能让我到魏国做司徒，那么我就能让魏国献出它们。"秦王说："好。"于是就设法使芒卯做了魏国的司徒。

芒卯对魏王说："大王所担忧的是上郡的土地，秦国想从魏国得到的是长羊、王屋、洛林的土地。大王把它们献给秦国，那么上郡的土地就没有忧患了。于是就请求秦国出兵向东进攻齐国，则侵夺扩张的土地一定很多。"魏王说："好。"就把长羊、王屋、洛林之地献给了秦国。

地入数月，而秦兵不下。魏王谓芒卯曰："地已入数月，而秦兵不下，何也？"芒卯曰："臣有死罪。虽然，臣死则契折于秦，王无以责秦。王因赦其罪，臣为王责约于秦。"

乃之秦，谓秦王曰："魏之所以献长羊、王屋、洛林之地者，有意欲以下大王之兵东击齐也。今地已入，而秦兵不可下，臣则死人也。虽然，后山东之士无以利事王者矣。"秦王懼然①曰："国有事，未澹下兵也，今以兵从。"后十日，秦兵下。芒卯并将秦、魏之兵以东击齐，启地二十二县。

注释

①懼（jué）然：吃惊的样子。

译文

土地已经归入秦国几个月了，而秦国军队却没有出兵东下。魏王对芒卯说："土地已经归入秦国几个月了，可秦国军队没有出兵东下，这是为什么呢？"芒卯说："我犯下了死罪。即使如此，我死了就等于与秦国定的契约焚毁了，大王就没有什么可以责难秦国的了。大王如果赦免了我的罪过，我会替大王到秦国责难他们的负约。"

芒卯就去了秦国，对秦王说："魏国之所以献出长羊、王屋、洛林的土地，目的是想依靠大王的军队向东进攻齐国。现在土地已被秦国接受，而秦国军队却不肯东下，我就将成为一具死尸了。那么以后山东的士人不会再用好处来服事大王了。"秦王吃惊地说："国家有事，没有来得及出兵东下，现在派军队跟从您。"过了十天，秦国派兵东下。芒卯便率领秦、魏两国军队向东进攻齐国，拓地二十二个县。

四十八 秦败魏于华

秦败魏于华[1]，走芒卯而围大梁。须贾[2]为魏谓穰侯曰："臣闻魏氏大臣父兄皆谓魏王[3]曰：'初时惠王伐赵，战胜乎三梁[4]，十万之军拔邯郸，赵氏不割，而邯郸复归。齐人攻燕，杀子之，破故国，燕不割，而燕国复归。燕、赵之所以国全兵劲，而地不并乎诸侯者，以其能忍难而重出地也。宋、中山数伐数割[5]，而随以亡。臣以为燕、赵可法，而宋、中山可无为也。夫秦，贪戾之国而无亲，蚕食魏，尽晋国，战胜暴子[6]，割八县，地未毕入而兵复出矣。夫秦何厌之有哉！今又走芒卯，入北宅[7]，此非但攻梁也，且劫王以多割也，王必勿听也。今王循楚、赵而讲，楚、赵怒而与王争事秦，秦必受之。秦挟楚、赵之兵以复攻，则国求无亡不可得也已。愿王之必勿讲也。王若欲讲，必少割而有质，不然必欺。'是臣之所闻于魏也。愿君之以是虑事也。

注释

①华：即华阳，地处今河南郑州南。

②须贾：人名，魏国大夫。

③魏王：指魏安釐王。

④三梁：赵地，地处今河北肥乡西南。

⑤宋、中山数伐数割：齐国灭亡宋国在公元前286年。赵国灭中山国在公元前301年。

⑥暴子：指韩国将领暴鸢。

⑦北宅：魏国都邑。地处今河南郑州原荥泽东。

秦国在华阳打败了魏国，芒卯败走，秦军围困了大梁。须贾替魏国对秦国主帅穰侯说："我听说魏国大臣、父老兄弟都对魏王说：'当初惠王讨伐赵国，在三梁打了胜仗，十万大军攻克邯郸，但赵国没有割让土地，而邯郸又再次回到赵国。齐国进攻燕国，杀死了子之，攻破了燕国，燕国没有割让土地而重新恢复了国家。燕、赵两国之所以保全了国家，并拥有强有力的军队而土地没有并入其他诸侯，是因为它们能够忍受艰难而重视土地的割让。宋国、中山国几次被攻伐几次割让土地，而它们也就随着土地的割让很快就灭亡了。我认为燕、赵两国可以效法，而宋国、中山国的举动不能去做。秦国是个贪婪凶暴的国家，没有它所亲近的国家，蚕食魏国，魏国的大片土地被吞并，战胜韩将暴鸢，魏国割让了八县土地，土地还没有完全接收而秦国军队又出兵攻打了。秦国的贪心哪里能满足呢！现在又大败芒卯，攻进了北宅，这不只是要进攻大梁，而要胁迫大王多割让土地，大王一定不要听从。现在大王避开楚、赵两国去讲和，楚、赵两国会恼怒而同大王争着服事秦国，秦国一定接受它们。秦国率楚、赵两国的军队再来进攻魏国，那么魏国想要不被灭亡，也是不可能的。希望大王一定不要与秦讲和。大王如果要讲和，一定要少割让土地而且要得到秦国的人质，不然一定会被欺骗。'这是我在魏国听到的。希望您以此来考虑问题。

"《周书》曰：'维命不于常。'此言幸之不可数也。夫战胜暴子而割八县，此非兵力之精，非计之工也，天幸为多矣。今又走芒卯，入北地，以攻大梁，是以天幸自为常也。知者不然。

"臣闻魏氏悉其百县①胜兵，以上戍大梁，臣以为不下三十万。以三十万之众，守十仞之城，臣以为虽汤、武复生，弗易攻也。夫轻信楚、赵之兵，陵十仞之城，战三十万之众，而志必举之，臣以为自天下之始分以至于今，未尝有之也。攻而不能拔，秦兵必罢，陶②必亡，则前功必弃矣。

①百县：泛指魏国境内各县。

②陶：穰侯的封邑，地处今山东定陶西北。

译 文

"《周书》上说：'天命没有常规'，这句话是说上天的宠幸不可能经常出现。秦军战胜暴鸢割得了八县土地，这不是由于兵力精锐，也不是由于计谋的巧妙，是上天的宠幸太多了。现在秦军又打败了芒卯，进入了北宅，围攻大梁，因此认为上天的宠幸是正常的，但聪明人是不会依靠天命的。

"我听说魏国召集它近百个县的所有精兵，来防守大梁，我认为兵力不下三十万人。以三十万之众，来防守十仞高的城墙，我认为即使是商汤、周武王复生，也不容易攻下。如今轻率背离楚、赵两国的军队，越过十仞高的城墙，去攻打三十万的军队，而且志在必得，我认为从开天辟地到现在，也不曾有过。进攻了却不能攻克，秦国军队一定会疲惫，陶邑一定会被灭掉，那么就前功尽弃了。

"今魏方疑，可以少割收也。愿君逮楚、赵之兵未至于大梁也，亟以少割收。魏方疑，而得以少割为和，必欲之，则君得所欲矣。楚、赵怒于魏之先己讲也，必争事秦，从是以散，而君后择焉。且君之尝割晋国取地也，何必以兵哉？夫兵不用而魏效绛、安邑①，又为陶启两道，尽尽故宋，卫效单父②秦兵可全，而君制之，何求而不得？何为而不成？臣愿君之熟计而无行危也。"穰侯曰："善。"乃罢梁围。

注 释

①魏效绛、安邑：指魏国使者芒卯割地予秦之事。绛，指晋国故都新田，

②单父：卫国之地，地处今山东单县东。

译文

"现在魏国正好有所疑惑，可以让魏国少割一些土地来拉拢魏国。希望您趁楚、赵两国的军队还没有赶到大梁，赶快用少割土地的办法拉拢魏国。魏国刚刚产生疑虑而能够用少割让土地来讲和，一定会同意这样做，那么您就得到了您想得到的。楚、赵两国恼怒魏国先于自己与秦讲和，就一定会争相服事秦国，合纵就会被拆散，而您在这之后就可以选择有利的方案了。况且您曾经割取过魏国的土地，哪里需要用兵呢？不出动军队而魏国献上绛、安邑二地，又替陶邑开辟了两条道路，几乎尽得了昔日宋国的土地，卫国献上单父，秦国军队不会受损失，而您就控制了这些地方，您想求得的东西还有什么没有得到的呢？想要做的还有什么没做到的呢？我希望您仔细考虑而不要冒险。"穰侯说："好。"于是就解去了对大梁的围困。

四十九　秦败魏于华

秦败魏于华，魏王①且入朝于秦。周䜣谓魏王②曰："宋人有学者，三年反③而名其母。其母曰：'子学三年，反而名我者，何也？'其子曰：'吾所贤者无过尧、舜，尧、舜名。吾所大者无大天地，天地名。在今母贤不过尧、舜，母大不过天地，是以名母也。'其母曰：'子之于学者，将尽行之乎？愿子之有以易名母也。子之于学也，将有所不行乎？愿子之且以名母为后也。'今王之事秦，尚有可以易入朝者乎？愿王之有以易之，而以入朝为后。"

注释

①魏王：指魏安釐王。

②周诉：人名，魏国臣子。

③反：同“返”。

译 文

　　秦军在华阳打败了魏军，魏王准备入秦朝见。魏臣周诉对魏王说：“宋国有个外出求学的人，三年后回家，竟然直呼他母亲的名字。他的母亲说：‘你求学三年，回来却直呼我的名字，这是为什么呢？’他的儿子说：‘我认为的圣贤没有谁能超过尧、舜，可是我对尧、舜都直接称呼他们的名字。我认为最大的事物没有什么能超过天地，可我对天地也直呼它们的名字。如今母亲的贤德超不过尧、舜，大不过天地，所以我才直呼母亲的名字。’他母亲说：‘你所学的知识，准备都拿来实行吗？那就希望你换一种方式称呼我。你对于所学的知识，准备都要实行吗？那希望你把直呼母亲名字的事往后推一推。’现在大王要侍奉秦国，还有可以代替朝拜秦王的办法吗？希望大王换一种办法，把朝拜秦王的事情推后。”

　　魏王曰：“子患寡人入而不出邪？许绾①为我祝曰：‘入而不出，请殉寡人以头。’”周诉对曰：“如臣之贱也，今人有谓臣曰‘入不测之渊而必出，不出，请以一鼠首为女殉’者，臣必不为也。今秦不可知之国也，犹不测之渊也；而许绾之首，犹鼠首也。内王于不可知之秦，而殉王以鼠首，臣窃为王不取也。且无梁孰与无河内②急？”王曰：“梁急。”“无梁孰与无身急？”王曰：“身急。”曰：“以三者，身，上也；河内，其下也。秦未索其下，而王效其上，可乎？”

注 释

　　①许绾（wǎn）：人名，秦国臣子。

　　②河内：地处今河南黄河以北地区。

译文

魏王说："您是担心我进入秦国就回不来了吗？许绾曾对我发誓说：'如果您去秦国不能返回，请用我的头为您殉葬。'"周䜣对魏王说："像我这样低贱的人，如今有人对我说'你跳入不可测量的深渊，一定能出来，如果出不来，我就用一只老鼠的头来为你殉葬'，我一定不会这样做。如今秦国是个无法猜测的国家，就像不可测量的深渊；而许绾的脑袋，就好比是老鼠的脑袋。让大王进入不可测的秦国，却用一只老鼠的脑袋来担保，我私下里认为大王不能这样做。再说，您觉得失掉大梁和失掉河内哪个更紧急？"魏王说："失掉大梁紧急。"周䜣又说："失掉大梁和丢掉性命哪个更要紧？"魏王说："性命更要紧。"周䜣说："河内、大梁、性命这三者中，性命是最重要的；河内是最不紧要的。秦国还没有要求最不紧要的，而大王却主动送上最要紧的，这能行吗？"

王尚未听也。支期①曰："王视楚王②。楚王入秦，王以三乘先之；楚王不入，楚、魏为一，尚足以捍秦。"王乃止，王谓支期曰："吾始已诺于应侯矣，今不行者，欺之矣。"支期曰："王勿忧也。臣使长信侯③请无内王，王待臣也。"

支期说于长信侯曰："王命召相国。"长信侯曰："王何以臣为？"支期曰："臣不知也。王急召君。"长信侯曰："吾内王于秦者，宁以为秦邪？吾以为魏也。"支期曰："君无为魏计，君其自为计。且安死乎？安生乎？安穷乎？安贵乎？君其先自为计，后为魏计。"长信侯曰："楼公④将入矣，臣今从。"支期曰："王急召君，君不行，血溅君襟矣。"

注释

①支期：人名，魏国人。

②楚王：指楚考烈王。

③长信侯：魏国相国，与应侯范雎相善。

④楼公：指楼缓，为秦国相国。

译文

魏王还未采纳周䜣的意见。支期又来劝说："大王可以静观楚王的态度。如果楚王到秦国去的话，大王就率三辆战车抢先进入秦国；如果楚王不进入秦国，楚、魏两国就联合在一起，还能抵御秦国。"魏王这才停止去秦国朝见。魏王对支期说："我当初已经答应秦国的应侯范雎了，如今不去秦国，就是欺骗他了。"支期说："大王不用担心，我让长信侯去设法让大王不去秦国，请大王等待我的消息。"

支期对长信侯说："大王要召见相国您。"长信侯问："大王召见我是因为什么事？"支期说："我不知道。只知道大王急着召见您。"长信侯说："我让大王去秦国，难道是为了秦国吗？我是为了魏国啊。"支期说："您不要替魏国打算了，您还是先替自己打算吧。您是愿意死呢，还是愿意活？愿意穷困呢，还是愿意富贵呢？您还是先为自己考虑，然后再替魏国打算吧。"长信侯说："楼缓将要到魏国来了，请让我和他一起去见大王。"支期说："大王紧急召见您，您如果不去，恐怕鲜血就要溅在您的衣襟上了。"

长信侯行，支期随其后。且见王，支期先入谓王曰："伪病者乎而见之，臣已恐之矣。"长信侯入见王，王曰："病甚奈何？吾始已诺于应侯矣，意虽道死，行乎？"长信侯曰："王毋行矣！臣能得之于应侯，愿王无忧。"

译文

长信侯这才出发，支期跟在他后面。将要见到魏王时，支期先抢先进去对魏王说："您装成有病的样子来接见长信侯，我已经将他吓住了。"长信侯进来拜见魏王，魏王说："我病得这么重，该怎么办呢？我当初已经答应应侯

五十　华阳之战

华阳①之战，魏不胜秦。明年，将使段干崇②割地而讲。

孙臣谓魏王③曰："魏不以败之上割，可谓善用不胜矣；而秦不以胜之上割，可谓不能用胜矣。今处期年乃欲割，是群臣之私而王不知也。且夫欲玺者，段干子也，王因使之割地；欲地者，秦也，而王因使之授玺。夫欲玺者制地，而欲地者制玺，其势必无魏矣。且夫奸臣固皆欲以地事秦。以地事秦，譬犹抱薪而救火也，薪不尽则火不止。今王之地有尽，而秦之求无穷，是薪火之说也。"

魏王曰："善。虽然，吾已许秦矣，不可以革也。"对曰："王独不见夫博者之用枭④邪？欲食则食，欲握则握。今君劫于群臣而许秦，因曰不可革，何用智之不若枭也？"魏王曰："善。"乃按其行。

※注释※

①华阳：韩国都邑，地处今河南新郑东南。

②段干崇：人名，魏国臣子。

③孙臣：人名，魏国臣子。魏王：指魏安釐王。

④枭：古代博戏的胜彩名。

※译文※

在华阳两军交战时，魏国没有战胜秦国。第二年，魏王派段干崇去向秦国割地求和。

孙臣对魏王说："魏国不因战败而割地，可以说善于应对失败的局面；而秦国不因取胜而要求割地，可以说是不善于利用战胜的时机。现在等了一年又想割地，这是群臣怀有私心而大王您却没有发现。况且想要得到秦国印玺的是段干崇，大王却派他去割让土地；想要得到土地的是秦国，而大王却让秦国授予段干崇印玺。想要得到印玺的人掌管土地，想要得到土地的人却掌管印玺，这种形势发展下去魏国一定会灭亡。再说奸臣本来就想用土地去事奉秦国。用土地去服事秦国，就如同抱着柴去救火，薪柴不烧尽火就不会熄灭。如今大王的土地总会有割尽的时候，而秦国的贪婪却没有止境，这同抱薪救火的说法是一样的啊。"

魏王说："对。虽然如此，但我已经答应秦国了，不可以更改了。"孙臣回答说："大王难道没见过赌博的人使用枭棋吗？想吃子就吃子，想握在手里就握在手里。现在您受到群臣的胁迫而答应了秦国，就说不可改变，为什么您运用智谋还不如赌博时运用枭棋的人呢？"魏王说："好吧。"于是就阻止了段干崇的出使行动。

五十一　齐欲伐魏

齐欲伐魏，魏使人谓淳于髡[①]曰："齐欲伐魏，能解魏患唯先生也。敝邑有宝璧一双、文马二驷，请致之先生。"淳于髡曰："诺。"入说齐王曰："楚，齐之仇敌也；魏，齐之与国也。夫伐与国，使仇敌制其余敝，名丑而实危，为王弗取也。"齐王曰："善。"乃不伐魏。

客谓齐王曰："淳于髡言不伐魏者，受魏之璧、马也。"王以谓淳于髡曰："闻先生受魏之璧、马，有诸？"曰："有之。""然则先生之为寡人计之何如？"淳于髡曰；"伐魏之事不便，魏虽刺髡，于王何益？若诚不便，魏虽封髡，于王何损？且夫王无伐与国之诽，魏无见亡之危，百姓无被兵之患，髡有璧、马之宝，于王何伤乎？"

注释

①淳于髡（kūn）：人名，齐国臣子。

译文

　　齐国想要攻打魏国，魏国就派人对齐国大臣淳于髡说："齐国想要攻打魏国，能解除魏国祸患的，只有先生您了。敝国有宝璧一双，毛色鲜艳的宝马八四，请让我送给先生。"淳于髡说："好吧。"于是便进宫劝说齐王道："楚国，是齐国的仇敌；魏国，是齐国的盟国。现在要攻打盟国，却让仇敌乘机来攻打我国疲惫的军队，这样一来，不但名声不好，而且还会招来危险，我认为大王不应该这样做。"齐王说："好。"于是就不攻打魏国了。

　　有人对齐王说："淳于髡劝您不要攻打魏国的原因，是他接受了魏国的宝璧和宝马啊。"齐王于是问淳于髡说："听说先生接受了魏国的宝璧和宝马，有这事吗？"淳于髡说："有这事。"齐王说："既然这样，那么先生为我是如何考虑的呢？"淳于髡说："如果攻打魏国有利于齐国，魏国就是杀死我，对大王又有什么益处呢？如果知道攻打魏国确实对齐国没有好处，魏国即使封赏了我，对大王又有什么损失呢？况且不攻打魏国，大王就没有攻打盟国的非议，魏国也没有被灭亡的危险，百姓更不会遭受战乱的忧患，我得了宝璧和宝马，对大王又有什么损伤呢？"

五十二　秦将伐魏

　　秦将伐魏。魏王①闻之，夜见孟尝君②，告之曰："秦且攻魏，子为寡人谋，奈何？"孟尝君曰："有诸侯之救则国可存也。"王曰："寡人愿子之行也。"重为之约车百乘。

　　孟尝君之赵，谓赵王③曰："文愿借兵以救魏。"赵王曰："寡人不能。"孟尝君曰："夫敢借兵者，以忠王也。"王曰："可得闻乎？"孟尝君曰："夫赵之兵，非能强于魏之兵；魏之兵，非能弱于赵也。然而赵之地不岁危，而民不岁死；而魏之地岁危，而民岁死者，何也？以其西为赵蔽也。今赵不救魏，魏歃盟④于秦，是赵与强秦为界也，地亦且岁危，民亦且岁死矣。此文之所以忠于大王也。"赵王许诺，为赵兵十万，车三百乘。

注释

①魏王：指魏昭王。

②孟尝君：即田文。此时其离开齐国，任魏国相国。

③赵王：指赵惠文王。

④歃（shà）盟：即歃血为盟。

译文

秦国将要讨伐魏国。魏王听说后，便夜里去见孟尝君，告诉他说："秦国将要进攻魏国了，您替寡人谋划一下，该怎么办呢？"孟尝君说："如果有诸侯援救，国家就能够保存下来。"魏王说："寡人希望您能出行去游说诸侯。"并郑重地为孟尝君准备了百辆马车。

孟尝君来到赵国，对赵王说："我希望从赵国借军队去救魏国。"赵王说："我不能借给您。"孟尝君说："我敢冒昧地借兵的原因，是以此效忠大王啊。"赵王说："可以把您的想法说给我听听吗？"孟尝君说："赵国的军队并非比魏国的军队强大，魏国的军队也并非比赵国的军队弱。然而赵国的土地没有年年受到威胁，百姓也没有年年遭到死亡的厄运；与之相反，魏国的土地却年年受到威胁，百姓年年遭到死亡的厄运，这是为什么呢？这是因为魏国在西面为赵国做了遮蔽。现在赵国不援救魏国，魏国就会同秦国歃血结盟，这样以来，就如同赵国与强大的秦国相邻了，赵国的土地也将年年受到威胁，百姓也将每年大量死去。这就是我忠于大王的原因。"赵王答应了，为魏国发兵十万，战车三百辆。

又北见燕王①曰："先日公子②常约两王之交矣。今秦且攻魏，愿大王之救之。"燕王曰："吾岁不熟二年矣，今又行数千里而以助魏，且奈何？"田文曰："夫行数千里而救人者，此国之利也。今魏王出国门而望见军，虽欲行数千里而助人，可得乎？"燕王尚未许也。

田文曰："臣效便计于王，王不用臣之忠计，文请行矣，恐天下之将有大变也。"王曰："大变可得闻乎？"曰："秦攻魏，未能克之也，而台已燔，游已夺矣。而燕不救魏，魏王折节割地，以国之半与秦，秦必去矣。秦已去魏，魏王悉韩、魏之兵，又西借秦兵，以因赵之众，以四国攻燕，王且何利？利行数千里而助人乎？利出燕南门而望见军乎？则道里近而输又易矣，王何利？"燕王曰："子行矣，寡人听子。"乃为之起兵八万，车二百乘，以从田文。

魏王大说③，曰："君得燕、赵之兵甚众且亟矣。"秦王④大恐，割地请讲于魏。魏因归燕、赵之兵而封田文。

注释

①燕王：指燕昭王。

②公子：指燕、魏两国公子。

③说：通"悦"。

④秦王：指秦昭王。

译文

孟尝君又北上拜见燕王，说："从前两国公子经常为燕、魏两王的交往结盟，现在秦国将要进攻魏国了，希望大王救援魏国。"燕王说："我国已经连续两年收成不好，现在又要跋涉几千里去援助魏国，这怎么能办得到呢？"孟尝君说："跋涉几千里去拯救别人，这将给燕国带来好处。如今魏王一出城门就望见秦军，即使想跋涉几千里去帮助它国，可以做到吗？"燕王还是没有答应发兵。

孟尝君说："我献上好的计策给大王，但大王却不采用我忠诚的计策，我只有请求离开了，恐怕天下将有大的变化了。"燕王说："您说的大的变化，可以说给我听听吗？"孟尝君说："秦国攻打魏国，就算不能攻克，但是游观的台榭已被烧毁，游观的地方已被夺走了。然而燕国却不去援救魏国，魏王就会屈节割地，把国土的一半送给秦国，秦国一定会撤兵。秦兵撤离魏国后，魏王会倾韩、魏国的全部军队，又西借秦国军队，再联合赵国军队，用四个国家的力量攻打燕国，大王将会得到什么好处呢？难道好处会自己跋涉几千里去帮助人吗？难道一出燕国的南门而望见四国联军有好处吗？那么对于四国军队来说道，距离燕国很近，补给又很容易，大王还能得到什么好处呢？"燕王说："您回去吧，我听从您的了。"于是为孟尝君发兵八万，战车二百辆，跟从孟尝君。

魏王大喜，说："您借燕、赵两国的军队多而且很快啊。"秦王很害怕，便割让土地同魏国讲和。魏国于是归还了燕、赵两国的军队并且封赏了孟尝君。

五十三　魏将与秦攻韩

魏将与秦攻韩，无忌谓魏王①曰："秦与戎翟②同俗，有虎狼之心，贪戾好利而无信，不识礼义德行。苟有利焉，不顾亲戚兄弟，若禽兽耳。此天下之所同知也，非有所施厚积德也。故太后母也，而以忧死；穰侯舅也，功莫大焉，而竟逐之；两弟无罪，而再夺之国。此于其亲戚兄弟若此，而又况于仇雠之敌国也！今大王与秦伐韩而益近秦，臣甚惑之，而王弗识也，则不明矣。群臣知之，而莫以此谏，则不忠矣。

注释

①魏王：指魏安釐王。
②戎翟：古民族名。西方曰戎，北方曰狄。翟，同"狄"。

译文

魏国将要同秦国攻打韩国，无忌对魏王说："秦国与戎狄习俗相同，有虎狼一样的心肠，贪暴好利且不守信用，不知道礼义德行。假如有利可图，就会不顾亲戚兄弟，像禽兽一般。这是天下人所共知的，它根本不是个施恩惠、积德行的国家。因此，秦太后虽然是秦昭王的母亲，却因为忧愁而死；穰侯是秦昭王的舅舅，功劳没有谁比他更大，竟然被放逐了；高陵君、泾阳君两个弟弟没有罪过，却两次剥夺他们的封地。这样看来，秦王对自己的亲戚兄弟都如此，更何况对于结仇的故国呢！现在大王同秦国讨伐韩国，这就更加接近秦国了，我很不理解，可大王不明白这个道理，那就是不明智了。群臣对此事很清楚，却没有谁来劝谏，那就是没有尽忠心。"

"今夫韩氏以一女子承一弱主^①，内有大乱，外安能支强秦、魏之兵，王以为不破乎？韩亡，秦尽有郑地，与大梁邻，王以为安乎？王欲得故地，而今负强秦之祸，王以为利乎？秦非无事之国也，韩亡之后，必且更事，更事，必就易与利；就易与利，必不伐楚与赵矣。是何也？夫越山逾河，绝韩之上党而攻强赵，则是复阏与之事^②也，秦必不为也。若道河内，倍邺、朝歌^③，绝漳、滏之水，而以与赵兵决胜于邯郸之郊，是受智伯之祸也，秦又不敢。伐楚，道涉谷^④，行三千里而攻黾隘之塞^⑤，所行者甚远，而所攻者甚难，秦又弗为也。若道河外，背大梁，而右上蔡、召陵，以与楚兵决于陈^⑥郊，秦又不敢也。故曰，秦必不伐楚与赵矣，又不攻燕与齐矣。韩亡之后，兵出之日，非魏无攻矣。

注释

①女子：指韩太后。弱主：指韩桓惠王。
②阏与之事：指公元前269年，秦攻韩国，包围阏与，赵国派赵奢率军救韩

国，在阏与大破秦军。阏与，地名，地处今山西和顺西。

③倍：通"背"。朝歌：地名，地处今河南淇县境内。

④涉谷：地名，地处今陕西襄城境内。

⑤黾隘之塞：指楚国北方险塞名，地处今河南信阳与湖北应山之间。

⑥陈：地名，地处今河南淮南。

译文

"现在韩国靠一个女子辅佐一个幼主，国内有大的混乱，对外又怎能抵抗强大的秦、魏军队，大王还认为攻不破韩国吗？韩国灭亡了，秦国全部占有了它的土地，就将与魏国都城大梁为邻了，大王认为这样能安全吗？大王想要收回原来失去的土地，而今却要遭受强秦的祸患，大王认为这样有利吗？秦国绝非一个不爱滋事的国家，韩国灭亡以后，必定将会再生事端，如果再生事端，就一定索取容易占领和有利可图之地，索取容易占领和有利可图之地，就一定不会进攻楚国和赵国。这是什么原因呢？秦国要越过高山大河，横穿韩国的上党而去攻打强大的赵国，那么就将重演阏与败北的悲剧，秦国一定不会去做的。如果取道河内，背朝邺邑、朝歌，渡过漳水、滏水，而在邯郸的郊外同赵国军队决一胜负，这将遭到智伯遭受的大祸了，秦国又不敢。假如去进攻楚国，取道涉谷，跋涉三千里去攻打黾隘的边塞，但要走的路太远，要进攻的目标又太难，秦国不会这么做。假如取道河外，背朝大梁，右靠上蔡、召陵，在陈地郊外同楚军决战，秦国也不敢。所以说，秦国一定不会进攻楚国和赵国，又不会进攻燕国和齐国。韩国灭亡之后，就是秦国出兵之日，除了魏国再没有可以进攻的了。

"秦故有怀、茅、刑丘、城垝津①，以临河内，河内之共、汲②莫不危矣。秦有郑地，得垣雍③，决荥泽④而水大梁，大梁必亡矣。王之使者大过矣，乃恶安陵⑤氏于秦，秦之欲许⑥之久矣。然而秦有叶、昆阳与舞阳⑦邻，听使者之恶也，随安陵氏而欲亡之。秦绕舞阳之北以东临许，则南国⑧必危矣。南国虽无危，则魏国岂得安哉？且夫憎韩不爱安陵氏，可也，夫不患秦，不爱南国，非也。

❧注 释

①怀：地名，地处今河南武涉。茅：地名，地处今河南获嘉东北。刑丘：地名，地处今河南温县。垝津：地名，地处今河南滑县东北。

②共：地名，地处今河南辉县。汲：地名，地处今河南汲县西南。均在垝津之西。

③垣雍：地名，地处今河南原阳原武镇西北。

④荥泽：湖名，地处今河南郑州一带。

⑤安陵：为魏国的附庸小国，魏襄王时所封，地处今河南郾城。

⑥许：地名，地处今河南许昌。

⑦叶：地名，地处今河南叶县西。昆阳：地名，地处今河南叶县北。舞阳：地名，地处今河南舞阳西。

⑧南国：指魏国的南境。

❧译 文

"秦国本来有怀、茅、刑丘，再在垝津筑城，而近逼河内，河内的共、汲等地没有不危险的了。秦国占领郑地，取得垣雍，决开荥泽水淹大梁，大梁一定会失守。大王的使者犯了一个大错，竟向秦国中伤魏国的属国安陵氏，秦国很久就想占领许地了。然而秦国的叶、昆阳与魏国的舞阳为邻，如果秦国听了使者的中伤之言，就将灭亡安陵氏了。秦国绕过舞阳的北面，而向东逼近许地，那么魏国的南方就危险了。南方即使没有危险，魏国难道就能得到安宁吗？再说如果憎恨韩国，不爱惜安陵氏，还算可以，然而不担心秦国，不爱惜南方土地，这样就不对了。

"异日者，秦乃在河西①，晋国之去梁也，千里有余，有河山以阑之，有周、韩而间之。从林军②以至于今，秦七攻魏，五入围③中，边城尽拔，文台堕，垂都焚④，林木伐，麋、鹿尽，而国继以围。又长驱梁北，东至陶、卫之郊，北至平阚⑤，所亡乎秦者，山南、山北⑥、河外、河内，大县数百，名都数十。秦乃在河西，晋国之去大梁也尚千里，而祸若是矣。又况于使秦无韩而有郑地，无河山以阑之，无周、韩以间之，去大梁百里，祸必百此矣。

"异日者，从之不成矣，楚、魏疑而韩不可得而约也。今韩受兵三年矣，秦挠之以讲，韩知亡弗听，投质于赵，而请为天下雁行顿刃⑦。以臣之观之，则楚、赵必与之攻矣。此何也？则皆知秦之欲无穷也，非尽亡天下之兵而臣海内，必不休矣。是故臣愿以从事王，王速受楚、赵之约，而挟韩之质，以存韩为务，因求故地于韩，韩必效之。如此则士民不劳而故地得，其功多于与秦共伐韩，而必无与强秦邻之祸。

注释

①河西：地区名，地处今陕西大荔、宜川一带。

②林军：指公元前283年发生在林乡的战役。林乡，地名，地处今河南新郑东。

③圃：指圃田，地处今中牟北。

④文台、垂都：均为魏国圃田中的地名。

⑤阚（kàn）：地名，地处今山东汶上西南。

⑥山：指中条山。

⑦雁行：前锋。顿刃：修筑营垒。

译文

"以前，秦国还在河西之外，魏国的安邑一带距离大梁有千余里，靠有河山遮挡，又有周、韩两国在中间隔开。从林乡之战到现在，秦国七次进攻魏国，五次攻入圃田中。边境的城邑都被攻破，文台被毁坏，垂都被焚烧，林木遭到砍伐，麋、鹿被杀尽，国都被围困。秦军又长驱直入魏国北部，东面直达陶、卫两地的郊外，北面到了阚地，被秦国侵占的地方，有中条山南、中条山北，黄河以南、黄河以北，大的县邑有数百个，有名的都邑数十个。秦国还在河西之外，晋国故都绛与安邑一带距大梁还有千里之遥，但祸患却达到如此程度，更何况让秦国没有韩国的阻隔而据有郑地，失去了河、山的阻隔，失去了周、韩两国的阻隔，距离大梁只有百里的路程，那么祸患一定超过之前百倍了。

"从前即使想合纵也不能成功，因为楚、魏两国互相猜疑而韩国更不可能来缔结盟约。现在韩国遭受兵祸已有三年，秦国想使它屈服求和，韩国知道要被灭亡了但依然不听命，给赵国送去人质，请求为诸侯当前锋打头阵。以我看来，楚、赵两国一定会同韩国联合而攻击秦国。这是为什么呢？因为天下诸侯都知道秦国的贪欲无休无止，不全部消灭天下的军队而使海内的百姓臣服，它一定不会罢休。因此，我愿意用合纵的政策来侍奉大王，请大王赶快接受楚、赵两国的盟约而挟持韩国的人质，把保存韩国作为急务，凭这些向韩国索要原来失去的土地，韩国一定会献上这些土地。如此一来，士兵、百姓不付辛劳就收回了原来失去的土地，这个功绩要比同秦国一起讨伐韩国的功绩大得多，而且还能避免同强秦为邻的祸患。

"夫存韩、安魏而利天下，此亦王之大时已。通韩之上党于共、宁[1]，使道安成[2]之关，出入者赋之，是魏重质韩以其上党也。共有其赋，足以富国，韩必德魏、爱魏、重魏、畏魏。韩必不敢反魏，韩是魏之县也。魏得韩以为县，则卫大梁，河外必安矣。今不存韩，则二周必危，安陵必易。楚、赵大破，燕、齐甚畏，天下之西乡[3]而驰秦，入朝为臣之日不久。"

注释

①宁：地名，地处今河南淇县。

②安成：地名，地处今河南原武东南。

③乡：通"向"。

译文

"再说能够保存韩国、安定魏国,并对天下有利,这是大王施展抱负的大好时机啊。沟通韩国上党到共、宁两地的交通,通过安成的关卡,出入的人交纳赋税,这是韩国把它的上党交给了魏国作为重要的抵押。魏国同韩国共分赋税,足可以使国家富强。韩国一定会感激魏国、爱戴魏国、尊重魏国、敬畏魏国。韩国一定不敢反叛魏国,如此以来,韩国将成为魏国的一个县了。魏国得到韩国作为自己的一个县,那么就可以用来保卫大梁,河外一定安全了。现在不保存韩国,那么东西周一定危险,安陵必被秦军夺走。楚、赵两国如再被秦军大败,燕、齐两国就会更加惧怕,天下诸侯都会面向西方争着奔向秦国,入朝称臣的日子就不会太远了。"

五十四 奉阳君约魏

奉阳君约魏,魏王将封其子。谓魏王曰:"王尝身济漳,朝邯郸,抱葛孽、阴成以为赵养邑,而赵无为王有也。王能又封其子河阳、姑密乎?臣为王不取也。"魏王乃止。

译文

赵国的奉阳君李兑与魏国缔结了盟约,魏王想要封赏奉阳君的儿子。有人对魏王说:"大王曾亲自渡过漳水,到邯郸去拜见赵王,奉上葛孽、阴成作为赵国的供养之邑,而赵国却没有为大王做到这些。大王难道还把河阳、姑密封赏给奉阳君的儿子吗?我认为大王不应该这样做。"魏王这才没有封赏。

五十五 秦使赵攻魏

秦使赵攻魏,魏谓赵王曰:"攻魏者,亡赵之始也。昔者,晋人欲亡虞而伐虢①,伐虢者,亡虞之始也。故荀息②以马与璧假道于虞，宫之奇③谏而不听，卒假晋道。晋人伐虢，反④而取虞，故《春秋》书之，以罪虞公。今国莫强于赵，而并齐、秦，王贤而有声者相之，所以为腹心之疾者，赵也。魏者，赵之虢也；赵者，魏之虞也。听秦而攻魏者，虞之为也。愿王之熟计之也。"

注释

①虞：国名，地处今山西平陆，于公元前655年为晋国所灭。虢：国名，地处今山西平陆北。

②荀息：人名，晋国大夫。

③宫之奇：人名，虞国大夫。

④反：同"返"。

译文

秦国要赵国攻打魏国，魏国派人对赵王说："赵国攻打魏国是赵国灭亡的开始。从前，晋国想要灭掉虞国就先攻打虢国，而攻打虢国就是灭掉虞国的开始。所以在晋国大夫荀息拿出宝马和玉璧向虞国借通道之时，虞国大夫宫之奇劝说虞公，但虞公没听取，最后借道给晋国。晋国灭掉虢国后，在返国途中就顺便灭掉了虞国。所以《春秋》记载了这件事，特别责备了虞公。现在诸侯中没有比赵国更强，而能与齐、秦两国并驾齐驱的了，赵王既贤明又得到有声望的人辅佐，所以秦国的心腹之患就是赵国。魏国，如同赵国的虢国；赵国，如同魏国的虞国，听任秦国来攻打魏国，就等于从前虞国借道给晋国攻打虢国一样，将会自取灭亡。希望大王深思熟虑。"

五十六　魏太子在楚

魏太子在楚。谓楼子于鄢陵①曰："公必且待齐、楚之合也，以救皮氏②。今齐、楚之理必不合矣。彼翟子③之所恶于国者，无公若矣。其人皆欲合齐、秦外楚以轻公，公谓齐王④曰：'魏之受兵，非秦实首伐之也，楚恶魏之事王也，故劝秦攻魏。'齐王故欲伐楚，而又怒其不已善也，必令魏以地听秦而为和。以张子之强，有秦、韩之重，齐王恶之，而魏王⑤不敢据也。

"今以齐、秦之重，外楚以轻公，臣为公患之。钧之出地以为和于秦也，岂若由楚乎？秦疾攻楚，楚还兵，魏王必惧，公因寄汾北以予秦而为和，合亲以孤齐。秦、楚重公，公必为相矣。臣意秦王⑥与樗里疾之欲之也，臣请为公说之。"

注释

①楼子：人名，指楼鼻，魏国臣子。鄢陵：地名，地处今河南鄢陵西北。
②皮氏：地名，魏国都邑，地处今山西河津西。
③翟子：人名，指翟强，当时为魏国相国。
④齐王：指齐宣王。
⑤魏王：指魏襄王。
⑥秦王：指秦昭王。

译文

魏国太子在楚国做质子。有人到鄢陵对楼鼻说："先生一定要等齐国和楚国联合起来，去救援皮氏。现在看齐、楚两国的形势，一定不会联合。况且那翟强在魏国所厌恶的人，没有超过先生的了。他的人都想联合齐、秦两国疏远楚国来轻视先生，先生您一定会对齐王说：'魏国遭到兵祸，并非秦国率先攻打它，而是楚国憎恨魏国服事大王，所以劝说秦国攻打魏国的。'齐王因此要讨伐楚国，并且恼怒楚国对自己不友好，一定会让魏国向秦国割让土地来求和。凭着张仪的本事，拥有秦、韩两国雄厚的实力，可是齐王憎恶他，因此魏王也不敢仗恃张仪。

"现在翟强以齐、秦两国雄厚的实力，疏远楚国来轻视先生，我为先生您担忧。齐、楚两国来向秦国割让土地来讲和，难道会听凭楚国任意而为吗？秦国猛攻楚国，楚国如果收兵掉头，魏王一定害怕，先生于是就可献出汾水以北之地送给秦国求和，同秦国联合来孤立齐国。秦、楚两国重视先生，先生您一定能做魏国的相国。我意料秦王和樗里疾想要的就是这些，我请求替先生您去游说。”

乃请樗里子曰："攻皮氏，此王之首事也，而不能拔，天下且以此轻秦。且有皮氏，于以攻韩、魏，利也。"樗里子曰："吾已合魏矣，无所用之。"对曰："臣愿以鄙心意公，公无以为罪。有皮氏，国之大利也，而以与魏，公终自以为不能守也，故以与魏。今公之力有余守之，何故而弗有也？"樗里子曰："奈何？"曰："魏王之所恃者，齐、楚也；所用者，楼鼻、翟强也。今齐王谓魏王曰：'欲讲攻于齐，王兵之辞也。'是弗救矣。楚王①怒于魏之不用楼子，而使翟强为和也，怨颜已绝之矣。

"魏王之惧也见亡，翟强欲合齐、秦外楚，以轻楼鼻；楼鼻欲合秦、楚外齐，以轻翟强。公不如按魏之和，使人谓楼子曰：'子能以汾北与我乎？请合与楚外齐，以重公也，此吾事也。'楼子与楚王必疾矣。又谓翟子：'子能以汾北与我乎？必为合于齐，外于楚，以重公也。'翟强与齐王必疾矣。是公外得齐、楚以为用，内得楼鼻、翟强以为佐，何故不能有地于河东乎？"

注释

①楚王：指楚怀王。

译文

于是那个人对樗里疾说："攻下皮氏，这是秦王要做的第一要事，如果不能攻下，天下诸侯就将因此轻视秦国。况且占据皮氏，对进攻韩、魏两国，是非常便利的。"樗里疾说："我已经同魏国讲和，没有攻占皮氏的必要了。"

那人回答说："我愿意用自己鄙俗的心理来揣度一下先生，先生不要因此怪罪我。据有皮氏，对国家是非常有利的，而您把它送还给魏国，您始终自认为不能守住它，所以就给了魏国。先生您有余力来据守皮氏，为什么不去占有它呢？"樗里疾说："那应该怎么办呢？"那人说，"魏王所依靠的，是齐、楚两国；所重用的，是楼鼻、翟强。现在齐王对魏王说：'魏国想要同齐国交战：这是大王兵士所说的。'这样齐国是不会救援魏国的。楚王恼怒魏国不重用楼鼻，而派翟强去同齐、秦两国讲和，准备要与魏国断交的想法，已经看得出来了。

"魏王惧怕魏国被灭掉，翟强要联合齐、秦两国排斥楚国，以此来轻视楼鼻；楼鼻要联合秦、楚两国排斥齐国，以此来轻视翟强。先生您不如停止同魏国讲和，派人对楼鼻说："您能把汾水之北送给我吗？我请同楚国联合，疏远齐国，使先生受到重用。这是我能做到的事。'楼鼻和楚王一定会做出迅速的反应。您再派人对翟强说：'您能把汾水之北送给我吗？我一定为您同齐国联合，疏远楚国，来使先生受到重用。'翟强同齐王一定会做出迅速的反应。这样，先生在外得到齐、楚两国的支持，在内得到楼鼻、翟强作为辅佐，为什么不能在河东拥有土地呢？"

卷二十五　魏策四

五十七　献书秦王

（阙文）献书秦王[①]曰："臣窃闻大王之谋出事于梁，谋恐不出于计矣，愿大王之熟计之也。梁者，山东之要[②]也。有蛇于此，击其尾，其首救；击其首，其尾救；击其中身，首尾皆救。今梁者天下之脊也。秦攻梁者，是示天下要断山东之脊也，是山东首尾皆救中身之时也。山东见亡必恐，恐必大合，山东尚强，臣见秦之必大忧可立而待也。

"臣窃为大王计，不如南出事于南方，其兵弱，天下不能救，地可广，国可富，兵可强，主可尊。王不闻汤之伐桀乎？试之弱密须氏[③]以为武教，得密须氏而汤知服桀矣。今秦欲与山东为雠，不先以弱为武教，兵必大挫，国必大忧。"秦果南攻蓝田、鄢、郢。

注释

①秦王：指秦昭王。

②要：同"腰"。

③密须氏：国名，地处今甘肃灵台西。伐密须氏为周文王时之事，此以为商汤事，有误。

译文

有人上书给秦昭王说："我听说大王谋划出兵魏国，这个计划恐怕不妥当，希望大王慎重考虑。魏国犹如山东六国的腰部。假如这里有一条蛇，你打它的尾，它的头就会来救护；你打它的头，它的尾巴就会来救护；打击它的腰部，而首尾都会来救护。现在的魏国就好比是天下诸侯的腰身。秦国要攻打魏国，这就是向天下人显示要腰斩山东六国的脊梁，这显然也是山东六国'首尾皆救腰身'的时候了。山东六国看到即将被消灭，一定会害怕，必定广泛联合在一起，六国的力量还很强大，我看秦国一定很快就要遭受巨大的忧患了。

"我私下替大王考虑，不如向南方出兵，楚国兵力弱，诸侯必定不能相救。这样，秦国的领土就可以扩大，国家能够富足，兵力会加强，君王也能受到天下人的尊崇。大王听说过商汤讨伐夏桀的事吗？他先对弱小的密须国用兵，以此训练和整顿自己的武装力量，等攻下密须国以后，商汤就知道如何对付夏桀了。现在秦国与山东六国为敌，如果不先用兵进攻弱小的楚国，用以训练自己的武装力量，那么军队必将遭受严重挫伤，国家必定面临更大的忧患。"秦兵果然进攻楚国的蓝田、鄢和郢。

五十八　八年，谓魏王

八年①，（阙文）谓魏王②曰："昔曹恃齐而轻晋，齐伐釐、莒而晋人亡曹③。缯恃齐以捍越，齐和子乱而越人亡缯④。郑恃魏以轻韩，伐榆关而韩氏亡郑⑤。原恃秦、翟⑥以轻晋，秦、翟年谷大凶而晋人亡原⑦。中山恃齐、魏以轻赵，齐、魏伐楚而赵亡中山⑧。此五国所以亡者，皆其所恃也。非独此五国为然而已也，天下之亡国皆然矣。夫国之所以不可恃者多，其变不可胜数也。或以政教不修，上下不辑，而不可恃者；或有诸侯邻国之虞，而不可恃者；或以年谷不登，稸积竭尽，而不可恃者；或化于利，比于患。臣以此知国之不可必恃也。

"今王恃楚之强，而信春中君之言，以是质秦，而久不可知。即春申君有变，是王独受秦患也。即王有万乘之国，而以一人之心为命也，臣以此为不完，愿王之熟计之也。"

注释

①八年：应作"六年"，指秦始皇六年（公元前241年）。
②魏王：指魏景湣王。
③齐伐釐、莒而晋人亡曹：指公元前487年，宋灭曹，非亡于晋。釐，国名，地处今山东黄县东南。莒：国名，地处今山东莒县。

④"缯恃……"两句：缯于公元前567年灭于莒，非灭于越，且早于"齐和子乱"一百七十多年。和子：即田和，为姜齐大臣。其迁其君于海。

⑤"郑恃……"两句：魏攻打榆关、韩灭郑在公元前375年。榆关，地名，地处今河南临汝境内。

⑥翟：同"狄"。

⑦晋人亡原：指公元前365年，周襄王以其地赐晋文公，非晋所灭，且与秦、翟无关。原，地名，周都邑，地处晋河南济源西北。

⑧"中山……"两句：指公元前301年，齐、韩、魏共攻打楚国方城，杀楚将唐昧之事。公元前296年，赵灭中山。

译文

秦始皇六年：有人对魏王说："从前曹国依仗齐国而轻视晋国，在齐国去讨伐莱、莒两国的时候，晋国便借机攻破了曹国。缯国依仗齐国而抗拒越国，在齐国的和子作乱的时候，越国就灭亡了缯国。郑国依仗魏国而轻视韩国，在魏国攻打榆关的时候，韩国就攻下了郑国。原国依仗秦人、狄人而轻视晋国，在秦、狄出现凶灾的时候，晋国就攻占了原国。中山国依仗齐、魏两国而轻视赵国，在齐、魏两国讨伐楚国的时候，赵国便攻取了中山。这五个国家之所以破亡，都是因为认为自己有所依靠。不但这五个国家是这样，天下所有破亡的国家都是如此。别的国家不可依靠的原因是多方面的，因为其中的变故不可胜数。有的是因为政治教化没有修治，上下不团结，而不可以依靠；有的是因为邻国诸侯狡诈，而不可以依靠，有的是因为年成不好，蓄积用尽，而不可以依靠；有的国家则在利益面前改变立场，有的国家则自己已接近了祸患。我因此知道别的国家是一定不可以依仗的。

"现在大王依仗楚国的强大，而听信春申君的话，因此对抗秦国，但结果不可预料。假如春申君有变故，这则将由大王独自承受秦国的祸患了。虽然大王拥有万乘之国，却唯一个人的想法而是从，我认为这样做是不完美的，希望大王仔细考虑这件事。"

五十九　魏王问张旄

魏王问张旄①曰:"吾欲与秦攻韩,何如?"张旄对曰:"韩且坐而胥亡乎?且割而从天下乎?"王曰:"韩且割而从天下。"张旄曰:"韩怨魏乎?怨秦乎?"王曰:"怨魏。"张旄曰:"韩强秦乎?强魏乎?"王曰:"强秦。"张旄曰:"韩且割而从其所强,与所不怨乎?且割而从其所不强,与其所怨乎?"王曰:"韩将割而从其所强,与其所不怨。"张旄曰:"攻韩之事,王自知矣。"

注释

①魏王:指魏安釐王。张旄:人名,魏国的掌权者。

译文

魏王问张旄说:"我想联合秦国去攻打韩国,您觉得怎么样?"张旄回答说:"韩国是准备坐等亡国呢,还是割让土地联合天下诸侯呢?"魏王说:"韩国一定会割让土地而联合天下诸侯。"张旄说:"韩国恨魏国,还是恨秦国?"魏王说:"恨魏国。"张旄说:"韩国是认为秦国强大呢,还是认为魏国强大呢?"魏王说:"认为秦国强大。"张旄说:"韩国是准备割地依从它认为强大的和无怨恨的国家呢,还是割地依从它认为不强大并且心有怨恨的国家呢?"魏王说:"韩国会将土地割让给它认为强大并且无怨恨的国家。"张旄说:"攻打韩国的事,大王您应该明白了。"

六十　客谓司马食其

客谓司马食其①曰:"虑以天下为可一者,是不知天下者也。欲独以魏支秦者,是又不知魏者也。谓兹公②不知此两者,又不知兹公者也。然而兹公为从,其说何也?从则兹公重,不从则兹公轻,兹公之处重也，不实为期。子何不疾及三国③方坚也，自卖于秦，秦必受子。不然，横者将图子以合于秦，是取子之资，而以资子之雠也。"

传世·经典国学集

注释

①司马食其（yì jī）：人名。魏国人。

②兹公：此人。

③三国：指赵、魏、楚。

译文

有位客人对司马食其说："考虑把天下合而为一的人，是不了解天下形势的人。想单独用魏国去抗拒秦国的人，这又是不了解魏国的人。说这个人不了解这两种情况，又是不了解这个人。但是这个人主张合纵，他的理由又是什么呢？合纵，他们就重要；不合纵，他们就无关紧要，合纵的人位置重要，不会切实地订立期约。先生您何不赶快趁三国正友好之际，自己背弃合纵，与秦国增进关系，秦国一定会接受您。不然的话，连横的人将要图谋您，去同秦国联合，这是拿您自己的资本去帮助您的仇敌了。"

六十一　魏、秦伐楚

魏、秦伐楚，魏王不欲。楼缓谓魏王曰："王不与秦攻楚，楚且与秦攻王。王不如令秦、楚战，王交制之也。"

译文

魏、秦两国一同攻打楚国，魏王不想参战。楼缓对魏王说："大王不同秦国攻打楚国，楚国就会和秦国攻打大王了。大王不如让秦、楚两国交战，大王就可同时牵制它们了。"

六十二　穰侯攻大梁

穰侯攻大梁，入北宅①，魏王②且从。谓穰侯曰："君攻楚，得宛、穰以广陶；攻齐，得刚、寿③以广陶；得许、鄢陵以广陶，秦王④不问者，何也？以大梁之未亡也。今日大梁亡，许、鄢陵必议，议则君必穷。为君计者，勿攻便。"

✿注释

①北宅：地名，魏国都邑，地处今河南郑州北。

②魏王：指魏安釐王。

③刚：地名，齐国都邑，地处今山东宁阳东北。寿：地名，齐国都邑，地处今山东寿张。

④秦王：指秦昭王。

✿译文

秦穰侯攻打魏都大梁，攻进了北宅，魏王将要顺服穰侯。有人便对穰侯说："您攻打楚国，得宛地、穰地来扩大您的封邑陶地；攻打齐国，得刚地、寿地来扩大您的封邑陶地；进攻魏国，得许地、鄢陵来扩大您的封邑陶地，而秦王不过问，这是为什么呢？因为魏都大梁还没有灭亡。大梁如果灭亡，您私占许地，鄢陵一定会遭到非议，遭到非议您就会陷入困境。替您考虑，还是不攻打大梁更为有利。"

六十三　白圭谓新城君

白圭谓新城君①曰："夜行者能无为奸，不能禁狗使无吠己也。故臣能无议君于王②，不能禁人议臣于君也。"

✿注释

①白圭：人名，名丹，或为周人，或为魏国人，曾为魏国相国，此时出仕

于秦。新城君：为秦国封君，名芈戎，为秦昭王之舅。

　　②王：指秦昭王。

译文

　　白圭对新城君说："走夜路的人可以保证自己不做坏事，但却没办法让狗不对着自己乱叫。所以我能够做到在秦王面前不议论您，却不能禁止别人在您这里议论我。"

六十四　秦攻韩之管

　　秦攻韩之管①，魏王发兵救之。昭忌②曰："夫秦强国也，而韩、魏壤絜，不出攻则已，若出攻，非于韩也，必于魏也。今幸而于韩，此魏之福也。王若救之，夫解攻者，必韩之管也；致攻者，必魏之梁也。"魏王不听，曰："若不救韩，韩怨魏，西合于秦，秦、韩为一则魏危。"遂救之。

注释

　　①管：地名，韩国都邑，地处今河南郑州北。

　　②昭忌：人名，楚国人，时在魏国任职。

译文

　　秦国攻打韩国的管城，魏王派兵援救韩国。昭忌对魏王说："秦国是强国，而韩、魏两国与秦国接壤，秦国不发兵进攻则罢，一旦进攻，矛头不对准韩国，就是魏国。现在幸好攻打的是韩国，这是魏国的幸运。大王如果救援韩国，那么解除围攻的，必定是韩国的管城；招致进攻的，必定是魏国的大梁了。"魏王不听劝告，说："如果不趁此时去营救韩国，韩国就会怨恨魏国，它便会向西和秦联合，一旦秦、韩两国联合，那魏国就危险了。"于是就去救助韩国。

秦果释管而攻魏。魏王大恐，谓昭忌曰："不用子之计而祸至，为之奈何？"昭忌乃为之见秦王曰："臣闻明主之听也，不以挟私为政，是参行也。愿大王无攻魏，听臣也。"秦王曰："何也？"昭忌曰："山东之从，时合时离，何也？"秦王曰："不识也。"曰："天下之合也，以王之不必也；其离也，以王之必也。今攻韩之管，国危矣，未卒而移兵于梁，合天下之从，无精于此者矣。以为秦之求索，必不可支也。故为王计者，不如制赵。秦已制赵，则燕不敢不事秦，荆、齐不能独从。天下争敌于秦，则弱矣。"秦王乃止。

译文

秦国果然放弃管城来攻打魏国。魏王惊恐万分，对昭忌说："我没有采纳您的意见，结果招致大祸，这可怎么办呢？"昭忌代表魏王去拜见秦王说："我听说贤明的君王听政的时候，是不会用一己偏见去治理国家，而是参考大家的意见才行动。希望大王不要进攻魏国，听一听我的意见吧。"秦王说："为什么呢？"昭忌回答说："崤山以东的六国，时而联合，时而分离，这是为什么呢？"秦王说："不清楚。"昭忌说："天下诸侯之所以联合，是因为大王攻击目标还没确定；它们之所以分裂，是因为大王进攻的目标已经确定了。如今秦国攻打韩国管城，韩国就危险了，可是还未结束就把军队移向魏国，那么诸侯要组织合纵联盟的想法，没有比这时更强烈的了。各国都认为秦国索取如此贪得无厌，肯定会受不了。所以我替大王考虑，不如去制服赵国。如果秦国控制赵国，那燕国也不得不服从您，楚和齐就不能单独合纵了。如果天下诸侯争着与秦国为敌，那么秦国就要衰弱了。"秦王于是停止攻打魏国。

六十五　秦、赵构难而战

秦、赵构难而战①。谓魏王②曰："不如收赵而构之秦。王不构赵，赵不以毁构矣；而构之秦，赵不复斗，必重魏。是并制秦、赵之事也。王欲焉而收齐、赵攻荆，欲焉而收荆、赵攻齐。欲王之东长之，待之也。"

传世·经典国学集

战国策

卷二十五 魏策四

628

注释

①秦、赵构难而战：指秦、赵长平之战。

②魏王：指魏安釐王。

译文

秦、赵两国因为愁怨而发生战争。有人对魏王说："魏国不如团结赵国一同与秦讲和。大王如果不同赵国一道与秦讲和，赵国就不会用损失惨重的军队去与秦国讲和了；秦、赵讲和，赵国必然不会重新投入战斗，一定会重视魏国。这是同时制衡秦、赵两国的大事。大王或是拉拢齐、赵两国攻打楚国，或是团结楚、赵两国攻打齐国。想统治天下或做东方之长，都等着您去做了。"

六十六 长平之役

长平之役，平都君①说魏王曰："王胡不为从？"魏王曰："秦许吾以垣雍②。"平都君曰："臣以垣雍为空割也。"魏王曰："何谓也？"平都君曰："秦、赵久相持于长平之下而无决。天下合于秦，则无赵；合于赵，则无秦。秦恐王之变也，故以垣雍饵王也。秦战胜赵，王敢责垣雍之割乎？"曰：'不敢。'秦战不胜赵，王能令韩出垣雍之割乎？曰：'不能。'臣故曰，垣雍空割也。"魏王曰："善。"

注释

①平都君：未赵悼襄王时的封君。

②垣雍：地名，本魏国都邑，后属韩国，地处今河南原阳西南。

译文

  秦、赵长平之战时，赵国平都君劝魏王说："大王为什么不实行合纵政策呢？"魏王说："因为秦国答应让韩国把垣雍归还给我们。"平都君说："我认为归还垣雍只不过是一句空话。"魏王说："这是什么意思呢？"平都君说："秦、赵在长平城下长久地相持下去，难以决出胜负。如果和秦国联合，赵国就会灭亡；和赵国联合，秦国就会灭亡。秦国担心大王改变原意，所以用垣雍来引诱大王。秦国如果战胜了赵国，大王敢向秦国索取垣雍吗？我说：'不敢。'秦国如果不能战胜赵国，大王能让韩国交出垣雍吗？我说：'不能。'所以我说归还垣雍只不过是一句空话。"魏王说："对。"

六十七　楼梧约秦、魏

  楼梧①约秦、魏，将令秦王②遇于境。谓魏王③曰："遇而无相，秦必置相。不听之，则交恶于秦；听之，则后王之臣，将皆务事诸侯之能令于王之上者。且遇于秦而相有秦者，是无齐也，秦必轻王之强矣。有齐者不若相之，齐必喜，是以有齐者与秦遇，秦必重王矣。"

注 释

  ①楼梧：人名，魏国臣子。

  ②秦王：指秦武王。

  ③魏王：指魏襄王。

译文

  楼梧为秦、魏国结盟，将让秦王同魏王在边境上会面。楼梧对魏王说："会面时大王如果没有相国，秦王一定会向推荐一个人做相国。如果不听从，魏国同秦国的邦交就会恶化；如果听从，那么以后大王的臣子就都将为那些能左右大王的诸侯办事了。况且与秦王会见，任命为秦国所信任的臣子为相，这将会失去与齐国这个同盟，秦国一定会轻视大王。大王不如任命亲近秦国的人为相国，齐国一定高兴，因此让齐国信任的相国参加与秦王的会见，秦王就一定会重视大王的。"

六十八　芮宋欲绝秦、赵之交

芮宋①欲绝秦、赵之交，故令魏氏收秦太后之养地。秦王怒。芮宋谓秦王曰："魏委国于王而王不受，故委国于赵也。李郝②谓臣曰：'子言无秦，而养秦太后以地，是欺我也。'故敝邑收之。"秦王怒，遂绝赵也。

注　释

①芮宋：人名，魏国臣子。

②李郝：人名，赵国臣子。

译　文

芮宋想要使秦国与赵国断交，所以故意让魏国收回了供养秦太后的土地。秦王大怒。芮宋对秦王说："魏国把国家托付给大王而大王却不接受，所以只好托付给赵国。李郝对我说：'您说魏国与秦国没有联系了，却用土地供养秦太后，这是在欺骗我。'因此敝国才收回了土地。"秦王大怒，于是断绝了同赵国的邦交。

六十九　为魏谓楚王

为魏谓楚王①曰："索攻魏于秦，秦必不听王矣，是智困于秦而交疏于魏也。楚、魏有怨，则秦重矣。故王不如顺天下遂伐齐。与魏易地，兵不伤，交不变，所欲必得矣。"

①楚王：指楚顷襄王。

注释

①楚王：指楚顷襄王。

译文

有人替魏国对楚王说："要求秦国去攻打魏国，秦国一定不会听从大王，这样就会对秦国难以施展计谋，还会使我们同魏国关系疏远。楚、魏两国产生仇怨，那秦国的地位就显得重要了。所以大王不如顺应天下诸侯去讨伐齐国。用夺得骑过的土地同魏国交换，这样一来，军队既不损伤，邦交也不改变，想要得到的也一定会得到。"

七十　管鼻之令翟强与秦事

管鼻之令翟强与秦事。谓魏王曰："鼻之与强，犹晋人之与楚人也。晋人见楚人之急，带剑而缓之；楚人恶其缓而急之。令鼻之人秦之传舍①，舍不足以舍之。强之入，无蔽于秦者。强，王贵臣也，而秦若此其甚，安可！"

注释

①传舍：古时供行人休息住宿的处所。

译文

管鼻让翟强同秦国议事。有人对魏王说："管鼻同翟强，就如同晋国人和楚国人。晋国人见楚国人紧急来攻，便佩好宝剑缓慢行军；楚国人讨厌晋国人的缓军之举，进而抓紧时间进攻。如今管鼻住进秦国的传舍，丹传舍都容纳不下他众多的随从。翟强进入秦国，秦国却没有他的安身之处。翟强是大王显贵的大臣，而秦国对待他竟到了如此地步，这怎么可以呢！"

七十一　成阳君欲以韩、魏听秦

成阳君[1]欲以韩、魏听秦，魏王[2]弗利。白圭谓魏王曰："王不如阴使人说成阳君曰：'君入秦，秦必留君而以多割于韩矣。韩不听，秦必留君而伐韩矣。故君不如安行求质于秦。'成阳君必不敢入秦，秦、韩不合，则王重矣。"

注释

①成阳君：韩国人，曾为韩国相国。

②魏王：指魏昭王。

译文

成阳君想让韩、魏两国听从秦国，魏王认为这样会对自己不利。白圭对魏王说："大王不如暗中派人劝成阳君说：'您进入秦国，秦国一定会扣留您，以此来达到从韩国多割取土地的目的。韩国如果不听从，秦国一定会扣留您并讨伐韩国。所以您不如先不出发，并向秦国索要人质。'成阳君必定不敢进入秦国，秦、韩两国不能联合，那么大王的地位就非常重要了。"

七十二　秦拔宁邑

秦拔宁邑[1]，魏王令人谓秦王[2]曰："王归宁邑，吾请先天下构。"谓秦王曰："王无听。魏王见天下之不足恃也，故欲先构。夫亡宁者，宜割二宁以求构；夫得宁者，安能归宁乎？"

注释

①宁邑：地名，地处今河南修武东。

②魏王：指魏安釐王。秦王：指秦昭王。

战国策

卷二十五 魏策四

译文

　　秦国攻克了魏国的宁邑，魏王派人对秦王说："大王如果归还宁邑，我请求先于天下诸侯同秦国讲和。"有人对秦王说："大王不要相信。魏王看到天下诸侯不能够依靠了，所以想要先讲和。失去宁邑的国家，应该割让两个宁邑来求和；得到宁邑的国家，又怎么能轻易归还宁邑呢？"

七十三　秦罢邯郸

　　秦罢邯郸，攻魏，取宁邑。吴庆恐魏王①之构于秦也，谓魏王曰："秦之攻王也，王知其故乎？天下皆曰王近也。王不近秦，秦之所劫。皆曰王弱也。王不弱二周，秦人去邯郸，过二周而攻王者，以王为易制也。王亦知弱之召攻乎？"

注释

　　①吴庆：人名，魏国臣子。魏王：指魏安釐王。

译文

　　秦国停止攻打邯郸，转而进攻魏国，攻下了宁邑。吴庆担心魏王向秦国讲和，便对魏王说："秦国进攻大王，大王知道是什么原因吗？天下诸侯都说大王亲近秦国。其实大王并不亲近秦国，但是却受到秦国的威胁。天下诸侯都说大王国力弱小。其实大王的国家并不弱于东、西二周，秦国离开邯郸，越过二周而进攻大王的原因，是认为大王容易被挟制。大王也该知道软弱会招致进攻了吧？"

七十四　魏王欲攻邯郸

　　魏王①欲攻邯郸，季梁②闻之，中道而反，衣焦不申③，头尘不浴，往见王曰："今者臣来，见人于大行，方北面而持其驾，告臣曰：'我欲之楚。'臣曰：'君之楚，将奚为北面？'曰："吾马良。'臣曰：'马虽良，此非楚之路也。'曰：'吾用多。'臣曰：'用虽多，此非楚之路也。'曰：'吾御者善。'此数者愈善，而离楚愈远耳。今王动欲成霸王，举欲信④于天下，恃王国之大，兵之精锐，而攻邯郸，以广地尊名，王之动愈数⑤，而离王愈远耳，犹至楚而北行也。"

注释

①魏王：指魏惠王。

②季梁：人名，魏国臣子。

③申：同"伸"。

④信：通"伸"。

⑤数（shuò）：多，屡次。

译文

魏王想要攻打邯郸，季梁听说这件事后，半路返回，来不及伸平皱缩的衣服和洗去头上的尘土，去拜见魏王说："今天我来的时候，在路上遇见了一个人，正在面朝北面驾着他的车，他告诉我说：'我想到楚国去。'我说：'您去楚国去，为什么往北走呢？'他说：'我的马很精良。'我说：'你的马虽然很精良，可这不是去楚国的路。'他说：'我的路费很多。'我说：'你的路费虽然多，可这不是去楚国的路啊。'他说：'我的驾车之人善于驾车。'这几个条件越是好，就离楚国越远了。如今大王的行动是想成为霸王，举止是想伸张于天下，依仗魏国的强大、军队的精锐，而去攻打邯郸，使土地扩展，有好的名声，大王这样的行动越频繁，那么您距离称王的事业就会越远了，这就好像想到楚国却向北走一样。"

七十五　周宵谓宫他

周宵[①]谓宫他曰："子为宵谓齐王曰，宵愿为外臣。令齐资我于魏。"宫他曰："不可，是示齐轻也。夫齐不以无魏者以害有魏者，故公不如示有魏。公曰：'王之所求于魏者，臣请以魏听。'齐必资公矣。是公有齐，以齐有魏也。"

注释

①周宵：人名。魏国臣子。

译文

周宵对宫他说："您替我对齐王说，我愿做齐国的外臣。让齐国帮助我在魏国拥有权力。"宫他说："不可以这样做，这是向齐国表示您在魏国得不到重用。齐国是不会帮助一个魏国不信任的人去损害已经取得魏国信任的人，所以您不如表示得到了魏国的信任。您就说：'大王向魏国所提出的要求，我请求魏国听从。'齐国一定会帮助您。这样您就有了齐国的支持，因为齐国的重视，又会取得魏国的信任。"

七十六　周最善齐

周最[①]善齐，翟强善楚。二子者，欲伤张仪于魏。张子闻之，因使其人为见者啬夫[②]，间见者，因无敢伤张子。

注释

①周最：人名，周的公子，此时在魏国。
②啬夫：主管传达的小臣。

译文

周最亲近齐国，翟强亲近楚国。这两个人想要在魏王那里中伤张仪。张仪听说后，就派他的手下担任引见传命的啬夫，监视拜见魏王的人，于是没有人敢中伤张仪。

七十七　周最入齐

周最入齐，秦王怒，令姚贾让魏王。魏王为之谓秦王曰："魏之所以为王通天下者，以周最也。今周最遁寡人入齐，齐无通于天下矣。敝邑之事王，亦无齐累矣。大国欲急兵，则趣赵而已。"

译文

周最去了齐国，秦王大怒，派姚贾去责备魏王。魏王为此对秦王说："魏国之所以替大王向天下诸侯传达消息，是因为有周最。如今周最离开魏国去了齐国，齐国不会再与天下诸侯交往了。敝国服事大王，也就没有齐国的拖累了。如果秦国要用兵伐齐，那么只要促使赵国响应就行了。"

七十八　秦、魏为与国

秦、魏为与国。齐、楚约而欲攻魏，魏使人求救于秦，冠盖相望，秦救不出。

魏人有唐雎者，年九十余，谓魏王[1]曰："老臣请出西说秦，令兵先臣出，可乎？"魏王曰："敬诺。"遂约车而遣之。

注释

①魏王：指魏安釐王。

译文

秦、魏两国结为盟国，齐、楚两国相约要攻打魏国，魏国派人向秦国求救，道路上魏国使者车子的顶盖彼此都望得见，但秦国的救兵却一直没有出动。

　　魏国有个叫唐雎的人，年纪有九十多了，他对魏王说："老臣请求出使西方游说秦王，让救兵先于老臣从秦国出发，可以吗？"魏王说："太好了。"于是准备车辆送他出发。

　　唐雎见秦王^①，秦王曰："丈人芒然^②乃远至此，甚苦矣。魏来求救数矣，寡人知魏之急矣。"唐雎对曰："大王已知魏之急而救不至者，是大王筹筴^③之臣无任矣！且夫魏一万乘之国，称东藩，受冠带，祠春秋者，以为秦之强足以为与也。今齐、楚之兵已在魏郊矣，大王之救不至，魏急则且割地而约齐、楚，王虽欲救之，岂有及哉？是亡一万乘之魏，而强二敌之齐、楚也。窃以为大王筹筴之臣无任矣！"

　　秦王喟然^④愁悟，遽发兵，日夜赴魏，齐、楚闻之，乃引兵而去。魏氏复全，唐雎之说也。

注释

①秦王：指秦昭王。

②芒然：疲倦的样子。

③筹筴（cè）：谋划，筹划。

④喟（kuì）然：叹息而警觉的样子。

译文

　　唐雎见到了秦王，秦王说："老先生疲惫不堪地从远方来到这里，实在是很辛苦。魏国派人前来求救，已经好多次了，我已经知道魏国形势危急。"唐雎回答说："大王已经知道魏国情况紧急，却不派救兵，这是为大王出谋划策的臣子太无能了！再说魏国是一个拥有万辆兵车的大国，自愿成为秦国东方的藩国，接受秦国的冠带制度，每年春秋祭祀送来供品，是认为秦国的强大足以成为盟国。现在齐、楚两国的军队已到了魏国的郊外，大王的救兵还没有赶到，魏国一旦形势紧急就将割让土地而与齐、楚两国定约，大王即使想救魏国，哪里还来得及呢？这是失去了一个拥有万辆兵车的魏国，而且增强了齐、楚两个敌国的力量，我私下认为替大王出谋划策的臣子太无能了！"

秦王感叹悔悟，马上发兵，日夜兼程奔赴魏国。齐、楚两国听说后，就收兵撤离了。魏国能够再次得以保全，全仗唐雎游说的结果。

七十九　信陵君杀晋鄙

信陵君杀晋鄙①，救邯郸，破秦人，存赵国，赵王②自郊迎。

唐雎谓信陵君曰："臣闻之曰，事有不可知者，有不可不知者；有不可忘者，有不可不忘者。"信陵君曰："何谓也？"对曰："人之憎我也，不可不知也；吾憎人也，不可得而知也。人之有德于我也，不可忘也；吾有德于人也，不可不忘也。今君杀晋鄙，救邯郸，破秦人，存赵国，此大德也。今赵王自郊迎，卒③然见赵王，臣愿君之忘之也。"信陵君曰："无忌谨受教。"

注释

①信陵君杀晋鄙：指公元前257年，信陵君通过魏王的爱妃如姬窃得虎符，杀掉将军晋鄙，选兵八万，在邯郸城下大破秦军。

②赵王：指赵孝成王。

③卒（cù）：同"猝"。

译文

信陵君杀死晋鄙，挽救了邯郸，击破秦兵，保全了赵国，赵孝成王亲自到郊外迎接他。

唐雎对信陵君说："我听人说，事情有不可以让人知道的，有不可以不知道的；有不可以忘记的，有不可以不忘记的。"信陵君说："你这话是什么意思呢？"唐雎回答说："别人厌恨我，不可不知道；我厌恨人家，又不可以让人知道。别人对我有恩德，不可以忘记；我对人家有恩德，不可以不忘记。如今您杀了晋鄙，挽救了邯郸，击破了秦兵，保全了赵国，这对赵王是很大的恩德啊。现在赵王亲自到郊外去迎接您，我们仓促拜见赵王，我希望您能忘记救赵的事情。"信陵君说："我谨遵您的教诲。"

八十 魏攻管而不下

魏攻管①而不下。安陵人缩高，其子为管守。信陵君使人谓安陵君曰："君其遣缩高，吾将仕之以五大夫②，使为持节尉③。"安陵君曰："安陵，小国也，不能必使其民。使者自往，请使道使者至缩高之所，复信陵君之命。"缩高曰："君之幸高也，将使高攻管也。夫以父攻子守，人大笑也。见臣而下，是倍④主也。父教子倍，亦非君之所喜也。敢再拜辞。"

注释

①管：地名，地处今河南郑州北。

②五大夫：大夫中最高的爵位。

③持节尉：指掌握生杀大权的军官。

④倍：通"背"，背叛。

译文

魏国进攻秦国的管邑久攻不下。安陵人缩高的儿子担任管邑的守官。信陵君便派人对安陵君说："您还是派缩高前去，我将任命他做五大夫，并让他担任持节尉。"安陵君说："安陵是一个小国，不能让它的百姓完全听我的命令。您自己去吧，请让我派人把您引到缩高的住处，以便回复信陵君的命令。"缩高说："您来到我这里，将派我去攻管邑。做父亲的去进攻儿子守卫的城邑，会被天下人大加笑话的。我的儿子见到我而献出城邑，这是背叛自己的君主。父亲教儿子背叛君主，也不是您想看到的。我只有冒昧地再拜辞谢。"

使者以报信陵君，信陵君大怒，遣大使之安陵曰："安陵之地，亦犹魏也。今吾攻管而不下，则秦兵及我，社稷必危矣。愿君之生束缩高而致之。若君弗致也，无忌将发十万之师以造安陵之城。"安陵君曰："吾先君成侯受诏襄王①以守此地也，手受大府之宪②。宪之上篇曰：'子弑父，臣弑君，有常不赦。国虽大赦，降城亡子不得与焉。'今缩高谨辞大位，以全父子之义，而君曰'必生致之'，是使我负襄王诏而废大府之宪也，虽死，终不敢行。"

注释

①成侯：安陵始封的国君。襄王：指魏襄王。

②大府：指藏文书的府库。宪：法。

译文

使者把这些情况报告给信陵君，信陵君大怒，派特使到安陵说："安陵的土地，也如魏国的土地一样。现在我攻不下管邑，那么秦国军队就将威胁我，国家必然危险了。希望您能把缩高活着捆送到我这儿来。如果您不送来，我将派十万军队到达安陵城下。"安陵君说："我的先君成侯受襄王的命令来据守这块土地，亲手接受了大府的法令。法令的上篇中说：'儿子杀死父亲，臣下杀死君主，有固定的刑法不能被赦免。即使国家有大赦，举城投降和逃亡的人，也不能被赦免。'现在缩高郑重地辞谢高官来保全父子之间的道义，而您却说'一定要把他活着送到我这儿来'，这是让我背弃襄王的遗诏并且违背大府的法令，我即使死去，最终也不敢这样做。"

缩高闻之曰："信陵君为人，悍而自用也。此辞反，必为国祸。吾已全已，无违人臣之义矣，岂可使吾君有魏患也？"乃之使者之舍，刎颈而死。

信陵君闻缩高死，素服缟素辟舍，使使者谢安陵君曰："无忌小人也，困于思虑，失言于君，敢再拜释罪。"

译文

缩高听说这件事之后说："信陵君为人凶悍自用。用这番话回复他，一定会给国家带来祸患。我已经保全了父子之义，但也不要违背作为人臣的大义，怎么可以让我的君主遭到来自魏国的祸患呢？"于是就来到使者的住处，自刎而死。

信陵君听到缩高死去的消息后，穿上白色的孝服离开正舍而居，并派使者向安陵君谢罪说："无忌我是个小人，由于考虑不周，失言于您，冒昧地再拜谢罪。"

八十一　魏王与龙阳君共船而钓

魏王与龙阳君①共船而钓，龙阳君得十余鱼而涕下。王曰："有所不安乎？如是，何不相告也？"对曰："臣无敢不安也。"王曰："然则何为涕出？"曰："臣为臣之所得鱼也。"王曰："何谓也？"对曰："臣之始得鱼也，臣甚喜，后得又益大，今臣直欲弃臣前之所得矣。今以臣凶恶，而得为王拂枕席。今臣爵至人君，走人于庭，辟人于途。四海之内，美人亦甚多矣，闻臣之得幸于王也，必褰裳②而趋王。臣亦犹曩③臣之前所得鱼也，臣亦将弃矣，臣安能无涕出乎？"魏王曰："误！有是心也，何不相告也？"于是布令于四境之内曰："有敢言美人者族。"

注释

①龙阳君：指魏王的宠臣。

②褰裳（qiān cháng）：撩起下裳。

③曩（nǎng）：从前。

译文

　　魏王和龙阳君同在一条船上钓鱼，龙阳君钓了十多条鱼却突然流起泪来。魏王说："你内心感到有些不安吗？既然如此，为什么不告诉我呢？"龙阳君说："我没有什么不安的事情。"魏王说："那么为什么流泪呢？"龙阳君说："我为我钓的鱼流泪。"魏王说："为什么这样说呢？"龙阳君回答说："我刚钓到鱼的时候，很高兴，后来钓到的鱼更加大了，现在只想抛弃先前所钓到的鱼。如今我这样丑陋，却能够为大王拂拭枕席。我的爵位竟达到了龙阳君，在朝廷上，人们见了我要趋步而行，在道路上，人们见了我要马上回避。四海之内的美人很多，听说我受到大王的宠幸，一定会提起衣裙奔向大王。那我也就像我先前所钓到的鱼一样，也将被抛弃了，我怎能不流泪呢？"魏王说："唉！有这样的想法，为什么不告诉我呢？"因此魏王在国内发布号令说："有谁敢来推荐美人的，灭他全族。"

　　由是观之，近习之人，其挚谄也固矣，其自幂系①也完矣。今由千里之外，欲进美人，所效者庸必得幸乎？假之得幸庸必为我用乎？而近习之人相与怨，我见有祸，未见有福；见有怨，未见有德，非用知②之术也。

注释

①幂：覆盖。系：固结。

②知：同"智"。

译文

　　由此来看，君王身边亲近的人，他们讨好的语言在君王那里已经很牢固了，自我遮掩巴结做得也很完善了。如今有人从千里之外要进献美人，但进献的美人，难道一定能得到宠幸吗？假设美人真得到了君王宠幸，又怎么会一定为我所用呢？并且被君王亲近的人之间会互相怨恨，我只看到了祸，没看到福；看到了怨恨，没看到美德，这并不是运用智慧的方法。

八十二 秦攻魏急

秦攻魏急①。或谓魏王②曰："弃之不如用之之易也，死之不如弃之之易也。能弃之弗能用之，能死之弗能弃之，此人之大过也。今王亡地数百里，亡城数十，而国患不解，是王弃之，非用之也。今秦之强也，天下无敌，而魏之弱也甚，而王以是质秦，王又能死而弗能弃之，此重过也。今王能用臣之计，亏地不足以伤国，卑体不足以苦身，患解而怨报。

🐚注 释

①秦攻魏急：指秦始皇九年（公元前238年），派杨端和领兵攻打魏国，拔数城。

②魏王：指魏景湣王。

🐚译 文

秦国加紧进攻魏国。有人对魏王说："因战败而放弃土地不如使用土地容易，因被围困使土地成为死地不如放弃土地容易。能放弃土地，而不能使用土地，能使土地成为死地而不能放弃，这是人的大错。如今大王失去土地数百里，丢掉城邑数十座，而国家的祸患仍然没有解除，这是大王放弃土地而没有利用土地的结果。秦国强大，天下无敌，而魏国很弱小，但大王却因此招来秦国的进攻，大王又只能把土地变成死地，却不肯放弃，这是严重的错误。现在大王如能采用我的计策，失去一些土地不至于损害国家，轻贱自己不至于劳苦自身，解除了祸患也报了仇。

"秦自四境之内，执法以下至于长挽者，故毕曰：'与嫪氏乎？与吕氏乎？'虽至于门闾①之下，廊庙②之上，犹之如是也。今王割地以赂秦，以为嫪毐功；卑体以尊秦，以因嫪毐。王以国赞嫪毐，以嫪毐胜矣。王以国赞嫪氏，太后之德王也，深于骨髓，王之交最为天下上矣。秦、魏百相交也，百相欺也。今由嫪氏善秦而交为天下上，天下孰不弃吕氏而从嫪氏？天下必舍吕氏而从嫪氏，则王之怨报矣。"

注释

①门闾：指乡里。此处代指平民百姓。
②廊庙：指朝廷。此处指达官贵人。

译文

"秦国国内，上至执政的大臣，下至平民，都在说：'秦王亲近嫪毐呢？还是亲近吕不韦呢？'即使普通百姓，或是达官贵人，仍然是这样。现在大王割让土地来贿赂秦国，把它作为嫪毐的功劳；轻贱自身来尊奉秦国，因此而依靠嫪毐。大王拿国家来资助嫪毐，我认为嫪毐会获胜。大王拿国家赞助嫪毐，秦太后一定会感激大王的恩德，这种感激会深入骨髓，大王和秦国的邦交在诸侯中会是最要好的。之前，秦、魏两国百次相交，百次互相欺骗。现在由于嫪毐而同秦国亲善，获得天下上等的邦交，诸侯有谁会不抛弃吕不韦而去跟从嫪毐呢？天下诸侯定会舍弃吕不韦而追随嫪毐，那么大王的怨仇也就报了。"

八十三 秦王使人谓安陵君

秦王使人谓安陵君①曰："寡人欲以五百里之地易安陵，安陵君其许寡人？"安陵君曰："大王加惠，以大易小，甚善。虽然，受地于先王，愿终守之，弗敢易。"秦王不说②。安陵君因使唐雎使于秦。

秦王谓唐雎曰："寡人以五百里之地易安陵，安陵君不听寡人，何也？且秦灭韩亡魏，而君以五十里之地存者，以君为长者，故不错③意也。今吾以十倍之地请广于君，而君逆寡人者，轻寡人与？"唐雎对曰："否，非若是也。安陵君受地于先王而守之，虽千里不敢易也，岂直五百里哉！"

注释

①秦王：指秦王政，即秦始皇。安陵君：魏国分封的小国君主。安陵，地处今河南鄢陵西北。

②说：通"悦"。

③错：通"措"。

译文

秦王派使者对安陵君说："我想用方圆五百里的地来换取安陵，安陵君能答应我吗？"安陵君说："大王施加恩惠，用面积大的土地来换取我面积小的土地，这很好。但是我从先王那里继承了这块土地，我愿意始终守着它，不敢将它拿来交换。"秦王因此很不高兴。安陵君于是派唐雎出使秦国。

秦王对唐雎说："我拿五百里的土地换取安陵，但安陵君不答应我，这是为什么呢？秦国消灭了韩国和魏国，而安陵君凭着五十里的土地生存下来，那是因为我认为他是忠厚的长者，所以才没有在意他。如今我拿出十倍的土地为他扩大地盘，他却拒绝我，这是看不起我吗？"唐雎说："不，不是这样的。安陵君从先王那里继承了封地并保有它，即使一千里土地也是不敢交换的，何况只是五百里呢！"

秦王怫然怒，谓唐雎曰："公亦尝闻天子之怒乎？"唐雎对曰："臣未尝闻也。"秦王曰："天子之怒，伏尸百万，流血千里！"唐雎曰："大王尝闻布衣之怒乎？"秦王曰："布衣之怒，亦免冠徒跣①，以头抢地尔。"唐雎曰："此庸夫之怒也，非士之怒也。夫专诸之刺王僚②也，彗星袭月；聂政之刺韩傀③也，白虹贯日；要离之刺庆忌④也，仓⑤鹰击于殿上。此三子者，皆布衣之士也，怀怒未发，休祲⑥降于天，与臣而将四矣。若士必怒，伏尸二人，流血五步，天下缟素，今日是也。"挺剑而起。

秦王色挠，长跪而谢之曰："先生坐，何至于此！寡人谕矣。夫韩、魏灭亡，而安陵以五十里之地存者，徒以有先生也。"

注释

①徒跣：赤脚。

②专诸之刺王僚：指春秋时，吴国公子光（即后来吴王阖闾），为了争夺王位，派专诸刺杀吴王僚。

③聂政之刺韩傀：指韩国严遂和韩国相国韩傀不和，就派聂政刺杀韩傀。

④要离之刺庆忌：庆忌是吴王僚的儿子，吴王僚被杀，其逃往卫国，吴王阖闾则派要离去卫国刺杀了他。

⑤仓：通"苍"。

⑥休祲：指凶兆。

译文

秦王勃然大怒，对唐雎说："您可听说过天子的愤怒吗？"唐雎说："我没听说过。"秦王说："天子发怒，伏尸百万，流血千里！"唐雎说："大王可听说过平民的愤怒吗？"秦王说："平民的愤怒，不过是摘下帽子，光着脚，拿脑袋撞地罢了。"唐雎说："这只是庸人的愤怒，不是侠士的愤怒。以前专诸刺杀吴王僚时，彗星遮盖了月亮；聂政刺杀韩傀时，白虹穿过了太阳；要离刺杀庆忌时，苍鹰在宫殿上扑击。这三个人，都是平民中的侠士，满腔的怒气还没有发泄出来，凶兆就从天而降，加上我，就将是四个人了。因此侠士一旦发怒，两具尸首将要倒下，五步之内就会鲜血四溅，天下人都会穿白戴孝，今天就是这样的时候。"说着便拔出剑站了起来。

秦王脸色大变，慌忙起身跪着向唐雎道歉说："先生请坐下说话，哪里会到如此地步呢！我已经明白了。韩、魏两国灭亡，可是安陵却凭着五十里土地安然无事，只是因为有先生在啊。"

卷二十六　韩策一

韩国（公元前 403—前 230 年），为春秋战国时期诸侯国之一，与赵国、魏国合称三晋。姬姓，韩氏，是晋国大夫韩武子（晋武公叔父）的后代。

三家分晋后，韩、赵、魏三家大夫得到周威烈王的承认，正式位列于诸侯，韩国建立，建都于阳翟（今河南禹州）。公元前 375 年，韩哀侯灭郑国，迁都新郑（今河南新郑）。公元前 325 年魏惠王与韩宣惠王（韩威侯）在巫沙会面，并尊为王。

韩国国势最强是韩昭侯在位之时。他任用法家的申不害为相，实行变法，使得内政修明，韩国呈小康之治。由于地处中原，韩国被魏国、齐国、楚国和秦国包围，所以没有发展的空间，国土也是七国之中最小的一个。公元前 230 年，韩国成为山东六国中第一个被秦所灭的诸侯国，秦将其旧地置为颍川郡。

本策从"三晋已破智氏"篇开始，至"段干越人谓新城君"篇结束，共 3 卷，70 篇。

一 三晋已破智氏

三晋已破智氏，将分其地。段规谓韩王[1]曰："分地必取成皋[2]。"韩王曰："成皋，石溜之地[3]也，寡人无所用之。"段规曰："不然。臣闻一里之厚而动千里之权者，地利也；万人之众而破三军者，不意也。王用臣言，则韩必取郑矣。"王曰："善。"果取成皋。至韩之取郑也，果从成皋始。

注释

①段规：人名，韩康子的谋臣。韩王：指韩康子虎，韩此时尚未称王。

②成皋：地名，亦称虎牢，地处今河南荥阳汜水镇。

③石溜之地：指其地多石，水会溜走，水土不能保持。

译文

韩、赵、魏三家已经消灭了智伯，将要分割他的土地。段规对韩康子说："分割土地时一定要得到成皋。"韩王说："成皋是流水不存的石头地，我要它有什么用。"段规说："不是这样。我听说一里大小的地方能牵动千里之地的决定，是因为那里的地势有利；万人之众能攻破三军，是因为出其不意。大王如果采纳我的意见，那么韩国一定能取得郑国的土地。"韩王说："好。"果然得到了成皋。一直到韩国攻取郑国，果然从成皋开始的。

二　大成午从赵谓申不害于韩

大成午从赵谓申不害①于韩曰："子以韩重我于赵，请以赵重子于韩，是子有两韩，而我有两赵也。"

注　释

①大成午：人名，赵国相国。申不害：人名，郑国人，韩昭侯时为相，主张法治，为法家代表人物之一。

译　文

大成午从赵国对申不害说："您通过韩国使我在赵国受到重用，那我就能通过赵国使您在韩国受到重用，这样一来，您就拥有了相当于两个韩国的权力，而我也如同掌握了两个赵国的大权。"

三　魏之围邯郸

魏之围邯郸也，申不害始合于韩王，然未知王之所欲也，恐言而未必中于王也。王问申子曰："吾谁与而可？"对曰："此安危之要，国家之大事也。臣请深惟而苦思之。"乃微谓赵卓、韩晁[1]曰："子皆国之辩士也。夫为人臣者，言可[2]必用，尽忠而已矣。"二人各进议于王以事，申子微视王之所说[3]以言于王，王大说之。

注释

①赵卓、韩晁：人名，均为韩国臣子。

②可：通"何"。

③说：通"悦"。下同。

译文

　　魏国围困了赵国邯郸，申不害开始同韩王接触，可是又不知韩王是怎么想的，担心说的话不一定符合韩王心意。韩王问申不害说："我可以同哪个国家联合呢？"申不害回答说："这是社稷安危的关键，国家的大事，我请求深思熟虑一下再回答。"于暗中对赵卓、韩晁说："你们都是国家的辩才。为人臣子，进谏的话何必一定被采用，不过是尽忠罢了。"赵卓、韩晁两人就分别把对待赵、魏之战的态度进谏给韩王，申不害便暗中察看韩王喜欢哪种主张，再把这种主张进谏给韩王，韩王非常高兴。

四　申子请仕其从兄官

　　申子请仕其从兄官，昭侯不许也，申子有怨色。昭侯曰："非所学于子者也？听子之谒而废子之道乎？又亡其行子之术而废子之谒乎？子尝教寡人，循功劳，视次第。今有所求，此我将奚听乎？"申子乃辟舍请罪曰："君真其人也。"

译文

　　申不害请求为堂兄谋一个官职，但韩昭侯不同意。申不害脸上流露出埋怨的神情。韩昭侯说："这不就是从您那里学来的吗？您是让我答应您的请求，而抛弃您的教导呢？还是推行您的主张，而拒绝您的请求呢？您曾经教导我，要按照功劳的大小、能力的强弱来决定官职的等级。如今您来请求，这将让我听从哪一种教导呢？"申不害于是就离开客舍前去请罪说："您真的是理想的好国君啊！"

五　苏秦为楚合从说韩王

苏秦为楚合从说韩王①曰："韩北有巩、洛②、成皋之固，西有宜阳、常阪③之塞，东有宛、穰、洧水④，南有陉山⑤，地方千里，带甲数十万。天下之强弓劲弩皆自韩出，谿子、少府时力、距黍⑥，皆射六百步之外。韩卒超足而射，百发不暇止，远者达胸，近者掩心。韩卒之剑戟皆出于冥山、棠谿、墨阳、合伯⑦。邓师、宛冯、龙渊、太阿⑧，皆陆断马牛，水击鹄雁，当敌即斩，坚甲、鞮鍪、革抉、（口夭）芮⑨，无不毕具。以韩卒之勇，被坚甲，蹠⑩劲弩，带利剑，一人当百，不足言也。夫以韩之劲与大王之贤，乃欲西面事秦，称东藩，筑帝宫，受冠带，祠春秋，交臂而服焉。夫羞社稷而为天下笑，无过此者矣。是故愿大王之熟计之也。

🐚注释

①韩王：《史记》作"韩宣王"。

②巩：地名，地处今河南巩县西南。洛：水名。

③常阪：山名，即商山，地处今陕西商州东南。

④宛：地名，地处今河南南阳。穰：地名，地处今河南邓州东南。洧（wěi）水：水名。

⑤陉山：山名，地处今河南漯河东。

⑥谿子、少府时力、距黍：均为良弓名。

⑦冥山：山名，即今石城山，地处今河南信阳东南。棠谿：地名，韩国都

邑，地处今河南西平西。墨阳：地名，韩国都邑，地处今河南淅川北。合伯：地名，韩国都邑，地处今河南西平西。

⑧邓师、宛冯、龙渊、太阿：均为宝剑名。

⑨鞮鍪（dī móu）：头盔。革抉：古代弓箭手戴在右手大拇指上用以钩弦的工具。（口天）：指盾。芮：指系盾的绳子。

⑩蹠（zhí）：踏。

译文

苏秦为楚国推行合纵政策，游说韩王说："韩国北面有巩地、洛邑、成皋这样坚固的边城，西面有宜阳、常阪这样险要的关塞，东面有宛地、穰地和洧水，南面又有陉山，土地纵横千里，士兵数十万。天下的强弓劲弩都是韩国所出产的。比如谿子、少府时力、距黍这些良弓，都能射到六百步以外。韩国士兵举足踏地射箭，连续发射百来次也不停歇，远处的敌人可以射中胸膛，近处的敌人能射穿心脏。韩国士兵使用的剑和戟都出自冥山、棠谿、墨阳、合伯等地。邓师、宛冯、龙渊、太阿等宝剑，在陆地上都能砍杀牛、马，在水里可以截击天鹅和大雁，面对敌人可击溃强敌，铠甲、头盔、臂衣、扳指、系盾的丝带等，韩国更是无不具备。凭着韩国士兵的勇敢，穿上坚固的铠甲，脚踏强劲的弩弓，佩戴锋利的宝剑，一个人抵挡上百人不在话下。凭着韩国的强大和大王您的贤明，竟然想要向西方服事秦国，成为秦国东方的属国，为秦王修筑帝宫，接受秦国赏赐的冠服，春秋两季向秦进贡祭品，拱手臣服。使整个国家蒙受耻辱以致被天下人耻笑，没有比这更严重的了。所以希望大王您能够慎重考虑这个问题。

"大王事秦，秦必求宜阳、成皋。今兹效之，明年又益求割地。与之，即无地以给之；不与，则弃前功而后更受其祸。且夫大王之地有尽，而秦之求无已。夫以有尽之地而逆无已之求，此所谓市怨而买祸者也，不战而地已削矣。臣闻鄙语曰：'宁为鸡口，无为牛后。'今大王西面交臂而臣事秦，何以异于牛后乎？夫以大王之贤，挟强韩之兵，而有牛后之名，臣窃为大王羞之。"

韩王忿然作色，攘臂按剑，仰天太息曰："寡人虽死，必不能事秦。今主君以楚王之教诏之，敬奉社稷以从。"

💮译文

"如果大王侍奉秦国，秦国必定索要宜阳、成皋这两个地方。今年把土地割让给它，明年它又会得寸进尺，进一步索要更多的土地。给它吧，又没有那么多地来满足它；不给吧，就前功尽弃，之后便会遭受秦国的祸患。况且大王的土地有穷尽，而秦国的贪欲却没有止境。拿着有限的土地去迎合那无止境的贪欲，这就是所谓的自己购买怨恨和灾祸啊，用不着交战就会丧失领土。我听俗语说：'宁肯当鸡群的首领，也不要做牛群中的跟随者。'现在大王您如果投向西方，拱手屈服，像臣子一样服从秦国，这跟牛群中的跟随者又有什么区别呢？以大王您的贤能，又拥有韩国强大的军队，却有牛群中的跟随者的丑名，我私下里为您感到惭愧。"

韩王听后气得脸色大变，挥起胳膊，按住手中的宝剑，仰天叹息说："我就算是死了，也一定不向秦国屈服。现在先生您把楚王的教诲告诉我，我愿意拿我的国家来听从。"

六　张仪为秦连横说韩王

张仪为秦连横说韩王①曰："韩地险恶山居，五谷所生，非麦而豆；民之所食，大抵豆饭藿羹；一岁不收，民不厌糟糠；地方不满九百里，无二岁之所食。料大王之卒，悉之不过三十万，而厮徒负养在其中矣。为除守徼亭②鄣塞，见卒③不过二十万而已矣。秦带甲百余万，车千乘，骑万匹，虎贲之士④，跿跔科头⑤，贯颐奋戟者，至不可胜也。秦马之良，戎兵之众，探前趹后，蹄间三寻⑥者，不可称数也。山东之卒，被甲冒冑以会战，秦人捐甲徒裼⑦以趋敌，左挈人头，右挟生虏。夫秦卒之与山东之卒也，犹孟贲之与怯夫也；

以重力相压，犹乌获之与婴儿也。夫战孟贲、乌获之士，以攻不服之弱国，无以异于堕千钧⑧之重，集于鸟卵之上，必无幸矣。

注释

①韩王：《史记》作韩襄王。

②微亭：指边境的哨所。

③见卒：指现有的士兵。见，同"现"。

④虎贲之士：指精兵。

⑤跿跔（tú jū）：形容跳跃前进。科头：指不戴头盔。

⑥寻：八尺。

⑦徒裎（chéng）：指赤脚露体。

⑧钧：三十斤。

译文

张仪为秦国推行连横政策游说韩王说："韩国的地势险恶，处于山区，出产的粮食，不是麦子就是豆子，老百姓吃的，大部分是豆做的饭和豆叶做的汤；如果哪一年收成不好，百姓就连酒糟和谷皮都吃不上；土地纵横不到九百里，粮食储备也不够吃两年。我估计大王的兵力总共不到三十万，而且其中连杂役和苦力也算在内了。如果除去守卫边境哨所的士兵，现有的士兵最多不过二十万罢了。而秦国的军队有百余万，战车千辆，战马万匹，精锐的士兵赤脚露体，奔腾跳跃，高擎战戟，多得不可胜数。秦国战马优良，士兵众多，战马探起前蹄蹬起后腿，两蹄之间一跃可达三寻，这样的战马也不在少数。崤山以东的诸侯军队，披盔戴甲来会战，秦军却不穿铠甲赤身露体地冲锋上阵，个个左手提着人头，右手抓着俘虏凯旋。由此可见，秦国的士兵与山东六国的士兵相比，犹如勇士孟贲和懦夫相比；用重兵压服六国，就像大力士乌获对付婴儿一般容易。用孟贲、乌获这样的勇士去攻打不驯服的弱国，无异于把千钧重量直接压在鸟蛋上，肯定没有什么能够幸免。

"诸侯不料兵之弱，食之寡，而听从人之甘言好辞，比周①以相饰也，皆言曰：'听吾计则可以强霸天下。'夫不顾社稷之长利，而听须臾之说，诖误②人主者，无过于此者矣。大王不事秦，秦下甲据宜阳，断绝韩之上地，东取成皋、宜阳，则鸿台之宫、桑林之苑，非王之有已。夫塞成皋，绝上地，则王之国分矣。先事秦则安矣，不事秦则危矣。

　　"各国的诸侯根本不考虑自己兵力弱、粮食少的现状，却听信鼓吹合纵者的甜言蜜语，合纵家们互相勾结，标榜欺骗，个个吹嘘道：'听从我的计谋就可以称强称霸天下了。'像这般不顾国家的长远利益，只听信一时的空话，贻误君主，没有比这更严重的了。大王如果不归顺秦国，秦必定发兵占领宜阳，断绝韩国上党的交通，然后东进夺取成皋和宜阳，那么大王就将失去鸿台宫、桑林苑。秦军再封锁成皋、截断上党，那么大王的国土就要被分割开来了。先归顺秦国就能安全，否则就会招来祸患。

　　"夫造祸而求福，计浅而怨深。逆秦而顺楚，虽欲无亡，不可得也。故为大王计，莫如事秦。秦之所欲莫如弱楚，而能弱楚者莫如韩。非以韩能强于楚也，其地势然也。今王西面事秦以攻楚，为敝邑，秦王必喜。夫攻楚而私其地，转祸而说①秦，计无便于此者也。是故秦王使使臣献书大王御史②，须以决事。"

　　韩王曰："客幸而教之，请比郡县，筑帝宫，祠春秋，称东藩，效宜阳。"

注释

①说：通"悦"。

②御史：官名，为国君身边负责掌管传达国君命令、记载国家大事的臣子。

译文

"正在制造灾祸却又想得到好报，计谋浅陋而结怨太深。违背秦国去顺从楚国的做法，想要国家不亡，那是不可能的。所以替大王您考虑，不如归顺秦国。秦国所希望的不过是削弱楚国，而能削弱楚国的非韩国莫属。不是因为秦国比楚国强大，而是韩国占据了地理优势。如今大王可向西归服秦国，攻打楚国，秦王一定很高兴。这样，攻打楚国而占有它的土地，不但转祸为福，而且取悦了秦王，没有比这更有利的计策了。因此秦王派使臣献书信一封给大王的御史，期待大王能有明智的决定。"

韩王说："幸承您的教诲，我愿意让韩国做秦国的一个郡县，为秦王修建行宫，春、秋助祭，做秦国东方的藩臣，并将宜阳献给秦国。"

七　宣王谓摎留

宣王谓摎留①曰："吾欲两用公仲、公叔②，其可乎？"对曰："不可。晋用六卿而国分，简公用田成、监止而简公弑③，魏两用犀首、张仪而西河之外亡。今王两用之，其多力者内树其党，其寡力者籍外权。群臣或内树其党以擅其主，或外为交以裂其地，则王之国必危矣。"

注释

①宣王：指韩宣惠王，为韩昭侯子。摎（jiū）留：人名，韩国臣子。

②公仲：人名，即公仲侈，时为韩国相国。公叔：人名，为韩国公族。

③简公用田成、监止而简公弑：指齐简公任用监止，引起田成的不满，田成故于公元前481年杀监止与简公。

🐉译文

韩宣王对摎留说："我想同时用公仲、公叔执掌国政，可不可以？"摎留回答说："不可。晋国用六卿而招致国家分裂，齐简公并用田成、监止而齐简公自己被杀，魏国并用公孙衍、张仪而失去了西河之外的土地。现在大王想用两个人同时执政，那个势力强的必定会在国内树立党羽，那个势力弱的也一定会凭借国外的势力。群臣中如有在国内树立党羽，对他的君主专横擅权的，有在国外结交，分裂国家土地的，那么大王的国家必定危险了。"

八　或谓张仪

或谓张仪："臣谓齐王①曰：'王不如资韩佣②，与之逐张仪于魏。魏相犀首，因以齐、魏废韩佣，而相公叔以伐秦。'公仲闻之，必不入于齐，据公于魏。是公无患。"

🐉注释

①齐王：指齐威王。

②韩佣：人名，即韩相国公仲侈。

🐉译文

有人对张仪说："我对齐王说：'大王不如资助公仲侈，帮助他从魏国将张仪驱逐。魏国就会任命公孙衍为相国，公孙衍于是又会凭借齐、魏两国的势力废弃公仲侈在韩国的相位，而任命公叔为相国来进攻秦国。'公仲听说后，一定不会进入齐国，而会来魏国依附您。这样您就没有祸患了。"

九　楚昭鱼相韩

楚昭鱼相韩。秦且攻韩，韩废昭鱼。昭鱼令人谓公叔曰："不如贵昭鱼以固楚、韩，秦必曰楚、韩合矣。"

译文

楚国的昭鱼在韩国担任相国。秦国将要进攻韩国，韩国便罢免了昭鱼。昭鱼派人对韩国的公叔说："您不如使昭鱼的地位尊贵，以此来加强楚、韩两国的联盟，秦国一定会认为楚、韩两国已经联合在一起了。"

十　秦攻陉

秦攻陉[1]，使人驰南阳之地。秦已驰，又攻陉，韩因割南阳之地。秦受地，又攻陉。陈轸谓秦王[2]曰："国形不便故驰，交不亲故割。今割矣而交不亲，驰矣而兵不止，臣恐山东之无以驰割事王者矣。且王求百金于三川而不可得，求千金于韩，一旦而具。今王攻韩，是绝上交而固私府也，窃为王弗取也。"

注释

①陉（xíng）：地名，韩国都邑，地处今山西曲沃东北。

②秦王：指秦昭王。

译文

秦国进攻陉地，并派人拿秦地来交换韩国的南阳地区。秦、韩换地的谈判已成，但秦国又去攻打陉地，韩国于是便割让了南阳的土地。秦国接受了土地，又继续攻打陉地。陈轸对秦王说："两国因形势不利所以交换土地，因邦交不亲善所以割让土地。现在韩国割让了土地而邦交仍然恶化，两国谈判已成，但秦国的军队却没有停止进攻，我恐怕山东六国不会再有拿换地和割让的举动来侍奉大王的了。况且大王在三川求取百金却没有得到，而在韩国求取千金，一下便得到了。如今大王继续攻打韩国，这是断绝了重要的邦交并堵塞了府库的财路啊，我私下认为大王的做法不可取。"

十一　五国约而攻秦

五国①约而攻秦，楚王②为从长，不能伤秦，兵罢而留于成皋。魏顺谓市丘君③曰："五国罢，必攻市丘以偿兵费。君资臣，臣请为君止天下之攻市丘。"市丘君曰："善。"因遣之。

魏顺南见楚王曰："王约五国而西伐秦，不能伤秦，天下且以是轻王而重秦，故王胡不卜交乎？"楚王曰："奈何？"魏顺曰："天下罢，必攻市丘以偿兵费。王令之勿攻市丘。四国重王，且听王之言而不攻市丘；不重王，且反王之言而攻市丘。然则王之轻重必明矣。"故楚王卜交而市丘存。

注释

①五国：指楚、燕、韩、赵、魏。

②楚王：指楚怀王。

③魏顺：人名，魏国相国。市丘君：韩国封君。市丘：地名，韩国都邑，地处今河南荥阳东北。

译文

楚、燕、韩、赵、魏五国联合进攻秦国，楚王作为五国联盟的头领，但是没能击溃秦国，于是五国联军停止进攻，驻扎在成皋。魏顺对市丘的长官说："五国收兵之后，必然会攻打市丘，以此来弥补军费。您如果资助我，我愿意替您阻止诸侯来进攻市丘。"市丘的长官就说："好吧。"于是派遣他出使楚国。

魏顺南下拜见楚王说："大王邀集五国军队向西进攻秦国，却没能打败秦国，天下人将因此看轻大王而尊重秦国，因此，大王为什么不测验一下诸侯对您的态度呢？"楚王说："应该怎么做呢？"魏顺说："此次战争停止之后，五国必然会进攻市丘以补偿战争中的损失。大王何不命令他们不要进攻市丘。四国诸侯如果尊重您，就会听从您的命令，不进犯市丘；如果他们不尊重您，就会违背大王的命令而进攻市丘。这样一来，大王地位的轻重必然可以看得清楚了。"于是楚王照此办法以考察五国的态度，而市丘也就因此保存。

十二　郑彊载八百金入秦

　　郑彊①载八百金入秦，请以伐韩。冷向②谓郑彊曰："公以八百金请伐人之与国，秦必不听公。公不如令秦王③疑公叔。"郑彊曰："何如？"曰："公叔之攻楚也，以几瑟之存焉，故言先楚也。今已令楚王奉几瑟以车百乘居阳翟④，令昭鱼转而与之处。旬有余，彼已觉。而几瑟，公叔之仇也；而昭鱼，公叔之人也。秦王闻之，必疑公叔为楚也。"

注释

①郑彊：人名，韩国人，为郑国遗民。

②冷向：人名，秦国臣子。

③秦王：指秦昭王。

④楚王：指楚怀王。阳翟：地名，韩国都邑，地处今河南禹州。

译文

　　郑彊车载八百金进入秦国，请求秦国讨伐韩国。冷向对郑彊说："您用八百金请求秦国去讨伐它自己的盟国，秦国一定不会听从的。您不如让秦王怀疑公叔。"郑彊说："该怎么做呢？"冷向说："公叔当年进攻楚国，是因为几瑟在楚国，所以他主张首先进攻楚国。现在已经让楚王用百辆车子送几瑟回到阳翟，公叔再让昭鱼去阳翟与几瑟住在一起。十多天之后，公叔虽已察觉此举对他不利，但为时已晚。几瑟是公叔的仇人，昭鱼是公叔的朋友。秦王听说

战国策

卷二十六　韩策一

此事后，一定会怀疑公叔在帮助楚国。"

十三　郑彊之走张仪于秦

郑彊之走张仪于秦，曰仪之使者，必之楚矣。故谓太宰^①曰："公留仪之使者，彊请西图仪于秦。"故因西请秦王^②曰："张仪使人致上庸^③之地，故使使臣再拜谒王。"秦王怒，张仪走。

❧注　释

①太宰：楚国官名，掌管王室事务，出纳王命。
②秦王：指秦武王。
③上庸：地名，本楚国都邑，此时为秦国之地，地处今湖北竹山西南。

❧译　文

郑彊是这般从秦国赶走张仪的，他首先扬言张仪的使者一定会去楚国。因此又对楚国太宰说："您留住张仪的使者，我请求西去秦国对付张仪。"随后郑彊西去秦国求见秦王说："张仪派人向楚国献上了上庸之地，所以楚王派使臣我再来拜见大王。"秦王听后大怒，张仪于是便逃跑了。

十四　宜阳之役

宜阳之役，杨达谓公孙显^①曰："请为公以五万攻西周，得之，是以九鼎抑甘茂也。不然，秦攻西周，天下恶之，其救韩必疾，则茂事败矣。"

❧注　释

①杨达：人名，秦国人。公孙显：人名，秦国臣子，为甘茂的政敌。

　　在秦国进行宜阳战役的时候，杨达对公孙显说："请让我为您率领五万军队去攻打西周，如果胜利，这就可以获得取得九鼎的功劳而抑制甘茂了。如果没有胜利，秦国攻打西周，天下诸侯一定会憎恶这种事，他们一定会加紧出兵援救韩国，那么甘茂攻韩之事一定会失败的。"

十五　秦围宜阳

　　秦围宜阳，游腾①谓公仲曰："公何不与赵蔺、离石、祁②，以质许地，则楼缓③必败矣。收韩、赵之兵以临魏，楼鼻④必败矣。韩、赵为一，魏必倍⑤秦，甘茂必败矣。以成阳资翟强⑥于齐，楚必败之，须秦必败。秦失魏，宜阳必不拔矣。"

注释

　　①游腾：人名，西周臣子，游说之士。

　　②蔺、离石、祁：均为赵地，一度属于韩国。

　　③楼缓：人名，赵国人，主张连赵亲秦。

　　④楼鼻：人名，魏国人，主张连魏亲秦。

　　⑤倍：通"背"。

　　⑥成阳：地名，韩国都邑，地处今山东曹县西北。翟强：人名，曾为魏相，主张联合齐、魏，排斥楚国。

译文

　　秦国围困了宜阳，游腾对韩公仲说："您为什么不以赵国派人质来韩国为条件，答应归还赵国蔺、离石、祁，那么楼缓一定会失败。如果联合韩、赵两国的军队进逼魏国，楼鼻也一定会失败。韩、赵两国联合在一起，魏国必然会背弃秦国，甘茂一定会失败。用奉送成阳之地给齐国的办法在齐国资助翟强，楚国一定会加以破坏，这样一来秦国的计划也会失败。秦国失去了魏国的支

十六　公仲以宜阳之故仇甘茂

公仲以宜阳之故仇甘茂。其后，秦归武隧①于韩。已而，秦王②固疑甘茂之以武隧解于公仲也。杜赫③为公仲谓秦王曰："佣也愿因茂以事王。"秦王大怒于甘茂，故樗里疾大说④杜赫。

注释

①武隧：地名，地处今山西临汾西南。

②秦王：指秦昭王。

③杜赫：人名，楚国人，游说之士。

④说：同"悦"。

译文

韩相公仲因为宜阳之战的缘故仇视甘茂。在这之后，秦国便把武隧归还给了韩国。但事隔不久，秦王自然怀疑到甘茂想用归还武隧来解除同公仲的仇怨。杜赫趁机为公仲对秦王说："公仲佣希望通过甘茂来侍奉大王。"秦王听后对甘茂十分恼怒，因此樗里疾十分赞赏杜赫。

十七　秦、韩战于浊泽

秦、韩战于浊泽①，韩氏急。公仲佣谓韩王②曰："与国不可恃，今秦之心欲伐楚，王不如因张仪为和于秦，赂之以一名都，与之伐楚。此以一易二之计也。"韩王曰："善。"乃儆公仲之行，将西讲于秦。

楚王③闻之，大怒，召陈轸而告之。陈轸曰："秦之欲伐我久矣，今又得韩之名都一而具甲，秦、韩并兵南乡④，此秦所以庙祠而求也。今已得之矣，楚国必伐矣。王听臣，为之儆四境之内，选师言救韩，令战车满道路。发信臣，多其车，重其币，使信王之救己也。韩为不能听我，韩必德王也，必不为雁行⑤以来。是秦、韩不和，兵虽至楚，国不大病矣。为能听我，绝和于秦，秦必大怒，以厚怨于韩。韩得楚救，必轻秦；轻秦，其应秦必不敬。是我困秦、韩之兵，而免楚国之患也。"

注释

①浊泽：地名，韩国之地，地处今河南长葛西与禹州西北交界处。

②韩王：指韩宣惠王。

③楚王：指楚怀王。

④乡：通"向"。

⑤雁行：跟随。

译文

秦、韩两国在浊泽交战，韩国情势告急。公仲侚便对韩王说："盟国是不能依靠的。现在秦国的意图是想要攻打楚国，大王不如通过张仪来和秦国讲和，送给它一座大城，同秦国一起攻打楚国。这是以一换二的计策。"韩王说："好。"于是就为公仲侚准备好一切，让他出使秦国去讲和。

楚王听到这个消息，大为恐慌，马上召见陈轸并将这件事告诉他。陈轸说："秦国想攻打我国已经很久了，如今又得到韩国一座大城，并准备好了军队，秦、韩两国合兵向南，这是秦国很多年以前祈求神灵之事。如今它的目的已经达到，楚国必然要遭受攻击。请大王听从我的意见，在全国实行戒严，挑选军队并声言援救韩国，让战车布满道路。派遣信得过的使者，增加使者的车辆，加重使者的聘礼，使韩国相信大王是在救它。韩国如果不相信我们，也一定会感激大王，绝不会跟随秦国军队而来。这样，秦、韩两国不能联合，秦兵虽然进攻楚国，楚国也不会遭受大的损失。韩国如果相信我们，就会同秦国决裂，秦国必然大怒，因而非常痛恨韩国。韩国得到楚国的援救，一定会轻视秦国；轻视秦国，它应付秦国就一定不会恭敬。这样我们便可以使秦、韩两国的军队疲惫不堪，从而解除楚国的忧患。"

　　楚王大说[1]，乃儆四境之内选师，言救韩，发信臣，多其车，重其币，谓韩王曰："弊邑虽小，已悉起之矣。愿大国遂肆意于秦，弊邑将以楚殉韩。"

　　韩王大说，乃止公仲。公仲曰："不可。夫以实困我者，秦也；以虚名救我者，楚也。恃楚之虚名，轻绝强秦之敌，必为天下笑矣。且楚、韩非兄弟之国也，又非素约而谋伐秦矣。秦欲伐楚，楚因以起师言救韩，此必陈轸之谋也。且王以使人报于秦矣，今弗行，是欺秦也。夫轻强秦之祸，而信楚之谋臣，王必悔之矣。"

　　韩王弗听，遂绝和于秦。秦果大怒，兴师与韩氏战于岸门[2]，楚救不至，韩氏大败。

　　韩氏之兵非削弱也，民非蒙愚也，兵为秦禽，智为楚笑，过听于陈轸，失计于韩也。

注释

　　①说：同"悦"。下同。
　　②岸门：地名，地处今河南长葛北。

译文

　　楚王非常高兴，便在全国范围内实行戒严，挑选军队声言援救韩国，并派遣使者，增加使者的车辆，加重使者的聘礼，让使者对韩王说："我国虽小，但已经全部动员起来了。希望贵国下定决心对付秦国，我国将与楚国共存亡。"

　　韩王十分高兴，便停止公仲侗出使秦国。公仲侗说："不行。用实际行动使我国陷入困境的是秦国，用虚假的名义来援救我们的是楚国。倚仗楚国的虚名，而轻易地同强秦为敌，一定会被天下人耻笑。何况楚、韩两国不是兄弟国家，又没有预先约定共同攻打秦国。秦国要攻打楚国，楚国这才发兵声言援救韩国的，这一定是陈轸的阴谋。再说大王已经派人通知秦国了，如今使者不去，是在欺骗秦国。轻视强秦的灾祸，却听信楚国的谋臣，大王一定会后悔的。”

韩王没有听从，就同秦国停止讲和。秦国果然大怒，发兵与韩国交战于岸门。楚国的救兵却没有赶到，韩国大败。

韩国的军队并没有削弱，人民并不愚昧，可是军队被秦国俘获，谋略被楚国耻笑，是因为错误地听信了陈轸的计谋，而没有采纳公仲倗的计策啊。

十八　颜率见公仲

颜率[1]见公仲，公仲不见。颜率谓公仲之谒者曰：“公仲必以率为阳也，故不见率也。公仲好内，率曰好士；仲啬于财，率曰散施；公仲无行，率曰好义。自今以来，率且正言之而已矣。”公仲之谒者以告公仲，公仲遽起而见之。

注释

①颜率：人名，周国臣子。

译文

颜率要求拜见公仲，公仲没有接见他。颜率便对公仲的传达官说：“公仲一定认为我华而不实，所以不肯接见我。公仲好色，而我却说他好士；公仲对钱财吝啬，而我却说他博散好施；公仲没有行为准则，而我却说他崇尚正义。从今以后，我将直言不讳了。”公仲的传达官把这事告诉了公仲，公仲急忙起身接见颜率。

十九　为韩公仲谓向寿

为韩公仲谓向寿[①]曰："禽困覆车。公破韩，辱公仲，公仲收国复事秦，自以为必可以封。今公与楚解口[②]地，封小令尹以杜阳[③]。秦、楚合，复攻韩，韩必亡。公仲且躬率其私徒以斗于秦。愿公之熟计之也。"

向寿曰："吾合秦、楚，非以当韩也，子为我谒之公仲曰：'秦、韩之交可合也。'"对曰："愿有复于公。谚曰：'贵其所以贵者贵。'今王之爱习公也，不如公孙郝[④]；其知[⑤]能公也，不如甘茂。今二人者皆不得亲于事矣，而公独与王主断于国者，彼有以失之也。公孙郝党于韩，而甘茂党于魏，故王不信也。今秦、楚争强，而公党于楚，是与公孙郝、甘茂同道也。公何以异之？人皆言楚之多变也，而公必亡[⑥]之，是自为责也。公不如与王谋其变也，善韩以备之，若此，则无祸矣。韩氏先以国从公孙郝，而后委国于甘茂，是韩，公之雠也。今公言'善韩以备楚'，是'外举不辟雠'也。"

注释

①向寿：人名，为秦昭王母宣太后的外族，秦武王的近臣。

②解口：地名，秦国都邑，地处今河南洛阳东。

③小令尹：官名，即指令尹，楚国的执政大臣。杜阳：地名，秦国都邑，地处今陕西麟游西北。

④公孙郝：人名，秦国贵臣。

⑤知：同"智"。

⑥亡：通"无"。

译文

有人为公仲对向寿说："野兽被围困，也能撞翻猎人的车。您攻破了韩国，侮辱了公仲，公仲收拾韩国的残局后又重新来侍奉秦国，他自认为一定可以得到秦国的封赏。现在您把秦国的解口之地给了楚国，又把秦地杜阳封赏给楚国令尹。秦、楚两国联合起来，再次攻打韩国，韩国一定会灭亡。公仲就将亲自率领自己的党徒到秦国来找您拼命。希望您仔细考虑一下。"

向寿说："我把秦、楚两国联合起来，并不是想以此来对付韩国，您替我告诉公仲说：'秦、韩的邦交可以缔结了。'"使者回答说："有些话希望再对您说一下。谚语说：'尊重别人所尊重的，就会受人尊重。'现在秦王亲近您，比不上亲近公孙郝；他信任您，比不上信任甘茂。如今这两个人都不能接近国事，而唯独您能同秦王决断国事，这是因为他们有过失。公孙郝同韩国亲近，而甘茂同魏国亲近，所以秦王不信任他们。当今秦、楚两国争霸，而您却同楚国亲近，这与公孙郝、甘茂一个样子，你与他们又有什么区别呢？人们都说楚国多变，而您却不这样看，这是在秦王面前自找责备。您不如和秦王谋划如何应付楚国的多变，善待韩国并防范楚国，如此就没有祸患了。韩国先是把国家政事交给了公孙郝，而后又把国家政事委托给了甘茂，这样一来，韩国就成了您的仇敌。如果现在您声言'亲善韩国来防范楚国'，这正是'推举外贤而不回避仇敌'的举动啊。"

向寿曰："吾甚欲韩合。"对曰："甘茂许公仲以武隧，反宜阳之民，今公徒收之，甚难。"

向子曰："然则奈何？武隧终不可得已。"对曰："公何不以秦为韩求颍川于楚？此乃韩之寄地[①]也。公求而得之，是令行于楚而以其地德韩也。公求而弗得，是韩、楚之怨不解，而交走秦也。秦、楚争强，而公徐过楚以收韩，此利于秦。"向子曰："奈何？"对曰："此善事也。甘茂欲以魏取韩，公孙郝欲以韩取齐，今公取宜阳以为功，收楚、韩以安之，而诛齐、魏之罪，是以公孙郝、甘茂之无事也。"

注释

①寄地：寄放的土地。此处指韩国被楚国夺取的土地。

译文

向寿说："我很想同韩国和好。"使者回答说："甘茂答应公仲归还韩国的武隧，让宜阳的百姓返回家园，如今您平白收回武隧，想同韩国和好，这很难啊。"

向寿说："那该怎么办呢？武隧难道永远不能收回了。"使者回答说："您为什么不凭借秦国的力量替韩国向楚国求取颍川呢？颍川本是韩国被楚国夺取的土地。您一旦求得颍川，这就使您的命令能在楚国得以执行，并且使韩国感激您的恩德。您如果不能求得颍川，这就说明韩、楚两国的怨仇不能化解，它们就会竞相投靠秦国。秦、楚两国争霸，您指责楚国，而拉拢韩国，这会对秦国有利。"向寿说："具体该怎么办呢？"使者回答说："这是件好事。甘茂想依靠魏国联合韩国，公孙郝想依靠韩国联合齐国，现在您把夺取宜阳作为战功，拉拢楚、韩两国，使保卫宜阳没有后患，并且声讨齐、魏两国的罪过，因此公孙郝、甘茂就将失去权势了。"

二十　或谓公仲

或谓公仲曰："听者听国，非必听贵也。故先王听谚于市，愿公之听臣言也。公求中立于秦而弗能得也，善公孙郝以难甘茂，劝齐兵以劝止魏，楚、赵皆公之仇也。臣恐国之以此为患也，愿公之复求中立于秦也。"

公仲曰："奈何？"对曰："秦王以公孙郝为党于公而弗之听，甘茂不善于公而弗为公言，公何不因行愿①以与秦王语？行愿为秦王臣也公，臣请为公谓秦王曰：'齐、魏合与离，于秦孰利？齐、魏别与合，于秦孰强？'秦王必曰：'齐、魏离则秦重，合则秦轻。齐、魏别则秦强，合则秦弱。'臣即曰：'今王之听公孙郝，以韩、秦之兵应齐而攻魏，魏不敢战，归地而合于齐，是秦轻也，臣以公孙郝为不忠。今王听甘茂，以韩、秦之兵据魏而攻齐，齐不敢战，亦求割地而合于魏，是秦轻也，臣以甘茂为不忠。

注释

① 行愿：人名，秦国臣子。

译文

有人对公仲说："处理政事要多从国人那里听取意见，并不一定要从贵族那里听取。因此，先王在市井中听取俗谚，希望您也能听一听我的意见。您在秦王那里请求让韩国在齐、魏两国的冲突中保持中立，这很难实现，您就亲近公孙郝而为难甘茂，您奉劝并帮助齐国军队控制魏国，楚、赵两国都成了您的仇敌。我担心韩国将因此招来祸患，希望您再次向秦王请求允许韩国保持中立。"

公仲说："那该怎么做呢？"那个人回答说："秦王认为公孙郝亲近您，因而不会听信您，甘茂同您不友好不会替您说话，您为何不通过行愿来向秦王传话呢？行愿作为秦王的大臣，为人很公正，我请求让行愿替您对秦王说：'齐、魏两国联合与分裂，哪种情况对秦国有利呢？齐、魏两国背离与联合，哪种情况会使秦国更强大呢？'秦王一定会说：'齐、魏两国分裂，秦国地位就显得重要；齐、魏两国联合，秦国就会被轻视。齐、魏两国背离，秦国就会更强大；齐、魏两国联合，秦国就会被削弱。'我就会让行愿说：'如今大王听信公孙郝，用韩、秦两国的军队响应齐国而去进攻魏国，魏国不敢应战，将会献出土地归入齐国，同齐国联合，这样秦国就会被轻视了，我认为公孙郝不忠心。现在如果大王听信甘茂，用韩、秦两国的军队凭据魏国攻打齐国，齐国不敢应战，也会要求割让土地同魏国讲和，这样一来，秦国也会被轻视了，我认为甘茂不忠心。

"'故王不如令韩中立以攻齐，王言救魏以劲之，齐、魏不能相听，久离兵事。王欲则信公孙郝于齐，为韩取南阳、易谷川以归，此惠王之愿也。王欲则信甘茂于魏，以韩、秦之兵据魏以郄齐，此武王之愿也。臣以为令韩中立以攻齐，最秦之大急也。公孙郝党于齐而不肯言，甘茂薄而不敢谒也，此二人，王之大患也。愿王之熟计之也。'"

"'因此，大王不如让韩国保持中立，进攻齐国，大王声言援救魏国来壮大魏国的声势，齐、魏两国彼此不会听从，一定会长期进行战争。大王若想就让公孙郝去齐国，替韩国攻取魏国的南阳，以此换得韩国的谷川归属秦国，这是秦惠王的愿望。大王若想可以让甘茂去魏国，用韩、秦两国的军队凭据魏国来打击齐国，这是秦武王的愿望。我认为让韩国保持中立，攻击齐国，是秦国最紧迫的事。公孙郝亲近齐国而不肯说，甘茂受到冷遇而不敢进言，这两个人，是大王的大患。希望大王慎重考虑这件事情。'"

二十一　韩公仲相

韩公仲相，齐、楚之交善。秦、魏遇，且以善齐而绝齐乎楚。楚王使景鲤[①]之秦，鲤与于秦、魏之遇。楚王怒景鲤，恐齐以楚遇为有阴于秦、魏也，且罪景鲤。

为谓楚王曰："臣贺鲤之与于遇也。秦、魏之遇也，将以合齐、秦而绝于楚也。今鲤与于遇，齐无以信魏之合己于秦而攻于楚也，齐又畏楚之有阴于秦、魏也，必重楚。故鲤之与于遇，王之大资也。今鲤不与于遇，魏之绝于楚明矣。齐信之，必轻王，故王不如无罪景鲤，以视于齐有秦、魏，齐必重楚，而且疑秦、魏于齐。"王曰："诺。"因不罪而益其列。

①楚王：指楚怀王。景鲤：人名，楚国臣子。

译 文

　　韩国的公仲做了相国，齐、楚两国的邦交和睦亲善。这时，秦、魏两国会晤，将要用亲善齐国的策略，来断绝齐国同楚国的邦交。适逢楚王派景鲤出使秦国，景鲤便参与了秦、魏两国的会见。楚王恼怒景鲤，担心齐国会认为楚国参与了这次会见，暗中同秦、魏两国有来往，准备降罪于景鲤。

　　有人为景鲤对楚王说："我向您祝贺景鲤参与了秦、魏两国的会见。秦、魏两国会面，将要用联合齐、秦的策略来断绝齐国同楚国的邦交。现在景鲤参与了秦、魏两国的会见，齐国不会相信魏国联合秦国进攻楚国，齐国又惧怕楚国暗中与秦、魏两国有来往，一定会更加尊重楚国。所以景鲤参与这次会面，是大王重要的凭借。现在如果景鲤没参与秦、魏两国的会见，魏国想断绝和楚国邦交的行为已经表现得很清楚了。如果齐国听信了秦、魏两国，一定会轻视大王，因此大王不如不降罪景鲤，以此向齐国表示楚国有秦、魏两国的支持，齐国一定会重视楚国，而且会使秦、魏两国产生怀疑。"楚王说："好吧。"于是楚王没有惩罚景鲤反而提升了他的官位。

二十二　王曰向也

　　王曰："向也，子曰'天下无敌'；今也，子曰'乃且攻燕'者，何也？"对曰："今谓'马多力'则有矣，若曰'胜千钧'则不然者，何也？夫千钧非马之任也。今谓'楚强大'则有矣，若夫'越赵、魏而斗兵于燕'，则岂楚之任也哉！且非楚之任而楚为之，是弊楚也。强楚、弊楚，其于王孰便也？"

译 文

　　魏王说："过去您说'楚国天下无敌'；如今您又说'就将攻燕'，这是为什么呢？"虞卿回答说："现在说'马很有力量'，那是事实；如果说'马的能力可以拖千钧'，就不是事实，这是为什么呢？现在说'楚国很强大'，那是事实，如果说'楚国能够跨越赵、魏两国同燕军作战'，哪里是楚国所能胜任的呢！况且不是楚国能胜任的事情而楚国偏要去做，这是在损害楚国。使楚国强大，还是使楚国受到损害，它们之中哪种情况对大王更有利呢？"

二十三 或谓魏王

或谓魏王[①]："王儆四疆之内，其从于王者，十日之内，备不具者死。王因取其游之舟上系之。臣为王之楚，王胥臣反，乃行。"春申君闻之，谓使者曰："子为我反，无见王[②]矣。十日之内，数万之众，今涉魏境。"秦使闻之，以告秦王[③]。秦王谓魏王曰："大国有意必来，以是而足矣。"

注释

①魏王：指魏景闵王。

②王：指楚考烈王。

③秦王：指秦王政。

译文

有人对魏王说："大王告诫四境之内的百姓，那些将从大王出征的人，十天之内，兵器没有准备的处死。大王就取下旌旗上的装饰系在车辕之上以壮声势。我愿意为大王出使楚国，大王等我返回后再出兵。"春申君听说后，便对魏国的这位使者说："您为我回去吧，不用见楚王了。十天之内，数万楚国军队，就会抵达魏国的边境。"秦国的使者听说后，把此事报告了秦王。秦王对魏王说："大国有意来攻，凭借你们自己的军队就足够了。"

观津人朱英^①谓春申君曰："人皆以楚为强，而君用之弱，其于英也不然。先君时，二十余年未尝见攻，何也？秦奉欲逾兵于渑隘之塞^②而攻楚，不便；假道两周，倍^③韩、魏以攻楚，不可。今则不然，魏旦暮亡矣，不能爱其许、鄢陵，其计割以予秦，秦兵去陈^④百六十里。臣之所见者，秦、楚斗之日也已。"

☙注释

①朱英：人名，观津人，即今河北武邑东人，为春申君门客。

②渑隘之塞：楚国险塞名，地处今河南信阳西南平靖关。

③倍：通"背"。

④陈：地名，地处今河南淮阳，此时楚国都陈。

☙译文

观津人朱英对春申君说："人们都认为楚国以前很强大，而您执政后就渐渐衰弱了，但我不这样认为。在您之前的执政者，二十多年来没有遭到进攻，这是为什么呢？因为当时秦国想越过渑隘险塞来攻打楚国，不方便；向两周假道，背着韩、魏国来进攻楚国，更不行。如今却不是这个样子，魏国旦夕之间就将被灭亡，不可能吝惜他们的许地、鄢陵，会把这些地方割让给秦国，这样，秦国军队距离楚国的陈地就只有一百六十里了。我所看到的，是秦、楚两国战斗的日子不会太远了。"

二十五　公仲数不信于诸侯

公仲数不信于诸侯，诸侯锢之。南委国于楚，楚王^①弗听。苏代为楚王曰："不若听而备于其反也。偶之反也，常仗赵而畔楚，仗齐而畔秦。今四国锢之，而无所入矣，亦甚患之。此方其为尾生^②之时也。"

注释

①楚王：指楚怀王。

②尾生：春秋时期有一位叫尾生的男子与女子约定在桥梁相会，久候女子不到，水涨，乃抱桥柱而死。后用尾生抱柱一词比喻坚守信约。

译文

公仲对天下诸侯屡次不讲信用，诸侯们便都不和他交往。他向南将国事委托给楚国，楚王没有同意。苏代为他向楚王说："不如听信他，而防备他的反复。公仲侗反复无常，经常是依仗赵国而背叛楚国，依仗齐国而背叛秦国。如今四国都不听信他的话，他已经没有什么地方可以钻空子，他也很忧虑，这正是他变成像尾生那样守信的人的时候。"

卷二十七 韩策二

二十六　楚围雍氏五月

楚围雍氏^①五月。韩令使者求救于秦，冠盖相望也，秦师不下崤。韩又令尚靳^②使秦，谓秦王^③曰："韩之于秦也，居为隐蔽，出为雁行。今韩已病矣，秦师不下崤，臣闻之，唇揭者其齿寒，愿大王之熟计之。"

宣太后曰："使者来者众矣，独尚子之言是。"召尚子入。宣太后谓尚子曰："妾事先王也，先王以其髀加妾之身，妾困不支也；尽置其身妾之上，而妾弗重也，何也？以其少有利焉。今佐韩，兵不众，粮不多，则不足以救韩。夫救韩之危，日费千金，独不可使妾少有利？。"

注释

①雍氏：地名，韩国都邑，地处今河南禹州东北。

②尚靳：人名，韩国臣子。

③秦王：指秦昭王。

译文

楚军包围了韩国雍氏长达五个月。韩国派众多使者向秦国求救，使者车辆来往不断、冠盖相望于道，但秦国的军队还是没有东出崤塞救援韩国。韩国又派尚靳出使秦国，对秦昭王说："韩国对于秦国来说，平时就是个屏障，有战事时就是先锋。现在韩国处境艰难了，秦国仍不派兵东出崤塞救援。我听说，唇亡齿寒，希望大王您仔细考虑这个问题。"

秦宣太后说："韩国的使者来了那么多，只有尚先生的话说得有道理。"于是召尚靳进见。宣太后对尚靳说："我服侍先王时，先王把大腿压在我的身上，我感到不舒服，无法支撑；但他把整个身子都压在我身上时，而我却不感觉重，这是为什么呢？因为这样对我来说有好处。秦国帮助韩国，如果兵力不足、粮食不多，就无法解救韩国。解救韩国的危难，每天要耗费千金，难道不能让我稍微得到一点好处吗？"

尚靳归书报韩王，韩王遣张翠①。张翠称病，日行一县。张翠至，甘茂曰："韩急矣？先生病而来。"张翠曰："韩未急也，且急矣。"甘茂曰："秦重国知②王也，韩之急缓莫不知。今先生言不急，可乎？"张翠曰："韩急则折而入于楚矣，臣安敢来？"甘茂曰："先生毋复言也。"

甘茂入言秦王曰："公仲柄得秦师，故敢捍楚。今雍氏围而秦师不下峭，是无韩也。公仲且抑首而不朝，公叔且以国南合于楚。楚、韩为一，魏氏不敢不听，是楚以三国谋秦也。如此则伐秦之形成矣。不识坐而待伐，孰与伐人之利？"秦王曰："善。"果下师于峭以救韩。

注释

①张翠：人名，韩国臣子。

②知：同"智"。

译文

尚新回国后把宣太后的话告诉了韩王，韩王又派张翠出使秦国。张翠假称自己有病，每天只走一个县。张翠到了秦国后，甘茂对他说："韩国已经很危急了吗？您还抱病前来。"张翠说："韩国还没有到危急的时刻，只是快要危急了而已。"甘茂说："秦国堂堂大国，秦王又智慧圣明，韩国危急秦国不是不知道。现在先生却说韩国并不危急，这样真的可以吗？"张翠说："韩国一旦危急的话，就会转向归顺楚国了，我怎么还敢来秦国？"甘茂说："先生不要再说了。"

甘茂进宫对秦昭王说："公仲以为能够得到秦国的援助，所以才敢抵御楚国。现在雍氏被围攻，而秦军不肯东出崤塞援救，这就会失去韩国。况且公仲因为得不到秦国的援救而忧郁不上朝，公叔就会趁机让韩国向南去跟楚国讲和。若楚国和韩国联合，魏国就不敢不听从，这样一来，楚国就可以凭借这三个国家的力量来图谋秦国。这样，它们共同进攻秦国的局面就形成了。我不知是坐等别人来进攻有利，还是主动进攻别国的军队有利？"秦昭王说："很好。"于是秦军终于从崤塞出兵去解救韩国。

二十七　楚围雍氏

楚围雍氏，韩令冷向①借救于秦，秦为发使公孙昧②入韩。公仲曰："子以秦为将救韩乎？其不乎？"对曰："秦王③之言曰，请道于南郑、蓝田以入攻楚，出兵于三川以待公，殆不合矣。"

公仲曰："奈何？"对曰："秦王必祖张仪之故谋。楚威王攻梁，张仪谓秦王曰：'与楚攻梁，魏折而入于楚。韩固其与国也，是秦孤也。故不如出兵以劲魏。'魏氏劲，威王怒，楚与魏大战，秦取西河之外以归。

注释

①冷向：人名，秦国臣子。

②公孙昧：人名，秦国臣子，主张亲韩。

③秦王：指秦惠文王。

译文

楚国围困雍氏，韩国派冷向到秦国借救兵，秦国为此派公孙昧出使韩国。公仲说："您认为秦国将会出兵救韩国呢还是不出兵呢？"

公孙昧回答说："秦王的话是这样说的，请取道南郑、蓝田去攻打楚国，出兵进驻三川等待您。这样一来，恐怕秦、韩两军不能会合了。"

公仲说："那该怎么办呢？"公孙昧回答说："秦王一定会因袭张仪以往

的计谋。当时楚威王进攻魏国，张仪曾对秦王说：'我们同楚国一起攻打魏国，魏国就会掉头投向楚国。韩国本来就是魏国的盟国，这样一来，秦国就孤立了。因此不如出兵使魏国变得强大起来。'魏国实力增强，楚威王大怒，楚国和魏国展开大战，秦军就趁机夺取西河之外的土地满意而归。

"今也其状阳言救韩而阴善楚，公恃秦而劲，必轻与楚战。楚阴得秦之不用也，必易与公相支也。公战胜楚，遂与公乘楚，易三川而归。公战不胜楚，塞三川而守之，公不能救也。臣甚恶其事。司马康①三反之郢矣，甘茂与昭鱼遇于境，其言曰收玺，其实类有约也。"

公仲恐曰："然则奈何？"对曰："公必先韩而后秦，先身而后张仪。公不如亟以国合于齐、楚，秦必委国于公以解伐。是公之所以外者仪而已，其实犹之不失秦也。"

❀注 释

①司马康：人名，秦国臣子。

❀译 文

"如今秦国表面上声称救韩，而暗地里与楚国亲善，您依仗秦国而态度强硬，一定会轻视同楚国的战斗。楚国已暗中得知秦国不会帮助韩国，一定很轻易地同您相抗衡。您如果战胜楚国，秦国就会同您一道乘楚国之危而夺取土地，以此交换韩国的三川而归。您如果战不胜楚国，秦国就会阻塞三川全力拒守，您不能自救。我厌恶这样的事。秦臣司马康三次往返于楚国的郢都，甘茂又同昭鱼在边境上会面，他们声称楚国收回了军印，其实在密约攻打韩国。"

公仲惊恐地说："既然如此，那么该怎么办呢？"公孙昧回答说："您一定要先考虑韩国的实力，而后再考虑秦国的援助，先为自身谋划，而后再考虑张仪的帮助。您不如赶快让韩国同齐、楚两国联合，如此一来，秦国一定会把国家托付给您，以解除可能遭到的进攻。这样，您疏远的不过是张仪罢了，而实际上仍没有失去秦国。"

二十八 公仲为韩、魏易地

公仲为韩、魏易地，公叔争之而不听，且亡。史惕①谓公叔曰："公亡，则易必可成矣。公无辞以复反，且示天下轻公，公不若顺之。夫韩地易于上，则害于赵；魏地易于下，则害于楚。公不如告楚、赵，楚、赵恶之。赵闻之，起兵临羊肠；楚闻之，发兵临方城，而易必败矣。"

注释

①史惕：人名，韩国史官。

译文

公仲为韩、魏两国交换土地，公叔竭力谏诤而公仲不听，公叔想要出走。史惕对公叔说："您如果走了，交换土地的事就一定会成功。您将没有任何借口回来，并且让天下人轻视您，您不如顺其自然。韩国换得了北面的土地，就会损害赵国；魏国换得了南面的土地，就会损害楚国。您不如把这件事告诉楚、赵两国，楚、赵两国都会厌恶这种做法。赵国听说后，就会起兵守卫羊肠；楚国听说后，就会出兵保卫方城，公仲交换土地的事必定会失败。"

二十九 锜宣之教韩王取秦

锜宣之教韩王①取秦，曰："为公叔具车百乘，言之楚易三川，因令公仲谓秦王②曰：'三川之言曰，秦王必取我，韩王之心不可解矣。王何不试以襄子③为质于韩，令韩王知王之不取三川也。'因以出襄子而德太子。"

注释

①锜宣：人名，韩国臣子。韩王：指韩襄王。

②秦王：指秦昭王。

③襄子：人名，秦公子中和太子不和的人。

译文

锜宣教韩王如何与秦国联合，他说："替公叔准备一百辆车，声言要去楚国，要用三川交换楚地，于是再让公仲对秦王说：'三川一带的人说，秦王一定要夺取三川，韩王心里不知如何是好。大王为什么不试着让襄子到韩国做人质，使韩王知道大王不会夺取三川。'这样就可以让秦国派襄子来做人质，又可以让秦国太子对您心怀感激。"

三十　襄陵之役

襄陵①之役，毕长②谓公叔曰："请毋用兵，而楚、魏皆德公之国矣。夫楚欲置公子高③，必以兵临魏。公何不令人说昭子④曰：'战未必胜，请为子起兵以之魏。'子有辞以毋战，于是太子与昭阳、梁王⑤皆德公矣。"

注释

①襄陵：地名，魏国都邑，地处今河南睢县。

②毕长：人名，魏国臣子。

③公子高：人名，魏国公子。

④昭子：人名，即下文的昭阳，为楚国大司马。

⑤太子：指魏惠王太子，即后来的魏襄王。梁王：魏惠王。

襄陵战役发生后，毕长对韩国公叔说："请您不要出兵参战，楚、魏两国都会感激您的。楚国想拥立公子高为魏国太子，必然会用兵进逼魏国。您为什么不派人去劝昭阳说：'这次战争您未必能获胜，请让我替您起兵攻魏。'您再找借口不战，这样魏国太子和昭阳、魏王都会感激您的。"

三十一　公叔使冯君于秦

公叔使冯君①于秦，恐留，教阳向说秦王②曰："留冯君以善韩辰③，非上知也。王不如善冯君而资之以秦。冯君德王而不听公叔，以与太子争，则王泽布而善于韩矣。"

注释

①冯君：人名。

②阳向：人名，韩国人。秦王：指秦昭王。

③韩辰：人名，韩国相国。

译文

公叔派冯君到秦国去，冯君担心自己会被扣留，便派阳向去劝秦王说："扣留冯君来结交韩辰，这不是明智的做法。您不如善待冯君，并用秦国的财物资助他。冯君就会感激大王的贤明，不听公叔的摆布，就可以依靠这些与太子争权，那样大王的恩泽就会传布天下，并与韩国友善了。"

三十二　谓公叔

谓公叔曰："公欲得武隧①于秦，而不患楚之能伤河外也。公不如令人恐楚王，而令人为公求武隧于秦。谓楚王②曰："发重使为韩求武隧于秦。秦王③听，是令得行于万乘之主也。韩得武隧以限秦，毋秦患而得楚。韩，楚之县而已。秦不听，是秦、韩之怨深而交楚也。"

传世·经典国学集

注释

①武隧：地名，地处今山西临汾西南。

②楚王：指楚怀王。

③秦王：指秦昭王。

译文

有人对公叔说："您想从秦国收回武隧，不怕楚国骚扰河外之地。您不如派人去恐吓楚王，再派人替您到秦国索要武隧。派人对楚王说：'公叔已经派出重要的使者去秦国为韩国索要武隧了。如果秦王听从，这就是说韩国的命令在万乘之主中能够行得通。韩国要回武隧就可以限制秦国，没有秦国的祸患，并且得到楚国的友善。这样，韩国就如同楚国的一个郡县了。秦国如果不答应，就会使秦、韩两国的怨仇结得更深，使它们争着来同楚国结交了。"

三十三　谓公叔

谓公叔曰："乘舟，舟漏而弗塞，则舟沉矣；塞漏舟而轻阳侯之波①，则舟覆矣。今公自以辩于薛公而轻秦，是塞漏舟而轻阳侯之波也。愿公之察也！"

注释

①阳侯之波：指水神掀起的波涛。阳侯，水神名。

译文

有人对公叔说："坐船，船漏了却去不堵塞，船就会沉掉；如果只堵塞漏船而轻视水神掀起的波浪，那么船也会倾覆。现在您自认为能力超过薛公就不把秦国放在眼里,这只是堵塞漏船而轻视了水神掀起的波浪。希望您能详察。"

三十四　齐令周最使韩

　　齐令周最使韩,立韩呇^①而废公叔。周最患之,曰:"公叔之与周君交也,令我使韩,立韩呇而废公叔。语曰:'怒于室者色于市。'今公叔怨齐,无奈何也,必绝周君而深怨我矣。"史舍^②曰:"公行矣,请令公叔必重公。"

注释

　　①韩呇:人名,韩国公子,后立为太子。
　　②史舍:人名,齐国使臣,与周最一同出使韩国。

译文

　　齐国派周最出使韩国,要求韩国任命韩呇为相国,并罢免公叔。周最为此很苦恼,他说:"公叔和周君的关系很好,如今派我出使韩国,让韩国废掉公叔而立韩呇为相。俗话说:'人在家里生气,一定会在大庭广众之下表露出来。'如果公叔怨恨齐国,那是没有办法的事情,可他一定会和周君绝交且怨恨我。"史舍劝道:"您就出发吧,我会让公叔尊重您的。"

　　周最行至郑,公叔大怒。史舍人见曰:"周最固不欲来使,臣窃强之。周最不欲来,以为公也;臣之强之也,亦以为公也。"公叔曰:"请闻其说。"对曰:"齐大夫诸子^①有犬,犬猛不可叱,叱之必噬人。客有请叱之者,疾视而徐叱之,犬不动,复叱之,犬遂无噬人之心。今周最固得事足下,而以不得已之故来使,彼将礼陈其辞而缓其言，郑王必以齐王^②为不急，必不许也。今周最不来，他人必来。来使者无交于公，而欲德于韩咎，其使之必疾，言之必急，则韩王必许之矣。"公叔曰："善。"遂重周最。王果不许韩咎。

注释

① 诸子：人名，齐国臣子。
② 郑王：指韩襄王。齐王：指齐闵王。

译文

周最来到了韩国，公叔非常愤怒。史舍见公叔说："周最本来不想出使韩国的，是我私下里强迫他来的。周最不想来，是为了您好；我强迫他来，也是为了您好。"公叔说："请说说您的道理。"史舍回答道："齐国一个大夫诸子养了一条很凶猛的狗，这条狗太过凶猛，因此不能呵斥它，呵斥它它就要咬人。有一位客人想试试，先小心地盯住它，轻轻地呵斥，狗没有动，又大声呵斥它，狗竟没有了咬人的意思。周最以前有幸能够侍奉您，这次是不得已才出使韩国，他将按照礼节慢慢地陈述齐国的要求，韩王一定以为齐王并不急于这样做，一定不会答应。如果周最不来，别人一定也会来出使的。来的人和您没什么交情，又想要讨好韩咎，那使者办事肯定会很快，说话的语气一定很急切，那么韩王一定会答应。"公叔说："很好。"于是就很敬重周最。韩王果然没有让韩咎代替公叔做国相。

三十五 韩公叔与几瑟争国

韩公叔与几瑟争国。郑彊为楚王使于韩，矫以新城、阳人^①予世子，以与公叔争国。楚怒，将罪之。郑彊曰："臣之矫与之，以为国也。臣曰，世子得新城、阳人，以与公叔争国，而得全，魏必急韩氏；韩氏急，必县命于楚，又何新城、阳人敢索？若战而不胜，走而不死，今且以至，又安敢言地？”楚王曰：“善。”乃弗罪。

注释

①新城：地名，楚国都邑，地处今河南伊川西南。阳人：地名，楚国都邑，地处今河南临汝西。

译文

韩公叔与几瑟争夺权利。郑彊替楚王出使韩国，假传楚王之命，把楚国的新城、阳人给了几瑟，以此来帮助几瑟与公叔争权。楚王很生气，将要降罪郑彊。郑彊说：“我假传王命，送给几瑟土地，是为了楚国的利益。请让我说一下其中的道理，几瑟空得新城、阳人同公叔争权，如果真能成功，魏国一定会猛攻韩国；韩国形势危急，必定会把自己的命运寄托于楚国，又怎么敢索要新城、阳人呢？如果韩国打不赢，几瑟侥幸不被杀死，恐怕如今就要逃到楚国了，又怎么敢提起土地呢？”楚王说，“好。”于是没有降罪郑彊。

三十六　韩公叔与几瑟争国

韩公叔与几瑟争国。中庶子①彊谓太子曰：“不若及齐师未入，急击公叔。”太子曰：“不可。战之于国中，国必分。”对曰：“事不成，身必危，尚何足以图国之全为？”太子弗听，齐师果入，太子出走。

注释

①中庶子：太子的属官。

译文

韩公叔与几瑟争夺国权。中庶子郑彊对几瑟说，“不如趁齐国军队还没有攻打进来，赶快除掉公叔。”几瑟说：“不可。在国内打起来，国家必然会分裂。"郑彊回答说："这件事不成功，您自身必然会遭到危险，还谈什么考虑国家的完整呢？"几瑟不听，齐国军队果然侵入韩国，几瑟被迫出逃。

三十七　齐明谓公叔

齐明[1]谓公叔曰："齐逐几瑟，楚善之。今楚欲善齐甚，公何不令齐王谓楚王[2]：'王为我逐几瑟以穷之。'楚听，是齐、楚合而几瑟走也；楚王不听，是有阴于韩也。"

注释

①齐明：人名，东周臣子。

②齐王：指齐闵王。楚王：指楚怀王。

译文

齐明对公叔说："齐国出兵驱逐了几瑟，而楚国却厚待他。现在楚国很想同齐国和好，您为何不让齐王对楚王说：'请大王替我驱逐几瑟，使他走投无路。'楚王如果听从，这样齐、楚两国就会联合在一起，几瑟只好逃亡；楚王如果不听从，这也说明楚国与韩国暗中有所联系。"

三十八　公叔将杀几瑟

公叔将杀几瑟也。谓公叔曰："太子[1]之重公也，畏几瑟也。今几瑟死，太子无患，必轻公。韩大夫见王老，冀太子之用事也，固欲事之。太子外无几瑟之患，而内收诸大夫以自辅也，公必轻矣。不如无杀几瑟，以恐太子，太子必终身重公矣。"

注释

①太子：指公子咎。

译文

公叔准备杀死几瑟。有人劝公叔说："太子重视您，是因为他畏惧几瑟。假如现在几瑟死了，太子就没有了后患，一定会轻视您。韩国大夫看到韩王年迈，都希望太子执掌政事，所以都愿意侍奉太子。太子在国外没有了几瑟的祸患，在国内又收拢韩大夫辅助自己，您一定会受到轻视。不如不杀几瑟，使太子感到威胁，这样一来，太子必然会终身重用您。"

三十九　公叔且杀几瑟

公叔且杀几瑟也，宋赫^①为谓公叔曰："几瑟之能为乱也，内得父兄^②而外得秦、楚也。今公杀之，太子无患，必轻公。韩大夫知王之老而太子定，必阴事之。秦、楚若无韩，必阴事伯婴^③。伯婴亦几瑟也。公不如勿杀，伯婴恐，必保于公。韩大夫不能必其不入也，必不敢辅伯婴以为乱。秦、楚挟几瑟以塞伯婴。伯婴外无秦、楚之权，内无父兄之众，必不能为乱矣。此便于公。"

注释

①宋赫：人名。
②父兄：指公仲佣。
③伯婴：人名，韩公子中参与争立的人。

译文

公叔准备杀掉几瑟，宋赫替几瑟对公叔说："几瑟能发动叛乱，是因为他在国内得到了公仲佣的支持，在国外得到了秦、楚两国的援助。现在您如果杀了他，公子咎没有了后患，必然会轻视您。韩国的大臣们看到韩王年事已高，太子业已确定了，他们就会暗中讨好太子。秦、楚两国如果没得到韩国的支持，肯定会暗中再去支持伯婴。这样伯婴又和几瑟一样了。您不如不杀几瑟，伯婴会感受到威胁，必定会请求得到您的保护。韩国的大臣们对几瑟返回韩国无法肯定，因此也就一定不敢帮助伯婴发动叛乱。秦、楚两国就会帮助几瑟来堵塞伯婴争权的道路。这样一来，伯婴在外既得不到秦、楚两国的援助，在内又得不到韩国大臣们的支持，就一定不会发生叛乱。这样做对您是十分有利的。"

四十　谓新城君

谓新城君[1]曰："公叔、伯婴恐秦、楚之内几瑟也，公何不为韩求质子于楚？楚王[2]听而入质子于韩，则公叔、伯婴必知秦、楚之不以几瑟为事也，必以韩合于秦、楚矣。秦、楚挟韩以窘魏，魏氏不敢东，是齐孤也。公又令秦求质子于楚，楚不听则怨结于韩。韩挟齐、魏以眄楚，楚王必重公矣。公挟秦、楚之重以积德于韩，则公叔、伯婴必以国事公矣。"

注　释

①新城君：秦封君，为秦宣太后弟芈戎。

②楚王：指楚怀王。

译　文

有人对新城君说："公叔、伯婴担心秦、楚两国会收留几瑟，您为什么不替韩国向楚国要求派遣人质呢？如果楚王听从，把人质派到韩国，那么公叔、伯婴一定会知道秦、楚两国不把几瑟当回事，必然会让韩国与秦楚两国联合。秦、楚两国挟持韩国逼迫魏国，魏国不敢向东联合齐国，这样一来，齐国就孤立了。您再让秦国向楚国索要韩国送去的人质，如果楚国不听从，那么楚国就会与韩国结怨。韩国倚仗齐、魏两国而仇视楚国，楚王一定会重用您。您倚仗秦、楚两国的势力，对韩国厚施恩德，公叔、伯婴就一定会以韩国来服事您。"

四十一　胡衍之出几瑟于楚

胡衍①之出几瑟于楚也，教公仲谓魏王②曰："太子在楚，韩不敢离楚也。公何不试奉公子咎，而为之请太子。因令人谓楚王曰：'韩立公子咎而弃几瑟，是王抱虚质也。王不如亟归几瑟。几瑟入，必以韩权报雠于魏而德王矣。'"

注释

①胡衍：人名，韩国人。
②魏王：指魏襄王。

译文

胡衍在几瑟离开楚国回到了韩国的时候，教公仲对魏王说："太子几瑟在楚国，韩国不敢背离楚国。您为什么不试着扶持公子咎，为他请求太子的地位。于是再派人对楚王说：'韩国要立公子咎为太子，废弃了几瑟，这样大王就只是拥有了一个无用的人质。大王不如赶快让几瑟回国，几瑟回国后，一定会凭借韩国的权势向魏国报仇，而且会感激大王的恩德。'"

四十二　几瑟亡之楚

几瑟亡之楚，楚将收秦而复之。谓芈戎①曰："废公叔而相几瑟者，楚也。今几瑟亡之楚，楚又收秦而复之，几瑟入郑之日，韩、楚之县已。公不如令秦王贺伯婴之立也。韩绝于楚，其事秦必疾，秦挟韩亲魏，齐、楚后至者先亡，此王业也。"

注释

①芈戎：人名，即新成君，秦宣太后弟。

几瑟逃到了楚国，楚国准备联合秦国重新把他送回韩国。有人对芈戎说："废弃公叔而且帮助几瑟的，是楚国。如今几瑟逃到了楚国，楚国又联合秦国重新把他送回韩国，恐怕几瑟回到韩国那天，韩国就如同楚国的一个县了。您不如让秦王去祝贺伯婴被立为太子。韩国一旦断绝同楚国的邦交，一定会急忙来侍奉秦国，秦国挟持韩国亲近魏国，齐、楚两国后来服事秦国的，一定会最先被灭亡，这是称王天下的事业。"

四十三　冷向谓韩咎

冷向①谓韩咎曰："几瑟亡在楚，楚王②欲复之甚，令楚兵十余万在方城之外。臣请令楚筑万家之都于雍氏之旁，韩必起兵以禁之，公必将矣。公因以楚、韩之兵奉几瑟而内之郑，几瑟得入而德公，必以韩、楚奉公矣。"

注释

①冷向：人名，秦国臣子。

②楚王：指楚怀王。

译文

冷向对韩国公子咎说："几瑟逃到楚国，楚王很想重新把他送回韩国，命令十多万楚军驻扎在方城之外。我请求让楚国在雍氏旁边建筑一个拥有万户人家的都邑，韩国一定会发兵阻止，您也一定会成为领兵的将领。您就趁机利用楚、韩两国军队护送几瑟回到韩国，几瑟能够回到韩国就会感激您的恩德，一定会让韩、楚两国都侍奉您。"

四十四　楚令景鲤入韩

楚令景鲤①入韩，韩且内伯婴于秦，景鲤患之。冷向谓伯婴曰："太子②入秦，秦必留太子而合楚，以复几瑟也，是太子反弃之。"

注释

①景鲤：人名，为楚怀王相。

②太子：此处指伯婴。

译文

楚国派景鲤到韩国，韩国将要送伯婴到秦国去，景鲤为此很是担忧。冷向对伯婴说："太子一旦进入秦国，秦国必定会扣留太子而同楚国联合，共同恢复几瑟的地位，这样，太子您反而会丢了太子之位。"

四十五　韩咎立为君而未定

韩咎立为君而未定也。其弟在周，周欲重而送之，恐韩咎不立也。綦母恢①曰："不如以车百乘送之，韩咎立，因曰以为戒；不立，则曰来效贼也。"

注释

①綦（qí）母恢：人名，周国臣子。

译文

韩国公子咎争立太子之位，还没有最后确定下来。他的弟弟正在周国，周君想要隆重地送公子咎的弟弟回国，又担心公子咎没有被立为太子。綦母恢说："不如用一百辆车送他的弟弟，韩公子咎被立为太子，就说这是为了戒备；如果公子咎没有被立为太子，就说是来押送反贼的。"

四十六　史疾为韩使楚

史疾①为韩使楚，楚王问曰："客何方所循？"曰："治列子圉寇②之言。"曰："何贵？"曰："贵正。"王曰："正亦可为国乎？"曰："可。"王曰："楚国多盗，正可以圉③盗乎？"曰："可。"曰："以正圉盗，奈何？"顷间有鹊止于屋上者，曰："请问楚人谓此鸟何？"王曰："谓之鹊。"曰："谓之乌，可乎？"曰："不可。"曰："今王之国有柱国、令尹、司马、典令④，其任官置吏，必曰廉洁胜任。今盗贼公行而弗能禁也，此乌不为乌，鹊不为鹊也。"

注　释

①史疾：人名，韩国臣子。

②列子圉寇：即列御寇，又称列子，战国时期郑国的学者。

③圉（yǔ）：防御，禁止。

④司马：主管军事的官职。典令：主管发布政令的官职。

译　文

　　史疾为韩国出使楚国，楚王问他："您在研究谁的学说？"史疾说："我在钻研列御寇的学说。"楚王问："列御寇主张什么？"史疾说："主张正。"楚王问："正也可以用来治理国家吗？"史疾说："当然可以。"楚王又问："楚国盗贼很多，用正可以防范盗贼吗？"史疾回答说："当然可以。"楚王接着问："具体怎么用正来防范盗贼呢？"不久有只喜鹊飞来停在屋顶上，史疾便问楚王："请问你们楚国人把这种鸟叫什么？"楚王说："叫喜鹊。"史疾又问："叫它乌鸦可以吗？"楚王回答说："不行。"史疾就说："现在大王的国家设有柱国、令尹、司马、典令等官职，在任命官吏时，一定要让他们廉洁奉公，能胜任其职。现在盗贼公然横行却不能加以禁止，这就是乌鸦不成其为乌鸦、喜鹊不成其为喜鹊啊。"

四十七　韩傀相韩

韩傀①相韩，严遂②重于君，二人相害也。严遂政议直指，举韩傀之过。韩傀叱之于朝，严遂拔剑趋之，以救解。于是严遂惧诛，亡去游，求人可以报韩傀者。至齐，齐人或言："轵深井里③聂政，勇敢士也，避仇隐于屠者之间。"严遂阴交于聂政，以意厚之。聂政问曰："子欲安用我乎？"严遂曰："吾得为役之日浅，事今薄，奚敢有请？"于是严遂乃具酒觞聂政母前。仲子奉黄金百镒④，前为聂政母寿。聂政惊，愈怪其厚，固谢严仲子。仲子固进，而聂政谢曰："臣有老母，家贫，客游以为狗屠，可旦夕得甘脆以养亲。亲供养备，义不敢当仲子之赐。"

严仲子辟⑤人，因为聂政语曰："臣有仇，而行游诸侯众矣。然至齐，闻足下义甚高，故直进百金者，特以为大人粗粝之费，以交足下之欢，岂敢以有求邪？"聂政曰："臣所以降志辱身，居市井者，徒幸而养老母。老母在，政身未敢以许人也。"严仲子固让，聂政竟不肯受。然仲子卒备宾主之礼而去。

注释

① 韩傀：人名，即侠累，任韩国相国，为韩烈侯叔父。

② 严遂：人名，字仲子，为韩烈侯大臣。

③ 轵（zhǐ）：地名，韩国都邑，地处今河南济源南。深井里：轵的里名。

④ 镒（yì）：古代的重量单位，二十两，或为二十四两。

⑤ 辟：避开。

韩傀担任韩国相国的时候，严遂也受到韩国君王的器重，因此两人相互攻击。严遂敢于公正地发表议论，直言不讳地指责韩傀的过失。韩傀因此在韩廷上怒斥严遂，严遂气得拔剑直指韩傀，由于有人阻止才得以化解这场纠纷。在此之后，严遂担心韩傀报复，就逃出韩国，游历国外。四处寻找可以替自己向韩傀报仇的人。严遂来到齐国，听到齐国有人说："轵地深井里的聂政，是一个勇敢的侠士，因为躲避仇人才隐居在屠户中间。"严遂就和聂政暗中交往，以深情厚谊相待。聂政问严遂："您想让我做什么呢？"严遂说："我为您效劳的时间还不长，我们的交情还很薄，怎么敢对您有所要求呢？"于是，严遂就备办了酒席向聂政母亲敬酒，又拿出百镒黄金，为聂政母亲祝寿。聂政很吃惊，越发奇怪他为何对自己厚礼相待，就坚决辞谢严遂的厚礼。但严遂仍然坚持要赠送，聂政就推辞说："我家有老母，生活贫寒，只得离乡背井，以杀狗为生，每天早晚我能够买些甜美香软的食物来奉养母亲。母亲的供养已经齐备了，按理说就不敢再接受您的赏赐了。"

严遂避开周围的人，趁机告诉聂政："我有仇要报，曾游访过很多诸侯国。我来到齐国，听说您非常讲义气，所以特地送上百金，只是想作为老夫人粗茶淡饭的费用罢了，同时也与您开心地交个朋友，哪里敢有什么请求呢？"聂政说："我之所以降低志向，辱没身份，隐居于市井之中，只是为了奉养老母。只要老母还活着，我的生命就不敢轻易托付给别人。"严遂坚持让聂政收下赠金，聂政始终不肯接受。然而严遂还是尽了宾主之礼之后才离开。

久之，聂政母死，既葬，除服。聂政曰："嗟乎！政乃市井之人，鼓刀以屠，而严仲子乃诸侯之卿相也，不远千里，枉车骑而交臣，臣之所以待之，至浅鲜矣，未有大功可以称者。而严仲子举百金为亲寿，我虽不受，然是深知政也。夫贤者以感忿睚眦之意，而亲信穷僻之人，而政独安可嘿然而止乎？且前日要政，政徒以老母。老母今以天年终，政将为知己者用。"

遂西至濮阳①，见严仲子曰："前所以不许仲子者，徒以亲在。今亲不幸，仲子所欲报仇者为谁？请得从事焉。"严仲子具告曰："臣之仇，韩相傀。傀又韩君之季父也，宗族盛，兵卫设，臣使人刺之，终莫能就。今足下幸而不弃，请益车骑壮士以为羽翼。"政曰："韩与卫中间相去不远，今杀人之相，相又国君之亲，此其势不可以多人。多人不能无生得失，生得失则语泄，语泄则韩举国而与仲子为雠也，岂不殆哉！"遂谢车骑人徒，辞，独行仗剑至韩。

传世·经典国学集

战国策

卷二十七 韩策二

7
0
1

注释

①濮阳：地名，卫国都邑，地处今河南濮阳西南。

译文

过了很长时间，聂政的母亲去世了，安葬完毕，聂政守孝期满。聂政感叹地说："唉！我不过是市井平民，动刀杀狗的屠夫，而严遂却是诸侯的卿相，他不远千里，屈尊前来与我结交，可我对他太薄情了，没有做出什么可以和他待我相称的事情。而他却拿百金为我母亲祝寿，我虽然最后没有接受，但这表明他非常了解我聂政啊。这位贤德的人因为心中的激愤而来亲近我这穷乡僻壤的人，我怎么能够默然而不动呢？再说，以前他邀请我，我因为母亲还健在，就拒绝了他。如今母亲已享尽天年，我要去为了解我的人效力了。"

于是聂政往西到了濮阳，见到严遂说："以前之所以没有答应您，只是因为母亲还在。如今老母不幸谢世，请问您想报仇的人是谁？我愿帮您解决。"严遂将情况一一地告诉聂政："我的仇人是韩国国相韩傀。他又是韩国国君的叔父，家族很有势力，守卫设置严密，我曾派人刺杀他，但始终没能成功。如今有幸您没有丢下我，让我为您多准备些车马和壮士作为您的助手。"聂政说："韩国和卫国相隔不远，如今去刺杀韩国的相国，他又是韩王至亲，这种情况下不能带太多的人。人多了难免会出差错，出了差错就会泄露机密，泄露了机密就会使韩国上下与您为敌，岂不是太危险了吗！"于是聂政谢绝了车马和随从，辞别了严遂，只身一人仗剑去了韩国。

韩适有东孟①之会，韩王及相皆在焉，持兵戟而卫者甚众。聂政直入，上阶刺韩傀。韩傀走而抱烈侯，聂政刺之，兼中烈侯。左右大乱，聂政大呼，所杀者数十人。因自皮面抉眼，自屠出肠，遂以死。

韩取聂政尸暴于市，县②购之千金。久之莫知谁子。政姊闻之曰："弟至贤。不可爱妾之躯，灭吾弟之名。非弟意也。"乃之韩，视之曰："勇哉，气矜之隆！是其轶贲、育而高成荆③矣。今死而无名，父母既殁矣，兄弟无有，此为我故也。夫爱身不扬弟之名，吾不忍也。"乃抱尸而哭之曰："此吾弟轵深井里聂政也。"亦自杀于尸下。

晋、楚、齐、卫闻之曰："非独政之能，乃其姊者亦列女也！"聂政之所以名施于后世者，其姊不避菹醢④之诛以扬其名也。

注释

①东孟：地名，韩国都邑，即酸枣，地处今河南延津西南。

②县（xuán）：悬赏。

③贲、育：人名，即孟贲、夏育，均为古代勇士。成荆：人名，亦为古代勇士。

④菹醢（zū hǎi）：指古代把人剁成肉酱的酷刑。

译文

恰巧韩国在东孟举行盛会，韩王和相国都在那里，他们身边有许多的侍卫。聂政直接冲上台阶刺杀韩傀。韩傀边逃边抱住韩烈侯，聂政再刺韩傀，同时也刺中韩烈侯。左右的人一片混乱，聂政大吼一声冲上去，又杀死了几十人。随后自己用剑划破脸皮，挖出眼珠，又割腹挑肠，就此死去。

韩国人把聂政的尸体摆在街市上，以千金悬购他的姓名，过了很久也没人知道他究竟是谁。聂政的姐姐听说这事后，说道："我弟弟非常贤能。我不能因为吝惜自己的性命，而埋没弟弟的名声。虽然不是弟弟的本意，但我还是要前去认尸。"于是她去了韩国，看着尸体说："勇士啊！气势是何等的豪迈！你的行为胜过孟贲、夏育，高过了成荆啊。如今死了却没有留下姓名，父母已不在人世，又没有其他兄弟，你这样做都是为了不牵连我啊。因为吝惜我的生命而不显扬你的名声，我不忍心这样做。"于是她就抱住尸体痛哭道："这是我弟弟轵邑深井里的聂政啊。"说完便在聂政的尸体旁自杀而死。

三晋、楚、齐、卫等国的人听说这件事后，都赞叹道："不单聂政勇敢，就连他的姐姐也是一个刚烈女子啊！"聂政之所以名垂后世，就是因为她姐姐不怕剁成肉酱以显扬他的名声啊。

卷二十八　韓策三

四十八　或谓韩公仲

或谓韩公仲曰："夫孪子之相似者，唯其母知之而已；利害之相似者，唯智者知之而已。今公国，其利害之相似，正如孪子之相似也。得以其道为之，则主尊而身安；不得其道，则主卑而身危。今秦、魏之和成，而非公适束之，则韩必谋矣。若韩随魏以善秦，是为魏从也，则韩轻矣，主卑矣。秦已善韩，必将欲置其所爱信者，令用事于韩以完之，是公危矣。

"今公与安成君①为秦、魏之和，成固为福，不成亦为福。秦、魏之和成，而公适束之，是韩为秦、魏之门户也，是韩重而主尊矣。安成君东重于魏而西贵于秦，操右契②而为公责德于秦、魏之王，裂地而为诸侯，公之事也。若夫安韩、魏而终身相，公之下服，此主尊而身安矣。秦、魏不终相听者也。齐怒于不得魏，必欲善韩以塞魏；魏不听秦，必务善韩以备秦，是公择布而割也。秦、魏和，则两国德公；不和，则两国争事公，所谓'成为福，不成亦为福'者也。愿公之无疑也。"

注释

①安成君：韩宣王时封君。
②右契：指契约的右半部，可持之以取债。

译文

有人对韩国的公仲说："双胞胎长得很相似，只有他们的母亲才能分辨出来；利与害看起来也很相似，只有明智的人才能分辨出来。现在您的国家利、害相似，就如同双胞胎长得相似一般。能用正确的方法来治理国家，就能让君主尊贵，自身安稳；不能用正确的方法来治理国家，就会让君主卑贱，身陷危难境地。如果秦、魏两国联合成功，但不是您来促成的，那么韩国一定会遭到秦、魏两国的算计。假如韩国随魏国去讨好秦国，韩国就成了魏国的附庸，那么一定会受到轻视，国君的地位也就降低了。秦国和韩国交好，秦国一定会安置它亲信的人，让他在韩国执掌政权，以此来巩固秦国的势力，这样一来，您就危险了。

"如果您和安成君帮秦、魏两国联合，成功固然是您的福气，就算不成功也是您的福气。秦、魏两国联合成功，而且是由您来促成的，这样，韩国就成了秦、魏两国往来的通道，韩国的地位肯定会得到提高，韩王也会更受尊重。安成君在东面受到魏国的重视，在西面又得到秦国的尊崇，就可以掌握右半边的契约，替您向魏、秦两国的君主索取好处，将来分封土地成为诸侯，这是您的事业。至于使韩、魏两国相安无事，您终身能做韩国相国，这是您次一等的事业，这亦能使国君尊贵而自身安稳。再说秦、魏两国不可能长期友好下去。齐国恼怒得不到魏国，必然会亲近韩国以便遏制魏国，魏国也不会永远听从秦国的号令，一定会设法和韩国修好来防备秦国，这样您就可以像选择布匹随意剪裁一样轻松应对。如果秦、魏两国联合，那么两国都会感激您；如果它们不能联合，那么又都会争着讨好您，这就是我所说的'成功了是福气，不成功也是福气'的道理，希望您不要再怀疑了。"

四十九　或谓公仲

或谓公仲曰："今有一举而可以忠于主，便于国，利于身，愿公之行之也。今天下散而事秦，则韩最轻矣；天下合而离秦，则韩最弱矣。合离之相续，则韩最先危矣，此君国长民之大患也。今公以韩先合于秦，天下随之，是韩以天下事秦，秦之德韩也厚矣。韩与天下朝秦，而独厚取德焉，公行之计，是其于主也至忠矣。

"天下不合秦，秦令而不听，秦必起兵以诛不服。秦久与天下结怨构难而兵不决，韩息士民以待其衅，公行之计，是其于国也，大便也。昔者，周佼以西周善于秦而封于梗阳①；周启以东周善于秦而封于平原②。今公以韩善秦，韩之重于两周也无计，而秦之争机也，万于周之时。今公以韩为天下先合于秦，秦必以公为诸侯，以明示天下，公行之计，是其于身大利也，愿公之加务也。"

注释

①周佼：人名，西周臣子。梗阳：地名，秦国都邑，地处今山西清源。

②周启：人名，东周封君。平原：地名，赵国都邑，地处今山东平原西南。

译文

有人对公仲说："现在有一种做法可以对国君尽忠，对国家有益，且对自己有利，希望您去实行。如今假如天下诸侯分散着去服事秦国，那么韩国是最受到轻视的；假如天下诸侯联合起来背离秦国，那么韩国是最弱小的。如果天下诸侯联合对抗秦国的做法断断续续，那么韩国就是最先遭遇危险的，这是统治国家、治理百姓的大患。现在如果您让韩国先与秦国结盟，天下诸侯跟从韩国，这是韩国带领天下诸侯去侍奉秦国，秦国一定会感激韩国。韩国同天下诸侯一样朝拜秦国，却独自领受了秦国深深的感激，您实行这样的计策，这对于国君来说，算是最忠心的了。

"如果天下诸侯不同秦国联合，秦国发布命令却没有谁听从，那么秦国必然会兴兵讨伐不服的诸侯。秦国长时间地与天下诸侯结仇交战，战争却难以有结果，韩国则趁机休养士卒等待有利的时机，您推行这条计策，这对于国家，是非常有益的。从前，周佼让西周同秦国亲近，受封于梗阳；周启让东周同秦国联合，受封于平原。现在如果您让韩国亲近秦国，韩国的重要之处比起两周来，无法计数，而秦国争着与韩国结交的愿望，超过同两周结交时的万倍。如今您如果让韩国先于天下诸侯之前同秦国联合，秦国一定会推举您做诸侯来昭示天下，如果您推行这条计策，这对于您自身来说，是非常有利的，希望您加紧实施。"

韩珉①攻宋，秦王②大怒曰："吾爱宋与新城、阳晋③同也。韩珉与我交，而攻我甚所爱，何也？"苏秦为齐说秦王曰："韩珉之攻宋，所以为王也。以齐之强，辅之以宋，楚、魏必恐。恐，必西面事秦。王不折一兵，不杀一人，无事而割安邑，此韩珉之所以祷于秦也。"

秦王曰："吾固患齐之难知，一从一横，此其说何也？"对曰："天下固令韩可知也。齐故已攻宋矣，其西面事秦，以万乘自辅，不西事秦，则宋地不安矣。中国白头游敖之士，皆积智欲离秦、齐之交，伏轼结靷④西驰者，未有一人言善齐者也；伏轼结靷东驰者，未有一人言善秦者也。皆不欲齐、秦之合者，何也？则晋、楚智而齐、秦愚也。晋、楚合必伺齐、秦，齐、秦合，必图晋、楚。请以决事。"秦王曰："善"。

注释

①韩珉：人名，当时为齐国相国，本为亲秦派。

②秦王：指秦昭王。

③新城：地名，原来为韩国都邑，地处今河南汤阴境内。阳晋：地名，原来为卫国都邑，地处今山东郓城西。

④轼：车前的横木。靷（yǐn）：古代拴在车轴上拉着车前进的皮带。共两条，前端系在车衡的两旁。

译文

韩珉为齐国攻打宋国，秦王大怒说："我爱宋国与爱新城、阳晋是一样的。韩珉同我交往，却攻打我非常喜爱的地方，这是为什么呢？"苏秦为齐国游说秦王说："韩珉攻打宋国，正是为了大王着想。凭齐国的强大，再加上宋国的辅助，楚、魏两国一定惊慌，只要他们一害怕，就一定会到西面来侍奉秦国。大王不损一兵一卒，不杀一人，不经过战争就可以割取安邑，这是韩珉为秦国祈求的事。"

秦王说:"我本来就担心齐国的行动难以意料,一会儿合纵一会儿连横,您又这样说,这是为什么呢?"苏秦回答说:"天下诸侯本来知道齐国的动向了。齐国原来已经攻占了宋国,假如他们到西面来服事秦国,就可以借助拥有万辆兵车的秦国辅助自己,不到西面服事秦国,那么宋地也不会安宁无事。中原一带的白头说客,都处心积虑想离间秦、齐两国的连横战线,那些伏在车前横木上,系好拉车皮带向西而来的说客,没有一个说应该亲近齐国的;另一些伏在车轼上,系好拉车皮带向东而去的说客,没有一个说应该亲近秦国的。他们都不想齐、秦两国联合,这是为什么? 这就是魏、楚两国聪明,而齐、秦两国太傻了。魏、楚两国联合,一定会窥探齐、秦两国的动静,齐、秦两国联合必然要图谋魏、楚两国。请您决断韩珉攻打宋国的事吧。"秦王说:"太好了。"

五十一 或谓韩王

或谓韩王①曰:"秦王②欲出事于梁,而欲攻绛、安邑③,韩计将安出矣? 秦之欲伐韩以东窥周室甚,唯寐忘之。今韩不察,因欲与秦,必为山东大祸矣。秦之欲攻梁也,欲得梁以临韩,恐梁之不听也,故欲病之以固交也。王不察,因欲中立,梁必怒于韩之不与己,必折为秦用,韩必举矣,愿王熟虑之也。不如急发重使之赵、梁,约复为兄弟,使山东皆以锐师戍韩、梁之西边,非为此也,山东无以救亡,此万世之计也。

"秦之欲并天下而王之也,不与古同。事之虽如子之事父,犹将亡之也。行虽如伯夷,犹将亡之也。行虽如桀、纣,犹将亡之也。虽善事之无益也,不可以为存,适足以自令亟亡也。然则山东非能从亲,合而相坚如一者,必皆亡矣。"

注释

①韩王:指韩襄王。

②秦王：指秦昭王。

③绛：地名，魏国都邑，地处今山西侯马。安邑：地名，魏国都邑，地处今山西夏县西北。

译文

有人对韩王说："秦王想要征讨魏国，并且想攻打绛、安邑等城，韩国打算采取什么对策呢？秦国想攻打韩国，进一步图谋周室，这是他梦寐以求的。如今韩国不了解事实，就贸然想要和秦国结为盟国，必然会给崤山以东各诸侯国带来灾祸。秦国攻打魏国，主要是为了通过魏国而军临韩国，唯恐魏国不听号令，所以才决定给魏国以沉重的打击，借以巩固秦、魏两国之间的邦交。可是大王您没有了解事实真相，竟然想要保持中立，魏国必然恼怒韩国不帮助自己，一定会顺从秦国而被其驱使，韩国必然会灭亡，希望大王慎重考虑啊。所以大王不如派人前往赵、魏两国，和赵、魏两国结为同舟共济的兄弟之国，使崤山以东各诸侯派精兵镇守韩、魏两国的西部边境，假如不采取这种措施，那山东诸侯将无法救亡图存，这是影响万代的大计。

"秦国妄想吞并天下诸侯，进而以王者的姿态君临天下，其气概和古时王者不同。侍奉秦国虽然像儿子侍奉父亲一样，但是最后还是会被消灭。行为虽然像伯夷让位叔齐一样，但是最后仍然会被灭亡。言行虽然像夏桀和殷纣，但是仍然会被灭亡。所以说，无论怎样事奉秦，都是没有任何益处的，不但不能靠事秦来存续下去，反而会因此而加速国家的灭亡。换句话说，崤山以东的各国诸侯如果不结成合纵联盟，使各国诸侯团结一致，最后一定会被秦国灭亡的。"

五十二　谓郑王

谓郑王①曰："昭釐侯②，一世之明君也；申不害，一世之贤士也。韩与魏敌侔之国也，申不害与昭釐侯执珪而见梁君③，非好卑而恶尊也，非虑过而议失也。申不害之计事曰：'我执珪于魏，魏君必得志于韩，必外靡于天下矣，是魏弊矣。诸侯恶魏必事韩，是我免于一人之下，而信④于万人之上也。夫弱魏之兵而重韩之权，莫如朝魏。'昭釐侯听而行之，明君也；申不害虑事而言之，忠臣也。今之韩弱于始之韩，而今之秦强于始之秦。今秦有梁君之心矣，而王与诸臣不事为尊秦以定韩者，臣窃以为王之明为不如昭釐侯，而王之诸臣忠莫如申不害也。

注释

①郑王：指韩桓惠王。

②昭釐侯：指韩昭侯。

③梁君：指魏惠王。

④信：通"伸"。

译文

有人对韩桓惠王说："昭釐侯，是一代明君；申不害，是一代贤人。韩国与魏国是国力相当的国家，申不害与昭釐侯手拿着珪玉去朝见魏王，他们并不是喜欢卑贱而厌恶尊贵，也不是考虑不周而议事失策。申不害谋划此事时说：'我们手拿珪玉去朝拜魏国，魏王一定会对韩国志得意满，必定会对外向天下诸侯用兵，消耗魏国的国力，这样一来魏国就衰败了。天下诸侯厌恶魏国必然会侍奉韩国，这样我们虽屈居一人之下，却可以高居万人之上。想削弱魏国的军队，使韩国的权势得到重视，没有比朝见魏国更有效的计策了。'昭釐侯听取意见并加以实行，他是一个明君；申不害考虑问题并说出来，他是一个忠臣。现在的韩国比原来的韩国弱小，而现在的秦国却比原来的秦国强大。如今秦王有魏王那样的野心，而大王和大臣们却不尊秦来安定韩国，我私下认为大王不如昭釐侯英明，而大王的大臣们也不如申不害忠心。

"昔者，穆公一胜于韩原而霸西州①，晋文公一胜于城濮而定天下②，此以一胜立尊名，成功名于天下。今秦数世强矣，大胜以十数，小胜以百数，大之不王，小之不霸，尊名无所立，制令无所行，然而春秋用兵者，非以求主尊成名于天下也。昔先王之攻，有为名者，有为实者。为名者攻其心，为实者攻其形。

"昔者吴与越战，越人大败，保于会稽之上。吴人入越而户抚之。越王使大夫种③行成于吴，请男为臣，女为妾，身执禽④而随诸御。吴人果听其辞，与成而不盟，此攻其心者也。其后越与吴战，吴人大败⑤，亦请男为臣，女为妾，反以越事吴之礼事越，越人不听也，遂残吴国而禽夫差，此攻其形者也。今将攻其心乎？宜使如吴；攻其形乎？宜使如越。夫攻形不如越，而攻心不如吴，而君臣上下少长贵贱毕呼霸王，臣窃以为犹之井中而谓曰：'我将为尔求火也。'

注释

①穆公一胜于韩原而霸西州：穆公，指春秋时秦国君主秦穆公，名任好。公元前645年，其与晋惠公战于韩原，败晋军，俘虏晋惠公。韩原，地名。晋国都邑，地处今山西芮城东北。

②晋文公一胜于城濮而定天下：晋文公，春秋时晋国国君，名重耳。公元前632年，晋军败楚军于城濮，成为中原霸主。城濮，地名。卫国都邑，地处今山东鄄（juàn）城西南。

③越王：指勾践。大夫种：指文种。

④执禽：指手执禽鸟朝见。

⑤吴人大败：指公元前473年，越军大败吴军。

译文

"从前，秦穆公在韩原打了一次胜仗，秦国就称霸西部，晋文公在城濮打了一次胜仗就平定了天下，这都是依靠一次胜利就确立了尊贵名声，使自己在天下成就功名。如今秦国连续数代强盛，大的胜仗用十来记数，小的胜仗用百来记数，但取得大胜没有称王，获得小胜也没有称霸，也没有确立什么尊贵的名分，制定的法令也没有推行，可是秦国终年发动战争，并不全是为了求得国君的尊贵或在天下成名。从前，先王进行的攻伐，有的是为名声，有的则是为实利。为名声则要瓦解对方的斗志，为实利则要攻取土地、掠夺人口。

"过去，吴国与越国交战，越国人被打得大败，退守在会稽山上。吴国人攻入越国后，便按户安抚越国百姓。越王派大夫文种向吴国求和，请求让男子做奴隶，女子做侍妾，自己则亲自执拿禽鸟朝见，跟随在管事人的身后。吴国人果真听信了他们的话，同越国讲和却没有订下盟约，这就是为了瓦解他们的斗志。在这以后，越国与吴国开战，吴国人被打得大败，也请求让男子做奴隶，让女子做侍妾，反过来用越国人侍奉吴国人的礼节去侍奉越国人，但越国人没有听从，于是灭亡了吴国，生擒了夫差，这是为了攻取土地、掠夺人口。现在您是要瓦解秦国的斗志吗？应该让自己像吴国一样；您是想攻取秦国土地、得到秦国的人口吗？应该使自己像越国一样。如果攻取土地、夺取人口赶不上越国，而瓦解敌人斗志赶不上吴国，但君臣上下、年少年长的、富贵贫贱的全都高喊称王称霸，我私下认为这如同落入了井中，却对人说：'我将为您求火。'

"东孟①之会，聂政、阳坚②刺相兼君。许异蹴烈侯而殪③之，立以为郑君，韩氏之众无不听令者，则许异为之先也。是故烈侯为君，而许异终身相焉。而韩氏之尊许异也，犹其尊烈侯也。今日郑君不可得而为也，虽终身相之焉，然而吾弗为云者，岂不为过谋哉？昔齐桓公九合诸侯，未尝不以周襄王之命。然则虽尊襄王，桓公亦定霸矣。九合之尊桓公也，犹其尊襄王也。今日天子不可得而为也，虽为桓公吾弗为云者，岂不为过谋而不知尊哉！

"韩氏之士数十万，皆戴烈侯以为君，而许异独取相焉者，无他；诸侯之君无不任事于周室也，而桓公独取霸者，亦无他也。今强国将有帝王之衅④，而以国先者，此桓公、许异之类也，岂可不谓善谋哉！夫先与强国之利，强国能王，则我必为之霸；强国不能王，则可以辟其兵，使之无伐我。然则强国事成，则我立帝而霸；强国之事不成，犹之厚德我也。今与强国，强国之事成则有福，不成则无患。然则先与强国者，圣人之计也。”

注释

①东孟：地名，韩国都邑，地处今河南延津西南。

②阳坚：人名，为聂政的助手。

③许异：人名，韩国臣子。蹴：踢。殪：死。

④衈：征兆。

译文

“东孟会盟的时候，聂政、阳坚刺杀韩国相国及烈侯。许异踢烈侯，让他装死，韩烈侯被立为国君后，韩国民众没有不服从命令的，那是因为许异为他们先做了表率。因此韩烈侯做了国君，许异终身做他的相国。韩国人尊重许异，如同他们尊重烈侯一样。今天‘韩王’是做不成了，即使终身做相国也是好事，然而我们却不去做，难道不是计划失误吗？从前齐桓公九次会合诸侯，示尝不依照周襄王的命令。然而虽然遵从周襄王，但齐桓公也还是确定了霸主的地位。九次会合的诸侯，尊重齐桓公，就如同尊重周襄王一样。今天天子是做不成了，即使可以做一个‘桓公’，我们也不去做，这难道不是谋略失误，不懂得怎样尊重别人吗？

“韩国谋略之士几十万，都拥戴烈侯做国君，但只有许异得到了相国之位，没有其他的原因；各诸侯国的国君没有不替周王朝做事的，然而只有齐桓公取得了霸主地位，也没有其他原因。如今强大的秦国将有称帝称王的征兆，使国家先行一步与秦国联合，这是齐桓公、许异之类的事，这难道称不上善于谋划吗！先给强大的秦国一定的好处，强国能称王，那么我一定能称霸；即使强国不能称王，那么我们也可以避免它所发动的战争，让它不攻打我们。既然如此，一旦强国的事情成功了，我们就拥立帝王而雄霸一方；如果强国的大事不成功，它依然会深深地感激我们。现在如果结交强大的秦国，强国的事情成功了，那么您就会有后福，强国的大事不成功，那么您也不会有后患。既然这

五十三　韩阳役于三川而欲归

韩阳^①役于三川而欲归，足彊为之说韩王^②曰：“三川服矣，王亦知之乎？役且共贵公子。”王于是召诸公子役于三川者而归之。

注 释

①韩阳：人名，韩国公子。

②足彊：人名，韩国人。韩王：指韩桓惠王。

译 文

韩阳领兵在三川作战，想要回国，足彊便为他游说韩王说：“三川已经屈服了，大王也知道了吧？在那里服兵役的将士们都要立韩阳为君。”韩王于是召集在三川服兵役的韩国公子，让他们回国。

五十四　秦大国

秦，大国也；韩，小国也。韩甚疏秦，然而见^①亲秦，计之，非金无以也，故卖美人。美人之贾贵，诸侯不能买，故秦买之三千金。韩因以其金事秦，秦反得其金与韩之美人。韩之美人因言于秦曰：“韩甚疏秦。”从是观之，韩亡美人与金，其疏秦乃始益明。故客有说韩者曰：“不如止淫用，以是为金以事秦，是金必行，而韩之疏秦亦明。美人知内行者也，故善为计者，不见内行。”

注 释

①见（xiàn）：通“现”。

译文

秦国，是一个大国；韩国，是一个小国。韩国对秦国很疏远，但是如今想跟秦国亲近。考虑到非用钱财不可，所以就出售美女。美女的价钱昂贵，诸侯都买不起，后来秦王花了三千金把美女买了下来，韩国于是用这三千金来讨好秦国，这样秦国不但收回了那三千金，又得了韩国的美人。韩国的美人因此对秦王抱怨说："韩国对秦国很疏远。"由此可见，韩国不但失去了美女和钱财，而且使它疏远秦国的态度更加明显。因此有人劝说韩国说："不如停止一切奢侈生活，然后积存财富来侍奉秦国。只要有金钱必然能起作用，而韩国疏远秦国的事也不会过于暴露。美女是了解韩国秘密的，因此善于谋划的人，不能让国家的实际意图泄露出去。"

五十五　张丑之合齐、楚讲于魏

张丑①之合齐、楚讲于魏也，谓韩公仲曰："今公疾攻魏之运②，魏急，则必以地和于齐、楚，故公不如勿攻也。魏缓则必战。战胜，攻运而取之，易矣；战不胜，则魏且内之。"公仲曰："诺。"张丑因谓齐、楚曰："韩已与魏矣，以为不然，则盍观公仲之攻也。"公仲不攻，齐、楚恐，因讲于魏而不告韩。

注释

①张丑：人名，齐国臣子。
②运：地名，即郓（yùn），魏国都邑。

译文

张丑联合齐、楚两国同魏国讲和，他对韩国公仲说："现在您猛攻魏国的郓地，魏国情况危急，就一定会割让土地与齐、楚两国讲和，所以您不如不攻打魏国。等到魏国形势得到缓和，一定会同齐、楚两国交战。如果魏国打胜了，韩国就可以乘魏兵疲敝攻取郑地，会很容易了；如果魏国打败了，那魏国就会把郑地送给韩国。"公仲说："好。"张丑于是对齐、楚两国说："韩国已经同魏国联合了，如果你们认为不是这样，那么为何不看一看公仲是否攻打郑地。"公仲没有攻打郑地，齐、楚两国非常恐慌，于是同魏国讲和而没有告诉韩国。

五十六　或谓韩相国

或谓韩相国曰："人之所以善扁鹊①者，为有痈肿也；使善扁鹊而无痈肿也，则人莫之为之也。今君以所事善平原君者，为恶于秦也；而善平原君乃所以恶于秦也，愿君之熟计之也。"

注释

①扁鹊：人名，春秋时的名医。

译文

有人对韩国相国说："人们之所以亲近扁鹊，是因为他们有痈疽之类的病痛；如果人们没有痈疽之类的病痛，让人们去亲近扁鹊，那么就没有人会这样做。如今您之所以对平原君友好，是因为您被秦国憎恨；但是您亲近平原君，是您被秦国憎恨的原因，希望您仔细考虑这件事。"

五十七　公仲使韩珉之秦求武隧

公仲使韩珉之秦求武隧①，而恐楚之怒也。唐客②谓公仲曰："韩之事秦也，且以求武隧也，非弊邑之所憎也。韩已得武隧，其形乃可以善楚。臣愿有言而不敢为楚计。今韩之父兄得众者毋相，韩不能独立，势必不善楚。王曰：'吾欲以国辅韩俶而相之可乎？'父兄恶俶，俶必以国保楚。"公仲说③，士④唐客于诸公而使之主韩、楚之事。

⚓注 释

①武隧：地名，韩国都邑，当时被秦国夺取，地处今山西临汾西南。

②唐客：人名，楚国人。

③说：通"悦"。

④士：通"仕"。

⚓译 文

公仲倗派韩珉去秦国索要武隧，又担心楚国恼怒。楚国臣子唐客便对公仲说："韩国之所以侍奉秦国，是准备要回武隧，这不是敌国所憎恨的。韩国得到武隧后，那样的形势下才可以亲近楚国。我愿意说几句，并不敢为楚国打算。现在韩国的父兄，得到百姓支持的人没有做相国，一旦韩国不能独立，势必不会亲近楚国。楚王便会说：'我想用全国的力量帮助韩倗做韩国的相国，可以吗？'韩国的父兄厌恶韩倗，韩倗一定会让韩国维护楚国的利益。"公仲倗听后很高兴，就向大臣们推荐唐客做官，让他掌管韩、楚两国之间的事务。

五十八　韩相公仲倗使韩珉之秦

韩相公仲倗使韩珉之秦，请攻魏，秦王说①之。韩珉在唐②，公仲倗死。韩珉谓秦王曰："魏之使者谓后相韩辰③曰：'公必为魏罪韩珉。'韩辰曰：'不可。秦王仕之，又与约事。'使者曰：'秦之仕韩珉也，以重公仲也。今公仲死，韩珉之秦，秦必弗入。入，又奚为挟之以恨魏王乎？'韩辰患之，将听之矣。今王不召韩珉，韩珉且伏于山中矣。"秦王曰："何意寡人如是之权也！令安伏？"召韩珉而仕之。

注释

①秦王：指秦昭王。说：通"悦"。

②唐：地名，地处今河南洛阳东北。

③韩辰：人名，韩国相国。

译文

　　韩国相国公仲倗派韩珉出使秦国，请求秦国出兵进攻魏国，秦王很高兴。韩珉行经唐地的时候，公仲倗死了。韩珉对秦王说："魏国的使者对继任的相国韩辰说：'您一定要替魏国处罚韩珉。'韩辰说：'不能这样做。秦王让他做官，又同他相约出兵攻打魏国。'使者说：'秦国让韩珉做官，是因为重视公仲。现在公仲死了，韩珉去秦国，秦国一定不会让他入境。就算让他入境，又怎么会和他一起仇视魏王呢？'韩辰很担忧，就要听从魏国使者的话。今天如果大王不召见我，我就要隐居到山里去了。"秦王说："您怎么会认为寡人如此反复无常呢！现在您要在哪里隐居呢？"于是召来韩珉，让他做官。

五十九　客卿为韩谓秦王

　　客卿为韩谓秦王①曰："韩珉之议，知其君不知异君，知其国不知异国。彼公仲者，秦势能诎②之。秦之强，首之者，珉为疾矣。进齐、宋之兵至首垣③，远薄梁郭，所以不及魏者，以为成而过南阳之道，欲以四国西首也。所以不者，皆曰以燕亡于齐，魏亡于秦，陈、蔡亡于楚，此皆绝地形，群臣比周以蔽其上，大臣为诸侯轻国也。

　　"今王位正④，张仪之贵不得议公孙郝，是从臣不事大臣也；公孙郝之贵不得议甘茂，则大臣不得事近臣也。贵贱不相事，各得其位，辐凑以事其上，则群臣之贤不肖可得而知也。王之明一也。

注释

①客卿：官名，位在相国之下一等。秦王：指秦武王。

②诎（qū）：屈服，折服。

③首垣：地名，魏国都邑，地处今河南长垣东北。

④位正：即莅政。正，通"政"。

译文

韩国的一位客卿为韩国对秦王说："韩珉议论政事，只了解自己的国君而不了解别国国君，只了解自己的国家而不了解其他的国家。公仲倗这个人，秦的势力能使他折服。秦国如此强大，韩国竟敢首先进攻它，韩珉是在自讨失败。韩国曾让齐、宋两国军队攻到魏国的首垣，逼近魏都大梁城郊，之所以没有进一步攻占魏国，是认为同魏国讲和就可以通过南阳的道路，然后率韩、齐、宋、魏四国的力量向西攻秦。他之所以没有进攻，是因为人们都说燕国被齐国攻破，魏国被秦国攻破，陈、蔡两国被楚国攻破，这些都是由于地形险要相差悬殊，群臣结党营私蒙蔽君王，大臣为了取悦别的诸侯而轻视自己国家的结果。

"现在大王执政，即使张仪那样的显贵也不能私下议论公孙郝，这是使外臣不得干涉大臣的事；即使公孙郝那样显贵也不能私下议论甘茂，这就是大臣不得干涉近臣行事。贵贱不互相干涉，各得其位，像辐条一样共同侍奉自己的君王，那么，群臣的贤能与无能就可以知道了。这是大王第一个圣明之处。

"公孙郝尝挟齐、韩而不加贵，则为大臣不敢为诸侯轻国矣。齐、韩尝因公孙郝而不受，则诸侯不敢因群臣以为能矣。外内不相为，则诸侯之情伪可得而知也。王之明二也。公孙郝、樗里疾请无攻韩，陈而辟去，王犹攻之也。甘茂约楚、赵而反敬魏，是其讲我。茂且攻宜阳，王犹校之也。群臣之知无几于王之明者，臣故愿公仲之国以待于王，而无自左右也。"

译文

"公孙郝曾加紧联合齐、韩两国，但他并没有因此而更加显贵，那么做大臣的也就不敢为了别的诸侯而轻视本国的利益了。齐、韩两国曾想通过公孙郝来讨好秦国，秦王没有答应，那么诸侯就不敢再通过群臣为自己求利了。内外不互相勾结利用，那么诸侯的内情真伪就可以知道了。这是大王第二个圣明的地方。公孙郝、樗里疾请求不要攻打韩国，陈述之后就退下，可大王仍然进攻了韩国。甘茂约定楚、赵两国后，又反过来恭敬魏国，让它们与秦国讲和。甘茂要进攻宜阳，大王还是衡量了利害得失才作出了决定。群臣的智慧同大王的圣明相比相差甚远，所以我愿意让公仲用自己的国家来侍奉大王，而不要从左右的人那里求得意见。"

六十　韩珉相齐

韩珉相齐，令吏逐公疇竖①，大怒于周之留成阳君②也。谓韩珉曰："公以二人者为贤人也，所入之国因用之乎？则不如其处小国。何也？成阳君为秦去韩，公疇竖楚王善之。今公因逐之，二人者必入秦、楚，必为公患。且明公之不善于天下。天下之不善公者，与欲有求于齐者，且收之以临齐而市公。"

注释

①公疇竖：人名，事迹不详，当时在周。
②成阳君：韩国封君，当时在周，主张联合秦、韩两国。

译文

韩珉做齐国相国时，派官吏驱逐公疇竖，并且很恼怒周国收留成阳君。有人对韩珉说："您认为这两个人是贤人，他们所去的国家都会任用他们吗？那不如让他们留在小国。这是为什么呢？成阳君为了秦国才离开韩国，而公疇竖很受楚王的重视。现在您驱逐他们，这两个人一定会去秦、楚两国，一定会成为您的祸患，这也将表明您跟天下诸侯关系不友好。天下诸侯中与您不友好的，和那些有求于齐国的人，就会收留他们逼临齐国，从而夺取您的职位。"

六十一　或谓山阳君

或谓山阳君[1]曰："秦封君以山阳[2]，齐封君以莒[3]。齐、秦非重韩则贤君之行也。今楚攻齐取莒，上不交齐，次弗纳于君，是棘齐、秦之威而轻韩也。"山阳君因使之楚。

注释

①山阳君：韩釐王时的封君。

②山阳：地名，本魏国都邑，当时为秦国夺取。地处今河南焦作东南。

③莒（jǔ）：地名，齐国都邑，地处今山东莒县。

译文

有人对山阳君说："秦国把山阳封给您，齐国把莒地封给您。齐、秦两国不是重视韩国，就是看重您的品行。现在楚国攻打齐国，夺取莒地，首先您再不能同齐国结交，其次莒地也不能接纳您了，楚国这样做是受到齐、秦两国的威胁，也说明楚国轻视韩国。"山阳君于是派他出使楚国。

六十二　赵、魏攻华阳

赵、魏攻华阳[1]，韩谒急于秦，冠盖相望，秦不救。韩相国谓田苓[2]曰："事急，愿公虽疾，为一宿之行。"田苓见穰侯，穰侯曰："韩急乎？何故使公来？"田苓对曰："未急也。"穰侯怒曰："是何以为公之王使乎？冠盖相望，告弊邑甚急，公曰未急，何也？"田苓曰："彼韩急则将变矣。"穰侯曰："公无见王矣，臣请今发兵救韩。"八日中，大败赵、魏于华阳之下。

注释

①华阳：地名，韩国都邑，地处今河南修武北。

②田苓：人名，韩国臣子。

译文

赵、魏两国攻打华阳，韩国派人向秦国告急，使者车辆上的冠盖彼此都望得见，可秦国就是不援救。韩国相国对田苓说："事情紧急，您虽然生病了，也希望您能赶一宿的路程。"田苓拜见穰侯，穰侯说：韩国危急了吗？为什么派您来呢？"田苓回答说："韩国并没有危急。"穰侯大怒说："既然不危急，那为什么让您做韩王的使者呢？使者连续不断，告诉敝国说你们情况很紧急，可您却说不危急，这是为什么呢？"田苓说，"韩国如果危急，就会背叛秦国了。"穰侯说："您不要见大王了，我马上请求发兵援救韩国。"于是秦国军队在八天之内发兵援韩，把赵、魏两国军队打得大败。

六十三　秦招楚而伐齐

秦招楚而伐齐，冷向谓陈轸曰："秦王①必谓向：'楚之齐者，知西不合于秦，必且务以楚合于齐。齐、楚合，燕、赵不敢不听。齐以四国敌秦，是齐不穷也。'向曰：'秦王诚必欲伐齐乎？不如先收于楚之齐者，楚之齐者无务以楚合于齐，则楚必即秦矣。以强秦而有楚，则燕、赵不敢不听，是齐孤矣。'向请为公说秦王。"

注释

①秦王：指秦惠王。

译文

　　秦国招集楚国一同攻打齐国，冷向对陈轸说："将来秦王一定会对我说：'楚国亲善齐国的人，知道楚国不可能与西面的秦国联合，必定会竭力使楚国与齐国联合。齐、楚两国一旦联合在一起，燕、赵两国就不敢不听从。齐国用四个国家的力量来对抗秦国，这样齐国就不会陷入困境了。'我会说：'秦王真的一定要攻打齐国吗？不如先收服楚国内部亲善齐国的人，那些亲齐者不竭力使楚国同齐国联合，那么楚国就会倒向秦国。凭借秦国的强大，以及楚国的支持，那么燕、赵两国就不敢不听命，这样齐国便孤立了。'请让我替您去游说秦王。"

六十四　韩氏逐向晋于周

　　韩氏逐向晋①于周，周成恢②为之谓魏王曰："周必宽而反之，王何不为之先言？是王有向晋于周也。"魏王曰："诺。"成恢因为谓韩王曰："逐向晋者韩也，而还之者魏也，岂如道韩反之哉！是魏有向晋于周，而韩王失之也。"韩王曰："善。"亦因请复之。

注 释

　　①向晋：人名，周国臣子。
　　②成恢：人名，周国臣子。

译文

　　韩国把向晋驱逐出周国，周臣成恢替向晋对魏王说："周国一定会宽恕向晋，大王何不赶在周国之前把向晋送回去呢？这样，大王就能在周国得到向晋这样的心腹为自己所用。"魏王说："好。"成恢又为此事对韩王说："驱逐向晋的是韩国，而想使向晋返回的是魏国，这样做哪里赶得上由韩国提出把向晋招回呢！否则，魏国能让向晋在周国为它效力，而韩国却失去了一位良

六十五　张登谓费绁

张登谓费绁^①曰："请令公子年^②谓韩王曰：'费绁，西周雠之，东周宝之。此其家万金，王何不召之以为三川之守，是绁以三川与西周戒也，必尽其家以事王。西周恶之，必效先王之器以止王。'韩王必为之。西周闻之，必解子之罪，以止子之事。"

注释

①张登：人名，中山国臣子。费绁（xiè）：人名，韩国人。

②公子年：人名，韩国公子。

译文

张登对费绁说："请您让公子年对韩王说：'费绁，西周仇视他，东周重视他。他家中有万金之财，大王何不召他来做三川郡守，这样费绁就会紧守三川，并对西周保持戒备，一定会用全部家产来侍奉大王。西周憎恨他，一定会献上先王时的宝器，以此来阻止大王任用他。'韩王一定会这样做。西周听说后，必然会解除您的罪名，以此来阻止您做三川郡守。"

六十六　安邑之御史死

安邑之御史^①死，其次恐不得也。输^②人为之谓安邑令曰："公孙綦^③为人请御史于王，王曰：'彼固有次乎？吾难败其法。'"因遽置之。

注释

①安邑：地名，本为魏国都邑，地处今山西夏县西北。御史：邑令的属官。

②输：安邑里名。

③公孙綦（qí）：人名，事迹不详。

译文

安邑的御史死了，他的副手担心不能升任御史。这时，输里的人就为他去对安邑令说："公孙綦为别人向魏王请求御史的职位，可是魏王说：'那里不是本来就有个副手吗？我不能破坏它的规定。'"于是安邑令马上让那个副手接任御史职位。

六十七　魏王为九里之盟

魏王为九里①之盟，且复天子。房喜谓韩王②曰："勿听之也，大国恶有天子，而小国利之。王与大国弗听，魏安能与小国立之。"

注释

①魏王：指魏惠王。九里：地名，周国之地，地处今河南登封西北。

②房喜：人名，韩国臣子。韩王：指韩昭侯。

译文

魏王主持在九里与诸侯的会盟，准备重新恢复天子权威。房喜对韩王说："不要听魏王的号令，因为大国厌恶天子的存在，而小国却认为天子的存在对自己有利。大王和其他大国不听从魏王，魏国又怎么能与一些小国恢复天子的权威。"

六十八　建信君轻韩熙

建信君轻韩熙①，赵敖②为谓建信君曰："国形有之而存，无之而亡者，魏也。不可无而从者，韩也。今君之轻韩熙者，交善楚、魏也。秦见君之交反善于楚、魏也，其收韩必重矣。从则韩轻，横则韩重，则无从轻矣。秦出兵于三川，则南围鄢③，蔡、邵④之道不通矣。魏急，其救赵必缓矣。秦举兵破邯郸，赵必亡矣。故君收韩可以无衅。"

注释

①建信君：指赵孝成王时的相邦。韩熙：人名，韩国臣子。

②赵敖：人名，赵国人。

③鄢：地名，地处今河南鄢陵西南。

④蔡：地名，即指上蔡。邵：地名，即指召陵。

译文

建信君轻视韩熙，赵敖为韩熙对建信君说："从国家形势看，与邻国联合就能生存，不与邻国联合就会灭亡，是魏国。不能舍弃邻国而进行合纵联盟的，是韩国。如今您轻视韩熙的原因，是想同楚、魏两国建立良好的邦交。秦国看到您反而与楚、魏两国交往密切，一定会更加重视并拉拢韩国。如果实行合纵，韩国就会受到轻视，实行连横，韩国就会得到重视，那么韩国就不会选择是自己受到轻视的那条路。秦国如果从韩国三川出兵，就会向南围困鄢陵，那么上蔡、召陵的道路就不通了。魏国形势危急，诸侯们援救赵国的行动就会延缓进行。秦国发兵攻破邯郸，赵国必然会灭亡。所以您只要得到韩国的支持，就可以避免出现漏洞。"

六十九　段产谓新城君

段产谓新城君①曰："夫宵行者能无为奸，而不能令狗无吠己。今臣处郎中②，能无议君于王，而不能令人毋议臣于君。愿君察之也。"

①段产：人名，秦国人。新城君：芈戎。

②郎中：指国君的亲近侍从之臣。

☙译文

段产对新城君芈戎说："走夜路的人能够不做坏事，却没有办法让狗不对着自己乱叫。现在我担任郎中的职位，能够做到不在大王面前非议您，却不能让别人在您面前不诽谤我。希望您能够明察。"

七十　段干越人谓新城君

段干越人谓新城君①曰："王良②之弟子驾，云取千里，遇造父③之弟子。造父之弟子曰：'马不千里。'王良弟子曰：'马，千里之马也；服④，千里之服也，而不能取千里，何也？'曰：'子繠牵⑤长。'故繠牵于事，万分之一也，而难千里之行。今臣虽不肖，于秦亦万分之一也，而相国见臣不释塞者，是繠牵长也。"

☙注释

①段干越人：魏国人。段干，复姓。越人，名。新城君：芈戎。

②王良：指赵简子的驾车者，善驾车。

③造父：指周穆王的驾车者，亦善驾车。

④服：指服马。

⑤繠（mò）牵：指马的缰绳。

☙译文

段干越人对新城君说："王良的弟子驾车，说是要日行千里，他遇见了造父的弟子。造父的弟子说：'您的马一天跑不了一千里。'王良的弟子说：

'我的马是千里马，服马也是千里马，您却说我的马不能日行千里，这是为什么呢？'造父的弟子说：'你的缰绳拉得太长了。'缰绳的长短对于驾御这件事来说，其作用不过万分之一，却妨碍千里马的行程。现在我即使不贤能，但对秦国来说，也有万分之一的作用吧，可您却不想为我排除障碍，这也是缰绳拉得太长了。"

卷二十九　燕策一

　　燕国（公元前1044—前222年），周朝时期的周王族诸侯国之一，也是战国七雄之一，始祖是周文王庶长子召公。

　　公元前1044年，周武王灭商后，封其弟姬奭于燕地，是为燕召公。

　　公元前7世纪，燕国向冀北、辽西一带扩张，吞并蓟国后，建都蓟（今北京市）。

　　公元前323年，燕易王称王。公元前316年，燕国爆发子之之乱，两年后，齐宣王借平乱之名，派大军灭燕。公元前312年，赵武灵王扶持公子职（燕昭王）归国登基，燕国复国。燕昭王广纳贤士，励精图治，任用乐毅合纵攻齐、秦开破东胡朝鲜，盛极一时。

　　但在燕昭王去世后，燕国迅速衰落。长平之战后，燕国企图趁火打劫，结果连败于赵国，沦为弱国。公元前228年，秦破赵都邯郸，陈兵易水，燕太子丹暗派荆轲刺秦，最终失败，荆轲被杀，秦王嬴政大怒，即命王翦发兵攻燕，公元前226年，燕王喜联合赵代王嘉抵抗秦军，战败后，率公室卫军逃辽东。

　　公元前222年，秦王政派王贲率军进攻辽东，虏燕王喜，燕国灭亡。秦在燕旧地设渔阳郡、右北平郡、辽西郡及辽东郡等。

　　本策从"苏秦将为从"篇开始，至"燕太子丹质于秦"篇结束，共3卷，34篇。

一　苏秦将为从

　　苏秦将为从，北说燕文侯曰："燕东有朝鲜、辽东①，北有林胡、楼烦②，西有云中、九原③，南有呼沱、易水④。地方二千余里，带甲数十万，车七百乘，骑六千匹，粟支十年。南有碣石、雁门⑤之饶，北有枣粟之利，民虽不田作，枣粟之实足食于民矣，此所谓天府也。

"夫安乐无事，不见覆军杀将之忧，无过燕矣。大王知其所以然乎？夫燕之所以不犯寇被兵者，以赵之为蔽于南也。秦、赵五战，秦再胜而赵三胜，秦、赵相弊，而王以全燕制其后，此燕之所以不犯难也。且夫秦之攻燕也，逾云中、九原，过代、上谷⑥，弥地踵道数千里，虽得燕城，秦计固不能守也。秦之不能害燕亦明矣。

译文

苏秦打算推行合纵策略，到北方去游说燕文侯说："燕国东有朝鲜和辽东，北有林胡和楼烦，西有云中和九原，南又有呼沱河和易水。土地方圆两千多里，士兵有几十万，战车有七百辆，战马有六千四，粮食能食用十年。南边有碣石和雁门的丰饶物产，北边有枣和粟的有利收成，老百姓即使不耕种田地，只靠枣和粟也够食用了。这就是所谓的天府之国啊。

"百姓安居乐业，没有战事，见不到军队破败、将军死亡的危险，这种情况没有哪个国家比得上燕国。大王知道为什么会这样吗？燕国之所以不遭受战争，是因为有赵国在它的南面作屏障。秦国和赵国发生了五次战争，秦国两胜而赵三胜，秦、赵两国互相削弱，而大王却保全燕国，从而控制住它们大后方，这就是燕国不受侵犯的原因。况且秦国攻打燕国，要越过云中和九原，经过代郡和上谷，长途跋涉几千里，即使能够攻下燕国的城池，也根本没有办法占领它。秦国不能侵犯燕国的道理是很明显的。

"今赵之攻燕也，发兴号令，不至十日，而数十万之众军于东垣①矣。度呼沱，涉易水，不至四五日，距国都矣。故曰，秦之攻燕也，战于千里之外；赵之攻燕也，战于百里之内。夫不忧百里之患，而重千里之外，计无过于此者。是故愿大王与赵从亲，天下为一，则国必无患矣。"

燕王曰："寡人国小，西迫强赵，南近齐，齐、赵强国也，今主君幸教诏之，合从以安燕，敬以国从。"于是赍苏秦车马金帛以至赵。

注释

①东垣：地名，赵国都邑，地处今河北石家庄东北。

译文

"如果赵国现在攻打燕国，只要一声令下，不出十天，数十万军队就能进驻到东垣一带。再渡过呼沱河和易水，不到四五天就可以到达燕国的都城了。因此说，秦攻打燕，是在千里之外开战；而赵攻打燕，是在百里之内开战。不担心百里之内的祸患而看重千里以外的战事，策略上的失误是非常严重的。因此我希望大王您能和赵国合纵相亲，天下诸侯联合一体，那么燕国就一定没有忧患了。"

燕王说："我的国家很小，西面临近强大的赵国，南面又接近齐国，如今有幸得到您的教导，用合纵的策略来安定燕国，我恭敬地把国家托付给您。"于是便为苏秦提供车马和金帛，资助他去赵国。

二　奉阳君李兑甚不取于苏秦

奉阳君李兑甚不取于苏秦。苏秦在燕，为苏秦谓奉阳君曰："齐、燕离则赵重，齐、燕合则赵轻，今君之齐，非赵之利也。臣窃为君不取也。"

奉阳君曰："何吾合燕于齐？"对曰："夫制燕者苏子也，而燕弱国也，东不如齐，西不如赵，岂能东无齐、西无赵哉？而君甚不善苏秦，苏秦能抱弱燕而孤于天下哉？是驱燕而使合于齐也。且燕亡国之余也，其以权立以重外，以事贵。故为君计，善苏秦则取之，不善亦取之，以疑燕、齐。燕、齐疑，则赵重矣。齐王疑苏秦，则君多资。"奉阳君曰："善。"乃使使与苏秦结交。

译文

奉阳君李兑与苏秦的关系很不融洽。苏秦回到燕国时，有人因此替他对奉阳君说："齐、燕两国分裂，赵国就显得重要，齐、燕两国联合，赵国就无足轻重，现在您要到齐国去，让燕国同齐国联合，这对赵国是不利的，我私下认为您的做法不可取。"

奉阳君说："您为什么说我要让燕国同齐国联合呢？"那个人说："在燕国控制政事的是苏秦，然而燕国是一个弱国，东面不如齐国强大，西面比不上赵国强大，怎么可以东面失去齐国、西面又失去赵国呢？而您又对苏秦不友好，苏秦怎能守着一个弱小的燕国处在孤立的地位呢？这是您逼着燕国与齐国联合啊。再说燕国在国家被攻破之后重新复国，在外依靠赵国得到稳定，在内因燕国发生变故而显贵。所以我替您考虑，我认为苏秦好就应该结交他，认为苏秦不好也应该结交他，以此使燕、齐两国产生猜疑。燕、齐两国互相猜疑，那么赵国就显得重要了。齐王如果怀疑苏秦，那么您就会得到更多的资助。"奉阳君说："好。"于是就派使者去与苏秦结交。

三 权之难

权之难①，燕再战不胜，赵弗救。郭任谓昭王②曰："不如以地请合于齐，赵必救我。若不吾救，不得不事。"昭王曰："善。"令郭任以地请讲于齐。赵闻之，遂出兵救燕。

注释

①权之难：指齐、燕之间的一次战役。
②郭任：人名，燕国臣子。昭王：指燕昭王。

译文

权地之战，燕国军队两次出战都没有取胜，赵国没有出兵援助。郭任对燕昭王说："您不如割让土地向齐国求和，赵国一定会来援救我们。赵国如果不来援救我们，我们就只好侍奉齐国。"燕昭王说："好。"于是燕王就派郭任割让土地向齐国求和。赵国听说后，就发兵援救燕国。

四 燕王哙时

燕王哙时，秦惠王以其女为燕太子妇。王哙卒，昭王立。齐宣王因燕丧攻之，取十城。

武安君苏秦为燕说齐王，再拜而贺，因仰而吊。齐王按戈而却曰："此一何庆吊相随之速也？"对曰："人之饥所以不食乌喙①者，以为虽偷充腹，而与死同患也。今燕虽弱小，强秦之少婿也。王利其十城，而深与强秦为仇。今使弱燕为雁行，而强秦制其后，以招天下之精兵，此食乌喙之类也。"

注释

①乌喙：中药附子的别称。

译文

燕王哙时，秦惠王把他的女儿嫁给燕国的太子。燕王哙去世后，昭王继位。齐宣王趁着燕国大丧进攻燕国，夺取了燕国的十座城池。

武安君苏秦为燕国去游说齐宣王。苏秦见了宣王，先拜了两拜表示祝贺，接着就仰起头来表示悼念。齐王手按铁戈问道："你为什么庆贺之后就马上表示悼念呢？"苏秦答道："人饿的时候，之所以不吃乌喙，是认为即使能填满肚子，但是会带来死亡的忧患。现在燕国虽然比较弱小，但是和强大的秦国也是翁婿之邦。大王贪图十个城邑的便宜，而加深了与秦国的仇怨。现在如果让弱小的燕国做先锋，而强大的秦国做其后盾，用天下的精兵进攻齐国，这与吃乌喙来充饥是一回事。"

齐王曰："然则奈何？"对曰："圣人之制事也，转祸而为福，因败而为功。故桓公负妇人而名益尊①，韩献开罪而交愈固②，此皆转祸而为福，因败而为功者也。王能听臣，莫如归燕之十城，卑辞以谢秦。秦知王以己之故归燕城也，秦必德王。燕无故而得十城，燕亦德王。是弃强仇而立厚交也。且夫燕、秦之俱事齐，则大王号令天下皆从。是王以虚辞附秦，而以十城取天下也，此霸王之业矣。所谓转祸为福，因败成功者也。"

齐王大说，乃归燕城，以金千斤谢其后，顿首涂中，愿为兄弟而请罪于秦。

注释

①桓公负妇人而名益尊：指春秋之时，齐桓公休了自己的妃子蔡姬，接着又入侵蔡国，讨伐楚国，因此他对不起蔡姬。妇人，指蔡姬。名益尊：指齐桓公伐楚之后成为霸主。

②韩献开罪而交愈固：指春秋之时晋国臣子韩献子处罚了晋国大臣赵盾的下属，赵盾没有怪罪他，反而和他的交情日益坚固。

译文

齐宣王说："既然事已至此，那该如何办呢？"苏秦回答说："圣人做事情，能够转祸为福，将失败转化为成功。因此尽管齐桓公虽有负于蔡姬，但自己的名声却更加尊贵；韩献子虽因杀人获罪，但自己与赵盾的关系却更加稳固，这些都是转祸为福、转败为胜的例子。大王如果听从我的意见，不如归还燕国的十座城池，并用谦恭的言辞向秦国道歉。秦王如果知道大王是因为他的缘故而归还了燕国的十座城邑，一定会感激大王。燕国平白无故收回城邑，也会感激大王。这样一来大王就避开了强敌，反而和他们建立了深厚的友谊。再说燕、秦两国如果都来讨好齐国，那么大王发号施令，天下诸侯都会听从。大王只用话语表示亲近秦国，又以十座城邑取得天下的支持，这可是霸主的事业啊。这也就是所谓转祸为福、因败建功的好办法。"

齐宣王听了以后很高兴，就把燕国的十座城池归还，随后又送千金给秦国表示歉意，并在半路上叩头，希望与秦国结为兄弟之邦，请罪于秦国。

五　人有恶苏秦于燕王者

人有恶苏秦于燕王者曰："武安君，天下不信人也。王以万乘下之，尊之于廷，示天下与小人群也。"

武安君从齐来，而燕王不馆也。谓燕王曰："臣东周之鄙人也，见足下身无咫尺之功，而足下迎臣于郊，显臣于廷。今臣为足下使，利得十城，功存危燕，足下不听臣者，人必有言臣不信，伤臣于王者。臣之不信，是足下之福也。使臣信如尾生，廉如伯夷，孝如曾参，三者天下之高行，而以事足下可乎？"燕王曰："可。"曰："有此，臣亦不事足下矣。"

译文

有人对燕王毁谤苏秦说："苏秦是天下最不讲信义的人。大王以万乘之尊，屈尊谦恭地对待他，在朝廷上推崇他，这是向天下人表明您和小人为伍啊。"

苏秦从齐国归来，燕王竟不给他住的地方。苏秦对燕王说："我本是东周的一个平庸之辈，当初见大王时，没有半点儿功劳，但大王您亲自到郊外去迎接我，使我在朝廷上地位显赫。现在我替您出使齐国，取得了十座城邑的利益，挽救了危亡中的燕国，可是您却不信任我了，一定是有人说我不守信义，在大王面前中伤我。说实话，我不守信义，那是大王的福气。假使我像尾生那样讲信用，像伯夷那样廉洁，像曾参那样孝顺，具有这三种天下公认的高尚操行，来为大王效命可以吗？"燕王说："可以。"苏秦说："如果我真的具备了这三种品德的话，我也就不会来侍奉您了。"

苏秦曰："且夫孝如曾参，义不离亲一夕宿于外，足下安得使之之齐？廉如伯夷，不取素餐①，污武王之义而不臣，焉辞孤竹②之君，饿而死于首阳之山③。廉如此者，何肯步行千里，而事弱燕之危主乎？信如尾生，期而不来，抱梁柱而死。信至如此，何肯扬燕、秦之威于齐而取大功哉？且夫信行者，所以自为也，非所以为人也，皆自覆④之术，非进取之道也。且夫三王代兴，五霸迭盛，皆不自覆也。君以自覆为可乎？则齐不益于营丘⑤，足下不逾楚境，不窥于边城之外。且臣有老母于周，离老母而事足下，去自覆之术，而谋进取之道，臣之趣固不与足下合者。足下者自覆之君也，仆者进取之臣也，所谓以忠信得罪于君者也。"

注释

①素餐：无功而食。

②孤竹：古国名，地处今河北卢龙南。

③首阳之山：即首阳山，地处今河南偃师西北。

④自覆：自负，自满。

⑤营丘：即临淄，齐国早期的都城，地处今山东临淄东北。

译文

苏秦接着又说："况且像曾参一样孝顺的人，就不能离开父母在外面歇宿一夜，您又怎么能让他到齐国去呢？像伯夷那样廉洁，不吃白食，认为周武王不义，不做他的臣子，又拒不接受孤竹国的君位，饿死在首阳山上。廉洁到这种程度的人，又怎么肯步行千里为弱小燕国的垂危君主服务呢？如果我有尾生的信用，和女子约会在桥下，时间到了，那女子没来，直到水淹上身也不离开，最终抱着桥柱被淹死。讲信义到这种地步，怎么肯到齐国去宣扬燕、秦的威力，并取得巨大的功绩呢？再说讲信义道德的人，都是用来自我完善，不是用来帮助别人的，这都是满足现状的办法，而不是谋求进取的途径。再说，三王交替兴起，五霸相继强盛，他们都不满足现状。您认为满足现状是可行的吗？那么齐国就不会进兵营丘，您也不能越过楚国边境，不可能窥探边城之外了。况且我在东周还有老母，我离开老母来事奉您，抛开故步自封的做法，谋求进取的策略，看来我的目标，本来就和您不相同。大王您是满足现状的君主，而我是谋求进取的臣子，这就是所谓的因忠信而得罪于君主的人啊。"

燕王曰："夫忠信又何罪之有也？"对曰："足下不知也。臣邻家有远为吏者，其妻私人。其夫且归，其私之者忧之。其妻曰：'公勿忧也，吾已为药酒以待之矣。'后二日，夫至，妻使妾奉卮酒进之。妾知其药酒也，进之则杀主父，言之则逐主母，乃阳僵弃酒。主父大怒而笞之。故妾一僵而弃酒，上以活主父，下以存主母也。忠至如此，然不免于笞，此以忠信得罪者也。臣之事，适不幸而有类妾之弃酒也。且臣之事足下，亢义益国，今乃得罪，臣恐天下后事足下者，莫敢自必也。且臣之说齐，曾不欺之也？使说齐者，莫如臣之言也，虽尧、舜之智不敢取也。"

译文

　　燕王说："忠信又有什么罪过呢？"苏秦说："大王您是不了解的。我的邻居中有个在远地方做官的人，他的妻子跟别人私通。她的丈夫就快要回来了，和他私通的人很忧虑。他的妻子对他的情夫说：'你别担心，我已经准备了毒酒等着他呢。'过了两天，丈夫到家了，妻子让侍妾捧着毒酒送给他丈夫。侍妾知道那是毒酒，如果送上去就会毒死男主人；如果说出实情女主人难免被赶走，于是她假装跌倒，泼掉了毒酒。男主人很生气，就用竹板打她。那侍妾这一倒，对上救了男主人，对下又保住了女主人。忠心到了这种地步，然而仍然免不了被打，这就是因为忠信反而背负罪名啊。现在我的处境，正好不幸和那个侍妾泼掉毒酒反而受罚一样。况且我事奉大王您，合乎信义而又使国家获益，如今竟然获罪，我担心以后天下来事奉您的人，没有谁能够自信做到这样。况且我劝说齐王，不是曾经欺骗了他吗？如果游说齐国的其他使者，没有谁像我那样进言，即使他们像尧、舜一样贤明，齐国也不会相信他们的。"

六　张仪为秦破从连横

　　张仪为秦破从连横，谓燕王曰："大王之所亲莫如赵。昔赵王①以其姊为代王妻，欲并代，约与代王逼于句注②之塞，乃令工人作为金斗③，长其尾，令之可以击人。与代王饮，而阴告厨人曰："即酒酣乐，进热歠④，即因反斗击之。'于是酒酣乐，取热歠，厨人进斟羹，因反斗而击之，代王脑涂地。其姊闻之，摩笄⑤以自刺也，故至今有摩笄之山⑥。天下莫不闻。

注释

①赵王：指赵襄子。赵称王是在武灵王时，襄子不得称赵王。

②句注：山名，地处今山西代县西北。

③金斗：铜质的酒器。

④热歠（chuò）：指羹汤。

⑤摩：通"磨"。笄（jī）：簪子。

⑥摩笄之山：山名，地处今河北张家口东南。

译文

张仪为秦国破坏合纵策略，推行连横政策，对燕王说："大王亲近的，莫过于赵国了。过去赵襄子曾把他的姐姐嫁给代君做妻子，后来他想要吞并代国，就和代君约好在句注的关塞见面，他让工匠制作一个金斗，把金斗的柄做得很长，使它可以用来袭击别人。赵襄子在和代君喝酒时，暗中告诉厨夫说：'等到酒喝得正酣畅的时候，就送上热汤，然后就找机会掉转金斗攻击代君。'当酒喝得正畅快之时，赵襄子要热汤，厨夫进来盛汤，趁机掉转金斗袭击代君，代君的脑浆流了一地。赵襄子的姐姐听说这件事后，就磨尖金簪自杀了，所以现在就有了摩笄山。天下人没有谁不知道的。

"夫赵王之狼戾无亲，大王之所明见也。且以赵王为可亲邪？赵兴兵而攻燕，再围燕都而劫大王，大王割十城乃却以谢。今赵王已入朝渑池，效河间以事秦①。大王不事秦，秦下甲云中、九原，驱赵而攻燕，则易水、长城②非王之有也。且今时赵之于秦，犹郡县也，不敢妄兴师以征伐。今大王事秦，秦王必喜，而赵不敢妄动矣。是西有强秦之援，而南无齐、赵之患，是故愿大王之熟计之也。"

燕王曰："寡人蛮夷辟处，虽大男子裁如婴儿，言不足以求正，谋不足以决事。今大客幸而教之，请奉社稷西面而事秦，献常山③之尾五城。"

注释

①赵王已入朝渑池，效河间以事秦：指公元前279年的渑池之会，但张仪死于公元前309年，且并无割河间之事。河间，地名，赵国都邑，地处今河北献县东南。

②长城：地名，指燕国南长城，地处今河北易县西南，与赵国接境。

③常山：山名，即北岳恒山，地处今河北曲阳与山西接壤处。

译文

"赵王凶狠暴戾，六亲不认，这是大王应该很清楚的。它又怎么会把赵王当作可亲近的人呢？赵国曾经派军队攻打燕国，两次围困燕国的都城，威逼大王割让十座城邑去谢罪。现在赵王已经到渑池去朝见秦王，献出河间而归顺秦国。如果大王不归顺秦国，秦就会发兵云中、九原，驱使赵国军队进攻燕国，这样一来，易水和长城，就不再为大王所有了。况且如今赵国对于秦国来说，就如同郡县一般，不敢妄自发动军队去攻打别国。如果现在大王归顺秦国，秦王一定会很高兴，赵国也就不敢轻举妄动了。这样燕国西面有强大的秦国的援助，南边没有了齐、赵两国的侵扰，所以希望大王能够慎重地考虑这件事情。"

燕王说："我身居野蛮僻远的地方，这里的人，即使成年男子的智慧也如小孩一般，讲话不能有正确的看法，智慧不足以判断事情。如今有幸得到贵客的指教，我愿意献上燕国归服秦国，并献出常山西南的五个城池。"

七　宫他为燕使魏

宫他①为燕使魏，魏不听，留之数月。客谓魏王②曰："不听燕使何也？"曰："以其乱也。"对曰："汤之伐桀，欲其乱也。故大乱者可得其地，小乱者可得其宝。今燕客之言曰：'事苟可听，虽尽宝、地犹为之也。'王何为不见？"魏王说③，因见燕客而遣之。

注释

①宫他：人名，周国人，当时在燕国任职。
②魏王：指魏襄王。
③说：通"悦"。

译文

宫他为燕国出使魏国，魏王没有答应接见他，还把他扣留了几个月。有人对魏王说："为什么没有答应接见燕国派来的使者呢？"魏王说："因为燕国发生内乱。"那人说："从前商汤讨伐夏桀的时候，希望夏桀国家混乱。因此，发生大乱的国家，别国可以得到它的土地；小乱的国家，别国可以得到它的珍宝。如今宫他说过这样的话：'我所要求的事情假如魏王能够同意，即使把全部的宝物和土地送上，我还是愿意去做的。'大王为什么不见他一面呢？"魏王听后很高兴，于是召见宫他，并且把他送回燕国。

八 苏秦北见燕昭王

苏秦北见燕昭王曰："臣东周之鄙人也，窃闻王义甚高甚顺，鄙人不敏，窃释锄耨而干大王，至于邯郸，所闻于邯郸者，又高于所闻东周。臣窃负其志，乃至燕廷，观王之群臣下吏，大王天下之明主也。"

王曰："子之所谓天下之明主者，何如者也？"对曰："臣闻之，明主者务闻其过，不欲闻其善，臣请谒王之过。夫齐者，王之仇雠也；楚、魏者，王之援国也。今王奉仇雠以伐援国，非所以利燕也。王自虑此则计过，无以谏者，非忠臣也。"

苏秦北上去见燕昭王说："我是东周郊野的一介平民，听说大王的道义很高尚、平顺，我不聪敏，就放下农具来求见大王，我到了邯郸，听到邯郸人所说的话，又比在东周所听到的更加崇高。我怀着志向，来到燕国的朝廷，见到了大王的众多臣子，知道大王是天下英明的君主。"

燕王说："您所说的英明的君主，是什么样的呢？"苏秦说："我听说，英明的君主特别喜欢听别人指出他的错误，不愿听别人说他的优点，因此，我愿意告诉大王的过失。齐国是大王的仇敌，楚、魏两国是援助大王的国家。如今大王侍奉自己的仇敌而去攻打友邦，这对燕国没有益处。大王您自己思考这件事，是错误的决策，但没有人告诉您，不是忠臣。"

王曰："寡人之于齐也，非所敢欲伐也。"曰："夫无谋人之心而令人疑之，殆；有谋人之心而令人知之，拙；谋未发而闻于外则危。今臣闻王居处不安，食饮不甘，思念报齐，身自削甲扎①，曰有大数矣，妻自组甲絣②，曰有大数矣，有之乎？"

王曰："子闻之，寡人不敢隐也。我有深怨积怒于齐，而欲报之二年矣。齐者，我雠国也，故寡人之所欲伐也。直患国弊，力不足矣。子能以燕敌齐，则寡人奉国而委之于子矣。"

对曰："凡天下之战国七，而燕处弱焉。独战则不能，有所附则无不重。南附楚则楚重，西附秦则秦重，中附韩、魏则韩、魏重。且苟所附之国重，此必使王重矣。今夫齐王③长主也，而自用也。南攻楚五年，蓄积散；西困秦三年，民憔悴，士罢弊；北与燕战④，覆三军，获二将；而又以其余兵南面而举五千乘之劲宋⑤，而包十二诸侯。此其君之欲得也，其民力竭也，安犹取哉？且臣闻之，数战则民劳，久师则兵弊。"

注释

①甲：战袍。扎：盔甲上的叶片。

②绷（bēng）：绳子。

③齐王：指齐闵王。

④北与燕战：指公元前296年，齐、燕权地之战。

⑤举五千乘之劲宋：指公元前286年，齐灭宋之事。

译文

燕王说："我对齐国，是不敢去攻打它的。"苏秦说："没有谋算别人的想法却让人心存疑虑，这不安全；有算计别人的心而让别人知道，这很笨拙；计划还未实施就让外人知道，这很危险。如今我听说大王寝不安席、食不甘味，一心想报复齐国，亲自裁剪铠甲上的甲片，说有定额；妻子亲自编制甲片上的绳子，也说有定额，有这事吗？"

燕王说："既然您都知道了，我也不敢隐瞒了。我对齐国有深仇大怨，想要报复已两年之久了。齐国是我的死对头，因此我想要讨伐它。只是担心我国凋敝，力量不够充足。您能用燕国去攻打齐国，我愿意把国家大事都委托给您。"

苏秦回答说："天下互相攻打的国家有七个，而燕国是比较弱的。单独作战则没有能量，依附别的国家就会变得很重要。向南依附楚国则楚国贵重，向西依附秦国则秦国贵重，中间依附韩、魏两国则韩、魏两国贵重。况且所依附的国家贵重的话，这会使大王您变得举足轻重了。如今，齐王是诸侯的老大，自认为很强大。向南连续攻打楚国五年，积蓄就会被消耗；向西连续三年困扰秦国，民众憔悴，士兵疲敝；在北与燕国交战，击溃了燕国军队，擒获了两名燕国将领；又率领剩下的部队向南重创了拥有五千辆战车的宋国，又囊括了十二诸侯。这都是它的君王想要实现的，但民众也因此精疲力竭，还有什么可以称道的呢？况且我听说，多次战斗则民力辛劳，长期用兵则士兵会疲敝。"

王曰："吾闻齐有清济、浊河①可以为固，有长城、巨防②足以为塞，诚有之乎？"

对曰："天时不与，虽有清济、浊河，何足以为固？民力穷弊，虽有长城、巨防，何足以为塞？且异日也，济西不役③，所以备赵也；河北④不师，所以备燕也。今济西、河北尽以役矣，封内弊矣。夫骄主必不好计，而亡国之臣贪于财。王诚能毋爱宠子、母弟以为质，宝珠玉帛以事其左右，彼且德燕而轻亡宋，则齐可亡已。"

王曰："吾终以子受命于天矣！"曰："内寇不与，外敌不可距。王自治其外，臣自报其内，此乃亡之之势也。"

注释

①清济、浊河：指济水和黄河，济水清澈、黄河浑浊。二水皆在齐国的西北境内。

②长城：齐国长城西起平阴（今山东平阴东北），东至琅邪台入海。巨防：大堤。

③济西：济水以西，地处今山东聊城、高唐一带。不役：免于征调。

④河北：地处今河北沧县、景县一带。

译文

燕王问道："我听说齐国有济水、黄河可以作为屏障，又有长城、大堤可以作为要塞，真的是这样吗？"苏秦回答说："没有天时的帮助，纵然有济水、黄河，哪里能作为屏障？民众疲敝，即使有长城、大堤，又怎么能作为要塞呢？况且从前不征调济水以西的人民服役，是因为要防备赵国；不动用黄河以北的部队，是因为要防备燕国。现在济西、河北的军队都已经动用，国内民众疲敝。骄傲的君主一定不会善于计谋，亡国之臣都是贪婪好财的。大王您真能把自己宠爱的儿子、弟弟送去做人质，再拿珍贵的珠宝财物去拉拢他左右的人，他将会感激燕国，并把灭亡宋国看得很容易，如此，齐国就可以灭亡了。"

燕王说:"我始终相信您得到了上天的命令。"苏秦说:"内乱不生,外敌不会轻易临近。大王在外面谋划对付齐国,我在齐国内部制造混乱,这是齐国即将灭亡的形势。"

九 燕王哙既立

燕王哙既立,苏秦死于齐[1]。苏秦之在燕也,与其相子之为婚,而苏代与子之交。及苏秦死,而齐宣王复用苏代[2]。

燕哙三年,与楚、三晋攻秦,不胜而还。子之相燕,贵重主断。苏代为齐使于燕,燕王问之曰:"齐宣王何如?"对曰:"必不霸。"燕王曰:"何也?"对曰:"不信其臣。"苏代欲以激燕王以厚任子之也。于是燕王大信子之。子之因遗苏代百金,听其所使。

鹿毛寿[3]谓燕王曰:"不如以国让子之。人谓尧贤者,以其让天下于许由,由必不受,有让天下之名,实不失天下。今王以国让相子之,子之必不敢受,是王与尧同行也。"燕王因举国属子之,子之大重。

注 释

①燕王哙既立,苏秦死于齐:苏秦死于公元前284年。此处所说,不合史实。下文言苏秦与燕国相国子之为婚,亦不可信。

②及苏秦死,而齐宣王复用苏代:苏秦死于齐闵王末年,此处亦不符合史实。

③鹿毛寿:人名,燕国臣子。

译 文

燕王哙即位之后,苏秦在齐国被杀。苏秦在燕国的时候,曾与燕国的相国子之结为儿女亲家，苏代与子之也很有交情。等到苏秦死后，齐宣王又重新任用了苏代。

　　燕王哙三年，燕国同楚国及韩、赵、魏三国联合进攻秦国，但失败而归。当时子之做燕国的相国，权势很大，专断国事。苏代替齐国出使燕国，燕王问苏代说："齐宣王怎么样？"苏代说："一定不能称霸。"燕王说："这是为什么呢？"苏代回答说："他不信任他的大臣。"苏代想以此激发燕王，让燕王重用子之。于是燕王果然更加信任子之。子之于是就送给苏代百金，让苏代随意使用。

　　鹿毛寿对燕王说："不如把国家让给子之。人们称尧为贤者，是因为他把天下让给许由，许由坚决不肯接受，这样一来，尧就有让位天下的美名，实际上却没有失掉天下。现在大王把国家让给子之，子之一定不敢接受，这就使大王有了同尧一样的品行了。"燕王于是就把整个国家的权力都托付给子之，子之的权势更大了。

　　或曰："禹授益而以启①人为吏，及老而以启为不足任天下，传之益也。启与支党攻益而夺之天下，是禹名传天下于益，其实令启自取之。今王言属国子之，而吏无非太子人者，是名属子之，而太子用事。"王因收印自三百石吏而效之子之。子之南面行王事，而哙老不听政，顾为臣，国事皆决子之。

　　子之三年，燕国大乱，百姓恫怨。将军市被②、太子平谋，将攻子之。储子③谓齐宣王："因而仆之，破燕必矣。"王因令人谓太子平曰："寡人闻太子之议，将废私而立公，饬君臣之义，正父子之位。寡人之国小，不足先后。虽然，则唯太子所以令之。"

注释

　　①益：人名，即伯益，禹的臣子。启：人名，禹的儿子。
　　②市被：人名，燕国将领。

③储子：人名，齐国相国。

译文

又有人对燕王说："禹传位给伯益，让启手下的人做伯益的官吏，禹老年的时候，认为启不能统治天下，就把国家的大权传给了伯益，启就和他的党羽攻打伯益而夺取了天下，这是禹名义上把天下传给伯益，而实际上是让启自己夺取天下。现在大王说把国家交给子之，而那些官吏没有不是太子的人，这是名义上把国家交给了子之，而实际上是太子在执掌政事。"燕王于是收回三百石以上俸禄的官吏的印信，并把这些印信交给子之。子之面南称王，处理国事，而燕王哙因年老不能处理政事，反而成了臣子，国家大事一概由子之决断。

子之执政三年，燕国大乱，百姓惊恐万分、怨声载道。将军市被便和太子平一同谋划，准备攻击子之。储子对齐宣王说："趁此时机进攻燕国，必能攻破燕国。"齐宣王于是派人对太子平说："我听说太子在商议大事，准备废除私利而确立公理，整顿君臣大义，端正父子之位。我的国家太小，不能为您鞍前马后。虽然如此，还是愿意听从太子的命令。"

太子因数党聚众，将军市被围公宫，攻子之，不克。百姓乃反攻太子平，将军市被死已殉，国构难数月，死者数万众，燕人恫怨，百姓离意。

孟轲①谓齐宣王曰："今伐燕，此文、武之时，不可失也。"王因令章子将五都之兵②，以因北地③之众以伐燕。士卒不战，城门不闭，燕王哙死。齐大胜燕，子之亡。二年，燕人立公子职，是为燕昭王。

注释

①孟轲：人名，字子舆，邹人，儒家学派代表人物之一，当时在齐国。

②章子：人名，即匡章，齐国将领。五都之兵：指齐国的精兵。都，指大的都邑。

③北地：指齐国的北边，临近燕国的地方。

译文

太子平于是计数党徒，聚集民众，将军市被围攻王宫，攻打子之，但没有攻下。百姓便回过头来攻打太子平，后来将军市被和太子平都战死，燕国国内的动乱持续了几个月，死去的人达几万人，民众都痛恨这场内乱，百姓人心离散。

孟轲对齐宣王说："如今攻打燕国，这正是文王、武王伐纣的时机，不可失掉。"齐王于是派章子率领齐国的精兵，依靠齐国北部的百姓进攻燕国。燕国士兵不愿作战，连城门都不关，燕王哙被杀死。齐国大胜燕国，子之也被杀死了。两年后，燕国百姓拥立公子职，这就是燕昭王。

十 初苏秦弟厉因燕质子而求见齐王

初苏秦弟厉因燕质子而求见齐王。齐王怨苏秦，欲囚厉，燕质子为谢乃已，遂委质为臣。

燕相子之与苏代婚，而欲得燕权，乃使苏代持质子于齐。齐使代报燕，燕王哙问曰："齐王其伯①也乎？"曰："不能。"曰："何也？"曰："不信其臣。"于是燕王专任子之，已而让位，燕大乱。齐伐燕②，杀王哙、子之。燕立昭王，而苏代、厉遂不敢入燕，皆终归齐，齐善待之。

注释

①伯：通"霸"。

②齐伐燕：此事发生在公元前314年。

译文

当初，苏秦的弟弟苏厉通过燕国的质子求见齐王。齐王由于怨恨苏秦，就要囚禁苏厉，燕国的人质替苏厉向齐王请罪才作罢，于是他就做了齐国的臣子。

燕国相国子之与苏代是姻亲，子之想得到燕国的大权，才让苏代去齐国侍奉燕国的质子。齐国派苏代回报燕国，燕王哙问苏代说："齐王能称霸吗？"苏代说："不能。"燕王说："为什么呢？"苏代说："他不信任自己的大臣。"因此燕王把政事全权委任给子之，不久又让出王位，之后燕国发生了大乱。齐国进攻燕国，杀死了燕王哙、子之。燕国人拥立昭王，苏代、苏厉不敢再进入燕国，最终都回到齐国，齐国友好地对待他们。

十一 苏秦过魏

苏代过魏，魏为燕执秦。齐使人谓魏王曰："齐请以宋封泾阳君，秦不受。秦非不利有齐而得宋地也，不信齐王与苏秦也。今齐、魏不和如此其甚，则齐不欺秦。秦信齐，齐、秦合，泾阳君有宋地，非魏之利也。故王不如东苏秦，秦必疑而不信苏秦矣。齐、秦不合，天下无变，伐齐之形成矣。"

译文

苏代经过魏国，魏国替燕国扣留了他。齐国派人对魏王说："齐国请求把宋地封赏给泾阳君，秦国没有接受。秦国并不认为拉拢齐国并得到宋地对自己不利，而是不信任齐王和苏秦而已。如今齐、魏两国不和达到如此程度，齐国就不会再欺骗秦国了。秦国如果相信齐国，齐、秦两国联合起来，泾阳君得到宋地，这并非对魏国有利。因此大王不如让苏秦东去齐国，秦国一定会产生怀疑而不信任苏秦了。齐、秦两国不能联合，天下不发生什么变故，那么进攻齐国的形势就形成了。"

十二　燕昭王收破燕后即位

燕昭王收破燕后即位，卑身厚币，以招贤者，欲将以报仇。故往见郭隗①先生曰："齐因孤国之乱，而袭破燕。孤极知燕小力少，不足以报。然得贤士与共国，以雪先王之耻②，孤之愿也。敢问以国报仇者奈何？"

郭隗先生对曰："帝者与师处，王者与友处，霸者与臣处，亡国与役处。诎指而事之，北面而受学，则百己者至。先趋而后息，先问而后嘿③，则什己者至。人趋己趋，则若己者至。冯④几据杖，眄视⑤指使，则厮役之人至。若恣睢⑥奋击，呴籍叱咄⑦，则徒隶之人至矣。此古服道致士之法也。王诚博选国中之贤者，而朝其门下，天下闻王朝其贤臣，天下之士必趋于燕矣。"

🌊注释

①郭隗（wěi）：燕国的贤人。

②先王之耻：指公元前316年，燕王哙把王位让给相国子之，引起内乱，齐宣王趁机攻破燕国，杀死燕王哙。

③嘿：同"默"。

④冯：同"凭"。

⑤眄（miǎn）视：斜视。

⑥恣睢（suī）：放纵、骄横的样子。

⑦呴（hǒu）籍：狂吼。叱咄（chì duō）：呵斥。

🌊译文

燕昭王收拾了残破的燕国之后登上王位，他谦恭有礼，用丰厚的聘礼来招纳贤才，想要依靠他们来报齐国破燕杀父的国仇家恨。为此他去见郭隗先生说："齐国乘我国发生内乱，攻破我们燕国。我深知燕国势单力薄，力量不足以报仇。然而如果能得到贤士与我共同谋划，以雪先王之耻，这是我的愿望。

郭隗先生回答说："成就帝业的国君以贤者为师，成就王业的国君将贤者当作朋友，成就霸业的国君以贤者为臣，亡国的国君以贤者为仆役。如果国君能够卑躬曲节地侍奉贤者，屈居下位并接受教诲，那么才能超出自己百倍的人就会到来。做事抢先而晚些休息，先去求教别人过后再默思，那么才能胜过自己十倍的人就会到来。别人怎么做，自己也跟着做，那么才能与自己相当的人就会到来。如果凭靠几案，拄着手杖，斜眼看人，盛气凌人地指挥别人，那么供人驱使跑腿的人就会到来。如果放纵骄横，行为粗暴，狂呼乱叫，呵斥骂人，那么就只有奴隶和犯人会到来了。这就是古往今来实行王道和招致人才的方法啊。大王若是真想广泛选取国内的贤者，就应该亲自登门拜访，天下的贤人听说大王的这一举动，就一定会赶到燕国来。"

昭王曰："寡人将谁朝而可？"郭隗先生曰："臣闻古之人君，有以千金求千里马者，三年不能得。涓人[1]言于君曰：'请求之。'君遣之。三月得千里马，马已死，买其首五百金，反以报君。君大怒曰：'所求者生马，安事死马而捐五百金？'涓人对曰：'死马且买之五百金，况生马乎？天下必以王为能市马，马今至矣。'于是不能期年，千里之马至者三。今王诚欲致士，先从隗始。隗且见事，况贤于隗者乎？岂远千里哉？"

于是昭王为隗筑宫而师之。乐毅自魏往，邹衍[2]自齐往，剧辛[3]自赵往，士争凑燕。燕王吊死问生，与百姓同其甘苦。二十八年，燕国殷富，士卒乐佚轻战。于是遂以乐毅为上将军[4]，与秦、三晋合谋以伐齐。齐兵败，闵王出走于外。燕兵独追北入至临淄，尽取齐宝，烧其宫室宗庙。齐城之不下者，唯独莒、即墨。

注释

①涓人：指国君身边的侍从。

②邹衍：齐国的学者。

③剧辛：赵国的贤人。

④上将军：位在诸将之上，相当于统帅。

❀译文

　　燕昭王说："我应该先拜访谁才好呢？"郭隗先生说道："我听说古时有一位国君想用千金求购千里马，可是三年也没有买到。有个近侍便对他说：'请您让我去买吧。'国君就派他去了。三个月后他终于找到了千里马，可惜马已经死了，但是他仍然用五百金买了那匹马的脑袋，回来向国君复命。国君大怒道：'我要的是活马，死马有什么用，而且白白浪费了五百金呢？'这个近侍对君主说：'买死马尚且肯花五百金，更何况活马呢？天下人一定都以为大王您喜欢买马，千里马很快就会有人送来了。'于是不到一年，三匹千里马就到手了。如果现在大王真的想要罗致人才，就请先从我开始吧。我尚且被重用，何况那些胜过我的人呢？他们难道还会嫌千里的路程太过遥远了吗？"

　　于是燕昭王为郭隗专门建造房屋，并拜他为师。消息传开后，乐毅从魏国赶来，邹衍从齐国而来，剧辛也从赵国赶来，贤才们争先恐后集聚燕国。燕昭王又在国中祭奠死者，慰问生者，和百姓同甘共苦。燕昭王二十八年的时候，燕国殷实富足、国力强盛、士兵们心情舒畅，乐于效命。于是燕昭王便以乐毅为上将军，和秦及韩、赵、魏三国联合策划攻打齐国。齐国军队大败，齐闵王逃到国外。燕军又单独追击败军，一直打到齐都临淄，掠取了那里的全部珍宝，烧毁了齐国的宫殿和宗庙。没有被攻下的齐国城邑，只剩下莒和即墨了。

十三　齐伐宋

　　齐伐宋，宋急。苏秦乃遗燕昭王书曰："夫列在万乘而寄质于齐①，名卑而权轻。奉齐助之伐宋，民劳而实费。破宋，残楚淮北，肥大齐，雠强而国弱也。此三者，皆国之大败也！而足下行之，将欲以取信于齐也。而齐未加信于足下，而忌燕也愈甚矣。然则足下之事齐也，失所为矣。

"夫民劳而实费，又无尺寸之功，破宋肥雠，而世负其祸矣。夫以宋加之淮北，强万乘之国也，而齐并之，是益一齐也。九夷②方七百里，加之以鲁、卫，此所谓强万乘之国也，而齐并之，是益二齐也。夫一齐之强而燕犹不能支也，今乃以三齐临燕，其祸必大矣。

注释

①寄质于齐：燕昭王曾派其弟襄安君到齐国做人质。
②九夷：族名，分布在淮河、泗水之间。

译文

齐国进攻宋国，宋国形势危急。苏秦送信给燕昭王说："燕国在拥有万辆兵车的国家之列，却派出人质到齐国，这使燕国名声低下，权威减轻。协助齐国进攻宋国，劳民伤财。攻破宋国，并侵占楚国的淮北，使齐国的领土扩大了，也就等于使仇敌强大了而本国弱小了。这三种结果，都是国家的大患！而您却要实施，不过是想以此取信齐国罢了。然而齐国未必会增加对您的信任，反而会更加忌恨燕国。那么您去侍奉齐国，就是失误的做法。

"劳民伤财，没有尺寸的功劳，攻破宋国却扩大了仇敌的领土，又会使后代背负齐国的祸患。您把宋国和淮北合在一起，就会知道它们的力量比万乘之国还要强大，而齐国一旦兼并它们，就如同增加了一个齐国。九夷的土地方圆七百里，再加上鲁、卫等小国，这些也是比万乘之国还要强大的地方，齐国如果吞并它们，这就如同增加了两个齐国。一个强大的齐国，燕国都不能同它抗衡，现在用三个齐国来压临燕国，那祸患一定会更大了。

"虽然，臣闻知者之举事也，转祸而为福，因败而成功者也。齐人紫，败素也，而贾①十倍。越王勾践栖于会稽，而后残吴霸天下。此皆转祸而为福、因败而为功者也。

"今王若欲转祸而为福，因败而为功乎？则莫如遥伯齐而厚尊之，使使盟于周室，尽焚天下之秦符，约曰：'大上破秦，其次长宾②之。'秦挟宾以待破，秦王必患之。秦五世以伐诸侯，今为齐下，秦王之志，苟得穷齐，不惮以一国都为功，然而王何不使布衣之人以穷齐之说说秦，谓秦王曰：'燕、赵破宋肥齐，尊齐而为之下者，燕、赵非利之也。弗利而势为之者，何也？以不信秦王也。今王何不使可以信者接收燕、赵。今泾阳君若高陵君先于燕、赵曰，秦有变，因以为质，则燕、赵信秦矣。秦为西帝，赵为中帝，燕为北帝，立为三帝而以令诸侯。韩、魏不听，则秦伐之；齐不听，则燕、赵伐之，天下孰敢不听？天下服听，因驱韩、魏以攻齐，曰，必反宋地而归楚之淮北。夫反宋地，归楚之淮北，燕、赵之所同利也。并立三帝，燕、赵之所同愿也。夫实得所利，名得所愿，则燕、赵之弃齐也，犹释弊躧③。今王之不收燕、赵，则齐伯必成矣。诸侯戴齐，而王独弗从也，是国伐也；诸侯戴齐而王从之，是名卑也。王不收燕、赵，名卑而国危；王收燕、赵，名尊而国安。夫去尊安而就卑危，知者不为也。'

注释

①贾：同"价"。

②宾：通"摈"。

③躧（xǐ）：鞋，草鞋。

译文

"虽然是这样，但是我听说智者做事，能够转祸为福、转败为胜。齐国人喜欢紫色，破旧的白色生绢染上紫色，价格就会上涨十倍。当初越王勾践困守在会稽山上，但后来却灭了吴国而称霸天下。这都是转祸为福、转败为胜的范例。

"如今大王您也想转祸为福、转败为胜吗？那么不如让齐国在远方称霸并极力推崇它，各派出使者在周室结盟，烧尽天下的秦符，相约说：'上等计策是击破秦国，其次是长久排斥秦国。'秦国受到排斥等着被攻破，秦王必然会担心忧虑。秦国五代君主以来一直攻打诸侯，如今屈居于齐国之下，秦王的志向，倘若能让齐国走投无路，不惜损失一座都邑也要取得成功，既然这样，大王为什么不派一个平民百姓，用能使齐国陷入困境的道理去游说秦国，对秦王说：'燕、赵两国攻破宋国扩大齐国领土并尊重齐国，甘愿屈居齐国之下，这对燕、赵两国并没有好处。但得不到好处而势必去做这样的事，这是为什么呢？是因为不相信秦王。现在大王何不派可以让燕、赵两国信赖的人去联合燕、赵两国。让泾阳君或高陵君先去燕、赵两国，说秦国如有变故，就让他们做人质，那么燕、赵两国就会相信秦国了。秦王做西帝、赵王做中帝、燕王做北帝，并立三帝而号令诸侯。韩、魏两国如果不听命，秦国就攻打它们；齐国不听命，燕、赵两国就攻打它，天下还有谁敢不听命？天下人服从听命，再驱使韩、魏两国去进攻齐国，对齐国说，必须归还宋国土地及楚国的淮北。归还宋国土地，归还楚国淮北，这对燕、赵两国都有利。并立三帝，是燕、赵两国共同的愿望。这样一来，实际上获得利益，名义上满足愿望，燕、赵两国将会像扔掉破草鞋一样把齐国抛弃。如今大王如果不联合燕、赵两国，那么齐王称霸就一定能成功。诸侯们拥戴齐王而大王却不从命，这就会使秦国遭到攻伐；诸侯们拥戴齐王，大王也跟从他们，这就使大王名声卑下。大王如果不联合燕、赵两国，就会使名声卑下且国家出现危险；大王联合燕、赵两国，就会使名声尊贵而国家安宁。抛弃名声的尊贵和国家的安宁，去追求名声的卑下和国家的危险，聪明人可不会这样做。'

"秦王闻若说也，必如刺心，然则王何不务使知士以若此言说秦？秦伐齐必矣。夫取秦，上交也；伐齐，正利也。尊上交，务正利，圣王之事也。"

燕昭王善其书，曰："先人尝有德苏氏，子之之乱而苏氏去燕。燕欲报仇于齐，非苏氏莫可。”乃召苏氏，复善待之，与谋伐齐，竟破齐，闵王出走。

译文

"秦王听了如此说法，一定会心痛如刺，那么大王您为什么不赶快派一位有才能的人用这样的说法去游说秦国呢？秦国必然会进攻齐国。与秦国的联合，是上等的邦交；进攻齐国，是真正的利益。尊重上等的邦交，追求真正的利益，这是圣王从事的事业。"

燕昭王认为苏秦的信写得很好，说："先王曾经对苏家有恩，但由于子之之乱，苏家兄弟才离开燕国。燕国要向齐国报仇，非有苏家辅助不可。"于是召来苏秦，再次善待他，同苏秦谋划进攻齐国，终于攻破了齐国，齐闵王被迫出逃。

十四　苏秦谓燕昭王

苏秦谓燕昭王曰："今有人于此，孝如曾参、孝己，信如尾生高，廉如鲍焦、史鰌①，兼此三行以事王，奚如？"王曰："如是足矣。"对曰："足下以为足，则臣不事足下矣。臣且处无为之事，归耕乎周之上地，耕而食之，织而衣之。"

王曰："何故也？"对曰："孝如曾参、孝己，则不过养其亲耳。信如尾生高，则不过不欺人耳。廉如鲍焦、史鰌，则不过不窃人之财耳。今臣为进取者也。臣以为廉不与身俱达，义不与生俱立，仁义者，自完之道也，非进取之术也。"

注释

①鲍焦：人名，周时隐士。史鰌（qiū）：人名，春秋时的卫国大夫。

译文

苏秦对燕昭王说："现在如果有这样一个人，像曾参、孝己那样孝顺，像尾生高那样守信，像鲍焦、史鳍那样廉洁，兼有这三种品行来侍奉大王，怎么样？"燕昭王说："如此就够了。"苏秦回答说："您认为这样就够了，那么我就不会侍奉您了。我就会无所作为，归耕于周朝的土地上，耕种吃饭，织布穿衣。"

燕昭王说："这是什么缘故呢？"苏秦回答说："像曾参、孝己那样孝顺，不过是奉养双亲罢了。像尾生高那样守信，不过是不欺骗别人罢了。像鲍焦、史鳍那样廉洁，也不过是不偷别人的钱财罢了。如今我是一个有进取心的人。我认为廉洁不会给自身带来显贵，信义不会同生命一起存在，仁义不过是自我完善的法则，不是追求进取的方法。"

王曰："自忧不足乎？"对曰："以自忧为足，则秦不出崤塞，齐不出营丘，楚不出疏章①。三王代位，五伯改政，皆以不自忧故也。若自忧而足，则臣亦之周负笼耳，何为烦大王之廷耶？

"昔者楚取章武②，诸侯北面而朝。秦取西戎，诸侯西面而朝。曩者③，使燕毋去周室之王，则诸侯不为别驾而朝矣。臣闻之，善为事者，先量其国之大小，而揆其兵之强弱，故功可成而名可立也。不能为事者，不先量其国之大小，不揆其兵之强弱，故功不可成而名不可立也。今王有东向伐齐之心，而愚臣知之。"

注释

① 疏章：水名。
② 章武：即疏章。
③ 曩者：之前，往昔。

　　燕昭王说："自我完善还不够吗？"苏秦回答说："如果认为自我完善就足够了，那么秦国的势力就不会超出殽山，齐国就不会从营丘出兵，楚国也不会兵出疏章河。三王更替，五霸轮换执政，都是因为不仅仅局限于自我完善的缘故。如果仅是自我完善就足够了，那么我也就回到周地的家乡去种地了，何必还来到大王的朝廷呢？

　　"从前，楚国攻取章武，诸侯们便到北面去朝拜。秦国攻破西戎，诸侯们就到西面去朝拜。当初，如果不让燕国军队从周朝的土地撤离，那么诸侯们就不会掉转车辆去朝拜燕国了。我听说，善于处理国事的人，先衡量一下自己国家的大小，再考虑一下本国兵力的强弱，因此能够功成名就。那些不善于处理政事的人，不会先衡量自己国家的大小，也不去考虑本国兵力的强弱，所以不能功成名就。现在大王有向东攻打齐国的想法，愚臣我是知道的。"

　　王曰："子何以知之？"对曰："矜戟砥剑，登丘东向而叹，是以愚臣知之。今夫乌获举千钧之重，行年八十而求扶持。故齐虽强国也，西劳于宋，南罢于楚，则齐军可败，而河间可取。"

　　燕王曰："善。吾请拜子为上卿，奉子车百乘，子以此为寡人东游于齐，何如？"对曰："足下以爱之故与，则何不与爱子与诸舅、叔父、负床之孙？不得，而乃以与无能之臣，何也？王之论臣，何如人哉？今臣之所以事足下者，忠信也。恐以忠信之故，见罪于左右。"

　　燕昭王说："您是怎么知道的？"苏秦回答说："您常常手持长戟、磨砺宝剑，登上山丘向东叹息，因此愚臣就知道了。即使如今有乌获那样的力士，能举起千钧重量，年龄到了八十岁，也需要人搀扶。因此齐国虽然是强国，由于向西进攻宋国而劳师动众，向南攻打楚国而使军队疲乏，那么齐国军队就可以被击败，齐国的河间也可以被攻取。"

　　燕昭王说："太好了。请允许我拜您为上卿，送给您马车百辆，您用这种说法替寡人到东面的齐国去游说，怎么样？"苏秦说："您是偏爱我的缘故才赏赐我，那么为什么不赏赐您的爱子及各位舅父、叔父、那些靠床而立还不会走路的孙子呢？他们得不到这些，却把这些赏赐给无能的我，这是为什么呢？大王评价我，是怎样一种人呢？现在我之所以侍奉您，是为尽忠守信。我担心因为尽忠守信的缘故，而被大王左右的亲信怪罪。"

　　王曰："安有为人臣尽其力，竭其能，而得罪者乎？"对曰："臣请为王譬。昔周之上地尝有之。其丈夫宦三年不归，其妻爱人。其所爱者曰：'子之丈夫来，则且奈何乎？'其妻曰：'勿忧也，吾已为药酒而待其来矣。'已而，其丈夫果来，于是因令其妾酌药酒而进之。其妾知之，半道而立，虑曰：'吾以此饮吾主父，则杀吾主父；以此事告吾主父，则逐吾主母。与杀吾主父、逐吾主母者，宁佯踬①而覆之。'于是因佯僵而仆之。其妻曰：'为子之远行来之，故为美酒，今妾奉而仆之。'其丈夫不知，缚其妾而笞之。故妾所以笞者，忠信也。

　　"今臣为足下使于齐，恐忠信不谕于左右也。臣闻之曰：万乘之主，不制于人臣；十乘之家，不制于众人；匹夫徒步之士，不制于妻妾，而又况于当世之贤主乎？臣请行矣，愿足下之无制于群臣也。"

注释

①踬（zhì）：跌倒。

　　燕昭王说："哪有做人臣的竭尽自己的才能，反而获罪的呢？"苏秦回答说："我请求为大王打个比方。从前周朝的上地曾经有这样一件事。做丈夫的在外做官三年不归，他的妻子与人私通。和她私通的那个人说：'你的丈夫要回来了，我们该怎么办呢？'他的妻子说：'不要担心，我已经备了毒药酒，就等他回来呢。'不久，她的丈夫果然回来了，于是她让侍妾斟上毒药酒给丈夫送去。侍妾知道这件事，走到半路站住了，心中考虑：'我如果把这毒酒给男主人喝，就会杀死男主人；如果把这件事告诉男主人，就会赶走我的女主人。与其杀死男主人或赶走女主人，我宁可假装跌倒弄翻酒杯。'于是就假装跌倒弄洒毒酒。他的妻子说：'我为您远行归来，特地准备了美酒，现在被侍妾端酒跌倒洒掉了。'她的丈夫不知实情，就绑起侍妾鞭打。侍妾被鞭打的原因，就是为了尽忠守信。

　　"如今我为您到齐国出使，担心我尽忠守信不为大王的左右大臣所理解。我听说：拥有万辆兵车的君王，不受臣子的挟制；有十辆马车的家长，不受众人的控制；一般无车可乘，徒步行走的士人，不受妻妾的限制，更何况是当代贤明的君王呢？我请求出发了，希望您不要受群臣的挟制。"

十五　燕王谓苏代

　　燕王谓苏代曰："寡人甚不喜訑[1]者言也。"苏代对曰："周地贱媒，为其两誉也。之男家曰女美，之女家曰男富。然而周之俗不自为取妻。且夫处女无媒，老且不嫁；舍媒而自衒[2]，弊而不售。顺而无败，售而不弊者，唯媒而已矣。且事非权不立，非势不成。夫使人坐受成事者，唯訑者耳。"王曰："善矣。"

[1] 訑（tuó）：欺骗。

[2] 衒（xuàn）：同"炫"。自夸，自荐。

译文

　　燕王对苏代说："我很不喜欢骗子的话。"苏代回答说："周地看不起媒人，因为媒人两头说好话。到男家说女子貌美，到女家便说男子富有。然而按周地的风俗，男子是不能自行娶妻的。而且年轻女子没有媒人说媒，到老也不能嫁出去；离开媒人自己去夸耀，磨破了嘴皮也嫁不出去。顺应风俗就不会坏事，要想出嫁又不费唇舌，只有找媒人才行。况且离开权术就不能成事，不认清形势就不能成功。让他人能够坐享成功的人，只有那些骗子罢了。"燕王说："好啊。"

卷三十 燕策二

十六 秦召燕王

秦召燕王[1]，燕王欲往。苏代约燕王曰："楚得枳而国亡[2]，齐得宋而国亡，齐、楚不得以有枳、宋事秦者，何也？是则有功者，秦之深雠也。秦取天下，非行义也，暴也。

"秦之行暴于天下，正告楚曰：'蜀地之甲，轻舟浮于汶[3]，乘夏水而下江，五日而至郢。汉中之甲，乘舟出于巴[4]，乘夏水而下汉，四日而至五渚[5]。寡人积甲宛[6]，东下随[7]，知者不及谋，勇者不及怒，寡人如射隼矣。王乃待天下之攻函谷，不亦远乎？'楚王为是之故，十七年事秦。

🐍 注 释

①燕王：指燕昭王。

②楚得枳（zhǐ）而国亡：指公元前279年，楚军攻占枳地。次年，秦国白起攻陷楚国的郢都。枳，地名，地处今四川涪（fú）陵。

③汶：同"岷"，水名，即岷江。

④巴：指巴水。

⑤五渚：湘、资、澧、沅四水，同注洞庭，北会大江，名之五渚。

⑥宛：地名，地处今河南南阳，当时为秦国都邑。

⑦随：地名，楚国都邑，地处今湖北随州。

🐍 译 文

秦国召见燕昭王，燕昭王想要前往。苏代阻止燕昭王说："楚国虽得枳地却使国家灭亡，齐国虽得宋地也使国家灭亡，齐、楚两国都不能占有枳地、宋地而去侍奉秦国，这是为什么呢？这是因为取得战功的国家，都是秦国的死对头。秦国夺取天下，不是依靠推行仁义，而是依靠实施强暴。

"秦国在天下实施强暴，正式警告楚国说：'蜀地的军队，在岷江上驾快船沿水而行，凭借夏天盛涨的江水进入长江，五天就可到达郢都。驻扎在汉中的军队，乘船沿巴水出发，依靠夏天盛涨的江水进入汉水，四天就能到达五渚。我在宛地集结军队，向东进军随地，聪明的人来不及谋划，勇敢的人来不及发怒，我就像射鹰隼一样迅速取得胜利。大王却还要等待天下诸侯攻打函谷关，这和实际情况不是相差得太远了吗？'楚王因为这个缘故，十七年来一直侍奉秦国。

"秦正告韩曰：'我起乎少曲①，一日而继太行。我起乎宜阳而触平阳②，二日而莫不尽繇③。我离两周而触郑，五日而国举。'韩氏以为然，故事秦。

"秦正告魏曰："我举安邑，塞女戟④，韩氏太行卷。我下枳⑤，道南阳、封、冀⑥，包两周，乘夏水，浮轻舟，强弩在前，铦⑦戈在后，决荥口⑧，魏无大梁；决白马之口⑨，魏无济阳⑩；决宿胥⑪之口，魏无虚、顿丘⑫。陆攻则击河内，水攻则灭大梁。'魏氏以为然，故事秦。

注释

①少曲：地名，韩国都邑，地处今河南沁阳西北。

②平阳：地名，韩国都邑，地处今山西临汾西南。

③繇：通"摇"，动摇。

④女戟：地名，魏国都邑，地处今太行山之西。

⑤枳：地名，一作"轵"，魏国都邑，地处今河南济源南。

⑥南阳：地名，魏国都邑，地处今河南修武。封：地名，魏国都邑，地处今山西风陵渡。冀：地名，魏国都邑，地处今山西稷山。

⑦铦（xiān）：锐利的。

⑧荥口：地名，地处今河南郑州西北。

⑨白马之口：津渡名，地处今河南滑县东北。

⑩济阳：地名，魏国都邑，地处今河南兰考东北。

⑪宿胥：水名，地处今河南浚县西南。

⑫虚：地名，魏国都邑，地处今河南延津东南。顿丘：地名，魏国都邑，地处今河南清丰西。

译文

秦王也正式警告韩国说：'我从少曲起兵，一天之内就可以阻断太行的通道。我从宜阳起兵直达平阳，两天之内就会使韩国动摇。我离开两周直逼郑地，五天就可以攻占整个韩国。'韩国认为是这样，因此就侍奉秦国。

"秦王又正式警告魏国说：'我攻下安邑，阻塞女戟要道，再断韩国太行的交通。我从积地进发，取道南阳、封地、冀地，包围两周，并趁着夏天盛涨的大水，乘着快船，强劲的弓弩在前面开道，锋利的长戈在后面随行，掘开荥口，魏国就将失去大梁了；决开白马河口，魏国就没有了济阳；决开宿胥渡口，魏国就会丧失虚、顿丘两地。在陆地上进攻，可以攻破河内，在水路进攻，就可以灭掉大梁。'魏国认为是这样，因此就去侍奉秦国。

"秦欲攻安邑，恐齐救之，则以宋委于齐，曰：'宋王①无道，为木人以写寡人，射其面。寡人地绝兵远，不能攻也。王苟能破宋有之，寡人如自得之。'已得安邑，塞女戟，因以破宋为齐罪。

"秦欲攻齐，恐天下救之，则以齐委于天下曰：'齐王②四与寡人约，四欺寡人，必率天下以攻寡人者三。有齐无秦，无齐有秦，必伐之，必亡之。'已得宜阳、少曲，致蔺、石③，因以破齐为天下罪。

"秦欲攻魏，重楚，则以南阳委于楚曰：'寡人固与韩且绝矣，残均陵④，塞鼌隘⑤，苟利于楚，寡人如自有之。'魏弃与国而合于秦，因以塞鼌隘为楚罪。

注释

①宋王：指宋王偃。

②齐王：指齐闵王。

③蔺、石：地名，为赵国之地，非韩国之地。

④均陵：地名，地处今湖北均县。

⑤黾（méng）隘：要塞名，地处今河南信阳西南平靖关。

译文

"秦国想攻打安邑，又害怕齐国来救援，就把宋国抛给了齐国说：'宋王无道，制作一个木头人，画上我的模样，用箭射木人的脸。我的国土与宋国隔绝，军队远离，不能进攻宋国。大王如果能攻破宋国并占有它，那就如同我自己得到了宋国一样。'秦国占领安邑后，便堵塞女戟要道，就反过来把攻破宋国作为齐国的罪过。

"秦王要攻打韩国，又害怕天下诸侯援救韩国，就把齐国丢给天下诸侯说：'齐王四次与我订约，四次欺骗了寡人，坚持率领六国攻打我就有三次。因此有齐国就没有秦国，没有齐国才能有秦国，一定要进攻它，一定要消灭它。'在秦国得到宜阳、少曲，夺取蔺、石两地之后，就反过来把攻破齐国作为是天下诸侯的罪过。

"秦王想攻打魏国，又害怕楚国救援，就把南阳抛给楚国说：'我本来要同韩国绝交了，所以攻下了均陵，封锁黾塞，假如能对楚国有利，就如同我自己得到好处一样。'魏国抛弃盟国转与秦国联合，于是秦国又把封锁黾塞作为楚国的罪过。

"兵困于林中^①，重燕、赵，以胶东^②委于燕，以济西委于赵。已得讲于魏，至公子延^③，因犀首属行而攻赵。兵伤于离石，遇败于马陵，而重魏，则以叶、蔡委于魏。已得讲于赵，则劫魏不为割。困则使太后、穰侯为和，赢则兼欺舅与母。

"适燕者曰：'以胶东。'适赵者曰：'以济西。'适魏者曰：'以叶、蔡。'适楚者曰：'以塞黾隘。'适齐者曰：'以宋。'此必令其言如循环，用兵如刺绣，母不能制，舅不能约。

注释

①林中：地名，魏国都邑，地处今河南新郑东。

②胶东：地区名，地处今山东胶河以东。

③公子延：人名，秦国公子。

译文

"秦国军队在林中被围困，秦王才想到尊重燕、赵两国，便把胶东交给燕国，把济西交给赵国。同魏国讲和以后，秦国就把公子延送去做人质，用魏将公孙衍连续不断地发兵攻赵。秦国军队在离石受挫，在马陵遭到失败，就更加尊重魏国，把叶、蔡两地交给魏国。同赵国讲和以后，便开始威迫魏国，但魏国没有给它割让土地，可见秦王在秦国陷入困境时就派太后、穰侯去讲和，在秦国打胜时就欺骗舅父和母亲。

"秦以占领胶东的事谴责燕国，以占领济西的事谴责赵国，以占领叶、蔡两地的事谴责魏国，以阻断黾塞的事谴责楚国，以占领宋地的事谴责齐国。这样一来，定会使秦王的话反复循环，无休无止，它发动战争就像绣花一样轻松，母亲管不住他，舅父也约束不了他。

"龙贾之战①，岸门之战②，封陵之战③，高商之战④，赵庄之战⑤，秦之所杀三晋之民数百万。在今其生者，皆死秦之孤也。西河之外、上雒之地、三川，晋国之祸，三晋之半。秦祸如此其大，而燕、赵之秦者，皆以争事秦说其主，此臣之所大患。"

燕昭王不行，苏代复重于燕。燕反约诸侯从亲，如苏秦时，或从或不，而天下由此宗苏氏之从约。代、厉皆以寿死，名显诸侯。

①龙贾之战：指公元前330年，秦军在雕阴打败魏军，擒魏国将领龙贾。

②岸门之战：指公元前314年，秦军在岸门击败韩军。岸门，地名，韩国都邑，地处今河南许昌北。

③封陵之战：指公元前303年，秦军攻下魏国的封陵。封陵，地名，地处今山西风陵渡东。

④高商之战：事迹不详。

⑤赵庄之战：指公元前313年，秦军攻下赵国的蔺邑，俘虏赵国将领赵庄。

译文

"龙贾之战，岸门之战，封陵之战，高商之战，赵庄之战，秦国所杀的三晋百姓有数百万。如今活着的人，都是死在秦国手里的三晋百姓的遗孤。西河以外、上雒之地、三川、晋地所受的战祸，三晋的百姓就死了一半。秦国带来的祸患如此之大，而燕、赵两国亲近秦国的人，都争着侍奉秦国来取悦自己的君王，这正是我最忧患的事。"

于是燕昭王没有到秦国去，苏代在燕国重新得到重用。燕国就约定诸侯合纵，像苏秦在的时候一样，有的同意合纵，有的不同意，但是天下诸侯从此推崇苏氏兄弟的合纵之约。苏代、苏厉都享尽天年而终，在诸侯中名声显赫。

十七　苏秦说奉阳君合燕于赵以伐齐

苏秦说奉阳君合燕于赵以伐齐，奉阳君不听。乃入齐恶赵，令齐绝于赵。齐已绝于赵，因之燕，谓昭王曰："韩为①谓臣曰：'人告奉阳曰：使齐不信赵者，苏子也；今齐王召蜀子②使不伐宋者，苏子也；与齐王谋，道取秦以谋赵者，苏子也；令齐守赵之质子以甲者，又苏子也。请告子以情。齐果以守赵之质子以甲，吾必守子以甲。'其言恶矣。

"虽然,王勿患也。臣故知入齐之有赵累也,由为之以成所欲。臣死而齐大恶于赵,臣犹生也。今齐、赵绝,可大纷已。特臣非张孟谈③也,使臣也如张孟谈也,齐、赵必有为智伯者矣。"

注释

①韩为:人名,亦作韩徐为,赵国臣子。

②蜀子:人名,齐国将领。

③张孟谈:人名,为赵襄子得谋臣,帮助赵襄子扭转局势,在晋阳城下击败智伯。

译文

苏秦游说奉阳君李兑联合燕、赵两国进攻齐国,但奉阳君没有听从。苏秦就进入齐国去中伤赵国,让齐国与赵国绝交。齐国同赵国绝交后,苏秦就派人到燕国,对燕昭王说:"韩徐为对我说:'有人告诉奉阳君说:让齐国不信任赵国的,是苏秦;让齐王召回蜀子叫他不要进攻宋国的,还是苏秦;同齐王谋划,联合秦国共同图谋赵国的,也是苏秦;让齐国用武装监视赵国质子的,又是苏秦。请让我告诉您实情。齐国如果真的武装看守赵国的人质,我一定用武装监视您。'这话可真不吉利。

"尽管如此,大王也不必为我担忧。我本来就知道进入齐国要受赵国的伤害,我出使促成此事就是为了实现您的愿望。即使我死了,齐国就会十分憎恨赵国,我就虽死犹生。如今齐、赵两国绝交,就可以使齐国大乱。只是我不是足智多谋的张孟谈,如果让我像张孟谈一样行事,齐、赵两国一定有一个要像智伯那样灭亡。"

十八 奉阳君告朱讙与赵足

"奉阳君告朱讙与赵足①曰:'齐王使公玉丹命说②曰,必不反③韩珉,今召之矣。必不任苏子以事,今封而相之。必不合燕,

今以燕为上交。吾所恃者，顺④也，今其言变，有甚于其父。顺始与苏子为仇，见之如厉，今贤之两之，已矣，吾无齐矣！'

"奉阳君之怒甚矣。知齐王之不信赵，而小人奉阳君也，因是而倍之。不以今时大纷之，解而复合，则后不可奈何也。故齐、赵之合苟可纷也，死不足为臣患，逃不足为臣耻，为诸侯不足以臣荣，被发自漆为厉不足以臣辱。然而臣有患也，臣死而齐、赵不纷，恶交纷于臣也，而复相交，是臣之患也。若臣死而必相攻也，臣必勉之而求死焉。尧、舜之贤而死，禹、汤之知而死，孟贲之勇而死，乌获之力而死，生之物固有不死者乎？在必然之物以成所欲，王何疑焉？

注释

①朱讙（huān）与赵足：人名，均为赵国臣子。

②公玉丹：齐国臣子。说：应作"兑"，为奉阳君李兑自称。

③反：同"返"。

④顺：人名,亦称顺子，齐国公子，当时在赵国做人质。

译文

"奉阳君李兑告诉朱讙和赵足说：'齐王让公玉丹传命我，坚决不准韩珉返回齐国，如今却召他来。坚决不委派给苏秦政事，如今却封赏了他，任命他为相国。坚决不同燕国联合，如今却同燕国有紧密的邦交。我所依靠的人是顺子，现在他的话比他父亲的变化还大，顺子开始的时候同苏秦为仇，见到苏秦就像见到生癞疮的人，可是现在竟认为苏秦贤能，与苏秦和平共处，完了，我失去齐国的支持了！'

"奉阳君非常恼怒。知道如果齐王不信任赵国，奉阳君是个小人，就会因此而背叛齐国。不趁现在大乱的时机离散齐、赵两国，它们的矛盾解开后重新联合起来，那么以后对它们就无可奈何了。所以齐、赵两国的联合如果能拆散，即使身死，我也不会认为是祸患，逃亡隐居，我也不认为是我的羞耻，即使做诸侯，我也不会引以为荣，即使披散头发漆黑脸面满身长癞，我也不会以此为耻辱。然而我仍有担心的事，我死去，而齐、赵两国不产生矛盾，它们邦交没有因为我而恶化，它们又重新交好，这是我所忧虑的。如果我死去它们会互相攻伐，我一定勉力自己去舍生求死。即使像尧舜那样贤能都死去了，禹、汤那样智慧都死去了，孟贲那样勇猛都死去了，乌获那样有力也死去了，活着的万物难道有不死的吗？死是必然的事情，我用死来完成您的志向，大王还有什么疑虑的吗？

　　"臣以为不若逃而去之。臣以韩、魏纷齐，而为之取秦，深结赵以劲之，如是则近于相攻。臣虽为之，累燕。奉阳君告朱谨曰：'苏子怒于燕王之以吾故弗予相，又不予卿也，殆无燕矣。'其疑至于此，故臣虽为之，不累燕，又不辱王。伊尹再逃汤而之桀，再逃桀而之汤，果与鸣条之战①，而以汤为天子。伍子胥逃楚而之吴，果与柏举之战②，而报其父之雠。今臣逃而纷齐、赵，殆可著于春秋。

　　"且举大事者孰不逃？桓公之难，管仲逃于鲁；阳虎之难，孔子逃于卫③；张仪逃于楚④；白圭逃于秦⑤；望诸相中山也使赵，赵劫之求地，望诸⑥攻关而出逃；外孙之难，薛公释载逃出于关⑦，三晋称以为士。故举大事，逃不足以为辱矣。"卒绝齐于赵，赵合于燕以攻齐，败之。

注释

　　①鸣条之战：伊尹助汤伐桀，双方在，鸣条（今河南封丘）决战，击败桀军。

　　②柏举之战：指公元前506年，吴国与楚国在柏举大战，楚军大败，吴军进一步攻占楚国郢都。柏举，地处今湖北麻城东北。

　　③阳虎之难，孔子逃于卫：指公元前502年，阳虎欲杀鲁国当权的"三桓"

（孟孙氏、叔孙氏、季孙氏），不成逃奔到齐国。公元前497年，孔子欲缩小三桓的规模，与三桓发生矛盾，于是离开鲁国到卫国。二者无必然的联系。

④张仪逃于楚：指张仪因欺骗楚怀王，楚怀王准备杀他，后通过楚国宠臣靳向和宠姬郑袖为他求情，才得脱身。

⑤白圭逃于秦：白圭先出仕魏国，后出仕秦国，因事出逃。

⑥望诸：人名。

⑦薛公释载逃出于关：指公元前299年，田文入秦为相。次年，秦昭王将其囚禁起来，准备杀掉，他通过秦昭王宠姬求情，才得放出，并连夜逃出函谷关。

译文

"我认为，不如逃离燕国。我率韩、魏两国来反对齐国并助其联合秦国，结交赵国来加强韩、魏，这样，就差不多形成了韩、赵、魏三国与齐国互相攻击的局面。我虽然这样安排了，又担心牵累燕国。奉阳君对朱谨说：'苏秦因为燕王用我而生气，若不任苏秦为相，又不任苏秦为卿，则差不多要失去燕国了。'奉阳君如此疑心，所以我这样安排，是为了不牵累燕国，又不玷辱大王。伊尹多次逃离成汤，投奔夏桀，又多次逃离夏桀，而投奔成汤，最后与夏桀战于鸣条之野，而拥立成汤为天子。伍子胥逃离楚国，投奔吴国，最后帮助吴王阖庐与楚昭王战于柏举，攻入楚都，为其父报了仇。现在我逃离燕国，打乱齐、赵两国的邦交，大概将载入史册。

"况且进行伟大事业的人，哪一个没有逃跑过？齐桓公遭难之时，管仲逃到鲁国；阳虎遭难之时，孔子逃到卫国；张仪逃到楚国；白珪逃出秦国；望诸君任中山相时，出使赵国，赵国挟持他，要求割地，望诸君便突破关卡逃出；外孙之难时，薛公抛下车子，逃出关卡，韩、赵、魏三国称他为有才能的人。所以，凡是开创大事业的人，逃亡不能被认为是耻辱。"苏秦终于使齐、赵两国绝交，赵国和燕国联合进攻齐国，大败齐国。

十九　苏秦为燕说齐

苏秦为燕说齐，未见齐王①，先说淳于髡②曰："人有卖骏马者，比三旦立市，人莫之知。往见伯乐曰：'臣有骏马，欲卖之，比三旦立于市，人莫与言，愿子还而视之，去而顾之，臣请献一朝之贾。'伯乐乃还而视之，去而顾之，一旦而马价十倍。今臣欲以骏马见于王，莫为臣先后者，足下有意为臣伯乐乎？臣请献白璧一双，黄金十镒，以为马食。"淳于髡曰："谨闻命矣。"入言之王而见之，齐王大说③苏子。

注释

①齐王：指齐闵王。

②淳于髡：人名，齐国稷下学士，以博学著称，滑稽善辩，曾多次劝谏齐王。

③说：通"悦"。

译文

苏秦为燕国去游说齐王，没有见齐王之前，他先对淳于髡说道："有一个卖骏马的人，接连三天早晨守候在集市里，也无人知道他的马是一匹骏马。卖马人于是去见伯乐说：'我有一匹骏马，想要卖掉它，可是我接连三天早晨站在集市里，也没有哪个人来问价格，希望先生您能绕着我的马看一番，离开时回头再瞅一眼，这样我愿意给您一天的收入。'伯乐于是就绕着他的马看了一番，离开时回头再瞅一眼，结果一个早上马的身价涨了十倍。现在我想以千里马自荐给齐王，可是没有替我介绍，先生愿意做我的伯乐吗？请让我送给您白璧一双，黄金十镒，以此作为您的酬劳吧。"淳于髡说："愿意听从您的吩咐。"于是淳于髡进宫向齐王引荐了苏秦，齐王接见了苏秦，而且非常喜欢他。

二十　苏秦自齐使人谓燕昭王

苏代自齐使人谓燕昭王曰："臣闻离齐、赵，齐、赵已孤矣，王何不出兵以攻齐？臣请王弱之。"燕乃伐齐攻晋①。

令人谓闵王曰："燕之攻齐也，欲以复振古地也。燕兵在晋而不进，则是兵弱而计疑也。王何不令苏子将而应燕乎？夫以苏子之贤，将而应弱燕，燕破必矣。燕破则赵不敢不听，是王破燕而服赵也。"闵王曰："善。"乃谓苏子曰："燕兵在晋，今寡人发兵应之，愿子为寡人为之将。"对曰："臣之于兵，何足以当之，王其改举。王使臣也，是败王之兵而以臣遗燕也。战不胜，不可振也。"王曰："行，寡人知子矣。"

注释

①晋：齐国都邑，今地不详。

译文

苏秦从齐国派人对燕昭王说："我离间齐国、赵国，如今齐、赵两国都已经孤立了。大王为什么还不出兵进攻齐国呢？请让我替大王削弱齐国。"燕国于是讨伐齐国的晋地。

苏秦让人对齐闵王说："燕国进攻齐国，只是想收复以往的失地。燕军在晋地停滞不前，这是由于兵力弱小而犹疑不决。大王为什么不派苏秦率兵去抗击燕军呢？凭苏秦的才能，率兵抗击弱小的燕军，一定能攻破燕军。燕军被攻破，那么赵国就不敢不听命，这样一来，大王既攻破了燕国，又制服了赵国。"齐闵王说："好。"就对苏秦说："燕军驻扎在晋地，现在寡人发兵抗击它，希望您替寡人做军队的大将。"苏秦回答说："我对指挥军队的事不了解，哪里能够抗击燕军，大王还是改任别人吧。大王派我为将，这会使大王的军队遭到失败，也会把我交给燕国，打不赢，就不能挽救败局了。"齐王说："您去吧，我了解您。"

苏子遂将而与燕人战于晋下，齐军败，燕得甲首二万人。苏子收其余兵以守阳城①，而报于闵王曰："王过举，令臣应燕。今军败亡二万人，臣有斧质之罪，请自归于吏以戮。"闵王曰："此寡人之过也，子无以为罪。"

明日，又使燕攻阳城及狸②。又使人谓闵王曰："日者，齐不胜于晋下，此非兵之过，齐不幸而燕有天幸也。今燕又攻阳城及狸，是以天幸自为功也。王复使苏子应之，苏子先败王之兵，其后必务以胜报王矣。"王曰："善。"乃复使苏子，苏子固辞，王不听。遂将以与燕战于阳城，燕人大胜，得首三万。齐君臣不亲，百姓离心，燕因使乐毅大起兵伐齐，破之。

注 释

①阳城：地名，齐国都邑，地处今河北清宛西南。
②狸：地名，齐国都邑，地处今河北任丘东北。

译 文

苏秦于是率领齐军同燕军在晋城之下交战，齐军大败，燕军砍下两万齐军士兵的头颅。苏秦收拢齐国的残兵退守阳城，向齐闵王报告说："大王过分相信我，派我来抗击燕军。如今军队伤亡两万人，我有杀头之罪，请让我自己回去到执法的官吏那里领受斩刑。"齐闵王说："这是我的过错，您没什么可以怪罪的。"

第二天，苏秦又暗中让燕国攻打阳城和狸邑。又派人对齐闵王说："前几天，齐国军队在晋城之下没能取胜，这不是军队的过错，主要是齐军不走运而燕军得到了上天的保佑。现在燕军又攻打阳城和狸邑，这是把上天的保佑当作自己的功劳。大王可以再派苏秦抗击燕军，苏秦先前打了败仗，失败之后他一定会竭力用胜利来报答大王。"齐闵王说："好。"于是再次任用苏秦，苏秦坚决推辞，但齐闵王不同意。苏秦就率兵在阳城同燕军作战，燕军大获全胜，斩下敌人首级三万。齐国君臣之间互不亲信，百姓又离心离德，燕国于是派乐毅大举兴兵进攻齐国，攻破了齐国。

二十一　苏秦自齐献书于燕王

苏秦自齐献书于燕王曰："臣之行也，固知必将有口事，故献御书而行曰：'臣贵于齐，燕大夫将不信臣；臣贱，将轻臣；臣用，将多望于臣；齐有不善，将归罪于臣；天下不攻齐，将曰善为齐谋；天下攻齐，将与齐兼弃臣。臣之所处者，重卵也。'

"王谓臣曰：'吾必不听众口与谗言，吾信汝也，犹龁[1]也。上可以得用于齐，次可以得信，下苟无死，女无不为也。以孥[2]自信可也。与之言曰去燕之齐，可；甚者，与谋燕，可。期于成事而已。'臣受令以任齐交五年，齐数出兵，未尝谋燕。齐、赵之交，一美一恶，一合一离，燕不与齐谋赵，则与赵谋齐。齐之信燕也，至于虚北地行其兵。今王信田伐与参、去疾[3]之言，且攻齐，使齐大戒而不信燕。今王又使庆[4]令臣曰：'吾欲用所善。'王苟欲用之，则臣请为王事之。王欲醳臣剸[5]任所善，则臣请归醳事。臣苟得时见，则盈愿矣。"

注释

①龁（hé）：咬。

②孥：指妻子和儿女。

③田伐与参、去疾：均为人名，皆为燕国臣子。

④庆：人名，即盛庆，燕国臣子。

⑤醳（shì）：古同"释"。剸（zhuān）：古同"专"。

译文

苏秦从齐国上书燕昭王说："我这次到齐国，就知道有人定会在燕国进我的谗言，所以临行之前给您呈上书信说：'如果我在齐国得到显贵的地位，燕国士大夫就将不会信任我；如果我的地位卑贱，他们就会看不起我；如果我受到重用，他们将会对我提出很多要求；齐国如果与燕国关系不好，他们将会归罪于我；若是天下诸侯不进攻齐国，他们又将会指责我一心为齐国打算；若是天下诸侯进攻齐国，他们将会和齐国一起抛弃我。我的处境就如累卵一样，非常危险。'

"大王对我说：'我定不会听信众人的谗言，我会毫不动摇地信任您。最理想的情况是在齐国能够得到重用，其次是能获得齐王的信任；最不理想的境况，只要死不了，您怎么办都行。您把妻子儿女接到齐国，使齐王相信您，是可以的。您和齐王说，您是怎么到燕国的，可以；甚至您和齐王商量如何讨伐燕国，也是可以的。总之，目的是要把我们的事情办成功。自从我受命出使齐国已有五年了，其间，齐国多次发兵，但未曾图谋过燕国。齐赵两国的邦交，时好时坏，时分时合，燕国不是联合齐国图谋赵国，就和赵国一起图谋齐国。然而齐国依旧信任燕国，以至齐国北部边境不设防线，并把那里的军队调到其他地方。如今大王听信田伐、参和去疾的话，准备进攻齐国，而使齐国大为戒备而不信任燕国。如今，大王又派盛庆命令我说：'我要任用我信任的人在齐国工作。'假使大王真想任用那样的人，那么请让我为大王去辅助他。如果大王真要罢免我而专任所谓合意的人，那么请让我回国并解除职务。假如我能够见到大王，也就心满意足了。"

二十二　陈翠合齐、燕

陈翠①合齐、燕，将令燕王之弟②为质于齐，燕王许诺。太后闻之大怒曰："陈公不能为人之国，亦则已矣，焉有离人子母者？老妇欲得志焉！"

陈翠欲见太后，王曰："太后方怒子，子其待之。"陈翠曰："无害也。"遂入见太后曰："何臞③也？"太后曰："赖得先王雁鹜之余食，不宜臞。臞者，忧公子之且为质于齐也。"

①陈翠：人名，燕国臣子。

②燕王之弟：指燕昭王之弟襄安君。

③臞（qú）：消瘦。

译文

陈翠想联合齐、燕两国，准备让燕王的弟弟襄安君到齐国去做人质，燕昭王答应了。燕太后听说后大怒说："陈翠不能帮燕国就罢了，怎么能让人母子分离呢？老妇一定要报复他！"

陈翠想要拜见太后，燕昭王说："太后正生您的气，您还是等一等吧。"陈翠说："没关系的。"于是入宫拜见太后说："太后怎么消瘦了？"太后说："仰仗先王吃剩的雁鹜，本来不应该消瘦，消瘦的原因，只是忧虑公子将要到齐国做人质。"

陈翠曰："人主之爱子也，不如布衣之甚也。非徒不爱子也，又不爱丈夫子独甚。"太后曰："何也？"对曰："太后嫁女诸侯，奉以千金，赏地百里，以为人之终也。今王愿封公子，百官持职，群臣效忠，曰：'公子无功不当封。'今王之以公子为质也，且以为公子功而封之也。太后弗听，臣是以知人主之不爱丈夫，子独甚也。且太后与王幸而在，故公子贵；太后千秋之后，王弃国家而太子即位，公子贱于布衣。故非及太后与王封公子，则公子终身不封矣。"

太后曰："老妇不知长者之计。"乃命公子束车制衣为行具。

译文

陈翠说："人主爱自己的子女，不如平民百姓爱得厉害。不但不爱自己的子女，而且又特别不爱儿子。"太后问："为什么这么说呢？"陈翠回答说："太后把女儿嫁给诸侯时，陪嫁她千金，又给她百里土地，为她的终身着想。如今大王愿意封赏公子，然而百官坚守职分，群臣效忠，都说：'公子没有功劳不应该封赏。'如今大王让公子去齐国做人质，正是准备让公子立功而封赏他。可太后不听，我以此知道人主特别不爱自己的儿子。况且如今太后和大王还在世，因此公子才能地位显贵；一旦太后千秋之后，大王撇下国家辞世，太子即位，那时公子将会比平民还卑贱。所以不趁太后和大王在的时候封赏公子，那么公子将终身不能受封了。"

太后说："老妇不知道先生您有这样的打算。"于是太后让人给公子准备车辆、制作衣服以及出发的用具。

二十三　燕昭王且与天下伐齐

燕昭王且与天下伐齐，而有齐人仕于燕者，昭王召而谓之曰："寡人且与天下伐齐，旦暮出令矣，子必争^①之，争之而不听，子因去而之齐。寡人有时复合，且以因子而事齐。"当此之时也，燕、齐不两立，然而常独欲有复收之之志若此也。

注释

①争：通"诤"，规劝。

译文

燕昭王将要同天下诸侯一起讨伐齐国，有一个在燕国做官的齐国人，燕昭王便把他召来，对他说："寡人准备和天下诸侯一起进攻齐国，下达进攻的命令只是早晚的事。到时候您一定会规劝我，无论怎样劝阻我也不会听从，您就会趁此离开燕国去齐国。如果寡人以后要同齐国重新和好，我希望通过您与齐国谈判。"此时燕、齐两国势不两立，然而燕昭王却一直有重新与齐国讲和的想法。

二十四 燕饥，赵将伐之

　　燕饥，赵将伐之。楚使将军之燕，过魏，见赵恢。赵恢曰："使除患无至，易于救患。伍子胥、宫之奇不用，烛之武①、张孟谈受大赏。是故谋者皆从事于除患之道，而无使除患无至者。今与以百金送公也，不如以言。公听吾言而说赵王曰：'昔者吴伐齐，为其饥也，伐齐未必胜也，而弱越乘弊以霸。今王之伐燕也，亦为其饥也，伐之未必胜，而强秦将以兵承王之西，是使弱赵居强吴之处，而使强秦处弱越之所以霸也。愿王之熟计之也。'"

　　使者乃以说赵王，赵王大悦，乃止。燕昭王闻之，乃封之以地。

注释

　　①烛之武：人名，春秋时郑国人。当秦、晋两国围攻郑国时，他说服秦国撤兵。

译文

　　燕国发生饥荒，赵国准备乘机攻打它。楚国派一名将军到燕国去，途经魏国时，见到了赵恢。赵恢便对楚将说："预防灾祸并不让它发生，这比灾祸发生后再去解救要容易得多。伍子胥和宫之奇的劝谏都不被君王采用，而烛之武和张孟谈的谋略却受到君王的赏识。所以谋臣们都想方设法防患于未然，消除灾祸使它不会发生。现在我与其送您百金，不如送您几句话。您如果能听我的，就去劝说赵王说：'过去吴国讨伐齐国，是因为齐国正在闹饥荒，可是没有等到伐齐取得成功，弱小的越国就趁吴国疲惫之机打败了吴国而称霸。现在大王要攻打燕国，也是因为它在闹饥荒，我看讨伐燕国未必能获胜，而且强大的秦国可能会在西部出兵乘机进攻赵国，这是让弱赵处在当年强吴的地位，而让现在的强秦国处于当年弱越之所以称霸的地位啊。希望大王认真考虑。'"

楚国的将军于是就用赵恢的这番话去规劝赵王，赵王听后非常高兴，就打消了攻打燕国的念头。燕昭王听说这件事后，就把土地封赏给赵恢。

二十五　昌国君乐毅为燕昭王合五国之兵而攻齐

昌国君乐毅为燕昭王合五国之兵而攻齐，下七十余城，尽郡县之以属燕，三城未下而燕昭王死。惠王即位，用齐人反间，疑乐毅，而使骑劫代之将。乐毅奔赵，赵封以为望诸君。齐田单欺诈骑劫，卒败燕军，复收七十城以复齐。燕王悔，惧赵用乐毅乘燕之弊以伐燕。

燕王乃使人让乐毅，且谢之曰："先王举国而委将军，将军为燕破齐，报先王之雠，天下莫不振动。寡人岂敢一日而忘将军之功哉！会先王弃群臣，寡人新即位，左右误寡人。寡人之使骑劫代将军者，为将军久暴露于外，故召将军且休计事。将军过听，以与寡人有卻，遂捐燕而归赵。将军自为计则可矣，而亦何以报先王之所以遇将军之意乎？"

译文

昌国君乐毅为燕昭王率五国军队攻打齐国，攻下了七十多座城邑，并把这些地方全部作为郡县编入燕国，只剩三座城没有攻下，燕昭王就死了。燕惠王即位，相信了齐人使用的反间计，怀疑乐毅，惠王就派骑劫代替乐毅统领军队。于是乐毅逃往赵国，赵王封他为望诸君。后来，齐国大将田单设计对付骑劫，最终打败了燕军，收复了七十多座城邑，恢复了齐国。燕惠王后来深感后悔，又害怕赵国任用乐毅趁燕国疲惫时来攻打燕国。

于是燕惠王派人责备乐毅，并向乐毅表示歉意说："先王把整个燕国托付给将军，将军不负重托，为燕国攻破了齐国，替先王报了仇，天下人无不为之震动。我每天都不敢忘记将军的功劳！现在，适逢先王不幸离开人世，我又刚刚即位，被左右侍臣蒙蔽了。我之所以让骑劫代替将军，是因为将军长期在外奔波辛劳，于是召请将军回来，暂且休整一下，以便共议国家大事。然而，将军您误解了我，认为和我有了隔阂，就丢下燕国归附了赵国。如果将军为自己这样打算还可以，可您又拿什么来报答先王对您的知遇之恩呢？"

望诸君乃使人献书报燕王曰："臣不佞，不能奉承先王之教，以顺左右之心，恐抵斧质之罪，以伤先王之明，而又害于足下之义，故遁逃奔赵。自以负不肖之罪，故不敢为辞说。今王使使者数之罪，臣恐侍御者之不察先王之所以畜幸臣之理，而又不白于臣之所以事先王之心，故敢以书对。

"臣闻贤圣之君，不以禄私其亲，功多者授之；不以官随其爱，能当者处之。故察能而授官者，成功之君也；论行而结交者，立名之士也。臣以所学者观之，先王之举错①有高世之心，故假节②于魏王，而以身得察于燕。先王过举，擢之乎宾客之中，而立之乎群臣之上，不谋于父兄，而使臣为亚卿③。臣自以为奉令承教，可以幸无罪矣，故受命而不辞。

注释

① 错：通"措"。
② 节：指使者所持的凭证。
③ 亚卿：指很高的爵位。

译文

于是乐毅派人送去书信，回复燕惠王说："我庸碌无能，不能遵行先王的教诲，来顺从左右人的心思，又担心遭受杀身之祸，这样既损伤了先王用人的英明，又使大王蒙受加害大臣的不义名声，所以我才逃到赵国。我自认为背着不忠的罪名，所以也不敢为此辩解。如今大王派使者来列举我的罪过，我担心大王您身边的人不能明察先王任用而爱护我的原因，并且也不明白我事奉先王的心情，所以才斗胆写封信来回答您。

"我听说贤明的君主，不把爵禄随意送给自己亲近的人，而是赐给功劳大的人；不把官职随便授给自己喜爱的人，而是让有能力的人担任。因此，考察才能再授以相应的官职，这才是能够建功立业的君主；能够衡量一个人的德行再结交朋友，这才是能够显身扬名的人。我用所学的知识观察，先王的举措，超越当代世间的人，所以我借着为魏王出使的机会，才能亲自到燕国接受考察。先王过高地抬举我，在宾客之中把我选拔出来，让我的官职在群臣之上，不与宗室大臣商量，就任命我为亚卿。我自以为接受先王的命令和教导，可以有幸不受处罚，所以就接受了任命而没有推辞。

"先王命之曰：'我有积怨深怒于齐，不量轻弱，而欲以齐为事。'臣对曰："夫齐，霸国之余教也，而骤胜之遗事也，闲①于兵甲，习于战攻。王若欲攻之，则必举天下而图之。举天下而图之，莫径于结赵矣。且又淮北宋地，楚、魏之所同愿也。赵若许，约楚、魏、宋尽力，四国攻之，齐可大破也。'先王曰：'善。'臣乃口受令，具符节，南使臣于赵。顾反命，起兵随而攻齐。以天之道，先王之灵，河北之地，随先王举而有之于济上。济上之军奉令击齐，大胜之。轻卒锐兵，长驱至国。齐王逃遁走莒②，仅以身免。珠玉财宝，车甲珍器，尽收入燕。大吕陈于元英③，故鼎反于历室④，齐器设于宁台⑤。蓟丘⑥之植，植于汶篁。自五伯以来，功未有及先王者也。先王以为惬其志，以臣为不顿命，故裂地而封之，使之得比乎小国诸侯。臣不佞，自以为奉令承教，可以幸无罪矣，故受命而弗辞。

注释

①闲：通"娴"，娴熟。

②齐王：指齐闵王。莒：地名，地处今山东莒县。

③大吕：齐国钟名。元英：燕国宫室。

④历室：燕国宫室。

⑤宁台：燕台。

⑥蓟丘：指燕国都城蓟城的标志性地方，地处今北京白云观西。

译文

　　"先王命令我说：'我和齐国有深仇大恨，顾不得国力弱小，也想要向齐国报仇。'我回答说：'齐国有先代称霸的传统，并且留下来几次大胜的功业。精于用兵，熟习攻守。大王若想攻打齐国，就一定要联合天下的诸侯共同对付它。要联合天下诸侯来对付齐国，首先要和赵国结交。再说，淮北是宋国的故地，是楚国和魏国想要得到的。赵国如果答应与燕国结盟，再联合楚、魏、宋三国国共同出动兵力，四国联合攻齐，就一定可以大败齐国。'先王说：'好。'于是我就接受口头的授命，准备好符节，出使到南边的赵国。待我回国复命以后，各国随即起兵攻齐。靠着上天的保佑和先王的英明，河北之地全数被先王占有。我们驻守在济水边上的军队，奉命进击齐军，大获全胜。我们以轻便精锐的部队又长驱直入齐都。齐闵王仓皇逃到莒地，才得以免于一死。齐国的珠玉财宝、车马铠甲和珍贵器物，全部收入燕国的府库。齐国制定乐律的大钟被陈放在元英殿，燕国的大鼎又回到了历室宫，齐国的各种宝器摆设在宁台上。燕都蓟丘的植物如今移种在汶水。从春秋五霸以来，没有一个人的功业能赶得上先王。先王认为满足了心愿，也认为我没有辜负使命，因此划分一块土地封赏我，使我的地位能够与小国的诸侯相提并论。我没有才能，但自认为奉守了先王的命令和教诲，可以避免罪过，所以接受了封赏而没有推辞。

　　"臣闻贤明之君，功立而不废，故著于春秋；蚤知之士，名成而不毁，故称于后世。若先王之报怨雪耻，夷万乘之强国，收八百岁之畜积，及至弃群臣之日，余令诏后嗣之遗义，执政任事之臣，所以能循法令，顺庶孽者，施及萌隶，皆可以教于后世。

"臣闻善作者，不必善成；善始者，不必善终。昔者伍子胥说听乎阖闾，故吴王远迹至于郢。夫差弗是也，赐之鸱夷①而浮之江。故吴王夫差不悟先论之可以立功，故沉子胥而不悔；子胥不蚤见主之不同量，故入江而不改。夫免身全功以明先王之迹者，臣之上计也；离毁辱之非堕先王之名者，臣之所大恐也。临不测之罪，以幸为利者，义之所不敢出也。

　　"臣闻古之君子，交绝不出恶声；忠臣之去也，不洁其名。臣虽不佞，数奉教于君子矣。恐侍御者之亲左右之说，而不察疏远之行也。故敢以书报，唯君之留意焉。"

注释

　　①鸱（chī）夷：革囊。

译文

　　"我听说贤明的君王，功业建立后就不会半途而废，因而能名垂青史；有先见之明的人，获得名誉后就不会毁弃，因而能为后人所称颂。像先王那样报仇雪恨，征服了拥有万辆车的强国，收取它们八百年的积蓄，等到离开人世，先王的影响持续存在，执政管事的大臣，凭着先王的旨义并按照法令，理顺庶孽的关系，施恩于平民百姓，这些都可以成为后世的典范。

　　"我听说，善于开创的不一定善于完成，有好的开端未必有好的结局。从前，伍子胥的计谋被吴王阖闾采用，所以吴王的足迹能远到楚国郢都。相反，吴王夫差对伍子胥的意见不采纳，赐死伍子胥后，装在皮口袋里，投入江中。可见吴王夫差不明白伍子胥的主张对吴国建立功业的重要性，所以把伍子胥沉入江中也不后悔；伍子胥不能及早预见两个君主的度量不同，所以不能改变沉入江中的命运。能免遭杀戮，保全功名，以此彰明先王的业绩，这是我的上策；自身遭受诋毁侮辱，因而毁坏先王的名声，这是我最恐惧的事情。面对不可预测的后果，还企图别国从中求取私利，从道义上讲，这是我所不敢做的。

"我听说，古代的君子在交情断绝时，也不说对方的坏话；忠臣离开本国时，也不为自己的名节辩白。我虽不才，也曾多次接受有德之人的教诲。我担心大王听信左右的话，而不了解我这个被疏远在赵国的人的行为，所以才斗胆以书信回复，希望大王能够留意。"

二十六　或献书燕王

或献书燕王[①]："王而不能自恃，不恶卑名以事强，事强可以令国安长久，万世之计。以事强而不可以为万世，则不如合弱，将奈何合弱而不能如一，此臣之所为山东苦也。

"比目之鱼，不相得则不能行，故古之人称之，以其合两而如一也。今山东合弱而不能如一，是山东之知不如鱼也。又譬如车士之引车也，三人不能行，索二人，五人而车因行矣。今山东三国弱而不能敌秦，索二国，因能胜秦矣。然而山东不知相索者，智固不如车士矣。胡与越人，言语不相知，志意不相通，同舟而凌波，至其相救助如一也。今山东之相与也，如同舟而济，秦之兵至，不能相救助如一，智又不如胡、越之人矣。三物者，人之所能为也，山东之主遂不悟，此臣之所为山东苦也。愿大王之熟虑之也。

注释

①燕王：指燕昭王。

译文

有人向燕王送上书信说："大王如果不能依靠自己的力量保存国家，不如不在乎名声的卑贱去侍奉强国，假如侍奉强国可以使国家长久安定，也是泽被万世之策。认为侍奉强国不能奠定万世基业，那就不如联合弱国，只是无法把弱国联合起来，使它们团结一致，这是我为山东各国感到忧虑的。

"比目鱼，不相互配合就不能游动，古人所以这样称呼它，是因为它能合二如一。如今山东弱国联合却不能步调一致，这就看出山东六国人的才智还赶不上比目鱼。又譬如车夫驾车，三个人各行其事，车就不能走，如果再增加两人，这样就是有五人驾车，车就会前进的。现在山东任意三个国家都不能对抗秦国，但再联合两个国家，就能战胜秦国了。然而山东各国却不知道互相联合，可见才智还不如车夫。胡人和越国人，言语不能相通，想法也不能沟通，但却能一同乘船航行在波涛之上，也会互相帮助像一个人一样。如今山东各国互相联合，正像同舟共济一样，秦兵一旦到来，不能互相救助像一个整体，才智又不如胡人、越国人了。以上三件事，是常人所能做到的，可是山东各国的国君却不能领悟，这是我为山东各国感到忧虑的。希望大王仔细想一想这件事。

　　"山东相合，之主者不卑名，之国者可长存。之卒者出士以戍韩、梁之西边，此燕之上计也。不急为此，国必危矣，主必大忧。今韩、梁、赵三国以合矣，秦见三晋之坚也，必南伐楚。赵见秦之伐楚也，必北攻燕。物固有势异而患同者。秦久伐韩，故中山亡；今久伐楚，燕必亡。臣窃为王计，不如以兵南合三晋，约戍韩、梁之西边。山东不能坚为此，此必皆亡。"燕果以兵南合三晋也。

译文

　　"山东各国互相联合，它们的国君就不会使名声卑贱，国家也可以长存直到永远。派兵戍守韩、魏两国的西部边境，这是燕国的上策。如果不赶快这样做，国家一定很危险，国君一定会有大患。现在韩、赵、魏三国已经联合了，秦国看到三国如此坚定如一，必定会向南进攻楚国。赵国看到秦国进攻楚国，一定会向北进攻燕国。事情本来就有形势不同而祸患相同的情况。秦国长期进攻韩国，因此中出国灭亡了；如今秦国如果长时间进攻楚国，燕国一定会灭亡。我私下为大王考虑，不如把军队同南面的韩、赵、魏三国的军队联合，订约戍守韩、魏两国的西部边境。山东各国如不能坚定不移地这样做，这些国家一定都会全部灭亡。"燕国果然把军队同南面的韩、赵、魏三国军队联合在一起。

二十七　客谓燕王

客谓燕王曰："齐南破楚，西屈秦，用韩、魏之兵，燕、赵之众，犹鞭箠①也。使齐北面伐燕，即虽五燕不能当。王何不阴出使，散游士，顿齐兵，弊其众，使世世无患。"燕王曰："假寡人五年，寡人得其志矣。"苏子②曰："请假王十年。"燕王说③，奉苏子车五十乘，南使于齐。

注释

①箠：同"策"。

②苏子：指苏秦。

③说：同"悦"。

译文

苏秦对燕王说："齐国向南攻破楚国，向西制服了秦国，驱使韩、魏两国的军队，燕、赵两国的兵众，就如同用鞭子赶马一样容易。假如齐国到北面进攻燕国，即使有五个燕国也不能抵挡。大王为何不暗中派遣使者，差遣游说之士去各国，使齐兵陷入困境，让它的百姓疲惫不堪，这样就可以使燕国世代无患了。"燕王说："给寡人五年时间，我就能实现自己的愿望。"苏秦说："我愿意给大王十年时间。"燕王十分高兴，便送给苏秦五十辆车，让他到南面出使齐国。

谓齐王①曰："齐南破楚，西屈秦，用韩、魏之兵，燕、赵之众，犹鞭箠也。臣闻当世之举王，必诛暴正乱，举无道，攻不义。

今宋王②射天笞地，铸诸侯之象，使侍屏匽③，展其臂，弹其鼻，此天下之无道不义，而王不伐，王名终不成。且夫宋，中国膏腴之地，邻民之所处也。与其得百里于燕，不如得十里于宋。伐之，名则义，实则利，王何为弗为？"

齐王曰："善。"遂与兵伐宋，三覆宋，宋遂举。燕王闻之，绝交于齐，率天下之兵以伐齐，大战一，小战再，顿齐国，成其名。故曰：因其强而强之，乃可折也；因其广而广之，乃可缺也。

注释

①齐王：指齐闵王。

②宋王：指宋王偃。

③屏匽：指厕所。

译文

苏秦对齐王说："齐国向南攻破楚国，向西制服了秦国，驱使韩、魏两国军队，燕、赵两国兵众，如同用鞭子赶马一样容易。我听说当代杰出的君王，一定要诛杀残暴的诸侯，平定混乱的天下，讨伐无道的昏君，攻打不义的国家。如今宋王箭射天神鞭打地神，铸造诸侯的雕像，让它们侍立在路旁的厕所里，又拉开它们的双臂，用石子弹它们的鼻子，这是天下昏庸无道、不讲信义的人，然而大王却不去讨伐他，大王的英名终难成就。况且宋地，是中原最肥沃的土地，齐国的边民与宋相处，与其从燕国得到百里土地，不如从宋国得到十里土地。进攻宋国，名义上是为了正义，实际上又得到好处，大王为什么不这样做呢？"

齐王说："好。"于是发兵进攻宋国，三次击败宋国军队，宋国就被齐国攻占了。燕王听说后，就同齐国断交，率领天下诸侯的军队进攻齐国，经过一次大战，两次小战，重创了齐国，成就了燕王的声名。所以说：利用它的强大去炫耀强大，就可以折服它；利用它扩张的野心来增大它的贪欲，就可以使它残破。

二十八 赵且伐燕

赵且伐燕，苏代为燕谓惠王①曰："今者臣来，过易水，蚌方出曝，而鹬②啄其肉，蚌合而拑③其喙。鹬曰：'今日不雨，明日不雨，即有死蚌。'蚌亦谓鹬曰：'今日不出，明日不出，即有死鹬。'两者不肯相舍，渔者得而并禽之。今赵且伐燕，燕、赵久相支以弊大众，臣恐强秦之为渔父也。故愿王之熟计之也。"惠王曰："善。"乃止。

注释

①惠王：指赵惠文王。

②鹬（yù）：水滨鸟类。

③拑（qián）：夹住。

译文

赵国准备攻打燕国，苏代为燕国去劝说赵惠文王说："我这次来，经过易水，看见一只河蚌正从水里出来晒太阳，一只鹬飞来啄它的肉，河蚌马上紧紧闭拢，夹住了鹬的嘴。鹬说：'今天不下雨，明天不下雨，你就变成死蚌了。'河蚌对鹬说：'今天不放你，明天不放你，你就成死鹬了。'它们俩谁也不肯放开谁，一个渔夫走过来，就把它们俩一块捉走了。现在赵国想要攻打燕国，燕、赵两国如果长期相持不下，老百姓就会疲敝不堪，我担心强大的秦国就会像那渔翁一样不劳而获。所以希望大王慎重考虑出兵之事。"赵惠文王说："好吧。"于是停止出兵攻打燕国。

二十九 齐、魏争燕

齐、魏争燕。齐谓燕王①曰："吾得赵矣。"魏亦谓燕王曰：

"吾得赵矣。"燕无以决之，而未有适予也。苏子^②谓燕相曰："臣闻辞卑而币重者，失天下者也；辞倨而币薄者，得天下者也。今魏之辞倨而币薄。"燕因合于魏，得赵，齐遂北矣。

注释

①燕王：指燕昭王。
②苏子：指苏秦。

译文

齐国和魏国争相跟燕国结盟。齐国派人对燕王说："我已经争取到赵国了。"魏国也派人对燕王说："我们已经争取到赵国了。"燕王无从决断，不知道该和哪国亲近。苏子对燕国的相国说："我听说言辞谦虚而且礼金丰厚的，是失掉天下的国家；言辞傲慢而且礼金少的，是得到天下的国家。现在魏国的言辞傲慢而且礼金少。"于是燕国就和魏国结盟，并争取到赵国，于是齐军败北。

卷三十一　燕策三

三十 齐、韩、魏共攻燕

齐、韩、魏共攻燕，燕使太子请救于楚。楚王使景阳①将而救之。暮舍，使左右司马各营壁地，已，植表②。景阳怒曰："女所营者，水皆至灭表，此焉可以舍！"乃令徙。明日大雨，山水大出，所营者，水皆灭表，军吏乃服。于是遂不救燕而攻魏雍丘③，取之以与宋。三国惧，乃罢兵。魏军其西，齐军其东，楚军欲还，不可得也。景阳乃开西和门④，昼以车骑，暮以烛炬，通使于魏。齐师怪之，以为燕、楚与魏谋之，乃引兵而去。齐兵已去，魏失其与国，无与共击楚，乃夜遁。楚师乃还。

注释

①楚王：指楚怀王。景阳：人名，楚国名将。
②植表：指在地上插木作为军营的标记。植，通"植"。
③雍丘：地名，魏国都邑，地处今河南杞县。
④西和门：军门称为和。

译文

齐、韩、魏三国一起进攻燕国，燕国派太子向楚国求援。楚王派景阳率兵救燕。傍晚宿营之时，景阳命左右二司马各自选地扎营，树立好军营标记后。景阳生气地说："你们安营的地方，洪水可以淹没军营的标记，这里怎么能扎营住宿呢！"于是命令军队转移。第二天下起了大雨，山洪咆哮而来，原来安营的地方，军营的标记全部被洪水淹没，将士们这才信服。在这种情况下楚军没有去援救燕国，而是去进攻魏国的雍丘，攻下雍丘后把它送给宋国。齐、韩、魏三国都很恐惧，于是停止进攻燕国。魏国军队在西面，齐国军队在东面，楚国军队想要回国，没能成功。景阳就打开军营的西门，白天让车马来往，晚上则用烛火照得通明，景阳还时常派使者到魏国的军营。齐国军队感到奇怪，以为燕、楚两国与魏国图谋自己，就撤兵离开了。齐国军队撤离后，魏国失去了联盟，没有人与它一起进攻楚国，于是就在夜里逃跑了。楚国军队也班师回国。

三十一　张丑为质于燕

张丑①为质于燕，燕王欲杀之，走且出境，境吏得丑。丑曰："燕王所为将杀我者，人言我有宝珠也，王欲得之。今我已亡之矣，而燕王不我信。今子致我，我且言子之夺我珠而吞之，燕王必当杀子，刳子腹及子之肠矣。夫欲得之君，不可说以利。吾要且死，子肠亦且寸绝。"境吏恐而赦之。

❧注 释

①张丑：人名，齐国臣子。

❧译 文

张丑在燕国做人质，燕王想要杀死他，张丑逃跑了，快要逃出边境时，边境上的官吏抓住了他。张丑说："燕王之所以杀我，是因为听人说我有宝珠，燕王想得到它，但是现在我已经丢了宝珠，可燕王不相信我说的话。今天您准备把我送到燕王那里，我就会说是您抢了我的宝珠并吞进了肚子，燕王一定会杀了您，剖开您的肚子和肠子。想要得到君王的赏识，不该用财物取悦于他。我如果要死，那您的肠子也会一寸寸地被截断。"边境上的官吏听后很害怕，就释放了张丑。

三十二　燕王喜使栗腹以百金为赵孝成王寿

燕王喜使栗腹①以百金为赵孝成王寿，酒三日，反报曰："赵民其壮者皆死于长平，其孤未壮，可伐也。"王乃召昌国君乐间②而问曰："何如？"对曰："赵，四达之国也，其民皆习于兵，不可与战。"王曰："吾以倍攻之，可乎？"曰："不可。"曰："以三可乎？"曰："不可。"王大怒。左右皆以为赵可伐，遽起兵六十万以攻赵，令栗腹以四十万攻鄗③，使庆秦④以二十万攻代。赵使廉颇以八万遇栗腹于鄗，使乐乘⑤以五万遇庆秦于代，燕人大败，乐间入赵。

注释

① 栗腹：人名，燕国相国。

② 乐间：人名，乐毅之子。

③ 鄗：同"镐"，地名，赵国都邑，地处今河北高邑东。

④ 庆秦：人名，燕国将领。

⑤ 乐乘：人名，乐毅的同族。

译文

燕王喜派栗腹带着百金为赵孝成王祝寿，饮酒三天之后，栗腹回报燕王说："赵国百姓中壮年的都死在长平，他们的遗孤还没有长大，可以进攻赵国。"燕王于是召见昌国君乐间，向他询问说："进攻赵国怎么样？"乐间回答说："赵国，是一个四通八达的国家，它的百姓都善于作战，不可以与它开战。"燕王问："我用两倍于赵国军队的兵力进攻它，可以吗？"乐间说："不可以。"燕王又问："我用三倍于赵国军队的兵力进攻它，可以吗？"乐间说："不可以。"燕王大怒。左右的大臣都认为可以进攻赵国，燕国很快发兵六十万攻打赵国，派栗腹率领四十万军队攻打鄗邑，派庆秦率领二十万军队攻打代地。赵国派廉颇率领八万军队在鄗邑迎击栗腹，派乐乘率领五万军队在代地迎击庆秦，结果燕军被打得大败，乐间也投奔了赵国。

燕王以书让间，且谢焉，曰："寡人不佞，不能奉顺君意，故君捐国而去，则寡人之不肖明矣。敢竭其愿，而君不肯听，故使使者陈愚意，君试论之。语曰：'仁不轻绝，智不轻怨。'君之于先王也，世之所明知也。寡人望有非则君掩盖之，不虞君之明罪之也；望有过则君教诲之，不虞君之明罪之也。

"且寡人之罪，国人莫不知，天下莫不闻，君微出明怨以弃寡人，寡人必有罪矣。虽然，恐君之未尽厚也。谚曰：'厚者不毁人以自益也，仁者不危人以要名。'以故掩人之邪者，厚人之行也；救人之过者，仁者之道也。世有掩寡人之邪、救寡人之过，非君恶所望之？

译文

燕王用书信谴责乐间并谢罪，说："寡人无才，没能顺从您的意愿，所以您弃燕国而去，我不贤明已经再清楚不过了。我希望您继续回燕国来效命，但您却不肯听从，因此派使者向您陈述一下我的心意，您再做出评价。常言道：'仁义的人不轻易断绝交情，聪明的人不轻易产生怨恨。'您同先王的关系是世人所明知的。寡人希望在我有错误时，您能帮助掩盖，不成想您却张扬我的罪过；希望在我有过失时，您能给予教导，不成想您却宣扬我的过失。

"况且寡人的罪过，国人没有不知道的，天下人没有不听说的，您又暗地里跑出燕国表明您的怨恨，抛弃寡人，寡人有罪过是一定的了。尽管如此，恐怕您也没有尽到身为臣子忠厚的本分。谚语说：'忠厚的人不靠损害别人使自己得到好处，仁义的人不靠危害别人求得好的名声。'因此掩饰别人的过失，是忠厚者的行为；挽救别人的过失，是仁者的本分。世上有能掩饰寡人的过失、挽救寡人的过错的，除了您我还能指望谁呢？

"今君厚受位于先王以成尊，轻弃寡人以快心，则掩邪救过，难得于君矣。且世有厚薄，故施异；行有得失，故患同。今使寡人任不肖之罪，而君有失厚之累，于为君择之也，无所取之。国之有封疆，犹家之有垣墙，所以合好掩恶也。室不能相和，出语邻家，未为通计也。怨恶未见而明弃之，未尽厚也。

"寡人虽不肖乎，未如殷纣之乱也；君虽不得意乎，未如商容、箕子①之累也。然则不内盖寡人，而明怨于外，恐其适足以伤于高而薄于行也，非然也？苟可以明君之义，成君之高，虽任恶名，不难受也。本欲以为明寡人之薄，而君不得厚；扬寡人之辱，而君不得荣。此一举而两失也。义者不亏人以自益，况伤人以自损乎！愿君无以寡人不肖，累往事之美。

注释

① 商容：人名，商纣的臣子。因谏纣王而不听，退而隐居。箕子：人名，商纣王的叔父，因谏纣王而不听，就假装疯狂。

译文

"您受到先王的看重得到高位，已经成就高贵的声名，却轻易地抛弃寡人以求心头之快，那么掩饰错误、挽救过失的愿望，在您这里恐怕难以满足了。再说世上有人待我不好，我反而厚待他们；别人的行为有了过失，我反而同情他们，加以任用。现在寡人背负了不贤的罪名，而您也有失忠厚的牵累，因此寡人认为您的选择，没有什么可取之处。国家有疆界，就如同家庭有院墙一样，是为了合家欢乐、掩饰丑事。家里不能彼此和睦，出去告诉邻居，这不是解决问题的办法。寡人的怨恨、憎恶还没有表现出来，您就公开弃国而去，不能算是尽了忠厚者的本分。

"寡人虽然无才，但还不至于像殷纣王那样昏聩；您虽然很不得意，也没有像商容、箕子那样的忧患。然而您竟不在国内掩饰寡人的过失，却跑到国外表明您的怨恨，恐怕您那样做有损于您的高尚，别人会瞧不起您的行为，不是这样吗？假如可以表明您的仁义，成就您高尚的品行，寡人即使承担恶名，也不难接受。本来想表明寡人的不忠厚，而您自己也得不到忠厚之名；本来想张扬寡人的耻辱，而您也得不到荣耀，这样做会一举两失。仁义的人不靠损害别人来获得好处，更何况伤害别人也会损害自己呢！希望您不要因为寡人无才，牵累到往事的美好。

"昔者柳下惠①吏于鲁，三黜而不去。或谓之曰：'可以去。'柳下惠曰：'苟与人之异，恶往而不黜乎？犹且黜乎，宁于故国尔。'柳下惠不以三黜自累，故前业不忘；不以去为心，故远近无议。今寡人之罪，国人未知，而议寡人者遍天下。语曰：'论不循心，议不累物，仁不轻绝，智不简功。'弃大功者，辍也；轻绝厚利者，怨也。辍而弃之，怨而累之，宜在远者，不望之乎君也。

"今以寡人无罪，君岂怨之乎？愿君捐怨，追惟先王，复以教寡人。意君曰，余且慝②心以成而过，不顾先王以明而恶，使寡人进不得修功，退不得改过，君之所制也，唯君图之。此寡人之愚意也，敬以书谒之。"乐间怨不用其计，卒留赵不报。

译文

"从前柳下惠在鲁国做官，三次被罢黜也不离开鲁国。有人对他说：'您可以离开鲁国。'柳下惠说：'假如自己的做法与别人不一样，那么到哪里能不被罢黜呢？既然到哪里都是被罢黜，我宁愿留在故国。'柳下惠不把三次被罢黜当作牵累，所以人们不会被忘记他之前的功绩；不把离开国家作为想法，所以远近的人们没有非议他的。如今寡人的罪过，国人并不知晓，而议论寡人的人却遍及天下。常言道：'评价他人不要任意而为，议论他人不要牵累不相干的事，仁义的人不轻易断绝交情，聪明的人不会随便抛弃以前的成就。'抛弃大的功业的，是因为他停止了努力；轻率地拒绝丰厚好处的，是因为他产生了怨恨。停止努力，抛弃功业，心怀怨恨而牵累其他事情，这种事应该发生在被疏远的大臣上，不希望出现在您的身上。

"况且现在寡人没有罪过，您难道还怨恨我吗？希望您捐弃前怨，追念先王，重新来教导寡人。我考虑您的想法，认为我包藏报复的心理，促成我的过失，不顾及先生的恩德，张扬我的丑事，这样就使寡人进不能建立功业，退不能改正过失，这是全都掌握在您的手里，希望您再考虑一下。这些是寡人的区区心意，恭敬地以书信的方式转告给您。"乐间怨恨燕王没有采用自己的计策，最终还是留在赵国，没有回复燕王。

三十三　秦并赵

秦并赵，北向迎燕。燕王①闻之，使人贺秦王②。使者过赵，赵王③系之。使者曰："秦、赵为一而天下服矣。燕之所以受命于赵者，为秦也。今臣使秦而赵系之，是秦、赵有郤。秦、赵有郤，天下必不服，而燕不受命矣。且臣之使秦，无妨于赵之伐燕也。"赵王以为然而遣之。

使者见秦王曰："燕王窃闻秦并赵，燕王使使者贺千金。"秦王曰："夫燕无道，吾使赵有之，子何贺？"使者曰："臣闻全赵之时，西邻为秦，北下曲阳④为燕，赵广三百里，而与秦相距五十余年矣，所以不能反胜秦者，国小而地无所取。今王使赵北并燕，燕、赵同力，必不复受命于秦矣。臣窃为王患之。"秦王以为然，起兵而救燕。

注释

①燕王：指燕王喜。

②秦王：指秦王政。

③赵王：指赵悼襄王。

④下曲阳：地名,赵国都邑,地处今河北晋县西。

译文

秦国联合赵国后，就向北迎击燕国军队。燕王听说后，便派人去祝贺秦王。使者经过赵国，赵王扣押了他。使者说："秦、赵合一，使天下诸侯折服，燕国之所以接受赵国的命令，是因为赵国有秦国的支持。现在我出使秦国而被赵国拘留，这就是说秦、赵两国有了隔阂。秦、赵两国有了隔阂，天下诸侯一定不会再屈服，而燕国也绝不会再接受赵国的命令了。再说我出使秦国，对赵国进攻燕国也没什么妨害。"赵王认为他说得对，就放了他。

使者见到秦王说："燕王私下听说秦国联合了赵国，就派遣我带着千金来祝贺。"秦王说："燕王无道，我派赵国攻取燕国，您为什么还向我道贺呢？"使者说："我听说赵国全盛之时，西面有秦国为邻，北面的下曲阳与燕国为邻，赵国方圆三百里，同秦国相持五十多年，没能反过来战胜秦国，是因为国土狭小，且不能攻取土地。现大王让赵国向北兼并燕国，燕、赵两国合二为一，一定不会再听命于秦国了。我私下替大王感到忧虑。"秦王认为是这样，就发兵援救燕国。

三十四 燕太子丹质于秦

燕太子丹①质于秦，亡归。见秦且灭六国，兵以临易水，恐其祸至。太子丹患之，谓其太傅鞠武②曰："燕、秦不两立，愿太傅幸而图之。"武对曰："秦地遍天下，威胁韩、魏、赵氏，则易水以北未有所定也。奈何以见陵之怨，欲批其逆鳞哉？"太子曰："然则何由？"太傅曰："请今图之。"

居之有间，樊将军③亡秦之燕，太子容之。太傅鞠武谏曰："不可。夫秦王④之暴而积怨于燕，足为寒心，又况闻樊将军之在乎！是以委肉当饿虎之蹊，祸必不振矣！虽有管、晏⑤，不能为谋。愿太子急遣樊将军入匈奴⑥以灭口。请西约三晋，南连齐、楚，北讲于单于，然后乃可图也。"

注释

①燕太子丹：燕王喜的太子。

②鞠武：人名，燕国臣子，为太傅。

③樊将军：指秦国将领樊於（wū）期，因得罪秦王，逃到燕国。

④管、晏：指春秋时齐桓公的相国管仲和齐庄公、景公的相国晏婴。

⑤匈奴：古族名，战国时分布在燕、赵两国的北边，以游牧为生，首领为单于。

译文

在秦国做人质的燕太子丹逃回了燕国。他看到秦国将要吞并六国，如今秦军又已逼近易水，唯恐灾祸来临，心里十分忧虑，便对他的太傅鞠武说："燕、秦两国势不两立，希望太傅帮忙想想办法。"鞠武回答说："秦国的势力遍布天下，地盘广大，如果再用武力胁迫韩、魏、赵三国，那么易水以北的燕国局势还不一定啊。何必因在秦遭受凌辱的怨恨，就去触犯暴虐的秦国呢？"太子说："虽然如此，那可怎么办好呢？"太傅说："请让我好好考虑考虑。"

过了一段时间，樊将军从秦国逃到燕国，太子丹收留了他。太傅进谏劝告太子说："不能这样做啊。秦王残暴，又一直对燕国怀恨在心，如此足以让人胆战心惊了，更何况他知道樊将军藏在这里呢！这就好比把肉丢在饿虎经过的路上，灾祸一定难以避免！即使管仲和晏婴再世，也不能想出好的办法。太子您还是赶紧打发樊将军到匈奴去，以防泄露风声。请让我到西边去联合三晋，到南边去联合齐、楚两国，到北边去和匈奴讲和，然后就可以对付秦国了。"

太子丹曰："太傅之计，旷日弥久，心惛①然，恐不能须臾。且非独于此也。夫樊将军困穷于天下，归身于丹，丹终不迫于强秦而弃所哀怜之交，置之匈奴，是丹命固卒之时也。愿太傅更虑之。"

鞫武曰："燕有田光先生者，其智深，其勇沉，可与之谋也。"太子曰："愿因太傅交于田光先生，可乎？"鞫武曰："敬诺。"出见田光，道太子曰："愿图国事于先生。"田光曰："敬奉教"。乃造焉。

太子跪而逢迎，却行为道，跪地拂席。田先生坐定，左右无人，太子避席而请曰："燕、秦不两立，愿先生留意也。"田光曰："臣闻骐骥盛壮之时，一日而驰千里，至其衰也，驽马先之。今太子闻光壮盛之时，不知吾精已消亡矣。虽然，光不敢以乏国事也。所善荆轲可使也。"太子曰："愿因先生得愿交于荆轲，可乎？"田光曰："敬诺。"即起，趋出。太子送之至门，戒曰："丹所报先生，所言者，国大事也，愿先生勿泄也。"田光俛^②而笑曰："诺。"

注释

①惛（hūn）：迷乱，糊涂。

②俛：同"俯"。

译文

太子丹说："太傅的计划旷日持久，我心里迷乱忧虑，恐怕一刻也不能等了。况且问题还不仅如此，樊将军穷途末路，无处安身，才来投奔我，我怎么能因为秦国的威胁，就抛弃可怜的朋友，而把他打发到匈奴去呢，这该是我拼命的时候了。希望太傅您另想办法。"鞫武说："燕国有一位田光先生，此人深谋远虑、勇敢沉着，您不妨跟他商量商量。"太子丹说："希望太傅您代为介绍，可以吗？"鞫武说："好吧。"于是鞫武去见田光，并传达太子丹的意思，说："太子希望和先生一起商议国家大事。"田光说："遵命。"于是就去拜见太子。

太子跪着迎接田光，倒退着为他引路，又跪下来替田光拂拭座席。等田光坐稳，左右人都退下后，太子就离席向田光请教道："燕、秦两国势不两立,希望先生能想个办法来解决这件事。"田光说:"我听说好马在年轻力壮的时候,一天可以飞奔千里,可到它衰老力竭的时候,连劣马也能跑在它的前面。太子现在听说的是我壮年的情况,却不知道如今的我精力已经衰竭了。虽然这么说,我不敢因此耽误了国事。我的好朋友荆轲可以担当这个使命。"太子说:"希望能通过先生与荆轲结识,可以吗?"田光说:"好的。"说完马上起身走了出去。太子把他送到门口,告诫他说:"我告诉您的和先生刚才说的,都是国家大事,希望先生不要泄露出去。"田光俯身一笑,说:"好。"

偻行见荆轲曰:"光与子相善,燕国莫不知。今太子闻光壮盛之时,不知吾形已不逮也。幸而教之曰:'燕、秦不两立,愿先生留意也。'光窃不自外,言足下于太子,愿足下过太子于宫。"荆轲曰:"谨奉教。"田光曰:"光闻长者之行,不使人疑之,今太子约光曰:'所言者,国之大事也,愿先生勿泄也。'是太子疑光也。夫为行使人疑之,非节侠士也。"欲自杀以激荆轲,曰:"愿足下急过太子,言光已死,明不言也。"遂自刭而死。

轲见太子,言田光已死,明不言也。太子再拜而跪,膝下行流涕,有顷而后言曰:"丹所请田先生无言者,欲以成大事之谋,今田先生以死明不泄言,岂丹之心哉?"

译文

田光弯腰曲背地去见荆轲,对他说:"我和您交情很深,燕国没有人不知道。现在太子只听说我壮年时的情况,却不知道我的身体已不如当年了。我有幸得到太子的教导说:'燕、秦两国势不两立,希望先生给我想想办法。'我从来就没把您当外人,于是把您举荐给太子,希望您能到太子的住处走一趟。"荆轲说:"遵命。"田光又说:"我听说,忠厚老实之人的所作所为,是不会使人产生怀疑的,如今太子却告诫我说:'我们所讲的都是国家大事,希望先生不要泄露出去。'这是太子他怀疑我啊。如果为人做事让人怀疑，就算不上有气节的侠士。"田光这番话的意思是想用自杀来激励荆轲，接着说道："希望您马上去拜见太子，就说我已经死了，以此表明我没有把国家大事泄露出去。"说完就自刎而死。

荆轲见到太子，告诉他田光已经死了，以此表明不会泄露机密。太子拜了两拜，双腿跪行，泪流满面，过了好一会儿才说道："我之所以告诫田光先生不要泄密，是想实现重大的计划罢了。现在田先生用死来表明他不会泄密，这难道是我的本意吗？"

荆轲坐定，太子避席顿首曰："田先生不知丹不肖，使得至前，愿有所道，此天所以哀燕不弃其孤也。今秦有贪饕之心，而欲不可足也。非尽天下之地，臣海内之王者，其意不餍①。今秦已虏韩王②，尽纳其地，又举兵南伐楚，北临赵。王翦③将数十万之众，临漳、邺，而李信④出太原、云中。赵不能支秦，必入臣，入臣则祸至燕。燕小弱，数困于兵，今计举国不足以当秦。诸侯服秦，莫敢合从。丹之私计，愚以为诚得天下之勇士使于秦，窥以重利，秦王贪其贽，必得所愿矣。诚得劫秦王，使悉反诸侯之侵地，若曹沫之与齐桓公⑤，则大善矣；则不可，因而刺杀之。彼大将擅兵于外，而内有大乱，则君臣相疑，以其间诸侯得合从，其破秦必矣。此丹之上愿，而不知所以委命，惟荆卿留意焉。"

久之，荆轲曰："此国之大事也，臣驽下，恐不足任使。"太子前顿首，固请无让，然后许诺。于是尊荆轲为上卿，舍上舍，太子日日造问，供太牢，具异物，间进车骑美女，恣荆轲所欲，以顺适其意。

注释

①餍（yàn）：满足。

②今秦已虏韩王：指公元前230年，秦灭韩，俘虏韩王安。

③王翦：人名，秦国名将。

④李信：人名，秦国将领。

⑤曹沫之与齐桓公：曹沫，即曹刿，春秋时鲁国人，与齐国作战，屡次失败，后劫持齐桓公，迫使其归还了鲁国的侵地。

译文

　　荆轲坐定后，太子离席，给荆轲叩头说："田先生不知我是个无能的人，让您来到我面前，愿您有所指教，这真是上天可怜燕国而不抛弃他的后代。如今秦国贪得无厌，野心永远得不到满足。如果不把天下的土地全部占为己有，不使各诸侯全部臣服自己，它是不会满足的。现在秦国已经俘虏韩王，占领了韩国的全部土地，又发兵向南攻打楚国，向北进逼赵国。王翦率领的三十万大军已逼近漳水、邺城，而李信又出兵太原、云中。赵国哪里能抵抗秦国的攻势，一定会投降，赵国向秦称臣，那么大祸就落到燕国头上了。燕国国小力弱，多次遭受兵祸，现在就算征发全国力量也不可能抵挡秦军。诸侯都屈服于秦国，没有谁敢联合。我私下考虑，认为能得到天下最勇敢的人出使秦国，用重利引诱秦王，如果秦王贪图这些厚礼，我们就一定能如愿以偿了。如果能劫持秦王，让他归还侵占的全部诸侯土地，就像当年曹沫劫持齐桓公那样，那就更好了；如果秦王不答应，那就杀死他。秦国的大将在国外征战，而国内又大乱起来，那么全国上下必定会相互猜疑，趁这个机会诸侯就可以联合起来，势必会击破秦国。这是我最大的愿望，但不知道把这个使命托付给谁，希望先生您多加费心。"

　　过了一会儿，荆轲才说："这是国家大事，我才能低下，恐怕不能够胜任。"太子上前叩头，坚决请求荆轲不要推辞，荆轲这才答应。于是，太子尊荆轲为上卿，让他住在上等的宾馆，太子每天前去问候，供给他丰盛的宴席，备办奇珍异宝，还不断地进献车马和美女，尽量满足荆轲的一切愿望，以便使他称心如意。

战国策

卷三十一 燕策三

久之，荆轲未有行意。秦将王翦破赵，虏赵王[1]，尽收其地，进兵北略地，至燕南界。太子丹恐惧，乃请荆卿曰："秦兵旦暮渡易水，则虽欲长侍足下，岂可得哉？"荆卿曰："微太子言，臣愿得谒之。今行而无信，则秦未可亲也。夫樊将军，秦王购之金千斤，邑万家。诚能得樊将军首与燕督亢[2]之地图献秦王，秦王必说[3]见臣，臣乃得有以报太子。"太子曰："樊将军以穷困来归丹，丹不忍以己之私而伤长者之意，愿足下更虑之。"

荆轲知太子不忍，乃遂私见樊於期曰："秦之遇将军，可谓深矣，父母宗族皆为戮没。今闻购将军之首，金千斤，邑万家，将奈何？"樊将军仰天太息流涕曰："吾每念，常痛于骨髓，顾计不知所出耳。"轲曰："今有一言，可以解燕国之患，而报将军之仇者，何如？"樊於期乃前曰："为之奈何？"荆轲曰："愿得将军之首以献秦，秦王必喜而善见臣，臣左手把其袖，而右手揕[4]其胸，然则将军之仇报，而燕国见陵之耻除矣。将军岂有意乎？"樊於期偏袒扼腕而进曰："此臣日夜切齿拊心也，乃今得闻教。"遂自刎。太子闻之，驰往，伏尸而哭，极哀。既已，无可奈何，乃遂收盛樊於期之首，函封之。

注释

① 虏赵王：指公元前228年，王翦破赵擒赵王。

② 督亢：地区名，地处今河北涿州东。

③ 说：同"悦"。

④ 揕（zhèn）：用刀剑等刺。

译文

过了很久，荆轲还没有动身的意思。这时，秦将王翦攻破赵国，俘虏了赵王，占领了赵国全部土地，又挥军北进，掠夺土地，一直打到燕国南部边境。

太子丹非常恐惧，就向荆轲请求说："秦国军队早晚要渡过易水，我虽愿意长久地侍奉您，又哪里能办到呢？"荆轲说："即使太子不说，我也想向您请求行动了。现在动身如果没有信物，那就无法接近秦王。樊将军，秦王正用千两黄金和万户封邑来悬赏缉拿他。如果能得到樊将军的首级和燕国督亢的地图献给秦王，秦王一定乐于接见我，这样一来，我才能有报效太子的机会。"太子丹说："樊将军因为走投无路来投奔我，我又怎么忍心为了自己的私事去伤害忠厚老实的人的心，希望您另想办法。"

荆轲知道太子不忍心，于是就私下里去见樊於期说："秦王对您可以说是太狠毒了，父母和同家族的人都被杀害了。现在又听说秦王悬赏千两黄金和万户封邑来购求您的头颅，您打算怎么办呢？"樊将军仰天长叹，泪流满面地说："我每次想到这些，就恨入骨髓，只是不知道如何才能报仇罢了。"荆轲说："我现在有一个建议，不但可以解除燕国的祸患，而且可以为您报仇，您看怎么样？"樊於期走上前说："您具体想怎么办？"荆轲说："希望能得到将军的首级，进献秦王，秦王必定很高兴地接见我，那时，我就左手抓住他的衣袖，右手用刀剑刺进他的胸膛，这样，您的大仇可报，燕国遭受的耻辱也可以洗刷了。将军可有这番心意呢？"樊於期袒露出一条臂膀，握住手腕，走近一步说："这是我日夜咬牙切齿、痛彻心胸的事情啊，居然在今天能听到了您的指教。"说完就自杀了。太子丹听说后，赶紧驾车奔去，趴在樊於期的尸体上痛哭起来，极其悲伤。但事情既然已无可挽回，于是就只好收好樊於期的头颅，用匣子封存起来。

于是，太子预求天下之利匕首，得赵人徐夫人之匕首，取之百金，使工以药淬之，以试人，血濡缕人无不立死者。乃为装遣荆轲。燕国有勇士秦武阳，年十二杀人，人不敢忤视，乃令秦武阳为副。

荆轲有所待，欲与俱，其人居远未来，而为留待。顷之未发，太子迟之，疑其改悔，乃复请之曰："日以尽矣，荆卿岂无意哉？

丹请先遣秦武阳。"荆轲怒叱太子曰:"今日往而不反者,竖子也!今提一匕首入不测之强秦,仆所以留者,待吾客与俱。今太子迟之,请辞决矣!"遂发。

译文

这时候,太子已经预先访求天下锋利的匕首,结果从赵国徐夫人手里用一百金买到了一把匕首,并让工匠用毒药水淬染匕首,拿它在人身上试验,只要流出一点儿血,那人没有不立刻死去的。于是太子丹为荆轲准备行装,送他动身。燕国有个勇士叫秦武阳,十二岁时就杀过人,别人都不敢正眼看他,于是太子就派秦武阳做荆轲的助手。

荆轲正等待另一个人,想跟他一起去,那人住得远,还没有赶到,荆轲为此滞留等他。过了一段时间还没有出发,太子嫌他行动缓慢,怀疑他要反悔,于是又去请求他说:"时间已经不多了,你难道不打算去了吗?请让我先派秦武阳去吧。"荆轲生气了,大声呵斥太子说:"我今天去了如果不能回来,这是小孩子的行为!如今我拿着一把匕首到吉凶难测的秦国去,之所以还不动身,是要等我的朋友一起前往。现在您既然嫌我行动迟缓,那就让我告辞吧!"于是就出发了。

太子及宾客知其事者,皆白衣冠以送之,至易水上。既祖①,取道。高渐离②击筑,荆轲和而歌,为变徵之声③,士皆垂泪涕泣。又前而为歌曰:"风萧萧兮易水寒,壮士一去兮不复还!"复为慷慨羽声,士皆瞋目,发尽上指冠。于是荆轲遂就车而去,终已不顾。

既至秦,持千金之资币物,厚遗秦王宠臣中庶子蒙嘉④。嘉为先言于秦王曰:"燕王诚振怖大王之威,不敢兴兵以逆军吏,愿举国为内臣,比诸侯之列,给贡职如郡县,而得奉守先王之宗庙。恐惧不敢自陈,谨斩樊於期头及献燕之督亢之地图,函封,燕王拜送于庭,使使以闻大王,唯大王命之。"

注释

①既祖：已经践行。古代远行必祭祀道路之神，将行，饮酒祭祀，称为祖。

②高渐离：人名，荆轲的好友。

③变徵之声：指高亢的调子，适于悲歌。

④中庶子：官名，指秦王身边的侍从之臣。蒙嘉：人名，蒙恬之弟。

译文

太子以及知道这件事的宾客，都身穿白衣、头戴白帽前来为荆轲送行，到了易水岸边。祭祀完路神，就要上路。这时，高渐离击起了筑乐，荆轲和着曲调唱起歌来，歌声凄厉悲怆，人们听了不禁都流下眼泪，暗暗地抽泣。荆轲又向上前走了几步，唱道："风萧萧啊易水寒，壮士一去啊不复还！"接着乐音又变作慷慨激昂的羽声，人们听得怒目圆睁，连头发都竖了起来，直顶着帽子。于是荆轲登上马车奔驰而去，始终没有回头看一眼。

一行人到秦国以后，荆轲带上价值千金厚礼，去贿赂秦王的宠臣中庶子蒙嘉。蒙嘉就替他事先在秦王面前美言道："燕王实在是畏惧大王的威势，不敢发兵和大王对抗，愿意让国人做秦国的臣民，和各方诸侯同列，像秦国郡县一样向大王进奉贡品，只求能够保全祖先的宗庙。燕王非常害怕，不敢亲自来向大王陈述，特地斩了樊於期的头，并献上燕国督亢地区的地图，都封装在匣子里，燕王又亲自在朝廷送行，派来使者向大王禀告，正听候大王的指示。"

秦王闻之，大喜。乃朝服，设九宾①，见燕使者咸阳宫。荆轲奉樊於期头函，而秦武阳奉地图匣，以次进至陛下。秦武阳色变振恐，群臣怪之。荆轲顾笑武阳，前为谢曰："北蛮夷之鄙人，未尝见天子，故振慑，愿大王少假借之，使得毕使于前。"

秦王谓轲曰："起，取武阳所持图。"轲既取图奉之。秦王发图，图穷而匕首见。因左手把秦王之袖，而右手持匕首揕之。未至身，秦王惊，自引而起，绝袖。拔剑，剑长，操其室。时惶急，剑坚，故不可立拔。荆轲逐秦王，秦王还柱而走。群臣惊愕，卒起不意，尽失其度。而秦法，群臣侍殿上者，不得持尺寸之兵。诸郎中②执兵皆陈殿下，非有诏不得上。方急时，不及召下兵，以故荆轲逐秦王，而卒惶急无以击轲，而乃以手共搏之。是时，侍医夏无且以其所奉药囊提轲。秦王之方还柱走，卒③惶急不知所为，左右乃曰："王负剑！王负剑！"遂拔以击荆轲，断其左股。

荆轲废，乃引其匕首提秦王，不中，中柱。秦王复击轲，轲被八创。轲自知事不就，倚柱而笑，箕踞以骂曰："事所以不成者，乃欲以生劫之，必得约契以报太子也。"左右既前斩荆轲，秦王目眩良久。已而论功赏群臣及当坐者，各有差。而赐夏无且黄金二百镒，曰："无且爱我，乃以药囊提荆轲也。"

注释

①设九宾：派出九位礼宾人员，以次传唤使者上殿，是极其隆重得外交礼节。

②郎中：指秦王身边的侍卫之臣。

③卒：同"猝"，仓猝。

译文

秦王听了这番话后，十分高兴。于是穿上朝服，设置九宾之礼，在咸阳宫接见燕国使者。荆轲捧着封藏樊於期头颅的匣子，秦武阳捧着装地图的匣子，依次走到宫殿前的台阶下。这时，秦武阳由于害怕而脸色陡变，浑身发抖，秦国大臣们感到奇怪。荆轲回过头朝秦武阳笑了笑，走上前去向秦王谢罪说："他是北方荒野之地的粗人，没有见过世面，今日得见天子，所以害怕得发抖，希望大王稍加宽容，让他能在大王面前完成使命。"

秦王对荆轲说："起来，把秦武阳手里拿的地图取过来。"荆轲就取过地图献上去。秦王打开卷轴地图，地图完全展开时露出了匕首。荆轲趁机左手拉住秦王的衣袖，右手抓过匕首就刺向秦王。可惜没能刺中，秦王大吃一惊，从座位上抽身而起，挣断了衣袖。秦王赶忙伸手拔剑，但剑身太长，卡在剑鞘里了。当时情况紧急，剑又卡得太紧，所以不能立刻拔出来。荆轲追赶秦王，秦王只好绕着柱子逃跑。群臣也都惊慌失措，由于事发突然，太过于出人意料，一个个都失去了常态。而且按照秦国的法律，大臣在殿上侍奉君王时，一律不得携带任何兵器。守卫宫禁的侍卫虽然带着武器，但都站在殿外，没有秦王的命令，是不能擅自上殿的。正在危急的时候，秦王来不及传唤殿下卫兵，因此荆轲追赶秦王的时候，大臣们在仓猝之间惊慌失措，没有什么东西可以拿来还击荆轲，只好一起徒手与他搏斗。这时，侍医夏无且用他身上带着的药袋向荆轲投去。秦王正绕着柱子跑，惊慌得不知怎么办才好，趁这个机会，大臣们才对他大喊："大王快把剑背过去！快把剑推到背后！"秦王这才把剑鞘推到身后，抽出剑一下子砍断了他的左腿。

荆轲重伤跌倒在地，就举起匕首向秦王投去，但没有击中，扎在柱子上。秦王又继续砍荆轲，荆轲被砍伤了八处。荆轲自知事情不会成功了，就靠着柱子大笑起来，叉开两腿坐在地上大骂道："事情之所以没有成功，无非是想要活捉你，得到归还侵占土地的凭证去回报太子。"两旁的人赶过来一拥而上把荆轲杀了，秦王头昏目眩了好久。后来秦王对群臣论功行赏，处罚也根据情况，分别对待。秦王赏赐夏无且黄金二百镒，并说："无且是真心爱护我，才会用药袋投击荆轲啊。"

于是，秦大怒燕，益发兵诣赵，调王翦军以伐燕。十月而拔燕蓟城①。燕王喜、太子丹等，皆率其精兵东保于辽东②。秦将李信追击燕王，王急，用代王嘉③计，杀太子丹，欲献之秦。秦复进兵攻之，五岁而卒灭燕国而虏燕王喜④。秦兼天下。

其后荆轲客高渐离以击筑见秦皇帝，而以筑击秦皇帝，为燕报仇，不中而死。

①蓟城：燕国都城，地处今北京市。

②辽东：地区名，地处今辽宁东南部，在辽水之东。

③代王嘉：公元前228年，秦灭赵，俘虏赵王迁，公子嘉自立为代王。

④灭燕国而虏燕王喜：此事发生于公元前222年。

译文

　　于是秦王对燕国十分愤恨，便增派军队赶往赵国旧地，命令王翦的率部队去攻打燕国。在秦王政二十一年十月，攻陷了燕都蓟城。燕王喜、太子丹等人，只好率领精锐部队退守辽东。秦将李信追击燕王，燕王急了，只好采用代王赵嘉的主意，杀了太子丹，打算献给秦王。但秦军仍旧继续进攻，五年之后终于灭掉了燕国，俘虏了燕王喜。于是秦国统一了天下。

　　后来，荆轲的好友高渐离利用击筑的机会见到秦始皇，他趁机用筑投击秦始皇，想为燕国报仇，结果也没有击中，反被杀死。

卷三十二　宋卫策

宋国（公元前 1114—前 286 年），为周朝的一个诸侯国，国都商丘（今河南省商丘市）。周初被周天子封为公爵。子姓、宋氏。共传三十四君，享国 829 年。

春秋时，齐国内乱，宋襄公帮助齐公子复国，代齐作为盟主，成为春秋五霸之一。泓水之战后，宋国国力受创。宋景公时期灭曹国，国力渐盛。战国时，宋康王"行王政"，实行改革，宋国强盛起来。公元前 286 年，东败齐、南败楚、西败魏，齐、楚、魏三国联手灭掉宋国，瓜分宋国领土，宋国因此灭亡。

卫国（约公元前 1117—前 209 年），为周朝的姬姓诸侯国，先后建都于楚丘（今河南滑县）、帝丘（今河南濮阳）、野王（今河南焦作市沁阳）。

第一代国君为康叔封。立国前后共计 907 年，传 41 君，是众多姬姓诸侯国中最后灭亡的国家。公元前 254 年，魏国囚杀卫怀君，继任卫君是魏国的女婿，因此卫国成为魏国的附庸国。公元前 241 年秦取濮阳等地，之后秦国在此设立东郡。公元前 239 年，卫元君被迫迁往野王，卫国此时已名存实亡。公元前 209 年，卫君角被秦二世废为庶人，卫国彻底灭亡。

本策从"齐攻宋"篇开始，至"卫人迎新妇"篇结束，共 1 卷，15 篇。

一　齐攻宋

齐攻宋，宋使臧子①索救于荆。荆王②大说，许救甚劝。臧子忧而反。其御曰："索救而得，有忧色，何也？"臧子曰："宋小而齐大。夫救于小宋而恶于大齐，此王之所忧也；而荆王说^③甚，必以坚我。我坚而齐弊，荆之利也。"臧子乃归。齐王^④果攻，拔宋五城而荆救不至。

注 释

①臧子：人名，宋国臣子。
②荆王：指楚顷襄王。
③说：同"悦"。
④齐王：指齐闵王。

译 文

齐国进攻宋国，宋国派臧子向楚国求救。楚王很高兴，表示会全力相救。臧子忧心忡忡地返回宋国。他的车夫说："您求救的目的达到了，可却面带忧色，这是为什么呢？"臧子说："宋国是小国，而齐国却是大国。援救弱小的宋国而得罪强大的齐国，这是任何国君都忧虑的事；而楚王却表现得很高兴，一定是想坚定宋国抵抗齐国的决心。我们全力抵抗齐国，齐国就会因此疲敝，这对楚国大有好处。"臧子于是就回到宋国。齐王果然发动了进攻，攻下宋国的五座城邑，而楚王也没有派兵来救援。

二　公输般为楚设机

公输般^①为楚设机，将以攻宋。墨子^②闻之，百舍^③重茧，往见公输般，谓之曰："吾自宋闻子，吾欲藉子杀人。"公输般曰："吾义固不杀人。"墨子曰："闻公为云梯，将以攻宋。宋何罪之有？义不杀人而攻国，是不杀少而杀众。敢问攻宋何义也？"公输般服焉，请见之王。

墨子见楚王^④曰："今有人于此，舍其文轩，邻有弊舆而欲窃之；舍其锦绣，邻有裋褐^⑤而欲窃之；舍其粱肉^⑥，邻有糟糠而欲窃之。此为何若人也？"王曰："必为有窃疾矣。"

墨子曰："荆之地方五千里，宋方五百里，此犹文轩之与弊舆也；荆有云梦，犀、兕、麋、鹿盈之，江、汉鱼、鳖、鼋、鼍⑦为天下饶，宋所谓无雉兔、鲋鱼⑧者也，此犹粱肉之与糟糠也；荆有长松、文梓、楩、楠、豫樟，宋无长木，此犹锦绣之与短褐也。臣以王吏之攻宋为与此同类也。"王曰："善哉！请无攻宋。"

注释

①公输般：为春秋末年鲁国人，是著名的能工巧匠。

②墨子：名翟，春秋末年鲁国人，为墨家学派创始人，主张兼爱、非攻。

③百舍：百里为一舍。

④楚王：指楚惠王。

⑤短（shù）褐：指粗布上衣。

⑥粱肉：指精美的食物。

⑦鼋（yuán）：鳖科、鼋属动物。鼍（tuó）：指一种爬行动物，吻短、体长二米多，背部、尾部均有鳞甲。穴居江河岸边，皮可以蒙鼓。亦称"扬子鳄""鼍龙""猪婆龙"。

⑧鲋（fù）鱼：一般指鲫鱼。

译文

公输般为楚国制造攻城的器械，准备用来攻打宋国。墨子听到这件事后，便步行万里，脚底磨起了厚茧，赶着去见公输般，对他说："我在宋国就听说了您的大名。我想借助您的力量去杀一个人。"公输般说："我是讲道义的，不随便杀人。"墨子说："听说您在造云梯，准备用来攻打宋国，宋国有什么罪？你口口声声说讲道义，不随意杀人，如今却攻打宋国，这分明是不杀少数人而杀多数人呀。请问你攻打宋国是什么道义呢？"公输般被说服了，请墨子觐见楚王。

墨子拜见楚王说："假如现在有一个人，放着自己华美的彩车不坐，却想去偷邻居家的一辆破车；放着自己锦绣织成的衣服不穿，却想去偷邻居家的粗布衣服；放着自己家里的精美饭菜不吃，却去偷邻居家的米糠。这是个什么样的人呢？"楚王说："肯定是有偷东西癖好的人。"

墨子接着说："楚国土地方圆五千里，而宋国才不过五百里，这就如同华美的彩车和破车一般；楚国有云梦泽，犀、兕、麋、鹿充斥其中，长江和汉水的鱼、鳖、大鼋和鳄鱼，是天下最多的，而宋国却是连小兔子、鲫鱼都没有的地方，这就如同精美的饭菜和糟糠一般。楚国有长松、文梓、楩、楠、豫樟等名贵树木，而在宋国连普通的大树都找不到一棵，这就如同锦绣和粗布衣服一般。因此我认为大王去攻打宋国与此类似。"楚王说："您说得好！我不去攻打宋国了。"

三　犀首伐黄

犀首伐黄①，过卫，使人谓卫君②曰："弊邑之师过大国之郊，曾无一介之使以存之乎？敢请其罪。今黄城将下矣，已，将移兵而造大国之城下。"

卫君惧，束组三百绲③，黄金三百镒，以随使者。南文子④止之曰："是胜黄城，必不敢来；不胜，亦不敢来。是胜黄城，则功大名美，内临其伦。夫在中者恶临，且议其事。蒙大名，挟成功，坐御以待中之议，犀首虽愚，必不为也。是不胜黄城，破心而走，归恐不免于罪矣！彼安敢攻卫以重其不胜之罪哉？"果胜黄城，帅师而归，遂不敢过卫。

✿注释

①黄：地名，即黄池，宋国都邑，地处今河南封丘西南。

②卫君：指卫成侯。

③绲（gǔn）：织成的带子。

④南文子：人名，卫国大夫。

译文

魏国将领公孙衍率兵进攻黄城，路过卫国，便派人对卫国国君说："敝国军队路过贵国郊外，难道贵国竟连一个使者也不派来慰问吗？请问我们有什么罪过？如今黄城就要被攻下，攻下后，我们就将调兵到贵国的城池之下。"

卫国国君很害怕，便用织好的三百捆丝帛，黄金三百镒，让使者带上这些东西。南文子阻止卫国国君说："这次公孙衍如果在黄城取胜，一定不敢来卫国；不能取胜，更不敢来。公孙衍如果攻下黄城，那么他将取得很大的功劳并获得很好的名声，就会在国内居功自傲而蔑视他人。国中的大臣定会厌恶他的高傲，就会诽谤他的行动。顶着极好的名声，拥有取胜的功劳，却坐等国中人的非议，公孙衍即使再愚蠢，也必然不会这样做。如果公孙衍不能在黄城取胜，他将怀着恐惧的心理逃回魏国，回国后还要担心会受到惩罚！他怎么敢攻打卫国来加重没有战胜黄城的罪过呢？"公孙衍结果在黄城取胜，率军回国，果然不敢经过卫国。

四　梁王伐邯郸

梁王①伐邯郸，而征师于宋。宋君使使者请于赵王②曰："夫梁兵劲而权重，今征师于弊邑，弊邑不从则恐危社稷，若扶梁伐赵以害赵国，则寡人不忍也。愿王之有以命弊邑。"

赵王曰："然。夫宋之不足如梁也，寡人知之矣。弱赵以强梁，宋必不利也。则吾何以告子而可乎？"使者曰："臣请受边城，徐其攻而留其日，以待下吏之有城而已。"赵王曰："善。"

宋人因遂举兵入赵境而围一城焉。梁王甚说③，曰："宋人助我攻矣。"赵王亦说曰："宋人止于此矣。"故兵退难解，德施于梁而无怨于赵。故名有所加，而实有所归。

注释

①梁王：指魏惠王。

②宋君：指宋剔成君。赵王：指赵成侯。

③说：同"悦"。下同。

译文

　　魏王进攻赵国邯郸，魏国向宋国征调军队。宋国国君派使者向赵王请求说："魏国军队强悍且威势大，如今向敝国征调军队，敝国如不听从，国家可能就会出现危险，如果帮助魏国进攻赵国，从而损害赵国，那么寡人又不忍心，希望大王能帮敝国想个办法。"

　　赵王说："是的。宋国兵力不足以抵挡魏国，寡人是知道的。削弱赵国来增强魏国的实力，这对宋国也不利。那么我告诉您什么才可以呢？"宋国使者说："我请求允许宋国进攻赵国边境上的一座城邑，慢慢进攻，多耗些日子，以此来等待您的下属官吏守住它。"赵王说："好。"

　　宋国于是就发兵侵入赵国边境，围困了一座城邑。魏王非常高兴，说："宋国人帮助我攻打赵国。"赵王也高兴地说："宋国人就停在这里了。"因此在战争结束退兵的时候，宋国既对魏国有恩，又不受赵国怨恨。所以宋国既增加了名望，实际上又得到帮助赵、魏两国的效果。

五　谓大尹日

　　谓大尹①日："君日长矣，自知政，则公无事。公不如令楚贺君之孝，则君不夺太后之事矣，则公常用宋矣。"

注释

　　①大尹：官名。宋卿，辅助君王执政。

译文

　　有人对大尹说："宋君一天天长大，慢慢就会亲自理政，那么您就再也没有执掌政事的机会了。您不如让楚国称颂宋君的孝心，那么宋君就不会剥夺太后执掌政事的权力，那么您就可以在宋国长期掌握权力了。"

六　宋与楚为兄弟

宋与楚为兄弟。齐攻宋，楚[1]言救宋，宋因卖楚重以求讲于齐，齐不听。苏秦谓齐相[2]曰：“不如与之，以明宋之卖楚重于齐也。楚怒，必绝于宋而事齐。齐、楚合，则攻宋易矣。”

译 文

宋国和楚国结为兄弟之国。当齐国攻打宋国，楚王声言援救宋国，宋国因此卖弄楚国的威势来向齐国求和，但齐国没有听从。苏秦对齐国相国说：“不如同宋国讲和，以此表明宋国向齐国卖弄楚国的威势。楚王恼怒，一定会同宋国断绝关系来侍奉齐国。齐、楚两国联合，那么攻打宋国就很容易了。”

七　魏太子自将

魏太子[1]自将，过宋外黄[2]。外黄徐子曰：“臣有百战百胜之术，太子能听臣乎？”太子曰：“愿闻之。”客曰：“固愿效之。今太子自将攻齐，大胜并莒，则富不过有魏，而贵不益为王。若战不胜，则万世无魏，此臣之百战百胜之术也。”太子曰：“诺。请必从公之言而还。”客曰：“太子虽欲还不得矣，彼利太子之战攻而欲满其意者众，太子虽欲还，恐不得矣。”太子上车请还。其御曰：“将出而还与北同，不如遂行。”遂行。与齐人战而死，卒不得魏[3]。

注 释

①魏太子：指魏惠王太子申。

②外黄：地名，宋国都邑，地处今河南兰考东南。

③卒不得魏：指齐军败魏军于马陵，太子申被杀。

译 文

魏国太子申亲自率军队攻打齐国，路过宋国的外黄，外黄人徐子对他说："我有百战百胜的方法，太子能听我说一说吗？"魏国太子说："愿闻其详。"徐子说："我本来就愿意效劳。如今太子亲自率军队进攻齐国，如果取得大胜，吞并了莒地，那富贵也超不过拥有魏国，显贵也不会超过做国君。如果不胜，就会永世失去魏国，这就是我的百战百胜的方法。"魏国太子说："好吧，我一定听您的话返回魏国。"徐子说："太子即使想率兵回去，恐怕也做不到了，那些想利用太子攻战来谋取好处，想要满足自己私欲的人太多了，太子虽然想回去，恐怕做不到了。"太子登上战车想要回国。但他的车夫说："将领刚出征便无故而还，与败退是一样的，不如继续向前。"于是魏国太子又带兵前行。太子申同齐国交战，不幸战死，最终没有拥有魏国。

八 宋康王之时

宋康王①之时，有雀生（鸟𪃟）②于城之陬。使史③占之，曰："小而生巨，必霸天下。"康王大喜。

于是灭滕、代薛④，取淮北之地，乃愈自信。欲霸之亟成，故射天笞地，斩社稷而焚灭之，曰："威服天下鬼神。"骂国老谏者，为无颜之冠以示勇，剖伛者之背，锲朝涉之胫，而国人大骇。齐闻而伐之，民散，城不守。王乃逃倪侯之馆，遂得而死。见祥而为不可，祥反为祸。

①宋康王：宋王偃的谥号。

②雀生（鸟旃）：即鹯。古书上说的一种猛禽，似鹞鹰。

③史：官名。太史，主占卜吉凶。

④滕：国名，地处今山东滕县西南。薛：地名，齐国都邑，地处今山东滕县西。

译 文

宋康王的时候，有只小鸟在城墙的角落生了只鹯鸟。宋王让太史占卜，太史说："小鸟生出了大鸟，一定能称霸天下。"康王非常高兴。

于是出兵灭掉了滕国，进攻薛国，夺取了淮北的土地，宋康王就更加自信了。宋康王想尽快实现霸业，所以他用箭射天，又鞭打土地，还砍掉了土神、谷神的神位，将它们烧掉，说："我用威力降服了天下鬼神。"骂那些年老劝谏的大臣，戴遮不住额头的帽子来表示自己勇敢，剖开驼背人的背，砍断早晨过河人的腿，国中人人都很惶恐。齐国听说后进攻宋国，百姓四处逃散，城池也没有人防守。宋康王逃到倪侯的住所，很快被齐国人抓住杀死了。可见，看到吉兆却不做好事，吉兆反而成了祸害。

九 智伯欲伐卫

智伯欲伐卫，遗卫君①野马四、白璧一。卫君大悦，群臣皆贺，南文子有忧色。卫君曰："大国大欢，而子有忧色，何？"文子曰："无功之赏，无力之礼，不可不察也。野马四、白璧一，此小国之礼也，而大国致之。君其图之。"卫君以其言告边境。智伯果起兵而袭卫，至境而反，曰："卫有贤人，先知吾谋也。"

注 释

①卫君：指卫悼公。

智伯想攻打卫国，就送给卫君四匹良马和一块白璧。卫君十分高兴，群臣都来庆贺，南文子却面带愁容。卫君就问他说："大国对我很有好感，而你却愁眉苦脸，这是为什么呢？"南文子说："没有功劳就受到赏赐，没费力气就得到礼物，不可以不慎重对待。四匹良马和一块白璧，这是小国应该送给大国的礼物，而如今大国却将这种礼物送给我们。您还是慎重一点为好。"卫君把南文子的这番话告诉边防人员，让他们加以戒备。智伯果然出兵偷袭卫国，到了边境又返回去，智伯失望地说："卫国有能人，预先知道了我的计谋。"

十　智伯欲袭卫

智伯欲袭卫，乃佯亡其太子，使奔卫。南文子曰："太子颜为君子也，甚爱而有宠，非有大罪而亡，必有故。"使人迎之于境曰："车过五乘，慎勿纳也。"智伯闻之，乃止。

智伯想要偷袭卫国，就派他的太子假装逃亡，让他投奔卫国。这时，南文子说："太子颜是智伯的儿子，智伯很宠爱他，并没有什么大罪却逃出国，其中必有缘故。"南文子于是派人在边境上迎接太子颜，并嘱咐说："假如太子颜的车超过五辆，千万不要放他入境。"智伯听说后，就取消了偷袭卫国的计划。

十一　秦攻卫之蒲

秦攻卫之蒲①，胡衍②谓樗里疾曰："公之伐蒲，以为秦乎？以为魏乎？为魏则善，为秦则不赖矣。卫所以为卫者，以有蒲也。今蒲入于秦，卫必折而入于魏。魏亡西河之外，而弗能复取者，弱也。今并卫于魏，魏必强。魏强之日，西河之外必危。且秦王③亦将观公之事，害秦以善魏，秦王必怨公。"樗里疾曰："奈何？"胡衍曰："公释蒲勿攻，臣请为公入戒蒲守以德卫君。"樗里疾曰："善。"

胡衍因入蒲，谓其守曰："樗里子知蒲之病也，其言曰：'吾必取蒲。'今臣能使释蒲勿攻。"蒲守再拜，因效金三百镒焉，曰："秦兵诚去，请厚子于卫君。"胡衍取金于蒲以自重于卫。樗里子亦得三百金而归，又以德卫君也。

注释

①蒲：地名，卫国都邑，地处今河南长垣。
②胡衍：人名，卫国人。
③秦王：指秦惠王。

译文

秦国攻打卫国的蒲地。胡衍对秦相樗里疾说："您来进攻蒲地，是为了秦国呢？还是为了魏国呢？如果是为了魏国，那么对魏国很有利，如果是为了秦国，那么将对秦国不利。卫国之所以是卫国，就是因为有蒲地。现在如果蒲地归入秦国，卫国必然会转而投向魏国。魏国失去西河以外的土地之后，再也没有重新从秦国收复回来，这是因为魏国国力薄弱。如今如果卫国并入魏国，魏国必然会强大起来。等到魏国强大的那一天，西河以外就危险了。再说，秦王将会观察您的所作所为，如果是损害秦国而给魏国带来好处，秦王一定会怨恨您。"樗里疾说："那该怎么办呢？"胡衍说："您放弃蒲地，不要再攻打，请允许我替您进入蒲城去统治蒲城守备，以此使卫国国君感激您的恩德。"樗里疾说："好。"

胡衍于是进入蒲城，对蒲城守备说："樗里疾知道蒲城困难重重，他声称：'我一定要攻下蒲城。'现在我能让樗里疾放弃蒲城，不再进攻。"蒲城守备两次拜谢，于是又献上黄金三百镒，说："如果秦兵真能撤离，请允许我让卫国国君重赏您。"胡衍从蒲城得到了黄金，并让自己在卫国受到重视。樗里疾也得到了三百镒黄金而收兵回国，又得到卫国国君的感激。

十二　卫使客事魏

卫使客事魏，三年不得见。卫客患之，乃见梧下先生^①，许之以百金。梧下先生曰："诺。"乃见魏王曰："臣闻秦出兵，未知其所之。秦、魏交而不修之日久矣。王专事秦，无有佗^②计。"魏王曰："诺。"

客趋出，至郎门^③而反曰："臣恐王事秦之晚。"王曰："何也？"先生曰："夫人于事己者过急，于事人者过缓。今王缓于事己者，安能急于事人？""奚以知之？""卫客曰：'事王三年不得见。'臣以是知王缓也。"魏王趋见卫客。

注释

①梧下先生：因居住的地方有大梧树，故以此为号。

②佗：他。

③郎门：指官中的门。

译文

卫国派一位客卿去侍奉魏国，过了三年也没有被召见。卫国的客卿很忧虑，就去拜见梧下先生，承诺给梧下先生一百金。梧下先生说："遵命。"于是梧下先生去拜见魏王说："我听说秦国要出兵，不知要去哪个国家。秦、魏两国虽然缔结了邦交，但不修旧交的日子已经很久了。大王应该专心侍奉秦国，不应有其他打算。"魏王说："好吧。"

梧下先生快步走出，走到郎门又返回来说："我担心大王现在想去侍奉秦国已经晚了。"魏王说："为什么呢？"梧下先生说："让别人侍奉自己都很着急，自己去侍奉别人就会缓慢。现在大王对于侍奉自己的人都不着急，怎么会急着去侍奉别人呢？"魏王说："您怎么知道的呢？"梧下先生说："卫国客卿说：'待奉大王三年之久，一直没有受到召见。'我因此知道大王不着急。"魏王连忙去见卫国的客卿。

十三　卫嗣君病

卫嗣君①病。富术谓殷顺且②曰："子听吾言也以说君，勿益损也，君必善子。人生之所行，与死之心异。始君之所行于世者，食高丽也，所用者，绁错、挐薄③也。群臣尽以为君轻国而好高丽，必无与君言国事者。子谓君：'君之所行天下者甚谬。绁错主断于国，而挐薄辅之，自今以往者，公孙氏④必不血食矣。'"

君曰："善。"与之相印，曰："我死，子制之。"嗣君死，殷顺且以君令相公期⑤。绁错、挐薄之族皆逐也。

注释

①卫嗣君：为卫平侯之子。

②富术、殷顺且：均为人名，皆为卫国臣子。

③绁（xiè）错、挐（rú）薄：均为人名，卫君的宠臣。

④公孙氏：卫君以公孙为氏。

⑤公期：人名，为卫嗣君之子，即卫怀君。

译文

卫嗣君病重。富术对殷顺且说："您先听一听我的话再去劝说卫君，不要把我的话有所增减，卫君一定会亲近您。人活着时的所作所为，与将死时的想法是不一样的。当初，卫君在世上所做的，是崇尚美色，所任用的，是绁错、挐薄一类的宠臣。群臣都认为卫君轻视国家而贪图美色，一定没人同卫君谈论国事。您对卫君说：'您在天下的所作所为很荒谬，竟然让绁错在国内独断专行，而且还让挐薄帮助他，从今往后，卫国的祖先公孙氏一定不会用血食祭祀了。'"

卫君听完这些话后说："太好了。"就把相印交给了殷顺且，说："我死之后，你要控制卫国。"卫嗣君死后，殷顺且凭先君的遗命出任相国扶佐公子期，绁错、挈薄的家族都被驱逐。

十四　卫嗣君时

卫嗣君时，胥靡①逃之魏，卫赎之百金，不与，乃请以左氏②。群臣谏曰："以百金之地赎一胥靡，无乃不可乎？"君曰："治无小，乱无大。教化喻于民，三百之城足以为治。民无廉耻，虽有十左氏，将何以用之？"

注释

①胥靡：指犯罪的刑徒。
②左氏：地名，卫国都邑，地处今山东定陶西。

译文

卫嗣君执政的时候，有个罪犯逃到魏国，卫国想用百金把他赎回来，魏国不同意，于是卫君便想用左氏换回刑徒。大臣们都劝谏说："用百金和土地，去换回一个小小的罪犯，恐怕不合适吧？"卫君说："安定，无所谓小国；混乱，无所谓大国。用教化来引导百姓，即使是三百户人家的城邑也能治理好。如果百姓不讲礼仪廉耻，即使有十座左氏这般的城池，又有什么用呢？"

十五　卫人迎新妇

卫人迎新妇。妇上车，问："骖马①，谁马也？"御曰："借之。"新妇谓仆曰："拊骖，无笞服②。"车至门，扶，教送母曰："灭灶，将失火。"入室见臼，曰："徙之牖下，妨往来者。"主人笑之。此三言者，皆要言也，然而不免为笑者，蚤③晚之时失也。

注释

①骖马：指车两旁的马。

②服：中间驾辕的马称为服马。

③蚤：通"早"。

译文

卫国有个人迎娶新妇。新娘子刚上车，就问道："两边拉套的马，是谁家的？"车夫说："是借的。"新娘子就对仆人说："打两边的马，别打中间驾辕的马。"车子到了夫家门口，新娘子刚被扶下车，就嘱咐送她的保姆说："快去灭掉家中灶膛里的火，小心失火。"她走进屋里，看见地上有块石臼，就说："快把它搬到窗下，放在这里会妨碍人来回走路。"主人听了禁不住笑她。这三句话本来都是很要紧的话，但却不免被人耻笑，是因为她说这些话没有选择恰当的时机。

卷三十三 中山策

中山国（公元前414—前296年），姬姓（一说子姓），建立者为中山武公，是由白狄所建立的国家，因城中有山而得名中山国。

国土位于燕、赵两国之间。经历了戎狄、鲜虞和中山三个发展阶段，曾长期与晋国等中原国家交战，一度被视为中原国家的心腹大患，先后经历了邢侯搏戎、晋侯抗鲜虞的事件。后来，魏文侯派大将乐羊、吴起统率军队，经过三年苦战，在公元前407年占领了中山国。后来中山桓公复国，国力鼎盛，有战车九千乘。公元前296年，终为赵国所灭。

本策从"魏文侯欲残中山"篇开始，至"昭王既息民缮兵"篇结束，共1卷，10篇。

一 魏文侯欲残中山

魏文侯欲残中山。常庄谈①谓赵襄子曰："魏并中山，必无赵矣。公何不请公子倾②以为正妻，因封之中山，是中山复立也。"

注释

①常庄谈：为赵襄子臣子。
②公子倾：魏君的女儿。

译文

魏文侯想灭掉中山国。常庄谈对赵襄子说："魏国如果吞并中山国，赵国也必然不复存在。您为什么不请求魏文侯，让他的女儿公子倾做您的正妻，趁机把她封在中山，这样中山国就可以继续保存。"

二 犀首立五王

犀首立五王[①]，而中山后持。齐谓赵、魏曰："寡人羞与中山并为王，愿与大国伐之，以废其王。"中山闻之，大恐，召张登[②]而告之，曰："寡人且王，齐谓赵、魏曰，羞与寡人并为王，而欲伐寡人。恐亡其国，不在索王，非子莫能吾救。"

登对曰："君为臣多车重币，臣请见田婴。"中山之君遣之齐，见婴子曰："臣闻君欲废中山之王，将与赵、魏伐之，过矣。以中山之小而三国伐之，中山虽益废王，犹且听也。且中山恐，必为赵、魏废其王而务附焉，是君为赵、魏驱羊也，非齐之利也。岂若中山废其王而事齐哉？"

注释

①立五王：指约三晋和燕、中山同时称王。

②张登：指中山国臣子。

译文

公孙衍约同齐、赵、魏、燕、中山五国互相为王，中山国落在后面。齐王对赵、魏两国说："我为与中山君一起称王感到耻辱，希望与你们讨伐它，废掉它的王号。"中山君听说后，非常害怕，便召见张登告诉他说："我就要称王了，齐王对赵、魏两国说，与我一起称王感到耻辱，想要讨伐我。我只是害怕国家灭亡，不在乎称王，除了您没有谁能救我。"

张登回答说："您为臣下多备车辆和丰厚的礼物，我请求去拜见田婴。"中山君就派张登去了齐国，张登见到田婴便说："我听说您要废掉中山君的王号，准备同赵、魏两国一起攻打中山，您错了。以中山那样的小国，却用三个大国去攻打它，中山国即使遭到比废除王号还大的祸患，也会听从的。再说中山君很害怕，一定会为赵、魏两国废掉王号并竭力依附它们，这样一来，是您为赵、魏两国赶羊，并非对齐国有利。哪比得上让中山君废掉王号来侍奉齐国呢？"

田婴曰："奈何？"张登曰："今君召中山，与之遇而许之王，中山必喜而绝赵、魏。赵、魏怒而攻中山，中山急而为君难其王，则中山必恐，为君废王事齐。彼患亡其国，是君废其王而立其国，贤于为赵、魏驱羊也。"田婴曰："诺。"

张丑①曰："不可。臣闻之，同欲者相憎，同忧者相亲。今五国相与王也，负海②不与焉，此其欲皆在为王，而忧在负海。今召中山，与之遇而许之王，是夺四国而益负海也。致中山而塞四国，四国寒心，必先与之王而故亲之，是君临中山而失四国也。且张登之为人也，善以微计荐中山之君久矣，难信以为利。"

田婴不听，果召中山君而许之王。张登因谓赵、魏曰："齐欲伐河东③，何以知之？齐羞与中山并为王甚矣，今召中山，与之遇而许之王，是欲用其兵也。岂若令大国先与之王，以止其遇哉？"赵、魏许诺，果与中山王而亲之。中山果绝齐而从赵、魏。

注释

①张丑：人名，齐国臣子。

②负海：指齐国。

③河东：指赵、魏两国边境。

译文

田婴说："那该怎么办呢？"张登说："现在您应该召见中山君，同他会面并允许他称王，中出君一定高兴，就会断绝与赵、魏两国的邦交，而赵、魏两国必定发怒，攻打中山，中山形势危急，就会知道齐国会阻止它称王，中山君一定会很害怕，就会为您废掉王号并侍奉齐国。中山君担心自己的国家灭亡，这样您废掉了他的王号并保存了中山，比为赵、魏两国赶羊要好得多。"

田婴说："遵命。"

张丑说："不可以这样做。我听说，有同样欲望的人会互相憎恨，有同样忧虑的人会互相亲近。现在五国相约称王，而齐国不愿同中山同时称王，由此看来，五国的欲望都在称王上，只是担心齐国不同意。现在您如果召见中山君，和他会面并允许他称王，这就侵夺了四国的权利而使齐国获得好处。得到了中山的邦交却阻塞了与四国的联系，四国会感到心寒，一定会先同意中山称王并故意同中山亲近，这样您接近了中山却失去了四国的支持。再说张登的为人，长期以来善于将一些小计谋进献给中山君，难以相信张登的话会给我们带来好处。"

田婴不听，果然召见了中山君并允许他称王。张登于是对赵、魏两国说："齐国想要进攻你们的河东之地，我是怎么知道的呢？齐国对与中山同时称王感到非常耻辱，现在却召见中山君，同他会面并允许他称王，是想利用中山的军队啊。这哪比得上你们先同意中山君称王，来阻止他们的会面呢？"赵、魏两国答应了，果真同中山一起称王，并且亲近中山。中山果然断绝了同齐国的邦交，服从了赵、魏两国。

三 中山与燕、赵为王

中山与燕、赵为王，齐闭关不通中山之使，其言曰："我万乘之国也，中山千乘之国也，何侔①名于我？"欲割平邑②以赂燕、赵，出兵以攻中山。蓝诸君③患之。

张登谓蓝诸君曰："公何患于齐？"蓝诸君曰："齐强，万乘之国，耻与中山侔名，不惮割地以赂燕、赵，出兵以攻中山。燕、赵好倍而贪地，吾恐其不吾据也。大者危国，次者废王，奈何吾弗患也？"张登曰："请令燕、赵固辅中山而成其王，事遂定，公欲之乎？"蓝诸君曰："此所欲也。"曰："请以公为齐王④，而登试说公，可，乃行之。"蓝诸君曰："愿闻其说。"

①侔（móu）：相等，齐等。

②平邑：地名，本为赵地，后为齐国所取，地处今河南南乐东北。

③蓝诸君：中山相国。

④齐王：指齐威王。

译文

中山与燕、赵两国准备称王，齐国封锁关隘，不准中山使者通行，他们并声称："我们是拥有万辆兵车的国家，中山只是拥有千辆兵车的小国，怎么能和我们的名位等同呢？"齐国想割让平邑来贿赂燕、赵两国，让它们出兵进攻中山。中山相蓝诸君对此很忧虑。

张登对蓝诸君说："您对齐国有什么可忧虑的呢？"蓝诸君说："齐国很强大，是拥有万辆兵车的国家，与中山名位相等齐国觉得可耻，如今不惜割让土地贿赂燕、赵两国，让它们出兵进攻中山。燕、赵两国都喜好背弃盟约，贪求土地，我担心它们不会支持我们。往大说会危及国家，往小说也要废掉王号，怎么能让我不担心呢？"张登说："请让我使燕、赵两国，让它们帮助中山君称王，这样此事就会平定下去，您想这么做吗？"蓝诸君说："这正是我所希望的。"张登说："现在请您假扮齐王，我来说服您，如果可以，就这样做。"蓝诸君说："愿意听一听您是怎样说的。"

登曰："王之所以不惮割地以赂燕、赵，出兵以攻中山者，其实欲废中山之王也。王曰：'然。'然则王之为费且危。夫割地以赂燕、赵，是强敌也；出兵以攻中山，首难也。王行二者，所求中山未必得。王如用臣之道，地不亏而兵不用，中山可废也。王必曰：'子之道奈何？'"蓝诸君曰："然则子之道奈何？"

张登曰："王发重使，使告中山君：'寡人所以闭关不通使者，为中山之独与燕、赵为王，而寡人不与闻焉，是以隘之。王苟举趾以见寡人，请亦佐君。'中山恐燕、赵之不己据也，今齐之辞云'即佐王'，中山必遁燕、赵与王相见，燕、赵闻之，怒绝之，王亦绝之，是中山孤，孤何得无废？以此说齐王，齐王听乎？"蓝诸君曰："是则必听矣，此所以废之，何在其所存之矣？"

译文

张登说："大王之所以不惜割让土地贿赂燕、赵两国，让它们出兵攻打中山，其实是想废掉中山君的王号。大王一定会说：'是这样。'那么这样做大王不仅会破费钱财，而且会遇到危险。割地贿赂燕、赵两国，这是在增强敌人的力量；出兵进攻中山，这是在首先挑起战祸。大王做这两件事，在中山寻求的东西也不一定能够得到。大王如果采用我的策略，土地不用割让，军队也不用出动，中山君的王号就可以废掉。齐王一定会问：'您的方法什么啊？'"蓝诸君说："那么您的方法究竟是什么呢？"

张登说："请大王派重要的使者，并让他对中山君说：'我之所以封锁关隘不让使者通行，是因为中山想同燕、赵两国独自称王，我没有从你们那里听到这个消息，因此封锁关隘。大王假如能抬起脚来见我，请让我也来帮助您。'中山君害怕燕、赵不支持自己，现在大王传话说'马上帮助中山君称王'，中山君一定会暗中回避燕、赵两国，而与大王相见，燕、赵两国听说后，一定会气愤地与中山断交，大王也趁此与中山断交，这样中山就会陷入孤立了，既然其孤立无援，王号又怎么能不废除呢？用这些话游说齐王，齐王能够听信吗？"蓝诸君说："这样说齐王就一定会听信，但这是废掉王号的办法，怎么能说是保存王号呢？"

张登曰："此王所以存者也。齐以是辞来，因言告燕、赵而无往，以积厚于燕、赵。燕、赵必曰：'齐之欲割平邑以赂我者，非欲废中山之王也，徒欲以离我于中山而己亲之也。'虽百平邑，燕、赵必不受也。"蓝诸君曰："善。"

遣张登往，果以是辞来。中山因告燕、赵而不往，燕、赵果俱辅中山而使其王。事遂定。

译文

张登说："这就是保存王号的办法。齐王用这番话来说中山君，您就把这番话转告给燕、赵两国，使它们同齐国不再来往，并加深中山同燕、赵两国的交情。燕、赵两国一定会说：'齐国割让平邑来贿赂我们，并不是想废除中山君的王号，只是想离间我们同中山的关系，而自己好去亲近中山。'这样一来，即使割让一百个平邑，燕、赵两国也一定不会接受。"蓝诸君说："太好了。"

于是派张登去了齐国，张登果然用这番话来游说。中山就转告燕、赵两国，不同齐国来往，燕、赵两国果然一同辅助中山，让中山君称王，事情就这样平定了下来。

四 司马𪟝使赵

司马𪟝①使赵，为己求相中山。公孙弘②阴知之。中山君出，司马𪟝御，公孙弘骖乘。弘曰："为人臣，招大国之威以为己求相，于君何如？"君曰："吾食其肉，不以分人。"司马𪟝顿首于轼曰："臣自知死至矣！"君曰："何也？""臣抵罪。"君曰："行，吾知之矣。"居顷之，赵使来，为司马𪟝求相。中山君大疑公孙弘，公孙弘走出。

注释

①司马𪟝（xǐ）：人名，中山臣子。

②公孙弘：人名，中山臣子。

译文

　　司马憙出使赵国，让赵国替自己谋求中山相国的职位。公孙弘暗中了解了这件事。一次中山君外出，司马憙驾车，公孙弘陪乘。公孙弘说："做人臣子的，利用大国的威势来为自己谋求相位，在您看来，这种人怎么样？"中山君说："我吃他的肉，不把肉分给别人。"司马憙听后，急忙在车前的横木上叩头说："我自知死期到了！"中山君说："为什么这样说呢？"司马憙说："我应当受罚。"中山君说："走吧，我知道了。"过了一段时间，赵国的使者来到中山，为司马憙谋取相位。中山君于是就十分怀疑公孙弘在陷害司马憙，公孙弘因此只好逃亡国外。

五　司马憙三相中山

　　司马憙三相中山，阴简①难之。田简②谓司马憙曰："赵使者来属耳，独不可语阴简之美乎？赵必请之，君与之，即公无内难矣。君弗与赵，公因劝君立之以为正妻，阴简之德公无所穷矣。"果令赵请，君弗与。司马憙曰："君弗与赵，赵王③必大怒，大怒则君必危矣。然则立以为妻，固无请人之妻不得而怨人者也。"田简自谓取使，可以为司马憙，可以为阴简，可以令赵勿请也。

注释

　　①阴简：人名，为中山国君宠妃。

　　②田简：人名，中山臣子。

　　③赵王：指赵武灵王。

译文

　　司马憙三次担任中山的相国，中山君的宠妃阴简非常忌恨他。田简对司马憙说："赵国使者来中山探听消息，为什么不对他说一说阴简的美貌呢？赵王一定会要阴简，如果君王把阴简送给赵王，您就没有内患了。如果君王不把阴简送给赵王，您就趁机劝他立阴简为正妻，阴简会感激您的恩德，就会报答不尽。"司马憙果真让赵国要阴简，中山君不给。司马憙说："您不把阴简送给赵国，赵王一定会大怒，赵王大怒，您一定很危险。既然如此，您可以把阴简立为正妻，因为没有要人家的妻子而人家不给就怨恨人家的人。"田简自认为这样做，可以取得赵国使者的信任，也可以可以帮助司马憙，更可以帮助阴简，又可以使赵国无法请求要去阴简。

六　阴姬与江姬争为后

阴姬与江姬①争为后。司马憙谓阴姬公②曰："事成，则有土子民；不成，则恐无身。欲成之，何不见臣乎？"阴姬公稽首曰："诚如君言，事何可豫道者。"司马憙即奏书中山王曰："臣能弱赵强中山。"中山王悦而见之曰："愿闻弱赵强中山之说。"司马憙曰："臣愿之赵，观其地形险阻，人民贫富，君臣贤不肖，商敌为资，未可豫陈也。"中山王遣之。

❦注释❧

①阴姬与江姬：均为中山国君宠妃。阴姬即阴简。

②阴姬公：即阴姬之父。

❦译文❧

阴姬和江姬争着要做中山君的王后。司马憙对阴姬的父亲说："争当王后的事如果能成功，那么您就可以得到封地并管理万民；如果不能成功，恐怕您连性命也不保。要想办成这件事，为什么不来见我呢？"阴姬的父亲跪拜叩头说："事情如果真像您说的那样，不用您说，我也会好好报答您。"司马憙于是向中山君上书说："我已知道了削弱赵国强大中山的办法。"中山君很高兴地接见他说："我想听听你的办法。"司马憙说："我希望先到赵国去，观察那里的地理形势，险要的关塞，了解百姓的贫富，君臣的贤明与无能，对比敌我力量，考察之作为凭据，眼下还不能陈述。"于是，中山君便派他到赵国去。

见赵王^①曰："臣闻赵，天下善为音，佳丽人之所出也。今者，臣来至境，入都邑，观人民谣俗，容貌颜色殊无佳丽好美者。以臣所行多矣，周流无所不通，未尝见人如中山阴姬者也，不知者特以为神。其容貌颜色，固已过绝人矣，若乃其眉目准頞^②权衡，犀角偃月，彼乃帝王之后，非诸侯之姬也。"赵王意移，大悦曰："吾愿请之，何如？"司马憙曰："臣窃见其佳丽，口不能无道尔，即欲请之，是非臣所敢议，愿王无泄也。"

译文

司马憙拜见赵武灵王说："我听说，赵国是天下最善音乐和出产美女的国家。如今我来到贵国，走城过邑，观赏人民的歌谣风俗，也看见了许多形形色色的人，却没有看见天姿国色的美女。我周游各地，无所不至，从来没有见过像中山阴姬那样漂亮的女子，不知道的人，还以为她是仙女下凡。她的容貌姿色实在超出一般的美女，至于说她的眉眼、鼻子、脸蛋、额角，头形和额头等等，那真是帝王之后的长相，绝不是诸侯的嫔妃。"赵王被说得心动了，高兴地说："我希望能得到她，怎么样？"司马憙说："我私底下看她那么漂亮，嘴里就不知不觉地说出来了，您如果想要得到她，这可不是我敢随便议论的事，希望大王不要泄露出去。"

司马憙辞去，归报中山王曰："赵王非贤王也。不好道德，而好声色；不好仁义，而好勇力。臣闻其乃欲请所谓阴姬者。"中山王作色不悦。司马憙曰："赵，强国也，其请之必矣。王如不与，即社稷危矣；与之，即为诸侯笑。"中山王曰："为将奈何？"司马憙曰："王立为后，以绝赵王之意。世无请后者，虽欲得请之，邻国不与也。"中山王遂立以为后，赵王亦无请言也。

❀译文

司马憙告辞离去，回来向中山君报告说："赵王不是个贤明的君主。他不喜欢道德修养，却追求淫声美色；不喜欢仁德道义，却追求勇武暴力。我听说他竟然还想得到阴姬。"中山君听后脸色大变，很不高兴。司马憙接着说道："赵国是个强国，他要得到阴姬就一定会请求。大王如果不答应，那么国家就有危险；如果把阴姬给了他，就会被诸侯耻笑。"中山君说："那该怎么办呢？"司马憙说："大王可以立阴姬为后，以此断了赵王的念头。世上还没有要人王后的道理，即使赵国想来要，邻国也不会答应。"中山君于是立阴姬为王后，赵王也就没有再提要阴姬的事了。

七　主父欲伐中山

主父①欲伐中山，使李疵②观之。李疵曰："可伐也。君弗攻，恐后天下。"主父曰："何以？"对曰："中山之君，所倾盖与车而朝穷闾隘巷之士者，七十家。"主父出："是贤君也，安可伐？"李疵曰："不然。举士，则民务名不存本；朝贤，则耕者惰而战士懦。若此不亡者，未之有也。"

❀注释

①主父：指赵武灵王。
②李疵：人名，赵国臣子。

译文

　　赵武灵王想要攻打中山，便派李疵去察看情况。李疵回来报告说："可以进攻了。您如果再不攻打中山，恐怕就要落在别国的后面了。"赵武灵王说："这是什么缘故呢？"李疵回答说："中山国的国君，去掉车盖空车去拜访住在穷街窄巷的读书人，拜访了七十家之多。"赵武灵王说，"这是位贤君，怎么可以攻打呢？"李疵说："不是这样。举用读书人，那么百姓就会追求虚名，而不会把心思放在农业这个本业上；拜访贤者，那么耕种的人就会懒惰，战士也怯懦贪生。像这样的国家还不灭亡的，从来没有过。"

八　中山君飨都士大夫

　　中山君飨都士大夫，司马子期①在焉。羊羹不遍，司马子期怒而走于楚，说楚王伐中山。中山君亡，有二人挈戈而随其后者，中山君顾谓二人："子奚为者也？"二人对曰："臣有父，尝饿且死，君下壶飧②饵之。臣父且死，曰：'中山有事，汝必死之。'故来死君也。"中山君喟然而仰叹曰："与不期众少，其于当厄；怨不期深浅，其于伤心。吾以一杯羊羹亡国，以一壶飧得士二人。"

注 释

　　①司马子期：人名，中山国人。
　　②飧：同"餐"。

译 文

　　中山国君宴请国都里的士大夫，司马子期也在其中。由于羊羹没有分给自己，司马子期盛怒之下便跑到楚国去了，还劝说楚王攻打中山。中山君逃亡，有两个人提着武器跟在他身后，中山君回头对这两个人说："你们跟在我身后做什么？"两人回答说："我们的父亲有一次饿得快要死了，您拿壶中的食物给他吃。他临死时说：'中山君有了危难，你们一定要为他而死。'所以特来为您效命。"中山君仰天长叹说："施与不在多少，应当在人困难的时候施与；仇怨不在深浅，在于是否伤了别人的心。我因为一杯羊羹亡国，却因为一壶食物得到两位勇士。"

九　乐羊为魏将

乐羊为魏将，攻中山①。其子时在中山，中山君烹之，作羹致于乐羊，乐羊食之。古今称之：乐羊食子以自信，明害父以求法。

❀注　释

①乐羊为魏将，攻中山：此事发生在公元前408年。

❀译　文

乐羊担任魏国将领，进攻中山。他的儿子当时正在中山，中山国君便把乐羊的儿子煮了，做成肉羹送到乐羊那里，乐羊把肉羹吃了。古往今来的人都称颂说：乐羊吃自己的儿子来换取国君对自己的信任，表明即使有损于为父之道，也要保全军法的尊严。

十　昭王既息民缮兵

昭王既息民缮兵，复欲伐赵。武安君曰："不可。"王曰："前年国虚民饥，君不量百姓之力，求益军粮以灭赵。今寡人息民以养士，蓄积粮食，三军之俸有倍于前，而曰'不可'，其说何也？"

武安君曰："长平之事①，秦军大克，赵军大破。秦人欢喜，赵人畏惧。秦民之死者厚葬，伤者厚养，劳者相飨，饮食餔馈②，以靡其财。赵人之死者不得收，伤者不得疗，涕泣相哀，勠力同忧，耕田疾作以生其财。今王发军虽倍其前，臣料赵国守备亦以十倍矣。赵自长平已来，君臣忧惧，早期晏退，卑辞重币，四面出嫁。结亲燕、魏，连好齐、楚，积虑并心，备秦为务。其国内实，其交外成。当今之时，赵未可伐也。"

注释

①长平之事：指公元前260年，秦、赵战于长平。长平，地名，赵国都邑，地处今山西高平西北。

②鯆餽（bū kuì）：指馈赠食物。

译文

秦昭王在百姓得到休养生息、兵器车辆得到修整之后，又想再次攻打赵国。武安君说："不可以攻打赵国。"秦王说："前年国库空虚百姓受饥，您不考虑百姓的负担能力，要求增调军粮消灭赵国。如今寡人休养百姓来供养士兵，蓄积了大量粮食，三军将士的俸禄超过从前一倍，而您却说'不可以进攻赵国'，这是什么原因呢？"

武安君说："长平之战，秦军大胜，赵军大败。秦国人欢喜，而赵国人恐惧。秦国战死的百姓得到厚葬，受伤的得到了特殊的照顾，劳苦的人得到慰劳，吃饱喝足并得到馈饷，消费掉国家的资财来弥补它们的物质精神的损失。赵国战死的人得不到收殓，受伤的又得不到治疗，军民哭泣哀号，尽力共同分担忧患，加紧耕田劳作多生资财。如今大王能够派出的军队虽然超过从前的一倍，但我料想赵国守备国家的军队也会超出原来的十倍。赵国自长平之战以来，君臣忧虑恐惧，早上很早上朝，晚上很晚退朝，用低下的言辞和厚重的礼物，向四面派出使者向诸侯求和，同燕、魏两国结为同盟，同齐、楚两国结成伙伴，处心积虑，把防范秦国当作最要紧的事。赵国国内殷实，又外交成功。这个时候，是不可以攻打赵国的。"

王曰：“寡人既以兴师矣。”乃使五大夫王陵①将而伐赵。陵战失利，亡五校②。王欲使武安君，武安君称疾不行。王乃使应侯往见武安君，责之曰：“楚地方五千里，持戟百万，君前率数万之众入楚，拔鄢、郢③，焚其庙，东至竟陵④，楚人震恐，东徙而不敢西向。韩、魏相率，兴兵甚众，君所将之，不能半之，而与战之于伊阙⑤，大破二国之军，流血漂卤，斩首二十四万。韩、魏以故至今称东藩。此君之功，天下莫不闻。今赵卒之死于长平者已十七、八，其国虚弱，是以寡人大发军，人数倍于赵国之众，愿使君将，必欲灭之矣。君尝以寡击众，取胜如神，况以强击弱，以众击寡乎？”

注释

① 五大夫：秦国爵位第九级。王陵：人名，秦国将领。

② 校：指秦国军队的建制。

③ 拔鄢、郢：公元前279年秦军攻取鄢，公元前278年攻取郢。

④ 竟陵：地名，楚国都邑，地处今湖北潜江西北。

⑤ 伊阙：山名，地处今河南洛阳南。伊阙之战发生于公元前293年。

译文

秦王说：“我已经准备好发兵了。”于是派五大夫王陵为将大举进攻赵国。但王陵作战失利，损失了五校军队。秦王想派武安君出战，但武安君称病不出。秦王就派应侯范雎去探望武安君，责备他说：“楚国土地方圆五千里，持戟的士卒上百万，您从前率几万人的军队攻入楚国，攻克鄢、郢两地，并焚毁楚王的宗庙，向东攻到竟陵，楚国人感到震惊恐慌，只好向东迁徙，不敢向西进犯。韩、魏两国相继发兵，动用的军队很多，您所率领的军队，还不到韩、魏两国军队的一半，而您却同它们在伊阙大战，大败了这两个国家的军队，死亡者的血多得能漂起作战的大盾，斩下敌人二十四万首级，韩、魏两国因为这个缘故至今仍自称是秦国东面的藩国。这是您的功劳，天下没有谁不知道的。如今赵国士兵在长平之战中死去的，已有十之七八，他们的国家很虚弱，因此我大举发兵，人数超过赵国军队的数倍，希望您能为将，一定能够灭掉赵国。您曾以少击众，仿若神兵降世一般取得了胜利，何况现在是以强击弱、以众攻少呢？"

武安君曰："是时楚王①恃其国大，不恤其政，而群臣相妒以功，谄谀用事，良臣斥疏，百姓心离，城池不修，既无良臣，又无守备，故起所以得引兵深入，多倍城邑，发梁焚舟以专民心，掠于郊野以足军食。当此之时，秦中士卒以军中为家，将帅为父母，不约而亲，不谋而信，一心同功，死不旋踵。楚人自战其地，咸顾其家，各有散心，莫有斗志。是以能有功也。

"伊阙之战，韩孤顾魏，不欲先用其众。魏恃韩之锐，欲推以为锋。二军争便之力不同，是以臣得设疑兵以待韩阵，专军并锐，触魏之不意。魏军既败，韩军自溃，乘胜逐北，以是之故能立功。皆计利形势，自然之理，何神之有哉！

注释

① 楚王：指楚顷襄王。

译文

武安君说："当时楚王依仗国家强大，不体察朝政，群臣因为争功而互相嫉妒，阿谀奉迎者受到重用，贤明的大臣被排斥疏远，百姓离心离德，城墙和护城河不加修整，在内没有贤明的大臣执掌朝政，在外又没有常备不懈的守军，所以我能够领兵深入楚国，占领很多城邑，我又下令折断桥梁，焚毁木船使士卒专心作战，并在城邑的郊外掠得粮食以补足军粮。在那个时候，秦军中的士卒以军队为家，把将帅当作父母，不用约彼此就自然相互亲近，不用商量彼此自然就相互信任，一心想着同获战功，奋勇向前死不后退。楚国人在自己的土地上作战，都顾念自己的家室，各自都有不同的想法，毫无斗志，因此我能取得战功。

"伊阙之战，韩国力单势孤，只考虑到利用魏国，不想先使用自己的军队。魏国依赖韩军精锐的军队，想把韩国军队推到前面做先锋。两国军队争夺方便且力量不均衡，因此我才能设下疑兵与韩军对阵，另派精锐军队，趁魏军出其不意而进攻。魏军已经失败，韩军自然也就溃散了，乘胜追击败北的军队，我因为这个缘故才能立下战功。这是因为充分考虑了地形是否有利、军队的形势如何，顺理成章，哪里有什么神兵啊！

"今秦破赵军于长平，不遂以时乘其振惧而灭之，畏而释之，使得耕稼以益蓄积，养孤长幼以益其众，缮治兵甲以益其强，增城浚池以益其固，主折节以下其臣，臣推体以下死士。至于平原君之属，皆令妻妾补缝于行伍之间。臣人一心，上下同力，犹勾践困于会稽之时也。以今伐之，赵必固守，挑其军战，必不肯出。围其国都，必不可克；攻其列城，必未可拔；掠其郊野，必无所得。兵出无功，诸侯生心，外救必至。臣见其害，未睹其利，又病，未能行。"

应侯惭而退，以言于王。王曰："微①白起，吾不能灭赵乎？"复益发军，更使王龁②代王陵伐赵。围邯郸八九月，死伤者众而弗下。赵王出轻锐以寇其后，秦数不利。武安君曰："不听臣计，今果如何？"

注释

①微：没有。
②王龁：人名，为秦国左庶长。

"之后秦军在长平击败赵军，没有抓紧时机趁着赵国恐惧万分的时候灭亡赵国，竟看到赵国畏惧屈服就放弃灭赵，使赵国能够抓紧耕种增加储备，抚养遗孤，让幼儿长大以扩充军队，修缮甲兵以增强兵力，加高城墙，疏浚护城河使城邑更加坚固，国君委屈自己，亲近大臣，大臣不惜生命亲近效死力的士兵。至于平原君那样的人，都让自己的妻妾到军队中为将士们缝缝补补。臣民一心，上下共同努力，如同勾践被困在会稽山上的时候一样啊。如果现在去攻打赵国，赵国一定会固守城邑，向赵军挑战，赵军一定不肯出城。围困赵国国都，一定不能攻克；攻打其他城邑，也未必能攻下；在城邑的郊外抢掠，一定会一无所获。出兵不能获得战功，诸侯们就会产生异心，赵国的救兵必然会赶来。我只见到攻赵的害处，没看到好处，我现在又有病在身，不能出征。"

应侯惭愧地退了出去，把武安君的话告诉了秦王。秦王说："没有白起，我就不能灭掉赵国了吗？"于是又增派军队，另派王龁代替王陵率军进攻赵国，秦军围困邯郸八九个月，死伤众多，但仍没有攻下邯郸。赵王派出一支轻锐的军队骚扰秦军后方，秦军出战多次不利。武安君说："不听我的计策，现在结果怎样？"

王闻之怒，因见武安君，强起之，曰："君虽病，强为寡人卧而将之。有功，寡人之愿，将加重于君。如君不行，寡人恨君。"

武安君顿首曰："臣知行虽无功，得免于罪。虽不行无罪，不免于诛。然惟愿大王览臣愚计，释赵养民，以观诸侯之变。抚其恐惧，伐其憍①慢，诛灭无道，以令诸侯，天下可定，何必以赵为先乎？此所谓为一臣屈而胜天下也。大王若不察臣愚计，必欲快心于赵，以致臣罪，此亦所谓胜一臣而为天下屈者也。夫胜一臣之严焉，孰若胜天下之威大耶？臣闻明主爱其国，忠臣爱其名。破国不可复完，死卒不可复生。臣宁伏受重诛而死，不忍为辱军之将。愿大王察之。"王不答而去。

注释

①憍：同"骄"。

译文

秦王听说后大怒，于是去见武安君，逼着武安君起床，说："您虽然有病，也得勉强自己卧着为我带兵。如果您有了战功，这是我所希望的，会重赏您。如果您不出征，我就会怨恨您。"

武安君叩头说："我知道出征即使没有战功，也可以免除罪过。如果不出征，即便没有罪过，也免不了遭受诛杀。然而我只是希望大王能够听一下我不高明的计策，放弃攻打赵国，让百姓得以休养生息，以应付诸侯之间出现的变故。安抚恐惧的国家，攻打傲慢的国家，诛灭无道的国家，以此来号令诸侯，天下就可以平定，为什么一定要把赵国作为首先进攻的对象呢？这就是所谓的被一个大臣屈服，却战胜天下人的做法。大王如果不详察我的愚计，一定要灭亡赵国以得到心理上的快意，以至于降罪于我，这也是所谓的战胜一个大臣，却被天下人屈服的做法。战胜一个大臣的威严，同战胜天下人的威严相比，哪个更大呢？我听说贤明的君王爱惜国家，忠诚的大臣爱惜名誉。破碎的国家不可能重获完整，死去的人不可能再度复生。我宁愿受重罚而死，也不忍做蒙受耻辱的军队的将领。希望大王详察。"秦王没有答话就走了。